토정비법

비결수 하나로 보는 평생사주

백운곡 편저

明文堂

읽어두기

　무계획적으로 살아가는 현대인은 아마 아무도 없을 것이다. 옛 성현이 말씀하기를 "일년 동안에 어떤 방법으로 살아갈 것인가를 연초에 정해야 하며 봄에 씨를 뿌리지 않으면 가을에 아무것도 거두지 못한다."고 했다.
　그러나 계획을 세우고자 할때 어떤 계획을 어떻게 세울 것인가에 대해서는 망설이게 된다. 또한 계획을 세웠더라도 원하는대로 되지 않는 경우가 많다. 그것은 자신이 타고난 소질과 미래사 즉 사주팔자나 운명이 어떻게 구성, 전개 되는가를 몰라서이다.
　인간의 삶이란 자신의 뜻만으로는 살아갈수가 없다. 눈에 보이지 않는 장벽 때문에 출세가도를 달리던 사람이 하루아침에 폐인이 되기도 하고 불귀의 객이 되기도 한다. 그렇게 될 수 밖에 없는 원인은 무엇일까? 그것은 바로 '운명'이란것 때문이다.　운명을 모르고 살아가는 것은 절벽 위에서 춤을 추는 것이나 다를바가 없다.
　어떤 이는 노력만 하면 되지 뭐가 그리 어렵고 복잡하냐고 큰소리 치지만 그 사람 역시 더 복잡한 삶을 살아가고 있다. 모든 사람은 운명 앞에서 무력한 존재이기 때문이다.
　그러나 우리는 앞으로의 자신의 운명을 알고 그에 상응하는 인생길을 걸어야 한다. 현명한 사람은 자신의 아집에 사로잡히지 않아 불행을 자초하지 않는다. 즉 불행의 사슬에서 벗어나려면 기본적인 자신의 운명을 미리 알아서 일을 처리한다면 다른 길을 가지도 않을 것이며 10년 고생을 5년이나 3년으로 줄이게 될 것이다.
　이 "토정비법"은 미래를 알고 계획하려는 분들에게 보탬이 되고자 3년여의 집필로 이제야 세상에 내놓게 되었다. 복잡하고 불확실한 시대를 살아가는 이들의 삶의 등불이 되기를 바란다.

백 운곡

이 책의 특징

• 반드시 **음력**으로 보아야 한다.

• **평생 사주팔자**를 볼 수 있다.

　토정 선생의 비결은 전부 읽고 나서도 무슨 뜻인지 몰라 전문가에게 의뢰를 한다. 또한 자신이 볼려고 해도 작괘(비결수·운명수)를 알지 못해 책을 덮어 버리고 만다. 그러나 여기서는 **1990년부터 2048년까지 59년간의 비결수**를 미리 뽑아 자신의 생년월일만 알면 쉽게 자신의 운명을 미리 알수 있게 했다.

　예를들면 1989년에 태어났다면 2048년까지 60세 동안의 자신의 사주팔자를 손금 보듯이 알수 있으며 1969년생이라면 2048년까지 80세까지의 운세를 보며 1949년생은 100세까지 자신의 평생 사주팔자를 알수 있다.

　2048년 이상을 알고자 할때는 일반적으로 토정비결 보는 방법에 준한다.

• 토정비결을 기초로 하여 급변하는 현대인에 맞는 편집 내용으로 다시 구성하여 평생 사주팔자는 물론 **월운, 일운, 시운**까지 알수 있도록 구체화 시켰다.

　평생운을 알고 일년 운을 알아야지 장기적인 설계를 할 수 있으며 올해 운이 좋고 내년 운이 나쁘다면 미리 알아 계획을 수정하여 실패를 막을 수 있을 것이다.

• 자자손손 대를 이어가며 볼 수 있으며 다가올 2천년대의 세계적인 운명과 태평양성국 시대, 한민족의 시대를 헤아린 후에 개인의 운명을 해설하였다. 독자들의 운명 지침서 역할을 할 것이다.

차례

토정비결 원리와 전래 ——————————————— 10
토정비법을 보는 법 ———————————————— 12
평생운(사주)보는 법 ———————————————— 12
일반적으로 토정비결 보는 법 ————————————— 14
토정비법 조견표 —————————————————— 17
토정비법 해설 ——————————————————— 77
111 시수영격 종견불미 ———————————————— 78
112 동업길성 물탐재리 ———————————————— 80
113 청해순선 백사길래 ———————————————— 82
121 상하유길 예지천국 ———————————————— 84
122 예재분투 언중유혹 ———————————————— 86
123 당년지운 구파신립 ———————————————— 88
131 일중필경 월영필쇠 ———————————————— 90
132 명리신흥 의외득재 ———————————————— 92
133 동업불운 청산고송 ———————————————— 94
141 신유객지 별무이익 ———————————————— 96
142 생재리지 이구이문 ———————————————— 98
143 신상유고 신업난정 ———————————————— 100
151 각실기용 불길가관 ———————————————— 102
152 일희일비 차역운수 ———————————————— 104
153 배근무엽 기달자명 ———————————————— 106
161 운수유길 도처귀인 ———————————————— 108
162 조반귀소 의지가락 ———————————————— 110
163 대면공화 심격천산 ———————————————— 112
211 백사결시 분명호길 ———————————————— 114
212 만사백개 세사유길 ———————————————— 116
213 막청감언 친인유해 ———————————————— 118

221	금년육친 일동반해	120
222	욕진쇠약 신운나하	122
223	일비일희 인생무상	124
231	저양촉번 사방유해	126
232	물위망동 필견대패	128
233	장안삼춘 화관승마	130
241	유시무종 행여부지	132
242	양인합심 필견성취	134
243	화체귀근 만탈기각	136
251	무단허욕 심신지패	138
252	일실양녀 일실양남	140
253	주색외도 파가망신	142
261	금년지운 선곤후길	144
262	삼년불우 만물우려	146
263	매사불성 질병유고	148
311	대사속성 삼인성사	150
312	십년경영 금년지영	152
313	백화심처 금의야행	154
321	지단모박 욕재반졸	156
322	폐의귀객 시종길리	158
323	매사주의 사방형로	160
331	월출루각 천지명활	162
332	천노지황 매사불통	164
333	출장입상 만사형통	166
341	만리원행 거거익산	168
342	춘만천지 명진사해	170
343	초노후일 종유득의	172

351	가유경사 전장대리	174
352	동반여행 외국지업	176
353	심야유몽 미녀입회	178
361	운수불리 백사지체	180
362	천리로중 준마지기	182
363	이재외지 출입득재	184
411	만리장성 위세당당	186
412	수만청강 산영확축	188
413	고이등관 기행지위	190
421	귀매인사 가중비애	192
422	일모서산 진퇴양란	194
423	산택통기 자연흥왕	196
431	등산병마 진퇴가외	198
432	소어출해 활기지대	200
433	시위처세 별무다실	202
441	전수성락 반회지길	204
442	막근외도 필시대회	206
443	부익유풍 빈익유곤	208
451	일신자평 세사태안	210
452	약무산고 가내불화	212
453	춘원송백 장희지상	214
461	배은망덕 타인과신	216
462	험로불구 필유전진	218
463	부부유액 기외여의	220
511	물위망동 희비일장	222
512	수왈소길 종무소득	224
513	재원왕왕 천금득취	226

521	가화자화 연인접구	228
522	재소복래 신명무우	230
523	임강불선 하이도강	232
531	굴토성산 종견형통	234
532	북망곡지 신건모옥	236
533	성심다노 만시견광	238
541	세사찰시 기중유익	240
542	일파도인 해인하유	242
543	노수춘진 난결기과	244
551	귀인하방 필북재득	246
552	청풍명월 자유칭주	248
553	청풍명월 대작건곤	250
561	십년마도 불용지검	252
562	차년지운 이사개변	254
563	견반불견 유재무익	256
611	다소소익 외화내곤	258
612	춘계만발 소망종결	260
613	군자유광 평인소재	262
621	험중정진 허중종득	264
622	녹음방초 비상고복	266
623	동풍화기 백화장발	268
631	수화지액 골절한심	270
632	자비삼척 하가조인	272
633	골육상쟁 불화관재	274
641	초목춘기 점점성장	276
642	목전고후 절무친인	278
643	암중불명 우연귀인	280

651	운권청천 성광유별	282
652	집장등고 랑음신성	284
653	주섭란중 백절불굴	286
661	유복지인 식록유직	288
662	부부상합 이성가연	290
663	임심지처 추침불익	292
711	탐욕대흉 수하지우	294
712	수유난사 종국길상	296
713	금년지운 외부내빈	298
721	은인상조 의사지통	300
722	손재구설 언중득의	302
723	가유현처 대화불법	304
731	이양역우 득실지수	306
732	뇌문대성 만인지경	308
733	용운호풍 변화무쌍	310
741	백사순리 불연즉흉	312
742	굴지천금 기노가지	314
743	약이패인 반유아피	316
751	득양실우 도상심중	318
752	항시덕행 사유성취	320
753	일도장강 천심부지	322
761	약불신지 재액난면	324
762	무심소정 동서불명	326
763	고목오근 신엽갱생	328
811	굴정생수 종성지락	330
812	상심불해 분외불길	332
813	종죽성리 생유태안	334

821	목행화중 우봉귀인	336
822	운귀월백 대지생동	338
823	십년공답 영화재금	340
831	입신수양 방액지운	342
832	지신겸손 부인다중	344
833	안정수분 대시봉운	346
841	풍기운산 해천일벽	348
842	수도퇴악 심신유족	350
843	인유구면 우래위력	352
851	대인천조 평인불길	354
852	만사겸손 최길묘계	356
853	고한천기 하인원탄	358
861	출로실마 하지원행	360
862	심불소정 다노사형	362
863	선곤후안 명성리축	364

부록

성 관계를 피해야 하는 날	369
삼재란	369
삼살방·대장군방이란	371
쉽게보는 이사방향	372
쉽게 보는 택일법	373
손있는 날과 없는날	377

토정비결 원리와 전래

"우리나라에 병란과 법란은 쥐, 용, 범, 원숭이, 뱀, 돼지(子·辰·寅·申·巳·亥)해에 있게 될 것이니라. 어흠~음 세상살이 한낮 운명이란 주머니 안에 있는 것과 같거늘 왜 그다지도 날뛰는가?" 이와같은 이야기를 거침없이 일갈하는 사람은 지금으로부터 450여년 전 마포나루터에서 이상한 모양의 토담을 짓고 살던 이토정〈李土亭〉 선생의 이야기이다.

토정 선생은 호가 형중(馨中)이고 본명이 이지함(李之菡)이나 독특한 토담집에서 살았기 때문에 토정 선생으로 더욱 알려졌다. 토정 선생은 서경덕(徐敬德)문하에서 수학하였으며 주역(周易)과 천문지리에 통달하여 세인들을 깜짝 놀라게 했다. 많은 예언 중에서도 임진왜란이나 6·25사변등은 몇 백년을 내다보는 대 예언이다.

토정 선생의 예언이 적중한다는 소문이 온 나라에 퍼지자 전국 방방곡곡에서 구름떼처럼 몰려와 예언을 듣고자 했다. 감당 할 수 없을만큼 인산인해를 이루자, 어느 누구나 쉽게 일년 또는 달마다 운명을 볼 수 있도록 저술한 책이 바로 유명한 토정비결(土亭秘訣)이다.

토정 선생이 이 비결을 저술한 기본적인 학설은 주역(周易)에 근거한 것이며 중국에서 일때 선풍을 일으킨바 있었고 오늘까지도 전해 내려오는 두 가지 비서인 매화역수(梅花易數)·황극비결(皇極秘訣) 역시 주역에 근거한 것이다. 그러나 중국 비서는 이용괘수〈利用卦數〉가 극히 적고 단순하지만 토정 선생이 저술한 토정비결은 이용괘수가 많고 다양하게 구성 돼 있어 다변화 되어가고 있는 시대에도 적중률이 높아 최고의 삶의 지침서로 호평받고 있다.

원래 토정비결은 상 하권으로 구성 돼 있었으나 하권은 개인의 운명과 국운등으로 기록해 놓았기 때문에 악용할 여지가 있고 개인에게도 너무 지나치게 적중률이 높아 무위도식이나 기회만 엿보는 자들이 있어 이를 사전에 막고자 하권에 해당한 240괘를 버렸다고 한다. 그래서 지금까지 전해오고 있는 토정비결은 상권에 해당한 144괘이다. 따라서 완전한 토정비결은 384괘가 된다. 이는 주역의 핵심인 384(爻)와 같다.

이와같이 현존하는 토정비결의 괘(卦)의 조직은 111~863까지 144종으로 세분화돼 있다. 그러나 최초에 토정비결은 111~886까지로 구성 돼 있었던 것이다. 만약 111~866까지 괘 모두 활용한다면 대단한 혼란을 초래 할 수 있다.

첫째는 해당인에게 보는 숫자(비결수)가 달라져 지금까지 111·112·113식으로 삼단법을 사용했던 것을 111·112·113·114·115·식으로 육단법을 사용해야 한다. 두번째는 육단법을 쓸 경우 자연히 세계적인 운명은 물론 우리나라 국운까지 해설하는데 주역의 원리와 부합된다. 그러나 현 세태를 감안할 때 지나친 국운 예언은 악용의 여지가 있기 때문이다.

세상에는 간혹 하권에 해당한 괘수(卦數)를 보완하여 완벽한 토정비결 운운하고 세계운이나 국운을 전혀 참작하지 않고 괘의 숫자에만 급급하였음을 알 수 있다. 또한 보는 법에서 크나큰 우를 범하고 있다. 왜냐면 앞서 설명했듯이 사용 괘수는 늘려놓고 해당인의 비결수는 종래 그대로 활용하도록 방치했기 때문에 모순이 많은게 사실이다.

필자는 괘수를 늘리는데 급급하지 않고 기존 괘수를 최대로 활용, 국운을 참고하여 개인의 운명을 판단 예언했기 때문에 384괘의 효과를 낼 수 있도록 체계를 정립해 놓았다.

한편 독자들이 가장 어려움을 겪는 해당인의 숫자를 어느 누구나 1,2,3,4만 알 수 있다면 평생운과 일년운을 동시에 볼수 있게끔 세계 최초로 공개하는 바이다.

토정비법을 보는 법

토정비결을 보는 방법은 나중에 있듯이 매우 어렵다. 그러나 '토정비법'에서는 비결수를 미리 뽑아 쉽게 알 수 있게 했다. 예를 들면 다음과 같다. (오른쪽 조견표 참고)

예) **1960년 8월 9일생(음력) : 2007년 현재 나이 48세**
　상수 : 상수에서 연령 48 경자를 보면 1이다.
　중수 : 중수에서 태어난 달 8월을 보면 3이다.
　하수 : 하수에서 태어난 달 8월과 태어난 날 9일을 보면 3이다.
　　　　즉, 비결수는 133이다.

예) **1985년 3월 25일생(음력) : 2007년 현재 나이 23세**
　상수 : 상수에서 연령 23 을축을 보면 8이다.
　중수 : 중수에서 태어난 달 3월을 보면 2이다.
　하수 : 하수에서 태어난 달 3월과 태어난 날 25일을 보면 1이다.
　　　　즉, 비결수는 821이다.

평생운(사주) 보는 법

1990년부터 2048년까지 해당인의 비결수(토정비법 번호)를 미리 찾아 본문에서 보면 자신의 평생사주가 된다.

예를 들면 1960년생인 사람이 2007년을 기준으로 5년 후의 미래를 알고 싶다면 2012년도의 비결수를 찾아 읽으면 되고, 20년 후를 알고 싶으면 2027년의 비결수를 찾아 본문에서 읽으면 된다.

즉 누구든지 자기가 알고 싶은 연도의 비결수를 찾아 읽으면 자신의 평생사주가 된다.

● 간혹 비결수의 의혹부분은 지구가 측면으로 기울어 있기 때문이며 1984년부터 하원갑자(下元甲子 : 하극상)시대, 그밖에 천성(天星) 28수(二十八宿) 등을 기준으로 한 것임을 밝힌다.

2007년 조견표(단기 4340년 · 정해년)

상수(태세)　　　　　　　　　　　　　돼지해

연령	정해 1	병술 2	을유 3	갑신 4	계미 5	임오 6	신사 7	경진 8	기묘 9	무인 10	정축 11	병자 12	을해 13	갑술 14	계유 15	임신 16	신미 17	경오 18	기사 19	무진 20
상괘	2	3	4	5	6	7	8	1	2	3	4	5	6	7	8	1	2	3	4	5
연령	정묘 21	병인 22	을축 23	갑자 24	계해 25	임술 26	신유 27	경신 28	기미 29	무오 30	정사 31	병진 32	을묘 33	갑인 34	계축 35	임자 36	신해 37	경술 38	기유 39	무신 40
상괘	6	7	8	1	2	3	4	5	6	7	8	1	2	3	4	5	6	7	8	1
연령	정미 41	병오 42	을사 43	갑진 44	계묘 45	임인 46	신축 47	경자 48	기해 49	무술 50	정유 51	병신 52	을미 53	갑오 54	계사 55	임진 56	신묘 57	경인 58	기축 59	무자 60
상괘	2	3	4	5	6	7	8	1	2	3	4	5	6	7	8	1	2	3	4	5
연령	정해 61	병술 62	을유 63	갑신 64	계미 65	임오 66	신사 67	경진 68	기묘 69	무인 70	정축 71	병자 72	을해 73	갑술 74	계유 75	임신 76	신미 77	경오 78	기사 79	무진 80
상괘	6	7	8	1	2	3	4	5	6	7	8	1	2	3	4	5	6	7	8	1
연령	정묘 81	병인 82	을축 83	갑자 84	계해 85	임술 86	신유 87	경신 88	기미 89	무오 90	정사 91	병진 92	을묘 93	갑인 94	계축 95	임자 96	신해 97	경술 98	기유 99	무신 100
상괘	2	3	4	5	6	7	8	1	2	3	4	5	6	7	8	1	2	3	4	5

중수(월건)

월별	정월小 임인	2월小 계묘	3월大 갑진	4월小 을사	5월小 병오	6월大 정미	7월小 무신	8월大 기유	9월大 경술	10월大 신해	11월小 임자	12월大 계축
중건	6	4	2	5	3	2	5	3	1	5	2	1

하수(일진)

월\일	1	2	3	4	5	6	7	8	9	10	11	12	13	14	15	16	17	18	19	20	21	22	23	24	25	26	27	28	29	30
정월小	2	3	3	1	2	2	3	3	3	3	2	1	2	1	1	2	2	2	1	1	1	3	2	2	3	2	1	2	3	
2월小	1	3	2	2	2	1	1	1	3	3	1	2	1	3	3	3	3	1	1	2	1	1	1	2	2	1	1	3	3	
3월大	3	3	1	2	2	3	1	1	2	2	2	2	1	3	1	3	3	1	1	1	3	3	3	2	1	1	2	1	3	1
4월小	2	2	1	3	3	3	2	2	2	1	1	2	3	2	1	1	1	3	3	3	2	2	2	3	2	1				
5월小	2	1	1	2	3	3	1	2	2	3	3	3	3	2	1	1	2	2	2	1	1	1	3	2	2	3	2			
6월大	2	3	1	1	3	2	2	2	1	1	1	3	3	1	2	1	3	3	3	3	1	1	2	1	1	1	2	2	1	1
7월小	3	3	2	2	3	1	1	2	2	3	1	1	1	1	3	2	2	1	1	3	3	3	2	2	1	2	2	1	3	1
8월大	1	3	1	2	2	1	3	3	2	1	1	1	2	2	2	2	2	3	2	1	1	2	3	2	2	1	1	2	3	2
9월大	2	1	1	3	3	1	2	2	3	1	1	1	3	1	2	2	3	1	1	1	3	3	3	3	2	1	1	1	2	2
10월大	1	3	1	2	1	3	3	3	2	2	2	1	1	2	1	3	3	1	1	1	2	2	2	2	2	3	3	2	1	3
11월小	2	1	1	3	3	1	2	2	3	1	1	2	2	2	1	1	1	3	1	1	3	3	3	2	1	3	2	1	1	
12월大	2	1	2	3	3	2	1	1	1	3	3	2	2	1	3	2	2	2	2	3	3	1	2	3	3	3	1	1	1	1

일반적으로 토정비결 보는 법

토정비결을 보고자 할 때는 반드시 생년월일을 음력으로 보아야 한다.
<표1>의 기본년월일수를 참고한다.
1. 상수(년) : 자신의 나이를 쓰고, 보고자 하는 해의 간지(예 : 丁亥 등)에 해당하는 연수를 합하여 8로 나눈 나머지 숫자를 말한다.
2. 중수(월) : 자신의 생월(그해의 월이 크면 30일, 작으면 29일로 한다)의 말일(末日) 수와 월수(<표1>의 월수)를 합하여 6으로 나눈 나머지 숫자를 말한다.
3. 하수(일) : 자신의 생일 숫자와 일수(<표1>의 일수)를 합하여 3으로 나눈 나머지 숫자를 말한다.
※ 상·중·하수를 불문하고 나누어 나머지 수가 없을 때는 상수는 8, 중수는 6, 하수는 3으로 한다.

※ 유의할 점
- 보고자 하는 해의 나이를 기준으로 한다.
  즉 2007년 59세(1949년생) 6월 5일생이면,
  49년의 6월은 30일까지 있고 2007년 6월도 30일까지 있다.
  49년 6월 5일은 신묘(辛卯)일이나 2007년 6월 5일은 계축(癸丑)일이다.
  그러므로 계산방법은 나이와 보고자 하는 해(당년 간지수·연수)와 생월은 그 해(당년 해당월)가 크고 작음을 알아야 한다.

예) 2007년 현재 59세(기축 1949년생) 7월 3일생 경우
① **상수** : 정해(丁亥 : 2007년 간지)년은 <표1>을 보면 연수가 17(세번째 줄 왼쪽에서 네번째)로 17에다 59를 더하면 76이 된다. 이를 8로 나누면 8×9=72로 나머지 4가 남는다. 이것이 상수이다.
② **중수** : 7월생이므로 2007년 7월은 29일이고 월건(간지)은 무신(戊申)으로 <표1>을 보면 월수에 12(다섯번째 줄 왼쪽에서 다섯번째)라고 쓰여 있다. 12에다 29를 더하면 41로, 이를 6으로 나누면 6×6=36이 되고 나머지는 5가 되므로 이것이 중수이다.

③ **하수** : 해당인의 생일과 생일에 해당한 간지수(干地數)로 본다. 단 간지수는 당년 것으로 본다. 생일 3과 3일의 간지(2007년도)는 신사(辛巳)로 <표1>을 보면 일수에 14(두번째 줄 왼쪽에서 여덟번째)라고 쓰여 있다. 14에다 3을 더하면 17이 된다. 이를 3으로 나누면 3×5=15로 나머지 2가 남는다. 이것이 하수가 된다.

그러므로 1949년 7월 3일생(2007년 현재 59세)의 토정비결 숫자는 452가 된다.

● 이와 같은 원리로 토정비결 숫자를 산출한다. 이러한 까닭에 일년마다 해당수를 미리 산출해논 경우도 있어 아주 편리하다.

    그러나 본 저서는 1990~2048(60년간)년을 미리 뽑아놓았다. 그리하여 과거운도 볼 수 있고 미래운도 볼 수 있어 평생을 연월까지 볼 수 있도록 한 것이다. 이러한 내용이 이 책의 특징인 것이다.

    따라서 자신의 생년월일만 알면 2048년까지는 토정비법을 마음놓고 볼 수 있다.

<표1>　　기본년월일수

甲子 년 월 일 20 18 18	乙丑 년 월 일 21 16 19	丙寅 년 월 일 17 14 15	丁卯 년 월 일 16 12 14	戊辰 년 월 일 18 10 16	己巳 년 월 일 18 13 16	庚午 년 월 일 17 17 15	辛未 년 월 일 20 15 18	壬申 년 월 일 18 13 16	癸酉 년 월 일 17 11 15
甲戌 년 월 일 22 14 20	乙亥 년 월 일 19 12 17	丙子 년 월 일 18 16 16	丁丑 년 월 일 19 14 17	戊寅 년 월 일 15 12 13	己卯 년 월 일 19 15 17	庚辰 년 월 일 21 13 19	辛巳 년 월 일 16 11 14	壬午 년 월 일 15 15 13	癸未 년 월 일 18 13 16
甲申 년 월 일 21 16 19	乙酉 년 월 일 20 14 18	丙戌 년 월 일 20 12 18	丁亥 년 월 일 17 10 15	戊子 년 월 일 16 14 14	己丑 년 월 일 22 17 20	庚寅 년 월 일 18 15 16	辛卯 년 월 일 17 13 15	壬辰 년 월 일 19 11 17	癸巳 년 월 일 14 9 12
甲午 년 월 일 18 18 16	乙未 년 월 일 21 16 19	丙申 년 월 일 19 14 17	丁酉 년 월 일 18 12 16	戊戌 년 월 일 18 10 16	己亥 년 월 일 20 13 18	庚子 년 월 일 19 17 17	辛丑 년 월 일 20 15 18	壬寅 년 월 일 16 13 14	癸卯 년 월 일 15 11 13
甲辰 년 월 일 22 14 20	乙巳 년 월 일 17 12 15	丙午 년 월 일 16 16 14	丁未 년 월 일 19 14 17	戊申 년 월 일 17 12 15	己酉 년 월 일 21 15 19	庚戌 년 월 일 21 13 19	辛亥 년 월 일 18 11 16	壬子 년 월 일 17 15 15	癸丑 년 월 일 18 13 16
甲寅 년 월 일 19 16 17	乙卯 년 월 일 18 14 16	丙辰 년 월 일 20 12 18	丁巳 년 월 일 15 10 13	戊午 년 월 일 14 14 12	己未 년 월 일 22 17 20	庚申 년 월 일 20 15 18	辛酉 년 월 일 19 13 17	壬戌 년 월 일 19 11 17	癸亥 년 월 일 16 9 14

토정비법 조견표

(1990년부터 2048년까지)

- 보는 법은 12페이지에 있는 '토정비법 보는법'에 준한다.

1990년

(단기 4323년 · 경오년)   상수(태세)   말해

연령	경오 1	기사 2	무진 3	정묘 4	병인 5	을축 6	갑자 7	계해 8	임술 9	신유 10	경신 11	기미 12	무오 13	정사 14	병진 15	을묘 16	갑인 17	계축 18	임자 19	신해 20
상쾌	2	3	4	5	6	7	8	1	2	3	4	5	6	7	8	1	2	3	4	5
연령	경술 21	기유 22	무신 23	정미 24	병오 25	을사 26	갑진 27	계묘 28	임인 29	신축 30	경자 31	기해 32	무술 33	정유 34	병신 35	을미 36	갑오 37	계사 38	임진 39	신묘 40
상쾌	6	7	8	1	2	3	4	5	6	7	8	1	2	3	4	5	6	7	8	1
연령	경인 41	기축 42	무자 43	정해 44	병술 45	을유 46	갑신 47	계미 48	임오 49	신사 50	경진 51	기묘 52	무인 53	정축 54	병자 55	을해 56	갑술 57	계유 58	임신 59	신미 60
상쾌	2	3	4	5	6	7	8	1	2	3	4	5	6	7	8	1	2	3	4	5
연령	경오 61	기사 62	무진 63	정묘 64	병인 65	을축 66	갑자 67	계해 68	임술 69	신유 70	경신 71	기미 72	무오 73	정사 74	병진 75	을묘 76	갑인 77	계축 78	임자 79	신해 80
상쾌	6	7	8	1	2	3	4	5	6	7	8	1	2	3	4	5	6	7	8	1
연령	경술 81	기유 82	무신 83	정미 84	병오 85	을사 86	갑진 87	계묘 88	임인 89	신축 90	경자 91	기해 92	무술 93	정유 94	병신 95	을미 96	갑오 97	계사 98	임진 99	신묘 100
상쾌	2	3	4	5	6	7	8	1	2	3	4	5	6	7	8	1	2	3	4	5

중수(월건)

월별	정월(소) 무인	2월(대) 기묘	3월(소) 경진	4월(소) 신사	5월(대) 임오	윤5월(소) 임오	6월(소) 계미	7월(대) 갑신	8월(대) 을유	9월(소) 병술	10월(대) 정해	11월(대) 무자	12월(대) 기축
중건	5	3	6	4	3	2	6	4	2	5	4	2	5

하수(일진)

월별	1	2	3	4	5	6	7	8	9	10	11	12	13	14	15	16	17	18	19	20	21	22	23	24	25	26	27	28	29	30
정월(소)	3	2	1	2	1	1	2	2	2	1	1	1	3	2	2	3	2	1	2	3	3	2	1	1	1	3	3	3	2	
2월(대)	3	1	2	1	3	3	3	3	1	1	2	1	1	1	2	2	1	1	3	3	2	2	3	1	1	2	3	3	1	1
3월(소)	1	1	3	2	3	2	2	3	3	2	2	2	1	3	1	3	2	1	1	3	2	2	2	1	1					
4월(소)	1	1	2	3	1	1	1	1	1	3	3	2	1	2	1	1	3	1	2	3	1	1	2	2	3	1	1			
5월(대)	3	3	3	2	1	2	1	1	2	2	1	1	1	3	2	3	2	1	3	2	1	1	1	3	3					
윤5월(소)	3	2	2	3	1	3	2	2	2	2	3	1	3	3	1	3	3	1	1	3	2	2	2	3	1	2				
6월(소)	3	1	1	1	3	2	2	2	2	2	1	3	3	2	3	3	3	1	1	3	1	3	2	2						
7월(대)	2	2	2	1	3	2	1	1	1	2	2	2	3	2	2	3	1	1	2	2	1	1	3	2	2	3	1	1	3	3
8월(대)	2	2	2	1	3	1	1	3	1	1	2	2	2	2	2	3	3	3	2	2	3	3	3	2	1	1	2	3	3	3
9월(소)	3	2	2	2	1	1	2	3	2	1	1	1	1	2	2	3	2	2	2	2	1	1	3	3	1	2	2			
10월(대)	1	2	2	3	3	3	2	1	2	2	2	1	2	2	3	2	3	3	2	2	2	1	1							
11월(대)	1	3	3	3	2	2	3	2	2	2	2	2	3	3	1	3	3	2	2	2	2	1	2	3						
12월(대)	1	2	2	3	3	3	2	2	1	2	2	2	1	1	2	3	2	2	1	2	3	3	2	1	1					

1991년
(단기 4324년 · 신미년)   **상수(태세)**   양해

연령	신미 1	경오 2	기사 3	무진 4	정묘 5	병인 6	을축 7	갑자 8	계해 9	임술 10	신유 11	경신 12	기미 13	무오 14	정사 15	병진 16	을묘 17	갑인 18	계축 19	임자 20
상쾌	5	6	7	8	1	2	3	4	5	6	7	8	1	2	3	4	5	6	7	8
연령	신해 21	경술 22	기유 23	무신 24	정미 25	병오 26	을사 27	갑진 28	계묘 29	임인 30	신축 31	경자 32	기해 33	무술 34	정유 35	병신 36	을미 37	갑오 38	계사 39	임진 40
상쾌	1	2	3	4	5	6	7	8	1	2	3	4	5	6	7	8	1	2	3	4
연령	신묘 41	경인 42	기축 43	무자 44	정해 45	병술 46	을유 47	갑신 48	계미 49	임오 50	신사 51	경진 52	기묘 53	무인 54	정축 55	병자 56	을해 57	갑술 58	계유 59	임신 60
상쾌	5	6	7	8	1	2	3	4	5	6	7	8	1	2	3	4	5	6	7	8
연령	신미 61	경오 62	기사 63	무진 64	정묘 65	병인 66	을축 67	갑자 68	계해 69	임술 70	신유 71	경신 72	기미 73	무오 74	정사 75	병진 76	을묘 77	갑인 78	계축 79	임자 80
상쾌	1	2	3	4	5	6	7	8	1	2	3	4	5	6	7	8	1	2	3	4
연령	신해 81	경술 82	기유 83	무신 84	정미 85	병오 86	을사 87	갑진 88	계묘 89	임인 90	신축 91	경자 92	기해 93	무술 94	정유 95	병신 96	을미 97	갑오 98	계사 99	임진 100
상쾌	5	6	7	8	1	2	3	4	5	6	7	8	1	2	3	4	5	6	7	8

중수(월건)

월별	정월(소) 경인	2월(대) 신묘	3월(소) 임진	4월(소) 계사	5월(대) 갑오	6월(소) 을미	7월(소) 병신	8월(대) 정유	9월(소) 무술	10월(대) 기해	11월(대) 경자	12월(대) 신축
중건	2	1	4	2	6	3	1	6	3	1	5	3

하수(일진)

월별	1	2	3	4	5	6	7	8	9	10	11	12	13	14	15	16	17	18	19	20	21	22	23	24	25	26	27	28	29	30
정월(소)	1	3	3	3	2	2	3	1	3	2	2	2	2	3	3	1	3	3	3	1	1	3	3	2	2	1	1	2	3	
2월(대)	1	2	3	3	1	1	1	3	2	3	2	2	3	3	3	2	2	2	1	3	3	1	3	2	3	1	1	3	2	2
3월(소)	2	2	1	1	1	3	1	2	1	3	3	3	1	1	2	1	1	1	2	2	1	1	3	3	2	2	3			
4월(소)	2	2	3	1	1	2	2	2	1	3	3	1	1	3	3	2	1	1	2	1	3	1	2	2						
5월(대)	2	1	1	3	3	3	1	2	3	1	3	2	2	2	3	1	1	3	3	3	1	1	3	2	2	1	1			
6월(소)	2	3	3	1	2	2	3	3	3	1	2	1	1	1	3	2	2	1	1	1	2	2	1	1	3	2	2	1	2	3
7월(소)	1	3	2	2	2	1	1	1	3	3	3	3	3	1	1	2	1	1	1	2	2	1	1	3	3					
8월(대)	3	3	1	2	2	2	2	1	3	3	1	1	2	3	3	1	1	1	3	3	2	1	2	1	2	1				
9월(소)	2	2	1	3	3	2	2	1	1	1	2	1	1	3	3	1	1	1	1	2	1									
10월(대)	2	1	2	3	3	2	3	3	1	2	2	1	2	1	1	3	3	1	1	3	2	2	1	1						
11월(대)	2	3	3	3	2	1	1	1	3	3	1	3	2	2	2	3	3	1	3	3	1	1	3	2						
12월(대)	2	1	1	2	3	3	1	2	2	3	1	1	1	1	2	2	2	1	1	1	3	3	2	2	3	2	1			

1992년

(단기 4325년 · 임신년)　　　**상수(태세)**　　　원숭이해

연령	임신 1	신미 2	경오 3	기사 4	무진 5	정묘 6	병인 7	을축 8	갑자 9	계해 10	임술 11	신유 12	경신 13	기미 14	무오 15	정사 16	병진 17	을묘 18	갑인 19	계축 20
상쾌	3	4	5	6	7	8	1	2	3	4	5	6	7	8	1	2	3	4	5	6
연령	임자 21	신해 22	경술 23	기유 24	무신 25	정미 26	병오 27	을사 28	갑진 29	계묘 30	임인 31	신축 32	경자 33	기해 34	무술 35	정유 36	병신 37	을미 38	갑오 39	계사 40
상쾌	7	8	1	2	3	4	5	6	7	8	1	2	3	4	5	6	7	8	1	2
연령	임진 41	신묘 42	경인 43	기축 44	무자 45	정해 46	병술 47	을유 48	갑신 49	계미 50	임오 51	신사 52	경진 53	기묘 54	무인 55	정축 56	병자 57	을해 58	갑술 59	계유 60
상쾌	3	4	5	6	7	8	1	2	3	4	5	6	7	8	1	2	3	4	5	6
연령	임신 61	신미 62	경오 63	기사 64	무진 65	정묘 66	병인 67	을축 68	갑자 69	계해 70	임술 71	신유 72	경신 73	기미 74	무오 75	정사 76	병진 77	을묘 78	갑인 79	계축 80
상쾌	7	8	1	2	3	4	5	6	7	8	1	2	3	4	5	6	7	8	1	2
연령	임자 81	신해 82	경술 83	기유 84	무신 85	정미 86	병오 87	을사 88	갑진 89	계묘 90	임인 91	신축 92	경자 93	기해 94	무술 95	정유 96	병신 97	을미 98	갑오 99	계사 100
상쾌	3	4	5	6	7	8	1	2	3	4	5	6	7	8	1	2	3	4	5	6

중수(월건)

월별	정월(소) 임인	2월(대) 계묘	3월(대) 갑진	4월(소) 을사	5월(소) 병오	6월(대) 정미	7월(소) 무신	8월(소) 기유	9월(대) 경술	10월(소) 신해	11월(대) 임자	12월(대) 계축
중건	6	5	2	5	3	2	5	2	1	4	3	1

하수(일진)

월　　별	1	2	3	4	5	6	7	8	9	10	11	12	13	14	15	16	17	18	19	20	21	22	23	24	25	26	27	28	29	30
정월(소)	2	3	3	2	1	1	1	3	3	3	2	2	1	3	1	3	2	2	2	2	3	3	1	3	3	3	1	1	3	3
2월(대)	3	3	2	2	2	3	1	1	2	3	3	1	1	1	1	3	2	2	2	2	3	3	3	2	2	1	3	3	1	3
3월(대)	3	3	2	1	1	3	2	2	2	2	2	3	3	3	3	3	1	1	2	1	1	2	2	1	1	1	2	1	1	1
4월(소)	3	3	2	2	3	1	1	1	2	3	3	1	1	1	2	2	2	2	3	3	3	2	2	1	3	3	1	
5월(소)	1	3	1	2	2	1	3	3	3	2	2	2	1	2	3	2	1	1	1	2	2	3	2	2	3	3				
6월(대)	3	3	2	2	1	1	3	3	1	2	2	2	3	3	3	2	2	2	2	1	1	1	2	3	2	2
7월(소)	3	1	2	2	3	3	1	1	1	3	3	3	3	2	2	2	2	2	2	3	3	3	1	3	3	1
8월(소)	3	3	1	2	2	1	1	1	3	3	3	2	2	2	1	2	2	2	3	3	2	2	2	3	3	3
9월(대)	1	1	2	3	1	2	2	2	3	3	2	2	1	2	2	2	1	1	1	1	2	2	3	2	2	2
10월(소)	3	3	2	1	1	2	2	2	1	1	2	2	2	3	3	3	3	1	2	1	2	3	3	2	3	3
11월(대)	3	2	2	3	2	2	3	1	1	1	2	3	3	1	2	2	2	3	3	2	2	3	1	3	3
12월(대)	3	1	1	3	3	2	2	1	1	2	3	3	3	3	2	1	2	1	1	1	2	2	2	1	1	1

1993년
(단기 4326년 · 계유년)　　**상수(태세)**　　　　　　닭해

연령	계유 1	임신 2	신미 3	경오 4	기사 5	무진 6	정묘 7	병인 8	을축 9	갑자 10	계해 11	임술 12	신유 13	경신 14	기미 15	무오 16	정사 17	병진 18	을묘 19	갑인 20
상괘	2	3	4	5	6	7	8	1	2	3	4	5	6	7	8	1	2	3	4	5
연령	계축 21	임자 22	신해 23	경술 24	기유 25	무신 26	정미 27	병오 28	을사 29	갑진 30	계묘 31	임인 32	신축 33	경자 34	기해 35	무술 36	정유 37	병신 38	을미 39	갑오 40
상괘	6	7	8	1	2	3	4	5	6	7	8	1	2	3	4	5	6	7	8	1
연령	계사 41	임진 42	신묘 43	경인 44	기축 45	무자 46	정해 47	병술 48	을유 49	갑신 50	계미 51	임오 52	신사 53	경진 54	기묘 55	무인 56	정축 57	병자 58	을해 59	갑술 60
상괘	2	3	4	5	6	7	8	1	2	3	4	5	6	7	8	1	2	3	4	5
연령	계유 61	임신 62	신미 63	경오 64	기사 65	무진 66	정묘 67	병인 68	을축 69	갑자 70	계해 71	임술 72	신유 73	경신 74	기미 75	무오 76	정사 77	병진 78	을묘 79	갑인 80
상괘	6	7	8	1	2	3	4	5	6	7	8	1	2	3	4	5	6	7	8	1
연령	계축 81	임자 82	신해 83	경술 84	기유 85	무신 86	정미 87	병오 88	을사 89	갑진 90	계묘 91	임인 92	신축 93	경자 94	기해 95	무술 96	정유 97	병신 98	을미 99	갑오 100
상괘	2	3	4	5	6	7	8	1	2	3	4	5	6	7	8	1	2	3	4	5

중수(월건)

월별	정월(소) 갑인	2월(대) 을묘	3월(대) 병진	윤3월(소) 병진	4월(대) 정사	5월(소) 무오	6월(대) 기미	7월(소) 경신	8월(소) 신유	9월(대) 임술	10월(소) 계해	11월(대) 갑자	12월(소) 을축
중건	3	2	6	5	4	1	5	2	6	5	2	6	3

하수(일진)

월　별	1	2	3	4	5	6	7	8	9	10	11	12	13	14	15	16	17	18	19	20	21	22	23	24	25	26	27	28	29	30
정월(소)	3	2	2	3	2	1	2	3	3	2	1	1	1	3	3	3	2	2	3	1	3	2	2	2	3	3	1	3		
2월(대)	1	1	2	2	1	1	3	3	2	2	3	1	1	2	3	3	1	1	1	1	3	2	3	2	2	3	3	3	2	2
3월(대)	2	1	3	3	3	1	3	2	3	1	1	3	2	2	2	2	1	1	1	3	3	1	2	1	3	3	3	1	2	1
윤3월(소)	1	1	2	2	1	1	3	2	2	3	1	1	2	3	3	1	1	1	1	3	2	3	2	2	3	3	3	2		
4월(대)	3	3	3	2	1	2	1	2	1	2	2	3	2	3	1	1	3	2	1	2	1	1	1	1	1	1	2	2	2	3
5월(소)	2	2	3	3	3	2	2	1	3	2	3	2	3	1	1	2	2	2	1	2	1	1	3	3	1	1	1	1		
6월(대)	1	1	1	3	2	2	3	2	3	2	2	3	2	1	1	3	3	3	2	2	3	1	3	2	2	2	2	3	3	
7월(소)	1	3	3	3	1	1	3	2	1	2	2	1	1	3	3	2	1	1	1	1	3	1	2	1	3	1	1	1	1	
8월(소)	3	2	2	2	1	3	1	2	1	3	3	1	2	2	2	1	1	1	3	1	2	1	1	1	1					
9월(대)	3	3	2	2	3	2	2	1	3	3	3	1	3	1	2	3	2	2	1	2	3	2	2	3	3	3	1	3	3	1
10월(소)	1	1	3	3	3	1	1	3	3	3	1	1	1	3	1	1	3	3	2	2	3	3	2	3	2					
11월(대)	2	3	1	3	3	3	1	1	3	2	2	1	1	1	1	2	2	3	2	2	3	1	3	1	2	1	2	1	1	1
12월(소)	2	2	2	1	1	1	3	2	2	3	1	2	1	1	1	1	3	3	3	2	2	3	1	3	2	2				

1994년

(단기 4327년 · 갑술년)　　　**상수 (태세)**　　　　　　　　개해

연령	갑술1	계유2	임신3	신미4	경오5	기사6	무진7	정묘8	병인9	을축10	갑자11	계해12	임술13	신유14	경신15	기미16	무오17	정사18	병진19	을묘20
상괘	7	8	1	2	3	4	5	6	7	8	1	2	3	4	5	6	7	8	1	2
연령	갑인21	계축22	임자23	신해24	경술25	기유26	무신27	정미28	병오29	을사30	갑진31	계묘32	임인33	신축34	경자35	기해36	무술37	정유38	병신39	을미40
상괘	3	4	5	6	7	8	1	2	3	4	5	6	7	8	1	2	3	4	5	6
연령	갑오41	계사42	임진43	신묘44	경인45	기축46	무자47	정해48	병술49	을유50	갑신51	계미52	임오53	신사54	경진55	기묘56	무인57	정축58	병자59	을해60
상괘	7	8	1	2	3	4	5	6	7	8	1	2	3	4	5	6	7	8	1	2
연령	갑술61	계유62	임신63	신미64	경오65	기사66	무진67	정묘68	병인69	을축70	갑자71	계해72	임술73	신유74	경신75	기미76	무오77	정사78	병진79	을묘80
상괘	3	4	5	6	7	8	1	2	3	4	5	6	7	8	1	2	3	4	5	6
연령	갑인81	계축82	임자83	신해84	경술85	기유86	무신87	정미88	병오89	을사90	갑진91	계묘92	임인93	신축94	경자95	기해96	무술97	정유98	병신99	을미100
상괘	7	8	1	2	3	4	5	6	7	8	1	2	3	4	5	6	7	8	1	2

중수 (월건)

월별	정월(대)병인	2월(대)정묘	3월(대)무진	4월(소)기사	5월(대)경오	6월(소)신미	7월(대)임신	8월(소)계유	9월(소)갑술	10월(대)을해	11월(소)병자	12월(대)정축
중건	2	6	4	6	5	2	1	4	1	6	3	2

하수 (일진)

월별	1	2	3	4	5	6	7	8	9	10	11	12	13	14	15	16	17	18	19	20	21	22	23	24	25	26	27	28	29	30
정월(대)	3	3	1	1	2	1	1	1	2	2	1	1	3	3	2	2	3	1	1	2	3	3	1	1	1	1	3	2	3	2
2월(대)	2	3	3	3	2	2	2	1	3	3	2	3	1	1	2	2	2	1	1	3	2	2	2	1	3	1	2	1	3	3
3월(대)	3	3	1	1	1	2	1	1	2	2	1	1	3	2	3	3	1	1	1	1	3	3	2							
4월(소)	2	3	3	3	2	2	2	1	3	3	1	1	1	2	2	2	1	1	3	3	1	2	1	3						
5월(대)	1	1	1	2	2	3	2	2	2	3	3	2	2	1	1	2	2	1	2	2	2	2	1	3	1					
6월(소)	3	3	1	1	1	3	3	3	2	1	2	1	3	2	2	2	3	3	2	2	2	1	1	2	3	2				
7월(대)	2	2	2	3	1	3	1	1	1	3	2	1	3	3	2	1	1	3	2	2	1	1	1	3	1					
8월(소)																														
9월(소)	1	3	3	3	1	2	1	1	1	2	2	1	1	3	3	2	2	2	1	1	2	3	3	1	1	1				
10월(대)	2	1	3	3	1	1	3	2	1	1	1	2	2	1	3	3	1	2	2	3	2									
11월(소)	3	2	1	1	1	1	2	2	3	2	3	2	2	2	3	3	2	2	2	2	1	1	2							
12월(대)	3	2	1	2	1	1	1	2	2	2	1	1	3	2	3	3	2	1	1	3	2	1	1	3	3	2	2			

1995년

(단기 4328년 · 을해년)   상수(태세)   돼지해

연령	을해 1	갑술 2	계유 3	임신 4	신미 5	경오 6	기사 7	무진 8	정묘 9	병인 10	을축 11	갑자 12	계해 13	임술 14	신유 15	경신 16	기미 17	무오 18	정사 19	병진 20
상쾌	4	5	6	7	8	1	2	3	4	5	6	7	8	1	2	3	4	5	6	7
연령	을묘 21	갑인 22	계축 23	임자 24	신해 25	경술 26	기유 27	무신 28	정미 29	병오 30	을사 31	갑진 32	계묘 33	임인 34	신축 35	경자 36	기해 37	무술 38	정유 39	병신 40
상쾌	8	1	2	3	4	5	6	7	8	1	2	3	4	5	6	7	8	1	2	3
연령	을미 41	갑오 42	계사 43	임신 44	신묘 45	경인 46	기사 47	무진 48	정해 49	병술 50	을유 51	갑신 52	계미 53	임오 54	신사 55	경진 56	기묘 57	무인 58	정축 59	병자 60
상쾌	4	5	6	7	8	1	2	3	4	5	6	7	8	1	2	3	4	5	6	7
연령	을해 61	갑술 62	계유 63	임신 64	신미 65	경오 66	기사 67	무진 68	정묘 69	병인 70	을축 71	갑자 72	계해 73	임술 74	신유 75	경신 76	기미 77	무오 78	정사 79	병진 80
상쾌	8	1	2	3	4	5	6	7	8	1	2	3	4	5	6	7	8	1	2	3
연령	을묘 81	갑인 82	계축 83	임자 84	신해 85	경술 86	기유 87	무신 88	정미 89	병오 90	을사 91	갑진 92	계묘 93	임인 94	신축 95	경자 96	기해 97	무술 98	정유 99	병신 100
상쾌	4	5	6	7	8	1	2	3	4	5	6	7	8	1	2	3	4	5	6	7

중수(월건)

월별	정월(소) 무인	2월(대) 기묘	3월(대) 경진	4월(소) 신사	5월(대) 임오	6월(소) 계미	7월(소) 갑신	8월(대) 을유	윤8월(소) 을유	9월(대) 병술	10월(소) 정해	11월(소) 무자	12월(대) 기축
중건	5	3	1	4	3	1	3	2	1	6	3	1	5

하수(일진)

월별	1	2	3	4	5	6	7	8	9	10	11	12	13	14	15	16	17	18	19	20	21	22	23	24	25	26	27	28	29	30
정월(소)	3	1	3	2	2	2	3	3	1	3	3	3	1	1	3	3	2	2	1	1	2	3	3	1	2	2	3	3		
2월(대)	1	1	3	2	3	2	2	3	3	1	3	2	2	1	3	3	2	3	2	3	1	1	3	2	2	2	1	1	1	3
3월(대)	3	1	2	1	3	3	3	1	1	2	1	1	2	2	1	3	3	2	2	3	1	1	2	3	3	1	1	3	1	1
4월(소)	1	1	3	2	3	2	2	3	1	2	2	3	1	3	3	2	3	3	1	1	2	2	1	1						
5월(대)	1	1	2	3	2	1	1	1	1	2	2	3	2	2	3	2	2	1	1	3	3	1	2	3	1	1	1	2
6월(대)	2	2	2	1	3	1	3	3	1	1	3	3	3	2	2	1	1	2	2	1	1	2	1	1	3	3	3	2	2	2
7월(소)	1	2	3	2	1	1	1	3	2	2	3	1	1	1	2	2	3	1	2	3	2	2	3	1	2	3	1	1		
8월(대)	3	3	3	1	2	2	3	2	1	1	1	1	3	1	1	1	2	3	2	2	2	3	1	1	1	2	1	1	3	3
윤8월(소)	3	2	2	1	3	2	2	1	3	2	1	1	1	2	1	3	1	1	3	2	2	1	1	2	1	1				
9월(대)	3	1	1	1	3	2	3	2	2	3	3	3	2	2	1	3	1	2	1	1	1	3	2	2	2	1
10월(소)	1	3	2	1	1	1	2	2	2	2	1	1	2	2	1	3	1	1	1											
11월(소)	1	1	2	2	2	1	3	3	1	2	2	2	2	1	1	1	2	2	2	1	2	3	2	2	1	3	3	1		
12월(대)	1	3	3	3	2	2	1	3	2	2	2	2	3	3	1	2	3	2	2	1	1	2	3	3

1996년
(단기 4329년 · 병자년)　　**상수 (태세)**　　　　　　　쥐해

연령	병자 1	을해 2	갑술 3	계유 4	임신 5	신미 6	경오 7	기사 8	무진 9	정묘 10	병인 11	을축 12	갑자 13	계해 14	임술 15	신유 16	경신 17	기미 18	무오 19	정사 20
상쾌	3	4	5	6	7	8	1	2	3	4	5	6	7	8	1	2	3	4	5	6
연령	병진 21	을묘 22	갑인 23	계축 24	임자 25	신해 26	경술 27	기유 28	무신 29	정미 30	병오 31	을사 32	갑진 33	계묘 34	임인 35	신축 36	경자 37	기해 38	무술 39	정유 40
상쾌	7	8	1	2	3	4	5	6	7	8	1	2	3	4	5	6	7	8	1	2
연령	병신 41	을미 42	갑오 43	계사 44	임진 45	신묘 46	경인 47	기축 48	무자 49	정해 50	병술 51	을유 52	갑신 53	계미 54	임오 55	신사 56	경진 57	기묘 58	무인 59	정축 60
상쾌	3	4	5	6	7	8	1	2	3	4	5	6	7	8	1	2	3	4	5	6
연령	병자 61	을해 62	갑술 63	계유 64	임신 65	신미 66	경오 67	기사 68	무진 69	정묘 70	병인 71	을축 72	갑자 73	계해 74	임술 75	신유 76	경신 77	기미 78	무오 79	정사 80
상쾌	7	8	1	2	3	4	5	6	7	8	1	2	3	4	5	6	7	8	1	2
연령	병진 81	을묘 82	갑인 83	계축 84	임자 85	신해 86	경술 87	기유 88	무신 89	정미 90	병오 91	을사 92	갑진 93	계묘 94	임인 95	신축 96	경자 97	기해 98	무술 99	정유 100
상쾌	3	4	5	6	7	8	1	2	3	4	5	6	7	8	1	2	3	4	5	6

중수 (월건)

월별	정월(소) 경인	2월(대) 신묘	3월(소) 임진	4월(대) 계사	5월(대) 갑오	6월(소) 을미	7월(대) 병신	8월(소) 정유	9월(대) 무술	10월(대) 기해	11월(소) 경자	12월(대) 신축
중건	2	1	4	3	6	3	2	5	4	1	4	3

하수 (일진)

월 별	1	2	3	4	5	6	7	8	9	10	11	12	13	14	15	16	17	18	19	20	21	22	23	24	25	26	27	28	29	30
정월(소)	1	2	2	3	3	3	3	2	1	2	1	1	2	2	2	1	1	1	3	2	2	3	2	1	2	3	3	2	1	
2월(대)	2	2	1	1	1	3	3	1	2	1	2	3	3	3	3	1	1	2	1	1	1	2	2	1	1	3	3	2	2	3	1
3월(소)	1	2	3	3	3	1	1	1	3	2	2	3	2	1	1	2	1	1	3	3	1	3	3	1	3	3	1	2	1	
4월(대)	3	3	3	2	2	2	1	1	2	2	3	1	1	1	2	2	3	2	2	2	3	3	2	2	1	1	3	3	3	1
5월(대)	2	2	3	1	1	2	2	2	1	1	3	3	1	1	1	3	3	3	2	1	1	2	1	3	1	2	1	2	2	1
6월(소)	3	3	3	2	2	2	3	3	2	2	2	3	2	2	2	1	1	3	3	1	3	3	1	1	1	2	2	1	1	
7월(대)	2	3	3	1	2	2	2	3	2	1	1	2	2	2	1	1	1	2	2	3	3	1	1	3	3	2	1	3	2	1
8월(소)	2	1	1	1	2	3	3	3	1	2	2	1	1	2	3	3	3	1	2	2	2	3	3	3	1	2	2	1	1	
9월(대)	2	3	1	1	2	3	3	2	1	2	3	3	3	2	2	3	2	2	1	3	3	3	1	3	1	3	1	2	3	1
10월(대)	1	3	2	2	2	1	1	2	3	3	3	1	1	2	2	1	1	1	2	2	2	3	2	2	1	1	1	3	2	3
11월(소)	2	3	1	1	2	3	3	3	1	1	1	2	1	3	3	3	2	2	1	1	3	3	3	1	2	2	1	1	2	3
12월(대)	2	2	1	3	3	3	2	2	2	1	1	2	3	3	2	1	1	1	2	3	2	2	3	3	2	2	3	2	1	1

1997년

(단기 4330년 · 정축년)   **상수 (태세)**   소해

연령	정축 1	병자 2	을해 3	갑술 4	계유 5	임신 6	신미 7	경오 8	기사 9	무진 10	정묘 11	병인 12	을축 13	갑자 14	계해 15	임술 16	신유 17	경신 18	기미 19	무오 20
상쾌	4	5	6	7	8	1	2	3	4	5	6	7	8	1	2	3	4	5	6	7
연령	정사 21	병진 22	을묘 23	갑인 24	계축 25	임자 26	신해 27	경술 28	기유 29	무신 30	정미 31	병오 32	을사 33	갑진 34	계묘 35	임인 36	신축 37	경자 38	기해 39	무술 40
상쾌	8	1	2	3	4	5	6	7	8	1	2	3	4	5	6	7	8	1	2	3
연령	정유 41	병신 42	을미 43	갑오 44	계사 45	임진 46	신묘 47	경인 48	기축 49	무자 50	정해 51	병술 52	을유 53	갑신 54	계미 55	임오 56	신사 57	경진 58	기묘 59	무인 60
상쾌	4	5	6	7	8	1	2	3	4	5	6	7	8	1	2	3	4	5	6	7
연령	정축 61	병자 62	을해 63	갑술 64	계유 65	임신 66	신미 67	경오 68	기사 69	무진 70	정묘 71	병인 72	을축 73	갑자 74	계해 75	임술 76	신유 77	경신 78	기미 79	무오 80
상쾌	8	1	2	3	4	5	6	7	8	1	2	3	4	5	6	7	8	1	2	3
연령	정사 81	병진 82	을묘 83	갑인 84	계축 85	임자 86	신해 87	경술 88	기유 89	무신 90	정미 91	병오 92	을사 93	갑진 94	계묘 95	임인 96	신축 97	경자 98	기해 99	무술 100
상쾌	4	5	6	7	8	1	2	3	4	5	6	7	8	1	2	3	4	5	6	7

중수 (월건)

월별	정월(소) 임인	2월(소) 계묘	3월(대) 갑진	4월(소) 을사	5월(대) 병오	6월(소) 정미	7월(대) 무신	8월(대) 기유	9월(소) 경술	10월(대) 신해	11월(대) 임자	12월(소) 계축
중건	6	4	2	5	4	1	6	3	6	5	3	6

하수 (일진)

월별	1	2	3	4	5	6	7	8	9	10	11	12	13	14	15	16	17	18	19	20	21	22	23	24	25	26	27	28	29	30
정월(소)	3	3	1	2	2	3	1	1	2	2	2	1	3	1	3	3	1	1	3	3	3	2	1	1	2	1	3			
2월(소)	2	3	3	2	1	1	1	3	3	3	2	2	3	1	3	2	2	2	2	3	3	1	3	3	3	1	1	3	3	
3월(대)	3	3	2	1	2	3	1	1	3	3	1	1	2	3	3	2	2	2	3	2	2	2	1	3	3	1	3			3
4월(소)	2	3	1	1	3	2	2	2	1	1	3	3	1	2	1	3	3	3	3	1	1	2	1	1	1	2	2	1		
5월(대)	2	1	1	3	3	1	2	2	3	1	1	2	2	2	1	3	1	3	1	1	1	3	3	3	2	1	1	1	2	
6월(소)	1	3	1	2	2	1	3	3	2	2	2	1	3	2	1	1	1	2	2	3	2	2	2	3	3					
7월(대)	3	3	2	2	1	2	3	1	2	2	3	3	1	2	3	1	2	2	2	1	2	2	1	1	1	3	2			2
8월(대)	3	2	1	2	3	2	1	1	3	2	1	2	3	3	3	2	2	2	2	1	2	3	2	1	1	2	3			
9월(소)	3	2	1	2	3	1	2	3	3	2	3	3	2	1	1	1	1	1	1	2	2	1	1	2	2	1	1	2	3	2
10월(대)	3	1	3	2	3	1	1	2	2	1	1	1	3	2	2	3	2	1	2	2	2	1	3	2	1	1	1	3		2
11월(대)	2	1	1	3	3	2	2	3	3	1	1	2	3	3	1	1	1	1	3	2	2	1	3	3	3	2	2	2	1	3
12월(소)	3	1	3	2	3	1	1	3	2	2	2	2	1	1	3	1	2	1	3	3	3	3	1	1	2	1	1	1		

1998년
(단기 4331년 · 무인년)　　　**상수(태세)**　　　범해

연령	무인 1	정축 2	병자 3	을해 4	갑술 5	계유 6	임신 7	신미 8	경오 9	기사 10	무진 11	정묘 12	병인 13	을축 14	갑자 15	계해 16	임술 17	신유 18	경신 19	기미 20
상괘	8	1	2	3	4	5	6	7	8	1	2	3	4	5	6	7	8	1	2	3
연령	무오 21	정사 22	병진 23	을묘 24	갑인 25	계축 26	임자 27	신해 28	경술 29	기유 30	무신 31	정미 32	병오 33	을사 34	갑진 35	계묘 36	임인 37	신축 38	경자 39	기해 40
상괘	4	5	6	7	8	1	2	3	4	5	6	7	8	1	2	3	4	5	6	7
연령	무술 41	정유 42	병신 43	을미 44	갑오 45	계사 46	임진 47	신묘 48	경인 49	기축 50	무자 51	정해 52	병술 53	을유 54	갑신 55	계미 56	임오 57	신사 58	경진 59	기묘 60
상괘	8	1	2	3	4	5	6	7	8	1	2	3	4	5	6	7	8	1	2	3
연령	무인 61	정축 62	병자 63	을해 64	갑술 65	계유 66	임신 67	신미 68	경오 69	기사 70	무진 71	정묘 72	병인 73	을축 74	갑자 75	계해 76	임술 77	신유 78	경신 79	기미 80
상괘	4	5	6	7	8	1	2	3	4	5	6	7	8	1	2	3	4	5	6	7
연령	무오 81	정사 82	병진 83	을묘 84	갑인 85	계축 86	임자 87	신해 88	경술 89	기유 90	무신 91	정미 92	병오 93	을사 94	갑진 95	계묘 96	임인 97	신축 98	경자 99	기해 100
상괘	8	1	2	3	4	5	6	7	8	1	2	3	4	5	6	7	8	1	2	3

중수(월건)

월별	정월(대) 갑인	2월(소) 을묘	3월(소) 병진	4월(대) 정사	5월(소) 무오	윤5월(소) 무오	6월(대) 기미	7월(대) 경신	8월(소) 신유	9월(대) 임술	10월(대) 계해	11월(대) 갑자	12월(소) 을축
중건	4	1	5	4	1	1	5	3	6	5	3	6	3

하수(일진)

월　별	1	2	3	4	5	6	7	8	9	10	11	12	13	14	15	16	17	18	19	20	21	22	23	24	25	26	27	28	29	30
정월(대)	3	3	2	2	1	1	3	3	1	2	2	3	1	1	2	2	2	1	3	1	3	3	1	1	3	3	3	2		
2월(소)	1	1	2	1	3	1	2	2	1	3	3	3	2	2	2	1	1	2	3	2	1	1	1	2	2	3	2	2		
3월(소)	3	1	1	3	3	2	2	1	2	2	3	3	3	3	2	1	2	1	2	2	1	1								
4월(대)	2	1	3	3	1	3	2	3	1	1	3	2	2	1	1	3	3	1	2	1	2	3	3	3	1	1	2	1		
5월(소)	1	1	2	2	1	3	3	2	2	3	1	1	2	3	1	1	1	1	2	3	2	2	3	3	3	2				
윤5월(소)	3	3	2	1	1	2	1	3	2	2	2	2	1	1	2	3	2	1	1	1	1	2	2							
6월(대)	1	3	3	3	1	1	3	2	2	1	2	2	3	3	3	1	1	3	3	3	2	1	1	2	2	1	3	1		
7월(대)	1	1	1	2	1	3	2	2	3	2	2	1	1	3	3	2	1	2	2	2	1	1	2	2	3	3	3	3	2	3
8월(소)	2	2	2	3	1	2	3	2	2	1	1	3	3	3	2	3	1	3	1	2	1	1	1	2						
9월(대)	3	2	2	2	1	3	3	1	3	2	1	3	1	1	1	2	2	1	1	2	1	3	2	3	3	3	1			
10월(대)	3	2	2	1	2	2	1	2	3	3	3	3	1	1	1	3	2	3	1	3	3	2	3	2	3	3	2	1		
11월(대)	3	2	2	2	1	3	2	2	2	2	2	3	3	3	3	1	2	2	3	3	1	1	3	3	3	3	3	3		
12월(소)	1	2	1	1	2	2	1	2	2	3	1	2	3	3	1	1	1	3	2	2	3	3	2	2	3					

1999년

(단기 4332년 · 기묘년) 　　**상수(태세)**　　　　토끼해

연령	기묘 1	무인 2	정축 3	병자 4	을해 5	갑술 6	계유 7	임신 8	신미 9	경오 10	기사 11	무진 12	정묘 13	병인 14	을축 15	갑자 16	계해 17	임술 18	신유 19	경신 20
상쾌	4	5	6	7	8	1	2	3	4	5	6	7	8	1	2	3	4	5	6	7
연령	기미 21	무오 22	정사 23	병진 24	을묘 25	갑인 26	계축 27	임자 28	신해 29	경술 30	기유 31	무신 32	정미 33	병오 34	을사 35	갑진 36	계묘 37	임오 38	신축 39	경자 40
상쾌	8	1	2	3	4	5	6	7	8	1	2	3	4	5	6	7	8	1	2	3
연령	기해 41	무술 42	정유 43	병신 44	을해 45	갑오 46	계사 47	임진 48	신묘 49	경인 50	기축 51	무자 52	정해 53	병술 54	을유 55	갑신 56	계해 57	임오 58	신사 59	경진 60
상쾌	4	5	6	7	8	1	2	3	4	5	6	7	8	1	2	3	4	5	6	7
연령	기묘 61	무인 62	정축 63	병자 64	을해 65	갑술 66	계유 67	임신 68	신미 69	경오 70	기사 71	무진 72	정묘 73	병인 74	을축 75	갑자 76	계해 77	임술 78	신유 79	경신 80
상쾌	8	1	2	3	4	5	6	7	8	1	2	3	4	5	6	7	8	1	2	3
연령	기미 81	무오 82	정사 83	병진 84	을묘 85	갑인 86	계축 87	임자 88	신해 89	경술 90	기유 91	무신 92	정미 93	병오 94	을사 95	갑진 96	계묘 97	임오 98	신축 99	경자 100
상쾌	4	5	6	7	8	1	2	3	4	5	6	7	8	1	2	3	4	5	6	7

중수(월건)

월별	정월(대) 병인	2월(소) 정묘	3월(소) 무진	4월(대) 기사	5월(소) 경오	6월(소) 신미	7월(대) 임신	8월(소) 계유	9월(대) 갑술	10월(대) 을해	11월(대) 병자	12월(소) 정축
중건	2	5	3	1	4	2	1	4	2	6	4	1

하수(일진)

월별	1	2	3	4	5	6	7	8	9	10	11	12	13	14	15	16	17	18	19	20	21	22	23	24	25	26	27	28	29	30
정월(대)	1	1	3	3	3	2	1	1	2	1	3	1	2	2	1	3	3	3	2	2	2	1	1	2	3	2	1	1	1	1
2월(소)	2	2	3	2	2	2	3	3	2	2	1	1	3	3	2	2	1	2	3	1	1	2	2	2	2	1	3	1	3	3
3월(소)	2	2	2	1	1	1	3	2	2	3	2	2	2	1	1	1	3	3	3	2	2	1	3	1	2					
4월(대)	3	3	1	1	2	1	1	1	2	2	1	1	3	3	2	2	3	1	1	2	3	3	1	1	1	1	3	2	3	2
5월(소)	2	3	3	3	2	2	2	1	3	3	1	3	2	3	1	1	3	2	2	2	1	1	1	3	3	1	2	1	3	
6월(소)	1	1	1	2	3	2	2	2	2	2	1	1	1	1	2	2	2	3	3	3	1	2	2	2	1	3				
7월(대)	2	1	1	2	2	1	1	1	3	2	2	3	2	2	3	2	1	1	1	2	2	1	1	3	3	2	3	1	3	
8월(소)	2	2	2	3	3	2	1	1	1	1	2	3	2	3	3	2	3	2	3	1	1	3	3	2	2	3				
9월(대)	2	3	2	2	3	3	3	2	2	1	3	3	1	3	2	3	1	1	2	2	2	1	1	3	3	1	2			
10월(대)	1	3	3	3	1	3	1	2	2	3	1	1	1	1	1	3	2	2	1	2	3	1	1	1	1	3				
11월(대)	2	3	2	2	3	3	3	2	2	1	3	3	1	2	1	1	2	3	1	2	1	1	2	2	1	1				
12월(소)	1	3	3	3	3	1	1	2	1	1	1	2	2	1	1	3	3	2	2	3	1	1	2	3	3	1	1	1		

2000년

(단기 4333년 · 경진년)   **상수(태세)**   용해

연령	경진 1	기묘 2	무인 3	정축 4	병자 5	을해 6	갑술 7	계유 8	임신 9	신미 10	경오 11	기사 12	무진 13	정묘 14	병인 15	을축 16	갑자 17	계해 18	임술 19	신유 20
상괘	6	7	8	1	2	3	4	5	6	7	8	1	2	3	4	5	6	7	8	1
연령	경신 21	기미 22	무오 23	정사 24	병진 25	을묘 26	갑인 27	계축 28	임자 29	신해 30	경술 31	기유 32	무신 33	정미 34	병오 35	을사 36	갑진 37	계묘 38	임인 39	신축 40
상괘	2	3	4	5	6	7	8	1	2	3	4	5	6	7	8	1	2	3	4	5
연령	경자 41	기해 42	무술 43	정유 44	병신 45	을미 46	갑오 47	계사 48	임진 49	신묘 50	경인 51	기축 52	무자 53	정해 54	병술 55	을유 56	갑신 57	계미 58	임오 59	신사 60
상괘	6	7	8	1	2	3	4	5	6	7	8	1	2	3	4	5	6	7	8	1
연령	경진 61	기묘 62	무인 63	정축 64	병자 65	을해 66	갑술 67	계유 68	임신 69	신미 70	경오 71	기사 72	무진 73	정묘 74	병인 75	을축 76	갑자 77	계해 78	임술 79	신유 80
상괘	2	3	4	5	6	7	8	1	2	3	4	5	6	7	8	1	2	3	4	5
연령	경신 81	기미 82	무오 83	정사 84	병신 85	을묘 86	갑인 87	계축 88	임자 89	신해 90	경술 91	기유 92	무신 93	정미 94	병오 95	을사 96	갑진 97	계묘 98	임인 99	신축 100
상괘	6	7	8	1	2	3	4	5	6	7	8	1	2	3	4	5	6	7	8	1

중수(월건)

월별	정월(대) 무인	2월(대) 기묘	3월(소) 경진	4월(소) 신사	5월(대) 임오	6월(소) 계미	7월(소) 갑신	8월(대) 을유	9월(소) 병술	10월(대) 정해	11월(대) 무자	12월(소) 기축
중건	6	3	6	4	3	6	3	2	5	4	2	4

하수(일진)

월 별	1	2	3	4	5	6	7	8	9	10	11	12	13	14	15	16	17	18	19	20	21	22	23	24	25	26	27	28	29	30
정월(대)	1	3	1	3	3	1	1	1	3	3	3	2	1	1	2	1	3	1	2	2	1	3	3	3	2	2	2	1	1	2
2월(대)	3	2	1	1	1	2	2	3	2	2	2	2	3	3	2	1	1	3	3	1	3	3	2	3	1	1	2	2	2	2
3월(소)	1	3	1	3	1	1	1	3	3	3	2	1	2	1	3	1	2	2	1	3	3	3	2	2	1	1				
4월(소)	3	1	3	2	2	2	2	3	1	3	3	1	1	3	3	2	2	1	1	2	3	3	1	2	2	3	3			
5월(대)	1	1	3	2	3	2	2	3	3	3	2	2	1	1	2	3	1	1	3	2	2	2	1	1	1	3				
6월(소)	3	1	2	1	3	3	3	1	1	2	1	2	1	1	3	2	2	3	1	1	2	3	3	1						
7월(소)	2	2	2	1	3	1	3	3	1	1	3	3	1	1	2	2	1	2	1	1	3	2	2	2	1					
8월(대)	3	1	1	2	1	2	3	3	2	2	2	2	3	3	2	3	2	2	1	3										
9월(소)	3	3	3	2	1	2	1	2	2	2	2	3	2	2	3	3	2	2	3	2	1	1	1	3						
10월(대)	1	1	3	1	2	1	3	3	3	1	2	2	1	2	3	3	2	2	3	2	2	1	1	1	3					
11월(대)	3	1	1	1	1	3	2	2	3	3	1	2	2	1	1	3	2	3	1	3	2	1	2	2	2	1				
12월(소)	1	1	3	3	1	2	1	2	3	3	3	1	1	2	1	1	1	2	2	1	3	3	2	2	3	1	1	2		

2001년
(단기 4334년 · 신사년)   　**상수(태세)**   　뱀해

연령	신사 1	경진 2	기묘 3	무인 4	정축 5	병자 6	을해 7	갑술 8	계유 9	임신 10	신미 11	경오 12	기사 13	무진 14	정묘 15	병인 16	을축 17	갑자 18	계해 19	임술 20
상쾌	1	2	3	4	5	6	7	8	1	2	3	4	5	6	7	8	1	2	3	4
연령	신유 21	경신 22	기미 23	무오 24	정사 25	병진 26	을묘 27	갑인 28	계축 29	임자 30	신해 31	경술 32	기유 33	무신 34	정미 35	병오 36	을사 37	갑진 38	계묘 39	임인 40
상쾌	5	6	7	8	1	2	3	4	5	6	7	8	1	2	3	4	5	6	7	8
연령	신축 41	경자 42	기해 43	무술 44	정유 45	병신 46	을미 47	갑오 48	계사 49	임진 50	신묘 51	경인 52	기축 53	무자 54	정해 55	병술 56	을유 57	갑신 58	계해 59	임오 60
상쾌	1	2	3	4	5	6	7	8	1	2	3	4	5	6	7	8	1	2	3	4
연령	신사 61	경진 62	기묘 63	무인 64	정축 65	병자 66	을해 67	갑술 68	계유 69	임신 70	신미 71	경오 72	기사 73	무진 74	정묘 75	병인 76	을축 77	갑자 78	계해 79	임술 80
상쾌	5	6	7	8	1	2	3	4	5	6	7	8	1	2	3	4	5	6	7	8
연령	신유 81	경신 82	기미 83	무오 84	정사 85	병진 86	을묘 87	갑인 88	계축 89	임자 90	신해 91	경술 92	기유 93	무신 94	정미 95	병오 96	을사 97	갑진 98	계묘 99	임인 100
상쾌	1	2	3	4	5	6	7	8	1	2	3	4	5	6	7	8	1	2	3	4

중수(월건)

월별	정월(대) 경인	2월(대) 신묘	3월(대) 임진	4월(소) 계사	윤4월(소) 계사	5월(대) 갑오	6월(소) 을사	7월(소) 병신	8월(대) 정유	9월(소) 무술	10월(대) 기해	11월(소) 경자	12월(대) 신축
중건	3	1	5	2	2	6	3	1	6	3	1	4	3

하수(일진)

월 별	1	2	3	4	5	6	7	8	9	10	11	12	13	14	15	16	17	18	19	20	21	22	23	24	25	26	27	28	29	30
정월(대)	1	1	2	2	2	1	3	1	3	3	1	1	3	3	3	2	1	1	2	1	3	1	2	2	1	3	3	3
2월(대)	2	2	2	1	1	2	3	2	1	1	1	1	2	2	3	2	2	2	3	3	2	2	1	1	3	3	1	2	2	3
3월(대)	1	1	2	2	2	2	1	3	3	1	3	3	1	1	3	3	3	2	1	1	2	1	3	1	2	2	1	3	3	3
4월(소)	2	2	2	1	2	3	2	2	2	2	2	3	2	2	2	3	2	1	1	3	1	2	2	3	3	1	2	2	2	
윤4월(소)	1	2	2	3	3	3	3	2	2	1	1	2	1	3	1	2	2	1	3	3	3	3	3	2	3	3	2	2	1	
5월(대)	2	2	1	1	1	3	3	1	2	1	2	1	1	2	1	1	1	1	1	2	2	1	1	3	3	2	2	3	1
6월(소)	1	2	3	3	1	1	1	3	2	3	2	2	3	3	3	2	2	2	1	3	1	3	3	1	1	3				
7월(소)	3	3	3	2	2	2	1	1	2	3	2	1	1	1	2	2	2	2	2	2	2	2	3	2	2	1	1	1		
8월(대)	2	3	3	1	2	2	3	3	2	1	1	1	1	2	1	2	1	1	2	1	1	1	1	1	3	2	3	1	2	2
9월(소)	2	1	1	1	3	3	2	1	1	1	1	1	1	1	1	1	1	1	1	1	1	2	3	2	2	2	2	1		
10월(대)	2	3	1	2	2	2	1	1	1	1	1	1	3	3	3	1	3	3	3	3	2	1	1	2	2	1	2	1	1	1
11월(소)	1	3	2	2	2	1	1	3	1	3	3	1	2	1	3	3	3	3	1	1	2	1	1	1	2	2	1	3	3	
12월(대)	3	3	1	2	2	3	1	1	2	2	2	2	1	3	3	3	1	1	3	3	3	2	1	1	2	1	3	1

2002년

(단기 4335년 · 임오년)   상수(태세)   말해

연령	임오 1	신사 2	경진 3	기묘 4	무인 5	정축 6	병자 7	을해 8	갑술 9	계유 10	임신 11	신미 12	경오 13	기사 14	무진 15	정묘 16	병인 17	을축 18	갑자 19	계해 20
상괘	8	1	2	3	4	5	6	7	8	1	2	3	4	5	6	7	8	1	2	3
연령	임술 21	신유 22	경신 23	기미 24	무오 25	정사 26	병진 27	을묘 28	갑인 29	계축 30	임자 31	신해 32	경술 33	기유 34	무신 35	정미 36	병오 37	을사 38	갑진 39	계묘 40
상괘	4	5	6	7	8	1	2	3	4	5	6	7	8	1	2	3	4	5	6	7
연령	임인 41	신축 42	경자 43	기해 44	무술 45	정유 46	병신 47	을미 48	갑오 49	계사 50	임진 51	신묘 52	경인 53	기축 54	무자 55	정해 56	병술 57	을유 58	갑신 59	계미 60
상괘	8	1	2	3	4	5	6	7	8	1	2	3	4	5	6	7	8	1	2	3
연령	임오 61	신사 62	경진 63	기묘 64	무인 65	정축 66	병자 67	을해 68	갑술 69	계유 70	임신 71	신미 72	경오 73	기사 74	무진 75	정묘 76	병인 77	을축 78	갑자 79	계해 80
상괘	4	5	6	7	8	1	2	3	4	5	6	7	8	1	2	3	4	5	6	7
연령	임술 81	신유 82	경신 83	기미 84	무오 85	정사 86	병진 87	을묘 88	갑인 89	계축 90	임자 91	신해 92	경술 93	기유 94	무신 95	정미 96	병오 97	을사 98	갑진 99	계묘 100
상괘	8	1	2	3	4	5	6	7	8	1	2	3	4	5	6	7	8	1	2	3

중수(월건)

월별	정월(대) 임인	2월(대) 계묘	3월(소) 갑진	4월(대) 을사	5월(소) 병오	6월(대) 정미	7월(소) 무신	8월(소) 기유	9월(대) 경술	10월(소) 신해	11월(대) 임자	12월(소) 계축
중건	1	5	1	6	3	2	5	2	1	4	3	6

하수(일진)

월 별	1	2	3	4	5	6	7	8	9	10	11	12	13	14	15	16	17	18	19	20	21	22	23	24	25	26	27	28	29	30
정월(대)	2	2	1	3	3	3	2	2	1	1	2	3	2	1	1	1	2	2	3	2	2	3	3	2	2	1	1			
2월(대)	3	3	1	2	2	3	1	1	2	2	2	1	3	1	3	3	1	1	3	3	2	1	1	2	1	3	1			
3월(소)	2	2	1	3	3	3	2	2	1	1	2	2	2	1	1	1	2	2	3	2	2	3	3	2	2	1				
4월(대)	2	1	1	2	2	3	3	1	2	2	1	1	2	1	1	3	2	2	3	2	1									
5월(소)	2	3	3	2	1	1	1	3	2	2	1	3	2	2	2	3	3	1	3	3	1	1	3	3						
6월(대)	3	3	2	2	3	1	1	2	1	1	1	1	2	3	2	2	2	2	2	1	3	1	3							
7월(소)	2	3	1	3	2	2	2	1	1	1	3	2	3	3	3	1	1	1	2	2	1									
8월(소)	1	2	3	1	2	1	1	1	3	2	3	2	2	2	1	2	2	1												
9월(대)	3	2	1	2	1	1	3	3	3	2	2	3	2	2	2	2	3	3	1	3	3	3	1	1						
10월(소)	3	3	2	1	1	2	3	3	3	3	3	2	1	2	2	1	1	3	2											
11월(대)	3	1	3	2	3	1	1	3	2	2	1	1	3	2	2	2	1	1	2	1	1	2								
12월(소)	2	1	1	3	3	2	2	3	1	1	2	3	1	1	1	3	2	3	2	2	3	3	2	2	1					

2003년

(단기 4336년 · 계미년)　　**상수(태세)**　　　　　　　　　　　양해

연령	계미 1	임오 2	신사 3	경진 4	기묘 5	무인 6	정축 7	병자 8	을해 9	갑술 10	계유 11	임신 12	신미 13	경오 14	기사 15	무진 16	정묘 17	병인 18	을축 19	갑자 20
상쾌	3	4	5	6	7	8	1	2	3	4	5	6	7	8	1	2	3	4	5	6
연령	계해 21	임술 22	신유 23	경신 24	기미 25	무오 26	정사 27	병진 28	을묘 29	갑인 30	계축 31	임자 32	신해 33	경술 34	기유 35	무신 36	정미 37	병오 38	을사 39	갑진 40
상쾌	7	8	1	2	3	4	5	6	7	8	1	2	3	4	5	6	7	8	1	2
연령	계묘 41	임인 42	신축 43	경자 44	기해 45	무술 46	정유 47	병신 48	을미 49	갑오 50	계사 51	임진 52	신묘 53	경인 54	기축 55	무자 56	정해 57	병술 58	을유 59	갑신 60
상쾌	3	4	5	6	7	8	1	2	3	4	5	6	7	8	1	2	3	4	5	6
연령	계미 61	임오 62	신사 63	경진 64	기묘 65	무인 66	정축 67	병자 68	을해 69	갑술 70	계유 71	임신 72	신미 73	경오 74	기사 75	무진 76	정묘 77	병인 78	을축 79	갑자 80
상쾌	7	8	1	2	3	4	5	6	7	8	1	2	3	4	5	6	7	8	1	2
연령	계해 81	임술 82	신유 83	경신 84	기미 85	무오 86	정사 87	병진 88	을묘 89	갑인 90	계축 91	임자 92	신해 93	경술 94	기유 95	무신 96	정미 97	병오 98	을사 99	갑진 100
상쾌	3	4	5	6	7	8	1	2	3	4	5	6	7	8	1	2	3	4	5	6

중수(월건)

월별	정월(대) 갑인	2월(대) 을묘	3월(소) 병진	4월(대) 정사	5월(대) 무오	6월(소) 기미	7월(대) 경신	8월(소) 신유	9월(소) 임술	10월(대) 계해	11월(소) 갑자	12월(대) 을축
중건	4	2	5	4	2	4	3	6	4	3	5	4

하수(일진)

월별	1	2	3	4	5	6	7	8	9	10	11	12	13	14	15	16	17	18	19	20	21	22	23	24	25	26	27	28	29	30
정월(대)	1	1	2	1	3	1	2	2	1	3	3	3	2	2	1	1	2	3	2	1	1	1	2	2	3	2	2	2
2월(대)	3	3	2	2	1	1	3	3	1	2	2	3	1	1	2	2	2	2	1	3	1	3	3	1	1	1	3	3	3	2
3월(소)	1	1	2	1	3	1	2	2	1	3	3	3	2	2	1	1	2	3	2	1	1	1	1	1	1	2	2	3	2	
4월(대)	3	1	1	3	2	1	2	2	2	3	3	1	2	2	3	1	3	2	1	3	1	2	1	1	2	2	2	1	1	1
5월(대)	3	2	2	3	2	3	1	1	1	3	3	3	2	2	3	1	1	2	2	2	2	2	3	1	3	3	1	3	1	3
6월(소)	3	1	1	3	3	2	2	1	1	2	3	3	1	3	3	3	3	1	2	1	1	2	2	2	1	1				
7월(대)	2	1	3	3	1	3	2	3	1	1	3	2	2	1	1	2	1	3	3	3	3	1	1	2	1					
8월(소)	1	1	2	2	1	3	3	2	2	3	1	1	1	3	1	1	1	2	1	2	3	2	2	3	3	3	2			
9월(소)	3	3	2	1	2	2	3	3	3	2	3	2	2	3	3	2	1	1	2	3	2	1	1	1	3					
10월(대)	3	3	3	3	1	1	3	3	2	2	1	3	3	2	2	1	1	1	2	2	2	3	3	2	3	3	3	1	1	2
11월(소)	1	1	1	3	2	2	3	2	2	1	2	3	3	3	1	1	3	3	2	2	3	1	3	2	2	2	2	2	3	
12월(대)	1	2	1	1	1	2	2	1	1	3	3	2	2	3	1	2	3	3	1	1	1	1	3	2	3	3	2	2	3	3

2004년

(단기 4337년 · 갑신년)   **상수(태세)**   원숭이해

연령	갑신 1	계미 2	임오 3	신사 4	경진 5	기묘 6	무인 7	정축 8	병자 9	을해 10	갑술 11	계유 12	임신 13	신미 14	경오 15	기사 16	무진 17	정묘 18	병인 19	을축 20
상괘	6	7	8	1	2	3	4	5	6	7	8	1	2	3	4	5	6	7	8	1
연령	갑자 21	계해 22	임술 23	신유 24	경신 25	기미 26	무오 27	정사 28	병진 29	을묘 30	갑인 31	계축 32	임자 33	신해 34	경술 35	기유 36	무신 37	정미 38	병오 39	을사 40
상괘	2	3	4	5	6	7	8	1	2	3	4	5	6	7	8	1	2	3	4	5
연령	갑진 41	계묘 42	임인 43	신축 44	경자 45	기해 46	무술 47	정유 48	병신 49	을미 50	갑오 51	계사 52	임진 53	신묘 54	경인 55	기축 56	무자 57	정해 58	병술 59	을유 60
상괘	6	7	8	1	2	3	4	5	6	7	8	1	2	3	4	5	6	7	8	1
연령	갑신 61	계미 62	임오 63	신사 64	경진 65	기묘 66	무인 67	정축 68	병자 69	을해 70	갑술 71	계유 72	임신 73	신미 74	경오 75	기사 76	무진 77	정묘 78	병인 79	을축 80
상괘	2	3	4	5	6	7	8	1	2	3	4	5	6	7	8	1	2	3	4	5
연령	갑자 81	계해 82	임술 83	신유 84	경신 85	기미 86	무오 87	정사 88	병진 89	을묘 90	갑인 91	계축 92	임자 93	신해 94	경술 95	기유 96	무신 97	정미 98	병오 99	을사 100
상괘	6	7	8	1	2	3	4	5	6	7	8	1	2	3	4	5	6	7	8	1

중수(월건)

월별	정월(소) 병인	2월(대) 정묘	윤2월(소) 정묘	3월(대) 무진	4월(대) 기사	5월(소) 경오	6월(대) 신미	7월(소) 임신	8월(대) 계유	9월(소) 갑술	10월(대) 을해	11월(소) 병자	12월(대) 정축
중건	1	6	5	4	1	4	3	6	5	1	6	3	2

하수(일진)

월 별	1	2	3	4	5	6	7	8	9	10	11	12	13	14	15	16	17	18	19	20	21	22	23	24	25	26	27	28	29	30
정월(소)	3	2	2	2	1	3	3	1	3	2	3	1	1	3	2	2	1	1	3	3	1	2	1	3	3	3	3			
2월(대)	2	2	3	2	2	2	3	3	2	2	1	1	3	1	2	2	3	1	1	2	2	2	2	1	3	1	3	3	1	
윤2월(소)	1	1	3	3	3	2	1	1	1	2	2	1	2	3	3	3	2	2	1	1	2	3	2	1	1	1				
3월(대)	2	3	3	1	3	3	3	1	1	3	2	2	3	1	2	3	2	3	3	3	3	3	3	2	1	1	1			
4월(대)	2	2	2	1	1	1	3	2	2	3	2	2	3	2	1	1	1	3	3	3	2	2	3	1	3	2	2	2		
5월(소)	2	3	3	1	3	3	3	2	1	1	2	2	1	2	3	3	3	3	3	2	1	2	1							
6월(대)	2	3	3	3	2	2	2	1	3	3	1	2	3	1	1	3	2	2	2	1	1	3	1	2	1	3				
7월(소)	3	3	1	1	2	1	1	1	2	2	1	3	3	1	2	3	3	1	2	3	1	1	1	1	2	3				
8월(대)	3	3	1	3	1	2	2	3	3	3	2	1	3	2	3	2	3	1	1	2	2	2	1	3						
9월(소)	1	1	1	2	3	2	2	2	3	3	1	2	3	1	1	2	2	2	1	3										
10월(대)	2	1	1	2	2	2	1	1	3	3	2	1	1	3	3	3	2	3	1	3										
11월(소)	2	2	2	2	3	3	1	3	3	3	1	2	3	1	2	2	3	3	3	2										
12월(대)	2	3	2	2	3	3	2	2	2	1	3	3	2	3	1	1	3	2	2	2	1	1	1	3	3	1	2			

2005년

(단기 4338년 · 을유년)　　　**상수 (태세)**　　　　　　　　닭해

연령	을유 1	갑신 2	계미 3	임오 4	신사 5	경진 6	기묘 7	무인 8	정축 9	병자 10	을해 11	갑술 12	계유 13	임신 14	신미 15	경오 16	기사 17	무진 18	정묘 19	병인 20
상쾌	5	6	7	8	1	2	3	4	5	6	7	8	1	2	3	4	5	6	7	8
연령	을축 21	갑자 22	계해 23	임술 24	신유 25	경신 26	기미 27	무오 28	정사 29	병진 30	을묘 31	갑인 32	계축 33	임자 34	신해 35	경술 36	기유 37	무신 38	정미 39	병오 40
상쾌	1	2	3	4	5	6	7	8	1	2	3	4	5	6	7	8	1	2	3	4
연령	을사 41	갑진 42	계묘 43	임인 44	신축 45	경자 46	기해 47	무술 48	정유 49	병신 50	을미 51	갑오 52	계사 53	임진 54	신묘 55	경인 56	기축 57	무자 58	정해 59	병술 60
상쾌	5	6	7	8	1	2	3	4	5	6	7	8	1	2	3	4	5	6	7	8
연령	을유 61	갑신 62	계미 63	임오 64	신사 65	경진 66	기묘 67	무인 68	정축 69	병자 70	을해 71	갑술 72	계유 73	임신 74	신미 75	경오 76	기사 77	무진 78	정묘 79	병인 80
상쾌	1	2	3	4	5	6	7	8	1	2	3	4	5	6	7	8	1	2	3	4
연령	을축 81	갑자 82	계해 83	임술 84	신유 85	경신 86	기미 87	무오 88	정사 89	병진 90	을묘 91	갑인 92	계축 93	임자 94	신해 95	경술 96	기유 97	무신 98	정미 99	병오 100
상쾌	5	6	7	8	1	2	3	4	5	6	7	8	1	2	3	4	5	6	7	8

중수 (월건)

월별	정월(소) 무인	2월(대) 기묘	3월(소) 경진	4월(대) 신사	5월(소) 임오	6월(대) 계미	7월(대) 갑신	8월(소) 을유	9월(대) 병술	10월(대) 정해	11월(소) 무자	12월(소) 기축
중건	5	3	6	5	2	1	4	1	6	4	1	4

하수 (일진)

월별	1	2	3	4	5	6	7	8	9	10	11	12	13	14	15	16	17	18	19	20	21	22	23	24	25	26	27	28	29	30
정월(소)	1	3	3	3	3	1	1	2	1	1	1	2	2	1	1	3	3	2	2	3	1	1	2	3	3	1	1	1	1	
2월(대)	1	3	1	3	3	1	1	3	3	3	2	1	1	2	1	3	1	2	2	1	3	3	2	2	2	1	1	2	1	2
3월(소)	3	2	1	1	1	1	2	2	3	2	2	2	3	3	2	2	1	3	1	3	2	2	1	3	3	1	1	2	2	
4월(대)	3	2	1	2	1	2	2	2	1	2	2	1	1	1	3	1	2	2	1	1	3	1	1	1	1	3	3	3	2	2
5월(소)	3	1	3	2	2	2	3	1	3	2	2	1	3	2	2	1	2	1	1	3	1	3	3	1	3	1	2	3	3	
6월(대)	1	1	3	2	3	2	2	1	3	3	3	2	2	1	1	3	1	2	3	2	2	3	2	2	1	1	1	1	1	3
7월(대)	3	1	2	1	3	3	3	1	1	1	2	1	2	1	1	1	2	1	2	3	2	2	1	1	2	1	3	1	1	1
8월(소)	1	1	3	2	2	2	2	1	2	1	1	1	1	2	3	1	1	1	3	3	1	1	1	2	2	1	1	1	1	
9월(대)	1	1	1	2	1	2	1	1	1	1	1	2	3	1	1	1	1	1	1	1	1	1	2	1	2	1	2	1	1	1
10월(대)	2	2	2	1	3	2	1	1	2	1	1	1	1	3	2	1	1	3	3	1	1	3	3	2	2	2	2	1	2	2
11월(소)	1	1	2	3	2	1	2	1	1	1	1	1	2	3	1	1	2	2	1	2	1	1	1	2	2	3	1	1	1	
12월(소)	3	3	3	3	2	1	2	1	1	2	2	1	1	1	3	2	2	3	2	1	2	3	2	1	1	3	1	1	1	

2006년

(단기 4339년 · 병술년)   **상수(태세)**   개해

연령	병술 1	을유 2	갑신 3	계미 4	임오 5	신사 6	경진 7	기묘 8	무인 9	정축 10	병자 11	을해 12	갑술 13	계유 14	임신 15	신미 16	경오 17	기사 18	무진 19	정묘 20
상쾌	5	6	7	8	1	2	3	4	5	6	7	8	1	2	3	4	5	6	7	8
연령	병인 21	을축 22	갑자 23	계해 24	임술 25	신유 26	경신 27	기미 28	무오 29	정사 30	병진 31	을묘 32	갑인 33	계축 34	임자 35	신해 36	경술 37	기유 38	무신 39	정미 40
상쾌	1	2	3	4	5	6	7	8	1	2	3	4	5	6	7	8	1	2	3	4
연령	병오 41	을사 42	갑진 43	계묘 44	임인 45	신축 46	경자 47	기해 48	무술 49	정유 50	병신 51	을미 52	갑오 53	계사 54	임진 55	신묘 56	경인 57	기축 58	무자 59	정해 60
상쾌	5	6	7	8	1	2	3	4	5	6	7	8	1	2	3	4	5	6	7	8
연령	병술 61	을유 62	갑신 63	계미 64	임오 65	신사 66	경진 67	기묘 68	무인 69	정축 70	병자 71	을해 72	갑술 73	계유 74	임신 75	신미 76	경오 77	기사 78	무진 79	정묘 80
상쾌	1	2	3	4	5	6	7	8	1	2	3	4	5	6	7	8	1	2	3	4
연령	병인 81	을축 82	갑자 83	계해 84	임술 85	신유 86	경신 87	기미 88	무오 89	정사 90	병진 91	을묘 92	갑인 93	계축 94	임자 95	신해 96	경술 97	기유 98	무신 99	정미 100
상쾌	5	6	7	8	1	2	3	4	5	6	7	8	1	2	3	4	5	6	7	8

중수(월건)

월별	정월(대) 경인	2월(소) 신묘	3월(대) 임진	4월(소) 계사	5월(대) 갑오	6월(소) 을미	7월(대) 병신	윤7월(소) 병신	8월(대) 정유	9월(대) 무술	10월(소) 기해	11월(대) 경자	12월(대) 신축
중건	3	6	5	2	6	3	2	1	6	4	6	5	3

하수(일진)

월 별	1	2	3	4	5	6	7	8	9	10	11	12	13	14	15	16	17	18	19	20	21	22	23	24	25	26	27	28	29	30
정월(대)	1	1	3	3	1	2	1	3	3	3	1	2	1	1	1	2	2	1	3	3	2	2	3	1	1	2				
2월(소)	3	1	1	1	3	2	3	2	2	3	3	3	2	2	2	1	3	3	1	3	2	3	1	1	3	2	2	2		
3월(대)	2	2	2	1	1	2	3	2	1	1	1	1	2	2	3	2	2	2	3	3	2	2	1	1	3	3	1	2	2	3
4월(소)	1	1	2	2	2	2	1	3	1	3	3	1	1	1	3	3	2	2	1	2	1	3	1	2	2	1	3	3		
5월(대)	1	3	3	3	2	2	3	1	3	2	2	2	3	3	1	1	3	1	1	3	2	2	3	3	1	2	3	1	3	3
6월(소)	1	2	2	3	2	2	3	1	2	3	1	2	3	2	1	3	2	1	2	3	2	1	2	3	3	2	1			
7월(대)	2	2	1	1	1	3	3	1	2	3	3	3	3	3	1	1	1	1	1	2	2	1	1	3	3	2	2	3	3	1
윤7월(소)	1	2	3	3	1	1	1	3	2	1	3	3	2	2	1	1	2	3	1	3	1	2	3	1	1	3				
8월(대)	3	3	3	2	2	2	1	2	2	2	1	1	2	3	2	1	2	3	2	2	1	1	3	3	3	2	2	1	1	1
9월(대)	2	2	3	1	1	2	2	2	1	1	3	1	1	1	3	3	2	1	1	2	1	2	3	1	3	2	2	1	1	1
10월(소)	3	3	1	3	2	2	2	1	1	2	3	3	1	2	3	3	1	1	1	1	2	2	3	1	3	1	3			
11월(대)	2	3	3	1	2	2	3	3	2	2	2	1	2	1	1	1	1	3	2	3	1	2	1	2	3	3	2	1	2	3
12월(대)	2	1	1	1	3	3	3	2	2	3	1	3	2	2	2	3	3	1	3	3	3	1	1	3	3	2	2	1	1	1

2007년

(단기 4340년 · 정해년)   **상수(태세)**   돼지해

연령	정해 1	병술 2	을유 3	갑신 4	계미 5	임오 6	신사 7	경진 8	기묘 9	무인 10	정축 11	병자 12	을해 13	갑술 14	계유 15	임신 16	신미 17	경오 18	기사 19	무진 20
상괘	2	3	4	5	6	7	8	1	2	3	4	5	6	7	8	1	2	3	4	5
연령	정묘 21	병인 22	을축 23	갑자 24	계해 25	임술 26	신유 27	경신 28	기미 29	무오 30	정사 31	병진 32	을묘 33	갑인 34	계축 35	임자 36	신해 37	경술 38	기유 39	무신 40
상괘	6	7	8	1	2	3	4	5	6	7	8	1	2	3	4	5	6	7	8	1
연령	정미 41	병오 42	을사 43	갑진 44	계묘 45	임인 46	신축 47	경자 48	기해 49	무술 50	정유 51	병신 52	을미 53	갑오 54	계사 55	임진 56	신묘 57	경인 58	기축 59	무자 60
상괘	2	3	4	5	6	7	8	1	2	3	4	5	6	7	8	1	2	3	4	5
연령	정해 61	병술 62	을유 63	갑신 64	계미 65	임오 66	신사 67	경진 68	기묘 69	무인 70	정축 71	병자 72	을해 73	갑술 74	계유 75	임신 76	신미 77	경오 78	기사 79	무진 80
상괘	6	7	8	1	2	3	4	5	6	7	8	1	2	3	4	5	6	7	8	1
연령	정묘 81	병인 82	을축 83	갑자 84	계해 85	임술 86	신유 87	경신 88	기미 89	무오 90	정사 91	병진 92	을묘 93	갑인 94	계축 95	임자 96	신해 97	경술 98	기유 99	무신 100
상괘	2	3	4	5	6	7	8	1	2	3	4	5	6	7	8	1	2	3	4	5

중수(월건)

월별	정월(소) 임인	2월(소) 계묘	3월(대) 갑진	4월(소) 을사	5월(소) 병오	6월(대) 정미	7월(소) 무신	8월(대) 기유	9월(대) 경술	10월(대) 신해	11월(소) 임자	12월(대) 계축
중건	6	4	2	5	3	2	5	3	1	5	2	1

하수(일진)

월 별	1	2	3	4	5	6	7	8	9	10	11	12	13	14	15	16	17	18	19	20	21	22	23	24	25	26	27	28	29	30
정월(소)	2	3	3	1	2	2	3	3	3	2	1	2	1	1	2	2	2	1	1	3	2	2	3	2	1	2	3			
2월(소)	1	3	2	2	2	1	1	1	3	3	1	2	1	3	3	3	1	2	1	1	1	2	1	1	3	3				
3월(대)	3	3	1	2	2	3	1	1	2	2	2	2	1	3	1	3	3	1	1	1	3	3	2	1	2	1	3	1		
4월(소)	2	2	1	3	3	3	2	2	2	1	1	2	3	2	1	1	1	2	2	3	2	2	2	3	3	2	2	1		
5월(소)	2	1	1	3	2	2	3	2	2	3	1	1	2	2	2	1	1	3	3	3	3	3	3	3	2	3	3	2			
6월(대)	2	3	1	1	3	2	2	2	1	1	3	1	2	1	3	3	3	3	1	1	2	1	1	1	2	2	1	1		
7월(소)	3	3	2	1	2	3	1	1	2	2	1	1	1	1	3	3	3	2	3	3	2	2	2	3	3	1	3			
8월(대)	1	3	2	1	3	3	2	2	1	1	1	1	1	3	1	2	3	3	2	3	3	2	1	1	1	3	3	3	3	2
9월(대)	2	1	1	3	1	2	2	2	1	1	1	3	3	1	1	1	3	3	3	2	1	3	3	3	2	2	2	1		
10월(대)	2	1	1	3	1	2	2	3	1	1	1	3	3	1	1	1	2	3	3	2	1	3	3	3	2	2	2	1		
11월(소)	2	1	1	3	2	2	3	2	2	3	1	1	2	2	1	1	3	3	2	2	2	3	2	3	3	1	3			
12월(대)	3	2	1	2	3	3	2	1	1	1	2	2	3	1	2	2	2	2	3	3	1	3	3	3	1	1				

2008년

(단기 4341년 · 무자년)　　　**상수(태세)**　　　쥐해

연령	무자 1	정해 2	병술 3	을유 4	갑신 5	계미 6	임오 7	신사 8	경진 9	기묘 10	무인 11	정축 12	병자 13	을해 14	갑술 15	계유 16	임신 17	신미 18	경오 19	기사 20
상쾌	1	2	3	4	5	6	7	8	1	2	3	4	5	6	7	8	1	2	3	4
연령	무진 21	정묘 22	병인 23	을축 24	갑자 25	계해 26	임술 27	신유 28	경신 29	기미 30	무오 31	정사 32	병진 33	을묘 34	갑인 35	계축 36	임자 37	신해 38	경술 39	기유 40
상쾌	5	6	7	8	1	2	3	4	5	6	7	8	1	2	3	4	5	6	7	8
연령	무신 41	정미 42	병오 43	을사 44	갑진 45	계묘 46	임인 47	신축 48	경자 49	기해 50	무술 51	정유 52	병신 53	을미 54	갑오 55	계사 56	임진 57	신묘 58	경인 59	기축 60
상쾌	1	2	3	4	5	6	7	8	1	2	3	4	5	6	7	8	1	2	3	4
연령	무자 61	정해 62	병술 63	을유 64	갑신 65	계미 66	임오 67	신사 68	경진 69	기묘 70	무인 71	정축 72	병자 73	을해 74	갑술 75	계유 76	임신 77	신미 78	경오 79	기사 80
상쾌	5	6	7	8	1	2	3	4	5	6	7	8	1	2	3	4	5	6	7	8
연령	무진 81	정묘 82	병인 83	을축 84	갑자 85	계해 86	임술 87	신유 88	경신 89	기미 90	무오 91	정사 92	병진 93	을묘 94	갑인 95	계축 96	임자 97	신해 98	경술 99	기유 100
상쾌	1	2	3	4	5	6	7	8	1	2	3	4	5	6	7	8	1	2	3	4

중수(월건)

월별	정월(대) 갑인	2월(소) 을묘	3월(소) 병진	4월(대) 정사	5월(소) 무오	6월(소) 기미	7월(대) 경신	8월(소) 신유	9월(대) 임술	10월(대) 계해	11월(소) 갑자	12월(대) 을축
중건	4	1	5	4	1	4	3	6	5	3	5	4

하수(일진)

월별	1	2	3	4	5	6	7	8	9	10	11	12	13	14	15	16	17	18	19	20	21	22	23	24	25	26	27	28	29	30
정월(대)	3	3	2	2	1	1	2	3	3	1	2	2	3	3	3	2	1	2	1	1	2	2	2	1	1	1	3	2	2
2월(소)	3	2	1	2	3	3	2	1	1	3	3	2	2	1	3	2	2	2	3	3	1	3	2	3	3	1
3월(소)	2	1	1	3	3	2	2	1	3	2	1	3	3	2	2	3	2	2	3	3	3	2	3	3	3	2	2	1
4월(대)	1	1	2	1	2	1	3	3	2	2	1	1	2	3	2	1	1	1	2	2	3	2	2	2
5월(소)	3	3	2	2	1	1	3	1	2	2	3	1	2	2	2	2	1	3	1	3	3	1	1	1	3	3	3
6월(소)	3	2	2	3	2	1	2	3	3	2	1	1	3	3	2	2	3	2	1	3	2	2	2	3	1	3
7월(대)	1	2	2	1	2	1	3	3	2	2	1	3	3	2	1	3	3	3	2	1	2	3	3	2	2	3	2	2
8월(소)	2	1	3	3	2	1	2	3	3	2	1	3	2	2	1	1	2	2	3	1	3	3	3	1	1	2
9월(대)	2	2	1	3	2	2	1	1	2	3	3	2	2	1	1	2	3	1	3	3	1	1	3
10월(대)	3	3	2	1	1	2	2	3	3	1	2	2	3	3	2	1	1	2	2	3
11월(소)	2	2	2	3	2	1	1	3	3	2	1	2	2	2	1	3	3	1	1
12월(대)	1	1	1	3	2	2	3	2	1	2	3	3	2	1	1	3	3	2	2	3	1	3	2	2	2	3	3

2009년
(단기 4342년 · 기축년)   **상수(태세)**   소해

연령	기축1	무자2	정해3	병술4	을유5	갑신6	계미7	임오8	신사9	경진10	기묘11	무인12	정축13	병자14	을해15	갑술16	계유17	임신18	신미19	경오20
상쾌	7	8	1	2	3	4	5	6	7	8	1	2	3	4	5	6	7	8	1	2
연령	기사21	무진22	정묘23	병인24	을축25	갑자26	계해27	임술28	신유29	경신30	기미31	병오32	정사33	병진34	을묘35	갑인36	계축37	임자38	신해39	경술40
상쾌	3	4	5	6	7	8	1	2	3	4	5	6	7	8	1	2	3	4	5	6
연령	기유41	무신42	정미43	병오44	을사45	갑진46	계묘47	임인48	신축49	경자50	기해51	무술52	정유53	병신54	을미55	갑오56	계사57	임진58	신묘59	경인60
상쾌	7	8	1	2	3	4	5	6	7	8	1	2	3	4	5	6	7	8	1	2
연령	기축61	무자62	정해63	병술64	을유65	갑신66	계미67	임오68	신사69	경진70	기묘71	무인72	정축73	병자74	을해75	갑술76	계유77	임신78	신미79	경오80
상쾌	3	4	5	6	7	8	1	2	3	4	5	6	7	8	1	2	3	4	5	6
연령	기사81	무진82	정묘83	병인84	을축85	갑자86	계해87	임술88	신유89	경신90	기미91	무오92	정사93	병진94	을묘95	갑인96	계축97	임자98	신해99	경술100
상쾌	7	8	1	2	3	4	5	6	7	8	1	2	3	4	5	6	7	8	1	2

중수(월건)

월별	정월(대) 병인	2월(대) 정묘	3월(소) 무진	4월(소) 기사	5월(대) 경오	윤5월(소) 경오	6월(소) 신미	7월(대) 임신	8월(소) 계유	9월(대) 갑술	10월(소) 을해	11월(대) 병자	12월(대) 정축
중건	2	6	3	6	5	4	2	1	4	2	5	4	2

하수(일진)

월 별	1	2	3	4	5	6	7	8	9	10	11	12	13	14	15	16	17	18	19	20	21	22	23	24	25	26	27	28	29	30
정월(대)	1	3	3	3	1	1	3	3	2	2	1	1	2	3	3	1	2	2	3	3	3	3	2	1	2	1	1	2	2	2
2월(대)	1	1	1	3	2	2	3	2	1	2	3	3	3	2	1	1	1	3	3	3	2	2	3	1	3	2	2	2	3	3
3월(소)	1	3	3	3	1	1	3	3	1	1	2	3	1	2	2	3	3	3	3	3	1	2	1	1	2	2				
4월(소)	3	2	2	2	1	3	3	1	2	2	3	2	2	2	1	1	3	3	1	2	1	3	2	3	3	3				
5월(대)	2	2	3	2	2	2	2	3	3	3	2	2	2	2	1	1	3	2	2	2	2	3	1	3	3	1	2	3	3	1
윤5월(소)	1	1	3	3	3	2	1	1	1	3	3	3	3	3	3	2	2	1	1	2	3	2	1	1	1					
6월(소)	2	3	3	1	3	3	3	1	1	3	3	2	2	1	2	2	3	3	3	2	2	1	2	1						
7월(대)	1	2	2	2	1	2	2	2	1	1	3	3	2	2	2	1	3	3	1	3	3	3	2	1	1	1	1	3	3	3
8월(소)	1	2	2	1	1	2	2	3	2	2	2	1	1	3	3	1	3	3	2	2	1	1	1	1	3	2				
9월(대)	3	3	1	2	1	1	3	2	2	2	2	1	1	1	3	3	3	3	2	2	1	1	2	2	2	1	3	3		
10월(소)	1	1	2	2	3	2	2	3	3	1	3	2	1	1	2	1	2	3	2	3	1	1	2	2	2	1				
11월(대)	2	1	1	2	2	2	1	1	1	3	2	2	3	3	1	2	3	1	3	1	1	1	3	3	3	2	2	3	1	3
12월(대)	2	2	2	2	3	3	1	3	3	3	2	2	1	1	1	3	2	2	1	2	3	1	2	2	3	3	3	3	2	1

2010년
(단기 4343년 · 경인년)

상수 (태세)   범해

연령	경인 1	기축 2	무자 3	정해 4	병술 5	을유 6	갑신 7	계미 8	임오 9	신사 10	경진 11	기묘 12	무인 13	정축 14	병자 15	을해 16	갑술 17	계유 18	임신 19	신미 20
상쾌	3	4	5	6	7	8	1	2	3	4	5	6	7	8	1	2	3	4	5	6
연령	경오 21	기사 22	무진 23	정묘 24	병인 25	을축 26	갑자 27	계해 28	임술 29	신유 30	경신 31	기미 32	무오 33	정사 34	병진 35	을묘 36	갑인 37	계축 38	임자 39	신해 40
상쾌	7	8	1	2	3	4	5	6	7	8	1	2	3	4	5	6	7	8	1	2
연령	경오 41	기유 42	무신 43	정미 44	병오 45	을사 46	갑진 47	계묘 48	임인 49	신축 50	경자 51	기해 52	무술 53	정유 54	병신 55	을미 56	갑오 57	계사 58	임신 59	신묘 60
상쾌	3	4	5	6	7	8	1	2	3	4	5	6	7	8	1	2	3	4	5	6
연령	경인 61	기축 62	무자 63	정해 64	병술 65	을유 66	갑신 67	계미 68	임오 69	신사 70	경진 71	기묘 72	무인 73	정축 74	병자 75	을해 76	갑술 77	계유 78	임신 79	신미 80
상쾌	7	8	1	2	3	4	5	6	7	8	1	2	3	4	5	6	7	8	1	2
연령	경오 81	기사 82	무진 83	정묘 84	병인 85	을축 86	갑자 87	계해 88	임술 89	신유 90	경신 91	기미 92	무오 93	정사 94	병진 95	을묘 96	갑인 97	계축 98	임자 99	신해 100
상쾌	3	4	5	6	7	8	1	2	3	4	5	6	7	8	1	2	3	4	5	6

중수 (월건)

월별	정월(대) 무인	2월(소) 기묘	3월(대) 경진	4월(소) 신사	5월(대) 임오	6월(소) 계미	7월(소) 갑신	8월(대) 을유	9월(소) 병술	10월(대) 정해	11월(소) 무자	12월(대) 기축
중건	6	2	1	4	3	6	3	2	5	4	1	5

하수 (일진)

월별	1	2	3	4	5	6	7	8	9	10	11	12	13	14	15	16	17	18	19	20	21	22	23	24	25	26	27	28	29	30
정월(대)	2	1	1	2	2	2	1	1	3	2	2	3	2	1	2	3	3	2	1	1	3	3	2	2	3	1	3
2월(소)	2	2	2	3	3	1	3	3	1	1	3	3	2	2	1	1	2	3	3	1	2	1	2	3	3	3	3	2
3월(대)	2	3	2	2	3	3	3	2	2	2	1	3	1	3	2	3	1	1	3	2	2	2	1	1	1	3	3	1	2
4월(소)	1	3	3	3	3	1	1	2	1	1	1	1	2	2	1	3	3	2	2	1	1	2	3	3	1	1	1	1
5월(대)	1	3	1	3	3	1	1	1	3	3	2	1	1	2	1	1	2	3	3	2	2	2	1	1	2
6월(소)	3	2	1	1	1	1	2	2	3	2	2	2	1	1	2	1	1	3	2	3	1	1	3	1	2	2	2	2
7월(소)	3	2	1	1	1	1	2	2	3	2	2	2	1	1	2	1	1	3	2	3	1	1	3	1	2	2	2	2
8월(대)	3	1	2	3	3	1	1	2	1	1	1	3	2	2	1	2	2	3	1	2	3	1	1	1	1
9월(소)	1	1	3	2	3	2	2	3	3	2	2	2	1	1	1	3	2	3	1	1	3	2	2	2	1	1	1
10월(대)	1	1	2	2	3	2	1	1	1	2	2	3	2	1	2	2	2	2	3	1	2	2	3	1	1	1	2
11월(소)	2	2	2	1	3	1	3	3	1	1	2	2	1	3	3	2	2	2	1	1	1	1	1
12월(대)	3	2	2	3	1	2	2	2	3	1	3	2	1	1	3	2	2	1	1	2	3	1	2	2

2011년
(단기 4344년 · 신묘년)　　**상수 (태세)**　　토끼해

연령	신묘 1	경인 2	기축 3	무자 4	정해 5	병술 6	을유 7	갑신 8	계미 9	임오 10	신사 11	경진 12	기묘 13	무인 14	정축 15	병자 16	을해 17	갑술 18	계유 19	임신 20
상쾌	2	3	4	5	6	7	8	1	2	3	4	5	6	7	8	1	2	3	4	5
연령	신미 21	경오 22	기사 23	무진 24	정묘 25	병인 26	을축 27	갑자 28	계해 29	임술 30	신유 31	경신 32	기미 33	무오 34	정사 35	병진 36	을묘 37	갑인 38	계축 39	임자 40
상쾌	6	7	8	1	2	3	4	5	6	7	8	1	2	3	4	5	6	7	8	1
연령	신해 41	경술 42	기유 43	무신 44	정미 45	병오 46	을사 47	갑진 48	계묘 49	임인 50	신축 51	경자 52	기해 53	무술 54	정유 55	병신 56	을미 57	갑오 58	계사 59	임진 60
상쾌	2	3	4	5	6	7	8	1	2	3	4	5	6	7	8	1	2	3	4	5
연령	신묘 61	경인 62	기축 63	무자 64	정해 65	병술 66	을유 67	갑신 68	계미 69	임오 70	신사 71	경진 72	기묘 73	무인 74	정축 75	병자 76	을해 77	갑술 78	계유 79	임신 80
상쾌	6	7	8	1	2	3	4	5	6	7	8	1	2	3	4	5	6	7	8	1
연령	신미 81	경오 82	기사 83	무진 84	정묘 85	병인 86	을축 87	갑자 88	계해 89	임술 90	신유 91	경신 92	기미 93	무오 94	정사 95	병진 96	을묘 97	갑인 98	계축 99	임자 100
상쾌	2	3	4	5	6	7	8	1	2	3	4	5	6	7	8	1	2	3	4	5

중수 (월건)

월별	정월(대) 경인	2월(소) 신묘	3월(대) 임진	4월(대) 계사	5월(소) 갑오	6월(대) 을미	7월(소) 병신	8월(대) 정유	9월(대) 무술	10월(대) 기해	11월(대) 경자	12월(소) 신축
중건	3	6	5	3	5	4	1	5	4	6	5	2

하수 (일진)

월 별	1	2	3	4	5	6	7	8	9	10	11	12	13	14	15	16	17	18	19	20	21	22	23	24	25	26	27	28	29	30
정월(대)	3	3	3	3	2	1	2	1	1	2	2	2	1	1	1	3	2	2	3	2	1	2	3	3	2	1	1	1	3	3
2월(소)	3	2	2	3	1	3	2	2	2	2	3	1	3	3	3	1	1	3	3	2	2	1	1	2	3	3	1	2		
3월(대)	3	1	1	1	1	3	2	3	3	3	3	3	1	3	2	3	1	1	3	2	2	2	1	3	3	3	3	2	2	1
4월(대)	1	1	3	3	1	2	1	3	2	1	2	1	1	2	2	1	3	3	2	3	2	1	1	2	3	3	1	1	2	3
5월(소)	3	1	1	1	3	3	1	2	1	1	3	3	3	1	3	1	2	3	1	1	3	3	2	2						
6월(대)	2	2	2	1	2	3	2	1	1	1	1	2	2	3	2	2	2	3	2	1	1	3	3	1	2	2	1	2	2	3
7월(소)	1	1	2	2	2	2	1	3	2	2	3	1	3	3	1	3	2	1	2	1	2	1	2	2	1	3	3			
8월(소)	1	3	3	3	2	2	2	3	1	3	3	1	1	3	2	1	3	1	2	1	2	2	1	1	2	1	3			
9월(대)	2	3	1	1	1	3	2	3	3	3	2	3	2	1	3	2	2	1	2	1	2	1	3	2	2	1	1	3	2	
10월(소)	2	2	1	1	3	3	2	1	1	1	2	1	2	2	3	2	2	1	1	3	2	2	1	1	3					
11월(대)	2	2	3	1	1	2	2	2	2	1	3	3	1	1	1	1	3	3	2	2	1	2	1	2	1	3	2	2	1	
12월(소)	3	3	3	2	2	2	1	1	2	3	2	1	1	1	2	2	3	2	2	3	3	2	2	1	1	3	3			

2012년

(단기 4345년 · 임진년)   **상수(태세)**   용해

연령	임진 1	신묘 2	경인 3	기축 4	무자 5	정해 6	병술 7	을유 8	갑신 9	계미 10	임오 11	신사 12	경진 13	기묘 14	무인 15	정축 16	병자 17	을해 18	갑술 19	계유 20
상쾌	4	5	6	7	8	1	2	3	4	5	6	7	8	1	2	3	4	5	6	7
연령	임신 21	신미 22	경오 23	가사 24	무진 25	정묘 26	병인 27	을축 28	갑자 29	계해 30	임술 31	신유 32	경신 33	기미 34	무오 35	정사 36	병진 37	을묘 38	갑인 39	계축 40
상쾌	8	1	2	3	4	5	6	7	1	2	3	4	5	6	7	8	1	2	3	
연령	임자 41	신해 42	경오 43	기유 44	무진 45	정미 46	병오 47	을사 48	갑진 49	계묘 50	임인 51	신축 52	경자 53	기해 54	무술 55	정유 56	병신 57	을미 58	갑오 59	계사 60
상쾌	4	5	6	7	8	1	2	3	4	5	6	7	8	1	2	3	4	5	6	7
연령	임진 61	신묘 62	경인 63	기축 64	무자 65	정해 66	병술 67	을유 68	갑신 69	계미 70	임오 71	신사 72	경진 73	기묘 74	무인 75	정축 76	병자 77	을해 78	갑술 79	계유 80
상쾌	8	1	2	3	4	5	6	7	8	1	2	3	4	5	6	7	8	1	2	3
연령	임신 81	신미 82	경오 83	기사 84	무진 85	정묘 86	병인 87	을축 88	갑자 89	계해 90	임술 91	신유 92	경진 93	기미 94	무오 95	정사 96	병진 97	을묘 98	갑인 99	계축 100
상쾌	4	5	6	7	8	1	2	3	4	5	6	7	8	1	2	3	4	5	6	7

중수(월건)

월별	정월(대) 임인	2월(소) 계묘	3월(대) 갑진	윤3월(대) 갑진	4월(대) 을사	5월(소) 병오	6월(대) 정미	7월(소) 무신	8월(소) 기유	9월(대) 경술	10월(소) 신해	11월(대) 임자	12월(소) 계축
중건	1	4	2	2	6	3	2	5	2	1	4	3	6

하수(일진)

월 별	1	2	3	4	5	6	7	8	9	10	11	12	13	14	15	16	17	18	19	20	21	22	23	24	25	26	27	28	29	30
정월(대)	2	3	3	1	2	2	3	3	3	2	1	2	1	1	2	2	1	1	3	2	2	3	2	1	2	3	3
2월(소)	2	1	1	3	3	2	2	3	1	3	2	2	2	2	3	3	1	3	3	3	1	1	3	3	2	2	1			
3월(대)	2	3	1	1	2	3	3	1	1	1	1	3	2	2	3	3	2	2	1	3	3	1	3	2	3	1				
윤3월(대)	1	3	2	2	2	1	1	1	3	2	1	3	3	3	1	1	2	1	1	1	2	2	1	1	3	2				
4월(대)	2	3	1	1	2	3	3	1	1	1	1	3	2	2	3	3	2	2	1	3	3	1	3	2	3	1				
5월(소)	1	3	2	2	1	2	1	1	3	2	3	3	2	1	3	3	2	1	2	2	1	2	3	1	1	3	3			
6월(대)	3	3	1	2	2	3	1-1	2	2	2	2	1	3	1	3	3	1	1	3	3	3	2	1	1	2	1	3	1		
7월(소)	2	2	1	3	3	2	2	1	2	3	1	1	1	2	3	2	2	3	3	2	1	3	3	2	2	1				
8월(소)	2	1	1	2	3	3	2	2	1	3	2	2	2	2	1	1	3	2	2	3	2									
9월(대)	1	3	1	3	2	2	2	1	1	3	2	2	2	1	3	3	1	1	3	2	2	1	1	2	2	1	1			
10월(소)	3	3	1	1	1	3	3	3	1	1	1	1	3	2	2	1	2	2	3	2	1									
11월(대)	1	3	1	2	2	1	3	1	2	2	3	1	1	1	1	2	2	3	2	2	2	3	3	2						
12월(소)	2	1	1	3	3	1	2	2	3	1	1	2	2	2	3	1	3	3	1	1	3	3	3	2	1	1				

2013년

(단기 4346년 · 계사년)   **상수(태세)**   뱀해

연령	계사 1	임진 2	신묘 3	경인 4	기축 5	무자 6	정해 7	병술 8	을유 9	갑신 10	계미 11	임오 12	신사 13	경진 14	기묘 15	무인 16	정축 17	병자 18	을해 19	갑술 20
상쾌	7	8	1	2	3	4	5	6	7	8	1	2	3	4	5	6	7	8	1	2
연령	계유 21	임신 22	신미 23	경오 24	기사 25	무진 26	정묘 27	병인 28	을축 29	갑자 30	계해 31	임술 32	신유 33	경신 34	기미 35	무오 36	정사 37	병진 38	을묘 39	갑인 40
상쾌	3	4	5	6	7	8	1	2	3	4	5	6	7	8	1	2	3	4	5	6
연령	계사 41	임자 42	신해 43	경술 44	기유 45	무신 46	정미 47	병오 48	을사 49	갑진 50	계묘 51	임인 52	신축 53	경자 54	기해 55	무술 56	정유 57	병신 58	을미 59	갑오 60
상쾌	7	8	1	2	3	4	5	6	7	8	1	2	3	4	5	6	7	8	1	2
연령	계사 61	임진 62	신묘 63	경인 64	기축 65	무자 66	정해 67	병술 68	을유 69	갑신 70	계미 71	임오 72	신사 73	경진 74	기묘 75	무인 76	정축 77	병자 78	을해 79	갑술 80
상쾌	3	4	5	6	7	8	1	2	3	4	5	6	7	8	1	2	3	4	5	6
연령	계유 81	임신 82	신미 83	경오 84	기사 85	무진 86	정묘 87	병인 88	을축 89	갑자 90	계해 91	임술 92	신유 93	경신 94	기미 95	무오 96	정사 97	병진 98	을묘 99	갑인 100
상쾌	7	8	1	2	3	4	5	6	7	8	1	2	3	4	5	6	7	8	1	2

중수(월건)

월별	정월(대) 갑인	2월(소) 을묘	3월(대) 병진	4월(대) 정사	5월(소) 무오	6월(대) 기미	7월(소) 경신	8월(대) 신유	9월(소) 임술	10월(대) 계해	11월(소) 갑자	12월(대) 을축
중건	4	1	6	4	1	5	2	1	4	3	5	4

하수(일진)

월별	1	2	3	4	5	6	7	8	9	10	11	12	13	14	15	16	17	18	19	20	21	22	23	24	25	26	27	28	29	30
정월(대)	3	2	1	2	3	3	2	1	1	1	3	3	3	2	2	3	1	3	2	2	2	2	3	1	3	3	3	1	1	
2월(소)	3	3	2	2	1	1	2	3	3	1	2	2	3	3	3	2	1	2	1	1	2	2	1	1	3	2				
3월(대)	3	1	2	3	1	1	3	2	2	2	1	3	1	3	3	3	1	3	2	3	3	3	1	2	1	1	2	1	1	2
4월(대)	2	1	1	3	3	2	2	3	1	1	2	3	3	1	1	1	3	2	2	3	2	2	3	3	3	2	2	2	1	3
5월(소)	3	1	2	2	3	1	1	3	2	2	2	1	1	3	1	3	3	3	1	3	3	3	1	2	1	1	1	1		
6월(대)	3	3	2	2	1	1	3	3	1	2	2	3	3	3	1	2	2	3	1	3	3	3	1	1	1	1	3	3	3	2
7월(소)	1	1	2	1	3	1	2	3	1	1	3	1	3	3	3	2	2	1	3	1	1	1	2	2	3	2				
8월(대)	1	1	2	3	2	3	2	1	3	1	1	3	3	3	2	2	1	1	1	2	2	1	1	1	2	2	1	1	1	1
9월(소)	3	2	1	2	1	2	2	1	3	2	1	1	3	2	1	3	1	1	1	3	3	3	1	3	3	3	1	1		
10월(대)	2	1	2	2	1	2	3	3	2	2	3	3	2	1	3	3	3	1	2	2	1	1	2	1	1	2	2	1	1	1
11월(소)	2	1	3	3	1	3	1	3	2	3	1	1	1	2	2	2	1	3	2	1	1	3	3	3	3	1	1	2		
12월(대)	2	2	2	3	3	2	2	1	1	3	3	1	1	2	2	3	1	1	2	2	2	2	1	3	1	3	3	1	1	3

2014년

(단기 4347년 · 갑오년)   **상수(태세)**   말해

연령	갑자 1	계사 2	임진 3	신묘 4	경인 5	기축 6	무자 7	정해 8	병술 9	을유 10	갑신 11	계미 12	임오 13	신사 14	경진 15	기묘 16	무인 17	정축 18	병자 19	을해 20
상쾌	3	4	5	6	7	8	1	2	3	4	5	6	7	8	1	2	3	4	5	6
연령	갑오 21	계유 22	임신 23	신미 24	경오 25	기사 26	무진 27	정묘 28	병인 29	을축 30	갑자 31	계해 32	임술 33	신유 34	경신 35	기미 36	무오 37	정사 38	병진 39	을묘 40
상쾌	7	8	1	2	3	4	5	6	7	8	1	2	3	4	5	6	7	8	1	2
연령	갑인 41	계묘 42	임자 43	신해 44	경술 45	기유 46	무진 47	정미 48	병오 49	을사 50	갑진 51	계묘 52	임인 53	신축 54	경자 55	기해 56	무술 57	정유 58	병신 59	을미 60
상쾌	3	4	5	6	7	8	1	2	3	4	5	6	7	8	1	2	3	4	5	6
연령	갑오 61	계사 62	임진 63	신묘 64	경인 65	기축 66	무자 67	정해 68	병술 69	을유 70	갑신 71	계미 72	임오 73	신사 74	경진 75	기묘 76	무인 77	정축 78	병자 79	을해 80
상쾌	7	8	1	2	3	4	5	6	7	8	1	2	3	4	5	6	7	8	1	2
연령	갑오 81	계유 82	임신 83	신미 84	경오 85	기사 86	무진 87	정묘 88	병인 89	을축 90	갑자 91	계해 92	임술 93	신유 94	경신 95	기미 96	무오 97	정사 98	병진 99	을묘 100
상쾌	3	4	5	6	7	8	1	2	3	4	5	6	7	8	1	2	3	4	5	6

중수(월건)

월별	정월(소) 병인	2월(대) 정묘	3월(소) 무진	4월(대) 기사	5월(소) 경오	6월(대) 신미	7월(소) 임신	8월(대) 계유	9월(소) 갑술	윤9월(소) 갑술	10월(대) 을해	11월(소) 병자	12월(대) 정축
중건	1	6	3	1	4	3	6	5	2	1	6	3	2

하수(일진)

월 별	1	2	3	4	5	6	7	8	9	10	11	12	13	14	15	16	17	18	19	20	21	22	23	24	25	26	27	28	29	30
정월(소)	3	3	2	1	1	2	1	3	1	2	2	1	3	3	3	2	2	2	1	1	2	3	2	1	1	1	2	2		
2월(대)	1	3	3	3	1	1	3	3	2	2	1	1	2	3	3	3	1	2	2	3	3	3	3	2	1	2	1	1	2	2
3월(소)	1	1	1	3	3	2	1	2	3	3	2	1	1	1	3	3	3	2	2	3	1	3	2	2	2	2	3			
4월(대)	1	2	1	1	1	1	2	1	1	3	2	1	3	3	1	1	1	1	3	1	1	2	2	1	2	2	2	2	2	2
5월(소)	1	1	1	2	3	3	1	3	3	1	1	3	2	1	1	1	3	2	1	2	1	3	3	3	3					
6월(대)	2	2	2	2	2	3	3	2	1	1	3	3	2	2	1	2	2	2	2	2	1	3	1	3	3	1				
7월(소)	1	1	3	3	3	2	1	1	2	1	3	1	2	2	1	3	3	3	2	2	2	1	2	3	2	1	1			
8월(대)	1	2	3	2	2	2	1	2	2	1	2	2	1	1	3	3	3	3	3	3	1	2	1	1	1					
9월(대)	2	2	2	1	1	1	2	3	2	2	1	1	3	2	2	2	2	3	1	2	1	2	1	1						
윤9월(소)	2	3	3	2	1	2	3	1	2	2	2	1	2	1	2	2	2	3	3	3	3	2	1	2	1					
10월(대)	3	3	3	2	2	2	3	1	2	2	1	3	2	1	3	3														3
11월(소)	3	3	1	1	2	1	1	2	2	2	2	2	3	1	1	2	2	3	1	1	1	3	2	3						
12월(대)	3	3	1	1	1	3	3	3	2	1	1	2	1	3	1	2	2	1	3	3	3	2	2	2	1	1	2	3	2	1

2015년

(단기 4348년 · 을미년)　　　**상수(태세)**　　　양해

연령	을미 1	갑오 2	계사 3	임진 4	신묘 5	경인 6	기축 7	무자 8	정해 9	병술 10	을유 11	갑신 12	계미 13	임오 14	신사 15	경진 16	기묘 17	무인 18	정축 19	병자 20
상쾌	6	7	8	1	2	3	4	5	6	7	8	1	2	3	4	5	6	7	8	1
연령	을해 21	갑술 22	계유 23	임신 24	신미 25	경오 26	기사 27	무진 28	정묘 29	병인 30	을축 31	갑자 32	계해 33	임술 34	신유 35	경신 36	기미 37	무오 38	정사 39	병진 40
상쾌	2	3	4	5	6	7	8	1	2	3	4	5	6	7	8	1	2	3	4	5
연령	을묘 41	갑인 42	계축 43	임자 44	신해 45	경술 46	기유 47	무신 48	정미 49	병오 50	을사 51	갑진 52	계묘 53	임인 54	신축 55	경자 56	기해 57	무술 58	정유 59	병신 60
상쾌	6	7	8	1	2	3	4	5	6	7	8	1	2	3	4	5	6	7	8	1
연령	을미 61	갑오 62	계사 63	임진 64	신묘 65	경인 66	기축 67	무자 68	정해 69	병술 70	을유 71	갑신 72	계미 73	임오 74	신사 75	경진 76	기묘 77	무인 78	정축 79	병자 80
상쾌	2	3	4	5	6	7	8	1	2	3	4	5	6	7	8	1	2	3	4	5
연령	을해 81	갑술 82	계유 83	임신 84	신미 85	경오 86	기사 87	무진 88	정묘 89	병인 90	을축 91	갑자 92	계해 93	임술 94	신유 95	경신 96	기미 97	무오 98	정사 99	병진 100
상쾌	6	7	8	1	2	3	4	5	6	7	8	1	2	3	4	5	6	7	8	1

중수(월건)

월별	정월(소) 무인	2월(대) 기묘	3월(소) 경진	4월(소) 신사	5월(대) 임오	6월(소) 계미	7월(대) 갑신	8월(대) 을유	9월(대) 병술	10월(소) 정해	11월(대) 무자	12월(소) 기축
중건	5	3	6	4	3	6	4	2	6	3	2	4

하수(일진)

월　별	1	2	3	4	5	6	7	8	9	10	11	12	13	14	15	16	17	18	19	20	21	22	23	24	25	26	27	28	29	30
정월(소)	1	1	1	2	2	3	2	2	3	3	2	1	1	3	3	1	2	2	3	1	1	2	2	2	1	3				
2월(대)	2	1	1	2	2	2	1	1	3	2	2	3	2	1	2	3	3	2	1	1	3	3	3	2	2	3	1	3		
3월(소)	2	2	2	2	3	1	3	3	3	1	1	2	3	3	2	2	1	2	2	1	2	3	3	3	3	2				
4월(소)	2	3	2	3	3	2	2	3	2	1	1	3	3	1	1	2	2	1	1	1	3	3	1							
5월(대)	3	2	1	1	1	2	3	2	3	3	2	2	3	1	3	1	2	2	1	1	2	2	2							
6월(소)	1	3	3	1	3	1	1	1	3	3	2	1	2	1	3	1	2	1	3	3	3	2	2	1	1					
7월(대)	3	1	3	2	2	2	3	3	3	1	1	1	3	1	2	1	2	2	1	2	1	1	2	3	3					
8월(대)	3	2	1	2	1	2	2	1	3	2	2	1	1	1	2	3	1	1	1	3	3	2	2	3	1					
9월(대)	3	1	3	2	2	2	1	1	1	3	2	2	2	2	1	2	3	2	1	1	3	3	2	2	1					
10월(소)	3	1	2	3	1	1	3	3	1	3	3	2	2	2	2	2	3	2	2	1	1	2	2	3	1					
11월(대)	3	1	2	1	3	3	3	1	1	3	2	1	1	2	2	1	3	3	2	2	3	1	1	2	1	3	3	1	1	
12월(소)	1	1	3	2	3	2	2	3	3	2	2	2	1	3	1	3	2	3	1	1	3	2	2	2	1	1	1	3		

2016년

(단기 4349년 · 병신년)　　　**상수(태세)**　　　원숭이해

연령	병신1	을미2	갑오3	계사4	임진5	신묘6	경인7	기축8	무자9	정해10	병술11	을유12	갑신13	계미14	임오15	신사16	경진17	기묘18	무인19	정축20
상쾌	4	5	6	7	8	1	2	3	4	5	6	7	8	1	2	3	4	5	6	7
연령	병자21	을해22	갑술23	계유24	임신25	신미26	경오27	기사28	무진29	정묘30	병인31	을축32	갑자33	계해34	임술35	신유36	경신37	기미38	무오39	정사40
상쾌	8	1	2	3	4	5	6	7	8	1	2	3	4	5	6	7	8	1	2	3
연령	병진41	을묘42	갑인43	계축44	임자45	신해46	경술47	기유48	무신49	정미50	병오51	을사52	갑진53	계묘54	임인55	신축56	경자57	기해58	무술59	정유60
상쾌	4	5	6	7	8	1	2	3	4	5	6	7	8	1	2	3	4	5	6	7
연령	병신61	을미62	갑오63	계사64	임진65	신묘66	경인67	기축68	무자69	정해70	병술71	을유72	갑신73	계미74	임오75	신사76	경진77	기묘78	무인79	정축80
상쾌	8	1	2	3	4	5	6	7	8	1	2	3	4	5	6	7	8	1	2	3
연령	병자81	을해82	갑술83	계유84	임신85	신미86	경오87	기사88	무진89	정묘90	병인91	을축92	갑자93	계해94	임술95	신유96	경신97	기미98	무오99	정사100
상쾌	4	5	6	7	8	1	2	3	4	5	6	7	8	1	2	3	4	5	6	7

중수(월건)

월별	정월(대) 경인	2월(소) 신묘	3월(대) 임진	4월(소) 계사	5월(소) 갑오	6월(대) 을미	7월(소) 병신	8월(대) 정유	9월(소) 무술	10월(소) 기해	11월(대) 경자	12월(대) 신축
중건	3	6	5	2	5	4	1	6	4	6	5	3

하수(일진)

월별	1	2	3	4	5	6	7	8	9	10	11	12	13	14	15	16	17	18	19	20	21	22	23	24	25	26	27	28	29	30
정월(대)	1	1	2	3	2	1	1	1	1	2	2	3	2	2	2	3	3	2	2	1	1	3	3	1	2	2	3	1	1	
2월(소)	2	2	2	1	3	1	3	3	1	1	1	3	3	3	2	1	1	2	1	3	1	2	2	1	3	3	3	2	2	
3월(대)	3	2	2	3	1	3	2	2	2	2	3	1	1	1	3	2	2	1	1	2	1	2	3	3	1	2	2	1	2	2
4월(소)	3	3	3	3	2	1	2	1	2	2	1	1	3	2	2	2	1	2	1	1	2	2	3	3	2	1	1	1	3	
5월(소)	1	1	3	1	2	1	3	3	1	1	1	2	1	1	1	2	1	1	3	2	1	3	2	1	1	1	1	1	2	
6월(대)	1	1	2	2	2	2	1	3	3	1	1	1	3	3	2	1	2	1	1	1	2	1	3	3	3	
7월(소)	2	2	2	1	1	1	1	1	1	1	1	2	2	2	3	1	2	1	3	3	1	2	3	1	2					
8월(대)	1	2	2	3	1	3	2	2	1	2	2	2	3	3	3	1	3	2	2	1	2	2	3	3	2	1	2	3	3	
9월(대)	1	2	3	3	2	2	2	3	3	1	3	3	3	2	2	3	3	3	2	2	3	2	1	1	2	3	3	
10월(소)	2	2	3	3	1	3	2	2	2	3	3	1	2	1	1															
11월(대)	2	2	1	1	1	3	3	1	2	1	3	3	3	1	2	1	1	1	3	3	2	2	3	1	
12월(대)	1	2	3	3	1	1	1	1	3	2	3	2	2	3	3	2	2	1	3	3	1	2	3	1	1	3	2

2017년

(단기 4350년 · 정유년) **상수(태세)** 닭해

연령	정유 1	병신 2	을미 3	갑오 4	계사 5	임진 6	신묘 7	경인 8	기축 9	무자 10	정해 11	병술 12	을유 13	갑신 14	계미 15	임오 16	신사 17	경진 18	기묘 19	무인 20
상쾌	3	4	5	6	7	8	1	2	3	4	5	6	7	8	1	2	3	4	5	6
연령	정유 21	병자 22	을해 23	갑술 24	계유 25	임신 26	신미 27	경오 28	기사 29	무진 30	정묘 31	병인 32	을축 33	갑자 34	계해 35	임술 36	신유 37	경신 38	기미 39	무오 40
상쾌	7	8	1	2	3	4	5	6	7	8	1	2	3	4	5	6	7	8	1	2
연령	정사 41	병진 42	을묘 43	갑인 44	계축 45	임자 46	신해 47	경술 48	기유 49	무신 50	정미 51	병오 52	을사 53	갑진 54	계묘 55	임인 56	신축 57	경자 58	기해 59	무술 60
상쾌	3	4	5	6	7	8	1	2	3	4	5	6	7	8	1	2	3	4	5	6
연령	정유 61	병신 62	을미 63	갑오 64	계사 65	임진 66	신묘 67	경인 68	기축 69	무자 70	정해 71	병술 72	을유 73	갑신 74	계미 75	임오 76	신사 77	경진 78	기묘 79	무인 80
상쾌	7	8	1	2	3	4	5	6	7	8	1	2	3	4	5	6	7	8	1	2
연령	정축 81	병자 82	을해 83	갑술 84	계유 85	임신 86	신미 87	경오 88	기사 89	무진 90	정묘 91	병인 92	을축 93	갑자 94	계해 95	임술 96	신유 97	경신 98	기미 99	무오 100
상쾌	3	4	5	6	7	8	1	2	3	4	5	6	7	8	1	2	3	4	5	6

중수(월건)

월별	정월(소) 임인	2월(대) 계묘	3월(소) 갑진	4월(대) 을사	5월(소) 병오	윤5월(소) 병오	6월(대) 정미	7월(소) 무신	8월(대) 기유	9월(소) 경술	10월(대) 신해	11월(대) 임자	12월(대) 계축
중건	6	5	1	6	3	3	2	5	3	6	5	3	1

하수(일진)

월 별	1	2	3	4	5	6	7	8	9	10	11	12	13	14	15	16	17	18	19	20	21	22	23	24	25	26	27	28	29	30
정월(소)	2	2	1	1	1	3	3	1	2	1	3	3	3	1	1	2	1	1	1	2	2	1	1	3	3	2	2	3		
2월(대)	2	2	3	1	1	2	2	2	2	1	3	1	3	3	1	1	1	3	3	3	2	1	1	2	1	3	1	2	2	1
3월(소)	3	3	3	2	2	1	1	2	3	2	1	1	1	2	3	2	2	2	3	2	2	3	3	2	1	1	3	3		
4월(대)	2	3	2	2	2	3	3	3	2	1	2	1	1	2	2	3	2	1	2	2	3	2	3	3	1	2	3	3	3	3
5월(소)	2	1	1	1	3	3	3	2	2	3	1	3	2	2	2	3	3	1	3	3	3	1	1	3	3	2	2	1		
윤5월(소)	2	3	1	1	2	3	3	1	1	1	2	3	2	2	3	3	3	2	2	1	2	1	3	1	3	3	1	2		
6월(대)	2	2	1	3	3	2	2	1	1	2	1	1	1	2	1	1	1	2	2	1	1	2	2	3	2	2	1	1	3	3
7월(소)	3	3	1	2	3	1	1	2	1	1	1	3	3	1	1	3	3	2	1	1	2	3	1	3	3	1	2			
8월(대)	2	3	3	2	1	1	2	2	2	2	2	3	1	1	1	3	3	1	1	2	3	2	3	2	3	1	3	1	3	2
9월(소)	2	1	2	3	1	2	2	3	3	2	1	1	2	2	2	1	2	2	1	1	1	3	2	2	3	2				
10월(대)	2	3	1	1	3	2	2	1	2	3	1	1	3	3	3	3	3	1	1	2	2	1	2	2	1	2	3	1	1	1
11월(대)	3	3	2	2	3	1	1	2	2	2	3	3	1	2	2	2	3	2	3	1	2	2	3	1	2	2	2	1	1	3
12월(대)	2	3	1	1	3	2	2	2	1	1	3	1	3	3	3	1	1	2	1	1	1	2	2	1	1					

2018년

(단기 4351년 · 무술년) 　　**상수(태세)**　　　　　개해

연령	무술 1	정유 2	병신 3	을미 4	갑오 5	계사 6	임진 7	신묘 8	경인 9	기축 10	무자 11	정해 12	병술 13	을유 14	갑신 15	계미 16	임오 17	신사 18	경진 19	기묘 20
상괘	3	4	5	6	7	8	1	2	3	4	5	6	7	8	1	2	3	4	5	6
연령	무인 21	정축 22	병자 23	을해 24	갑술 25	계유 26	임신 27	신미 28	경오 29	기사 30	무진 31	정묘 32	병인 33	을축 34	갑자 35	계해 36	임술 37	신유 38	경신 39	기미 40
상괘	7	8	1	2	3	4	5	6	7	8	1	2	3	4	5	6	7	8	1	2
연령	무오 41	정사 42	병진 43	을묘 44	갑인 45	계축 46	임자 47	신해 48	경술 49	기유 50	무신 51	정미 52	병오 53	을사 54	갑진 55	계묘 56	임인 57	신축 58	경자 59	기해 60
상괘	3	4	5	6	7	8	1	2	3	4	5	6	7	8	1	2	3	4	5	6
연령	무술 61	정유 62	병신 63	을미 64	갑오 65	계사 66	임진 67	신묘 68	경인 69	기축 70	무자 71	정해 72	병술 73	을유 74	갑신 75	계미 76	임오 77	신사 78	경진 79	기묘 80
상괘	7	8	1	2	3	4	5	6	7	8	1	2	3	4	5	6	7	8	1	2
연령	무인 81	정축 82	병자 83	을해 84	갑술 85	계유 86	임신 87	신미 88	경오 89	기사 90	무진 91	정묘 92	병인 93	을축 94	갑자 95	계해 96	임술 97	신유 98	경신 99	기미 100
상괘	3	4	5	6	7	8	1	2	3	4	5	6	7	8	1	2	3	4	5	6

중수(월건)

월별	정월(소) 갑인	2월(대) 을묘	3월(소) 병진	4월(대) 정사	5월(소) 무오	6월(소) 기미	7월(대) 경신	8월(소) 신유	9월(대) 임술	10월(소) 계해	11월(대) 갑자	12월(대) 을축
중건	3	2	5	4	1	4	3	6	5	2	6	4

하수(일진)

월별	1	2	3	4	5	6	7	8	9	10	11	12	13	14	15	16	17	18	19	20	21	22	23	24	25	26	27	28	29	30
정월(소)	3	3	2	2	3	1	1	2	3	3	1	1	1	1	3	2	3	2	2	3	3	3	2	2	2	1	3	3	1	
2월(대)	1	3	1	2	2	1	3	3	3	2	2	2	1	1	2	3	2	1	1	1	1	2	2	3	2	2	2	3	3	2
3월(소)	2	1	1	3	3	1	2	2	3	1	1	2	2	2	3	1	3	3	1	1	1	3	3	3	2	1	1			
4월(대)	3	2	1	2	3	3	2	1	1	3	3	2	2	2	2	3	3	2	2	2	2	3	1	3	3	3	1	1	1	
5월(소)	3	3	2	2	1	3	3	2	1	1	3	2	1	2	2	1	1	1	2	3	1	1	2	1	1	1	3	2		
6월(소)	3	1	3	2	3	1	1	3	2	1	1	1	1	3	1	2	1	3	3	3	3	1	1	2	1	1	1			
7월(대)	3	3	2	2	1	3	3	1	1	2	2	3	1	2	2	1	2	2	2	2	1	3	3	1	1	1	3	3	3	2
8월(소)	1	1	2	1	2	2	2	1	3	3	3	2	2	2	1	1	2	2	1	1	1	1	2	2	3	2				
9월(대)	3	1	1	3	2	1	1	2	2	2	1	2	2	2	3	1	2	1	1	1	2	2	1	1						
10월(소)																														
11월(대)	1	1	2	2	1	1	3	2	2	1	1	1	1	2	2	1	1	1	3	2	1	3	2	2	2	3	3	3	2	2
12월(대)	2	1	3	3	1	3	2	3	1	1	3	2	2	2	1	1	3	3	1	2	1	3	3	3	3	1	1	2	1	

2019년
(단기 4352년 · 기해년)

상수(태세)

돼지해

연령	기해 1	무술 2	정유 3	병신 4	을미 5	갑오 6	계사 7	임진 8	신묘 9	경인 10	기축 11	무자 12	정해 13	병술 14	을유 15	갑신 16	계미 17	임오 18	신사 19	경진 20
상괘	5	6	7	8	1	2	3	4	5	6	7	8	1	2	3	4	5	6	7	8
연령	기묘 21	무인 22	정축 23	병자 24	을해 25	갑술 26	계유 27	임신 28	신미 29	경오 30	기사 31	무진 32	정묘 33	병인 34	을축 35	갑자 36	계해 37	임술 38	신유 39	경신 40
상괘	1	2	3	4	5	6	7	8	1	2	3	4	5	6	7	8	1	2	3	4
연령	기미 41	무오 42	정사 43	병진 44	을묘 45	갑인 46	계축 47	임자 48	신해 49	경술 50	기유 51	무신 52	정미 53	병오 54	을사 55	갑진 56	계묘 57	임인 58	신축 59	경자 60
상괘	5	6	7	8	1	2	3	4	5	6	7	8	1	2	3	4	5	6	7	8
연령	기해 61	무술 62	정유 63	병신 64	을미 65	갑오 66	계사 67	임진 68	신묘 69	경인 70	기축 71	무자 72	정해 73	병술 74	을유 75	갑신 76	계미 77	임오 78	신사 79	경진 80
상괘	1	2	3	4	5	6	7	8	1	2	3	4	5	6	7	8	1	2	3	4
연령	기묘 81	무인 82	정축 83	병자 84	을해 85	갑술 86	계유 87	임신 88	신미 89	경오 90	기사 91	무진 92	정묘 93	병인 94	을축 95	갑자 96	계해 97	임술 98	신유 99	경신 100
상괘	5	6	7	8	1	2	3	4	5	6	7	8	1	2	3	4	5	6	7	8

중수(월건)

월별	정월(대) 병인	2월(소) 정묘	3월(대) 무진	4월(소) 기사	5월(대) 경오	6월(소) 신미	7월(소) 임신	8월(대) 계유	9월(소) 갑술	10월(대) 을해	11월(소) 병자	12월(대) 정축
중건	2	5	4	6	5	2	6	5	1	6	3	2

하수(일진)

월별	1	2	3	4	5	6	7	8	9	10	11	12	13	14	15	16	17	18	19	20	21	22	23	24	25	26	27	28	29	30
정월(대)	1	1	2	2	1	1	3	3	2	2	3	1	1	2	3	3	1	1	1	3	2	3	2	2	3	3	3	2	2
2월(소)	2	1	3	3	1	3	2	3	1	1	3	2	2	1	1	1	3	3	1	2	1	3	3	3	3	1	1	2
3월(대)	2	2	2	3	3	2	2	1	1	3	1	2	3	1	1	2	2	2	2	1	3	1	1	3	1	1	1	1	3
4월(소)	3	3	2	1	1	2	1	2	3	3	3	2	2	1	1	2	3	2	1	1	1	1	2	2
5월(대)	1	3	3	1	1	3	2	1	2	2	3	3	2	3	2	1	2	1	2	1	2	2	2	2
6월(소)	1	1	3	2	2	3	2	1	2	3	2	1	1	3	3	2	2	3	1	3	2	2	2	3
7월(소)	1	2	1	1	2	2	1	1	3	2	3	3	3	2	1	1	3	2	3	2	2	3
8월(대)	1	3	2	1	1	3	1	2	2	1	2	2	2	1	3	2	2	1	1	1
9월(소)	2	2	3	2	1	3	2	1	3	3	3	3	1	2	2	1	2	2
10월(대)	2	2	1	3	2	3	2	1	1	2	1	2	2	2	1	3	3	3	3
11월(소)	2	3	3	1	3	3	1	1	3	3	3	1	2	3	3	3	2	1	2	1
12월(대)	2	3	3	3	2	2	2	1	3	3	1	3	2	1	1	3	2	2	1	1	1	3	3	1	2	1	3	3

2020년

(단기 4353년 · 경자년)   **상수(태세)**   쥐해

연령	경자 1	기해 2	무술 3	정유 4	병신 5	을미 6	갑오 7	계사 8	임진 9	신묘 10	경인 11	기축 12	무자 13	정해 14	병술 15	을유 16	갑신 17	계미 18	임오 19	신사 20
상괘	4	5	6	7	8	1	2	3	4	5	6	7	8	1	2	3	4	5	6	7
연령	경진 21	기묘 22	무인 23	정축 24	병자 25	을해 26	갑술 27	계유 28	임신 29	신미 30	경오 31	기사 32	무진 33	정묘 34	병인 35	을축 36	갑자 37	계해 38	임술 39	신유 40
상괘	8	1	2	3	4	5	6	7	8	1	2	3	4	5	6	7	8	1	2	3
연령	경신 41	기미 42	무오 43	정사 44	병진 45	을해 46	갑인 47	계축 48	임자 49	신해 50	경술 51	기유 52	무신 53	정미 54	병오 55	을사 56	갑진 57	계묘 58	임인 59	신축 60
상괘	4	5	6	7	8	1	2	3	4	5	6	7	8	1	2	3	4	5	6	7
연령	경자 61	기해 62	무술 63	정유 64	병신 65	을미 66	갑오 67	계사 68	임진 69	신묘 70	경인 71	기축 72	무자 73	정해 74	병술 75	을유 76	갑신 77	계미 78	임오 79	신사 80
상괘	8	1	2	3	4	5	6	7	8	1	2	3	4	5	6	7	8	1	2	3
연령	경진 81	기묘 82	무인 83	정축 84	병자 85	을해 86	갑술 87	계유 88	임신 89	신미 90	경오 91	기사 92	무진 93	정묘 94	병인 95	을축 96	갑자 97	계해 98	임오 99	신유 100
상괘	4	5	6	7	8	1	2	3	4	5	6	7	8	1	2	3	4	5	6	7

중수(월건)

월별	정월(대) 무인	2월(소) 기묘	3월(대) 경진	4월(대) 신사	윤4월(소) 신사	5월(대) 임오	6월(소) 계미	7월(대) 갑신	8월(대) 을유	9월(소) 병술	10월(대) 정해	11월(소) 무자	12월(대) 기축
중건	6	2	1	5	4	3	6	3	2	5	4	1	5

하수(일진)

월별	1	2	3	4	5	6	7	8	9	10	11	12	13	14	15	16	17	18	19	20	21	22	23	24	25	26	27	28	29	30
정월(대)	3	3	1	1	2	1	1	1	2	2	1	1	3	3	2	2	3	1	1	2	3	3	1	1	1	1	3	2	3	2
2월(소)	2	3	3	3	2	2	2	1	3	3	1	3	2	3	1	1	3	2	2	2	1	1	3	3	1	2	1	3		
3월(대)	1	1	1	2	2	3	2	2	2	3	2	2	3	3	3	1	1	2	2	3	1	1	2	2	2	1	3	1	3	1
4월(대)	3	3	1	3	2	2	3	3	2	1	2	1	1	2	2	1	3	3	2	2	1	1	2	3	2	1				
윤4월(소)	1	1	1	2	2	2	2	2	3	3	2	1	1	3	1	2	2	3	1	1	2	2	2	1	3					
5월(대)	2	1	1	2	2	2	1	1	3	2	3	2	1	2	2	2	1	1	3	3	3	2	2	3	1	3				
6월(소)	2	2	2	2	3	1	3	1	1	3	2	1	1	3	1	2	1	2	2	1	2	3	3	3	3	2				
7월(소)	2	3	2	2	2	2	3	2	1	1	1	2	3	3	1	1	2	2	3	2	1	1	1	3	1					
8월(대)	1	2	3	1	3	2	1	1	3	3	3	1	1	2	2	1	2	3	2	1	2	3	3	1	2	2	2	2	3	2
9월(소)	1	3	1	3	3	1	1	1	3	3	2	1	3	2	2	1	3	3	3	2	2	2	1							
10월(대)	3	1	3	2	2	2	2	3	1	3	1	2	2	1	3	1	1	3	2	2	1	2	2	3	2	3	3	3	2	1
11월(소)	3	2	1	2	1	2	2	1	2	2	2	1	2	3	2	2	3	2	2	1	1	3	3	3	2					
12월(대)	3	1	2	1	3	3	3	3	1	1	2	1	1	1	2	2	3	2	2	3	1	1	2	3	3	3	1	1		

2021년

(단기 4354년 · 신축년)　　　**상수(태세)**　　　소해

연령	신축 1	경자 2	기해 3	무술 4	정유 5	병신 6	을미 7	갑오 8	계사 9	임진 10	신묘 11	경인 12	기축 13	무자 14	정해 15	병술 16	을유 17	갑신 18	계미 19	임오 20
상쾌	5	6	7	8	1	2	3	4	5	6	7	8	1	2	3	4	5	6	7	8
연령	신사 21	경진 22	기묘 23	무인 24	정축 25	병자 26	을해 27	갑술 28	계유 29	임신 30	신미 31	경오 32	기사 33	무진 34	정묘 35	병인 36	을축 37	갑자 38	계해 39	임술 40
상쾌	1	2	3	4	5	6	7	8	1	2	3	4	5	6	7	8	1	2	3	4
연령	신유 41	경신 42	기미 43	무오 44	정사 45	병진 46	을묘 47	갑인 48	계축 49	임자 50	신해 51	경술 52	기유 53	무신 54	정미 55	병오 56	을사 57	갑진 58	계묘 59	임인 60
상쾌	5	6	7	8	1	2	3	4	5	6	7	8	1	2	3	4	5	6	7	8
연령	신축 61	경자 62	기해 63	무술 64	정유 65	병신 66	을미 67	갑오 68	계사 69	임진 70	신묘 71	경인 72	기축 73	무자 74	정해 75	병술 76	을유 77	갑신 78	계미 79	임오 80
상쾌	1	2	3	4	5	6	7	8	1	2	3	4	5	6	7	8	1	2	3	4
연령	신사 81	경진 82	기묘 83	무인 84	정축 85	병자 86	을해 87	갑술 88	계유 89	임신 90	신미 91	경오 92	기사 93	무진 94	정묘 95	병인 96	을축 97	갑자 98	계해 99	임술 100
상쾌	5	6	7	8	1	2	3	4	5	6	7	8	1	2	3	4	5	6	7	8

중수(월건)

월별	정월(소) 경인	2월(대) 신묘	3월(대) 임진	4월(소) 계사	5월(대) 갑오	6월(소) 을미	7월(대) 병신	8월(소) 정유	9월(대) 무술	10월(소) 기해	11월(대) 경자	12월(소) 신축
중건	2	1	5	2	6	3	2	5	4	6	5	2

하수(일진)

월 별	1	2	3	4	5	6	7	8	9	10	11	12	13	14	15	16	17	18	19	20	21	22	23	24	25	26	27	28	29	30
정월(소)	1	1	3	2	3	2	2	3	3	2	2	2	1	3	3	1	3	2	3	1	1	3	2	2	2	1	1	1		
2월(대)	1	1	2	3	2	1	1	1	1	2	2	3	2	2	2	3	2	1	1	3	3	1	2	3	1	2	2	3	1	2
3월(대)	2	2	2	1	3	3	1	3	2	2	1	2	1	2	3	1	2	2	1	1	3	3	3	3	2	2

2022년

(단기 4355년 · 임인년)

상수(태세)

범해

연령	임인 1	신축 2	경자 3	기해 4	무술 5	정유 6	병신 7	을미 8	갑오 9	계사 10	임진 11	신묘 12	경인 13	기축 14	무자 15	정해 16	병술 17	을유 18	갑신 19	계미 20
상쾌	1	2	3	4	5	6	7	8	1	2	3	4	5	6	7	8	1	2	3	4
연령	임오 21	신사 22	경진 23	기묘 24	무인 25	정축 26	병자 27	을해 28	갑술 29	계유 30	임신 31	신미 32	경오 33	기사 34	무진 35	정묘 36	병인 37	을축 38	갑자 39	계해 40
상쾌	5	6	7	8	1	2	3	4	5	6	7	8	1	2	3	4	5	6	7	8
연령	임술 41	신유 42	경신 43	기미 44	무오 45	정사 46	병진 47	을묘 48	갑인 49	계축 50	임자 51	신해 52	경술 53	기유 54	무신 55	정미 56	병오 57	을사 58	갑진 59	계묘 60
상쾌	1	2	3	4	5	6	7	8	1	2	3	4	5	6	7	8	1	2	3	4
연령	임인 61	신축 62	경자 63	기해 64	무술 65	정유 66	병신 67	을미 68	갑오 69	계사 70	임진 71	신묘 72	경인 73	기축 74	무자 75	정해 76	병술 77	을유 78	갑신 79	계미 80
상쾌	5	6	7	8	1	2	3	4	5	6	7.	8	1	2	3	4	5	6	7	8
연령	임오 81	신사 82	경진 83	기묘 84	무인 85	정축 86	병자 87	을해 88	갑술 89	계유 90	임신 91	신미 92	경오 93	기사 94	무진 95	정묘 96	병인 97	을축 98	갑자 99	계해 100
상쾌	1	2	3	4	5	6	7	8	1	2	3	4	5	6	7	8	1	2	3	4

중수(월건)

월별	정월(대) 임인	2월(소) 계묘	3월(대) 갑진	4월(소) 을사	5월(대) 병오	6월(대) 정미	7월(소) 무신	8월(대) 기유	9월(소) 경술	10월(대) 신해	11월(소) 임자	12월(대) 계축
중건	1	4	2	5	4	2	5	3	6	5	2	1

하수(일진)

월 별	1	2	3	4	5	6	7	8	9	10	11	12	13	14	15	16	17	18	19	20	21	22	23	24	25	26	27	28	29	30
정월(대)	1	2	3	3	1	1	1	3	2	3	2	2	3	3	3	2	2	1	3	3	1	3	2	3	2	3	1	1	3	2
2월(소)	2	2	1	1	1	3	3	1	2	1	2	3	2	1	2	1	1	2	1	1	2	3	1	3	3	2	2	3		
3월(대)	2	2	3	1	1	1	2	2	2	1	2	1	3	3	1	1	1	3	3	3	2	1	1	2	1	3	1	2	2	1
4월(소)	3	3	3	2	2	2	1	1	2	3	1	1	1	2	3	2	2	2	3	2	2	3	3	2	1	1	3	3		
5월(대)	2	3	3	1	2	2	3	2	1	1	2	1	1	1	3	2	2	3	2	1	1	3	3							
6월(대)	2	1	1	1	3	3	2	2	2	3	1	3	3	1	3	3	1	3	1	1	3	2	2	3	2	1	1	2		
7월(소)	2	3	3	1	1	2	3	2	1	1	2	2	2	1	1	2	1	2	1	1	2	2	2	1	2	2				
8월(대)	3	3	2	2	1	1	3	2	3	2	2	3	3	1	2	1	2	1	2	2	1	1	3	3						
9월(소)	2	3	1	1	2	3	1	1	1	2	2	3	2	3	3	2	3	2	3	1	1	2	3							
10월(대)	2	2	1	3	3	3	2	2	2	3	3	2	3	3	3	2	2	3	2	2	2	3								
11월(소)	3	3	1	2	2	2	2	2	3	3	3	3	1	3	2	1	1	2	2	1	2	1	3							
12월(대)	2	3	3	2	1	1	1	1	3	3	2	2	3	1	1	3	3	3	3	2	2	3	3	1	1	3	3	3	3	2

2023년

(단기 4356년 · 계묘년)　　　상수(태세)　　　　　　토끼해

연령	계묘1	임인2	신축3	경자4	기해5	무술6	정유7	병신8	을미9	갑오10	계사11	임진12	신묘13	경인14	기축15	무자16	정해17	병술18	을유19	갑신20
상괘	8	1	2	3	4	5	6	7	8	1	2	3	4	5	6	7	8	1	2	3
연령	계미21	임오22	신사23	경진24	기묘25	무인26	정축27	병자28	을해29	갑술30	계유31	임신32	신미33	경오34	기사35	무진36	정묘37	병인38	을축39	갑자40
상괘	4	5	6	7	8	1	2	3	4	5	6	7	8	1	2	3	4	5	6	7
연령	계사41	임술42	신유43	경술44	기미45	무오46	정사47	병진48	을인49	갑술50	계원51	임신52	신해53	경술54	기유55	무술56	정오57	병오58	을사59	갑진60
상괘	8	1	2	3	4	5	6	7	8	1	2	3	4	5	6	7	8	1	2	3
연령	계묘61	임인62	신축63	경자64	기해65	무술66	정유67	병신68	을미69	갑오70	계사71	임진72	신묘73	경인74	기축75	무자76	정해77	병술78	을유79	갑신80
상괘	4	5	6	7	8	1	2	3	4	5	6	7	8	1	2	3	4	5	6	7
연령	계미81	임오82	신사83	경진84	기묘85	무인86	정축87	병자88	을해89	갑술90	계유91	임신92	신미93	경오94	기사95	무진96	정묘97	병인98	을축99	갑자100
상괘	8	1	2	3	4	5	6	7	8	1	2	3	4	5	6	7	8	1	2	3

중수(월건)

월별	정월(소)갑인	2월(대)을묘	윤2월(소)을묘	3월(대)병진	4월(소)정사	5월(대)무오	6월(소)기미	7월(대)경신	8월(소)신유	9월(소)임술	10월(대)계해	11월(소)갑자	12월(대)을축
중괘	3	2	1	6	3	2	4	3	1	4	3	5	4

하수(일진)

월별	1	2	3	4	5	6	7	8	9	10	11	12	13	14	15	16	17	18	19	20	21	22	23	24	25	26	27	28	29	30
정월(소)	2	1	1	2	3	3	1	2	2	3	3	3	3	2	1	2	1	1	2	2	2	1	1	1	3	2	2	3	2	
2월(대)	2	3	1	1	3	2	2	2	1	1	1	3	3	1	2	1	3	3	3	1	1	2	1	1	1	2	2	1	1	1
윤2월(소)	3	3	2	2	3	1	1	2	3	1	1	1	3	2	3	2	2	3	3	3	3	2	2	2	1	3	3	1		
3월(대)	1	3	1	2	2	3	3	2	3	3	2	3	2	1	1	3	3	1	3	2	2	1	3	3	3	3	3	2	3	2
4월(소)	2	1	1	3	1	2	2	3	1	1	2	1	3	3	1	1	1	3	3	3	2	1	1							
5월(대)	3	2	1	2	3	2	1	1	1	3	1	2	1	2	2	3	3	1	3	3	1	1								
6월(소)	3	2	1	1	2	3	3	1	2	2	3	3	2	1	2	2	1	1	3	2										
7월(대)	3	1	3	2	3	1	1	3	2	2	1	1	3	2	1	3	3	3	1	1	2	1	1	1	2					
8월(소)	2	1	1	3	1	2	2	3	1	1	2	3	3	1	1	1	3	3	3	1	1	2								
9월(소)	3	1	2	3	1	2	2	2	1	1	1	3	3	3	3	3	1	1	2	2										
10월(대)	3	3	2	2	1	3	3	2	2	2	1	1	1	2	2	2	1	1	2	3	3	2								
11월(소)	1	1	2	1	3	2	2	1	3	3	3	2	2	2	2	1	1	1	1	2	3	2	2							
12월(대)	3	1	1	3	3	2	2	1	1	2	3	1	2	2	3	3	3	3	2	1	2	1	1	2	2	2	1	1	1	

2024년

(단기 4357년 · 갑진년)　　　**상수(태세)**　　　용해

연령	갑진1	계묘2	임인3	신축4	경자5	기해6	무술7	정유8	병신9	을미10	갑오11	계사12	임진13	신묘14	경인15	기축16	무자17	정해18	병술19	을유20
상쾌	7	8	1	2	3	4	5	6	7	8	1	2	3	4	5	6	7	8	1	2
연령	갑신21	계미22	임오23	신사24	경진25	기묘26	무인27	정축28	병자29	을해30	갑술31	계유32	임신33	신미34	경오35	기사36	무진37	정묘38	병인39	을축40
상쾌	3	4	5	6	7	8	1	2	3	4	5	6	7	8	1	2	3	4	5	6
연령	갑자41	계해42	임술43	신유44	경신45	기미46	무오47	정사48	병진49	을묘50	갑인51	계축52	임자53	신해54	경술55	기유56	무신57	정미58	병오59	을사60
상쾌	7	8	1	2	3	4	5	6	7	8	1	2	3	4	5	6	7	8	1	2
연령	갑진61	계묘62	임인63	신축64	경자65	기해66	무술67	정유68	병신69	을미70	갑오71	계사72	임진73	신묘74	경인75	기축76	무자77	정해78	병술79	을유80
상쾌	3	4	5	6	7	8	1	2	3	4	5	6	7	8	1	2	3	4	5	6
연령	갑신81	계미82	임오83	신사84	경진85	기묘86	무인87	정축88	병자89	을해90	갑술91	계유92	임신93	신미94	경오95	기사96	무진97	정묘98	병인99	을축100
상쾌	7	8	1	2	3	4	5	6	7	8	1	2	3	4	5	6	7	8	1	2

중수(월건)

월별	정월(소) 병인	2월(대) 정묘	3월(소) 무진	4월(소) 기사	5월(대) 경오	6월(소) 신미	7월(대) 임신	8월(대) 계유	9월(소) 갑술	10월(대) 을해	11월(대) 병자	12월(소) 정축
중건	1	6	3	6	5	2	1	5	2	6	4	1

하수(일진)

월별	1	2	3	4	5	6	7	8	9	10	11	12	13	14	15	16	17	18	19	20	21	22	23	24	25	26	27	28	29	30
정월(소)	3	2	2	3	2	1	2	3	3	2	1	1	1	3	3	3	2	2	3	1	3	2	2	2	2	3	3	1	3	
2월(대)	1	1	2	2	1	1	3	2	2	3	2	1	3	1	1	2	3	2	2	3	2	2	3	3	3	2	2
3월(소)	2	1	3	3	1	3	2	3	1	1	3	2	2	2	1	1	1	3	3	1	2	1	3	3	3	3	1	1	2	
4월(소)	2	2	2	3	3	2	2	1	1	3	3	1	2	2	3	1	2	2	2	1	3	1	3	3	1	1	1			
5월(대)	1	1	1	3	2	2	3	2	1	2	3	3	2	1	1	1	3	3	3	2	2	3	1	3	2	2	2	2	3	3
6월(소)	1	3	3	3	1	3	3	2	2	1	3	2	2	1	3	3	3	1	3	3	3	2	1	2	1	1	2	2		
7월(대)	2	2	2	1	1	1	2	3	2	1	1	3	3	1	2	3	2	2	2	2	2	1	3	3	3	3	1	2	2	1
8월(대)	2	3	1	2	1	1	2	2	2	1	3	1	1	1	2	2	2	3	2	3	3	2	2	2	3	1	3	3		

(계속)

월별	1	2	3	4	5	6	7	8	9	10	11	12	13	14	15	16	17	18	19	20	21	22	23	24	25	26	27	28	29	30
9월(소)	3	2	2	3	1	3	3	1	1	3	2	2	2	1	1	3	2	1	3	3	3									
10월(대)	2	2	3	2	2	2	3	2	2	1	3	2	2	2	1	2	2	1	3	1	3	3	3	1
11월(대)	1	1	3	3	3	2	1	1	2	2	3	2	2	2	1	2	3	2	1	1	1	1	1
12월(소)	2	2	3	2	2	2	3	3	2	2	1	3	2	2	2	2	2	1	3	1	3	3								

2025년

(단기 4358년 · 을사년) 　　**상수(태세)**　　　　　　　뱀해

연령	을사 1	갑진 2	계묘 3	임인 4	신축 5	경자 6	기해 7	무술 8	정유 9	병신 10	을미 11	갑오 12	계사 13	임진 14	신묘 15	경인 16	기축 17	무자 18	정해 19	병술 20
상괘	2	3	4	5	6	7	8	1	2	3	4	5	6	7	8	1	2	3	4	5
연령	을유 21	갑신 22	계미 23	임오 24	신사 25	경진 26	기묘 27	무인 28	정축 29	병자 30	을해 31	갑술 32	계유 33	임신 34	신미 35	경오 36	기사 37	무진 38	정묘 39	병인 40
상괘	6	7	8	1	2	3	4	5	6	7	8	1	2	3	4	5	6	7	8	1
연령	을축 41	갑자 42	계해 43	임술 44	신유 45	경신 46	기미 47	무오 48	정사 49	병진 50	을묘 51	갑인 52	계축 53	임자 54	신해 55	경술 56	기유 57	무신 58	정미 59	병오 60
상괘	2	3	4	5	6	7	8	1	2	3	4	5	6	7	8	1	2	3	4	5
연령	을사 61	갑진 62	계묘 63	임인 64	신축 65	경자 66	기해 67	무술 68	정유 69	병신 70	을미 71	갑오 72	계사 73	임진 74	신묘 75	경인 76	기축 77	무자 78	정해 79	병술 80
상괘	6	7	8	1	2	3	4	5	6	7	8	1	2	3	4	5	6	7	8	1
연령	을유 81	갑신 82	계미 83	임오 84	신사 85	경진 86	기묘 87	무인 88	정축 89	병자 90	을해 91	갑술 92	계유 93	임신 94	신미 95	경오 96	기사 97	무진 98	정묘 99	병인 100
상괘	2	3	4	5	6	7	8	1	2	3	4	5	6	7	8	1	2	3	4	5

중수(월건)

월별	정월(대) 무인	2월(소) 기묘	3월(대) 경진	4월(소) 신사	5월(소) 임오	6월(대) 계미	윤6월(소) 계미	7월(대) 갑신	8월(소) 을유	9월(대) 병술	10월(대) 정해	11월(대) 무자	12월(소) 기축
중건	6	2	1	4	2	1	6	4	1	6	4	2	4

하수(일진)

월별	1	2	3	4	5	6	7	8	9	10	11	12	13	14	15	16	17	18	19	20	21	22	23	24	25	26	27	28	29	30
정월(대)	2	2	2	1	1	1	3	2	2	3	2	1	2	3	3	2	1	1	1	3	3	3	2	2	3	1	3	2	2	2
2월(소)	2	3	3	1	3	3	3	1	1	3	2	2	1	1	2	3	3	1	2	2	3	3	3	3	2	1	2	1	1	
3월(대)	2	3	3	3	2	2	1	2	3	2	3	1	1	2	2	2	1	1	1	3	3	3	1	2	1	3	3
4월(소)	3	3	1	1	2	1	1	1	2	2	1	1	2	2	2	1	1	3	3	3	1	1	1	3	3	1	2	1	1	
5월(소)	3	3	1	1	3	3	3	1	2	2	3	3	2	2	2	1	1	1	1	2	3	2	1	1	2	3	2			
6월(대)	2	2	2	2	3	3	3	3	3	1	1	3	3	3	2	1	2	3	2	3	2	3	3	3	3	3	2	1
윤6월(소)	2	1	1	2	2	2	1	1	3	2	2	3	1	2	3	3	2	1	1	1	3	3	2	3	2	2	3	1		
7월(대)	3	3	1	1	2	1	1	1	2	1	1	2	2	3	3	2	2	3	1	1	1	2	2	2	2	2	2	2	1	3
8월(소)	2	3	2	2	1	2	2	1	1	2	2	1	2	2	2	1	2	1	1	2	3	3	2	1	1	1	1	2	1	
9월(대)	1	2	1	1	1	2	2	2	1	2	1	1	3	2	3	1	3	2	1	1	1	1	2	1	1	1	1	1	2	2
10월(대)	2	1	1	1	1	2	1	2	1	1	2	2	2	1	2	1	1	2	2	1	2	1	1	1	2	2	2	2	2	1
11월(대)	3	2	1	1	1	1	2	2	2	2	3	2	2	3	2	1	1	2	1	1	1	2	1	1	3	2	2	2	2	2
12월(소)	1	3	1	3	3	1	1	1	3	2	1	1	3	2	2	2	1	2	1	3	3	3	3	2	2	2	1	1		

2026년

(단기 4359년 · 병오년)

상수(태세)   말해

연령	병오 1	을사 2	갑진 3	계묘 4	임인 5	신축 6	경자 7	기해 8	무술 9	정유 10	병신 11	을미 12	갑오 13	계사 14	임진 15	신묘 16	경인 17	기축 18	무자 19	정해 20
상쾌	1	2	3	4	5	6	7	8	1	2	3	4	5	6	7	8	1	2	3	4
연령	병술 21	을유 22	갑신 23	계미 24	임오 25	신사 26	경진 27	기묘 28	무인 29	정축 30	병자 31	을해 32	갑술 33	계유 34	임신 35	신미 36	경오 37	기사 38	무진 39	정묘 40
상쾌	5	6	7	8	1	2	3	4	5	6	7	8	1	2	3	4	5	6	7	8
연령	병인 41	을축 42	갑자 43	계해 44	임술 45	신유 46	경신 47	기미 48	무오 49	정사 50	병진 51	을묘 52	갑인 53	계축 54	임자 55	신해 56	경술 57	기유 58	무신 59	정미 60
상쾌	1	2	3	4	5	6	7	8	1	2	3	4	5	6	7	8	1	2	3	4
연령	병오 61	을사 62	갑진 63	계묘 64	임인 65	신축 66	경자 67	기해 68	무술 69	정유 70	병신 71	을미 72	갑오 73	계사 74	임진 75	신묘 76	경인 77	기축 78	무자 79	정해 80
상쾌	5	6	7	8	1	2	3	4	5	6	7	8	1	2	3	4	5	6	7	8
연령	병술 81	을유 82	갑신 83	계미 84	임오 85	신사 86	경진 87	기묘 88	무인 89	정축 90	병자 91	을해 92	갑술 93	계유 94	임신 95	신미 96	경오 97	기사 98	무진 99	정묘 100
상쾌	1	2	3	4	5	6	7	8	1	2	3	4	5	6	7	8	1	2	3	4

중수(월건)

월별	정월(대) 경인	2월(소) 신묘	3월(대) 임진	4월(소) 계사	5월(소) 갑오	6월(대) 을미	7월(소) 병신	8월(대) 정유	9월(소) 무술	10월(대) 기해	11월(대) 경자	12월(대) 신축
중건	3	6	5	2	5	4	1	6	3	1	5	3

하수(일진)

월별	1	2	3	4	5	6	7	8	9	10	11	12	13	14	15	16	17	18	19	20	21	22	23	24	25	26	27	28	29	30
정월(대)	3	1	3	2	2	2	3	3	1	3	3	3	1	1	3	3	2	2	1	1	2	3	3	1	2	2	3	3	3	3
2월(소)	3	2	1	2	1	1	2	2	2	1	1	3	2	2	3	2	1	2	3	2	1	1	1	3	3	3	2			
3월(대)	3	1	2	1	3	3	3	1	2	1	1	1	2	1	1	3	3	2	2	3	1	1	2	3	3	1	1			
4월(소)	1	1	3	2	3	2	2	3	3	3	2	2	2	1	3	1	3	2	3	1	1	3	2	2	2	1	1	1		
5월(소)	1	1	2	3	2	1	1	1	1	2	2	3	2	2	2	3	2	1	1	1	2	2	3	1	1					
6월(대)	3	3	3	3	2	1	2	1	2	2	2	1	1	2	2	2	1	1	2	2	2	1	1	3	2	2	1	1	3	3
7월(소)	3	2	2	1	3	2	2	2	2	2	2	1	1	3	3	2	1	3	2	1	1	3	2	1	2	1	1			
8월(대)																														
9월(소)	1	1	3	1	2	1	3	3	3	3	1	1	1	3	2	1	2	2	1	3	3	2	2	3	1	1	2			
10월(대)	1	2	2	2	2	1	3	3	3	1	2	1	1	3	3	3	1	3	2	1	1	2	3	3	2	1	3	3	3	3
11월(대)	2	2	2	1	1	2	3	2	1	1	1	1	2	2	1	1	2	1	1	2	2	3	1	3	2	3	3	3	3	3
12월(대)	1	1	2	2	2	2	1	3	1	3	3	1	1	3	3	3	2	1	1	2	1	3	1	2	2	1	3	3	3	3

2027년

(단기 4360년 · 정미년)   상수(태세)   양해

연령	정미 1	병오 2	을사 3	갑진 4	계묘 5	임인 6	신축 7	경자 8	기해 9	무술 10	정유 11	병신 12	을미 13	갑오 14	계사 15	임진 16	신묘 17	경인 18	기축 19	무자 20
상쾌	4	5	6	7	8	1	2	3	4	5	6	7	8	1	2	3	4	5	6	7
연령	정해 21	병술 22	을유 23	갑신 24	계미 25	임오 26	신사 27	경진 28	기묘 29	무인 30	정축 31	병자 32	을해 33	갑술 34	계유 35	임신 36	신미 37	경오 38	기사 39	무진 40
상쾌	8	1	2	3	4	5	6	7	8	1	2	3	4	5	6	7	8	1	2	3
연령	정묘 41	병인 42	을축 43	갑자 44	계해 45	임술 46	신유 47	경신 48	기미 49	무오 50	정사 51	병진 52	을묘 53	갑인 54	계축 55	임자 56	신해 57	경술 58	기유 59	무신 60
상쾌	4	5	6	7	8	1	2	3	4	5	6	7	8	1	2	3	4	5	6	7
연령	정미 61	병오 62	을사 63	갑진 64	계묘 65	임인 66	신축 67	경자 68	기해 69	무술 70	정유 71	병신 72	을미 73	갑오 74	계사 75	임진 76	신묘 77	경인 78	기축 79	무자 80
상쾌	8	1	2	3	4	5	6	7	8	1	2	3	4	5	6	7	8	1	2	3
연령	정해 81	병술 82	을유 83	갑신 84	계미 85	임오 86	신사 87	경진 88	기묘 89	무인 90	정축 91	병자 92	을해 93	갑술 94	계유 95	임신 96	신미 97	경오 98	기사 99	무진 100
상쾌	4	5	6	7	8	1	2	3	4	5	6	7	8	1	2	3	4	5	6	7

중수(월건)

월별	정월(소) 임인	2월(대) 계묘	3월(소) 갑진	4월(대) 을사	5월(소) 병오	6월(소) 정미	7월(대) 무신	8월(소) 기유	9월(소) 경술	10월(대) 신해	11월(대) 임자	12월(대) 계축
중건	6	5	1	6	3	1	6	2	6	5	3	1

하수(일진)

월 별	1	2	3	4	5	6	7	8	9	10	11	12	13	14	15	16	17	18	19	20	21	22	23	24	25	26	27	28	29	30
정월(소)	2	2	2	1	1	2	3	2	1	1	1	1	2	2	3	2	2	2	3	3	2	2	1	1	3	3	1	2	2	
2월(대)	1	2	2	3	3	3	2	1	2	1	1	2	2	2	1	1	3	2	2	3	2	1	2	3	3	2	1	1	1	1
3월(소)	1	3	3	3	2	1	2	3	1	2	2	2	2	2	3	3	3	1	3	3	1	3	2	2	1	1	2	3		
4월(대)	1	2	3	3	1	1	1	3	2	2	2	1	3	3	2	2	3	2	2	1	1	1	3	3	3	2	1	1	3	2
5월(소)	2	2	1	1	1	3	3	1	2	1	1	2	1	1	1	2	1	1	2	1	1	3	3	2	2	3				
6월(소)	2	2	3	1	1	2	2	2	2	1	1	3	3	1	3	1	3	2	1	2	1	2	1	2	2	1	2	2		
7월(대)	2	1	1	1	3	3	2	2	3	1	2	2	2	2	1	3	3	2	2	3	1	1	1	2	1	3	3	2	2	1
8월(소)	2	3	3	1	2	2	3	3	2	2	1	1	1	1	3	2	2	2	2	1	1	1	3	3	2	2	1			
9월(소)	1	3	2	2	1	1	1	1	3	1	1	1	1	1	3	3	3	2	2	3	3	1	1	3	2	1	1	3	3	
10월(대)	3	3	1	2	1	1	1	1	3	1	1	1	1	1	3	3	3	2	2	2	2	3	3	3	2	1	1	3	3	1
11월(대)	2	2	1	3	3	3	2	2	1	1	2	1	1	1	1	1	1	1	2	2	2	3	2	2	1	1	
12월(대)	3	3	1	2	2	3	1	1	2	2	2	1	3	3	1	3	3	1	1	3	3	2	1	1	2	1	3	1

2028년
(단기 4361년 · 무신년)　　　상수(태세)　　　　　　　원숭이해

연령	무신1	정미2	병오3	을사4	갑진5	계묘6	임인7	신축8	경자9	기해10	무술11	정유12	병신13	을미14	갑오15	계사16	임진17	신묘18	경인19	기축20
상쾌	2	3	4	5	6	7	8	1	2	3	4	5	6	7	8	1	2	3	4	5
연령	무자21	정해22	병술23	을유24	갑신25	계미26	임오27	신사28	경진29	기묘30	무인31	정축32	병자33	을해34	갑술35	계유36	임신37	신미38	경오39	기사40
상쾌	6	7	8	1	2	3	4	5	6	7	8	1	2	3	4	5	6	7	8	1
연령	무진41	정묘42	병인43	을축44	갑자45	계해46	임술47	신유48	경신49	기미50	무오51	정사52	병진53	을묘54	갑인55	계축56	임자57	신해58	경술59	기유60
상쾌	2	3	4	5	6	7	8	1	2	3	4	5	6	7	8	1	2	3	4	5
연령	무신61	정미62	병오63	을사64	갑진65	계묘66	임인67	신축68	경자69	기해70	무술71	정유72	병신73	을미74	갑오75	계사76	임진77	신묘78	경인79	기축80
상쾌	6	7	8	1	2	3	4	5	6	7	8	1	2	3	4	5	6	7	8	1
연령	무자81	정해82	병술83	을유84	갑신85	계미86	임오87	신사88	경진89	기묘90	무인91	정축92	병자93	을해94	갑술95	계유96	임신97	신미98	경오99	기사100
상쾌	2	3	4	5	6	7	8	1	2	3	4	5	6	7	8	1	2	3	4	5

중수(월건)

월별	정월(소) 갑인	2월(대) 을묘	3월(대) 병진	4월(소) 정사	5월(대) 무오	윤5월(소) 무오	6월(소) 기미	7월(대) 경신	8월(소) 신유	9월(소) 임술	10월(대) 계해	11월(대) 갑자	12월(소) 을축
중건	3	2	6	3	2	1	4	3	6	4	3	6	3

하수(일진)

월별	1	2	3	4	5	6	7	8	9	10	11	12	13	14	15	16	17	18	19	20	21	22	23	24	25	26	27	28	29	30
정월(소)	2	2	1	3	3	3	2	2	2	1	1	2	3	2	1	1	1	2	2	3	2	2	3	3	2	2	1			
2월(대)	2	1	1	2	3	3	1	2	2	3	3	3	2	2	1	2	1	1	2	2	1	1	3	2	2	3	2	3	2	1
3월(대)	2	3	3	2	1	1	3	3	2	2	1	1	3	3	3	1	3	2	1	2	3	1	3	3	1	3	3	1	3	2
4월(소)	2	1	1	2	3	3	1	2	3	2	1	2	2	2	2	2	1	1	3	2	2	2								
5월(대)	2	3	1	1	3	2	2	2	2	1	1	1	3	3	3	3	3	3	1	1	1	1	2	2	1	1	2	2	1	1
윤5월(소)	3	3	2	2	3	1	1	2	3	1	1	1	3	2	2	2	2	3	3	2	3	3	2	2	3	3	1			
6월(소)	1	3	1	2	2	1	3	3	3	2	2	1	1	1	1	1	2	1	1	1	2	2	3	2	2	2	2	3		
7월(대)	1	3	3	3	1	1	3	2	2	3	3	3	3	2	2	2	2	3	3	2	2	2	3	1	1	2	3	3	3	2
8월(소)	1	1	2	2	1	3	3	2	2	3	3	2	1	1	2	1	1	3	3	3	3	2	3	3	3	3	2	2		
9월(소)	2	1	1	3	3	2	2	2	1	2	3	3	1	1	1	1	2	2	3	3	3	3	3	3	2	2	1			
10월(대)	1	1	2	1	3	1	2	2	2	2	2	2	1	2	2	3	2	1	1	1	3	3	2	2	1	3	3	2	2	2
11월(대)	3	3	3	2	2	1	3	3	3	3	2	2	1	1	2	2	3	3	3	2	2	2	2	1	1	3	3	3	2	2
12월(소)	1	1	2	1	3	3	3	2	2	1	3	2	2	2	2	2	1	1	2	1	1	2	2	3	2	2				

2029년

(단기 4362년 · 기유년)　　　**상수(태세)**　　　닭해

연령	기유 1	무신 2	정미 3	병오 4	을사 5	갑진 6	계묘 7	임인 8	신축 9	경자 10	기해 11	무술 12	정유 13	병신 14	을미 15	갑오 16	계사 17	임진 18	신묘 19	경인 20
상쾌	6	7	8	1	2	3	4	5	6	7	8	1	2	3	4	5	6	7	8	1
연령	기축 21	무자 22	정해 23	병술 24	을유 25	갑신 26	계미 27	임오 28	신사 29	경진 30	기묘 31	무인 32	정축 33	병자 34	을해 35	갑술 36	계유 37	임신 38	신미 39	경오 40
상쾌	2	3	4	5	6	7	8	1	2	3	4	5	6	7	8	1	2	3	4	5
연령	기사 41	무진 42	정묘 43	병인 44	을축 45	갑자 46	계미 47	임술 48	신유 49	경신 50	기미 51	무오 52	정사 53	병진 54	을묘 55	갑인 56	계축 57	임자 58	신해 59	경술 60
상쾌	6	7	8	1	2	3	4	5	6	7	8	1	2	3	4	5	6	7	8	1
연령	기유 61	무신 62	정미 63	병오 64	을사 65	갑진 66	계묘 67	임인 68	신축 69	경자 70	기해 71	무술 72	정유 73	병신 74	을미 75	갑오 76	계사 77	임진 78	신묘 79	경인 80
상쾌	2	3	4	5	6	7	8	1	2	3	4	5	6	7	8	1	2	3	4	5
연령	기축 81	무자 82	정해 83	병술 84	을유 85	갑신 86	계미 87	임오 88	신사 89	경진 90	기묘 91	무인 92	정축 93	병자 94	을해 95	갑술 96	계유 97	임신 98	신미 99	경오 100
상쾌	6	7	8	1	2	3	4	5	6	7	8	1	2	3	4	5	6	7	8	1

중수(월건)

월별	정월(대) 병인	2월(대) 정묘	3월(소) 무진	4월(대) 기사	5월(대) 경오	6월(소) 신미	7월(소) 임신	8월(대) 계유	9월(소) 갑술	10월(소) 을해	11월(대) 병자	12월(대) 정축
중건	2	6	3	1	5	2	6	5	1	5	4	2

하수(일진)

월 별	1	2	3	4	5	6	7	8	9	10	11	12	13	14	15	16	17	18	19	20	21	22	23	24	25	26	27	28	29	30
정월(대)	3	1	1	3	3	2	2	1	1	2	3	3	1	2	3	3	3	2	1	2	1	1	2	2	2	1	1	1	1	1
2월(대)	3	2	2	3	2	1	2	3	2	1	1	1	3	3	2	2	3	1	3	2	2	2	2	3	3	1	3	3		
3월(소)	3	1	1	3	3	2	2	1	1	2	3	3	3	3	2	1	2	1	1	2	2	2	1	1						
4월(대)	2	1	3	3	2	2	3	1	3	2	2	2	2	1	3	3	2	1	3	3	2	3	3	1	1	1	2	2	2	3
5월(대)	1	1	2	2	1	1	3	3	2	2	1	1	2	3	3	3	1	1	1	3	3	2	2	1	1	3	2	1	2	2
6월(소)	2	1	3	3	1	3	2	3	1	1	3	2	2	2	1	1	3	2	3	1	3	3	3	3	1	1	2			
7월(소)	2	2	2	3	2	1	3	1	1	2	2	3	3	1	1	2	2	3	1	1	3	3	1	1	1					
8월(대)	1	1	1	3	2	2	3	1	1	2	1	1	2	2	3	2	2	3	1	2	2	2	2	2	3	3				3
9월(소)	1	3	3	1	2	2	2	2	1	1	3	3	3	3	2	1	1	1	2	1	1	2	2							
10월(소)	3	2	2	1	1	2	3	2	2	1	3	3	1	2	2	2	3	2	1	1	1	1	1							
11월(대)	2	2	3	2	2	2	3	2	2	1	1	3	3	2	2	1	1	2	2	3	1	3	3							
12월(대)	1	1	3	3	3	2	1	1	1	2	3	3	1	2	2	1	3	3	3	2	2	2	1	1	2	3	2	1	1	1

2030년

(단기 4363년 · 경술년)   **상수(태세)**   개해

연령	경술 1	기유 2	무신 3	정미 4	병오 5	을사 6	갑진 7	계묘 8	임인 9	신축 10	경자 11	기해 12	무술 13	정유 14	병신 15	을미 16	갑오 17	계사 18	임진 19	신묘 20
상쾌	6	7	8	1	2	3	4	5	6	7	8	1	2	3	4	5	6	7	8	1
연령	경인 21	기축 22	무자 23	정해 24	병술 25	을유 26	갑신 27	계미 28	임오 29	신사 30	경진 31	기묘 32	무인 33	정축 34	병자 35	을해 36	갑술 37	계유 38	임신 39	신미 40
상쾌	2	3	4	5	6	7	8	1	2	3	4	5	6	7	8	1	2	3	4	5
연령	경오 41	기사 42	무진 43	정묘 44	병인 45	을축 46	갑자 47	계해 48	임술 49	신유 50	경신 51	기미 52	무오 53	정사 54	병진 55	을묘 56	갑인 57	계축 58	임자 59	신해 60
상쾌	6	7	8	1	2	3	4	5	6	7	8	1	2	3	4	5	6	7	8	1
연령	경술 61	기유 62	무신 63	정미 64	병오 65	을사 66	갑진 67	계묘 68	임인 69	신축 70	경자 71	기해 72	무술 73	정유 74	병신 75	을미 76	갑오 77	계사 78	임진 79	신묘 80
상쾌	2	3	4	5	6	7	8	1	2	3	4	5	6	7	8	1	2	3	4	5
연령	경인 81	기축 82	무자 83	정해 84	병술 85	을유 86	갑신 87	계미 88	임오 89	신사 90	경진 91	기묘 92	무인 93	정축 94	병자 95	을해 96	갑술 97	계유 98	임신 99	신미 100
상쾌	6	7	8	1	2	3	4	5	6	7	8	1	2	3	4	5	6	7	8	1

중수(월건)

월별	정월(소) 무인	2월(대) 기묘	3월(소) 경진	4월(대) 신사	5월(대) 임오	6월(소) 계미	7월(대) 갑신	8월(소) 을유	9월(대) 병술	10월(소) 정해	11월(대) 무자	12월(소) 기축
중건	5	3	6	5	3	6	4	1	6	3	2	4

하수(일진)

월별	1	2	3	4	5	6	7	8	9	10	11	12	13	14	15	16	17	18	19	20	21	22	23	24	25	26	27	28	29	30
정월(소)	2	2	3	2	2	2	3	2	2	1	1	3	3	1	2	2	3	1	1	2	2	2	2	1	3	1	3	3		
2월(대)	2	2	2	1	1	3	2	2	3	2	1	2	3	3	2	1	1	3	3	2	2	3	1	3	2	2	2			
3월(소)	2	3	3	1	3	3	3	1	1	3	3	2	2	1	1	2	3	3	1	2	2	3	3	3	2	1	2	1		
4월(대)	2	3	3	2	2	2	1	3	3	1	3	3	3	2	2	2	1	3	1	2	2	1	3	3	2	1	2	1	3	3
5월(대)	3	3	1	1	1	1	2	2	1	3	2	2	3	3	1	2	2	3	1	1	1	1	3	2	1	2				
6월(소)	2	3	3	3	2	2	2	1	2	2	3	2	1	1	3	2	2	2	1	1	1	3	3	1	2	1	3			
7월(대)	1	1	1	2	2	3	2	2	2	3	2	1	1	1	3	2	2	1	1	2	2	3	1	3	1					
8월(소)	2	3	1	1	3	3	2	1	1	2	2	2	2	2	1	3														
9월(대)	2	2	2	3	3	1	3	3	2	2	2	2	1	3	3	2	3	2	1											
10월(소)	1	2	1	3	2	1	1	1	3	1	3	2	1	1	1	1	3	3	2	3	1									
11월(대)	1	3	3	3	3	1	1	2	2	1	1	2	2	2	2	3	3	2	1	3	1	3								
12월(소)	2	3	2	2	3	3	3	2	2	2	1	3	3	1	3	2	3	1	1	3	2	2	2	1	1	3	3	1		

2031년

(단기 4364년 · 신해년)　　　**상수(태세)**　　　돼지해

연령	신해 1	경술 2	기유 3	무신 4	정미 5	병오 6	을사 7	갑진 8	계묘 9	임인 10	신축 11	경자 12	기해 13	무술 14	정유 15	병신 16	을미 17	갑오 18	계사 19	임진 20
상쾌	3	4	5	6	7	8	1	2	3	4	5	6	7	8	1	2	3	4	5	6
연령	신묘 21	경인 22	기축 23	무자 24	정해 25	병술 26	을유 27	갑신 28	계미 29	임오 30	신사 31	경진 32	기묘 33	무인 34	정축 35	병자 36	을해 37	갑술 38	계유 39	임신 40
상쾌	7	8	1	2	3	4	5	6	7	8	1	2	3	4	5	6	7	8	1	2
연령	신미 41	경오 42	기사 43	무진 44	정묘 45	병인 46	을축 47	갑자 48	계해 49	임술 50	신유 51	경신 52	기미 53	무오 54	정사 55	병진 56	을묘 57	갑인 58	계축 59	임자 60
상쾌	3	4	5	6	7	8	1	2	3	4	5	6	7	8	1	2	3	4	5	6
연령	신해 61	경술 62	기유 63	무신 64	정미 65	병오 66	을사 67	갑진 68	계묘 69	임인 70	신축 71	경자 72	기해 73	무술 74	정유 75	병신 76	을미 77	갑오 78	계사 79	임진 80
상쾌	7	8	1	2	3	4	5	6	7	8	1	2	3	4	5	6	7	8	1	2
연령	신묘 81	경인 82	기축 83	무자 84	정해 85	병술 86	을유 87	갑신 88	계미 89	임오 90	신사 91	경진 92	기묘 93	무인 94	정축 95	병자 96	을해 97	갑술 98	계유 99	임신 100
상쾌	3	4	5	6	7	8	1	2	3	4	5	6	7	8	1	2	3	4	5	6

중수(월건)

월별	정월(대) 경인	2월(소) 신묘	3월(대) 임진	윤3월(소) 임진	4월(대) 계사	5월(소) 갑오	6월(대) 을미	7월(대) 병신	8월(소) 정유	9월(대) 무술	10월(소) 기해	11월(대) 경자	12월(소) 신축
중건	3	6	5	4	3	5	4	2	5	4	6	5	2

하수(일진)

월별	1	2	3	4	5	6	7	8	9	10	11	12	13	14	15	16	17	18	19	20	21	22	23	24	25	26	27	28	29	30
정월(대)	3	2	1	1	1	1	2	2	3	2	2	2	3	3	2	2	1	1	3	3	1	2	2	3	1	1	2	2	2	2
2월(소)	1	3	1	3	3	1	1	1	3	3	3	2	1	1	2	1	3	1	2	2	1	3	3	3	2	2	2	1	1	
3월(대)	3	1	3	2	2	2	2	3	3	1	3	3	3	1	1	3	3	2	2	1	2	3	3	1	2	2	3	3	3	3
윤3월(소)	3	2	1	2	1	1	1	2	2	2	1	1	1	3	3	3	3	2	1	1	1	3	3	3	2	1	1	3	3	2
4월(대)	3	1	2	1	3	3	3	3	1	1	3	3	2	3	3	3	2	2	3	1	1	1	2	3	1	3	2	1	1	1
5월(소)	1	1	3	2	3	2	2	3	3	2	1	1	3	1	3	2	3	1	1	2	3	1	1	2	2	1	1	1	1	
6월(대)	1	1	2	3	2	1	1	1	1	2	2	3	2	2	2	3	3	2	1	1	3	1	2	3	1	2	3	1	1	2
7월(대)	2	2	2	1	3	1	3	2	1	1	1	3	3	1	2	1	1	1	1	2	3	2	1	2	2	3	2	2	2	2
8월(소)	1	1	2	3	2	1	1	1	1	2	2	2	2	1	2	2	3	2	1	1	3	1	2	1	1	1	1	1	1	
9월(대)	3	3	3	3	2	1	1	2	3	2	2	2	3	3	2	2	2	1	1	1	1	1	2	3	1	1	1	3	3	3
10월(소)	3	2	2	3	3	2	3	2	2	2	3	3	3	3	3	2	3	1	1	1	2	2	3	3	1	2	3	2	1	
11월(대)	3	1	1	1	1	3	2	3	2	2	2	3	3	2	2	1	2	3	1	3	1	1	3	2	2	2	2	2	2	1
12월(소)	1	1	3	3	1	2	1	3	3	3	3	1	1	1	1	2	2	1	1	3	3	2	2	3	1	1	2			

2032년

(단기 4365년 · 임자년)　　**상수 (태세)**　　쥐해

연령	임자 1	신해 2	경술 3	기유 4	무신 5	정미 6	병오 7	을사 8	갑진 9	계묘 10	임인 11	신축 12	경자 13	기해 14	무술 15	정유 16	병신 17	을미 18	갑오 19	계사 20
상쾌	2	3	4	5	6	7	8	1	2	3	4	5	6	7	8	1	2	3	4	5
연령	임진 21	신묘 22	경인 23	기축 24	무자 25	정해 26	병술 27	을유 28	갑신 29	계미 30	임오 31	신사 32	경진 33	기묘 34	무인 35	정축 36	병자 37	을해 38	갑술 39	계유 40
상쾌	6	7	8	1	2	3	4	5	6	7	8	1	2	3	4	5	6	7	8	1
연령	임신 41	신미 42	경오 43	기사 44	무진 45	정묘 46	병인 47	을축 48	갑자 49	계해 50	임술 51	신유 52	경신 53	기미 54	무오 55	정사 56	병진 57	을묘 58	갑인 59	계축 60
상쾌	2	3	4	5	6	7	8	1	2	3	4	5	6	7	8	1	2	3	4	5
연령	임자 61	신해 62	경술 63	기유 64	무신 65	정미 66	병오 67	을사 68	갑진 69	계묘 70	임인 71	신축 72	경자 73	기해 74	무술 75	정유 76	병신 77	을미 78	갑오 79	계사 80
상쾌	6	7	8	1	2	3	4	5	6	7	8	1	2	3	4	5	6	7	8	1
연령	임진 81	신묘 82	경인 83	기축 84	무자 85	정해 86	병술 87	을유 88	갑신 89	계미 90	임오 91	신사 92	경진 93	기묘 94	무인 95	정축 96	병자 97	을해 98	갑술 99	계유 100
상쾌	2	3	4	5	6	7	8	1	2	3	4	5	6	7	8	1	2	3	4	5

중수 (월건)

월별	정월(대) 임인	2월(소) 계묘	3월(소) 갑진	4월(대) 을사	5월(소) 병오	6월(대) 정미	7월(대) 무신	8월(소) 기유	9월(대) 경술	10월(대) 신해	11월(소) 임자	12월(대) 계축
중건	1	4	1	6	3	2	6	2	1	5	2	1

하수 (일진)

월 별	1	2	3	4	5	6	7	8	9	10	11	12	13	14	15	16	17	18	19	20	21	22	23	24	25	26	27	28	29	30
정월(대)	1	1	2	2	2	1	3	1	3	3	1	1	3	3	3	2	1	2	1	3	1	2	2	1	3	3	3			
2월(소)	2	2	2	1	1	2	3	2	1	1	1	2	2	3	2	2	2	3	3	2	1	1	3	3	1	2	2			
3월(소)	1	2	2	3	3	3	1	1	1	1	1	3	2	1	3	3	3	1	2	1	2	3	3	2	1					
4월(대)	2	2	1	1	1	3	3	1	3	3	3	1	2	1	1	1	3	3	1	1	3	3	2	2	3	1				
5월(소)	1	2	3	3	1	1	1	1	3	2	3	3	3	2	2	2	1	3	1	3	2	3	1	1	1	3				
6월(대)	3	3	3	2	2	2	1	1	2	3	2	1	1	1	2	2	3	2	2	2	3	3	1	3	3	1	3	3	1	
7월(대)	2	2	3	1	1	1	2	2	2	1	3	1	3	1	1	1	1	2	3	2	2	3	1	3	3	2	1	2	2	1
8월(소)	3	3	3	2	2	1	1	1	2	2	1	2	2	2	2	2	2	1	1	3	3	3	3	1	3	3	3			
9월(대)	3	3	3	1	2	3	3	2	1	1	2	2	2	2	1	1	1	3	2	3	3	2	3	1	2	3	3			
10월(대)	2	1	1	1	3	3	2	2	3	1	3	3	3	3	1	3	3	1	3	1	2	1	3	3	2	1	1			
11월(소)	2	3	3	1	2	2	3	3	2	1	1	2	2	2	1	3	2	1	2	2	3	2	2	2	1	2	2			
12월(대)	1	3	2	2	2	1	1	1	3	1	2	1	3	3	3	1	1	2	1	1	1	2	2	1	3	3	2			

2033년
(단기 4366년 · 계축년)

상수(태세)   소해

연령	계축 1	임자 2	신해 3	경술 4	기유 5	무신 6	정미 7	병오 8	을사 9	갑진 10	계묘 11	임인 12	신축 13	경자 14	기해 15	무술 16	정유 17	병신 18	을미 19	갑오 20
상괘	3	4	5	6	7	8	1	2	3	4	5	6	7	8	1	2	3	4	5	6
연령	계사 21	임진 22	신묘 23	경인 24	기축 25	무자 26	정해 27	병술 28	을유 29	갑신 30	계미 31	임오 32	신사 33	경진 34	기묘 35	무인 36	정축 37	병자 38	을해 39	갑술 40
상괘	7	8	1	2	3	4	5	6	7	8	1	2	3	4	5	6	7	8	1	2
연령	계유 41	임신 42	신미 43	경오 44	기사 45	무진 46	정묘 47	병인 48	을축 49	갑자 50	계해 51	임술 52	신유 53	경신 54	기미 55	무오 56	정사 57	병진 58	을묘 59	갑인 60
상괘	3	4	5	6	7	8	1	2	3	4	5	6	7	8	1	2	3	4	5	6
연령	계축 61	임자 62	신해 63	경술 64	기유 65	무신 66	정미 67	병오 68	을사 69	갑진 70	계묘 71	임인 72	신축 73	경자 74	기해 75	무술 76	정유 77	병신 78	을미 79	갑오 80
상괘	7	8	1	2	3	4	5	6	7	8	1	2	3	4	5	6	7	8	1	2
연령	계사 81	임진 82	신묘 83	경인 84	기축 85	무자 86	정해 87	병술 88	을유 89	갑신 90	계미 91	임오 92	신사 93	경진 94	기묘 95	무인 96	정축 97	병자 98	을해 99	갑술 100
상괘	3	4	5	6	7	8	1	2	3	4	5	6	7	8	1	2	3	4	5	6

중수(월건)

월별	정월(소) 갑인	2월(대) 을묘	3월(소) 병진	4월(소) 정사	5월(대) 무오	6월(소) 기미	7월(대) 경신	윤7월(소) 경신	8월(대) 신유	9월(대) 임술	10월(대) 계해	11월(소) 갑자	12월(대) 을축
중건	3	2	5	3	2	4	3	2	1	5	3	5	4

하수(일진)

월 별	1	2	3	4	5	6	7	8	9	10	11	12	13	14	15	16	17	18	19	20	21	22	23	24	25	26	27	28	29	30
정월(소)	2	3	1	1	2	3	3	1	1	1	1	3	2	3	2	2	3	3	3	2	2	1	3	3	1	3	2	3		
2월(대)	2	2	1	3	3	3	2	2	2	1	1	2	3	2	1	1	1	1	2	2	3	2	2	3	3	2	2	1	1	
3월(소)	3	3	1	2	2	3	1	1	1	2	2	2	2	1	3	1	3	3	1	1	1	3	3	3	2	1	2	1	3	
4월(소)	2	3	3	2	1	1	3	2	1	3	3	1	3	2	2	2	2	3	3	1	3	3	3	1	1	3	3	1		
5월(대)	3	3	2	3	1	2	3	3	1	1	1	1	3	2	2	2	2	3	3	3	2	2	2	1	3	3	1	3	3	3
6월(소)	2	3	1	1	3	2	2	2	1	1	3	3	3	3	1	1	2	1	1	2	2	1								
7월(대)	2	1	1	3	3	1	2	2	3	4	1	2	2	2	1	3	1	3	3	1	1	1	1	3	3	3	2	1	1	2
윤7월(소)	1	3	1	2	2	1	3	3	2	1	1	1	1	1	1	2	2	3	2	2	3	3								
8월(대)	3	3	2	2	1	2	3	2	3	3	1	3	2	2	2	2	3	3	2	2	1	1	1	3	2					
9월(대)	3	3	2	3	2	3	3	3	1	1	3	3	1	2	3	2	2	2	2	3	3	1	3	3	3	1	1	1	1	
10월(대)	3	3	3	2	1	1	2	2	3	3	1	1	3	3	3	3	3	2	2	3	1	1	1	3	3	1	2	1	3	
11월(소)	3	2	1	2	3	3	2	2	1	3	3	2	3	2	2	2	2	3	3	1	3	3	3	1						
12월(대)	2	1	1	3	3	2	2	3	1	1	2	3	3	1	1	1	3	2	3	2	2	3	3	3	2	2	2	1	3	

2034년

(단기 4367년 · 갑인년)　　　**상수 (태세)**　　　　　　　범해

연령	갑인 1	계축 2	임자 3	신해 4	경술 5	기유 6	무신 7	정미 8	병오 9	을사 10	갑진 11	계묘 12	임인 13	신축 14	경자 15	기해 16	무술 17	정유 18	병신 19	을미 20
상쾌	4	5	6	7	8	1	2	3	4	5	6	7	8	1	2	3	4	5	6	7
연령	갑오 21	계사 22	임진 23	신묘 24	경인 25	기축 26	무자 27	정해 28	병술 29	을유 30	갑신 31	계미 32	임오 33	신사 34	경진 35	기묘 36	무인 37	정축 38	병자 39	을해 40
상쾌	8	1	2	3	4	5	6	7	8	1	2	3	4	5	6	7	8	1	2	3
연령	갑신 41	계미 42	임자 43	신미 44	경자 45	기사 46	무진 47	정묘 48	병인 49	을축 50	갑자 51	계해 52	임술 53	신유 54	경신 55	기미 56	무오 57	정사 58	병진 59	을묘 60
상쾌	4	5	6	7	8	1	2	3	4	5	6	7	8	1	2	3	4	5	6	7
연령	갑인 61	계축 62	임자 63	신해 64	경술 65	기유 66	무신 67	정미 68	병오 69	을사 70	갑진 71	계묘 72	임인 73	신축 74	경자 75	기해 76	무술 77	정유 78	병신 79	을미 80
상쾌	8	1	2	3	4	5	6	7	8	1	2	3	4	5	6	7	8	1	2	3
연령	갑오 81	계사 82	임진 83	신묘 84	경인 85	기축 86	무자 87	정해 88	병술 89	을유 90	갑신 91	계미 92	임오 93	신사 94	경진 95	기묘 96	무인 97	정축 98	병자 99	을해 100
상쾌	4	5	6	7	8	1	2	3	4	5	6	7	8	1	2	3	4	5	6	7

중수 (월건)

월별	정월(소) 병인	2월(대) 정묘	3월(소) 무진	4월(소) 기사	5월(대) 경오	6월(소) 신미	7월(대) 임신	8월(소) 계유	9월(대) 갑술	10월(대) 을해	11월(대) 병자	12월(소) 정축
중건	1	6	3	6	5	2	1	4	2	6	4	1

하수 (일진)

월　별	1	2	3	4	5	6	7	8	9	10	11	12	13	14	15	16	17	18	19	20	21	22	23	24	25	26	27	28	29	30
정월(소)	3	1	3	2	3	1	1	3	2	2	2	1	1	3	3	1	2	1	3	3	3	1	1	2	1	1	1			
2월(대)	3	3	2	2	1	1	3	3	1	2	2	3	1	1	2	2	2	1	3	1	3	3	1	1	1	3	3	3	3	2
3월(소)	1	1	2	1	3	1	2	2	1	2	2	1	2	3	2	1	1	1	2	2	3	2	2							
4월(소)	3	1	1	3	3	2	2	1	1	2	2	1	3	3	3	3	2	1	2	1	1	2	2	1	1					
5월(대)	2	1	3	3	1	3	2	3	1	1	3	2	2	2	1	1	3	1	3	1	2	1	3	3	3	3	1	1	2	1
6월(소)	1	1	2	2	1	1	3	2	1	1	1	2	3	3	1	1	1	3	1	2	2	2	3	3	3	2				
7월(대)	3	3	2	1	1	2	1	3	1	1	3	2	2	1	2	2	2	1	1	1	2	3	2	1	1	1	1	2	2	3
8월(소)	3	2	1	1	2	1	1	3	2	1	1	2	3	2	1	1	3	3	1	2	2	2	1	1	1	2	2			
9월(대)	1	1	1	3	2	2	3	2	1	2	3	3	1	3	3	2	2	3	1	2	2	1	3	2	2	2	2	2	3	3
10월(대)	1	3	3	3	1	1	3	3	2	2	3	2	1	1	2	3	3	1	1	2	2	1	2	1	1	2	2	2	2	2
11월(대)	1	1	1	3	2	2	3	2	1	2	3	3	1	3	3	2	2	3	1	2	2	1	3	2	2	2	2	2	3	3
12월(소)	1	3	3	3	1	1	3	3	2	2	1	1	2	3	1	1	2	2	3	3	3	2	1	2	1	1	2	2		

2035년

(단기 4368년 · 을묘년) 　　**상수(태세)**　　　　　토끼해

상수 (태세)

연령	을뀨1	갑인2	계축3	임자4	신해5	경술6	기유7	무신8	정미9	병오10	을사11	갑진12	계묘13	임인14	신축15	경자16	기해17	무술18	정유19	병신20
상괘	3	4	5	6	7	8	1	2	3	4	5	6	7	8	1	2	3	4	5	6
연령	을미21	갑오22	계사23	임진24	신묘25	경인26	기축27	무자28	정해29	병술30	을유31	갑신32	계미33	임오34	신사35	경진36	기묘37	무인38	정축39	병자40
상괘	7	8	1	2	3	4	5	6	7	8	1	2	3	4	5	6	7	8	1	2
연령	을해41	갑술42	계유43	임신44	신미45	경오46	기사47	무진48	정묘49	병인50	을축51	갑자52	계해53	임술54	신유55	경신56	기미57	무오58	정사59	병진60
상괘	3	4	5	6	7	8	1	2	3	4	5	6	7	8	1	2	3	4	5	6
연령	을묘61	갑인62	계축63	임자64	신해65	경술66	기유67	무신68	정미69	병오70	을사71	갑진72	계묘73	임인74	신축75	경자76	기해77	무술78	정유79	병신80
상괘	7	8	1	2	3	4	5	6	7	8	1	2	3	4	5	6	7	8	1	2
연령	을미81	갑오82	계사83	임진84	신묘85	경인86	기축87	무자88	정해89	병술90	을유91	갑신92	계미93	임오94	신사95	경진96	기묘97	무인98	정축99	병자100
상괘	3	4	5	6	7	8	1	2	3	4	5	6	7	8	1	2	3	4	5	6

중수 (월건)

월별	정월(대) 무인	2월(소) 기묘	3월(대) 경진	4월(소) 신사	5월(소) 임오	6월(대) 계미	7월(소) 갑신	8월(소) 을유	9월(대) 병술	10월(소) 정해	11월(소) 무자	12월(대) 기축
중건	6	2	1	4	2	1	3	1	6	4	1	5

하수 (일진)

월별	1	2	3	4	5	6	7	8	9	10	11	12	13	14	15	16	17	18	19	20	21	22	23	24	25	26	27	28	29	30
정월(대)	3	2	2	2	1	3	3	1	3	2	3	1	1	3	2	2	2	1	1	1	3	3	1	2	1	3	3	3	3	1
2월(소)	1	2	1	1	1	2	2	1	1	3	3	2	2	3	1	1	2	3	3	1	1	1	3	2	3	2	2	2	3	
3월(대)	1	1	3	3	3	2	1	1	3	3	1	3	3	2	2	2	1	1	2	3	2	1	1	1	3	1
4월(소)	2	2	3	2	2	2	3	3	2	2	1	3	3	3	3	2	3	1	1	2	2	2	1	3	1	3
5월(소)	2	2	2	1	1	1	3	2	2	3	2	1	2	3	3	2	1	1	1	3	3	3	2	2	3	1	3	2	2
6월(대)	3	3	1	1	2	1	1	2	2	1	1	3	3	2	2	3	3	1	2	3	3	1	1	1	1	3	2	3	2
7월(소)	2	3	3	3	2	2	2	1	2	3	3	3	2	3	2	2	2	1	1	3	2	2	2	2	1	2	2	3	2
8월(소)	1	1	1	2	3	2	1	1	3	2	3	2	1	2	3	2	2	2	2	2	2	2	2	1
9월(대)	2	1	1	2	2	1	1	3	1	2	2	3	2	1	1	2	1	3	3	2	2	1	3	1
10월(대)	2	2	2	2	3	3	3	3	3	1	1	2	2	1	2	3	2	1	1	3	3	3	3	2	3
11월(소)	2	1	1	2	2	2	1	1	1	3	2	2	1	1	3	3	3	2	2	3	1
12월(대)	1	3	3	3	3	1	1	2	1	1	1	2	1	2	1	3	3	2	2	3	1	1	2	3	3	1	1	1	1	3

2036년

(단기 4369년 · 병진년)   상수(태세)   용해

연령	병진1	을묘2	갑인3	계축4	임자5	신해6	경술7	기유8	무신9	정미10	병오11	을사12	갑진13	계묘14	임인15	신축16	경자17	기해18	무술19	정유20
상괘	5	6	7	8	1	2	3	4	5	6	7	8	1	2	3	4	5	6	7	8
연령	병신21	을미22	갑오23	계사24	임진25	신묘26	경인27	기축28	무자29	정해30	병술31	을유32	갑신33	계미34	임오35	신사36	경진37	기묘38	무인39	정축40
상괘	1	2	3	4	5	6	7	8	1	2	3	4	5	6	7	8	1	2	3	4
연령	병자41	을해42	갑술43	계유44	임신45	신미46	경오47	기사48	무진49	정묘50	병인51	을축52	갑해53	계해54	임유55	신유56	경신57	기미58	무오59	정사60
상괘	5	6	7	8	1	2	3	4	5	6	7	8	1	2	3	4	5	6	7	8
연령	병진61	을묘62	갑인63	계축64	임자65	신해66	경술67	기유68	무신69	정미70	병오71	을사72	갑진73	계묘74	임인75	신축76	경자77	기해78	무술79	정유80
상괘	1	2	3	4	5	6	7	8	1	2	3	4	5	6	7	8	1	2	3	4
연령	병신81	을미82	갑오83	계사84	임진85	신묘86	경인87	기축88	무자89	정해90	병술91	을유92	갑신93	계미94	임오95	신사96	경진97	기묘98	무인99	정축100
상괘	5	6	7	8	1	2	3	4	5	6	7	8	1	2	3	4	5	6	7	8

중수(월건)

월별	정월(대) 경인	2월(대) 신묘	3월(소) 임진	4월(대) 계사	5월(소) 갑오	6월(소) 을미	윤6월(대) 을미	7월(소) 병신	8월(소) 정유	9월(대) 무술	10월(대) 기해	11월(소) 경자	12월(대) 신축
중건	3	1	4	3	5	3	4	1	5	4	1	4	3

하수(일진)

월 별	1	2	3	4	5	6	7	8	9	10	11	12	13	14	15	16	17	18	19	20	21	22	23	24	25	26	27	28	29	30
정월(대)	2	3	2	2	3	3	3	2	2	2	1	3	3	1	3	2	3	1	1	3	2	2	2	1	1	1	3	3	1	2
2월(대)	1	3	3	3	3	1	1	2	1	1	1	2	2	1	1	3	3	2	2	3	1	2	3	3	1	2	1	1	1	3
3월(소)	2	3	2	2	3	2	2	2	1	3	2	2	1	3	2	1	3	1	3	2	1	3	3	1	2	3	1	3	3	1
4월(대)	3	2	1	1	1	1	1	2	2	2	2	1	1	3	2	3	3	3	3	1	1	2	2	2	2	2	2	2	2	2
5월(소)	1	3	1	3	1	1	1	3	3	2	1	1	3	1	2	2	1	3	3	3	3	2	2	1	1					
6월(소)	3	1	3	2	2	2	2	3	1	3	3	1	3	2	2	1	3	1	2	2	3	3								
윤6월(대)	1	1	3	2	3	2	2	3	2	2	3	1	3	2	1	3	2	3	2	2	1	3								
7월(소)	3	1	2	1	3	3	1	1	2	1	1	1	1	3	1	3	2	1	1	1										
8월(소)	2	2	2	1	1	3	2	1	1	1	1	1	1	2	2	1	3	3	3	2										
9월(대)	3	2	3	3	2	3	2	2	3	1	3	3	3	1	2	1	1	2	1	3	3	1	2	2						
10월(대)	3	3	3	2	1	1	1	2	2	1	2	3	2	3	2	2	3	2	3	3	3	2	1	1	1	3				
11월(소)	1	1	3	3	1	2	1	3	3	3	2	1	1	2	1	1	3	3	1	3	3	2	1	1	2	3				
12월(대)	3	1	1	1	3	2	3	2	2	1	3	3	3	1	3	3	1	1	3	2	2	1								

2037년

(단기 4370년 · 정사년)　　**상수(태세)**　　뱀해

연령	정사 1	병진 2	을묘 3	갑인 4	계축 5	임자 6	신해 7	경술 8	기유 9	무신 10	정미 11	병오 12	을사 13	갑진 14	계묘 15	임인 16	신축 17	경자 18	기해 19	무술 20
상쾌	8	1	2	3	4	5	6	7	8	1	2	3	4	5	6	7	8	1	2	3
연령	정유 21	병신 22	을미 23	갑오 24	계사 25	임진 26	신묘 27	경인 28	기축 29	무자 30	정해 31	병술 32	을유 33	갑신 34	계미 35	임오 36	신사 37	경진 38	기묘 39	무인 40
상쾌	4	5	6	7	8	1	2	3	4	5	6	7	8	1	2	3	4	5	6	7
연령	정축 41	병자 42	을해 43	갑술 44	계유 45	임신 46	신미 47	경오 48	기사 49	무진 50	정묘 51	병인 52	을축 53	갑자 54	계해 55	임술 56	신유 57	경신 58	기미 59	무오 60
상쾌	8	1	2	3	4	5	6	7	8	1	2	3	4	5	6	7	8	1	2	3
연령	정사 61	병진 62	을묘 63	갑인 64	계축 65	임자 66	신해 67	경술 68	기유 69	무신 70	정미 71	병오 72	을사 73	갑진 74	계묘 75	임인 76	신축 77	경자 78	기해 79	무술 80
상쾌	4	5	6	7	8	1	2	3	4	5	6	7	8	1	2	3	4	5	6	7
연령	정유 81	병신 82	을미 83	갑오 84	계사 85	임진 86	신묘 87	경인 88	기축 89	무자 90	정해 91	병술 92	을유 93	갑신 94	계미 95	임오 96	신사 97	경진 98	기묘 99	무인 100
상쾌	8	1	2	3	4	5	6	7	8	1	2	3	4	5	6	7	8	1	2	3

중수(월건)

월별	정월(대) 임인	2월(대) 계묘	3월(소) 갑진	4월(대) 을사	5월(소) 병오	6월(소) 정미	7월(대) 무신	8월(소) 기유	9월(소) 경술	10월(대) 신해	11월(소) 임자	12월(대) 계축
중건	1	5	1	6	3	1	6	2	6	5	2	1

하수(일진)

월별	1	2	3	4	5	6	7	8	9	10	11	12	13	14	15	16	17	18	19	20	21	22	23	24	25	26	27	28	29	30
정월(대)	1	1	3	3	1	2	1	3	3	3	1	1	2	1	1	1	2	2	1	1	3	3	2	2	3	1	1	2	3	
2월(대)	3	1	1	1	3	2	3	2	2	2	3	3	2	2	2	2	1	3	1	3	2	3	1	1	3	2	2	2	2	1
3월(소)	1	1	3	2	1	2	1	2	1	1	2	2	1	1	3	2	1	2	2	2	1	1	2							
4월(대)	1	1	2	2	2	2	1	3	1	1	1	3	3	1	3	1	1	2	1	3	3	2	2							
5월(소)	2	2	2	1	1	2	3	1	2	1	1	2	2	3	2	2	3	2	1	3	1	3	1	2						
6월(소)	1	2	2	3	3	3	2	1	1	2	1	1	1	3	2	1	2	2	1	3	1	2	3	3	2	1				
7월(대)	2	2	1	1	3	1	2	1	2	3	3	3	1	1	2	1	1	1	1	2	1	3	2	3	1					
8월(소)	2	3	2	1	1	1	3	2	1	1	1	1	3	3	3	1	2	3	1											
9월(소)	3	3	3	2	2	1	2	3	2	2	2	2	1	1	1	1	1	3	3											
10월(대)	2	1	1	2	1	1	1	2	1	3	2	2	2	1	1	1	1	2	2	3										3
11월(소)	2	1	1	1	3	3	2	2	1	1	2	2	1	1	1	1	1	3	3	2	1									
12월(대)	2	3	1	1	2	3	1	1	1	1	3	2	3	3	2	2	2	1	3	3	1	3	2	3	1					

2038년

(단기 4371년 · 무오년)　　　　**상수(태세)**　　　　　　　　　　말해

연령	무오 1	정사 2	병진 3	을묘 4	갑인 5	계축 6	임자 7	신해 8	경술 9	기유 10	무신 11	정미 12	병오 13	을사 14	갑진 15	계묘 16	임인 17	신축 18	경자 19	기해 20
상쾌	7	8	1	2	3	4	5	6	7	8	1	2	3	4	5	6	7	8	1	2
연령	무술 21	정유 22	병신 23	을미 24	갑오 25	계사 26	임진 27	신묘 28	경인 29	기축 30	무자 31	정해 32	병술 33	을유 34	갑신 35	계미 36	임오 37	신사 38	경진 39	기묘 40
상쾌	3	4	5	6	7	8	1	2	3	4	5	6	7	8	1	2	3	4	5	6
연령	무인 41	정축 42	병자 43	을해 44	갑술 45	계유 46	임신 47	신미 48	경오 49	기사 50	무진 51	정묘 52	병인 53	을축 54	갑자 55	계해 56	임술 57	신유 58	경신 59	기미 60
상쾌	7	8	1	2	3	4	5	6	7	8	1	2	3	4	5	6	7	8	1	2
연령	무오 61	정사 62	병진 63	을묘 64	갑인 65	계축 66	임자 67	신해 68	경술 69	기유 70	무신 71	정미 72	병오 73	을사 74	갑진 75	계묘 76	임인 77	신축 78	경자 79	기해 80
상쾌	3	4	5	6	7	8	1	2	3	4	5	6	7	8	1	2	3	4	5	6
연령	무술 81	정유 82	병신 83	을미 84	갑오 85	계사 86	임진 87	신묘 88	경인 89	기축 90	무자 91	정해 92	병술 93	을유 94	갑신 95	계미 96	임오 97	신사 98	경진 99	기묘 100
상쾌	7	8	1	2	3	4	5	6	7	8	1	2	3	4	5	6	7	8	1	2

중수(월건)

월별	정월(대) 갑인	2월(대) 을묘	3월(소) 병진	4월(대) 정사	5월(소) 무오	6월(대) 기미	7월(소) 경신	8월(대) 신유	9월(소) 임술	10월(소) 계해	11월(대) 갑자	12월(소) 을축
중건	4	2	5	4	1	5	2	1	4	2	6	3

하수(일진)

월별	1	2	3	4	5	6	7	8	9	10	11	12	13	14	15	16	17	18	19	20	21	22	23	24	25	26	27	28	29	30
정월(대)	1	3	2	2	2	1	1	3	3	1	2	1	3	3	3	1	1	2	1	1	1	2	2	1	1	3	3	2		
2월(대)	2	3	1	1	2	3	3	1	1	1	3	2	3	2	2	3	3	2	2	2	1	3	3	1	3	2	3	1		
3월(소)	1	3	2	2	2	1	1	1	3	3	1	2	1	3	3	3	1	1	2	1	1	1	2	2	1	1	3	3		
4월(대)	3	3	1	2	2	3	1	1	2	2	3	1	3	3	1	1	3	3	1	1	3	3	1	1	2	1	3	1		
5월(소)	2	2	1	3	3	3	2	2	2	1	2	3	3	1	1	2	2	3	2	2	3	3	2	2	1					
6월(대)	2	1	1	2	3	3	1	3	3	3	3	2	1	1	2	2	2	1	1	3	3	2	2	3	2	1				
7월(소)	2	3	3	2	1	1	3	2	2	3	1	3	2	2	2	3	3	2	2	1	1	3	3							
8월(대)	3	2	2	1	2	1	3	2	2	3	3	2	2	3	3	2	2	1	3											
9월(소)	2	3	1	1	2	2	1	1	3	3	2	3	1	3	3	2	1													
10월(소)	2	1	1	3	3	1	2	2	3	3	1	2	3	2	1															
11월(대)	2	1	2	3	2	1	1	3	3	2	1	3	2	2	2	3	1	3	3	1	1									
12월(소)	3	3	2	2	1	1	2	3	3	1	2	2	3	3	2	1	2	1	1	2	2	2	1	1	3	2				

2039년
(단기 4372년 · 기미년)

상수(태세)

연령	기미1	무오2	정사3	병진4	을묘5	갑인6	계축7	임자8	신해9	경술10	기유11	무신12	정미13	병오14	을사15	갑진16	계묘17	임인18	신축19	경자20
상쾌	7	8	1	2	3	4	5	6	7	8	1	2	3	4	5	6	7	8	1	2
연령	기해21	무술22	정유23	병신24	을미25	갑오26	계사27	임진28	신묘29	경인30	기축31	무자32	정해33	병술34	을유35	갑신36	계미37	임오38	신사39	경진40
상쾌	3	4	5	6	7	8	1	2	3	4	5	6	7	8	1	2	3	4	5	6
연령	기묘41	무인42	정축43	병자44	을해45	갑술46	계유47	임신48	신미49	경오50	기사51	무진52	정묘53	병인54	을축55	갑자56	계해57	임술58	신유59	경신60
상쾌	7	8	1	2	3	4	5	6	7	8	1	2	3	4	5	6	7	8	1	2
연령	기미61	무오62	정사63	병진64	을묘65	갑인66	계축67	임자68	신해69	경술70	기유71	무신72	정미73	병오74	을사75	갑진76	계묘77	임인78	신축79	경자80
상쾌	3	4	5	6	7	8	1	2	3	4	5	6	7	8	1	2	3	4	5	6
연령	기해81	무술82	정유83	병신84	을미85	갑오86	계사87	임진88	신묘89	경인90	기축91	무자92	정해93	병술94	을유95	갑신96	계미97	임오98	신사99	경진100
상쾌	7	8	1	2	3	4	5	6	7	8	1	2	3	4	5	6	7	8	1	2

중수(월건)

월별	정월(대) 병인	2월(대) 정묘	3월(소) 무진	4월(대) 기사	5월(대) 경오	윤5월(소) 경오	6월(대) 신미	7월(소) 임신	8월(대) 계유	9월(소) 갑술	10월(대) 을해	11월(소) 병자	12월(소) 정축
중건	2	6	3	1	5	4	3	6	5	1	6	3	1

하수(일진)

월 별	1	2	3	4	5	6	7	8	9	10	11	12	13	14	15	16	17	18	19	20	21	22	23	24	25	26	27	28	29	30
정월(대)	3	1	3	2	3	1	1	3	2	2	1	1	3	3	1	2	1	3	3	3	1	1	2	1	1	1	2			
2월(대)	2	1	1	3	3	2	2	3	1	1	2	3	3	1	1	1	1	3	2	3	2	2	3	3	3	2	2	2	1	3
3월(소)	3	1	3	2	1	3	2	2	2	1	1	3	1	2	3	3	3	1	1	2	1	1	1							
4월(대)	3	3	2	2	1	1	3	3	1	2	1	2	2	2	1	3	3	1	1	1	3	3	3	2						
5월(대)	1	1	2	1	3	1	2	2	1	3	3	2	2	1	2	3	2	1	1	1	1	2	3	2	2	2				
윤5월(소)	3	3	2	1	3	2	1	2	3	3	3	3	2	3	1	3	2	2	2	3	3	3								
6월(대)	3	2	2	3	2	1	2	3	3	2	1	1	3	3	3	2	3	1	3	2	2	2	3	3	1	3	3			
7월(소)	3	1	1	3	2	2	1	1	2	3	3	3	1	3	3	3	3	2	1	1	2	2	2	1	1					
8월(대)	2	1	3	3	2	3	1	1	2	2	1	1	1	1	3	2	1	3	3	3	1	1								
9월(소)	1	1	2	2	1	1	3	3	2	2	1	3	1	1	1	1	1	3	1	2	2	3	3	2						
10월(대)	3	2	1	2	2	1	3	3	2	1	1	2	1	1	2	3	1	1	3	1	2	3	2	2	3	3				
11월(소)	2	2	2	3	3	2	2	1	2	1	1	1	2	1	1	3	2	2	1	1	1									
12월(소)	1	1	2	1	3	2	2	3	2	1	2	3	2	1	1	3	3	3	2	2	3	1	3	2	2	2	3			

2040년

(단기 4373년 · 경신년) 　　　**상수(태세)** 　　　원숭이해

연령	경신 1	기미 2	무오 3	정사 4	병진 5	을묘 6	갑인 7	계축 8	임자 9	신해 10	경술 11	기유 12	무신 13	정미 14	병오 15	을사 16	갑진 17	계묘 18	임인 19	신축 20
상쾌	5	6	7	8	1	2	3	4	5	6	7	8	1	2	3	4	5	6	7	8
연령	경자 21	기해 22	무술 23	정유 24	병신 25	을미 26	갑오 27	계사 28	임진 29	신묘 30	경인 31	기축 32	무자 33	정해 34	병술 35	을유 36	갑신 37	계미 38	임오 39	신사 40
상쾌	1	2	3	4	5	6	7	8	1	2	3	4	5	6	7	8	1	2	3	4
연령	경진 41	기묘 42	무인 43	정축 44	병자 45	을해 46	갑술 47	계유 48	임신 49	신미 50	경오 51	기사 52	무진 53	정묘 54	병인 55	을축 56	갑자 57	계해 58	임술 59	신유 60
상쾌	5	6	7	8	1	2	3	4	5	6	7	8	1	2	3	4	5	6	7	8
연령	경신 61	기미 62	무오 63	정사 64	병진 65	을묘 66	갑인 67	계축 68	임자 69	신해 70	경술 71	기유 72	무신 73	정미 74	병오 75	을사 76	갑진 77	계묘 78	임인 79	신축 80
상쾌	1	2	3	4	5	6	7	8	1	2	3	4	5	6	7	8	1	2	3	4
연령	경자 81	기해 82	무술 83	정유 84	병신 85	을미 86	갑오 87	계사 88	임진 89	신묘 90	경인 91	기축 92	무자 93	정해 94	병술 95	을유 96	갑신 97	계미 98	임오 99	신사 100
상쾌	5	6	7	8	1	2	3	4	5	6	7	8	1	2	3	4	5	6	7	8

중수(월건)

월별	정월(대) 무인	2월(소) 기묘	3월(대) 경진	4월(대) 신사	5월(소) 임오	6월(대) 계미	7월(대) 갑신	8월(소) 을유	9월(대) 병술	10월(소) 정해	11월(대) 무자	12월(소) 기축
중건	6	2	1	5	2	1	4	1	6	3	2	4

하수(일진)

월별	1	2	3	4	5	6	7	8	9	10	11	12	13	14	15	16	17	18	19	20	21	22	23	24	25	26	27	28	29	30
정월(대)	1	2	1	1	1	2	2	1	3	3	2	2	3	1	1	2	3	3	1	1	1	3	2	3	2	2	3
2월(소)	3	2	2	2	1	3	3	1	3	2	1	3	2	1	1	3	1	2	1	3	3	3	3
3월(대)	2	2	3	2	2	3	2	1	1	3	1	2	3	1	1	2	2	2	2	1	3	1	3	3	1
4월(대)	1	1	3	3	3	2	1	1	2	1	3	1	2	2	3	3	2	2	1	1	2	3	2	1	1	1
5월(소)	2	2	3	2	2	2	3	2	1	1	2	2	3	1	2	2	2	2	1	3	1	3	3
6월(대)	2	2	2	1	1	1	3	2	2	3	2	1	3	2	1	1	3	3	2	2	3	1	3	2	2	2
7월(대)	2	3	3	1	3	3	3	1	3	1	3	1	1	1	2	2	1	3	2	1	1	2	3	2	3
8월(소)	2	2	1	1	2	1	1	2	2	2	1	2	1	1	1	2	2	1	3	3	1	2
9월(대)	3	3	1	1	2	1	1	1	3	2	3	1	1	2	3	3	1	1	3	1	3	2
10월(소)	2	3	3	3	2	2	2	1	3	2	1	2	2	1	3	1	3	2	1	3
11월(대)	1	1	1	2	2	3	2	2	3	2	1	3	1	1	2	2	1	2	2	1	3	1
12월(소)	3	3	1	1	1	3	3	3	2	1	1	2	1	3	1	2	2	1	3	3	2	2	2	1	1	2	3	2

2041년

(단기 4374년 · 신유년)　　**상수(태세)**　　　　닭해

연령	신유 1	경신 2	기미 3	무오 4	정사 5	병진 6	을묘 7	갑인 8	계축 9	임자 10	신해 11	경술 12	기유 13	무신 14	정미 15	병오 16	을사 17	갑진 18	계묘 19	임인 20
상쾌	4	5	6	7	8	1	2	3	4	5	6	7	8	1	2	3	4	5	6	7
연령	신축 21	경자 22	기해 23	무술 24	정유 25	병신 26	을미 27	갑오 28	계사 29	임진 30	신묘 31	경인 32	기축 33	무자 34	정해 35	병술 36	을유 37	갑신 38	계미 39	임오 40
상쾌	8	1	2	3	4	5	6	7	8	1	2	3	4	5	6	7	8	1	2	3
연령	신사 41	경진 42	기묘 43	무인 44	정축 45	병자 46	을해 47	갑술 48	계유 49	임신 50	신미 51	경오 52	기사 53	무진 54	정묘 55	병인 56	을축 57	갑자 58	계해 59	임술 60
상쾌	4	5	6	7	8	1	2	3	4	5	6	7	8	1	2	3	4	5	6	7
연령	신유 61	경신 62	기미 63	무오 64	정사 65	병진 66	을묘 67	갑인 68	계축 69	임자 70	신해 71	경술 72	기유 73	무신 74	정미 75	병오 76	을사 77	갑진 78	계묘 79	임인 80
상쾌	8	1	2	3	4	5	6	7	8	1	2	3	4	5	6	7	8	1	2	3
연령	신축 81	경자 82	기해 83	무술 84	정유 85	병신 86	을미 87	갑오 88	계사 89	임진 90	신묘 91	경인 92	기축 93	무자 94	정해 95	병술 96	을유 97	갑신 98	계미 99	임오 100
상쾌	4	5	6	7	8	1	2	3	4	5	6	7	8	1	2	3	4	5	6	7

중수(월건)

월별	정월(대) 경인	2월(소) 신묘	3월(소) 임진	4월(대) 계사	5월(소) 갑오	6월(대) 을미	7월(소) 병신	8월(소) 정유	9월(대) 무술	10월(대) 기해	11월(소) 경자	12월(대) 신축
중건	3	6	4	3	5	4	2	5	4	1	4	3

하수(일진)

월 별	1	2	3	4	5	6	7	8	9	10	11	12	13	14	15	16	17	18	19	20	21	22	23	24	25	26	27	28	29	30
정월(대)	2	2	2	3	3	1	3	3	3	1	1	3	3	2	2	1	1	2	3	3	3	1	2	2	3	3	3	3	2	1
2월(소)	2	1	1	2	2	2	1	1	1	3	2	2	3	2	1	2	2	3	2	1	1	1	3	3	3	2	2	3	1	
3월(소)	1	3	3	3	1	1	2	1	1	1	1	2	1	1	3	3	2	3	2	1	3	3	1	3	1	1	1	1	1	
4월(대)	1	3	1	3	3	1	1	1	3	3	1	1	3	2	3	3	2	3	2	1	3	3	3	1	3	2	2	1	1	2
5월(소)	3	2	1	1	1	2	3	2	1	1	1	2	2	2	1	1	3	1	2	2	2	1	1	3	1	2	1	2	2	
6월(대)	3	2	1	2	1	1	2	1	1	1	2	2	2	1	2	3	2	2	2	1	2	3	2	3	1	1	1	3	3	2
7월(대)	3	1	3	2	2	2	2	3	1	3	3	3	1	3	3	3	1	2	2	1	2	2	1	2	2	3	1	3	3	3
8월(소)	2	2	1	1	3	3	2	2	1	1	1	1	2	1	1	1	2	1	3	3	1	2	1	3	1	2	2	3	3	
9월(대)	3	1	2	1	3	3	3	3	1	1	1	1	2	1	1	3	3	2	1	2	3	3	2	3	3	3	3	3	1	2
10월(대)	3	3	2	1	3	3	3	3	3	1	1	1	3	3	1	1	3	2	2	2	2	2	3	3	1	2	2	2	2	2
11월(소)	3	1	2	1	3	3	3	3	1	1	2	1	1	3	3	2	1	2	3	3	2	3	1	1	1	1	2	3	3	
12월(대)	2	2	2	1	3	1	3	3	1	1	1	3	3	2	1	2	1	2	3	2	1	2	2	1	3	3	3	2	2	2

2042년

(단기 4375년 · 임술년)   **상수(태세)**   개해

연령	임술 1	신유 2	경신 3	기미 4	무오 5	정사 6	병진 7	을묘 8	갑인 9	계축 10	임자 11	신해 12	경술 13	기유 14	무신 15	정미 16	병오 17	을사 18	갑진 19	계묘 20
상쾌	4	5	6	7	8	1	2	3	4	5	6	7	8	1	2	3	4	5	6	7
연령	임인 21	신축 22	경자 23	기해 24	무술 25	정유 26	병신 27	을미 28	갑오 29	계사 30	임진 31	신묘 32	경인 33	기축 34	무자 35	정해 36	병술 37	을유 38	갑신 39	계미 40
상쾌	8	1	2	3	4	5	6	7	8	1	2	3	4	5	6	7	8	1	2	3
연령	임오 41	신사 42	경진 43	기묘 44	무인 45	정축 46	병자 47	을해 48	갑술 49	계유 50	임신 51	신미 52	경오 53	기사 54	무진 55	정묘 56	병인 57	을축 58	갑자 59	계해 60
상쾌	4	5	6	7	8	1	2	3	4	5	6	7	8	1	2	3	4	5	6	7
연령	임술 61	신유 62	경신 63	기미 64	무오 65	정사 66	병진 67	을묘 68	갑인 69	계축 70	임자 71	신해 72	경술 73	기유 74	무신 75	정미 76	병오 77	을사 78	갑진 79	계묘 80
상쾌	8	1	2	3	4	5	6	7	8	1	2	3	4	5	6	7	8	1	2	3
연령	임인 81	신축 82	경자 83	기해 84	무술 85	정유 86	병신 87	을미 88	갑오 89	계사 90	임진 91	신묘 92	경인 93	기축 94	무자 95	정해 96	병술 97	을유 98	갑신 99	계미 100
상쾌	4	5	6	7	8	1	2	3	4	5	6	7	8	1	2	3	4	5	6	7

중수(월건)

월별	정월(소) 임인	2월(대) 계묘	윤2월(소) 계묘	3월(소) 갑진	4월(대) 을사	5월(소) 병오	6월(대) 정미	7월(소) 무신	8월(대) 기유	9월(대) 경술	10월(소) 신해	11월(대) 임자	12월(대) 계축
중건	6	5	4	1	6	3	2	5	3	1	4	3	1

하수(일진)

월 별	1	2	3	4	5	6	7	8	9	10	11	12	13	14	15	16	17	18	19	20	21	22	23	24	25	26	27	28	29	30
정월(소)	1	1	2	3	2	1	1	1	2	2	3	2	2	2	3	3	2	1	1	3	3	1	2	2	3	1	1			
2월(대)	3	3	3	3	2	1	2	1	1	2	2	2	1	1	3	2	2	3	2	1	2	3	3	3	2	1	1	1	3	3
윤2월(소)	3	2	2	2	1	3	2	2	2	2	3	3	1	3	3	1	1	3	3	1	1	2	1	2	3	3	1	2		
3월(소)	3	1	1	1	2	2	3	3	2	3	2	2	1	3	3	1	3	2	3	1	1	3	2	2	2					
4월(대)	2	2	2	1	1	2	3	2	1	1	1	1	2	2	2	3	3	2	1	1	3	3	1	2	2	3				
5월(소)	1	1	2	2	2	1	3	1	3	3	1	1	1	3	3	2	1	1	1	2	2	1	3	3						
6월(대)	1	3	3	3	2	2	3	2	2	2	2	3	1	3	1	1	3	3	1	1	3	1	1	2	2	1	1	3	3	3
7월(소)	1	2	2	3	3	3	3	2	1	2	1	2	1	1	1	2	1	1	2	3	3	1	1	3						
8월(대)	2	2	1	1	1	2	3	1	1	1	2	3	2	2	3	2	1	1	3	3	2	3	3	1	2	2	3	3	3	1
9월(대)	1	1	1	1	1	1	1	1	1	2	3	2	2	2	3	1	3	3	1	3	2	1	3	3	1	1	3	2	3	3
10월(소)	2	2	2	2	1	1	3	2	2	2	1	1	2	1	1	1	3	3	1	1	3	1	3	3	2	2	3			
11월(대)	1	2	3	3	1	1	1	1	3	2	3	2	2	3	3	3	2	3	3	3	2	1	1	3	2	2	3	1	1	1
12월(대)	3	3	3	2	2	2	2	1	1	2	3	2	1	1	1	1	2	2	3	2	2	2	3	3	2	2	1	1	3	1

2043년
(단기 4376년 · 계해년)　　　**상수 (태세)**　　　　　　돼지해

연령	계해 1	임술 2	신유 3	경신 4	기미 5	무오 6	정사 7	병진 8	을묘 9	갑인 10	계축 11	임자 12	신해 13	경술 14	기유 15	무신 16	정미 17	병오 18	을사 19	갑진 20
상쾌	1	2	3	4	5	6	7	8	1	2	3	4	5	6	7	8	1	2	3	4
연령	계묘 21	임인 22	신축 23	경자 24	기해 25	무술 26	정유 27	병신 28	을미 29	갑오 30	계사 31	임진 32	신묘 33	경인 34	기축 35	무자 36	정해 37	병술 38	을유 39	갑신 40
상쾌	5	6	7	8	1	2	3	4	5	6	7	8	1	2	3	4	5	6	7	8
연령	계미 41	임오 42	신사 43	경진 44	기묘 45	무인 46	정축 47	병자 48	을해 49	갑술 50	계유 51	임신 52	신미 53	경오 54	기사 55	무진 56	정묘 57	병인 58	을축 59	갑자 60
상쾌	1	2	3	4	5	6	7	8	1	2	3	4	5	6	7	8	1	2	3	4
연령	계해 61	임술 62	신유 63	경신 64	기미 65	무오 66	정사 67	병진 68	을묘 69	갑인 70	계축 71	임자 72	신해 73	경술 74	기유 75	무신 76	정미 77	병오 78	을사 79	갑진 80
상쾌	5	6	7	8	1	2	3	4	5	6	7	8	1	2	3	4	5	6	7	8
연령	계묘 81	임인 82	신축 83	경자 84	기해 85	무술 86	정유 87	병신 88	을미 89	갑오 90	계사 91	임진 92	신묘 93	경인 94	기축 95	무자 96	정해 97	병술 98	을유 99	갑신 100
상쾌	1	2	3	4	5	6	7	8	1	2	3	4	5	6	7	8	1	2	3	4

중수 (월건)

월별	정월(소) 갑인	2월(대) 을묘	3월(소) 병진	4월(소) 정사	5월(대) 무오	6월(소) 기미	7월(대) 경신	8월(대) 신유	9월(대) 임술	10월(소) 계해	11월(대) 갑자	12월(대) 을축
중건	3	2	5	3	4	2	1	5	2	6	4

하수 (일진)

월 별	1	2	3	4	5	6	7	8	9	10	11	12	13	14	15	16	17	18	19	20	21	22	23	24	25	26	27	28	29	30
정월(소)	2	2	3	1	1	2	2	2	2	1	3	1	3	3	1	1	1	3	3	3	2	1	1	2	1	3	1	2	2	
2월(대)	2	1	1	3	3	3	2	2	3	3	2	2	2	3	3	1	3	3	3	1	1	3	3	2	2	1	1
3월(소)	2	3	3	1	2	2	3	3	3	2	1	2	1	1	2	2	1	1	3	2	2	3	2	1	2	3				
4월(소)	1	3	2	2	2	1	1	1	3	1	3	2	1	3	3	3	1	1	2	1	1	2	2	1	1	3	3			
5월(대)	3	3	1	2	2	3	1	1	1	2	2	1	2	2	3	1	1	1	3	3	3	2	1	2	1	3	1
6월(소)	2	2	1	3	3	3	2	2	1	1	1	2	2	1	2	2	1	3	3	3	2	2	2	2	1					
7월(소)	1	2	1	3	2	1	2	1	2	1	2	3	3	2	2	2	3	1	1	1	2	3	2	2	2	1				
8월(대)	1	1	3	1	2	2	1	2	1	1	2	2	3	2	3	3	2	3	3	3	2	2	3	3	2	2	1
9월(대)	3	3	2	2	3	1	1	2	3	1	1	1	1	3	2	2	2	2	2	2	2	2	2	2	1	3	3	1	3
10월(소)	2	3	1	2	2	2	1	1	3	1	2	1	3	1	1	2	1	1	1	1	1	1	2	1	1	2	2	1		
11월(대)	2	1	1	3	3	1	2	2	2	2	1	1	1	3	3	3	1	1	1	1	3	3	3	2	1	1	2
12월(대)	1	3	1	2	2	1	3	3	3	2	2	2	1	2	3	2	1	1	1	1	2	2	3	2	2	2	3	3	2

2044년

(단기 4377년 · 갑자년)   **상수(태세)**   쥐해

연령	갑자 1	계해 2	임술 3	신유 4	경신 5	기미 6	무오 7	정사 8	병진 9	을묘 10	갑인 11	계축 12	임자 13	신해 14	경술 15	기유 16	무신 17	정미 18	병오 19	을사 20
상쾌	5	6	7	8	1	2	3	4	5	6	7	8	1	2	3	4	5	6	7	8
연령	갑진 21	계묘 22	임인 23	신축 24	경자 25	기해 26	무술 27	정유 28	병신 29	을미 30	갑오 31	계사 32	임진 33	신묘 34	경인 35	기축 36	무자 37	정해 38	병술 39	을유 40
상쾌	1	2	3	4	5	6	7	8	1	2	3	4	5	6	7	8	1	2	3	4
연령	갑신 41	계미 42	임오 43	신사 44	경진 45	기묘 46	무인 47	정축 48	병자 49	을해 50	갑술 51	계유 52	임신 53	신미 54	경오 55	기사 56	무진 57	정묘 58	병인 59	을축 60
상쾌	5	6	7	8	1	2	3	4	5	6	7	8	1	2	3	4	5	6	7	8
연령	갑자 61	계해 62	임술 63	신유 64	경신 65	기미 66	무오 67	정사 68	병진 69	을묘 70	갑인 71	계축 72	임자 73	신해 74	경술 75	기유 76	무신 77	정미 78	병오 79	을사 80
상쾌	1	2	3	4	5	6	7	8	1	2	3	4	5	6	7	8	1	2	3	4
연령	갑진 81	계묘 82	임인 83	신축 84	경자 85	기해 86	무술 87	정유 88	병신 89	을미 90	갑오 91	계사 92	임진 93	신묘 94	경인 95	기축 96	무자 97	정해 98	병술 99	을유 100
상쾌	5	6	7	8	1	2	3	4	5	6	7	8	1	2	3	4	5	6	7	8

중수(월건)

월별	정월(대) 병인	2월(소) 정묘	3월(대) 무진	4월(소) 기사	5월(대) 경오	6월(소) 신미	7월(대) 임신	윤7월(소) 임신	8월(대) 계유	9월(소) 갑술	10월(대) 을해	11월(대) 병자	12월(대) 정축
중건	2	5	4	6	4	3	6	6	5	1	6	4	2

하수(일진)

월 별	1	2	3	4	5	6	7	8	9	10	11	12	13	14	15	16	17	18	19	20	21	22	23	24	25	26	27	28	29	30
정월(대)	2	1	1	3	3	1	2	2	3	1	1	2	2	2	1	3	1	3	3	1	1	3	3	3	2	1	1	2		
2월(소)	1	3	1	2	2	1	3	3	3	2	2	2	1	1	2	3	2	1	1	1	2	2	3	2	2	2	3	3		
3월(대)	3	3	2	2	1	2	3	1	2	2	3	3	3	1	2	1	2	1	2	2	2	1	1	2	2	1	1	1	3	3
4월(소)	3	2	1	2	3	3	2	1	1	2	1	2	2	3	1	3	2	2	1	3	1	3	3	3						
5월(소)	2	1	1	3	3	2	1	2	1	1	1	3	2	3	2	3	3	3	2	2	1									
6월(대)	1	1	2	1	3	1	3	2	3	2	2	2	3	2	1	1	1	2	2	3	2	2	2							
7월(소)	3	3	2	2	1	1	3	2	2	1	2	2	2	2	1	3	1	3	3	1	1	3	3	3						
윤7월(소)	3	2	2	3	1	2	3	3	1	1	1	3	3	2	1	2	1	1	3	2	2	2	3							
8월(대)	1	1	2	2	1	3	3	2	3	2	2	1	3	2	1	2	2	2	1	1	1	2	3	3	3	2	2			
9월(소)	1	1	3	3	1	2	3	3	2	2	1	1	3	2	1	2	3	3	3	3	1	1	2							
10월(대)	2	2	2	3	2	1	2	2	1	2	2	2	2	2	2	2	2	1	1	3										
11월(대)	3	3	2	1	1	2	2	1	2	3	2	2	1	1	2	1	2	1	1	2	2	3								
12월(대)	2	2	2	3	3	2	2	1	1	3	3	1	2	2	1	2	2	2	1	3	1	3	3	1	1	3				

2045년
(단기 4378년 · 을축년)　　**상수(태세)**　　　　　　소해

연령	을축 1	갑자 2	계해 3	임술 4	신유 5	경신 6	기미 7	무오 8	정사 9	병진 10	을묘 11	갑인 12	계축 13	임자 14	신해 15	경술 16	기유 17	무신 18	정미 19	병오 20
상괘	6	7	8	1	2	3	4	5	6	7	8	1	2	3	4	5	6	7	8	1
연령	을사 21	갑진 22	계묘 23	임인 24	신축 25	경자 26	기해 27	무술 28	정유 29	병신 30	을미 31	갑오 32	계사 33	임진 34	신묘 35	경인 36	기축 37	무자 38	정해 39	병술 40
상괘	2	3	4	5	6	7	8	1	2	3	4	5	6	7	8	1	2	3	4	5
연령	을유 41	갑신 42	계미 43	임오 44	신사 45	경진 46	기묘 47	무인 48	정축 49	병자 50	을해 51	갑술 52	계유 53	임신 54	신미 55	경오 56	기사 57	무진 58	정묘 59	병인 60
상괘	6	7	8	1	2	3	4	5	6	7	8	1	2	3	4	5	6	7	8	1
연령	을축 61	갑자 62	계해 63	임술 64	신유 65	경신 66	기미 67	무오 68	정사 69	병진 70	을묘 71	갑인 72	계축 73	임자 74	신해 75	경술 76	기유 77	무신 78	정미 79	병오 80
상괘	2	3	4	5	6	7	8	1	2	3	4	5	6	7	8	1	2	3	4	5
연령	을사 81	갑진 82	계묘 83	임인 84	신축 85	경자 86	기해 87	무술 88	정유 89	병신 90	을미 91	갑오 92	계사 93	임진 94	신묘 95	경인 96	기축 97	무자 98	정해 99	병술 100
상괘	6	7	8	1	2	3	4	5	6	7	8	1	2	3	4	5	6	7	8	1

중수(월건)

월별	정월(대) 무인	2월(소) 기묘	3월(대) 경진	4월(소) 신사	5월(소) 임오	6월(대) 계미	7월(소) 갑신	8월(소) 을유	9월(대) 병술	10월(소) 정해	11월(대) 무자	12월(대) 기축
중건	6	2	1	4	2	1	3	1	6	3	2	5

하수(일진)

월 별	1	2	3	4	5	6	7	8	9	10	11	12	13	14	15	16	17	18	19	20	21	22	23	24	25	26	27	28	29	30
정월(대)	3	3	2	1	1	2	1	3	1	2	2	1	3	3	3	2	2	2	1	1	2	3	2	1	1	1	2	2	2	3
2월(소)	2	2	2	3	3	2	1	1	3	3	1	2	2	3	1	1	2	2	2	2	1	3	1	3	3	1	1	1		
3월(대)	1	1	1	3	2	3	2	1	2	2	1	1	3	3	3	2	2	1	3	2	2	1	3	2	2	2	2	3	3	3
4월(소)	1	3	3	3	1	1	3	3	2	2	1	1	2	3	3	1	2	3	3	1	2	2	3	3	3	2	1	2	2	
5월(소)	3	2	2	2	1	3	3	2	2	1	1	2	2	1	1	2	1	1	3	3	2	1	2	1	3	3	3	3		
6월(대)	2	2	3	2	2	2	2	3	3	2	2	1	1	2	2	2	1	2	2	2	1	3	3	1	3	3	1	1	1	1
7월(소)	1	1	3	3	3	2	1	1	2	1	2	3	3	3	2	1	1	3	3	2	2	1	1	2	3	2	1	1	1	
8월(소)	2	3	3	2	1	2	2	1	1	2	3	3	2	1	2	2	1	3	3	3	2	2	1	1	2	3	2	1		
9월(대)	2	3	3	3	2	2	1	1	3	2	1	1	1	2	1	2	2	1	1	1	1	3	2	1	1	1	1	3	3	3
10월(소)	3	3	1	2	1	2	1	3	3	2	1	1	1	2	2	2	2	3	2	2	1	1	2	1	3	3	1	1		
11월(대)	3	3	1	1	1	3	3	2	1	2	1	3	3	3	1	3	3	3	2	2	2	1	1	2	3	2	1	2	2	1
12월(대)	1	1	1	2	2	3	2	2	2	3	3	2	1	3	3	1	2	2	3	1	1	2	2	2	2	1	3	3	3	1

2046년

(단기 4379년 · 병인년)

상수 (태세)

범해

연령	병인 1	을축 2	갑자 3	계해 4	임술 5	신유 6	경신 7	기미 8	무오 9	정사 10	병진 11	을묘 12	갑인 13	계축 14	임자 15	신해 16	경술 17	기유 18	무신 19	정미 20
상쾌	2	3	4	5	6	7	8	1	2	3	4	5	6	7	8	1	2	3	4	5
연령	병오 21	을사 22	갑진 23	계묘 24	임인 25	신축 26	경자 27	기해 28	무술 29	정유 30	병신 31	을미 32	갑오 33	계사 34	임진 35	신묘 36	경인 37	기축 38	무자 39	정해 40
상쾌	6	7	8	1	2	3	4	5	6	7	8	1	2	3	4	5	6	7	8	1
연령	병술 41	을유 42	갑신 43	계미 44	임오 45	신사 46	경진 47	기묘 48	무인 49	정축 50	병자 51	을해 52	갑술 53	계유 54	임신 55	신미 56	경오 57	기사 58	무진 59	정묘 60
상쾌	2	3	4	5	6	7	8	1	2	3	4	5	6	7	8	1	2	3	4	5
연령	병인 61	을축 62	갑자 63	계해 64	임술 65	신유 66	경신 67	기미 68	무오 69	정사 70	병진 71	을묘 72	갑인 73	계축 74	임자 75	신해 76	경술 77	기유 78	무신 79	정미 80
상쾌	6	7	8	1	2	3	4	5	6	7	8	1	2	3	4	5	6	7	8	1
연령	병오 81	을사 82	갑진 83	계묘 84	임인 85	신축 86	경자 87	기해 88	무술 89	정유 90	병신 91	을미 92	갑오 93	계사 94	임진 95	신묘 96	경인 97	기축 98	무자 99	정해 100
상쾌	2	3	4	5	6	7	8	1	2	3	4	5	6	7	8	1	2	3	4	5

중수 (월건)

월별	정월(대) 경인	2월(소) 신묘	3월(대) 임진	4월(대) 계사	5월(소) 갑오	6월(소) 을미	7월(대) 병신	8월(소) 정유	9월(소) 무술	10월(대) 기해	11월(소) 경자	12월(대) 신축
중건	3	6	5	3	5	5	2	5	3	1	4	3

하수 (일진)

월별	1	2	3	4	5	6	7	8	9	10	11	12	13	14	15	16	17	18	19	20	21	22	23	24	25	26	27	28	29	30
정월(대)	3	3	1	1	3	3	3	2	1	1	2	1	3	1	2	2	1	3	3	3	2	2	2	1	1	2	3	2	1
2월(소)	1	1	1	2	2	3	2	2	2	3	3	2	1	1	3	3	1	2	1	3	1	1	2	2	2	2	1	3
3월(대)	2	1	1	2	2	1	1	3	1	1	3	3	2	1	1	1	3	3	2	2	3	1	3
4월(대)	2	2	2	3	1	3	3	1	1	3	2	2	1	1	2	3	1	2	3	1	1	2	3	3	3	2	1
5월(소)	2	1	1	2	2	1	1	1	3	2	2	2	1	2	3	3	2	1	1	3	3	3	2	2	3	1
6월(소)	1	3	3	3	3	1	1	2	2	1	1	3	2	2	3	2	3	1	1	1	1
7월(대)	1	3	1	3	3	1	3	2	1	1	2	1	3	1	2	2	1	3	3	2	1	1	2
8월(소)	3	2	1	1	1	2	2	3	2	2	3	1	3	2	2	2	1	3	3	3
9월(소)	3	2	1	1	2	2	2	1	1	3	2	2	1	1	1	1	3	3	3	2
10월(대)	3	1	2	1	3	3	3	1	1	2	3	1	2	2	1	2	2	3	3	1	1
11월(소)	1	1	3	3	2	2	3	3	2	2	2	1	3	3	1	2	2	1	3	2	2	1	1
12월(대)	1	1	2	3	2	1	1	1	2	2	3	2	2	3	3	2	2	1	3	3	1	2	2	3	1	1	2

2047년

(단기 4380년 · 정묘년)　　　**상수 (태세)**　　　토끼해

연령	정묘 1	병인 2	을축 3	갑자 4	계해 5	임술 6	신유 7	경신 8	기미 9	무오 10	정사 11	병진 12	을묘 13	갑인 14	계축 15	임자 16	신해 17	경술 18	기유 19	무신 20
상쾌	1	2	3	4	5	6	7	8	1	2	3	4	5	6	7	8	1	2	3	4
연령	정미 21	병오 22	을사 23	갑진 24	계묘 25	임인 26	신축 27	경자 28	기해 29	무술 30	정유 31	병신 32	을미 33	갑오 34	계사 35	임진 36	신묘 37	경인 38	기축 39	무자 40
상쾌	5	6	7	8	1	2	3	4	5	6	7	8	1	2	3	4	5	6	7	8
연령	정해 41	병술 42	을유 43	갑신 44	계미 45	임오 46	신사 47	경진 48	기묘 49	무인 50	정축 51	병자 52	을해 53	갑술 54	계유 55	임신 56	신미 57	경오 58	기사 59	무진 60
상쾌	1	2	3	4	5	6	7	8	1	2	3	4	5	6	7	8	1	2	3	4
연령	정묘 61	병인 62	을축 63	갑자 64	계해 65	임술 66	신유 67	경신 68	기미 69	무오 70	정사 71	병진 72	을묘 73	갑인 74	계축 75	임자 76	신해 77	경술 78	기유 79	무신 80
상쾌	5	6	7	8	1	2	3	4	5	6	7	8	1	2	3	4	5	6	7	8
연령	정미 81	병오 82	을사 83	갑진 84	계묘 85	임인 86	신축 87	경자 88	기해 89	무술 90	정유 91	병신 92	을미 93	갑오 94	계사 95	임진 96	신묘 97	경인 98	기축 99	무자 100
상쾌	1	2	3	4	5	6	7	8	1	2	3	4	5	6	7	8	1	2	3	4

중수 (월건)

월별	정월(대) 임인	2월(소) 계묘	3월(대) 갑진	4월(대) 을사	5월(소) 병오	윤5월(소) 병오	6월(소) 정미	7월(대) 무신	8월(소) 기유	9월(소) 경술	10월(대) 신해	11월(소) 임자	12월(대) 계축
중건	1	4	2	6	3	4	1	6	2	6	5	2	1

하수 (일진)

월별	1	2	3	4	5	6	7	8	9	10	11	12	13	14	15	16	17	18	19	20	21	22	23	24	25	26	27	28	29	30
정월(대)	2	2	2	1	3	1	3	3	1	1	1	3	3	3	2	1	1	2	1	3	1	2	2	1	3	3	3	2	2	2
2월(소)	1	1	2	3	2	1	1	1	2	2	3	2	2	2	3	3	2	1	1	3	3	1	2	2	3	1	1			
3월(대)	3	3	3	3	2	1	2	1	1	2	2	2	1	1	1	3	2	3	2	3	3	3	2	1	1	1	3	3	3	3
4월(대)	3	2	2	3	1	3	2	2	2	2	2	1	1	3	3	2	2	2	1	1	2	2	1	3	3	3	2	2	1	1
5월(소)	3	3	3	3	2	1	2	1	1	2	2	2	1	1	1	3	3	2	2	2	3	2	1	1	1	3				
윤5월(대)	1	1	3	3	1	2	1	3	3	3	3	1	1	2	1	3	3	3	1	3	3	2	1	3	1	1	2	3		
6월(소)	3	1	1	1	1	3	2	3	2	3	3	3	3	2	2	1	1	3	3	1	1	3	3	1	3	2	2	2		
7월(대)	2	2	2	1	1	2	3	2	1	1	1	1	2	2	3	2	2	2	3	3	3	1	3	1	3	3	1	3	3	3
8월(소)	3	2	2	2	1	1	1	2	2	1	1	1	2	3	2	3	2	2	3	3	1	1	1	2	1	2	3	3		
9월(소)	1	3	3	2	2	1	2	2	1	3	1	2	2	3	2	3	3	1	1	2	1	3	1	2	3	2	3	3		
10월(대)	1	2	3	2	3	1	2	1	1	3	2	2	1	3	1	1	2	1	2	3	3	2	2	2	1	1	3	3	1	2
11월(소)	2	2	1	1	1	3	3	1	2	1	3	3	3	1	2	1	1	1	2	2	3	1	3	3	2	2	3			
12월(대)	2	2	3	1	1	2	2	2	2	1	3	1	3	3	1	1	3	3	3	2	1	1	2	1	3	1	2	2	1	

2048년

(단기 4381년 · 무진년)　　**상수(태세)**　　　　　　　　용해

연령	무진1	정묘2	병인3	을축4	갑자5	계해6	임술7	신유8	경신9	기미10	무오11	정사12	병진13	을묘14	갑인15	계축16	임자17	신해18	경술19	기유20
상괘	3	4	5	6	7	8	1	2	3	4	5	6	7	8	1	2	3	4	5	6
연령	무신21	정미22	병오23	을사24	갑진25	계묘26	임인27	신축28	경자29	기해30	무술31	정유32	병신33	을미34	갑오35	계사36	임진37	신묘38	경인39	기축40
상괘	7	8	1	2	3	4	5	6	7	8	1	2	3	4	5	6	7	8	1	2
연령	무자41	정해42	병술43	을유44	갑신45	계미46	임오47	신사48	경진49	기묘50	무인51	정축52	병자53	을해54	갑술55	계유56	임신57	신미58	경오59	기사60
상괘	3	4	5	6	7	8	1	2	3	4	5	6	7	8	1	2	3	4	5	6
연령	무진61	정묘62	병인63	을축64	갑자65	계해66	임오67	신유68	경자69	기미70	무오71	정사72	병진73	을묘74	갑인75	계축76	임자77	신해78	경술79	기유80
상괘	7	8	1	2	3	4	5	6	7	8	1	2	3	4	5	6	7	8	1	2
연령	무신81	정미82	병오83	을사84	갑진85	계묘86	임인87	신축88	경자89	기해90	무술91	정유92	병신93	을미94	갑오95	계사96	임진97	신묘98	경인99	기축100
상괘	3	4	5	6	7	8	1	2	3	4	5	6	7	8	1	2	3	4	5	6

중수(월건)

월별	정월(소) 갑인	2월(대) 을묘	3월(대) 병진	4월(소) 정사	5월(대) 무오	6월(소) 기미	7월(소) 경신	8월(대) 신유	9월(소) 임술	10월(대) 계해	11월(소) 갑자	12월(소) 을축
중건	3	2	6	3	2	5	2	1	4	3	5	3

하수(일진)

월별	1	2	3	4	5	6	7	8	9	10	11	12	13	14	15	16	17	18	19	20	21	22	23	24	25	26	27	28	29	30
정월(소)	3	3	3	2	2	2	1	1	2	3	2	1	1	1	1	2	2	3	2	2	2	2	3	3	2	2	1	1	3	3
2월(대)	2	3	3	1	2	2	3	3	3	3	2	1	2	2	1	2	2	2	1	1	1	3	2	3	3	2	1	2	3	3
3월(대)	2	1	1	1	3	3	3	2	3	2	2	1	1	2	2	3	3	3	1	1	3	3	3	1	1	3	2	2	1	1
4월(소)	2	3	3	1	2	2	3	3	3	3	2	2	1	1	1	2	2	2	1	1	1	3	2	3	3	2	1	2	3	
5월(대)	1	3	2	2	2	1	1	1	3	3	3	3	1	2	1	1	2	2	1	1	3	3	2
6월(소)	2	3	1	1	2	3	3	1	1	1	1	3	2	3	3	2	2	1	3	3	1	3	2	3	1
7월(소)	1	3	2	2	2	1	1	1	3	3	3	3	1	2	1	1	2	2	1	1	1	2	1	1	3	3
8월(대)	3	1	1	2	2	3	1	1	2	2	2	1	1	2	1	2	2	3	2	2	1	2	1	3	1
9월(소)	2	2	1	3	3	2	2	2	1	2	3	3	2	2	2	2	3	3	2	2	1
10월(대)	2	1	2	3	3	2	3	3	3	1	1	2	2	1	2	2	2	2	3	2	3	2	1
11월(소)	2	3	3	2	1	1	1	3	3	2	2	3	1	3	2	2	2	2	3	3	3	3	1	1	3	3
12월(소)	3	3	2	2	3	1	1	2	3	3	1	1	1	1	3	2	2	3	3	3	2	2	2	1	3	3	1

토정비법 해설

1년 동안의 운세를 144종류로 나누었으며 1~12까지
월별로 나누어 월운, 시운, 일운 까지
첨가하였다

111 始雖榮格 시수영격
終見不美 종견불미

세상을 살아가노라면 무엇이고 손에 잡힐듯 잡힐듯하나 잡히지 않는게 비일비재라. 그러므로 당신은 너무 과욕을 부리지 마라. 복이 가고 화가 닥쳐올 것이다. 아무리 총명하고 지혜롭다 해도 분수를 지키지 않으면 화를 면키 어렵다. 쥐띠나 말띠는 동남쪽을 가다가 애인을 만나니 마음이 즐겁기만 하다. 소띠는 양·개띠를 만나 눈물을 보게 된다. 토끼·용·닭·뱀띠등은 일생일대 큰사업을 시작하게 된다. 원숭이띠는 이사변동이 있고 돼지띠는 문서상 기쁜일이 있게 되니 다소나마 이득이 있을 것이다. 범띠는 원행할 수고 6월경에는 못받던 돈을 갑자기 받게 될 행운이 있다. 어느 누구를 막론하고 동업을 하면 반드시 실패가 있을 것이니 되도록이면 주의하라.

1 적은것이 가고 큰것이 집안에 들어오니 가정이 화목하다. 대인관계도 사사로운 마음을 버리고 공명정대한 큰마음으로 처신하니 전화위복의 행운이 있다. 금전거래에 있어서는 유흥업에 종사하는 여자를 조심하고 연애에는 절대 먼저 프로포즈를 해서는 안된다. 그리고 다음날 일요일에 만나야 한다.

2 뒷동산에 오얏꽃이 만발하여 봄나들이에 사람들이 무리를 이루니 자연 집안에 사람이 자주 출입하게 된다. 그 가운데 귀인을 만나 하고자 하는일을 의논하게 되어 전진의 발걸음을 내딛는다. 사회적으로도 믿음을 얻고 새로운 보금자리가 마련되어 세상사람들이 부러워한다. 닭띠는 몸을 다칠 수가 있다.

3 명산대천에 기도하는 마음으로 세상을 살다보면 편안하기 그지없으나 속모르는 사람들은 과감하지 못다고 흉을 보기도 한다. 그러나 그토록 조심하지 않았다면 지금의 당신이 존재하지 않을 것이다. 사업이나 가정사나 한결같이 신중히 생각하고 결정을 내려야 한다. 만약 경거망동한다면 불행을 면키 어렵다.

4 당신의 이달 운수는 집안에서는 육친간에 다툼이 있게 된다. 특히 부부간, 고부간에 사소한 일로 다투게 된다. 뱀·돼지띠는 금전에 과욕을 부리면 실패할 수가 있다. 36·37·42·54세는 교통사고로 피를 보게 되니 동남쪽과 정서쪽을 가지 마라. 특히 범·원숭이·뱀날 오전 11시와 오후 5시가 불길하다.

5 당신의 마음은 마치 바다 가운데 떠있는 일엽편주처럼 쓸쓸하고 외롭기만 하다. 하지만 비관보다는 대책을 세워라. 혹시라도 새로운 변동을 시도한다면 모든일이 안되고 힘들지만, 지금하는 일에 최선을 다한다면 불행중 다행이다. 쥐·말·개띠는 외도수가 있으니 유흥가 출입을 삼가야 한다.

6 지긋지긋한 바람둥이 아니 제비족, 이것은 당신의 옛날 이력이다. 그러나 이 달 운수는 여자 한번 잘못 사귀었다가 신세 망칠 운이다. 그러니 두문불출해서 멀리하는게 상책이다. 또한 집안에서나 밖에서 말을 조심하라. 구설수가 있다. 소띠·개띠 6월·9월생은 손재와 배반을 당할 운이기도 하다.

7 대인이라면 사회적으로 명예와 승진운이 따르고 보통사람이라면 그동안 기다렸던 일자리가 성취된다. 사업가라면 의외로 수입이 좋고 젊은 남녀는 애인을 만나 마음이 날아갈듯한 기쁨속에 살아간다. 당신이 김씨나 최씨라면 안씨와 옥씨등을 조심하라. 용·양·소띠는 아들 낳을 행운이 있다.

8 이달 초에는 매사가 제대로 성취되지 않아 몸과 마음만 곤하나 중순 이후부터는 점차 풀리기 시작하여 그동안 미루어 왔던 맞선 결혼식 등을 하게되고 못 받을 것이라 여겨졌던 빚도 받게 된다. 외국을 여행할 사람은 범·원숭이 날을 택해서 가는 것이 좋고 맞선은 11시나 오후 3시가 적합하다.

9 당신이 주의해야할 성씨는 김씨·정씨·선씨·사씨등이다. 만약 이러한 성씨 등과 일을 도모한다면 관재구설을 면키 어렵다. 쥐·범·닭띠는 건강이 불길하여 다소나마 손해를 보게된다. 말띠·돼지띠는 외국에 나가있던 애인과 만나 하룻밤을 즐기다 임신을 하게되니 걱정이 태산같다. 신(申)씨는 불을 조심하 라.

10 집안에는 식구가 느는 경사가 있는 반면 밖에서는 하찮은 일로 다투게 되니 마음이 편치 못하다. 그전에는 어느 누구보다 비밀을 잘지켰지만 이달만큼은 절대 주의해야 한다. 왜냐하면 머지않아 승진하게 되고 돈도 들어오기 때문이다. 뱀띠는 이사 변동이 있고 돼지띠는 동남쪽으로 여행을 하게 된다.

11 그렇게도 돈거래를 하지말라고 충고했건만 십년 모은 돈을 받지 못하게 되었으니 이 또한 당신의 이달 운수이다. 이달에는 가능하면 매사를 서두르지 말고 소극적인 자세로 기다려야 한다. 개·소·말·원숭이띠는 범·쥐·용·양날에 동쪽에서 낙상하여 뼈가 부러질 수 있으므로 조심해야 한다.

12 비록 마음과 몸은 천하를 휘두를듯 의기양양해 보이나 안으로는 매우 빈곤하여 가정을 꾸려가기도 벅차다. 지난 봄과 여름에 처신을 잘했다면 지금은 매우 안정되었으나 그때의 잘못으로 지금껏 남모를 걱정을 하고 있다. 마음이 괴롭다고하나 이것은 당신이 타고난 팔자이니 너무 비관하지 마라.

112 同業吉星 동업길성
勿貪財理 물탐재리

금년 운수는 뜻하지 않은 동업으로 재물을 얻게되니 온세상 최고의 행복을 나만이 누리는것 같다. 그렇다고 막연하게 기뻐만 해서는 아니된다. 자칫 잘못하다보면 어려웠을때 당신을 물심양면으로 도와준 은인을 잃어버릴 수 있기 때문이다. 세상사란 무성한 여름철이 있는가하면 낙엽이 지고 가지만 앙상이 남는 겨울이 있기 마련이고 행복과 불행은 교차되는게 곧 천리(天理)인 것이다. 가정에도 그동안 불화, 손재가 있었으나 금년부터는 화합하고 이득이 있어 자연 집안 살림이 늘어난다. 한가지 흠이라면 이성관계로 고민하는 일이며 때아닌 친구와 다툼이 있는 일이다. 용해·뱀해에는 집안에 '상문살(喪問殺)'과 '조객살'이 들어있으니 초상집이나 제사집에는 가지마라. 토끼·양·돼지띠는 뱀의 해가 불길하다.

1 이달 운수는 크게 나쁜것도 없고 그렇다고 크게 이로운 것도 없다. 젊은 남녀라면 마음이 부평초처럼 둥둥 떠있는 듯 쓸쓸하나 이러한 것은 인간이 보다 성숙하기 위한 필연적 단계이다. 쥐띠가 말띠를 만나 혼담이 오고가지만 이루어지지 않으리니 큰 기대는 금물이다.

2 하찮은 일이 의외로 크게 발전하여 재물을 얻게되는 시기이므로 증권이나 복권등을 쥐·원숭이·용띠는 동쪽에서, 돼지·토끼·양띠는 남서쪽이나 북쪽에서, 범·말·개띠는 서쪽에서, 뱀·닭·소띠등은 동남·서남쪽에서 각각 구입하면 대길하다. 여자가 뱀띠이고 범의해 3월을 만나면 관재가 있다.

3 도적이 집안 북쪽과 남쪽에서 침입하는 운이므로 범의날이나 돼지날 오전 2~3시를 조심하라. 집안에 남모르는 사람이 들어와 당신을 해치려고 하니 그 사람 꼬임에 넘어가지 마라. 당신의 생월이 1월이나 4월·7월에 해당하면 관재가 있어 가솔들이 편치 못하다. 최선의 방법은 머리를 숙이고 화해하는 것이다.

4 이달에는 정(丁)씨 노씨 나(羅)씨등을 주의해야 한다. 공교롭게도 집안에 잡귀가 발동하여 다된 밥에 코빠뜨린격으로 물거품이 되고 만다. 재물은 들어오지만 나가는 액수가 더크니 이상한 팔자다. 원숭이·뱀띠는 이사 변동이 있고 닭·소띠는 직업에 변동이 있다. 그리고 쥐·말띠는 도박으로 돈을 잃는다.

5 돈좀 벌겠다고 큰마음 먹고 집을 나왔으나 부인과 조석으로 다투면서 살아온 시간이 행복하게 느껴진다. 객지에서 알게된 친구의 처지가 딱해서 도와주었더니 야반도주하여 냉험한 세상을 원망한다. 학교를 그만둔 당신이 막상 취직을 해보니 그동안 당신을 가르치려고 동분서주한 부모의 노력이 생각난다.

6 다니던 직장을 그만두고 집에 있자니 속이 터질것만 같고 움직이자니 수중에 돈이 없어 따분하다. 집안에서 복잡하게 가족들과 애삭이는게 싫어 차라리 산이나 바다로 훌쩍떠나 머리나 식히고 싶다. 20대 남녀는 우연한 혼숙이 사랑으로 전개돼 걱정반 근심반이다.

7 동쪽과 서쪽 두 방향에 재수가 좋으니 그쪽에서 일을 도모하면 천금을 얻게 된다. 특히 토끼띠는 정동쪽에 닭띠는 정서쪽에서 재물운이 좋아 그동안에 갚지못한 빚도 갚는등 마음이 홀가분하다. 용띠와 개띠는 애인을 만나 결혼을 약속하게 되고 이밖의 띠는 사업상 또는 직업상에 큰 이득이 있게 된다.

8 처첩이 자녀를 생산할 경사가 있어 집안이 화평한 것 같으나 아들 못낳은 본부인은 눈물을 흘리게 되고 토끼·말띠 6·7·8월생은 얼굴이 예쁜 자녀를 토끼·양·돼지날에 낳게 된다. 한가지 당신에게 걱정이 있다면 아직 나이도 어린데 여자와 동침하여 연약한 애인에게 임신케하는 것이다. 빨리 병원으로 가라.

9 시원한 늦가을 바람에 맑은 하늘에는 달이 두둥실 떠있고 누각에서 시 한 수를 읊어보니 온세상이 태평성국이로다. 남녀를 불문하고 외박이 심하여 부부 싸움이 있게 된다. 예술가나 문학, 인쇄, 출판업에 종사한 사람은 그 이름이 비로소 온세상에 알려지나 뭇사람이 우러러 본다. 양띠는 큰 재물을 얻는다.

10 우연치않게 귀인이 나를 도와주니 부진했던 일이 서서히 풀리기 시작하고 그로인한 이득이 쌓여 집과 전답을 살수있어 가난한 형편이 갑자기 부자로 바꾸어진다. 용띠, 개띠는 맛선보고 약혼까지 했다가 파혼하니 가능하면 용·개·소·양날을 피하는게 상책이다.

11 모든 생물이 비가 온 후부터는 새로운 싹이 트고, 싹이 자라서 꽃이 피고 열매가 맺는게 당연한 이치이다. 따라서 당신도 그동안 갖은 핍박과 고통속에서 뜻을 저버리지 않고 오늘까지 노력했기 때문에 비로소 성취의 기쁨이 있게 된다. 당신이 만약 농촌에 있다면 새로운 일터를 찾게 된다.

12 출행을 하면 이득이 있고 집안에 있으면 가족과 다투게 됨으로 나가서 도박이라도 하는게 신상에 유익할수 있다. 금전관계는 불길함으로 임·박씨 성을 가진 사람하고는 거래를 하지 않는게 좋다. 영화인 음악가는 건강이 나빠 병원 신세를 지게 되고 은행인은 치통과 관절로 고생하게 된다.

113 靑海順船　청해순선
百事吉來　백사길래

금년에 운수는 순풍에 돛단배가 귀인을 싣고 푸른바다를 아무 걱정 없이 항해하고 있는 것과 같다. 어려운 처지에서 실망을 하고 있는 상황에서 태양이 서기를 내뿜어 만인에게 이롭게 한다. 쥐띠는 결혼하게 되고, 소띠는 상복을 입고, 범띠는 귀인을 만나 뜻을 이루고, 토끼띠는 부부관계가 원만해지고 용띠는 부동산 및 사업에 길하고, 뱀띠는 한방에 두 여자 또는 두 남자가 있으니 첩과 정부를 둘 상이다. 말띠는 자녀나 친구로부터 도움을 받고, 양띠는 묘나 집 가게 기타 사업장을 수리한다. 원숭이띠는 취직하고 돈이 들어오며 직업을 바꾸게 된다. 닭띠는 사랑하는 애인과 결혼을 약속하고 돼지띠는 포기했던 빚을 받고 친구로부터 빚보증을 서줄 것을 종용받으니 심신이 산란하고 지출과 수입이 빈번하다.

1 그동안 노력의 댓가를 받는다. 집을 짓고 이사를 하는 가정사가 계속되며 돈도 들어온다. 실직자는 취직을 한다. 과부 홀아비가 결혼을 하게 되어 모처럼 삶의 보람을 느껴본다. 외국에서 박사 석사 기타 학위나 면허증 시험에 합격한다. 남쪽에 가서 여자와 입을 맞추지 말고 서쪽에서 남자와 동침하지 말라.

2 배가 돌풍을 만나 꺼꾸로 가고 있으니 이게 웬일인가. 그러나 너무 지나치게 싸우지 마라. 다소 얼마간만 바람을 피할 곳을 찾아라. 사업에 부도가 나 위기에 있거든 외진 곳에서 쓴 소주를 마시며 시간을 벌어라. 약혼했지만 파혼이 돼 어려움에 처해 있거든 27·28일에 결정을 내려라. 여자는 건강이 불길하다.

3 집안에 경사가 겹치고 밖에서는 만인이 따르고 그 이름이 사방에 있다. 아들이나 손녀를 보게 되고 각종 단체장에 당선되는 등 그야말로 살맛 난다. 어려운 일은 서쪽에 있는 여동생 또는 남동생을 찾아라. 길을 가다가 악인을 만나니 23일 오후 7시를 조심하라. 남쪽에서 만난 귀인은 오래 사귀면 불길하다.

4 집안에 이·조·문·홍씨가 들어오니 황금 만냥이 들어온다. 사업가는 미수금을 받고 거래선이 많아져 일취월장 한다. 집안에 뱀·개띠가 같이 있으면 아침 저녁으로 다투게 된다. 동쪽에 있는 사람 말을 들으면 처음은 이익이 있지만 나중에는 손해만 본다. 24일 밤에는 꿈속에서 조상을 본다.

5 앞뒤로 황금이 쌓여있다. 마음에 고민이 있거든 진·유·계·무자가 있는 절 이나 교회에서 기도 하라. 신효가 있다. 시골에서는 이달 만큼은 가축을 죽이지 마라. 큰 후환이 있다. 경상도에서 하·임 자가 있는 마을에 살면 뱀을 먹지 마라. 묘자리를 함부로 손대면 사람이 죽어나간다. 단, 범·개·말해만 그러하다.

6 폭풍우가 농작물을 삼키고 큰 물이 사람을 삼키어 천재인가 인재인가. 특히 쥐·원숭이·용해는 서울을 중심으로 할 경우 동남·남서·정북쪽 지방에서 그러하다. 몸이 돈 방석 위에 앉아있다. 이민을 준비하는 사람은 한두달 늦어진다. 범해 7월에는 문단속을 잘해야 하고 토끼해 2월은 말조심을 하라.

7 십년 가뭄 뒤에 단비가 내린다. 아나운서·언론·웅변·변호사는 대통하고 용역회사에 근무하는 사람은 불길하여 손해를 보게 된다. 관리는 승진을 하고 평사원은 바라고 있던 자리로 옮기고 셋방 살다가 집을 산다. 부모가 별세하며 형제간끼리 재산 싸움하는 추태가 있게 된다. 용·소·양해에 조심하라.

8 야생마가 황금을 지고 집안으로 들어오니 기쁘다. 혹자는 교통사고로 사람이 죽어 위자료를 받는 경우도 있다. 시험에는 합격을 하고 취직도 된다. 홀아비는 결혼을 하나 과부는 원점으로 돌아가고 만다. 장애자는 정부로부터 표창장을 받고 학생은 학교에서 직장인도 직장에서 상을 받는 행운이 있다.

9 십년 구걸에 뜻밖에 진수성찬을 만나 이게 왠 떡인가. 음식을 잘못먹어 병을 얻으니 범·말·개해는 16일에, 뱀·닭·소해는 8일에, 원숭이·쥐·용해는 2일에, 돼지·토끼·양해는 19일 오후에 돌잔치나 회갑 결혼잔치에 가지 마라. 병환이 따른다. 나씨·동씨를 상대하면 이익이 있고 정·홍씨는 손해가 있다.

10 당신의 운기가 쇠퇴하고 있다. 모든 것을 축소하라. 당신은 최고라고 장담하지만 항우장사도 풍운조화를 아는 제갈량도 운명에 낳고 운명에 죽었다. 서쪽에서 땅문서를 맺으면 이익이 있고 동쪽에서 서쪽으로 이사하는 것은 불길하다. 돌을 보고 황금을 보았다고 허풍을 하지 마라. 오히려 손해만 있다.

11 출행에는 이롭지 못하다. 자가운전자는 쥐해 18일을 조심하고 비행사는 범띠 2일에 하늘을 날지 마라. 물건을 사고 파는데 분명하라. 건강이 불길하여 매사가 귀찮다. 잡념을 없애고 하는 일에 정진하라. 말·개·소띠 여자는 결혼을 하고 쥐·원숭이·용띠 남자는 이혼을 한다. 집안에 유고가 있다.

12 대과에 급제하고 황금을 한수레 싣고 사통팔달로를 걸어간다. 허리를 다치고 집안에 불로 인한 손해가 있다. 술과 여자를 삼가하고 가정으로 돌아가라. 산에서 도를 닦는 사람은 용·개·범·원숭이해에 도통을 하고 계룡산에서 도를 닦는 김홍선은 천명을 다했다. 나라에 지진이 있다.

121 上下有吉 상하유길
禮之天國 예지천국

집안으로는 부모형제 부부 그리고 부리는 사람까지도 한결같이 화목하고 근실하니 이보다 기쁜 일이 어디가 있겠는가. 사회에서는 여러사람이 존경심을 갖고 따라주고 생각지 않았던 재물이 굴러 들어온다. 한가지 주의할점은 처지가 좋아짐으로 인한 안하무인격의 행동이나 한번 경솔한 행동은 뜻밖에도 호랑이 꼬리를 밟게되는 위험에 처하고 만다. 이제나 저제나 운수가 대통하겠지 하는 생각을 해 온 것도 어언 십년, 그러나 지금부터는 진짜로 운수가 대통했으니 이책을 보는 순간 웃어라 그래야 복이 더 올게 아닌가. 매사를 적극적으로 대처하되 상대를 무시하는 행동 만큼은 삼가하라. 그게 바로 독약이 된다. 금융 보험계통에 투자하는 사람은 큰돈을 만져본다.

1 화기가 문전에 이르니 하는 일마다 순조롭게 되고 이성간에 갈등으로 고민했지만 결정을 하고나서 마음이 편안하다. 외로운 나그네가 짝을 만나고 과부가 화촉을 밝히니 얼굴에 생기가 돌고 부족했던 양기를 채우니 몸이 날아갈 것만 같다. 시집 못간 노처녀가 교편생활 청산하고 외국을 간다.

2 집 사고 땅도 사니 부자가 되는 구나. 문서에 이익이 있고, 사람 덕에 이름이 나니 가히 금상첨화로다. 머리에 어사화를 꽂으니 녹을 먹게 된다. 외국에서 돈올 보내오고 문전에는 귀인이 찾아오니 음지가 양지되고 거지가 부자가 된다. 범·개·말띠 여자는 구설이 따르고 원숭이·돼지·쥐띠는 애인을 만난다.

3 겉으로는 비단옷을 입어 호화로운 것 같지만 안으로는 갈등이 심하여 마음이 편치 못하다. 음부가 가렵고 소화가 되지 않아 남모른 고민을 하고 있다. 관재가 두려우니 말다툼을 하지 말고 술자리에서 지나친 농담을 삼가하라. 범·닭띠 부부는 구설과 불화가 있고 쥐·소띠 부부는 금전으로 고통을 당한다.

4 백리를 가다가 발병이 생기니 흉한 징조로다. 차사업하는 사람은 차사고로 위기에 빠지고 운전수는 직장을 바꾼다. 하고자 하는 일은 태산 같으나 아직은 적극적으로 서둘지 마라. 오히려 손해만 본다. 남쪽에서 기쁜 소식이 오지만 능력이 없어 못하니 이는 자금이 없어 돈을 벌 수가 없으니 조금만 기다려라.

5 때로는 허송세월을 보내도 천금을 얻는거나 다름이 없다. 왜냐면 천금을 잃어버릴 것을 미리 막을 수 있기 때문이다. 변소나 북쪽에 있는 방을 고치지 마라. 귀신이 발동한다. 이사는 하지마라. 아직은 때가 아니다. 연예인은 인기가 날로 높아가고 건축 토목에 종사한 사람은 재산상 손해가 있다.

6 몸이 밖에 나와 있으니 외롭도다. 사업가는 외국을 왕래하게 되고 직장인은 상관과 뜻이 맞지 않아 당장이라도 그만두고 싶으나 갈자리가 없어 한숨만 쉰다. 형과 아우가 동업을 하고 있다면 어서 정리하라. 불똥이 곧 떨어진다. 농사꾼은 직업을 바꾸어라. 장래성이 있다. 쥐띠 여자는 말띠 남자와 인연이 없다.

7 대과에 급제하고 관복을 입고 고향으로 돌아오니 남녀노소가 구름처럼 따른다. 학생은 경찰서를 출입하는 불행이 있다. 어음을 잘못 바꾸어 사기를 당하는데 주로 범·원숭이·뱀·돼지해는 9일에, 용·개·소·양해는 15일에, 쥐·말·토끼해는 21일에 그러하다.

8 재수가 좋으니 무엇이고 자신을 가지고 최선을 다하라. 부모와 불화했던 사람은 이번 기회에 화해를 자청하라. 곧 좋아질 것이다. 서쪽 방향은 이롭지 못하므로 그쪽에서의 계약이나 사람 구하는 일에는 단념하라. 동거를 하지만 결혼식을 못 올린 경우에는 여러가지 생각하지 말고 식을 올려야 한다.

9 고달픈 이 세상을 어찌하리요. 십년공부 하루아침에 나무아미타불 되고 만다. 철재상을 하는 사람은 돈이 들어오고 건축업자는 18·26일 오후 3시에 큰 계약을 하게 된다. 쥐띠는 5일에, 소띠는 7일에, 범띠는 10일에, 토끼띠는 13일, 용띠는 20일에, 뱀띠는 25일에 행운이 있다. 쥐띠 여자는 밤길을 걷지마라.

10 정상적인 부부생활을 하면서 바람을 피우지 마라. 그러한 운명에 처해 있다 하더라도 운명을 도로써 관리하는 것은 인간이다. 그러니 몸을 함부로하여 평생에 오점을 남기지 마라. 국가적으로 어수선하다고하나 당신은 중심을 잡아라. 말띠·소띠가 부부라면 10·22일 밤에 싸움을 하나 칼로 물베기다.

11 당신에게 이로운 띠는 소·말띠이고 불리한 띠는 양·닭띠이다. 귀인은 없다. 그런데 당신은 누가 좀 돌봐주지는 않을까 하고 은근히 바라고 있다. 어서 마음 고쳐라. 지난번 그만 둔 회사를 찾아가라. 자리가 있다. 얼마전에 헤어졌던 부부는 다시 결합하라. 인연이 그런 걸 어찌하겠는가.

12 밖에는 눈이 날리고 있는데 갈곳이 없으니 어찌하란 말인가. 그래도 희망과 용기는 잊지마라. 그것마저 없다면 당신의 존재는 없다. 애인과 사소한 언쟁으로 불화를 초래했다면 16·22일에 화해하고 옛날로 돌아가라. 그대에게 권하노니 매사에 삼가하고 웃음을 잃지 마라. 이게 바로 행복의 문이다.

122 以財紛鬪 이재분투
言中有惑 언중유혹

사람이 사노라면 대개는 재물로 인하여 의가 끊어지고 만다. 하지만 금년에는 재산으로 인한 분쟁이 심하다. 재산 상속으로 또는 동업자간에 분쟁이 심하다. 심한 경우에는 결혼식이나 상가에서 부의금을 서로 많이 갖겠다고 추태를 부린다. 말에 유혹이 있으므로 남자는 소·양띠를, 여자는 용·돼지띠를 경계해야 한다. 쥐·원숭이·용띠는 건강이 좋아지고 남모른 사랑에 빠진다. 뱀·닭·소띠는 여행이나 직업 변동이 있고, 돼지·토끼·양띠는 외국을 왕래하고 국가로부터 포상을 받기도 하고 공무원은 승진 한다. 범·말·개띠는 사업을 확장하나 남의 말을 믿다 큰 손해를 본다. 나라에 지진이 서북쪽에서 일어나고 큰 화재는 동남쪽에서 일어나니 쥐·소띠는 18·26일에 불고기집과 멍멍탕집을 가지 마라.

1 허황된 꿈은 과욕을 낳고 과욕은 실패를 낳는다. 취직을 하려면 웬만한 곳이면 만족하라. 그후에 다시 욕망을 건다면 별 무리가 없다. 하지만 지금은 만족을 갖지 못한다. 왜냐하면 아직은 때가 아니기 때문이다. 사업가는 장소를 남서쪽에서 찾으면 가능하다.

2 쥐띠는 뜻을 이루고, 소띠는 배신을 당하고, 범띠는 콧노래를 부르며, 토끼띠는 남녀간의 사랑이 싹트고, 용띠는 승진이 되고, 뱀띠는 외국과 관계된 서류가 정리된다. 말띠는 친구의 도움이 있고, 양띠는 부모에게 걱정되는 일이 있게 된다. 원숭이띠는 낙상과 익사가 두려우니 높은 곳에 가지 마라.

3 운수가 대통하여 가정이 화평하고 새로 들어온 식구가 복덩이라고 칭찬이 구구하다. 언제부터인가 재산분배를 해준다는 아버지가 비로소 붓을 드니 가슴이 조인다. 학생은 정학 위기에 있고 직장인은 상사의 미움이 증오로 변해 더이상 견디지 못하고 사표를 던지는구나. 여자 개띠는 이사 변동수가 있다.

4 이사를 잘못하여 가정이 시끄러우니 남쪽에 있는 절을 또는 해당 종교에 관계된 기도터에서 성심으로 기도하라. 특히 이사 잘못으로 헛소리가 들리거나 눈병이 생기면 북쪽이나 서쪽에 있는 유명 역학사를 찾아가면 비방을 가르쳐 준다. 이러한 시기에는 매사가 지체되니 수동적인 자세로 대처하라.

5 재물이 수중에 들어오고 새사람이 일하겠다고 나타나니 두번 웃는다. 미장원・정육점・간호원등을 하는 미혼여성은 결혼하게 되고 만약 결혼식을 올리지 않아도 미남과 하룻밤의 만리장성을 쌓게 된다. 40세가 넘은 노처녀는 얼마전에 유흥업이나 기타 소개로 만난 남성과는 인연이 아니니 단념하라.

6 이달의 당신의 용기와 정열은 대단하다. 매사를 튼튼히 하고 성취되는 날은 13・23일 등 3자가 있는 날과 시간이다. 외국에 간 남편 몰래 바람을 피우니 그 바람은 태풍이며 아무도 막지 못한다. 지금 당장 자제하라. 24・29일에 남편이 온다. 농촌에서 양돈을 하는 뱀・용띠는 필시 손해가 있다.

7 겨울에 죽순을 보고 여름에 눈을 보니 세상 희안하다. 잘되는지 못되는지 보통사람은 알 수 없는 일. 당신은 여러가지 괴상한 일을 당해보는 시기이다. 부부싸움에도 무슨 말이 그렇게도 많은가. 인내하고 때를 기다리는 망부석이 되어라. 이달에 맞선은 24・27일이 길하다. 소띠는 서울・인천 여성을 만난다.

8 집안에 불상사로 환자가 있고 자가운전자는 갑자기 영어의 몸이 된다. 과부가 홀아비 심정을 이해 하려다 몸을 주니 하룻밤에 부부가 되는구나. 번갯불에 콩구어 먹는구나. 그렇지만 잘살게 된다. 여자가 하는 사업은 자리를 옮기는 것이 순리이다. 며느리와 시어머니가 조석으로 다투니 아들의 마음 알만하다.

9 여러 사람이 책임감 없이 말을 한다고 당신도 따라 하다가는 큰코 다친다. 남을 믿다가 손해보고 부부간에 어려움을 겪는다. 남편이 외국서 보내온 돈으로 작은 가게를 하려는 여성은 친척과 같이 하라. 그래야 후환이 없다. 서쪽을 가다가 망신을 당하지 않으면 물건을 잃어 버리니 출입을 삼가하라.

10 토지에 이익이 따르고 쇠부치에는 손해가 있다. 당신은 발바닥이 닳도록 불철주야 뛰는게 좋다. 만약 부지런함이 없다면 몸에 병을 얻는다. 의류・그릇・악세사리・운수사업을 하는 사람은 이익이 있고 서점・출판・광고・대행업을 하는 사람은 아랫사람 잘못으로 고생한다.

11 언제부터인가 사업자금을 대주겠다는 사람이 돈뭉치를 던져주니 가슴이 떨린다. 경찰관은 큰 공로로 영전이나 포상을 받고 군인은 돈을 받고 검사 변호사는 시국사건으로 지위가 불리하다. 목재소를 하는 사람은 부도 직전에 친구의 도움으로 회생하고 남편 모르게 돈놀이하던 여성은 돈을 손해 본다.

12 설한풍에 황금이 날아드니 겨울철 장사를 하라. 또한 복권 증권 등에 신경을 써도 손해는 없다. 복권은 4조에 156900번이 좋다. 특히 첫자가 1, 끝자가 00이면 좋다. 증권은 금융주로 'ㅅ' 'ㅈ'자가 들어간 은행주가 최고다. 영등포・수원・안양・인천에서 학원이나 사업을 한다면 15일 밤 손님을 조심하라.

123 當年之運 당년지운
舊破新立 구파신립

올해는 매사를 개혁해야 한다. 옛 것을 버리고 새로운 것을 정립하므로 이익이 있고 희망이 있다. 월급장이는 사업가로 변신하고 사업가는 업종을 바꾸고 가정에서는 분가가 있고 직장에서 알게 된 연인은 결혼을 결심하고 군에서 제대한 사람은 사업을 하나 고전하게 된다. 당신은 왜 그다지도 성급한가. 매사를 분명히 하고 자기 주장을 꼭 관철하라. 그러면 유익하다. 정치인은 귀인의 도움으로 뜻을 이루고 금의 환양하는 경사가 있다. 쥐·말띠 부부는 울고 원숭이·뱀띠는 깨가 쏟아지고 닭·소띠 부부나 연인은 지나친 의견충돌로 멀어진다. 시집간 딸이 집으로 돌아오니 집안이 시끄럽다. 농촌에서 특수농작물을 하는 경우에는 돈 벌 수 있는 절호의 기회이다. 단 창고나 막사를 다시 지어야 한다.

1 이달의 재수는 물건너 갔으니 기대하지 마라. 매사를 아무리 빨리 처리하려고 애를 쓰고 있으나 어디 마음대로 되는가. 천리길을 가던 말이 되돌아오니 무슨 기쁨이 있단 말이요. 세 사람이 동업하고 있다면 지금쯤 서로 잘했다고 싸우는 시운이다. 모두 제길을 찾아라.

2 만약 남편을 바꾸거나 부인을 바꾸지 않으면 손해를 막기 어렵다. 눈길을 맨발로 만리를 가야하는데 해는 서산에 지고 허기가 지는구나. 이사를 하고 사업장을 바꾸는등 분주하나 돈은 들어오지 않는다. 여자는 26일 밤 아홉시 이전에 귀가하라. 도적 실물수가 기다리고 있다.

3 고목에 새싹이 돋아난다. 사업가는 사원들의 단합으로 회사를 재건하고 거래처를 확보함으로 명실상부한 기업체가 된다. 관청에 허가를 기다리는 일은 15일·26일에 가능하다. 전자계통 의류계통에 종사하는 사람은 어려운 가운데서도 승진이 되고 자녀도 얻어 집안에 웃음꽃이 핀다.

4 분수 밖의 일을 바라는 것은 산에서 고기를 낚으려는 헛된 생각과 같다. 회사가 빈약하더라도 입사를 하는게 좋고 상대가 완벽하게 마음에 쏙 들지 않아도 결혼하라. 장래가 밝아진다. 등산하려면 개고기를 먹지 말고 바다를 가려면 돼지고기를 먹지 마라. 운전자는 장거리가 위험하다.

5 비록 물질은 풍족치 못하지만 집안이 편안하고 하는 일이 잘 되어 행복하다. 작은 일에 손해와 구설이 있으니 뱀·닭띠를 삼가하고 여행은 쥐·원숭이띠와 같이 가라. 대학교수·국립연구원에 근무하는 사람은 학생이나 부하의 잘못으로 지위가 흔들린다. 일을 단순히 처리하라. 돈놀이 하는 사람은 돈을 거두라.

6 친구의 말을 믿다가 생각지 못한 손해를 보게 되고 마음을 상한다. 친구가 소개해준 상대와 연정을 나누었지만 심성이 불량해 절교를 선언한다. 사업은 구조를 파악한 연후에 투자해도 늦지 않다. 종업원은 15·25일에 들어오고 가게를 내놓은 경우에는 27·28일 3시 50분 9초에 계약 도장을 찍게 된다.

7 매사가 뜻대로 이루어지고 노력한만큼 재물이 들어오니 뭐가 부러우랴. 미혼 남녀는 결혼을 하고 건축·미용·식료품 가게를 경영하는 사람은 오래간만에 적자에서 흑자로 진입한다. 수도계통 공무원은 뜻밖에 승진을 하고 전기통신 공무원은 동료간에 불화가 심하여 심신이 피곤하다.

8 당신에게 유익한 방향은 동쪽이고 불리한 방향은 서쪽이다. 위장이 나쁘지만 남쪽에서 최·이씨 성을 가진 사람에게 약을 지어 먹으면 효험이 있다. 몸이 비대하여 혈압이 있거든 14·18일 오후에 'ㅅ' 'ㅇ'음이 들어있는 약국이나 병원을 찾아라. 교수는 외국을 왕래하고 약사나 의사는 부동산 계약이 있다.

9 물 전기 기타 화기류에 조심하라. 서북쪽에서 식당을 하고 가스통이 동남쪽에 있다면 원숭이·돼지해에는 각별히 조심하라. 자연폭발이 두렵다. 이발사·미용사·노무사·주택관리사등은 자리를 옮기게 되고, 비서직 여성은 상관과 밀회를 하다가 발각돼 망신을 당한다. 오씨는 도움을, 주씨는 해를 끼친다.

10 초순에는 불길하지만 중순부터 전화위복이 된다. 당신에게 길한 방향은 남쪽이, 불길한 방향은 북쪽이다. 다방·카페·식당을 경영하는 여성은 종업원으로 하여금 다소 마음이 상하지만 변동하지 말라. 장의사나 각종 민예품을 직업으로 하는 사람은 손님과 약간의 다툼이 있으니 1일, 9일을 조심하라.

11 매사를 감정적으로 처리하지 마라. 자칫하다가는 송사를 하게 된다. 설령 돈이 들어온다고 해도 하지 마라. 특히 자신의 차를 운전하다가 사고가난 경우에는 당사자끼리 합의를 보는게 가장 상책이다. 중고등학교 교사라면 10일이 괴로운 날이다. 언행을 삼가하고 욕심을 버려라.

12 병문안을 가서 얻은 병이 잘 낫지 않는다. 서쪽에 있는 복거인을 찾아가 비방하면 가능하다. 집안에 사람이 죽어나가기도 하지만 새로운 생명이 탄생기도 한다. 산모가 눈이 작고 코가 납작하다면 난산이다. 처음부터 병원을 찾아라. 소띠 12월생 산모는 선천적으로 자궁문이 작으니 병원을 가라.

131 日中必傾 일중필경
　　　月盈必衰 월영필쇠

해가 동녘에서 솟아 최고의 빛을 발산하고 서서히 서산에 진다. 쟁반같이 밝은 달도 이그러져 마치 손톱 쪼가리 같이 쇠퇴하니 이것이 자연의 섭리이며 한계이다. 어느 사물이던 오르면 내려오고 두드리면 강해지는법 어쩌면 그대가 하는 일이 그런지도 모른다. 그러나 당신은 오르면 계속 오르고 내리면 계속 내린다는 잘못된 사고방식을 갖고 있다. 특히 부동산이나 증권은 때를 놓쳐 손해를 보게 된다. 서운하다고 생각될때 파는것이 상책이다. 당신은 지난 과거에 매달려 눈물을 흘리는 것보다는 과거를 청산하고 새출발 하라. 이혼도장 찍었다고 가슴만 아파 한다면 당신의 빵은 누가 해결하란 말인가.

1 사업을 확장하지 말고 가정이 어렵다고 남의 돈을 쓰지 말라, 모두가 걱정의 뿌리가 된다. 사업가는 직원들의 갈등으로 회사가 문을 닫을 지경에 이르지만 만약 닫게 되면 더 큰일이 나므로 계속해야 한다. 말일경에는 풀릴 것이다. 부지런히 갈고 닦은 후 시운을 봐서 본격적으로 움직이는게 이달의 시운이다.

2 외국을 왕래하게 되고 일가친척 집을 다녀도 대우가 극진하다. 이사를 해도 낙방하고 산소를 손대는 것도 무방하다. 자녀들중 뱀·닭·소띠가 가출할 운수에 와 있다. 참아라 그러면 가출만은 면한다. 귀인이 서쪽에 있으니 3일 오후에 찾아가고, 애인을 만나는 것은 초순보다 중순이 유익하다.

3 뜻밖의 성공이 사람들을 놀라게 한다. 돈도 들어와 빚을 갚고 집을 산다. 머리를 싸매가며 공부한 덕택으로 시험에 합격하는 영광이 있고 못다녔던 학교를 다시 다닌다. 여자라면 사업을 하고자 장소를 알아보나 아직은 때가 아니고 20일·25일에나 기대하라. 가출한 여자는 돌아오지 않는다.

4 청소년이 마음을 잡지 못하고 방황하고 있으니 걱정이로다. 말·양띠 자녀가 집안에 있으면 속을 썩이는 시기이니 크게 원망하지 마라. 하고자하는 일은 서서히 풀려가기 시작하고 떠나갔던 사람도 다시 돌아온다. 애인이 다른 사람과 사랑을 나누어 마음이 아프지만 조금만 기다려라 곧 돌아온다.

5 쥐·말띠는 이사를 하고 소·양띠는 하는 일을 그만두게 되고 범·원숭이띠는 남의 일을 돕다가 함정에 빠지고 토끼·닭띠는 부동산 문서를 손에 들었으니 큰 이익을 본다. 용·개띠는 집안에 슬픈 일이 있다. 뱀·돼지띠는 남모를 사랑을 하다 별것아닌 것으로 마음이 상한다.

6 겉보기에는 아무걱정도 없이 호화롭게 살아가는것 같지만 실상은 이성간에 부부간에 또는 부모 형제간에 갈등이 얽히고 설켜있다. 신혼부부는 한자리에서 잠만 자면 병이나는 소위 일석유병증이 걸려있다. 이것은 천하에 명의사라도 다스릴수 없다. 다만 하늘을 알고 땅의 변화를 아는 사람을 찾아가라.

7 강남에 갔던 제비가 다시 왔다. 이달에는 인연을 끊고 등을 돌렸던· 사람들이 다시 찾아온다. 외국에서 사업한다고 천방지축 날뛰던 가수·탤런트·영화배우가 다 털어먹고 귀국하여 활동을 다시 시작하나 옛날같지 않다. 서쪽에서 먹고온 음식으로 머리와 가슴이 아프다. 복숭아나무를 달여 먹어라.

8 자신의 힘을 알고 처신을 하는것은 행복의 궤도를 건설하는 것과 같으나 분수를 모르고 환상에 젖어 있다면 행복의 다리를 무너뜨리는 것과도 같다. 약혼하고 맞선 보는 일등은 분수껏 처신하라. 쥐·말띠가 초순에 맞선 보면 이루어지지 않고 범·돼지띠가 하순에 보게 되면 결혼까지 한다. 붉은 옷은 입지 마라.

9 처자식 버리고 입산하고픈 심정이고 남편과 자녀를 버리고 수녀나 비구니가 되고픈 마음이다. 세상을 비관하고 강물에라도 풍덩 빠지고 싶다. 집안의 갈등은 세월이 약이다. 슬프다고 돈없이 살수 있겠는가, 아마도 더쓰고 싶을 것이다. 그러기 위해서는 마음을 잡고 돈을 벌어라.

10 가정이 상하가 없고 혼란스럽다. 배가 산으로 가기전에 마음을 정리하라. 변동수가 와있음으로 직장에서는 자리가 바뀌고 가정에서는 집을 수리하다가 '안손'이란 방향을 잘못 건드려 눈이 아프다. 어서 복거인을 찾아가라. 그러면 나을수 있다. 박·전·노씨가 이롭지 못하다.

11 몸은 동서남북으로 뛰고 날아 하루에도 천리를 가지만 얻는것이 없으니 용기마저 잃게 되는구나. 그러나 누군가가 당신을 인정해 주게되니 계속 뛰어라. 남쪽에서 작은 돈이 들어오고 서쪽에서는 구세주가 문을 노크한다. 쓸쓸한 여인이 쓸쓸한 홀아비를 만나 행복에 빠진것도 운명이다.

12 크게 벌리지말고 시간과 돈을 아껴쓰고 축소지향으로 나가면 매사가 그런대로 풀려간다. 쥐가 창고에 들어있는 격이라. 의식은 걱정 없으나 사람으로 하여금 어려움이 있으리라. 모기를 보고 칼을 뽑은것은 어리석다. 희망이 보인다. 박·정씨 성을 가진 사람이 당신을 돕겠다고 지금 오고 있다.

132 名利新興 명리신흥
意外得財 의외득재

물고기가 물을 만나 용으로 변해가니 그 변화가 무쌍하고 운수가 천리길을 덮으니 하는 일마다 성공하리라. 가정에서는 갈등을 해소하고 새로운 마음으로 일심단결하니 집안이 불같이 일어난다. 이익이 적다고 관심을 두지 않은것은 장차 큰 이익을 막는 것이다. 그러니 비록 이익이 없고 작지만 충실하라. 반드시 그 공덕을 입게 된다. 시골에 있는 사람은 도시로 나와 새 일터를 찾고 노처녀는 유부남과 사랑에 빠지고 노총각은 연상의 여인하고 결혼을 하자고 죽고 살기로 매달리지만 거절 당하고 만다. 몸에 액이 끼여있다. 그래서 왼쪽어깨가 아프다. 어서 복거인을 찾아라. 범·말·개띠는 명예가 있고 뱀·닭·소띠는 새로운 집으로 이사를 하고, 쥐·원숭이·용띠는 취직을 한다.

1 사람이 늘어나고 하는일이 분주하니 몸은 피곤하나 정신은 맑다. 새사람이 들어옴으로 가정이 편안하고 우애가 좋아진다. 옛것을 훨훨 털어 버리고 새것으로 갈아입어야 한다. 수중에 돈이 있지만 해볼만한게 없고 돈벌수 있는 비밀을 알고있지만 자금이 없어 바라만 보고 있으니 한심하도.

2 용이 바다로 나가 신비스러운 조화를 부리니 사람들이 우러러 본다. 생각지도 않았던 일이 성취돼 하루아침에 스타가 되는 시운이다. 그러나 매우 위험하므로 투기나 경솔한 행동은 삼가하라. 같은 나무지만 오를 사람과 못오를 사람이 있다. 새로운 일자리를 찾는것은 가능하니 걱정하지 말라.

3 뜻밖에 귀인을 만나 백년가약을 맺고 뜻밖에 옛친구를 만나 소원을 이룬다. 새 일자리에서 쥐띠는 말띠를, 소띠는 양띠를, 범띠는 원숭이띠를, 토끼띠는 닭띠를, 용띠는 개띠를, 뱀띠는 돼지띠를 조심하라. 위장병으로 고생하는 환자는 우연치 않게 병이 낫고 임신부는 자연유산 된다.

4 십년동안 기다리던 옥동자를 얻으니 하늘도 사람도 땅도 미소를 짓는구나. 시비를 가까이 하는 것은 악인을 상대하겠다는 심보와도 같으니 누가 뭐라고 해도 참는게 상책이다. 다만 용·말·쥐띠는 마음껏 폭발하라. 그래야 일이 풀린다. 위자료 관계로 소송중인 사람은 이달에 결정본다.

5 만약 벼슬이 아니면 천금을 얻는 행운이 있다. 취직이 되고 부탁한 돈이 나오고 사업자금이 생겨 고기가 용이 되고자 힘을 다한다. 그러나 아직은 용이 될수는 없다. 작은것부터 쌓아라. 학생은 유학을 가거나 취직을 하고 가정주부는 집을 사려고 남몰래 돈을 벌고 있다.

6 인정에 못이겨 빚보증을 서게 되면 얼마안가 빚쟁이가 된다. 공평하지 못한 돈은 받지 마라. 집을 나온 사람은 집으로 돌아가라. 기쁜 일이 있다. 맞선은 보지 않는게 좋고 연상의 연인과는 동침하지 않는게 좋다. 운전을 하는 여성은 범해 26일을 조심하라. 서쪽을 가다가 불행한 일을 당한다.

7 동쪽과 서쪽에서 서광이 비쳐오니 막혔던 일이 풀린다. 거래처와 불량품 시비로 불화가 있었는데 이달로써 모두 정리하고 옛정으로 돌아간다. 의사는 개업을 하고 식당을 하는 여성은 다른 자리를 구해야 한다. 금전은 풍요로우나 가정적으로는 갈등이 있다. 산에 오르려거든 뱀술을 먹지 마라. 화액이 따른다.

8 자녀를 낳는 경사가 온 가족의 마음을 기쁘게 한다. 사업가는 나갔던 사람이 다시 들어오고 받지 못할 것으로 생각했던 돈을 받는다. 운동선수는 세계적으로 이름이 나고 가수 영화배우는 사업을 하다가 많은 손해를 보게 된다. 이민은 부당하므로 당장 취소하라. 질병이 두렵다.

9 달 밝은 밤에 두 남녀가 입을 맞대고 있으니 장차 백년가약이라도 맺으련가. 아니다. 한낱 뜬구름 같은 장난에 불과하다. 마음을 정리하고 모든 것을 청산한다면 후환은 없다. 과거에 얽매어 현실에 안주하지 못하는것은 현명한 사람이라 할수 없다. 학생은 제자리로 돌아가야 하고 부부는 정을 알아야 한다.

10 이름이 사방에 있어 만인이 우러러 본다. 취직이 되니 천하를 얻은것 같다. 달콤한 말로 당신을 수렁창에 끌어 넣으려는 무리가 있으니 15·25일을 조심하고 특히 차안에서 어려움을 겪게 된다. 쥐·말·용띠는 이사를 하고 뱀·닭·소띠는 사업확장을, 원숭이·돼지·토끼띠는 승진의 영광이 있다.

11 당신은 너무 지나친 자기도취에 빠져있다. 가슴을 열고 황야를 달려 보아라. 그러면 마음이 달라질수 있다. 유흥업에 종사하는 남성은 자신의 사업을 할때이니 이달만 무사히 넘겨라. 순풍에 돛단배가 황금을 싣고 오지만 서로 가지려고 눈알이 뒤집히니 추태와 싸움이 있다.

12 한마디의 농담이 꿈을 이루기도 하나 꿈을 깨뜨려 버리는 불행도 있으니 때와 장소를 가려 말을 하라. 고통이 이달로써 끝났으니 새해에는 영광이 깃들리라. 동쪽 병원에서 입원한 환자는 북쪽이나 남쪽으로 옮겨라. 용띠·개띠 부부는 다소간에 금전은 들어오나 부부싸움이 끝나지 않아 마음이 불안하다.

133 同業不運 동업불운
青山孤松 청산고송

내가 땀흘려 벌지 않고 남의 돈을 빌어 동업을 시작한다는 것은 매우 위험한 일이다. 그러니 어떠한 일이 있어도 금년에는 동업하지 마라. 그리고 당신은 아무리 청렴한 생활을 한다고 해도 도도히 밀려오는 힘의 물결에는 불가항력이다. 따라서 여러 사람과 휩쓸리지 말고 조금은 외롭고 처량하지만 분수를 지키고 근신을 해야 한다. 서너명이 같이 동업하다가 모두 헤어지고 지금은 나혼자 뿐이다. 쥐·용·원숭이띠는 이사 변동수가 있고 뱀·소·닭띠는 돈으로 인해 홧병을 얻게 되며 토끼·양·돼지띠는 문서 계약에 의혹이 있으며 범·말·개띠등은 부부 파탄이 있게 된다. 백화점이나 슈우퍼마아켓등을 경영하는 사람은 경영란에 봉착하여 6월·11월경에는 부도가 날 우려가 있다.

1 깊은 산골짜기에서 길을 잃었으니 당신은 삶에 의욕을 잃기쉽고 직장도 그만 둘 악운이다. 하는 일마다 가는 곳마다 당신에게는 눈물만 보게 되어 가히 하늘보고 탄식하게 된다. 매사를 서두르지 말고 분수를 지키며 때를 기다려야 한다. 건강에는 호흡기 심장병을 조심하고 눈썹을 함부로 고치지마라.

2 금이 불속에서 단련되어 그동안 노력한 덕택으로 목적이 달성 돼 보람을 갖게 된다. 말·양·개띠는 전기나 불로 놀랄일이 있게 되고 빚을 내어 장사를 하게되나 끝에는 빚도 갚고 수중에 돈도 있어 기쁨속에 살아간다. 학생은 자신이 원하는대로 진로가 확정되고 토끼띠 6월생은 님을 만난다.

3 천리타향에서 혼자 몸으로 고독하게 살아 가노라니 세상이 원망스럽구나. 그렇게 금실 좋던 부부관계 애인관계가 하루아침에 파탄지경에 이르게 된다. 그러한 가운데서도 수중에 돈이 들어오니 의식주에는 걱정마라. 소·양띠는 사제지간에 사랑을 나누게 되고 범띠는 연상의 여인과 달콤한 사랑을 나눈다.

4 발없는 말이 천리 간다는 옛 속담처럼 말이란 항시 조심하는게 상책이다. 그런데도 당신은 어느 장소에서 우연히 한말이 시비거리가 되고 결국 소송까지 운운하게 돼 걱정이 아닐수 없다. 토끼·뱀띠는 소·돼지띠와는 자리를 같이 하지 않는게 좋고 부부사이에 언쟁이 있게 된다.

5 아! 이달에는 내 마음이 왜 이다지도 괴로울까. 또한 하는 일마다 실패만 연속되니 하늘을 보고 땅을 치며 슬퍼한들 무엇하랴. 지조를 지키고 때를 기다리면 행운이 찾아 올테니 너무 실망하지 마라. 쥐구멍에도 햇볕은 찾아 올것이다. 말띠는 부모와 형제간에 다툼이 있게 돼 마음 둘 곳이 더욱 없다.

6 이달에는 재수가 좋아 하는 일마다 이익이 있고 만나는 사람마다 도와주니 사방에 귀인이 있고 가는데마다 재물을 얻는다. 젊은 남녀는 훌륭한 파트너를 만나 마음에 평화를 가져오고 그동안 밀려 있던 석사, 박사 논문에 힘쓰게 되며 양, 개띠는 서북쪽에서 취직자리가 나타나 새로운 일터에 나가게 된다.

7 가을 밤하늘은 유난히도 맑은데 복숭아 꽃이 떨어지고 얼마나 지났는가. 겉보기에는 행복한것만 같지만 실상은 그렇지 못하여 마음 둘 곳이 없다. 그동안 모아놓은 재물도 바닥이 나고 이사마저 해야하는데 동서남북을 둘러봐도 이몸 하나 둘만한 곳이 없구나. 친구나 웃사람에게 도움을 청하면 길하다.

8 남녀를 불문하고 지조와 정조를 지키지 않으면 한낱 협잡꾼이나 잡색꾼으로 전락돼 망신을 당하므로 주의해야 한다. 아무리 아름다운 꽃이라도 백일을 넘기기가 어렵고 아무리 깊은 사랑이라도 백년을 넘기지 못할 것. 그어찌 그런일에만 온 정성을 쏟는가. 남자는 동남방을 가다가 여인을 만날것이다.

9 몸이 왜 이렇게 피곤하고 마음이 산란한가. 아마도 이사를 잘못 했거나 동토 또는 집수리에 원인이 있을 것이다. 인연이 있는 의사는 남쪽에 있고 손재수가 보이기도 하나 분수껏 처신하면 무사하리라. 재수생은 이상하게도 공부가 잘 돼 성적이 좋아져 다가올 시험에 합격할 자신을 가져도 된다.

10 친구를 너무 믿지 마라. 그 친구 역시 당신에게 도움을 줄수 없는 처지이다. 취직이나 금전같은 부탁은 절대 금물이다. 왜냐하면 아직 능력이 없기 때문이다. 쥐·용·원숭이띠는 승진의 행운이 있고 돼지·토끼·양띠는 결혼을 하고 범·말·개띠는 사업을 확장하고 소·닭·뱀띠는 건강이 회복 된다.

11 작은 것을 잃고 큰것을 얻게 되니 이는 반드시 전화위복이라 할수 있다. 어느 누구를 막론하고 힘껏 노력한다면 소망이 성취 될 것이다. 수험생이라면 일류가 아닌 이류정도를 생각하면 합격할 수 있고 일류만 고집한다면 실망을 겪게 된다. 토끼띠는 외국을 출입하게 되고 소띠는 두통으로 고생이 있다.

12 모든일을 얇은 얼음 위를 걸어가듯 해야 하고 인내와 화해로 처신해야 유익하게 된다. 다만 사람을 너무 믿지마라. 특히 얼마전에 만났던 상대는 믿을만한 사람이 못된다. 당신의 성씨가 황·문·조씨라면 보름날 꿈에 조상을 만나고 정씨라면 구렁이나 닭을 보게 될것이다.

141 身有客地 別無利益 신유객지 별무이익

금년운수는 동서남북으로 부지런히 뛰어 다녀야 할 때이다. 비록 노력은 있어도 얻는 것이 없어 다소 실망할 수 있으나 이것은 후일의 당신을 더욱 돋보이게 하는 계기가 되고 당신의 끈질긴 노력은 언젠가 열매를 맺을 것이다. 한가지 흠이라면 너무나 일방적으로 밀어부치는 저돌형이기 때문에 타인들의 눈초리가 두렵다. 한편으로는 음식을 먹다 식중독이나 복통을 일으켜 큰 어려움을 당하기도 한다. 사랑하는 사람을 너무 믿지마라. 상대는 당신을 헌신짝처럼 내팽겨 버릴 것이다. 남자라면 연상의 여인과 여자라면 유부남과 밀애를 하게 되고 과부와 홀아비는 상대를 만나 오랫만에 정감을 맛보게 된다. 취직이나 사업을 새롭게 시작하는 사람은 오늘내일 하면서 계속 지체된다.

1 정초부터 이게 무슨 조화인가. 윗어른들이 병환으로 고생하는가 하면 자녀로 인하여 걱정거리가 있어 밥맛마저 모래알을 씹는듯 하다. 자녀중에 뱀·닭·소띠가 있을 경우 교통사고를 주의해야 하고 용·양·개띠가 있으면 복통으로 고생하게 된다. 부모와 자식사이에도 말다툼이 있어 마음 둘곳이 없다.

2 집안이 편치 못하고 아침저녁으로 다투게 되어 인내와 끈기로 살아가야 한다. 범·원숭이·소·양띠 부부는 이혼이란 엄청난 파탄을 당하게 되고 쥐·말띠 부부는 그동안 미루어온 이혼 절차를 밟다가 다시 결합해서 살아가게 된다. 직업이 교사인 사람은 학생의 잘못으로 자리가 불안하다.

3 몸이 객지에 있어 피곤하다. 그러나 몇푼의 돈을 벌기 위해서는 그래도 객지가 제일이다. 사업가는 부도를 내고 길거리로 쫓겨날 운세이고 직장인은 직장에서 쫓겨나며 학생은 퇴학을 당하고 감옥에 있는 사람은 출옥을 하여 새로운 일거리를 찾게 된다. 병원에 입원했던 환자는 퇴원하여 집으로 돌아온다.

4 재수가 없는 운이니 절대 금전거래는 하지 않는게 좋다. 만약 그래도 당신의 고집대로 한다면 그로 인하여 송사를 면키 어렵고 원수를 맺는 일이 있다. 청소년은 어른들의 돈을 훔쳐내 가출을 하고 어린아이는 시장에서 길을 잃어 온 집안이 걱정하나 끝에는 찾게 될 것이다.

5 당신이 대학교수·정치인·판검사 기타 사회적으로 저명한 인사라면 명예와 재물을 같이 얻게 되고 공천자는 당선 될것이다. 그러나 보통사람이라면 운수가 불길하여 하는 일마다 지체되고 손해가 있다. 환자는 회복되고 헤어져서 살아가던 가족은 다시 만나서 살게 된다. 뱀띠는 손가락을 다칠것이다.

6 산도 설고 물도 설은 객지에 있으니 이는 외국을 여행할 운수이고 사업가는 새로운 사업을 직장인은 자리변동이 학생은 주거나 학과 변동이 군인은 일계급 특진의 기회가 있고 경찰은 파견 근무를 하고 노부부는 외국여행에서 건강이 나빠 걱정이 되고 신발장사는 수출이 늘어 큰돈을 벌게 된다.

7 괴로운 이 마음 누가 잡아주리. 동서남북을 보아도 아무도 없구나. 그러니 어느 누구에게 이 답답한 가슴을 활짝 열어 보일까. 당신은 지금 너무도 감정적으로 자신을 원망하고 있다. 하지만 최선은 아니지 않은가. 그러지말고 동쪽에 있는 친구나 윗어른을 찾아가서 의논한다면 해결될 것이다. 빨리 가라.

8 이달에는 하는 일마다 잘 이루어져 의외의 이익을 가져 올 수 있고 공무원은 승진의 행운이 있다. 사업가는 사업을 확장하고 박사 석사등 논문을 쓴사람은 논문이 합격돼 기쁨의 미소를 짓는다. 시집 못간 노처녀는 늦게나마 결혼을 하게 되니 소원을 이루었다.

9 병든 몸이 태산준령을 넘자니 죽는것 보다도 더 힘들구나. 그러나 음지가 양지되고 양지가 음지되는 것은 당연한 소치. 머지않아 병이 나으니 걱정하지 마라. 다만 신경 쓸 일은 유명한 역학사에게 도액을 하면 치료에 큰 효험이 있을 것이다. 당신이 가지고 있는 부적을 초하룻날에 불태워 없애버려라.

10 강을 건너기 위해서 강가를 단숨에 달려왔지만 정작 강을 건널 배가 없어 실망과 한탄 뿐이다. 당신이 사업을 하고자하나 자본이 없어 못하고 공부를 하고자 하나 주위환경 때문에 할수없고 외국에서 피땀 흘려 번돈 부인에게 맡겼더니 부인은 바람이 나서 도망을 쳐버려 세상 살기가 무섭구나.

11 이달 운수는 과욕을 하면 불행하고 덕을 베풀면 소원사가 스스로 이루어진다. 만에 하나 당신이 주위에 있는 상대방을 의식하고 그 사람의 이득을 자신의 이득으로 돌릴 얄팍한 생각을 하면 십년공부 나무아미타불이 되고 말 것이다. 특히 공부한 학도나 사업가는 동료와 경쟁할 생각을 해서는 아니된다.

12 이달에는 무슨 일이고 혼자서 결단해야지 여러사람과 일을 의론하게 되면 오히려 시끄럽기만하지 되는 일이 없다. 이러한 때는 자칫 구설이 있게 됨으로 출입을 삼가하고 때를 기다려야 한다. 동쪽에서 차를 몰고 가다 어린 애나 노인을 다치게 하니 자칫하면 쇠고랑을 차게된다.

142 生財之理 생재지리
以口以文 이구이문

당신에게 금년에 재물이 생기고 가정을 풍족하게 하기 위해선 말 몇마디에 큰돈이 왔다 갔다 한다는 것을 염두에 두어야 할 것이다. 그러므로 변호사나 복덕방 중개인이나 언론출판계에 종사한 사람은 오랫만에 큰 행운을 잡아 볼수 있다. 학생 같으면 노래나 웅변등을 잘하여 상을 타기도 하고 아나운서나 각 부서 대변인 등은 승진의 기회이다. 일반인은 부동산과 동산 기타 각종 문서상 계약으로 큰돈을 벌게 된다. 소개업소·중매인·가수등은 의외로 재물운이 좋아 풍요로운 삶을 영위하게 된다. 미혼남녀는 상대방을 설득시켜 애인이나 약혼자로 만들어 버리는 기교가 있다. 농촌에 사는 사람은 짐승에 놀래거나 뱀이나 기타 악충(惡虫)에 물릴수 있음으로 각별히 조심해야 한다.

1 화창한 봄날에 훈풍이 불어오니 만물에 생기가 돈아난다. 이는 정녕 가정과 사회 그리고 당신의 신상에 서광이 비쳐오는 것과 같은 이치라 하겠다. 조심할게 있다면 남녀를 불문하고 외도로 인하여 가정과 직장에서 눈치를 받는 일이다. 특히 범띠 4월생은 현재 사귀고 있는 상대는 부부가 될 수 없다.

2 당신의 이름이 온세상 사람입에 오르내리니 가히 스타다. 뿐만 아니라 돈도 생각지 않게 잘풀려 가정이 화목하고 여러사람이 따르게 된다. 돈놀이 하는 사람은 그동안에 포기했던 빚을 받게 돼 참으로 기쁨이 충만하다. 건축 목재업에 종사한 사람은 포기했던 외상값을 받는 행운도 있다.

3 이달에는 길흉이 상반되어 한번 울고 한번 웃는 일이 있다. 군인은 몸을 다치고 경찰은 영전을 해 웃게 된다. 상하수도를 관장한 공무원은 부정으로 파직하기 쉽고 이혼녀는 재가한다. 쥐띠는 말날 여행하며 소띠는 부동산을 사게 된다. 용띠는 새로운 집을 장만 했으나 가족이 병을 앓아 한번 울게 된다.

4 4월의 운세는 반드시 경사가 있는데 미혼남녀는 결혼을 하게 되며 임신부는 옥동자를 순산한다. 다만 눈이 작은 임신부는 산고가 있으니 병원에서 낳아야 한다. 취직 공무원 시험에 몇번 떨어졌던 수험생은 합격하게 된다. 사업가는 새로운 거래처를 개척하여 아주 낙관적인 미소를 짓는다.

5 부부간 애인간에, 부모 자식간에 뜻이 서로 맞지않아 불화쟁투 함으로 마음이 편안하지 못하다. 친구사이는 금전거래를 하지마라. 반드시 서운한 일을 당한다. 이달에는 얻으려하다가 도리여 잃는 상이므로 투자하지 마라. 연인사이도 적극적인 자세보다는 소극적인 자세가 더욱 유익하다.

6 집안이 화기애애하니 자연 마음이 편하다. 가출했던 사람도 스스로 돌아오고 대하는 사람마다 도와 줄려고 하니 사방에 귀인이다. 양띠는 소띠와 인연이 아니고 쥐띠와 말띠는 다투면서도 해로는 하게 된다. 범띠는 머지않아 외국을 출입하게 되며 토끼띠는 야반도주란 기이한 현상이 있을 것이다.

7 구름이 천리 밖에 있어 만리를 휘황찬란 하게 두둥실 떠있고 그러한 시운에서 경사가 있으니 단시일에 그 이름이 사방에 있다. 이는 정녕 고시에 합격의 영광이 있고 정치인은 대통령을 만나 볼수 있게 된다. 미혼남녀는 그동안 부모의 반대로 이루지 못한 결혼식을 올리게 된다.

8 가을날 동원에 뜻밖에 생기가 도니 이는 기이한 현상이면서도 뜻밖에 행운이 있을 징조이다. 증권이나 주택복권등을 사면 행운이 따를것이다. 부동산에 투자하면 큰돈을 벌게 된다. 공부하는 학생은 성적이 갑작스럽게 좋아져 자신도 모르게 머리를 저어본다. 외국이나 기타 먼곳에서 기쁜 소식이 범날에 온다.

9 구월 달에 꽃중에 꽃 국화가 하루아침에 만발하니 오래도록 도모하는 일은 이루어지지 않고 일시적인 일은 잘 이루어 진다. 남녀간에 사랑도 한때 뿐이니 절대 먼훗날은 기약하지 마라. 사업상 거래나 금전대출등도 장기적인것 보다는 단기적인 편이 훨씬 유리하다. 환자는 쥐·말날에 생명이 위태롭다.

10 한 겨울 달밝은 삼경에 어느 누구 무엇 때문에 저다지도 슬피우는고. 아마도 짝잃은 기러기인가 보다. 이달에는 이성파탄으로 자살까지 생각해 보는 나쁜 운이다. 하지만 이것 또한 잠시, 용기를 내야 한다. 그러면 곧 광명이 찾아 올 것이다. 뱀·돼지띠는 이사 변동이 있게 된다.

11 옛말에 한우물을 파야 목마를 때 목을 축일수 있다는 것처럼 당신도 한가지 일에 열중하고 최선을 다하면 소원이 성취될 것이다. 수험생은 처음 정한 학과에 열심히 공부하면 반듯이 합격한다. 윗사람을 모신 직장인이라면 지금은 조금 어려우나 그분을 모심으로 인하여 장차 지위가 높아진다.

12 부동산을 매매 하거나 방이나 가게를 계약하면 의외로 손해와 구설이 있게 된다. 미곡상회를 경영하거나 농장등을 운영한 사람은 손재수가 와 있으니 순리에 따라야 한다. 분수를 생각지 않고 투자를 했다면 본전이라도 빨리 건져라. 집이나 묘자리등도 절대 손대지 마라. '상문'과 '대살'이 걸렸다.

143 身上有苦 신상유고
　　 新業難定 신업난정

산상에 어려움이 있으니 마음인들 그 어찌 편하리요. 하는 일이 부진하다고 해서 새로운 것을 찾으려고 하나 이는 마땅치 못하다. 당신이 동업이나 주식관계로 건축 토목 분야에 종사하면 먼훗날을 위해서 그대로 있는게 좋다. 특히 외국과 합작 회사를 설립하면 의외로 순조롭게 진행된다. 금융계에 종사하는 사람은 몸은 분주하나 실익이 없고 남녀의 사업에 실패하여 가장 노릇을 한 주부는 밤마다 남 모른 눈물을 흘리게 된다. 범띠는 7월에 토끼띠는 8월, 용띠는 9월에 건강이 나쁘고 뱀·말·양띠는 전기나 불로 인하여 크게 놀랄 것이고 원숭이·닭·개띠는 삼각관계 이성파탄으로 고민하고 쥐·돼지띠는 국제 결혼을 하게 된다. 재수생은 어떤 경우에도 학과를 바꾸지 마라. 그것만이 곧 합격의 문이다.

1 집안에서 근심만하고 있으면 크게 유익하나 외지로 돌아다니게 되면 슬픔을 면키 어렵다. 범·원숭이·돼지·뱀띠 7월생은 몸을 다쳐 북쪽에 있는 병원에 입원하며 말·개·양띠는 파혼하기 쉽고 소·닭띠등은 부모나 자식에게 걱정이 있고 토끼띠는 부인의 젖가슴에 통증이 있으나 얼마후 낫게 된다.

2 자신의 주체성 없이 남이 하는 감언이설에 속지마라. 그 이면에는 당신을 해치려는 음모가 숨어 있다. 한편 쥐띠는 소띠에게 소띠는 닭띠에게 사기를 당할 운세이다. 말·양띠 여자는 남편 몰래 바람을 피우다가 가족들에게 발각돼 망신을 당하게 된다. 원숭이띠는 차조심을 해야 한다.

3 모든 물체는 자타간에 충격을 가하면 반듯이 자리가 움직이는 것이 당연한 이치이다. 따라서 상충상극이 있어 변화가 있으나 이는 악변일 것이다. 그리하여 집을 팔고 셋방살이를 하게 되고 저당잡힌 집 때문에 소송이 걸려 심신이 불안하고 직장인은 좌천돼 금방이라도 사표를 던지고 싶은 심정이다.

4 그대의 나이가 몇살인고 아직 미성년자가 아닌가. 참으로 세상일이 괴이하다. 나이는 어리지만 남녀간에 할짓은 다하니 실상은 어른 같으며, 또한 당신은 웬일인가, 친딸 같고 손녀 같은 어린 소녀하고 애인관계가 되다니 당신의 자녀가 뭐라고 하겠는가. 하지만 이것 또한 사주팔자이니 어찌하겠나.

5 건강도 좋고 재수도 좋아 하는 일마다 이익이 있다. 그러나 세상살이란 어찌 좋은 일만 있겠는가. 부모에게 질병이 있어 항시 걱정이 되고 판단이 흐려져 실수를 자주 한다. 이런 시기에는 자칫 삶의 의혹을 상실하지 않으면 남을 극도로 못믿는 현상이 나타남으로 각별히 주의해야 한다.

6 동쪽과 남쪽에는 불리하므로 재물을 그쪽에서 논하지말고 이사나 묘자리등을 손대서는 안된다. 말·토끼띠는 2월 8일에 이사를 하면 몸이 붓고 눈이 나빠지기 시작한다. 남녀를 불문하고 동·남쪽에서 만난 파트너는 구설시비만 있고 도움이 되지 못한다. 당신은 어젯밤 꿈에 큰 황소를 보았을 것이다.

7 이달에는 신수가 불길하여 횡액을 만날수 있어 각별한 주의를 요망한다. 쇠부치로 몸을 다치거나 어두컴컴한 골목길에서 도적떼를 만나 금품을 탈취당하고, 그렇지 않으면 집에 도적이 침범하여 죽을 고비를 당한다. 특히 비가 내리는 날밤 12~1시경이 가장 위험하다. 여자가 쥐띠이면 한낮에 당한다.

8 신수가 불리하니 매사를 주의하고 경거망동 하지마라. 뿐만 아니라 자신의 노력없이 타인의 힘으로 소망을 성취할 생각은 절대금물이다. 전자나 컴퓨터 계통에 종사하는 사람은 어려웠던 시기가 지나고 수중에 돈이 서서히 모여들기 시작한다. 소띠 여자는 성형수술을 잘못해서 여간 걱정이 아니다.

9 이달에는 가만히 앉아서 노는게 돈버는 것이고 움직여 뭔가 하게 되면 본전도 찾지 못하고 후회 할 것이다. 타인의 말을 듣고 일을 시작하면 더욱 그러하므로 어떤 경우라도 남의 말에 좌우되지 마라. 토끼·양·돼지띠는 이사 변동이 있고 이사날은 말·토끼·범날이 최고로 좋은 날이다.

10 집안이나 사회에서 모두가 내 뜻을 알지 못하고 비평만 하고 있어 가슴이 답답하다. 상하관계가 원만하지 못하여 하는 일에 발전이 없고 우연치 않은 손해만 연속 보고 있다. 당신이 목적을 달성하려면 좀더 깊은 마음으로 포용력을 갖고 '리더십'을 발휘해야 한다. 뱀띠 4월생 부하직원은 내보내야 한다.

11 집안에 자녀를 낳을 경사가 아니면 상복수가 있어 이 어려운 운명의 이치를 어찌 알겠는가. 48·51·63·71세는 남녀를 불문하고 사별할 운이므로 모든것을 순리에 따라야 한다. 집안에 토끼·뱀띠 자녀가 있으면 그자녀로 인하여 손재가 있다. 다만 닭·소띠가 부모가 된 자녀는 상장을 받는 기쁨이 있다.

12 동쪽으로 출입을 삼가하라. 그렇지 않으면 몸을 다친다. 다만 부동산을 사고 파는 사람은 38이란 수 만큼 이익을 보게 된다. 당신에게 인연이 있는 성씨는 박·최·문씨이고 손해를 끼치는 성씨는 오씨·권씨등이다. 이들중에 한사람은 신체적 불구가 있고 부부운도 좋지 못하다. 이씨는 불조심을 하라.

151 角失其用 각실기용
　　　不吉可觀 불길가관

투우(鬪牛)가 뿔이 빠져버렸으니 무엇에 쓴단 말인가. 속된 말로 장가 가는 총각이 불알 떼버리고 가는 것과 같고 전쟁에 나가는 장수가 무기를 잃어버린것과 같아 당신의 능력이 아무리 천하를 진동한다해도 그것은 한낱 허황에 불과 할 것이다. 사업에는 자신이 있지만 그동안에 자금을 다 써버렸기 때문에 정작 필요한 지금은 자금이 없어 기회를 놓치고 만다. 대인관계로 큰소리를 치고 있지만 당신을 믿지 못하고 날이 갈수록 의심만 쌓인다.

때로는 얼토당토 않은 등목구어(登木求魚)식의 발상으로 미리 자랑을 하나 이는 이루어질 수가 없는게 당연하다. 여행중에 차안에서 만난 사람을 사모하나 결코 오래가지는 못한다. 쥐띠는 최초로 성교를 하고 마음을 잡지 못하고 있다.

1 정월에는 보편적인 운세라서 그다지 어려움은 없다. 다만 무슨 일이고 시작해도 본격적인 활동은 금물이다. 하던 직업을 버리고 다른것으로 변경 한다면 실패가 뒤따른다. 다방을 경영하는 여성은 자리를 바꾸어도 무방하고 바꾼김에 애인까지 갈아 치우는 것도 무해하다. 그러나 소띠는 그러하면 후환이 있다.

2 집안에 귀신이 발동하여 이상하게 환자가 있고 손재를 보게 된다. 하는 일마다 중도에 좌절되고 구설시비만 있다. 타인의 권유로 문서계약을 했으나 해결에 기미가 보이지 않는다. 시어머니와 며느리가 아침 저녁으로 다투게 되니 이웃 사람이 비웃고 자신도 모르게 마음이 산란하다.

3 오랫만에 사람 사는것 같이 하는 일마다 속시원하게 잘되어간다. 한가지 주의할 점은 '상문살'과 '조객살'이 두려우니 병문안은 가지 않는게 좋다. 단 의사나 간호원 군인 경찰등은 괜찮다. 용띠는 물과 불의 재액이 있게 되니 범·말·개날에 주의하라. 뱀띠는 관청에 인허가 문제가 잘 풀린다.

4 매사를 자신의 능력에 알맞게 처신해야 하고, 얻는것보다 훗날을 위해서 베푸는 것이 얻는 것이 된다. 지금 상황에서 더이상 큰 기대를 하지말고 현상유지가 가장 상책임을 알아야 한다. 뱀띠·말띠는 서울에서 시골로 농사를 지으러 떠나게 되고 원숭이·닭띠는 시골 살림을 정리하고 서울로 오게 된다.

5 여름 가뭄에 비를 만나니 그보다 더 기쁜 일이 무엇이 있겠는가? 그러하므로 모든 생물은 새로운 기력으로 자라 다시 청산(靑山) 청야(靑野)의 자태를 보이고 있다. 모든것이 초반에는 바람앞에 등불처럼 가냘프게 보였으나 중반부터 점차 발전하여 지금은 확고한 위치에서 천하를 호령하듯 당당하다.

6 이달에는 모든것이 불분명하여 어느 때보다도 가슴이 답답하다. 연애를 하는 남녀는 상대의 행동이 불분명하여 실망하고 사업가는 거래처에서 대금을 오늘내일 식으로 미루고 있고, 재산을 상속해 준다는 부모가 요즘은 묵묵무답이니 더욱 답답하다. 닭띠는 지난번 교통사고건이 해결되지 않아 고심한다.

7 만약 직장이나 기타 일터에서 승진되지 않으면 재물이 스스로 생기는 행운이 있다. 이러한 운에서는 내기 도박이나 일시적인 투자를 하면 좋은 시기이다. 사업가라면 새로운 거래처로 인하여 더욱 튼튼해지고 판검사라면 큰액수의 뇌물을 받아야할지 아니받아야 할지를 놓고 고민하다 결국 거부하고 만다.

8 손해를 보고 이익을 보는데는 반드시 방향에 있게 되니 이점 염두에 두고 처신하는게 유익 할 것이다. 동쪽으로 가면 손재가 있고 서북쪽으로 가면 건강이 나빠지나 돈은 구할수 있다. 집안에 가출한 사람이 있으면 10·15·26일경에 오게 된다. 돼지띠는 정서쪽에 귀인이 있다.-

9 재물이 들어옴으로 온가족이 기쁨을 감추지 못하고 있다. 범띠는 이사를 하게 되고 토끼띠는 질병이 있고, 용띠는 외국을 가게 된다. 말띠는 구설이 있고, 양띠는 악인을 만나 손해를 보고, 원숭이띠는 교통사고를 주의해야 하고, 닭띠는 몸에 상처를 입고, 돼지띠는 19일에 결혼을 하며 쥐·소띠는 바람이 난다.

10 마음이 어지럽고 산란하나 누구하나 알아주는 사람 없고 어느 누구에게도 흉금을 터놓을 곳이 없다. 10월 찬바람에 눈물만 흘린다. 외국간 남편이 다른 여자를 데리고 오고 병원에 있던 부인이 끝내 저세상으로 가버리니 단장의 슬픔을 피할길이 없다.

11 이달에는 집안에 상복수가 있고, 한편으로는 경사가 있어 희비가 엇갈린다. 그동안 병환으로 고생한 윗어른께서 세상을 뜨고 소아마비로 고생하던 자식이 스스로 목숨을 끊는 비운이 있기도 한다. 아파트에 입주했지만 빚독촉에 집을 팔려고 내놓았으니 팔자에 없는 고생을 하는구나.

12 고민 속에서 나날을 보내다가 때마침 귀인을 만나 소원하는 일에 서광이 일기 시작하니 의기양양한 용기가 솟아난다. 당신의 성씨가 조씨라면 정·허씨를 삼가하고 금전거래는 하지마라. 그동안에 밀려온 임금을 받아 집으로 돌아오니 그 기쁨 하늘을 날을 듯 하다. 소·말띠는 금년이 이혼할 해이다.

152　一喜一悲　일희일비
　　　　此亦運數　차역운수

일년 열 두달을 보내는 동안 절반은 흉하고 절반은 길하니 한번 웃고 한번은 울어야 한다. 그러나 이것 또한 운명인것을 성인군자라도 그 틀을 벗어나지는 못한다. 가정이나 사회에서 불의를 보고 그 불의를 척결하려다가 도리어 배반자로 낙인이 찍혀버렸다. 심신이 괴로워 가출하게 되고 혹자는 입산수도 하기도 한다. 범·말·개띠는 결혼에 구설이 있고 뱀·닭·소띠는 외국여행에 구설이 심하다. 돼지·토끼·양띠는 부동산에 이득이 있지만 계약할때 말썽이 있다. 용·쥐·원숭이띠는 옛애인을 만나 하룻밤을 즐긴다. 26·28·32·56세 남녀는 친구따라 강남 간다는 속담처럼 유흥업소를 같이 출입하다가 자신도 모르게 바람둥이로 전락돼 후회를 하고 있다. 양띠 부부는 파란이 예고 되기도 한다.

1 새가 날개가 부러져 날수가 없으니 그 어찌 편안 하겠는가? 너무나 앞날이 어둡기만 하는고로 걱정이 태산 같다. 부러진 날개를 완치 했지만 이때는 이미 때가 늦어 매사가 이루어지지 않아 가정과 사회에서도 대우를 받지 못하고 있다. 쥐띠는 홍·서씨를 만나 의외로 이익을 얻게 된다.

2 인정에 못이겨 다른 사람을 도와 주지마라. 반드시 뒤돌아 당신을 해칠 것이다. 사업가는 자신이 데리고 있던 부하직원을 돕다가, 정치·언론인은 몰지각한 후배에게 망신을 당하고 혼자서 괴로워한다. 공부하는 학생은 불우한 급우을 돕다가 오히려 창피만 당하게 된다.

3 자녀에게 걱정이 있으니 공부로 인한 고심이 아니면 가출, 이성문제로 속을 썩인다. 이로 인하여 집안 재물이 나가게 되고 직장에서도 손에 일이 잡히지 않는다. 오래간만에 천지신명께 기도하고 마음을 정리 해보니 모든일이 한결 가벼워진것 같다. 물귀신을 달래는 기도는 이달이 적합하다.

4 이달에 들어오자 마자 이상하게도 마음을 걷잡을 수가 없어 집을 나와 동서남북 팔방을 돌아다니고 싶다. 20대 청소년은 범날이나 원숭이날에 가출을 하게 되고 바람난 부부는 뱀날이나 돼지날에 가출을 할 것이다. 회사에서는 무단결근자가 많아지고 경리가 횡령을 하고 나타나지 않는다.

5 탐욕 분에 넘치는 재물을 추구하면 손해만 있을뿐 이득은 없고 그렇지 않고 분수껏 적은 재물이라도 성실한 자세로 임하면 반드시 노력의 댓가는 얻게 된다. 사람을 너무 믿지 마라. 손해보고 병을 얻으며 크게 실망할 것이다. 동쪽에서 박·임씨성을 가진 사람이 범·토끼날 오전에 와서 당신을 돕는다.

6 십년 장마가 훤히 개이고 청명한 날이 되니 온세상이 광명을 찾고 만물이 생기를 얻는다. 취직이 되고 승진이 되며 돈을 받고 병이 낫는 등 그야말로 행복한 삶이 지속됨으로 기쁨이 넘쳐 흐른다. 고시에 몇차례 낙방했던 수험생도 합격하여 앞날이 창창하다.

7 아침 저녁은 말할 것도 없이 한달이나 꽃밭에서 놀아나니 기둥 뿌리 뽑힌 까닭을 어떻게 알 수 있겠는가? 남녀를 막론하고 이달에는 이성을 잃어가며 바람이나 가산을 탕진하기 쉽상이다. 약혼했던 상대가 바람이나 종무소식이고 학교 다니던 아들이 가출하여 어린 상대와 동거를 하게 된다.

8 당신은 지금 하는 일을 그만두고 이것을 해볼까 저것을 해볼까 하고 고심하고 또 고심하는 현상이나 당분간 변동하지 말고 하던 일에 열중해라. 그러면 머지않아 결정할 시기가 눈앞에 다가올 것이다. 쥐·말띠는 이사변동이 있으나 이달을 넘기는게 좋다. 그렇지 않고 강행하면 후회하게 된다.

9 나를 도와줄 귀인이 있는 방향은 어디인고. 그것은 필히 정북과 정동쪽이다. 그리고 그 사람의 띠는 토끼·쥐·소띠가 된다. 만나는 장소는 시장부근이나 건축공사를 하고 있는 근처이다. 구원을 받는 일은 취직과 금전문제이다. 당신이 만약 닭띠나 말띠라면 귀인보다는 악인을 만날 것이다.

10 누구를 막론하고 외도와 담배, 술 등을 삼가하라. 만약 그렇지 않으면 망신을 면키 어렵고 심하면 쇠고랑을 차게 된다. 양·소띠 부부는 금전으로 인한 고심이 있고 쥐·말·닭·토끼띠는 바람을 피우다가 패가망신 한다. 용·돼지띠는 이사 변동이 있고 부동산으로 이익이 있다.

11 동쪽에서 집을 짓거나 토목공사나 사업을 하게 되면 크게 유익하고 서쪽에서 그러한 일을 도모하면 손해를 보게 될 것이다. 그러므로 서쪽에서 동쪽으로 직장을 옮기면 유익하나 만약 동쪽에서 서쪽으로 옮겨가면 대단히 불길하여 끝내는 그만두고 말 것이다.

12 천신에게 기도하면 불길한 운세이지만 어느 정도는 호전될 수 있으므로 종교적 이념을 떠나 천신에게 기도하면 유익하다. 당신의 이달 운세는 마치 둥지 잃은 새와 같으므로 빛때문에 집을 팔거나 기타 부동산을 팔게 된다. 사람을 믿었다가 실수가 연발되므로 특히 인·이·오씨를 주의하라.

153 培根茂葉　배근무엽
      其達自明　기달자명

뿌리를 북돋아 줌으로써 가지와 잎이 무성함은 자연의 이치이며 인간이 이러한 이치를 깨달아 실천한다면 보다 유익하리라. 당신이 하고자 하는 일을 조급히 서두르거나 인내성 없이 경거망동하면 이는 필시 화를 남기게 되고 처음부터 서서히 진행하여 기틀을 마련하면 후일에 있을 풍파에도 견디게 될 것이다. 그러나 주위환경이 아무리 채찍질을 가해도 완만한 자세로 만사를 대해야 한다. 범·원숭이·뱀·돼지띠는 결혼을 하게 되며 쥐·말·토끼·닭띠는 새로운 직업이나 직장을 가지게 된다. 용·개·양띠는 호흡기 병으로 고생을 하고 부동산에 큰 이익을 볼 것이다. 특히 범·원숭이띠가 1·7월에 태어난 사람은 교통사고로 소송을 하게 된다.

1 목마른 용이 물을 만나 천지조화를 부리니 사람들이 깜짝 놀라 우러러 본다. 이처럼 대길한 운세이므로 당신은 일엽편주로 생명을 구하고 그 일엽편주를 크나큰 함정으로 만드는 재주를 가졌다. 수험생은 합격하게 되고 결혼은 성대한 식을 올리므로 몇년 동안의 고민이 일시에 사라진다.

2 이월이 되면서부터 무엇인가 서서히 풀려가는 현상을 엿볼수 있고 만나는 사람마다 도와주려고 노력하니 집안에 웃음소리가 끊이지 않는다. 작은자식은 경사가 있고 큰딸에게는 질병이 있어 다소 고심하나 오래가지는 않는다. 범띠는 사랑의 달이고 용띠는 슬픔의 달이다.

3 만약 승진이 아니면 새로운 직장을 갖고 재물도 풍요로와 진다. 이러한 일이 없으면 자녀를 낳는 경사가 있고 멀리서 온 친구를 만나 귀한 선물을 받는등 다소의 도움을 받게 된다. 한가지 명심할 것이 있다면 운세가 풀렸다고 의기양양하여 상대방에게 불쾌감을 주는 일이다.

4 용이 하늘로 승천하니 이는 필시 큰 조화가 있을 것이다. 당신은 하는 일마다 쉽게 잘됨으로 오히려 의아심을 갖게 된다. 공무원이나 국가 기관장이 돼 명성이 있을 징조이고, 비록 작은 장사나 하찮은 업종에 종사해도 나름대로의 행운이 있게 된다. 때를 만나면 국회의원 시의원등에 출마하면 길하다.

5 귀인이 스스로 찾아와 당신을 돕겠다고 하니 이는 사주팔자에 천을귀인성(天乙貴人星)이기 때문이다. 혹자는 자신이 처신을 잘해서 그러한 것으로 잘못 알고 있지만 그것은 무지에서 오는 소치이다. 말띠는 자녀에게 경사가 있고 소띠는 부인과 다투게 된다. 당신이 작가라면 그 이름이 빛날 징조이다.

6 여러사람이 도인 곳이나 여러사람과 어울리지 마라. 반드시 싸움을 하여 관재가 있게 되는데 이상하게도 빨리 결말이 나지 않는다. 다방·술집 기타 음식점을 경영하는 사람은 손님과 시비를 삼가고, 공무원은 인내로 언론·출판인은 신중한 처세를, 판검사·경찰등은 양심껏 처신해야 한다.

7 토성 즉 전(田)씨나 황씨등을 조심하라. 이는 반드시 결과가 좋지 못하다. 처음에는 홀딱 반할 정도로 사로잡지만 결국 싸움으로 끝난다. 동쪽에 있는 묘를 손대지 말고 북쪽에서 흙을 다루지 마라. 눈병과 심장병 그리고 자녀가 바람이 난다. 쥐띠 5월생은 위장병이 있다.

8 모든 계획을 정립해 놓고 성심껏 추진하는데도 마음 먹는대로 되지않고 자꾸만 삐뚤어져 가는고로 마음도 괴롭고 손해도 이만저만이 아니다. 한때 일이 잘될때는 사람들이 득실득실 문전성시를 이루었으나 지금에 와서는 안면마저 바꾸는 냉대를 당한다. 뱀띠 8월생은 서쪽에서 결혼식을 하게 된다.

9 부부를 중심으로 해서 온가족이 뜻이 일치하여 성실하게 살아가니 부러울게 없다. 혹자는 돈을 먼저 말하지만 진짜로 세상을 살아가는 사람은 가정에 화목을 먼저 생각한다. 바로 당신은 그 훌륭한 지각자이다. 젊은 부부는 옥동자를 낳아 웃음을 감추지 못하고 있다.

10 생활이 넉넉하다고 마음 놓고 외도를 즐기다가 망신을 당하게 되니 가능하면 서쪽에 있는 상대를 만나지 마라. 나이 어린 학생은 '캠핑' 갔다 알게된 상대와 하룻밤의 불장난으로 임신을 해서 매우 당황하게 된다. 낙태시키려면 동쪽에 있는 의사를 찾아가야 하고 날짜는 말날이 길이다.

11 어딜가나 나름대로 덕스러운 말을 하려고 무척 노력하는데도 불구하고 구설이 끊어지지 않으니 고통이 이만저만 아니다. 여자는 남편이 외국간 사이에 바람을 피우고 남자는 별거하는 사이에 다른 여성과 만리장성까지 쌓았으니 걱정이 태산 같다. 여자는 음문에 털(毛)이 별로 없어 고민이다.

12 이달에는 상대가 또는 남편이 아니면 부인이 싸움을 걸어와도 인내와 포용으로 대하면 오히려 감동을 받지만 그렇지 못하면 반드시 구설시비를 면하지 못할 것이다. 그리고 당신의 치아는 선천적으로 황색이니 너무 걱정마라. 돌아올 15일에는 꿈속에서 송아지나 토끼 물고기 등을 볼 것이다.

161　運數有吉　운수유길
　　　　到處貴人　도처귀인

금년에는 운세가 좋아 하는 일마다 성취될 수 있고 건강도 쾌차해지며 헤어져서 살던 사람도 함께 살게 되니 감개무량하다. 직장인은 상하 동료로부터 부러움을 받게되고, 학생은 우왕좌왕하던 마음을 가다듬어 하는일에 충실하니 심신이 편안하다. 다방 유흥업소 레스토랑등을 경영한 사람은 금전으로 고민이 있고 운수계통 경찰 언론 전자공학 계통에 종사하는 사람은 의외의 재물을 얻는다. 연애하는 남녀는 장차 결혼을 약속해 놓고 바람을 피워 다소 불화가 있으나 끝내는 해결된다. 연예인 운동선수 문학예술인등은 금년 만큼은 무엇인가 한계단 오르게 되므로 처신을 분명이 함으로 이름이 나게 될 것이다. 용·쥐·원숭이띠는 피부병으로 고심할 수 있기도 하다.

1 이것저것 계획하고 구상하는 일은 많고 유익한 일이라곤 찾아 볼 수 없고 백가지를 계획하나 하나를 실천해도 되는 일이 없어 심신이 피곤하고 호구지책이 걱정된다. 이달에는 열량 벌면 백량을 쓰는 달이므로 출입을 삼가하고 사람만나는 것도 삼가해야 한다.

2 푸른 바다에서 고기를 잡고 있는 어부가 생각보다는 큰고기를 잡지 못했으니 아쉬움만 쌓여있다. 과욕하지 말고 풍랑이 오기전에 귀항의 차비를 해야 한다. 친구에게 빚을 얻어 달라고 독촉해도 오늘내일 미루기만 한다. 범띠 여자는 전남편고 서류상 이혼이 되지않아 재혼하는데 고심하고 있다.

3 이익이 있는 방향이 어디인고 정녕 남쪽 방향이 가장 유익하리라. 당신이 하고자하는 일은 한결같이 남쪽에서 시작해야 한다. 다만 당신이 쥐띠 11월생이면 불로 놀랄 일이 있어 크게 불길하다. 토끼띠는 사랑에 목이 말라 무작정 방황하다가 간사한 남자를 만나 사기를 당할 수 이다.

4 만약 당신의 신상에 문서상 계획하는 일이 있지 않으면 이사를 하는 것은 콩으로 메주를 쑤는 이치와 같다. 매사를 서둘지 말고 점진적으로 추진하고 어떠한 어려움이 있어도 용·개띠의 도움을 받아서는 안된다. 용띠는 새로운 일자리를 찾거나 새로운 사업을 하게 된다.

5 이달에는 언행을 조심하고 금전관계를 분명히하면 사전에 피할 수도 있다. 만약 소송이 진행되거나 아니면 그럴만한 기미가 보이면 빨리 끝맺음이 좋다. 날이 갈수록 당신에게 유리하지 않고 상대에게만 유익해진다. 뱀띠 4·7월생은 범·원숭이띠와 길을 도모하지 않는게 상책이다.

6 여행하지 마라. 손재와 질병을 피하기가 힘들다. 또한 범·원숭이띠 둘이서 물가에 가지마라. 생명이 두렵다. 말띠는 용·쥐·원숭이띠와 물놀이를 갈 경우 가능하면 남쪽을 피하는게 좋다. 그렇지만 하는일이 그렇게 불길한 것은 아니다. 바라던 일이 그런대로 성취되고 후일의 기반이 튼튼해진다.

7 구하지 않아도 스스로 얻어지니 가족이 화기애애하다. 생각지않던 재물이 집에 들어오고 그동안에 기다림에 지쳤던 사람이 해질무렵 문전에 들어서니 기쁨의 눈물을 감추지 못한다. 양띠는 애인이 변심하여 어디론가 떠나 버리니 고독과 울분의 세월을 보내야만 한다.

8 어허! 이게 웬 떡이란 말인가? 달밝은 들창가에 귀인이 의젓하게 서 있지 않는가. 이달에는 여러사람이 도와주어 일이 잘 된다. 취직 승진 금전 승소 결혼 외국여행등은 타인의 힘으로 인하여 좋은 결과를 얻게 된다. 그러나 호사다마란 말이 있듯이 이럴 때에도 언행만은 삼가해야 한다.

9 내가 스스로 경영하는 일이라면 아예 생각지 마라. 되지 않는다. 그러니 직장이나 다니면서 때를 기다려야 한다. 비유컨데 장마철에 소금장사가 되겠는가. 엉뚱한 생각하지 말고 직장에 충실하라. 공부하는 수험생이라면 과욕하지 말고 자신의 실력에 알맞는 곳에 응시하면 합격할 수 있다.

10 당신은 지금 매우 어려운 처지에 놓여있다. 그것은 피치못할 인정때문에 밤잠을 못 이룬다. 그러나 인정에 못이겨 석연치않는 처신을 하게 되면 반드시 후회 할 것이다. 아무리 사랑하는 자식이라도 또한 둘도 없는 부모나 애인이라도 냉정히 대해야 후일에는 웃는다.

11 하는 일마다 막히고 언행마다 불미한 부작용이 일어나니 누구에게 하소연한단 말인가? 자녀가 속을 뒤집어 놓고 부부마저 다투어 이 노릇을 어찌할꼬? 집을 나와 돌아다녀도 가슴이 답답하고, 주색을 가까이 해도 외롭기는 한가지, 모든 것은 때가 있는 법 날이 가면 갈수록 안심될 것이다.

12 젊어서는 자녀 기르는데 온 신경을 다 썼지만 지금에 와서는 내몸 하나만 곤하니 어찌 마음에 외로움이 없을까? 하는 일마다 마음대로 성취되고 그동안 통증이 심했던 관절염도 이제는 점차 좋아지기 시작하여 기쁜일이 아닐 수 없다. 남자는 연상의 여인과 여관방에서 큰행사를 치르기도 한다.

162　鳥反歸巢　조반귀소
　　　　意知可樂　의지가락

길잃은 새가 천신만고 끝에 둥지를 찾아오니 그 뜻이 가히 기쁘하다. 미로에서 허둥대다 집에 왔으니 몸이 지친것은 자명한 일. 헤어진지 수십년이 지나 뜻밖에 상봉하게 되고 집을 나간 며느리가 또는 시부모가 아니면 남편과 자녀가 집으로 돌아오니 근심 가운데 기쁨이 있다. 화가·작곡가·연출가 등은 운수가 대길하고 금전놀이하는 사람은 금년이 끝장보는 해이다. 따라서 지금부터라도 나가있는 돈을 거두어 들여야 한다. 의사는 환자와 분쟁이 있고 소송인은 하루하루 지체된다. 미혼남녀는 파혼의 액이 있으니 매사를 심사숙고 해야 한다. 잡지를 발간하는 사람은 하찮은 기사가 소송이 제기돼 매우 고통을 당한다. 공무원은 부하직원으로 인하여 망신을 당한다.

1 세사람이 같이 일을 도모하면 재수가 좋아 뜻밖에 행운이 있다. 세사람이 일을 꾀해도 범·뱀·원숭이띠는 불길하고 돼지·토끼·양띠등이 가장 적합하다. 건축 토목계통에 종사하는 사람은 남쪽이 불리하고, 증권 복권을 구입하려면 서쪽에서 구입한게 길하다. 혹 당신이 도박사라면 용날에는 하지 마라.

2 당신이 하는 일을 지켜보면 마치 강가에서 산토끼를 잡으려고 한것과 같다. 그처럼 엉뚱한 일을 하려고 한다. 이럴때는 웃사람에게 의논하여 실행 하는게 상책이다. 돼지띠는 손재가 있고 말띠는 빚(돈)을 받고 쥐띠는 결혼 수가 있고 소띠는 구설을 듣게 된다. 범띠는 이사하게 된다.

3 삼월에는 집안에 경사가 있으니 혼인대사가 있거나 아니면 자녀를 낳게 된다. 말·개·범띠는 시험에 합격하는 영광이 있고 쥐·용·원숭이띠는 외국을 출입할 것이다. 이밖의 띠는 집안에 있는것 보다는 집밖으로 나옴으로 인하여 이득이 있다. 당신이 여자라면 사모한 남자와 데이트를 한다.

4 먼곳에 재물이 있어 멀리 나가야 길하고 가까이서 맴돌면 구설이 있다. 학생은 외국으로 유학을 하고 사업가는 외국과 새로운 상거래가 이루어지고 외교관은 승진하며 법관은 자녀가 고시에 합격하고 교사는 학부형으로부터 큰대접을 받고 경찰은 피의자와 입다툼이 문제돼 고심한다.

5 내가 인정도 많고 이해도 남다르게 잘하는데 왜 이다지도 시비구설이 심할까? 어느 사람은 주색잡기로 세월을 보내도 무사한데 나는 왜 이럴까? 남녀를 불문하고 인정을 베풀다가 정조와 절개를 버리게 되고 자칫 삼각관계로 고민 아닌 고민을 할 것이다. 시비를 피하고 일을 먼저 논하지 말라.

6 친한 친구를 믿지 마라. 그 사람은 지금 뭔가 잘못을 저지르려고 계획하고 있다. 만에 하나 친구를 믿고 친구 말대로 한다면 그 손해가 적지않을 것이다. 뿐만 아니라 친구마저 잃게 된다. 쥐·소띠는 시험에 합격하여 새로운 직장을 가져본다. 다만 오른쪽 발가락을 다치는 운이다.

7 십년가뭄에 단비가 내려 온 세상이 화평하다. 가정불화로 마음이 편치못한 가족들이 새로운 마음으로 화목하게 되고 아침 저녁으로 다투던 부부도 자녀를 낳으므로 인해서 화해가 된다. 사업가는 그동안 수금이 제대로 되지않아 종업원들 월급도 주지 못했는데 이젠 모두 해결돼 생기에 차 있다.

8 고기가 용으로 변하니 온세상 사람들이 깜짝놀라 우러러 본다. 그동안에는 별별 비판을 다하며 욕설까지 하던 사람도 스스로와 굴복하니 그 위세가 당당하다. 고시공부를 하는 학도는 의외로 합격을 하고 박사 석사 시험에 누차 낙방한 사람은 고진감래의 기쁨을 갖게 된다.

9 이달에는 동쪽과 서쪽을 가지 마라. 그 피해가 적지 않다. 닭띠는 서쪽에 일을 도모하지 말고 토끼띠는 동쪽에서 일을 도모하지 마라. 변호사는 서쪽을 가다가 다리를 다치고 경찰은 서쪽을 가다가 지명수배한 범인을 잡아 그 이름이 빛나게 된다. 형무소 간수는 어린애가 아파서 돈이 나간다.

10 백량 짜리 인생이 천량을 가지려고 하다가 도리어 백량마저도 잃어버리고 후회하게 된다. 이달에는 욕심부리지 말고 자신의 처지에 알맞는 처신으로 후회를 미리 막아야 한다. 이러한 가운데 화가 복이되고 눈물이 웃음으로 변하게 된다. 원숭이띠는 일확천금을 노리다가 망신을 당한다.

11 육친이 화목하고 서로 도움을 주려고 은근히 질투까지한 사례가 있다. 어느 식구를 막론하고 돈벌어 들이기 경쟁이라도 하듯이 재물이 모이니 살림이 우후죽순처럼 무럭무럭 흥왕한다. 구멍가게를 하는 사람은 밤손님으로 인해서 고통이 있고 카페를 경영하는 사람은 종업원 때문에 고통 당한다.

12 화성 즉 정(丁)·박·임씨 등을 주의하지 않으면 다된 밥에 코빠진 격으로 마지막 가는 해에 손해를 본다. 집안에 부동산으로 인한 문서에 길하니 팔고 사면 재물을 얻으리라. 집안에 뱀·소띠는 오른쪽 팔다리를 다쳐 병원신세를 져야하므로 뱀날 오전 11시 11분에 동쪽으로 가지 마라.

163 對面共話 대면공화
心隔千山 심격천산

얼굴을 마주 보며 대화는 하고 있지만 마음은 천산이 가로 막힌듯 알수가 없구나. 금년에는 사기손재가 있을 수이다. 상대의 능수능란한 말재주에 빠저 사기를 당하고 몸까지 버린다. 황씨와 홍씨성을 가진 사람은 당신에게 이롭지 못한 인물이다. 학생은 지금껏 공부를 자신있게 잘 했지만 막상 시험을 보니 눈앞이 캄캄하여 아무것도 보이지 않는듯 시험에 자신을 갖지 못한다. 3년전에 시작했던 소송이 오늘에야 끝나고 위자료 관계로 미루어 왔던 이혼 합의를 이제야 하게 된다. 정치인은 이번 기회를 놓치지 말고 공천이나 출마를 해야 앞으로 근심이 사라진다. 운전을 하는 사람은 밤 12시가 다돼 사고를 내니 조심하라. 사랑하고 있는 애인이 당신에게 모든것을 준것 같지만 너무 믿지마라.

1 만약 귀인을 만나 재물을 얻지 않으면 벼슬을 갖게되니 십년 가뭄에 단비가 내린것과 같다. 직업이 변변치 못하여 생활에 이만저만 고초가 있던게 아니었는데 오늘에야 직업다운 직업을 가져보니 마음이 화평하고 온 가족들이 희희락락하다. 쥐띠는 말띠를 조심해야 한다.

2 가는 곳마다 재물이요 가는 곳마다 이득을 보니 세상 살맛 나는구나. 재물이 동서남북에 있으니 무엇이고 진실히 하면 노력의 댓가를 얻게된다. 돈을 구하는데 말 몇마디에 구하게 되므로 자칫 낭비하거나 경솔하기 쉬운 때이다. 소띠는 양띠를 주로 15·16·19일에 조심해야 한다.

3 이럴까 저럴까 진퇴를 결정하지 못하고 밤마다 잠을 못이룬다. 이성에는 삼각관계로 본의 아니게 망신을 당할 처지에 놓여 있고 사업가는 하는 일에 충실해야 할지 아니면 새로운 장소를 옮겨야 할지를 놓고 매우 고심하고 있다. 어떤 사안이던 충실하게 보다 적극적으로 노력하는게 유길하다.

4 외로운 달빛이 홀로 천리를 비추니 그 뜻을 누가 헤아릴 것인가? 당신의 포부는 보통사람으로는 이해하기 힘든 큰뜻을 갖고 있으나 현실적으로 부족한 점도 많음을 알아 두어야 한다. 그렇게 금실 좋던 부부가 짝을 잃고 달밤에 울고 있으니 이 또한 무슨 조화인가. 운명이니 너무 고심하지 마라.

5 집안으로 들어온 수입은 열량인데 쓰는 것은 백량이니 자연 재물이 줄어드는 것은 당연하다. 이것저것 가리지 말고 웬만하면 무슨 일이고 충실하면서 다음 기회를 보아라. 그래야만 가정이 화평하고 자신도 편안해 진다. 범띠는 원숭이띠를 삼가하는게 화를 막는 길이다.

6 세상 참으로 허망하구나. 한 뱃속에서 태어난 형제가 돈때문에 불화불목하여 난투극을 벌이다니, 집안이 망조가 들었구나. 형제나 동생을 막론하고. 이해와 포용으로 일을 처리하지 않으면 장차 화를 면하기 어렵다. 지금도 때는 늦지 않았으니 감정을 풀고 형제로서 본분을 찾아라.

7 귀인이 스스로 도와주니 모든 일이 순조롭게 달성 되도다. 지금 당신이 하고자 하는 일에 독단은 금물이고 상하인과 타협해서 처리하면 무사하리라. 토끼띠인 사람은 닭띠 8월 생을 조심하고 10월 생인 사람과는 동업이나 기타 공동사업장을 개설하면 그 이익이 크게 되리라.

8 사람을 믿다가 뜻하지 않은 고통을 당하고 몸에 병까지 얻게 되었구나. 그러나 가정적으로는 자녀에게 경사가 있어 구직이 아니면 결혼이나 옥동자를 낳을 것이다. 용띠는 뜻밖에 이사를 하게 되고 개띠를 만나 봉변을 당한다. 매사를 서둘러 하면 오히려 더 지체되느니라.

9 이달 10·15·20·21일 밤 3시에 도적이 침범하니 미리 예비했다가 큰 화를 피하라. 한가지 주의할 것은 절대 도적하고 대결은 하지 마라. 생명이 두렵다. 몸이 피곤하고 두통이 심하여 병원신세를 면키 어렵고 손해 또한 면키 어렵다. 동쪽으로 가서 의원이나 약을 구하면 쾌차하리라.

10 이집에 와서 하는 일마다 되는 일이 없고 질병에 손재 그리고 가정불화 이 모두가 집터에 잘못이 있으니 예방을 하거나 아니면 이사를 하는게 길하다. 여자는 심장이 약해지고 남자는 위장이 나빠지는 집터이다. 이달 초순이나 하순에 이사하면 대길이다. 뱀띠는 연인을 못잊어 상사병이 난다.

11 말 한마디의 잘못으로 인하여 법정에 서야 되는 운이다. 이럴때에는 출입을 삼가하고 말을 삼가하여 화를 피하는게 무엇보다 급선무이다. 뿐만 아니라 남의 물건이 귀하다고 훔쳐내서는 아니되며 '오너드라이버'는 운전을 조심하지 않으면 뜻밖에 사고로 눈물을 보게 된다.

12 옛말에 가화만사성이라 했다. 즉 가정이 화목해야 모든 일이 잘 이루어질 수 있다는 뜻이다. 그럼 지금 당신 가정은 왜 이다지도 시끄러운가? 당신은 어느때 보다도 성질이 예민하여 신경질을 자주 내기도 하고 사람을 의심한다. 하지만 절대 금물이다. 지금 당신이 얼마나 희망과 뜻이 큰가.

211 百事決時 백사결시
分明好吉 분명호길

모든 일을 분명하게 처리하지 않으면 후일에 큰 화를 면하기 어렵다. 그런고로 모든 일을 분명히 하므로 의외로 뜻을 이루고 편안 하리라. 병자는 생사를 가름할 대수술을 해야 하고 판사는 양심을 걸고 판결을 해야 하는 시기에 와 있다. 사업가는 지지부진한 사업을 과감히 처분하고 외형보다는 내실을 기하는게 좋다. 공부하는 학생이나 재수생은 마지막 결단의 시운에 와 있다. 다시 말하면 학교를 가야할지 아니면 사회로 나가야 할지를 놓고 이쯤에서 분명히 해야 한다. 부부관계도 사는건지 아니면 고통을 받는 지옥인지 모르게 삶의 의미를 잃어 차일피일 이혼을 미루어 오다 이젠 결단을 내려야 한다. 도로변에 사는 사람은 차가 갑자기 뛰여들어 저세상으로 초대받을 수 있으니 주의하라.

1 집안에 입학하는 학생이 있지 않으면 경사가 있는데 대개는 결혼을 하게 된다. 얼마전부터 재수 삼수를 하는 학생은 이달에는 입학할 운이 당도했다. 매사를 너무 성급히 생각지 말고 보다 확실하게 천천히 해야 한다. 쥐띠는 소망하는 일이 이루어져 세인의 부러움을 사게된다.

2 남의 재물을 탐하지 말라. 아무리 탐한다 해도 갖지못할 재물이며 그뜻이 이뤄지지 않는다. 의사는 과도한 의료비 때문에 싸움을 하게 되고, 미곡상회를 하는 사람은 초하루나 그믐날 도적을 맞게 된다. 그렇지 않으면 낙상수가 있다. 소띠는 먼여행을 삼가하고 음식을 잘 가려서 먹어야 한다.

3 집안에 분가하는 일이 있으니 가족이 줄고 쓸쓸하다. 금전면에는 어느 때 보다 좋으나 분명치 않으면 후일에 손재가 있다. 고향에서 온 사람을 만나 불미한 소리를 들으니 불쾌하나 이는 반드시 후일에 약이 될 것이다. 토끼띠는 약속했던 돈을 절반이라도 받게 되니 웃음이 절로 난다.

4 가지만 앙상하게 남아있던 고목이 봄을 만나 새싹이 나고 꽃이 피니 가히 길 조로다. 그동안의 어려움에도 불구하고 끝까지 인내하고 살아온 덕택에 바라던 일이 의외로 대성공을 거두게 된다. 환자는 다 죽는다고 포기 했으나 구사일생으로 살아나니 부러울게 없다.

5 신수가 길한 상인이 가히 기쁨을 얻었도다. 재물로 들어오고 원하는 일도 성취 돼 국내외에 여행이라도 실컨 하고픈 마음이다. 그러나 한가지 알아야 할 것은 지금 당신이 심복으로 부리고 있는 사람은 머지않아 당신과 헤어지게 되니 이점 참고해서 인사처리를 하는게 현명하다.

6 직업을 바꾸게 되어 모든 것이 낯설기만 하다. 친구나 친척의 권유로 바꾸어 보았지만 가슴이 후련할 정도로 만족한 것은 아니다. 용·뱀띠는 차 사고가 두렵다. 특히 여자인 경우에는 자전거를 피하려다 충돌사고를 일으켜 몸을 다치고 후회의 눈물을 흘린다. 잠을 잘때는 바로 자는 것은 불길하다.

7 남녀를 막론하고 술을 조심하고 바람피우는 것을 삼가하면 무사하나 만의 하나 술과 외도를 보통으로 생각하면 반드시 망신을 당하고 심한 경우 관재구설을 면치못할 것이다. 결혼전에 알게된 연인을 지금도 못잊어 하는 것은 화를 당하기 위한 잔재물에 불과하다.

8 작은것은 눈에도 차지않아 큰 것만 바라보다가 지금껏 별소득 없이 허송세월만 보내고 있어 가정형편이 말이 아니다. 남자는 집에서 놀고 여자가 벌어 가정을 꾸려가니 싸움은 끊이지 않고 궁하기는 아침 저녁거리를 이웃집으로 꾸러 갈 정도이다. 최·구씨 성을 가진 사람을 조심하라.

9 재수가 좋아 열냥을 가지고 천냥을 만드니 세상이 깜짝 놀란다. 손가운데 천금이 있어 빚에 잡혀있는 집을 찾고 친구한테 빌린 돈을 갚으니 이보다 홀가분한 일이 어디 있단 말인가? 미혼남녀는 수차에 걸친 맞선을 보다가 이달에 결혼식을 올리니 기쁨이 충천하다.

10 기다렸던 승진이 아니면 아들을 낳을 경사가 있어 가히 천운이다. 수험생은 합격의 경사가 있고 십년간 셋방살이 하던 노부부는 새로운 집을 장만해 이사를 하게 돼 제후가 천자가 된 것 같다. 양·소·닭띠 여성은 하루밤의 불장난으로 임신을 하여 남모르게 낙태를 시키려고 애쓰고 있다.

11 불철주야 부지런하게 노력한 댓가로 재물은 손에 쥐었으나 절반은 잃었으니 그 고통도 따르게 된다. 집안에 환자가 있어 돈을 쓸 수 밖에 없고 공부하는 사람이 있어 역시 돈을 써야 한다. 개띠는 위장병이 있고 돼지띠는 관절염 신경통으로 고생하게 된다. 돼지띠 8월 생은 이달에 원행하지 마라.

12 자신과 아무런 관계도 없는 돈을 탐하다가 도리어 고통만 당한다. 만의 하나라도 도박을 하지 마라. 천금이라도 남아나지 않는다. 이달에는 증권 복권 마권 등을 사서는 아니된다. 돈놀이 하는 사람은 비싼이자 받으려다 본전도 못받으니 집안이 일시에 쑥밭이 돼 버렸다.

212 萬事百改 만사백개
世事有吉 세사유길

모든 일을 뜯어고치므로써 새로운 기틀이 마련되고 이 기틀로 인해서 승패가 좌우되어 금년에는 개혁이야말로 승기를 잡을 수 있는 기회이다. 가정에서는 집짓거나 수리를 해야 하고 정치 사회단체인은 때를 놓치지 말고 새로운 각오로 지위를 보다 확고하게 해야 한다. 결혼을 하지않고 독신주의를 선언한 사람도 결혼을 하게 되고 초혼에 실패한 사람은 금년이 재혼할 절호의 기회이다. 공부하는 사람은 과목을 바꾸어서 하는 것도 하나의 묘책이 된다. 사업을 하는 사람은 종업원들을 그만두게 하고 새로 뽑거나 사업자체를 변동할 시기이다. 유흥업이나 부동산을 하는 사람은 해당장소를 새로이 단장하여 새로운 영업방법을 선택하면 큰 이익이 따른다. 환자는 남쪽에 있는 병원에서 수술을 받아라.

1 이사를 하거나 직업을 바꾸게 되어 온집안이 분주하구나. 집안일을 돈독히 하고 처세를 잘하면 의외로 발전이 있다. 사업가는 업종을 바꾸거나 아니면 사업장소를 바꾸면 대길하다. 부부간에 갈등이 심한 사람은 어차피 백년해로는 할 수 없음으로 이혼하고 재혼하는게 현명한 처사이다.

2 집안에 만약 출산의 경사가 아니면 결혼의 경사가 있어 금전의 지출이 심하고 밤이면 잠을 못이루니 건강도 불길하다. 자녀가 시험에 낙방하고 실의에 빠져 있으니 큰 걱정이 아닐 수 없다. 가출이 두려우니 미리 주의해야 한다. 만약 가출을 하면 7일만에 돌아올 것이다.

3 집안에 식구가 더 늘어나니 한편으로는 걱정되나 그 한사람이 들어온 후로부터 만사가 잘 풀려나 소위 복덩이가 들어왔다고 한다. 무엇인가 새로운 일을 시도하고 옛것을 과감하게 버리는 처신을 해야만 편안하다. 쥐·소띠는 결혼해서 산다면 행복한 삶을 영위할 수 있는 기회이다.

4 하고자 하는 소망이 이루어지고 그 이름이 사방에 있어 양명득재(良名得財)의 좋은 시기이다. 몇년을 두고 허송세월만 한 사람은 이달에야 새 일거리를 찾아본다. 외국을 가려고 몇번이고 시도했지만 이제야 가게되니 그 기쁨이 말할 수 없다. 의과대학을 공부한 사람은 처음으로 의사로써 직업을 갖는다.

5 앵무새가 버드나무 가지에서 울어대니 그 소리가 요란하나 꽃 소식을 전하기도 한다. 이달에는 말로 인해서 천금도 얻기도 하고 말로 인해서 천금도 버리고 구설만 듣게 되니 말이 어느때 보다 중요한 시기이다. 외국에 영주권이나 비자를 신청해 놓은 사람은 좋은 소식이 있어 소원대로 이루어진다.

6 술을 끌어앉고 춤을 추며 노래를 부르니 누각이 한결 돋보인다. 따라서 외형상으로는 신선같지만 사실은 방탕의 첫발을 내딛고 있다. 이러한 때에는 주색으로 인하여 재물을 탕진하고 부부사이에도 갈등이 심화되는 운이다. 출입을 삼가하고 주색을 멀리함으로 무사하다.

7 산에 올라가 토끼를 잡으니 하는 일이 순조로울 징조이다. 그동안 당신은 상하인이 시키는대로 한적이 없었는데 이번에는 시키는대로 했기 때문에 소망사가 이루어진 것이다. 용·뱀·말띠는 새집을 지어서 큰 이득을 보게 되고 원숭이·닭띠는 약을 잘못 써서 부작용으로 고생한다.

8 가솔중에 한사람이 하느님 곁으로 가니 눈물을 흘리게 된다. 한순간의 슬픔으로 온가족은 통곡하고 그 가운데 한사람이 병을 얻어 눕게되니 설상가상으로 고통이 심하다. 양띠 8월생은 머지않아 기쁜 소식이 오게되고 9월생은 홀아비 생활을 면하고 결혼을 하게 된다.

9 자신의 처지를 먼저 헤아리고 매사를 그곳에서 벗어나지 않도록 처신을 하게 되면 기쁜일이 있겠으나, 만의 하나 자신의 사회적 배경이나 뚝심만을 믿고 경거망동한 처신을 하게 되면 가족이나 동료 친구로부터 비판을 면키 어렵다. 개띠는 입병으로 인하여 고생한다.

10 재수가 대길하여 긴안목 보다는 집을 사고 팔거나 증권 복권 마권 기타 도박계통에 일시적 투자를 하면 돈도 벌고 이름도 얻게 된다. 가족들도 화목하고 아랫사람은 윗사람을 섬기고 윗사람은 아랫사람을 보살피는 등 모범적인 가정을 이루고 있다. 농사를 짓는 사람은 창고나 마구간을 늘린다.

11 일가친척들 한자리 모여 웃음을 나누니 필시 경사가 있을 징조이고 집 밖에서는 좋은 소식이 전하니 시험에 합격하는 영광이 있고 노총각 노처녀 결혼을 하여 그동안에 느껴보지 못한 행복을 맛보느라고 깨가 쏟아지고 있다. 돼지띠 4월생은 외국 유학에 좋은 기회이다.

12 재물이 가는 곳마다 있고 이익이 움직이는 곳마다 있으니 논과 밭을 사고 파는 일이 있고 셋방살이가 집을 사서 입주하니 꿈을 이루었다고 둥실둥실 춤을 추는구나. 쥐띠는 동쪽이 불리하고 소띠는 남쪽이 불리하니 그쪽에서는 일을 도모하지 마라. 소띠 7월생은 호흡기로 고생한다.

213　莫聽甘言　막청감언
　　　　親人有害　친인유해

우연한 장소에서 우연하게 남의 감언이설에 속아 넘어가 구설시비를 듣게되고 사람으로부터 원수를 사게 된다. 특히 절친한 친구의 말이나 객지에서 알게된 사람의 말을 조심해야 한다. 동산이나 부동산을 막론하고 중간에 소개하는 사람의 농간이 심하여 적지 않은 손해를 본다. 용·쥐·원숭이띠는 집안에 쌍동이 아이를 낳을 경사가 있고 범·말·개띠는 이사 변동이 있다. 뱀·닭·소띠는 시험에 합격하여 새로운 직업을 갖게 된다. 돼지·토끼·양띠는 외도로 인한 가정파탄이 있어 심한 경우에는 자살하는 참극이 있다. 영화배우·텔렌트·가수등 연예계에 종사하는 사람은 이름이 있게 되고 선박이나 수산업에 종사하는 사람은 감언이설에 사업을 시작했다가 손해만 본다.

1 칠흑같이 어두운 밤에 생명처럼 믿었던 등불마저 잃어버리니 한치앞을 분간하기 힘들다. 비유컨데 천년만년 살자고 맹세하던 연인이 하룻밤 사이에 온데간데 없게 되고 자식까지 낳고 살던 부인이 가출하여 행방이 묘연하다. 병원에 입원한 환자는 황천가를 부르며 조용히 눈을 감는다.

2 심산유곡 험악한 길에 앞뒤를 분간하지 못하고 두려운 마음으로 허둥대고 있으니 그 어찌 편안하겠는가? 사업가는 도산위기에서 몸부림치고 환자는 아무리 치료를 해도 쾌차할 기미가 보이지 않아 끝에는 황천의 눈물을 흘려야만 한다. 소·말띠는 시험에 낙방하고 아쉬움 속에 한숨만 쉬고 있다.

3 집안이 여러가지로 편안하지 못한 가운데 부모나 부인이 시름시름 앓는다. 돈을 벌어도 쓸곳이 더 많으니 아무리 부지런하게 벌어들여도 한강에 돌던진 격이라서 몸만 피곤하다. 범·토끼띠는 아는 사람으로 하여금 사기에 말려들어 손해를 보게 된다. 특히 소띠 4·6월생은 더욱 그러하다.

4 모든 일에는 독불장군이 없으므로 많은 사람의 의견을 듣고 처신하는게 후회를 막는 길이다. 그리고 다른 사람일에 깊이 관여하지 마라. 구설시비를 면키 어렵다. 농사를 짓는 사람은 가축이 병들어 손해를 보고 종교인은 이성문제에 망신수가 있게 되니 남녀간에 자리를 분명히 하라.

5 귀신이 발동하여 집안이 적막강산처럼 쓸쓸하나 범인(凡人)이 그 오묘한 뜻을 어찌 헤아리겠는가? 동쪽 흙이나 나무 등을 잘못 손대서 그러니 '시식(施食) 기도'를 올리면 길하다. 뱀·말·양띠 환자는 자연사이던가 아니면 불의의 사고로 머나먼 황천객이 되니 인생 허무하기 이를데 없다.

6 하고자 하는 일마다 되는 일이 없으니 팔자타령을 하지않을 수 없다. 지금은 설불리 움직일때가 아니다. 마음을 편히 하고 때를 기다림이 후일을 도모 하는데 유길하다. 원숭이띠는 외국출입이 빈번하고 닭띠는 식욕이 없어 시름시름 하다가 병을 얻게 된다.

7 가능하면 출행을 삼가하고 매사에 지나치게 관심을 두지 않는게 현명한 처사이다. 몇년을 끌어온 소송이 패소하게 돼 한가닥의 희망이 무너지는구나. 동쪽에 있는 최·임·조씨등을 찾아가 구원을 청한다면 이로우리라. 지금 당신은 오른쪽 치아가 썩어가고 있다. 속히 치료하라.

8 가는 곳마다 나를 해치려고 하는 사람뿐이고 대하는 사람마다 미움을 사게 되니 참으로 인간만사 마음대로 않되는구나. 마음이 산란해서 여행하다가 만난 사람이 매일같이 추근대니 또 다른 걱정이구나. 이럴때에는 정을 멀리하고 냉정함으로 서로간에 유익하게 된다.

9 친구와 아는 사람을 통해서 빌려준 돈이 하루아침에 물거품이 돼버려 부부사이 마저 위기에 놓여 있도다. 하지만 너무 실의에 빠지지 마라 그 돈은 이미 전생에서 진빚을 그런 방법을 통해서 갚은 것 뿐이다. 다만 당신이 그러한 천리(天理)를 헤아리지 못한데서 더욱 고심할 뿐이다.

10 어허! 세상살이 이다지도 어렵단 말이요. 얼마전부터 살림이 늘어난듯 하더니만 부인이 병을 얻고 자식이 속을 썩이는구나. 부인이 아프다면 이사할 때 '친귀(親鬼)'나 '안손(眼損)' 방위를 침범했기 때문이다. 공부하는 사람은 이상하게도 성적이 저하돼 남모른 고민에 쌓여있다.

11 매사에 지성으로 기도하고 지성으로 실천하게 되면 하늘도 감응하여 그대를 도울 것이다. 그러므로 매사에 이익이 따르고 문서에 길하여 한번 맺는 계약에 큰 이익이 있다. 다만 문·공씨 성을 가진 사람은 배앓이 심장병으로 고심하게 된다. 이러한 경우 잠을 바로 누워자지 말고 옆으로 누워 자는게 좋다.

12 당신은 천성이 좌불안석으로 동서남북을 돌아다녀야 한다. 이달은 운수가 불길하니 출입을 삼가해야지 그렇지 않으면 낙상이나 차와 힘자랑을 하게 돼 크게 다쳐 병원 신세를 지게 되고 심한 경우에는 북망산천으로 가야만 하는 비운을 당한다. 특히 원숭이·범띠는 같이 살면 더욱 그러하다.

221 今年六親 一同反害 금년육친 일동반해

가정이 화목하고 일가친척들이 화친해야 하는데도 금년에는 왜 이렇게 구설시비가 중중한가. 아무리 착하게 살려고 마음을 수백 번 다져 먹어도 환경이 나를 더욱 악인으로 만들어 가니 심신이 불안하기 그지 없다. 얼마전까지만 해도 닭띠·소띠 형제간에는 잘 어울렸는데 이제는 점점 남남같이 멀어져 간다. 정신적인 면에서는 어려움이 있게 되고 물질적인 면에서는 구설시비가 항시 따르게 된다. 그렇다고 금년운이 극히 불길하다고 단정할 수는 없다. 쥐·소띠는 부부관계에 범·토끼띠는 재산상 분쟁이 있다. 용·뱀띠는 관재수가, 말·양띠는 외도수가, 원숭이·닭띠는 실물수가 각각 있게 되며, 개·돼지띠는 사업 번창 또는 시험에 합격하는 영광이 있게 된다. 쥐띠 5월생은 떨어질 수 있으니 주의해야한다.

1 초순에는 힘이 되어준다고 호언장담하던 귀인이 등을 돌려 여러가지로 고통스럽지만, 월말께 부터는 우연치않게 일이 풀리기 시작, 뜻한바를 이루게 된다. 또한 사업 장소를 옮기거나 직업을 바꿀수있는 기회이기도 하다. 가정에는 온가족이 한푼이라도 벌기 위해 다짐을 하고 있어 머지않아 집안에 돈이 들어온다.

2 당신이 돈을 벌고 싶거나 뜻한 바를 이루고자 하면 동쪽으로 출행을 해야 하고, 박씨나 이씨 임씨등과 일을 도모하면 의외로 잘 이루어 진다. 특히 취직을 부탁하거나 농촌에서 빚을 얻는데는 위의 성씨가 당신의 귀인이 될 수 있다. 임씨성을 가진 상대는 눈이 부리부리하고 콧날이 날카로운게 특징이다.

3 여러사람이 모인 장소에서 알게된 상대가 의외로 나를 돕겠다고 나서 큰 힘이 된다. 한가지 주의할 점은 부부관계에 있어서 마치 살얼음판을 걸어가는 듯한 시기이므로 서로 인내하며 지성인이란 자부심으로 모든것을 기대한다면 무난할 것이다. 오래간만의 화해 분위기를 깨지말고 끈기를 가져라.

4 동서남북 밤잠을 설쳐가며 벌어놓은 돈이 절반 이상이 나가게 되어 세상만사 마음대로 되지 않는다는 것을 스스로 깨닫게 된다. 젊은 부부는 자녀를 낳는 경사가 있어 덩실덩실 춤이라도 추고 싶은 기쁨에 쌓여있다. 부인이 퇴원하는 날은 범·용·원숭이날 오후 3시경이 된다. 쥐띠 산모는 약간 산고가 있을 것이다.

5 농사만을 천직으로 살아온 농사꾼이나 장사만을 본업으로 살아온 사람이 때를 놓치고 돈을 벌지못해 가슴이 답답하다. 무엇인가 하려고 백방으로 노력하나 그 뜻이 이루어지지 않아 갈등과 번민이 심하고 건강이 나빠져 죽고만 싶은 심정이나 이럴때 일수록 과욕부리지 말고 분수를 지켜라.

6 당신은 언제부터인지 귀가 너무 얇아 남의 이야기에 잘 따른다. 물론 그 자체가 나쁜것은 아니나 처세가 분명치 않아 그런점을 악용하는 무리들에게 이용을 당하기 쉽상이다. 한가지 명심할것은 다른 때에는 남의 이야기를 듣고 처신했을지라도 이달 만큼은 절대 흔들리지 않아야된다. 그렇지 않으면 사기당한다.

7 동쪽이 길한 덕에 사업이나 구직·구혼·구인등이 가능하다. 따라서 자신의 하는 일이 잘 될 길일은 토끼·용날이 길일이다. 어느 누구를 막론하고 신장개업은 동쪽이 좋다. 그 가운데서도 문방구·의류·건축·유흥업소등은 가장 길한 업종이다. 너무 급히 서둘게되면 오히려 늦어지므로 순리에 따라 서서히 하라.

8 꿈속에서 온 천하를 다스리는 통치자(天子)가 되었으니 길몽이라고 하나 분수에 맞지않는 꿈이라 세상 사는데는 오히려 어려움만 있게 된다. 자칫 잘못하다가는 지위가 위태롭고 하찮은 일로 망신을 당할 수 있다. 원대한 꿈보다는 오히려 소박하고 순수한 꿈이 현실적으로 이루어질 수 있다.

9 당신은 왜 그다지도 허황된 생각만 하는가? 봄이 지나고 여름이 되고 가을이 다가오는 것은 자연의 순리이다. 아무리 지혜롭고 총명한자도 그 순리를 뛰어넘을 수는 없는 것. 그러므로 당신은 매사에 허황된 꿈을 버리고 순리에 따라야 한다. 만약 뜬구름 잡는식의 허황된 생활을 계속 한다면 반드시 후회한다.

10 외국에서 소식이 오나 그다지 기쁜 소식이 아니라서 심신이 불안하다. 백호가 움직였으니 집 안팎에서 싸움하는 일이있고, 동북쪽을 가다가 교통사고를 당하는 수다. 쥐·말띠 친구간에는 어느때 보다도 말을 삼가하고 예의를 지켜야 무난하다. 친절하다고 언행을 함부로 하다가는 어려움을 겪게 된다.

11 돈을 벌어 가정을 영위하려면 무엇보다도 사람이 많이 모이는 시장에서의 장사가 유익하다. 의류나 생선가게를 서쪽 방향에 개업한다면 얼굴에 기쁨의 미소를 지을 것이다. 행상을 하는 사람이나 아르바이트생은 북쪽이 길하여 다소 돈을 벌수 있다. 소·양띠는 친구간에 배신을 당한다.

12 이것 저것 동서남북으로 벌여만 놓았지 아직까지 단 한가지도 해결이 되지 않아 밤잠을 이루지 못하고 고민하고 있다. 사업하는 사람은 종업원 월급을 지불할 형편이 못되어 몸을 피하여 절간이나 여관등지를 배회하며 남모를 한숨만 짓고 있다. 그러나 희망을 가져라. 머지않아 곧 서광이 비쳐온다.

222 慾進衰弱 욕진쇠약
身運奈何 신운나하

하고자 하는 마음이 하늘을 찌르고 땅을 움직일 정도이다. 그러나 누가 당신의 진실한 마음을 알랴. 하늘을 나르고 싶으나 날개가 부러진 봉황신세가 돼 있으니 마음은 괴롭고 몸은 천근만근 무겁기만 하다. 이 무너진 과거를 다시 쌓으려고 하지 말고 깨끗이 단념하라. 뽑힌 뿌리는 열매를 맺지 못한다. 쥐띠는 방랑과 방탕의 시기이니 여행을 하는게 좋다. 소띠는 귀인을 만나 사랑을 나누고, 범띠는 금전거래에 장애가 있고, 토끼띠는 부동산에 이익이 있고 명예가 있다. 용띠는 물조심을 하고, 뱀띠는 취직이 되고, 말띠는 낙상수가 있고, 양띠는 귀금속을 잃게 되고, 원숭이 띠는 관재가 있고, 닭띠는 감옥에서 나오고, 개띠는 시험에 합격한다.

1 가는 사람을 잡지 마라. 불행을 잡는 것과 같다. 윗사람과 다툼이 있고 아랫사람으로 부터는 금전에 손해를 보게 된다. 부부싸움으로 부인이나 남편이 가출을 한다고 보따리를 싸게되면 붙잡지 마라. 사업가는 경제적인 압박을 받고 직장인은 상하인과 불화한다. 유방이 큰 여자는 24일에 몸이 아프다.

2 반은 길하고 반은 흉하니 이 또한 시운인걸 어찌 하리요, 몸을 다칠 우려가 있으니 15·23일 서쪽을 가지 마라. 자가 운전자는 18·20일 낮 5시에 여자를 태우지 마라. 군인이나 경찰은 구설이 따르고 기타 공무원은 2·4·6일에 돈이 들어온다. 고부간에는 갈등이 사라진다.

3 집안에 득남득녀할 경사가 있으니 기쁨이 있다. 1·9·14일에 남녀가 합방을 하면 귀자를 얻거나 재물이 굴러들어 온다. 대학교수·의사·법관은 13일에 돈이 들어오고 정치인은 어려운 일을 해결한다. 농촌에서 가축을 기르는 사람은 이익이 많으니 12일에 매매하는게 길하다.

4 길성이 문전에 다가오고 있어 재수가 좋아 오래간만에 기쁨이 넘친다. 집을 짓거나 묘자리를 옮기려면 천상천하 '공망일'에 하라. 그러면 아무탈이 없다. 사업가는 사원들의 농성과 각종 소요로 정신 못차리지만 하순경에는 해결된다. 문학인은 명예와 돈이 동시에 들어와 활기가 넘쳐흐른다.

5 당신은 노력보다 허황에 젖어 고민하고 있다. 그 허황을 버리고 근실한 삶의 바탕으로 돌아오라. 여자인 경우에는 남편 몰래 금전거래를 하다가 빚쟁이가 도망간 바람에 재산을 날릴 지경이다. 뱀·원숭이·돼지띠와는 금전거래를 하지 마라. 재혼은 이달 말경이 길하다.

6 남의 말을 듣다가 큰 어려움을 당한다. 사업가는 새로운 계약을 하게 되고 학생은 상장을, 공무원은 표창장을 타는 행운이 있다. 가정주부라면 곗돈을 타 가슴이 뿌듯하다. 집안에 시험에 합격하는 경사가 있고 직장에는 사세가 확장된다. 농촌에서 기계를 만지는 사람은 24~25일에 몸을 다친다.

7 재물이 집안에 들어오고 환자가 쾌차하게 되니 어찌 기쁘지 아니하리요. 사업실패로 눈물을 보인 당신은 당장 일어나라, 그러면 재기 될 수 있다. 남녀가 맞선보고 결혼까지 하니 세상 두려울게 없다. 한푼 두푼 모아 논밭을 사니 갑부가 부럽지 않다. 미국에 간 애인은 25·27일에 소식이 온다.

8 한번의 침묵이 더 유익하다. 이달에는 남앞에 나서지 말고 중간쯤 따라가라. 그게 곧 일등이다. 문서 계약에 이익이 있고 이사는 물론 직업을 바꾸는 시기에 와 있다. 순리에 따라야 상책이다. 수험생은 일차 합격하지만 2차에 미역국을 먹고 만다. 16·23일에는 몸을 다치게 되니 쇠부치를 만지지 마라.

9 세상이 어지러우니 내 처지가 불리하구나. 위험한 투기는 하지 마라. 기필코 손해를 본다. 외국인과 국제결혼할 남녀는 윗사람의 허락을 받아 결혼식을 올리게 되고 법정에서 이혼이 않돼 고민하고 있는 사람은 이달에 해결된다. 논을 팔아 집을 사고 집을 팔아 사업에 투자하니 전망이 밝다.

10 매사에 순리를 따르고 억지를 쓰지 마라. 몸이 차거우니 소화불량이 있고 이사를 '안손방'으로 갔으니 눈이 아프다. 큰 소망은 이루어지지 않지만 작은 일은 별무리 없이 성취되니 너무 걱정하지 마라. 재혼은 26·27일 오후 3시에 선을 보고 결정하라. 단 뱀띠·원숭이띠와는 인연이 아니다.

11 재물이 빈곤하여 고통이 따른다. 모든 것을 축소하고 소극적으로 대처하는게 유익하다. 허기진 배를 채우려면 서쪽으로 발길을 돌려라. 그러면 통하리라. 문서를 함부로 맺지마라. 손해가 있다. 수험생은 걱정하지 마라. 합격된다. 집안에 도적실물주가 있으니 16·24일에 외출을 삼가하라.

12 경영하는 일이 순조롭게 되고 가정에서는 화기가 넘친다. 황금을 지나치게 가까이 하면 오히려 손해를 보게 된다. 박·이·주씨 성을 가진 사람을 조심하라. 서쪽에 사는 친척이 당신을 도우니 경솔하지 말고 겸손하라. 칼을 뽑았지만 아직 때가 아니다. 때를 기다려라. 하늘이 준 운명은 막을 수가 없다.

223 一悲一喜 일비일희
人生無常 인생무상

　세상살이 왜 이다지도 굴곡이 심할꼬. 한번 울고나면 한번은 웃고 한번 웃는가 싶으면 어느덧 울게 되니 인간만사 허무하기 이를데 없다. 부부관계는 새로운 장이 열리는 시기임과 동시에 결정하는 시기이다. 시험을 보는 사람은 첫번째 도전에 실패하나 두번째는 합격하게 된다. 사업가는 종업원들의 반기로 회사의 기밀이 폭로돼 세상에 알려지므로 크나큰 어려움을 당한다. 쥐·말띠 여대생은 좋은 애인을 만날 운수이고, 소·양띠는 애인이 떠나가 버리는 바람에 애태우고 있다. 범·원숭이띠는 직업을 바꾸게 된다. 토끼·닭띠는 관절염으로 고생하고 용·개띠는 피부병으로 고생하며, 뱀·돼지띠는 외국 여행을 하게 된다. 금년에는 대체적으로 가부간의 여부를 분명히 하는것이 상책이다.

1 마음이 왠지 불안하고 조급한 생각이 들어 무엇인가 불안하다. 이럴때 일수록 느긋한 마음으로 보다 안정된 생활을 하는게 상책이다. 출입을 삼가하고 말을 조심하며 재량껏 산다면 후일에 그 빛을 보게 된다. 여자는 외출을 하는게 어느정도 마음을 잡을수 있고, 남자는 시비를 삼가해야 한다.

2 이상도 크고 그 이상을 추진하는 과감성이 천군만마의 엄청난 힘과 같아 세상에 두려울 것이 없다. 그러므로 집안에 자연이 돈도 들어오고 사람도 스스로 따르며 그 이름이 빛난다. 지금 처해 있는 입장으로서는 여러사람을 도울수가 있다. 그러니 선덕을 베풀어 뭇사람들에게 호평을 받아라.

3 부부간에 금실이 나빠지고 사랑하는 애인이 서서히 변심하게 되어 집안 꼴이 말이 아니다. 처음 만난 애인과 헤어지고 두번째 만난 애인과 사랑을 속삭이지만, 옛애인 생각에 애태우고 있다. 인간을 너무 믿지마라. 반드시 후회하게 된다. 부부간에는 토끼날(卯)과 개날(戌)을 주의해야 한다.

4 집을 나와 천리길을 헤매지만 어느 누구하나 반겨주는이 없어 서글프기만 하다. 뜻을 이루기 위해서 동서남북으로 분주하게 움직이고 있으나 하나도 이루어진 것이 없어 가슴만 답답하다. 친지간에는 금전거래를 하지말고, 일가친척간에는 별것아닌 일로 속이 상할수가 있으니 자중함이 상책이다.

5 하는 일이라고 해야 돈버는 일인데 마음과 뜻대로 되지 않아 수중에는 담배 값도 없는 무일푼이니 참으로 한숨이 저절로 나온다. 남들은 힘도 들이지 안고 돈을 잘버는데 나는 그보다 몇십배를 노력해도 빚진 인생으로 살아간다. 동쪽에 있는 계돈은 이미 받지 못하게 되어있다.

6 온 정성을 다바쳐 길러낸 자녀가 드디어 취직을 하거나 시험에 합격하게 되며, 결혼이나 후손을 낳으니 그 어찌 경사가 아니겠는가? 외국 유학과 취직시험을 준비하는 사람은 합격할 절호의 기회이다. 산너머로 날아갔던 기러기가 다시 둥지로 모여드니 필시 부부가 재결합하는 행운도 있다.

7 혼담이 있고 부지초면을 하게 되니 이는 정녕 맞선을 보고 결혼을 하게 될 징조이다. 그렇지 않으면 결혼한 자녀가 옥동자를 낳고 만면에 웃음을 띠게 된다. 결혼할 시기는 원숭이·범날 오전 11시나 오후 2시경이 가장 좋다. 하객 중에는 수족이 불구인 사람이 있는데 장차 큰 도움을 받을 사람이다.

8 합격하리라는 희망과 꿈으로 지금까지 지탱해 나왔는데 이번에도 낙방이 되어 한숨을 짓고 있다. 그러나 희망을 버리지 마라. 다음 기회야말로 꼭 합격할 운이다. 용·뱀띠 8월생은 구직시험에 합격하고, 말띠 양띠는 의사시험에 합격할 수 있다. 학생은 성적이 나쁘다고 한강을 몇번이고 서성대기도 한다.

9 처음에는 별것아닌 어설픈 직업이었지만 그래도 돈을 꽤 벌게 되어 근심이 한순간에 사라진다. 한가지 주의할 점은 당신은 돈이 좀 모아지면 외박등을 자주하여 만에 하나 부부간에 불화가 있기 시작하면 걷잡을 수가 없다. 그러므로 돈이 들어온다고 해서 인간 본성이 변해서는 아니된다.

10 관직이라고 신명을 다바쳐 온 정성을 쏟았지만 지금은 쫓겨날 신세가 되어 있으니 한숨이 저절로 나온다. 직장인이라면 상사나 부하직원으로부터 모욕을 당하고 결국 회사를 그만두는 일이 있어 머리깎고 중이라도 되고 싶은 심정이다. 공무원 중에서도 건축·토목계통은 더욱 불길하다.

11 공무원이나 기타 정부 투자기관에 취직을 하게 되거나 뜻밖의 재물을 얻어 하루아침에 부자가 된다. 유흥업중에서도 다방이나 캬바레등을 경영하는 사람은 때를 만나 돈을 벌지만 남모르는 빚때문에 돈이 모여지질 않아 빛깔좋은 개살구이다. 모든면에서 실속을 차리고 허세를 부리지 말라.

12 이달에는 천번이고 만번이고 참는게 묘책이고 상책이다. 부모자식간에 가정문제로 크게 다툴수 있지만 참아야 한다. 참지않고 감정대로 하면 그 여파가 만리장성과 같이 끝이 없을 것이다. 토끼·닭·양날 아침이나 저녁무렵에 싸울 것이다. 그런중에 여자는 심장마비로 쓰러질 수가 있음을 명심하라.

231 羝羊觸蕃 저양촉번
四方有害 사방유해

염소가 천의 무기인 뿔이 빠졌으니 어찌 싸움을 하겠는가? 마음 같아서는 항우장사의 기개에 버금갈 정도로 온 세상을 휘두르고 싶지만, 주위의 여건이 그렇지 못하여 주먹으로 가슴을 치는구나. 가는곳 마다 대하는 사람마다 괴롭히는 일이 비일비재 할 뿐 내 마음을 누가 알아주랴. 만사를 과감하게 떨굴 줄 아는 융통성이 절실히 요구되는 때이다. 옛것을 버리지 못하고 미련을 두는 것은 곧 불행을 초래하게 된다. 애인관계나 동업관계 또는 친구관계 이 모두는 지난 날을 생각하지 말고 새로운 각오로 삶을 영위해야 한다. 특히 종교인이라면 득도를 눈앞에 두고 악마의 시험에 빠져 중도에 그만둘 수 있다. 그러나 궁하면 통한다는 옛말처럼 시련을 겪고 난 다음에는 천도의 서광이 당신을 득도인으로 만든다.

1 구름 한점없는 맑은 하늘에 밝은 달을 바라보며 한가로이 넓은 뜰을 산책하니, 정신이 상쾌하고 산란했던 마음을 멀리하여 새로운 신념으로 뜻한 바에 재도전하게 된다. 당신이 만약 여성이라면 애인과 이별하고 마음을 정리하기 위해서 여행을 하기도 한다. 쥐띠는 소띠 4월생을 상대하다가 망신을 당한다.

2 이달의 운수는 집안에 도적이 침범하여 돈과 귀금속 등을 잃어버리고 자칫 몸까지 상한다. 만약 도적과 대항 한다면 생명이 위태로우니 미리 주의하라. 집에 도적이 침범하지 않으면 동북쪽을 가다가 괴한을 만난다. 특히 토끼날이나 닭날 오전 11시와 새벽 1시11분 29초경이 될 것이다.

3 만사(萬事)를 수도승처럼 겸손한 끈기와 인내로 극복하면서 큰 덕을 베풀게 되면 그 가운데 뜻밖의 큰 이익이 돌아온다. 남에게 베푸는 것에 인색하지 않고 의리를 저버리지 않는다면 하늘이 그대를 도울 것이다. 부부사이에 말을 삼가하고 이해관계를 너무나 따지지 말라. 오히려 해가 된다.

4 이달에 대하는 사람은 대개가 당신을 괴롭히게 된다. 겉으로는 선인같지만 마음속은 얄팍한 잔꾀가 숨어있다. 이럴때 일수록 당신의 처지를 잊지말고 분수에 알맞는 행동을 해야 한다. 일확천금을 노리고 무리한 투자나 계획을 세운다면 일보전진에 백보를 후퇴하는 불행을 면치 못한다.

5 세상을 살아가노라면 독불장군은 없다. 왜냐하면 사람으로 인하여 되는일도 있고 그와 반대로 사람으로 인하여 이루어질듯한 일도 중도에 좌절되는 경우가 있다. 바로 이달의 당신 운수가 후자에 속한다. 철석같이 믿었던 사람이 변심하여 장래를 망쳐놓고 만것이다. 매사에 신중을 기하는 것이 상책이다.

6 옛것을 버리지 말고 불철주야 노력한다면, 열냥가지고 천냥을 만들고 가장 말단직에서 이삼계단 뛰어서 승진하는 행운이 있다. 행상을 하거나 소자본으로 가게등을 열 경우에도 반드시 돈을 벌게된다. 농사꾼은 한두달 목표로 서울에서 장사를 하면 의외의 돈을 벌어 시골로 송금하게 된다.

7 자손이 귀한 집안이 옥동자를 얻으니 경사중의 경사다. 그런가하면 일생일대 처음으로 애인을 만나고 꿈에도 그리던 가출한 사람과 만나 기쁨의 눈물을 흘린다. 매사에 지조를 지키고 규범있는 처신을 하면 가정과 더 나아가 사회적인 모든면이 보다 튼튼해진다. 공무원은 뇌물을 조심해야 한다.

8 집안에 재물은 생각보다 많이 들어오지만, 지출이 심하여 절반쯤은 오히려 나가버리니 마음만 산란하고 괜한 구설이 따른다. 그동안에 여기저기에서 빌려 쓴 돈을 갚다보니 가진것은 종이쪽지 뿐 돈은 별로 쥐지 못한다. 하지만 돈을 벌수있는 기틀이 마련되었으니 그 또한 돈이 아니겠는가?

9 사업이나 직장이라고 모든 힘을 다하여 노력하는데도 수고로움만 있지 그 공이 없어 허전하기 그지없다. 문서상 계약이 된듯 하다가 중도에 그만 좌절된다. 말하자면 이달의 운수는 병든 말이 태산준령을 넘어야 하는 가냘픈 처지에 놓인 것이다. 매사를 겉만보고 판단하지 말고 내용을 통찰하라.

10 갖은 고생을 해가며 내집이라고 한칸 장만하니 진시황제의 아방궁이 부럽지 않을 만큼 기쁨이 넘친다. 이와같은 일이 없다면 논이나 밭 기타 토지를 사는데 이익을 보게 될 것이다. 매매에 있어서 서두르면 오히려 손해를 보니 서서히 추진하는게 보다 큰 이윤을 남길것이다.

11 갑과 을이 집짓고 논밭 사니 나도 그럴 것이다 라고 믿고 똑같은 행동을 하게 되면 손해를 면키 어렵다. 과욕을 추구한다는 속셈으로 하던일을 우습게 알고 경솔하고 자만하면 마치 소잃고 외양간 고치는 것이나, 한번 엎지러진 물을 다시 담으려는 어리석음과 같다.

12 길거리를 가다가 도적을 만나지 않으면 차를 타고 가다가 돈지갑을 잃게 된다. 그러한 날짜를 보면 용날이나 범날 오전 11시 48분경 또는 오후 10시 30분쯤이 될것이다. 택시를 타면 7자와 8자가 많은 번호이고, 방향은 동남쪽이 된다. 결혼한 부부는 놀라서 유산하기 쉬운 달이다.

232 勿爲妄動 물위망동
　　必見大敗 필견대패

　금년에는 하고싶은 말과 하고싶은 행동이 남에게 자칫 경솔하고 오만한 언행으로 보이기 때문에 자중자애 하지 않으면 반드시 크나큰 실패가 있게 된다. 아무리 악한 상대를 만나더라도 지혜와 너그러움으로 포용한다면 큰 어려움은 없겠으나, 자신의 패기만 믿고 힘자랑 하다가는 한스러운 눈물을 맛보게 된다. 이러한 시기에는 농담마저도 조심해야 하고 부모자식 사이에도 예의를 지키며 매사를 분명히 하면 무사할 수 있다. 쥐·소띠는 재혼의 운이 열리고 말·양띠는 이혼하려고 보따리를 싼다. 용·범띠는 고목에서 싹이 돋기만을 기다리고 있다. 뱀·돼지띠는 외국행을 하거나 아니면 이사를 할 것이고, 토끼·닭띠는 웃는 얼굴로 빌려준 돈을 울면서 받고, 원숭이·말·양·개띠는 말조심을 하라.

1 제아무리 살려고 백방으로 노력해도 제대로 되는 일이 전혀 없었는데, 이달부터는 길성이 문전에 있으니 그 어찌 좋은 일이 아니겠는가. 기쁜 일이 날마다 겹치고 재물이 집안에 쌓이기 시작하니 불편했던 가족이 화합하기 시작하고, 그동안 돈이 없어 먹지 못했던 약도 먹게 되니 건강도 좋아진다.

2 옥황상제께서 제일 먼저 따먹었다는 과일이 바로 복성〈복숭아〉이다. 그런데 어찌된 일인지 인간의 운명에도 화살이 있게 되면 남녀를 불문하고 바람이 난다. 그래서 자녀를 버리고 외간 남자와 결혼을 하는가하면 처자를 버리고 외방 부인과 결혼을 하는 얌체족이 있으니 세상 참 알다가도 모를 일이다.

3 타인에게 갈 재물이 당신에게로 들어오니 뜻밖의 행운이라고 할 수 있으나 상대에게 서운한 감을 주어서는 안된다. 이러한 시기는 재산상속등으로 가족끼리 다툼이 있고, 형이 죽어 동생이 상속받거나 아니면 남편이 죽어 부인이 받게되니 경솔하지 않게 알면서도 속아주는 군자의 품행이 제일이다.

4 기쁘다고 한참동안 웃어대더니 웃음이 채 끝나기전에 다시 울게되니 이게 무슨 연유란 말인가. 여러사람과 어울림을 삼가하고 가능하다면 일가친척과도 접촉을 삼가하는 것이 어려움을 면하는 첩경이다. 뜻하지않게 소송관계로 고민하는데 특히 운전 직업이나 자가운전자는 각별히 주의해야 한다.

5 왠지 이달에는 마음이 산란하여 마치 바람에 솜뭉치가 이리저리 굴러다니는 형상과도 같다. 이럴때는 스스로 조용함을 갖고 매사를 적극적인것 보다는 오히려 소극적으로 처신하는게 최선이 된다. 여건이 허락한다면 조용한 기도터나 산사를 찾아 잠시 휴양하는 것도 후일에 큰 도움이 된다.

6 십오야 밝은 달이 천하를 훤히 비추어야 하는데도 먹구름에 가려 있으니 무슨 소용이 있단 말이요. 당신이 아무리 뜻한바에 의기양양, 자신감이 있고 능력이 있다 하여도 그 능력을 발휘하지 못하고 초야에 묻혀 있을 시기이다. 그러니 무슨 좋은 일이 있겠는가. 하루하루를 무사히 보내면 그게 행복인것을.

7 그동안 숲속에 숨어있던 호랑이가 괴력을 발산하면서 숲속을 나오니 그 기세가 당당하다. 회사를 경영하는 사람이나 보통사람이라도 신분상의 비밀이 폭로되어 어려운 처지에 빠지게 된다. 여자는 불장난으로 인하여 남모르는 고민을 하게 되는데 상대 남자는 금품을 뜯어내기 위한 협박까지 하게 된다.

8 부부가 화합하고 성실히 재물을 모으니 가정이 흥왕하고 뭇사람들의 칭찬이 자자하다. 젊은 부부는 생각보다 일찍 자녀를 낳고, 공부하는 사람은 산란했던 마음을 바로잡아 새로운 각오로 공부를 하여 목표를 달성한다. 다방이나 기타 유흥업을 경영하는 사람은 자리를 옮기는 변동수가 있다.

9 뼈 하나를 놓고 사나운 개 두마리가 응얼대니, 재산이나 이권 다툼으로 싸움을 할 징조이다. 끝내 피를 보고 한마리의 개가 철창 속으로 갇히게 되니 우리 인간으로 보면 감옥을 가는 것이라 하겠다. 어떠한 어려움 속에서도 싸움만은 하지 말라. 한순간의 분노가 만리장성과 같은 긴 불행을 초래한다.

10 옛것을 버리고 새로운 것을 찾아 성실하게 추진하다 보니 어느덧 세상사람은 그대가 출세했다고 박수갈채를 보내고 있다. 직업이 영화배우·탈렌트·모델등 연예계에 종사하는 사람이라면 뜻밖의 인기에 자신도 깜짝 놀라지 않을 수 없다. 쥐·말띠가 10월 초순에 태어났다면 더욱 행운이 있다.

11 신수가 불길하여 의외로 재물도 나가고 건강마저 나빠 약으로 세상을 살아가니 세상살이가 무의미하다. 사람을 너무 믿지 말라. 특히 금전거래만큼은 냉정해야 친구간 또는 일가친척 간에도 의리를 상하지 않고 지낼수가 있다. 여자가 말띠 4월생이면 정을 주고 울음을 터뜨리니 미리 삼가하라.

12 그렇게도 볼 수 없었던 달빛이 언제 그랬느냐는 식으로 구름이 사라지고 그 명명백백한 자태를 들어내니, 당신의 능력을 발휘할 수 있는 시기가 온것 같다. 주의할 점은 부하직원이나 동료간에 말을 조심하고 가능하다면 웃음으로 대해야 한다. 그대는 앞으로 큰 인물이 될 수 있으니 자신감을 가져라.

233 長安三春 장안삼춘
花冠乘馬 화관승마

　십년이란 무서운 각고끝에 머리에 어사화를 꽂고 백마를 타며 군졸을 거느리니, 이는 필시 행정고시·사법고시·기술고시등에 합격할 운이고 기타 수험생도 금년에는 합격의 영광을 안아볼 수 있는 기회이다. 당신이 학생이라면 학과나 학교를 바꾸어서 공부하는 것도 합격의 한 지름길이 된다. 사업가는 외국과 거래선을 확보하여 의외의 수입으로 회사도 확장하고 버젓한 자가용도 타고 다니니 사람들이 깜짝 놀란다. 연애를 하는 연인이나 부부간에는 한편의 명예로움에 정경부인이라도 된듯이, 아니면 군호(君號)라도 받은듯이 기쁨을 감추지 못한다. 이런 때에는 대개가 국가에서 주는 상장을 받거나 기타 공훈의 표시로 감사패를 받는 경사가 있게 된다.

1 집안에 신생아가 태어날 경사나 아니면 혼인으로 인한 가솔이 늘어난다. 어느 경우이든 이달에는 집안에 사람이 들어오게 되어 천냥을 벌고 열냥밖에 지출이 되지않아 날이가고 달이가도 재산이 흥왕하여 자신도 모르게 어느새 부자가 된다.

2 춘하추동을 동고동락한 짝궁 기러기가 천리길로 훨훨 날아가 버리니 어느 곳에서 찾아야 할고. 부부간이나 연인간에 갈등으로 상대가 자취를 감추어 버리는 사태가 있고, 청소년은 가출하며 어린애는 길을 잃고 미아가 되어 온 집안 식구의 가슴을 태우게 된다. 말날 12시경을 조심하라.

3 하는 일마다 마치 순풍에 돛단듯이 힘도 들이지 않고 잘되어 나가더니 호사다마라고 역시 중도에 장애가 있어 일이 지체되고 있다. 하지만 실망할 필요는 없다. 지체는 되더라도 뜻한바는 성취될 것이다. 매사를 대함에 있어서 좀 더 자세한 통찰력이 절실히 요구되는 때이다.

4 이달에는 정북쪽하고는 아주 인연이 없다. 그래서 이사를 하려고 논밭이나 기타 부동산을 매매함에 있어서도 중도에 해약하게 된다. 사업가나 개인은 일을 북쪽에서 도모하게 되면 눈물을 흘리게 될 것이다. 만약 건축업자라면 인부 하나가 몸을 다쳐 큰 손해를 보게되니 가능하다면 북쪽을 삼가하라.

5 김씨나 금씨 기타 금성(金姓)과 일을 도모한다면 손해를 볼 것이다. 금·은·시계방이나 기타 귀금속상을 금성과 동업하면 큰 손해를 보고 집을 팔아 빚을 갚는격이 될 것이다. 행동 하나하나를 신중하게 처신하므로써 보다 큰 손해를 막을수가 있다. 만약 외형만 보고 백사(百事)를 대하면 반드시 큰 손해가 있다.

6 일확천금을 노리고 무리한 탐욕을 하게 되면 도리어 손해만 보게 된다. 매사를 처리함에 있어서는 안정을 위주로 하고 가부를 분명히 해야 한다. 만약 안일한 생각으로 무관심이나 기피를 하게 되면 편안한 가운데 슬픔을 먼키어렵다. 조·이씨성을 가진 사람과 일을 도모하면 크게 유익하리라.

7 의기가 양양하고 사리분별을 뚜렷하게 하므로 즐거움이 있어 가정이나 사회에서 대우를 받게 된다. 뱀·원숭이띠 등을 제외한 다른 띠는 남의 말을 하다가 망신을 당할 수 있으므로 여러사람이 모인데서는 침묵을 지키는게 상책이다. 범·원숭이띠는 뜻밖에 이사 변동수가 있어 동남쪽으로 이사를 하게 된다.

8 사람이 살아가는데 구설시비가 없다면 오히려 잘못된 이치라 할 수 있다. 그러나 이달에는 그 정도가 지나친 것이 특징이므로 상대가 왼쪽뺨을 때리면 오른쪽 뺨을 대주는 인내와 아량이 절실히 요구된다. 그렇지 않고 성질대로 하다가는 수갑을 차는 어처구니 없는 일을 당하고 만다.

9 불철주야 쉬지않고 노력한 보람으로 끝내는 머리에 어사화를 꽂고 금의환양하니 만인이 우러러 본다. 사주가 길한 사람은 사법이나 행정고시에 합격하게 되고, 이밖에 취직시험과 공무원 시험등에도 칠전팔기로 합격하게 된다. 닭·토끼띠 부부는 서로간에 예의를 지키지 않아 불화를 초래한다.

10 우연한 장소에서 알게된 사람으로 인하여 삶의 기틀을 마련하게 되니 오래간만에 귀인을 만나 보람을 맛보게 된다. 공무원이나 사업가는 서북쪽에 귀인이 있고, 농사일을 하는 사람은 남쪽에서, 군인과 경찰관은 북쪽에서 각각 귀인을 만나게 된다. 사랑하는 연인은 서쪽에서 만리장성을 쌓는다.

11 마음이 산란하고 허전하여 동서남북을 여행해도 시원치 않으니 이게 무슨 조화인가. 그러나 물질적인면은 생각보다 양호하여 이익이 있게 되고 금전융통이 잘돼 어려움을 해결하니 뭇사람들은 수단과 임기응변이 남다르다고 칭찬이 자자하다. 남녀간의 이성문제는 적극적으로 서두르면 오히려 불길하다.

12 박씨나 이씨성의 사람과는 불운하여 처음에는 귀인처럼 보이나 나중에는 악인이란 것을 알고 크게 후회한다. 그러나 임씨·노씨등과 일을 도모하게 되면 어려운 가운데서도 발전할 수 있는 터전이 마련되어 후일에 크게 도움이 된다. 닭이나 뱀날에는 구설시비가 중중하니 서쪽을 주의하라.

241 有始無終 유시무종
行如不止 행여부지

모든 일이 시작만 있고 끝이 없어 어떻게 처신해야 할 것인지 마저도 미지수이다. 옛말에 일을 내면 일이 생긴다는 것처럼 여러가지 일을 시작하면 그만큼 어려운 일이 있는 법. 금년은 과분한 처신을 하다가 본전도 못찾고 몸과 마음만 상하여 이만저만한 고초를 겪는게 아니다. 매사를 억지와 강행보다는 순리에 따라 처신하는게 하나의 묘책이다. 쥐띠는 외국을 출입할 수 있고, 소띠는 부스럼병으로 고생하고, 범띠는 이사를 하고, 토끼띠는 몸을 다치고, 용띠는 머리를 다친다. 또한 뱀띠는 구설이 있고 말띠는 가정불화가 있으며, 양띠는 배신을 당하고 원숭이띠는 관재수가 두렵다. 닭띠는 안질에 걸리고 개띠는 요통이, 돼지띠는 논밭을 사고 팔아 큰 이득을 보나 가정불화가 있다.

1 여자가 집안에 계속있는 것도 답답하고 피곤한 일인데, 당신은 남자로서 집안에 처박혀 있자니 오죽 답답하랴. 하지만 매사에 때가 있는법. 조급하다고 되는 것은 아니니 마음을 느긋하게 가져라. 그리고 비록 할일은 없으나 집을 떠나서 타향객지로 돌아다니면 답답한 마음을 풀수 있는 지름길이 된다.

2 신수가 불길하여 작은것을 보충하려고 하면 너무 크고 큰 것을 작게 하려고 하면 너무 작아지므로, 한마디로 불균형의 파란곡절이 줄줄이 이어만 지는구나. 어려운 사정속에 또 다른 애로점이 얽히고 설켜있어 그 일을 풀기가 매우 어렵다. 이럴때 일수록 무엇보다 마음의 여유를 갖고 처신하는게 상책이다.

3 외국을 출입하면서 이득을 취하니 명예도 재물도 모두 유익하다. 언론인이나 공무원등는 상급자와 같이 외국여행을 하게 되고, 문화·예술·종교인은 경사스러운 일로 외국을 출입하니 그 이름이 뭇사람 입에 오르내린다. 특히 탤런트나 가수등은 외국에서 공연을 가져볼 수 있는 절호의 기회이다.

4 작은 것으로 큰 것을 이루니 노력의 댓가를 그 가운데서 찾고 기쁨 또한 끊일줄 모른다. 따라서 심신이 안정되고 집안이 화목하여 웃음소리가 이웃 담을 넘는다. 다만 토끼띠 4·6·7월생은 자녀로 인한 속상함이 있어 밤잠을 못 이루고 한숨과 눈물로 지내리라.

5 이달에 당신이 구하는 재물은 필경 서쪽에 있으니 그쪽 방향에서 구한다면 큰 어려움이 없을 것이다. 사업가가 거래선을 새로 연결하는 것이나 농부가 특수작물을 재배하는 것은 반드시 서쪽이 이롭다. 서쪽에 있는 애인과 결혼을 약속하게 되면 3-4개월 후에 성취된다.

6 뭐니뭐니해도 돈을 버는 장사는 이달이 좋으나 결혼문제, 부동산 매매 등은 절대 불길하다. 사업가는 불경기라는 어려움에도 불구하고 사업이 아주 발전하게 된다. 많은 사람을 대하는 각종 소개업소나 알선업소를 경영하는 사람은 자리를 옮기는 것이 급선무이다.

7 매사가 지체되고 가부가 분명치않아 자신도 모르게 초조하고 외롭기만 하다. 집안으로는 부모나 슬하에 근심이 있게 되고 집밖에서는 얽히고 설키는 삼각관계로 죽을 지경에 이르고 있다. 범띠가 서북쪽 토끼날에 출행하면 교통사고로 몸을 다쳐 불구가 되므로 미리 주의하고 경계해야 한다.

8 청천하늘에 갑자기 검은 구름이 가득함에도 비는 오지않고 무덥기만 하니 불길한 징조가 보인다. 건강에는 호흡기·관절염등으로 고생하게 되고 돈이 나온다고 한지가 몇개월이 되는데도 오늘 내일식으로 미루고 나오지않아 상대를 원망하는 마음까지 일어 자칫하다가 싸움이 일게될까 염려된다.

9 그렇게도 기다리던 님의 소식이 늦게나마 당도하니 십년 근심이 하루아침에 사라진다. 하는 일마다 즐거움이 있고 말하는 곳 마다 도와주려고 하는 사람이 많아 천군만마를 얻어 천하를 호령하게 된다. 목적했던 일은 용·원숭이·토끼날 오후 3시경에 최종적으로 이루어질 것이다.

10 산토끼를 잡으려다 집토끼를 놓치지 마라. 그리고 남의 물건을 욕심내면 도리어 내 것을 잃게 된다. 남을 해치려는 마음보다 이해하고 관용으로 대하면 무사하나 자신의 주장만이 옳다고 상대를 무시하는 행동을 하면 돌이킬수 없는 피해를 입어 그 회복이 세월을 두고두고 어렵다.

11 집안에 오래간만에 재물이 들어오니 배고픈자가 밥을 얻고 사막의 목마른 자가 오아시스를 만난것과 같다. 한가지 흠이라면 그 돈의 씀씀이를 가지고 가족끼리 싸움을 하여 서로 언성을 높이니 도리어 해가 되기도 한다. 이럴때에는 자신의 위치를 손해보는 마음으로 양보하면 반드시 유길하다.

12 모처럼 국가로부터 은혜를 받아 목적한 바를 성취하니 추종하는 사람이 문전성시를 이루고, 재물과 명예가 한몸에 있어 가히 귀인이 되도다. 무슨 일이고 꾸준히 노력한다면 결국에는 성하여 가문을 빛내고 그 이름을 영원히 보존하리라. 소띠는 사람을 너무 믿지마라. 은혜를 원수로 갚는 무리를 만난다.

242 兩人合心 양인합심
必見成就 필견성취

두마음이 한마음 되고 두몸이 한몸이 되니, 결혼의 징조가 있고 옥동자를 낳을 행운이 있다. 금년에는 부부간에 화목하고 형제간도 우애하여 편안한 마음이 계속된다. 단체조직으로 일을 도모하거나 두서넛이서 동업을 하게되면 마음이 잘맞아 성업을 이룰수 있다. 비록 일년간에 계획을 정립한다해도 완전한 개혁보다는 보수와 진보가 상존하게끔 잘 조화해야 한다. 쥐띠는 집을 수리하고 소띠는 절간을 수리하며, 토끼띠는 열애를 하고 용띠는 배신을 당한다. 또한 뱀띠는 눈물을 보이고 말띠는 각기병이 있으며 양띠는 배앓이가 있고, 원숭이띠는 치아를 새로이 고친다. 닭띠는 수술수가 있고 개띠는 새로운 사업을 시작하며, 돼지띠는 처자를 버리고 애첩과 황홀경에 빠져 앞뒤를 헤아리지 못하고있다.

1 운수가 흥하여 친구와 다툼이 있지않으면 손위의 사람과 다투게 된다. 집안에 어른이 몸져 누워있어 자연 손해가 있게 되고 가족끼리의 의견충돌이 심하다. 아버지나 어머니의 기타 손윗사람이 아프게 되면 정북쪽에 있는 약국이나 병원을 찾게되면 효험이 빠르다. 단, 임신부는 서쪽에 위치한 병원이 길하다.

2 운명에 도화꽃이 만발하여 스스로 현란하니 외도가 두렵다. 남녀노소를 막론하고 이달에는 외도수를 주의해야 한다. 그렇지 않으면 상대가 그대의 약점을 악용, 협박을 해와 남모르게 눈물을 흘리게 되거나 적잖은 금품 요구로 날이 갈수록 괴로움이 더해간다.

3 재성(財星)이 문전에 비치니 집안에 재록이 스스로 들어온다. 그 동안에 금전 융통이 잘되지 않아 여러가지로 손해를 보는등 불안했으나 이달에는 의외로 풍족한 물질에 환호성을 지른다. 공무원은 승진의 행운이 있고 사기업체에서 근무하는 사람은 뜻밖에 대우가 좋아져 즐거움을 감추지 못한다.

4 '등사'란 흉신이 발동하므로 반드시 놀랄일이 있게 되고 의외의 흉액으로 그 동안 쌓아놓은 행복의 탑이 일시에 무너지고 마음 붙일곳이 없어 허전하기 그지없다. 집안에 말·원숭이띠가 있으면 남쪽을 가다가 교차로에서 차에 놀란다. 특히 쥐·원숭이날을 주의해야 한다.

5 지금 살고있는 곳이 어찌 그대의 보금자리가 된단 말인가. 아무래도 이사를 하는것이 현명하다. 이사후 건강이 좋아지고 불화했던 가족이 화목하여 이세상에서 부러울게 없다. 쥐띠는 남쪽이, 소·닭·뱀띠는 서쪽이, 돼지·토끼·양띠는 북쪽이 길하고, 원숭이·용·개띠는 동쪽이 길하다.

6 평소에 다소 안면이 있는 사람을 가까이 하지 마라. 결국에는 함정에 빠져 허덕인다. 특히 사업이나 기타 투자를 요구해 오면 단호히 거절하는게 제일이다. 친구나 형제와도 물질적인 거래를 한다면 아침 저녁으로 눈을 흘기며 다투는 사이로 나중엔 말도 하지않고 지내게 된다.

7 어허~ 당신이 하는 일은 왜 그다지도 산에 가서 고기낚는 식으로 엉뚱한 행동을 하는가. 그림속에 떡을 만들지 말고 배고플때 먹을 수 있는 진짜 떡을 만들어 보아라. 허황된 꿈을 가지고는 세상 살기가 어렵다. 그러니 지금이라도 당장 마음을 고쳐먹고 스스로를 지켜 나가도록 하라.

8 이달에는 동쪽과 서쪽에 명예와 재물이 있으니 그쪽에서 일을 도모하라. 남녀 이성간에는 일생일대 처음으로 몸을 맞대고 정을 나누나 그렇게 황홀한지를 늦게야 깨달아 어찌할 줄 모른다. 사업가는 토끼날이나 닭날에 물건을 사고팔면 큰 이익을 본다.

9 십년을 고생하면서 번 돈 백냥이 하찮은 일로 오십냥이나 허비되어 까닭을 알수가 없다. 행상을 하는 사람은 일정한 장소에 정착하여 그런대로 짭짤한 수입을 얻고, 운수사업을 하는 사람은 그동안 모아놓은 돈을 사고로 버리게 되니 세상살이가 뜻과 같지 않다고 땅을 치며 통곡한다.

10 이달에는 물도 조심하여야 하지만 불도 조심해야 하는, 조심할게 한두가지가 아니다. 더우기 외출도 줄여야 하니 이 복잡한 세상살이를 누가 이렇게 복잡하게 만들어 놓았는가. 어느 곳을 출입하든지 최·조씨성을 가진 사람은 대화를 하지 않는게 무서운 함정으로부터 벗어나는 길이다.

11 의식주는 큰 어려움없이 해결되고 별로 두려움 없이 살아가나, 집안에 환자가 있어 닷냥을 벌면 열냥이 없어진다. 출행을 무작정 하는것도 불행을 자초하는 것이므로 여러사람의 말을 경청하는 자세로 출입을 삼가해야 한다. 임신부는 남쪽에 있는 병원에서 아이를 낳는게 좋다.

12 몸은 비맞은 장닭〈수탉〉처럼 피골이 상하고 마음은 불안하기 짝이 없다. 어느 경우에도 망동을 삼가하고 경솔한 언행을 조심하면 시비구설을 막을 수 있고 일가 친척이나 친구사이에도 정을 돈독하게 할수 있다. 나만이 제일이라고 독단을 부리면 지탄을 면치 못한다.

243 化體歸根 晚脫其殼 화체귀근 만탈기각

한그루의 나무도 뿌리가 약하면 오래도록 존재할 수가 없듯이 인간에게도 어느 누구든 기본자세나 기본양심이 절대 필요하다. 따라서 올해에는 한 인간으로서 틀을 벗어나지 않는 처신이 복을 부르고 화를 멀리하게 된다. 옛것에 연연하지 말고 보다 적극적으로 새로운 각오로 옛것을 탈바꿈하는데 최선을 다한다면 그다지 큰 어려움은 없을 것이다. 쥐띠는 여행수가 있고, 소띠는 이사와 직업변동이 있게되며, 범띠는 처자나 애인과 불화가 있고, 토끼띠는 음식을 잘못먹어 고생을 하게 된다. 뱀띠는 원성을 사는 일이 있게 되고, 말띠는 고부간이나 부자간에 언쟁이 있으며 양띠는 산너머 산이 있고, 원숭이띠는 동업하게 된다. 닭띠는 외국으로 학위를 받으러가고, 개띠는 취직을 하게 되며, 돼지띠는 집을 팔게 된다.

1 마음씨가 비단결같이 곱고 바른데도 우연치 않게 오해를 사는 일이 비일비재 하다. 그렇더라도 당신의 그 곧고 아름다운 마음씨는 하늘도 감동하여 어려움 속에서 반드시 구원해 줄 때가 있다. 이달같은 운수에서는 마음을 터놓고 지낸 사람과도 농담을 함부로 해서는 안된다. 구설시비가 중중하기 때문이다.

2 아이고 지고! 이게 무슨놈의 팔자란 말인가. 병들어 죽어가는 말이 험준한 태산마루를 넘고 또 넘어가야 하니 불쌍하고 가엾도다. 모든일이 하루하루 지체만 되고 추진됨이 없어 세상을 원망하고 낳아준 부모를 탓하게 되나 아직 때가 아니니 조용한 마음으로 때를 기다리라.

3 조용한 가정에 사람으로 인해서 걱정거리가 발생하여 동쪽에서 눈물을 흘리고 서쪽에서 원수와 한판 승부를 하니, 사방에 악인의 무리만 득실거리고 나를 도와줄 귀인이 없다. 그렇지만 부지런하고 성실하게 살려고 노력한다면, 마치 비가 오는데 우산의 덕택으로 비를 맞지 않는것과 같을 것이다.

4 문화 정치 경제면에서 지도적인 위치에 있는 사람은 재물도 얻고 명예도 얻을 대운에 와있고, 일반 보통사람이라면 노력한 만큼의 댓가는 기대해 볼만하다. 다만, 과욕을 부려 뜬구름 잡는식의 삶을 영위한다면 불행의 늪에서 헤어나지 못하고 필경에는 몸을 망치고 말것이다.

5 이사를 하는게 좋고 이번 기회에 직업도 바꾸는게 순리다. 직업이란 생활의 밑바탕이 되는것은 삼척동자도 다 아는 일. 그러나 어느 때 어느 직으로 변화시켜야 할지는 타고난 팔자대로 순응하는게 바람직하다. 쥐·양·개띠는 의외로 가정풍파를 겪는 고생을 하게돼 마음이 심히 괴롭다.

6 두사람이 먼훗날을 약속하고 백년가약을 맺었지만 마음이 잘 맞지않아 아침 저녁으로 큰소리치며 다투다가 이제와서는 무관심 속에 한집에서 살아가니 언제까지나 이대로 살아갈지 걱정이 태산같다. 특히 소·말·양날에 살것인가 헤어질것인가를 결정짓는 최후의 날이 된다.

7 집안에 송사가 끊이지 않으니 이게 무슨 날벼락인가. 지금껏 재판소의 문전에도 가보지 않았는데 송사를 치뤄야하니 참으로 사람 살아가는 것이 요지경 속이다. 송사에 연루되어 있으니 그 손해가 적지않고 또한 마음의 상처가 이만저만이 아니다. 집안에 범·원숭이·뱀띠가 있으면 집안끼리의 송사가 있다.

8 두사람 마음이 일치하니 만리장성인들 못쌓겠는가. 험난한 태산준령인들 못오르겠는가. 어떠한 어려움도 두사람 앞에서는 장애가 될수없고, 무에서 유를 창조해 사람들을 깜짝 놀라게 한다. 사업가나 공무원 그리고 공부하는 학생은 아무걱정 말고 성심껏 노력하라. 반드시 그 댓가를 얻을 수 있게 된다.

9 지위고하를 막론하고 승진의 행운이 있고 사업가는 사업이 잘되어 사업장소를 확장한다. 사람도 더 증원시키는 당당한 의지를 보여준다. 한가지 옥의 티라면 집안에 화재가 있어 적잖은 손해를 보게 될 것이다. 그리고 막내동생으로 인해서 다소 손해가 있으므로 순리대로 대응하는게 좋다.

10 가시밭 산에서 구슬을 캐려고 모진 고생을 다하니 하늘도 감동하여 그대에게 복을 내린다. 무슨 일이든 한번 시작하고 끝까지 노력한다면 결국에는 성취의 환호성을 외치게 된다. 농사를 짓는 사람이나 사업가는 그동안 침체되었던 일이 칠전팔기로 재기할 수 있게 된다.

11 천냥을 벌어들여 집안에 재물은 가득한데, 욕심을 부리다가 오히려 이천냥을 잃게되니 십년공부 나무아미타불이다. 자신의 능력을 잘 헤아려 과분한 행동을 하지 않는게 실망을 피해가는 하나의 묘책이다. 박·주씨 성등이 유혹하고 있어 장래가 두려우니 가부를 분명히하여 유혹을 미리 막아야 한다.

12 뒷동산 풀이 의외로 생기를 찾아 그 자태가 당당하여 마치 눈밭에서 죽순을 얻는 격이다. 이달에는 무슨 영문인지 생각도 하지 않은 일들이 잘 풀리고 집안에 재물이 스스로 들어오니 걱정아닌 걱정을 하게 된다. 가능하면 출입을 삼가고 언행을 조심하면 더더욱 기쁜일이 많을 것이다.

251 無端虛慾 무단허욕
心身之敗 심신지패

한냥짜리 인생이 천냥을 바란다면 그것은 결코 무리가 아닐 수 없다. 사람에겐 각자 할 일이 있고 분수라는 것이 안정된 삶의 선을 그어 준다. 그러나 간교한 인간은 그 안정된 분수의 선을 넘어서 천방지축 날뛰다 급기야는 울고불고 통한의 한숨을 쉬게 된다. 금년 운세는 어느해 보다도 심신에 편치 못한데, 그 원인은 대개가 과욕과 경거망동에서 오는 것이니 매사를 자신의 능력에 맞도록 최선을 다하는 것이 행복의 문을 두드리는 것이 된다. 뱀·닭·소띠는 결혼을 하게 되고 범·말·개띠는 사업에 실패하여 눈물을 흘리고 용·쥐·원숭이띠는 가정불화로 가출하는 일이 있어 엎친데 덮친격이 된다. 동쪽에는 악인의 무리가 담을 넘고 서쪽에는 함정이 있으니 이 두 방향을 8,9월에 각별히 조심하라.

1 옛말에 하루에도 세번씩 자신을 살펴야 한다는 말이 있듯이, 지금 당신은 당신의 위치와 능력등을 다시 한번 살피되 만에 하나 잘못된 점이 있다면 지금이라도 개과천선 한다는 용기로 새로운 삶을 구축해야 한다. 마음의 고통이 어느 때 보다 심할 때이므로 가능하면 매사를 확장하지 말고 축소화 시켜야 한다.

2 영약을 캐려고 심산유곡을 헤매거나 구슬을 구하려고 망망대해를 헤매도 구하지 못하니 이만저만한 걱정거리가 아니다. 어려운 일부터 붙잡지 말고 당신의 능력으로 충분히 해낼 수 있는 작은 일부터 풀어나가는게 어려움을 이겨내는 첩경이다. 쥐띠는 두통과 안질로 고생이 있게 된다.

3 만물이 생동하여 뭇사람들이 활개를 맘껏 치고 다니나 당신 만큼은 출입을 삼가하고 입산수도 하는 마음가짐으로 살아가야 한다. 남의 일을 해결해 준다고 관여했다가 도리어 망신만 당하는 꼴이 되기도 한다. 그러니 어떠한 일이 있어도 남의 일에 절대 관여하지 마라.

4 십년만에 수중에 천금을 희롱하니 부러울게 없었는데, 도적을 만나거나 악인을 만나 하루아침에 날려버리니 땅을 치고 통곡한다. 남녀를 불문하고 어두운 골목길을 가다가 돈도 빼앗기고 몸도 다치게 되니, 용날과 토끼·뱀날은 밤길을 조심하라. 이같은 주의가 없으면 후회할 것이다.

5 박씨 성을 가진 사람이 당신을 돕겠다고 발벗고 나서니 목적했던 일들이 서서히 풀려간다. 다만, 당신이 쥐띠면 말띠·양띠와는 불길하다. 그리고 소띠라면 개띠 4월·6월생과는 길하고, 토끼·돼지띠라면 원숭이띠와는 손재수가 있다. 범띠·말띠이면 돼지띠와는 의리를 끊게 된다.

6 작은 이익에 연연하다가는 오히려 구설시비와 손재가 있지만, 작은것쯤은 과감하게 버릴줄 아는 융통성을 발휘한다면 나중엔 큰이익을 얻을 수 있다. 친구이든 사업상이든 너무 계산적이거나 자신의 이익에만 급급하면 신용이 떨어져 누구하나 거들떠 보지 않고 오히려 해로움만 있을것이다.

7 가까운 사람을 멀리하고 정을 끊어라. 돌이킬 수 없는 실망의 늪에서 헤어나지 못한다. 부부사이지만 아기자기한 정이 없이 규칙적인 가정생활만 강조하다보면, 급기야는 극한 상황에까지 이르는 이혼이란 불행을 초래할 수도 있다. 이시간 이후부터라도 자중하며 서로 세세한 정을 베풀어야 한다.

8 석공이 돌을 다듬어 옥을 만드니 그 빛이 천리를 비춘다. 그 동안의 지대한 노력의 댓가가 온세상을 깜짝 놀라게 한다. 심혈을 기울이고 최선을 다했기 때문에 누구나 칭찬과 협조를 아끼지 않는다. 가는 곳마다 즐거움이요 세상 사는 맛을 느낀다. 다만, 닭띠는 형제간에 다툼이 있다.

9 만약 외국을 출입하지 않으면 국내에서도 이사 변동이나 사업장 이전, 그리고 직업 변동으로 매우 분주해 진다. 직업 변동이나 이사를 할 때 필히 북쪽을 선택하게 되면 훗날에 큰 행운이 따르겠으나, 반대로 남쪽을 선택하게 되면 재산상의 손해는 물론이고 건강운도 불길해 진다.

10 이달에는 신수가 이롭지 못하여 집안에 병자가 발생하지 않으면, 부모나 자녀가 북망산천을 찾아 소복을 입게 된다. 만약 윗사람의 상복수가 있게 되면 용날 밤 9시나 개날 오전 7-9시가 될것이며, 망인의 머리는 남쪽으로 두게 되지만 방의 구조상 동쪽으로 향하게 될 것이다.

11 하는 일마다 중간에 간사한 무리로 인하여 지연되고 노력을 해도 그 댓가를 도저히 찾아볼수 없어 인간만사 마음먹은 뜻대로 아니됨을 깨닫는다. 하나의 길을 해결하고 또 다른 일을 시작하나 역시 불투명하여 진퇴를 제대로 결정할 수 없는 형편이다. 공부하는 학생은 과목선택으로 고민을 한다.

12 노력한 만큼의 재물을 얻으니 무슨 조화인지 쓸 곳이 더 많아 모아지지 않으니 수고로움만 더한다. 이달에는 가능하면 출입을 삼가하고 대인관계를 피하는 것도 삶의 한 방편이 된다. 주씨·조씨·홍씨성의 사람들과는 입을 맞대고 말하지 않는게 번거로움으로부터 피하는 최선의 방법이다.

252 一室兩女 일실양녀
      一室兩男 일실양남

한방에 또는, 한집에 두여자가 동침을 하게 되니 괴이한 일이로다. 이러한 때는 동성연애를 하든지 부부간에 바람을 피워 가정풍파를 초래하는 경우이다. 심한경우에는 부부가 생이별을 하는 법정시비까지 벌이게 되니 이만저만한 망신이 아니다. 연애를 하는 사람은 우연치 않은 삼각관계로 삼인이 혼숙을 하는등 인간으로서의 도덕률을 위배하는 불륜을 저지른다. 사업가는 보이지 않는 방해자로 인하여 갑자기 거래가 끊기고 수금이 안되는 장애가 일기 시작한다. 학생은 같은반에 있는 동급생과 연애를 시작하게 된다. 나이가 많은 미혼여성은 어느 누구보다 순결하다고 자신만만해 하던중에 갑작스레 몸을 빼앗기는 수모를 당해 죽고만 싶다.

1 집안에 동전한푼이 없어 동쪽에서 빌려다 서쪽에서 쓰고 남쪽에 가서 거짓말 하더니 북쪽에서 탄로나 생활고에 이만저만 찌들린게 아니다. 얼마전까지도 직장이라고 성심껏 다녀보았으나 적응을 하지못하고 사직하여 실업자가 되어 버렸으니, 날마다 고민과 극빈의 세월을 보내고 있다.

2 때아닌 이월에 썰렁한 누각에 한가로이 누워있으니 겉보기는 호화스러우나 안으로는 사람에게 시달리고 물질적 빈곤으로 시달려 자살이라도 하고픈 심정이다. 하지만 아직 때가 아니라서 그러니 괴롭고 눈물겨워도 인내와 끈기로 어려운 시기를 넘겨라. 머지않아 할일이 있을것이다.

3 손윗 사람이나 손아래 사람과 한결같이 불화쟁론만 있어, 실망의 도가니로 몰아치는 불길한 운수에 놓여있다. 대하는 사람마다 비판과 흉보는데 급급하여 자연 구설시비가 끊이지않아 정신적인 고통이 이만저만한게 아니다. 이럴때에는 집을 떠나 잠시 외지에서 머물러 있는것도 액땜하는 것이 된다.

4 지금껏 불철주야 고시공부에 전념하고 있던 학도는 마침내 합격의 영광을 안고 세상 사람들의 칭찬과 부러움을 사게 된다. 이밖에도 취직이 안되어 고민하고 있던 사람은 토끼날이나 돼지날에 취직이 될 것이며, 혼담이 오가는 사람은 다음주 용날이나 말날에 맞선을 보게 된다.

5 노력은 어느누구 못지않게 최선을 다하고 있는데도 무슨 조화인지 놀고먹는 사람보다도 수입이 적어 사람 살아가는 일이 참으로 헤아리기 어렵다. 이곳 저곳을 둘러보아도 의몸하나 의지할곳이 없으니 외롭기 그지없다. 이달에 신수가 이렇게 나쁘다니 이 또한 하늘의 뜻이 아니겠는가.

6 일은 많이 시작해 놓았는데 어느하나도 성취되는 일이 없어 하늘을 보고 원망하고 땅을 치며 통곡해도 한스러움으로 가득차있는 이내 가슴은 시원치 않다. 이럴 때에는 매사를 확장하는것 보다 축소하여 현상유지로 만족하는게 마땅하고 만약 과욕을 부린다면 다시 일어서기 힘들것이다.

7 혼인을 하고 자녀를 출산하는 일은 곧 경사인데, 왜 우리 집안만은 이렇게 찬바람이 감도는가. 아들을 학수고대하던 집안에 딸이 태어나고, 부모가 반대하는 상대와 억지로 결혼을 하게 되니 되는 일이 없다. 그러나 원망과 서운함은 잠시일뿐 머지않아 웃음소리가 나는 가정이 된다.

8 이제는 무엇이 되는가 싶더니 다된 밥에 코빠뜨린 격으로, 길함이 흉함으로 변해 또 한번 삶의 고통을 겪어야 한다. 마음 같아선 동서남북으로 돌아다니며 마음속의 우울함을 풀고싶지만 부양가족 때문에 이러지도 못하고 저러지도 못하니, 저승으로 가고 싶을 뿐이다.

9 부동산 매매가 아니면 문서계약하는 일에 다소 이익이 있다. 공부하는 학생은 성적이 점점 좋아지므로 주위 사람들로부터 칭찬과 부러움을 한몸에 지니고 있다. 국가고시를 볼 수험생은 합격의 꿈을 버리지 말고 끝까지 노력한다면 늦게나마 합격하여 성취의 기쁨을 만끽할 수 있다.

10 이달의 운세는 불행중 다행으로 상순에서 중순까지는 그런대로 모든 일이 성취되는 행운의 시기이고 중순 이후부터는 약간 불길하여 집안에서 큰소리가 나고 직장의 동료나 그밖의 친구와도 사소한 언쟁이 있게 된다. 가능하면 문씨성과는 대화를 피하는게 좋으며 박씨와는 일을 같이 하는게 길하다.

11 황야에서 배고픔에 지쳐 쓰러진 걸인이 귀인을 만나 허기진 배를 채우니 그보다 더 기쁜일이 무엇이겠는가. 다만, 갑자기 생긴 일이라서 적지않은 부작용이 있음은 당연한 세상이치, 그러므로 개구리가 올챙이적 시절을 망각하고 은혜를 원수로 갚는다면 천벌을 받을 것으로 여기며 자중해야 한다.

12 당신을 비롯한 온가족이 살신성인의 마음으로 남에게 덕을 베푸니 덕행이 다시 돌아와 가히 경사가 아닐 수 없다. 지금은 비록 어려운 생활을 하고 있지만 머지않아 당신의 덕행이 세상에 알려져 이름이 빛나게 되고 사방에서 귀인이 등장하여 돕겠다고 나선다.

253 酒色外道 주색외도
破家亡身 파가망신

늙으나 젊으나 주색에 놀아나지 않는 사람이 없으니 세상은 요지경이다. 당신의 나이가, 아니 지금 형편으로 외도를 할만한 처지가 되는가. 외도를 해도 가정을 좀더 안정되게 해놓고 외도하는게 좋지 않겠는가. 금년에는 이성문제로 번민과 고통의 나날을 보낼 운수이므로 그러한 장소나 그럴만한 소지가 있는 사람과는 접촉을 하지 않는게 좋다. 젊은 남녀간의 이성문제는 순수하고 소박한 관계보다, 치욕적이고 오욕적인 부정속의 늪에서 서로 눈을 흘겨야만 되는 아주 불길한 악운을 만난 셈이다. 사업가나 직장인은 부하직원과 불륜이 있게 되고, 일반가정에서는 형부가 처제를 좋아하는 짐승같은 불륜이 자행되기도 한다. 이럴 때에는 멀리 떠나는게 묘책이다.

1 처음부터 낙관적인 일이 끝까지 뜻한바대로 이루어지니 오랜만에 웃음을 되찾게 된다. 모든 일에는 반드시 완급이 있는법. 이달에는 가능하면 빨리빨리 일을 처리하는게 곧 목표를 달성하는 첩경이 되고, 세세한 내용보다는 보다 원칙적인 면에 주안점을 두는게 현명한 처사이다.

2 당신이 하고자 하는 일에 미인계란 음모가 서려 있어 반드시 주의가 요망된다. 남자는 외모만 보고 사귀던 여성이 배반을 하여 사나이의 가슴에 한을 심고, 여성은 외모만 보고 믿었던 남성이 처자가 뒤늦게 나타나 배반의 눈물을 흘리게 된다. 이달의 운수가 이러하므로 미리미리 주의하라.

3 화목하고 화창한 기운이 문전에 임하니 하는 일마다 번창하고 귀인이 나타나 도와주게 된다. 그동안에 주위의 반대로 이루지 못한 결혼을 하여 마침내 아이까지 낳게 되니, 반목하던 사람도 마음을 고쳐먹고 가정의 화목을 다짐한다. 당신이 쥐나 말띠이면 쌍둥이를 낳는 경사가 있다.

4 용이 있는 자리에 집을 짓거나 이사를 함으로 그동안에 그렇게도 지긋지긋하게 안되던 일도 삼월동풍에 대동강이 풀리듯 술술 풀려 나간다. 그리고 당신의 지혜와 총명함이 온세상 사람을 깜짝 놀라게 할 정도로 대단해 다소간의 어려움이 있다손치더라도 잘 풀어 나가는 개척정신이 있다.

5 이달에 재물은 오직 김씨나 정씨성을 가진 사람에게 있다. 상거래상이든 아니면 일반적으로 금전을 융통하는 일은 모두 김씨 정씨에게 부탁하는게 성공의 첩경이다. 돈놀이를 하는 사람이나 소개업을 하는 사람은 내면적으로 경제적 어려움 때문에 소화가 제대로 안될 지경이다.

6 정북쪽과 정남쪽이 재물을 얻을수 있는 길방이니, 그쪽에서 일을 도모하거나 이사를 하게 되면 가정도 편안해지고 재물도 왕성해져 셋방살이를 면하고 어엿한 집주인이 된다. 집안에 닭띠 여자가 있다면 공부가 보다 잘될 것이며, 토끼띠는 건강이 불길하여 공부에 지장이 많아진다.

7 무슨 일이든 아는체 하지 마라. 크나큰 망신수가 따른다. 남을 도와주기 위해서 성심껏 노력하지만, 결국 손해와 구설만 겪은채 서운함만 더할 뿐 아무 이로운게 없다. 이달 만큼은 만사를 신중하게 대처해야지 만약 경거망동하면 실패를 거듭하여 헤어나기 힘들다.

8 한번의 실수가 돌이킬수 없는 엄청난 과오로 전파됨에 따라, 망망대해에서 사나운 악풍을 만나 일엽편주가 침몰되기 직전의 경우에 처해있다. 정치인이나 언론, 출판, 변호사, 소개업을 하는 사람은 아무리 작은 일이지만 심사숙고한 뒤에 결정을 내려야 하고, 가능하면 많은 일을 벌려 놓지 않는게 좋다.

9 천신만고 끝에 내집 한 칸 장만하니 구중궁궐이 부럽지 않고, 진시황제의 아방궁이 부럽지 않다. 주의할 점이 있다면, 집안에 용·개띠를 같이 살게 해서는 안된다. 반드시 손해를 끼칠 것이다. 토끼·양띠 어린이가 있다면 호흡기 질환으로 큰 고생을 하는데 남쪽에 위치한 병원으로 가면 특효가 있다.

10 도적을 만나 돈과 귀금속을 잃게 되니 손해가 이만저만이 아니다. 하지만 몸은 상하지 않고 물건만 잃어버린 것을 불행중 다행으로 알아야지 끓이면 마음의 상처는 영원히 지울 수가 없어 병원신세를 면치 못할것이다. 쥐날이나 소날 밤 1-4시 사이에 동쪽 담을 잘 살펴야 한다.

11 금전융통이 되지 않아 부도나기 직전에 귀인이 나타나 돈을 융통해줘 죽었던 부모가 살아온것 같다. 일반가정이라도 빚에 쫓기는 신세였는데 남쪽에서 온 귀인이 어려운 문제를 모두 해결해 걱정이 사라지고 희망이 엿보인다. 무엇보다 마음을 바르게 하고 끈기있게 나간다면 행운이 따른다.

12 잠시지만 가족끼리 불화하고 서로 헐뜯었는데, 지금부터는 화목하여 그 웃음소리가 그치지 않으니 이보다 부러운 일이 어디에 또 있을까. 사랑하는 애인과 또는 결혼한지 얼마되지 않은 신혼부부도 그동안 의견충돌이 잦았는데 이제부터는 잉꼬부부로 가정을 화목하게 꾸려나간다.

261 今年之運 금년지운
先困後吉 선곤후길

처음엔 어려움이 많아 걱정이 태산 같았지만, 날이 갈수록 어려웠던 일들이 사라지고 좋은 일들이 생기기 시작, 안정되어가는 시운이다. 가정에서는 다소 늦어질 것으로 예상되었던 문서상 계약이 빨라져 보다 나은 이익을 보게 되고, 직장에서는 작은 일로 지위가 흔들렸지만 그래도 승진하는데는 큰 지장없이 무사하다. 실내장식가나 각종 디자이너, 모델등은 년초에 부진했던 업적을 년말에 급성장 시키니 이익도 많고 마음도 편하다. 한가지 옥에 티라면 건강이 다소 불길하다. 농사를 짓는 사람은 새로운 농작물 재배로 수익을 높이는데 봄이나 여름작물 보다는 가을과 겨울 작물이 훨씬 수익이 좋은 편이다. 시험을 보는 학생은 학과 선택과 학교 방향만 잘 선택한다면 합격한다.

1 식구도 더하고 집이나 전답을 더하니 가정은 번창하고 그 웃음소리는 끊이지 않아 즐거움 속에 희망찬 삶을 영위하고 있다. 집안에 조씨, 염씨성을 가진 사람이 들어오면 큰 화를 당한다. 그러니 사전에 주의하고 경계해야 한다. 요즘은 새로운 가정설계로 밤잠을 설치고 있어 건강에 다소 어려운 점이 두렵다.

2 동서남북에 갖가지 일거리는 많지만, 나에게 맞는 일은 단 하나도 없으니 이게 무슨 팔자란 말인가. 남들은 말 몇마디에 직업을 얻고 돈을 빌려 쓰는데, 나는 허송세월로 부인이 벌어 가정을 꾸려가게 하니 참으로 알다가도 모를 일이다. 남쪽에 있는 친구에게 취직을 부탁하면 가능하다.

3 자녀가 가출하지 않으면 부부중 한 사람이 가출을 하게 되어 온가족이 초조해 한다. 그러나 너무 걱정하지 말라. 원숭이날이나 범날에 남쪽에서 연락이 오고 뱀날이나 돼지날 밤 11시쯤 가출한 자가 돌아올 것이다. 다만, 닭띠인 사람이 가출했다면 이달에는 오기 힘들다.

4 집안식구들 끼리도 화목하고 사회적으로도 화목이 넘치니 하는 일 마다 순조롭게 이루어 진다. 젊은 부부라면 필시 아들이나 딸을 낳는 경사가 있게 되고, 미혼남녀는 혼담에 장애가 있어 날짜만 미루고 있다가, 급기야 한쪽에서 서두르니 결국 파혼이 되고 만다. 매사를 순서에 입각하여 대처하라.

5 무서운 잡귀가 발동하니 거의 확실하게 다된 일도 수포로 돌아가고 마음이 왠지 불안하여 겁부터 난다. 그리고 고작 생각한다는게 도무지 현실성도 없고 실현 가능성이 전혀 없는 허황된 꿈을 버리지 못하고 있기 때문에 대단한 병폐를 초래하고 있다. 단 하나라도 달성할수 있는 일을 실천하라.

6 다른 사람의 말을 듣지 마라. 자칫 감언이설에 속아 돌이킬 수 없는 함정에 빠져들어 몸도 망치고 물질적인 손해도 이만저만이 아니다. 아뭏든 이달에는 남의 이야기를 듣다가는 백해무익하여 공연히 몸과 마음만 바쁘게 되어 가정도 편안한 날이 드물다. 사람을 너무 믿지 마라. 후회할 일이 있다.

7 오래전부터 사귀어오던 애인이나 중매인을 통해서 알게된 사람과 결혼하여 많은 사람들로부터 축하를 받으니 일생일대 처음으로 사람과 사람 사이의 정을 실감하게 된다. 쥐띠와 소, 범띠와 돼지띠는 백년해로 하나 쥐띠와 말띠, 소띠와 양띠는 불길하다.

8 어떤 일이든 그자리에서 단숨에 해치워야지 오래끌면 끌수록 불길하다. 어떤 일이 있어도 한씨성을 가진 사람과는 금전거래를 하지 않아야 정을 오래도록 유지할 수 있다. 사업가는 다른 때보다도 수금을 바로바로 한다든가 아니면 즉석에서 계약을 체결하는등 신속히 대처해야 한다.

9 해가 구름에 가려 그 빛을 발할 수가 없다가 이제 구름이 걷히니 태양의 밝은 빛이 드러나 만물이 생기를 찾는다. 그동안 선배나 후배로 인해서 직위가 오르지 못했고 그 능력을 최대로 발휘하지 못했는데, 지금부터는 마음껏 발휘할 수 있는 주위환경이 성립되었다.

10 김씨 성을 가진 사람과는 사업상 거래하지 말아야 하고, 대인 관계에도 가능한한 대면하지 않는게 제일이다. 그리고 사람을 너무 믿지 마라, 결국에는 말다툼하고 헤어지면서 서로의 감정을 풀지 못한다. 의류, 문방구, 출판업에 종사하는 사람은 왼쪽 팔이나 다리를 다치게 된다.

11 죽어가는 고목에 싹이트기 시작하니 한편으로는 기쁜 일이지만, 한편으로는 갑자기 일어나는 기이한 현상 때문에 걱정을 하고 있다. 갱년기가 가까운 여인이 젊었을때 느껴보지 못한 성생활에 불만을 갖고 나이들어 실행에 옮기려다가 바람이 나서 가정을 소홀히 하는 현상이 있다.

12 서쪽이나 북쪽을 가지 말라. 돈만 손해볼 뿐 이득이라고는 전혀 없다. 집안이 어려운 형편에 처해 있어 설한풍에도 이사를 해야 하는 그야말로 죽지못해 어렵게 어렵게 살아가는 인생으로 전락될 수 있다. 그러나 쥐구멍에도 볕들날이 있는 법. 희망을 갖고 열심히 산다면 언젠가 기쁨이 올것이다.

262 三年不雨 삼년불우
萬物憂慮 만물우려

삼년동안 비가 내리지 아니하니, 오곡이 말라 죽고 목마른자가 많도다. 당신은 삼년동안 헛수고만 했기에 가정파탄을 초래했고, 고집과 독단으로 신세를 망친 셈이다. 천하에 두려울것이 없는것 처럼 날뛰던 당신의 무례한 행동은 여러 사람으로 부터 지탄을 받아오다 금년에야 최후의 순간을 맞이한 것이다. 가사에나 사회적인 명분이나 한결같이 독단과 아집으로 일을 그르칠 수 있는 시기이다. 그러니 사전에 주의와 경계를 해야 한다. 인간이란 순리와 미덕을 져버리고 살수는 없는 일. 당신도 바로 그러한 점을 실천으로 옮길 때이다. 비록 물질적인 유익함은 당장 없다해도 먼 훗날에 그 댓가를 찾게 된다. 만약 부모를 보양하는 당신이라면 이번 기회에 효도를 한번해 보아라. 하늘이 복을 줄 것이다.

1 불우하고 어려운 환경 속에서도 자신의 꿈과 의지를 버리지 않고 열심히 노력한 보람으로 목적한 바를 달성하여, 풍요로운 삶을 영위하게 되니 자연 추종하는 무리가 생기고 아첨하는 무리도 있어, 자칫 일을 그릇칠 우려가 있으므로 사업하는 사람은 사원을 각별히 선별하여 채용해야 한다.

2 매사를 자신의 주장만 옳다고 내세우지 말고 여러 사람의 의견을 들어본 연후에 결정하게 되면 장차 목적한바가 달성되어 명예도 돈도 모두 얻을 것이다. 그러나 과욕을 부리고 혼자서 다 차지하려고 한다면 오히려 열을 얻고 백을 잃게 된다. 그러니 과욕부리지 말고 분수를 스스로 지켜라.

3 당당하게 아무 탈 없이 자라던 자녀가 몸이 아프고 자꾸 못되게 풀려가므로 여간 걱정이 아니다. 어떠한 경우에는 남쪽방향을 가다가 교통사고를 당하여 병원에 입원하는 사태가 있게 되니 걱정이 태산 같다. 특히 범·뱀·원숭이·닭 띠 자녀는 돼지날 오전 11시나 오후 5-7시에 각별한 주의를 해야 한다.

4 망망대해를 가고자하나 일엽편주가 역풍을 만나 가지 못하고 풍랑과 싸움을 하게 되니 죽음이 두렵다. 당황하지 말고 침착하게 대처한다면 생명은 구할 수 있고, 겨우겨우 바다를 건너 위험을 피하게 된다. 이달에는 죽을 고생만 했지 아무것도 얻는것이 없어 오히려 손해만 중중하다.

5 남녀를 불문하고 올챙이가 개구리적 생각을 못하고, 그렇게도 어려운 환경에 서 이제 겨우 먹고 살만한 여유가 있다고 외도를 하니 사람 마음은 변하는게 순간적이다. 지금도 늦지 않았으니 언어를 조심하고 산란한 마음을 잡아 가정에 충실하라. 만약 계속 춤이나 추러 다닌다면 화를 면치 못할 것이다.

6 꿈도 많고 희망도 많았던 그 옛날과는 판이하게 달라 앞날이 불투명하다. 웬 만한 일은 자존심 운운하며 마음에 없어하고, 허황된 꿈만 갖고 있어 가정생 활 하는데는 제로다. 그대의 속사정을 잘 모르는 사람은 지성인이고 덕인이라고 할 수 있으나 사실은 삶의 방법을 잘 모르고 있는게 바로 당신이다.

7 별을 볼래야 하늘에 구름이 잔뜩 끼어 있어 볼수가 없고 달빛이 없으니 앞길 을 분간하기 힘들다. 매사를 크게만 구성하지 말고 비록 하찮은 것이라도 실 행한다는데 의의를 부여하라. 자신의 처지는 생각지 않고 물 좋고 정자 좋은 곳 만 찾아서 무엇하나 되는 일이 있는가. 모든것을 스스로 개척하라.

8 왜 당신은 세상을 그런식으로 살려고 하는가? 다른 사람이 피땀흘려 모아놓 은 재물에 의지하려고 하지 말라. 그 사람은 그 돈을 모으기 위해서 밤잠도 제대로 자지않고 허리띠를 졸라매는 어려움을 겪었다. 그런데 그런 돈을 당신은 앉아서 받으려고 하는가 지금 당장 어두운 마음을 버리고 반성하라.

9 쥐구멍에도 볕들 날이 있다고 그렇게도 운이 없어서 갖은 고생을 하더니 이 달부터는 서서히 발전하기 시작하여 재물이 쌓이고 있다. 오랫만에 사람 사 는 것 같은 느낌을 가져본다. 어떤 일이고 자신의 처지에 잘 맞추어 실행한다면 큰 어려움 없이 달성하게 된다.

10 조금 나아졌다고 하던일을 우습게 알고 내팽개 친다면 도리어 손해를 본다. 아직은 때가 아니므로 새로운 직업으로 변화할 필요성은 없다. 다 만. 이사는 가능하다. 비록 지금 하고있는 사업장이 비좁고 좋지 않아도 바로 당 신을 구원해준 길지(吉地)이므로 가끔 고사를 지내는 것이 좋다.

11 당신에게 유익한 성시는 권·박·정·홍씨 등이다. 그러나 당신이 말·용 띠이고 위 성씨가 닭·개·쥐띠에 해당하는 사람이 있다면 당신을 해하 는 마음을 갖고 있으니 각별히 주의하라. 공부하는 학생은 성적이 그런대로 평균 은 유지하므로 조급하게 생각하지 말라. 성적이 저하될 뿐 백해무익하다.

12 물질적인 면은 생각대로 잘 풀려가나 정신적인면은 갈등이 심화되어 초조 하고 조급하다. 지금 당장 물질이 풍요롭다해서 빈곤함을 망각한다면 실 로 걷잡을 수 없는 시련에 봉착하고 말 것이다. 쥐·양·용·개띠 부부는 의견충 돌이 잦아 갈등이 깊어 극단의 단계까지 이른다.

263 每事不成 매사불성
疾病有苦 질병유고

열가지 일 중에 단 한가지도 되는 일이 없어 정신상 고통과 물질적 빈곤으로 큰 어려움에 봉착하고 있다. 그렇다고 곤두서 있는 성질을 함부로 내다가는 관재구설을 면치못할 것이다. 엎친데 덮친격으로 집안에 환자까지 있어, 마치 죽음의 낭떠러지에서 살려달라고 소리치며 애원하는것 같다. 쥐띠는 부부가 다툼이 심하고, 소띠는 각기병과 기침으로 고생하며 범띠는 외국으로 돈을 벌러가고 토끼띠는 직업변동이 있다. 또한 용띠는 상가집의 출입을 삼가해야 하고 뱀띠는 구설시비가 중중하며 말띠는 사랑을 하게 되고 양띠는 도박장에서 돈을 번다. 원숭이띠는 이사변동을 하고 닭띠는 관절신경통으로 고생하며 개띠는 취직을 하고 돼지띠는 실연을 당하고 눈물을 흘린다. 금년에도 사람을 너무 믿지 마라.

1 일을 하고자하나 할일이 없어 날이면 날마다 허송세월 보내니 가정생활이 말이 아니다. 그리하여 생활비도 빚을내다 꾸려가는 형편에 이르렀다. 얼마간을 무위도식하다 보니 약간 저축해 놓은 돈도 바닥이 났고 일가친척까지도 등을 돌려 의식적으로 피하니 더욱 답답하다.

2 당신의 재물은 아무데나 있는게 아니고 북쪽에 있다. 사업을 하거나 이사를 하는것도 북쪽으로 하면 길하다. 지나치게 과욕만 부리지 않는다면 뜻한바대로 이루어 질 것이다. 북쪽에서 집을 팔고 사거나 아니면 부동산을 팔고사면 큰 어려움 없이 이익을 보게 된다.

3 가정불화가 있지않으면 집밖에서 친구나 직장동료와 싸움이 있으니 어찌하리 이달에는 누구하고든지 싸움을 하고 넘겨야 하는 괴이한 운수이다. 남을 흉보지 말고, 남의 험담을 지적하지 말라. 오히려 망신만 당한다. 학교를 다니는 학생은 휴학계를 내고 뜻한바에 입문하니 새로운 세계를 알게 된다.

4 본시 주작은 전달하는 동물이나 좋은 소식보다는 나쁜 소식을 전달하게 되는데, 이달에는 주작이 활동을 하게 되니 멀리있는 자녀나 일가친척으로부터 비보를 전달 받게 된다. 당신이 만약 여성이라면 돈벌기위해 외지에 나가있던 남편이 사고로 입원했다든가 아니면 죽었다는 비보를 접하게 된다.

5 하늘이 무너져도 솟아날 구멍이 있다고 어려운 처지에서 귀인을 만나 그 어려움을 서서히 풀어나가니 가슴으로 기쁨을 느껴본다. 혼자 살아가는 과부나 홀아비는 어엿한 상대를 만나 사랑에 빠지고, 올데갈데 없는 걸인은 육교에서 귀인을 만나 새로운 삶을 영위하게 된다.

6 야망은 천하를 통일한 진시황제를 능가하나, 그것은 어디까지나 꿈이고 야망일뿐 결코 현실은 아니다. 당신은 분수에 알맞은 꿈을 실현시키는데 목적을 두어야지 너무 얼토당토 않는 일을 추진 하려다가는 실패하고 만다. 열가지를 시작했으면 단 하나라도 끝을 맺어야 하는데 모두 용두사미가 되고 만다.

7 토끼띠와 쥐띠는 이유불문하고 가까이 하지 마라. 함정에 빠져 몸만 망치고 만다. 특히 토끼띠나 쥐띠가 원숭이날이나 쥐날에 만나면 그러하다. 만약 함정에 빠지지 않더라도 구설로 인하여 큰 파문을 당하니 말과 행동을 일치하고 예의범절을 잊지 말라. 미혼남녀는 측근의 반대에도 불구하고 줄행랑을 친다.

8 한마리의 제비가 날으려고 안간힘을 쓰고 있지만 날개가 상하여 도저히 날을 수가 없으니 이렇게 애타는 마음을 누가 알리요. 돈을 벌수 있음을 잘알면서도 자본금이 없어 감히 도전을 못하고, 속으로 짝사랑하는 사람이 있어도 직업이나 돈이 변변치 못하여 차마 말도 꺼내지 못한다.

9 재물은 남부럽지 않게 몽아놓고 살지만, 가정이 편안하지 못하여 지출이 심하다. 비록 얻은 재물이 많다해도 나가는 재물이 많아 공연히 몸만 바쁘다. 그렇다고 결코 물질적인 빈곤이 있는것은 아니다. 가정은 마치 파도가 그칠줄 모르는 바다처럼 계속 불안정하기 때문이다.

10 작은새가 숲속을 나오니 갈데가 어디인고, 아마도 숲이 제일좋은 안식처가 아닌가 싶다. 잘 다니던 직장을 그만두고 사업한다고 시작해 놓고서 실패로 인하여 빚더미에서 벗어나지 못하고 있다. 따라서, 사업이고 뭐고 다 그만두고 직장생활을 다시 시작하니 공연히 헛수고만 한다.

11 이달에는 어느것 보다도 금전면에서는 흉화가 중중하니 최대한 금전거래는 하지 말라. 또한 얻으려고 해도 얻어지지 않는게 이달의 금전운이니 현상유지를 최우선으로 해야 한다. 당신이 범띠면 닭띠와, 원숭이·토끼띠면 쥐띠와 금전거래를 하지 말라. 웃음으로 주고받다가 원수가 되고 만다.

12 재물이 사방에 있으니 구하면 얻는다. 그렇다고 막연하게 다 얻는게 아니고 자신의 뜻대로 이루어지는 것이지 무한정한 일확천금이 있다는 것은 아니다. 이럴 때에는 도박을 해도 다소 이익이 있고, 복권이나 증권등을 사도 큰 이익이 있는데, 복권은 닭날이나 소날 오후 1시에 북쪽에서 구하라.

311 大事速成 대사속성
三人成事 삼인성사

운수가 대통하여 모처럼 대사가 성취되고, 삼인이 동업을 하게 되면 많은 돈을 모아 각기 사업체를 별도로 가져볼 수 있다. 집안의 병자가 그토록 차도가 없더니, 남쪽과 북쪽에서 약을 지어 먹은 후부터 큰 효과가 있다. 금년에는 불이나 뜨거운 물을 조심해야 한다. 말이나 개·돼지띠 등은 뜨거운 물에 데어 큰 어려움을 겪게 된다. 쥐띠는 유흥업으로 돈을 벌고 소띠는 의사로서 이름이 있으며 범띠는 상업으로 큰 돈을 벌게 되고 토끼띠는 옥동자를 낳는다. 용띠는 큰 고사를 지내고 의외의 복을 받는다. 뱀띠는 소송에서 승소하고 말띠는 병이 물러가며 건강을 되찾는다. 양띠는 부부간에 사업을 하고 원숭이띠는 외국을 출입하며 닭띠는 집을 새로 짓는다. 또한 개띠는 이별의 아픔이 있으며, 돼지띠는 결혼을 한다.

1 내 가슴에 맺힌 한을 누가 알 것이며, 땅을 치고 통곡한들 어찌 시원할 것인가. 외롭고 쓸쓸하기가 눈보라가 휘날리는 썰렁한 강가와 같고, 가슴은 차갑기가 어름장 같으니 누가 내 마음을 어루만져 주리요. 그러나 용기와 희망을 잃지 말고 이 시기를 극복하게 되면 웃을 날이 올 것이다.

2 이사를 하지 않으면 자녀에게 놀라는 일이 있게 되고, 그로 인하여 손재와 가정이 편안하지 못하다. 용띠와 개띠는 한집에 사는게 불길하고, 뱀띠와 원숭이띠 닭띠가 한집안에 동거하게 되면 관재구설이 스스로 일게 되며 구설시비가 중중하다. 말띠 자녀는 쥐날 오후 5시경에 교통사고를 주의하라.

3 세상 사는데 어찌하여 돈으로만 산단 말이요, 당신은 세상을 너무 돈으로만 일관하고 있어 도덕이나 예의 범절은 하찮게 생각하고 있다. 그러나 당신이 그렇게도 원하던 돈을 모아 놓으니 생활만 약간 풍요로울 뿐 무엇이 달라졌단 말인가. 오히려 돈 때문에 자녀간에 의리가 상하고 있지 않은가.

4 객지에서 살기 때문에 고향이 그리운건 사실이나 이달에 가게 되면 일가친척이나 친구등과 언쟁을 하게 된다. 그러니 이달만큼은 가지 않는게 화를 막는 길이다. 특히 쥐띠와 말띠, 소띠와 양띠, 범띠와 원숭이띠, 토끼띠와 닭띠, 용띠와 개띠, 뱀띠와 돼지띠 끼리는 각각 친구관계에 있다면 각별히 조심하라.

5 십년 가뭄에 단비가 내리니 어찌 기쁨이 없으리요. 한 인간으로써 그토록 노력해 왔는데 하늘인들 무심하겠는가, 당신이 근면 성실하여 뜻한바를 이루게 되니 더 이상 무엇을 바라겠는가. 너무나 지나친 과욕은 화를 불러오고 지나친 경솔함은 자신의 일을 그르치는 법. 그것은 곧 진리이다.

6 두사람 마음이 하나는 동을 향하여 있고 또 하나는 서를 향해 있으니 어찌 의견충돌을 피할수 있단 말인가. 같이 사는 부부라도 이런식의 사고방식은 백해무익하니 서로 양보하고 겸양의 미덕을 갖추어라. 집안에 구설이 있어 밖에 나가도 실수만 연발하여 생각지 못한 망신을 당한다.

7 세 사람이 한마음 한뜻으로 동업을 하게 되면 천금을 희롱하게 된다. 이삼년 간만 눈 질끈감고 부지런히 노력한다면 장차 각기 회사 하나씩을 설립하여 모름지기 사장이 돼 수많은 사람을 통솔할 것이다. 가능하면 범·말·개띠와 뱀·닭·소띠, 그리고 용·쥐·원숭이띠는 돼지·토끼·양띠와 동업하면 길하다.

8 세 사람이 동업을 하다가 한 사람이 빠져나가니 마치 세발 달린 솥이 발하나가 부러져 끓이던 보약이 쏟아져버린 것과 같다. 그러나 두사람이 하는것 보다 한 사람이라도 보충을 하는게 천운에 대처하는 길이다. 한약방이나 병원등을 세 사람이 동업하면 더욱 더 길하다.

9 아프던 환자가 점차 쾌차하기 시작하니 가정이 화목하고 재물이 모여든다. 정신적 질환이나 혈압 관절염등은 완치될수 있는 절호의 기회다. 비록 집안에 병자가 있으나 사업장이나 직장에선 매사가 잘풀려 불행중 다행이다. 어떤이는 승진의 후보가 세사람이 있었는데 그중 당신이 승진될 행운이 있다.

10 깊은 산속에 들어가 토끼를 구하니 마침내 목적을 달성하고 만다. 사주팔자를 잘 타고난 사람은 행정이나 사법고시에 합격하고 그렇지 않으면 검찰이나 경찰 기타 정보계통에 종사하는 사람은 흉악범을 검거하여 일계급 특진하는 행운이 따른다. 군인은 간첩을 잡아 특진하기도 한다.

11 남쪽은 흉함이 있어 그쪽에서 일을 도모하면 실패를 초래하고 손재가 있다. 그러나 북쪽은 길하여 돈도 벌고 명예도 있어 세상 살맛 난다. 다만 집을 수리하거나 집안에 새로운 사람을 들이게 되면 물건을 잃어버리는 액운이다. 사업가가 남쪽에서 북쪽으로 사업장을 옮기면 대길하다.

12 작은 것으로 큰 것을 이루니 마치 개천의 미꾸라지가 용이 돼 큰바다로 나가듯 모든 조화를 부려 세상 사람들을 이롭게 하는 것과 같다. 당신은 그동안 때를 만나지 못해 비장하고 있던 능력을 발휘하지 못했지만 지금은 네활개를 활짝 펴고 마음껏 발휘 할 시점에 와 있다. 다만 부하직원을 조심하라.

312 十年經營 今年之榮 십년경영 금년지영

십년간이란 긴세월 동안을 모진 고통을 겪으면서도 성실하고 덕스러운 행동으로 노력했기 때문에 오늘에야 비로소 그빛을 보게 되는구나. 글을 쓰는 문학가 T.V 영화, 연극등에 종사하는 배우 사업가 종교인등은 금년이야말로 영광을 안을 수 있는 길운의 해이다. 이밖에도 한직장에서 십년 이상을 계속 근무한 덕택으로 이제는 별도의 사업을 설립하는 사장이 되어 그 기쁨 또한 크다. 공무원인 사람은 오래간만에 승진을 하게 되고 고시공부에 전생애를 걸고 눈물겨운 노력을 해온 사람은 어렵기는 하나 합격한다. 서로 의견이 맞지않아 아침저녁으로 말다툼을 하는 부부도 화합하여 가정을 잘 꾸려가고 있으니 싸움도 웃음도 한낱 인간의 힘으로는 어찌 할수가 없고 사주팔자에 기인한 것임을 실감한다.

1 한 사람이 들어오니 또 한 사람이 나가고 논밭을 파니 다른 논밭을 사야 하므로 동분서주 해야 하는 바쁜 시기이다. 부동산을 팔아 큰 이익이 있겠으나 가정불화가 심하여 세상은 돈으로만 살수없음을 늦게야 깨닫게 된다. 집안에 닭·토끼·쥐·말띠가 각각 같이 동거하게 되면 말다툼이 심하다.

2 이름이 온세상에 알려지니 역시 세상 사람들이 우러러 본다. 그러나 사주팔자가 불길한 사람은 세상에 오명을 남기므로 혹독한 비판을 받아 얼굴을 못들 정도이다. 가수, 배우, 의사, 변호사, 국회의원 기타 정치인은 명예스러운 일이든 불명예스러운 일이든간에 그이름이 사람들의 입에 오르내린다.

3 이달에 운수를 판단해보니 죽음의 형국에서 귀인을 만나 다시 살아나는 길운이다. 사업을 하는 사람은 부도 직전에 선후배의 도움으로 어려움을 극복하게 되고 병원에서 입원하고 있으나 돈이 없어 어찌할줄 모르는 이에게는 때마침 귀인의 도움이 있어 병을 치료하고 완치되는 기쁨을 갖게 된다.

4 옛말에 단단한 땅에 물이 고이고 우물을 파도 한우물을 파야 한다는 말이 있듯이 당신에겐 무슨 일이고 한번하기로 마음먹은 일은 끝까지 노력하는 집념이 필요하다. 그렇게 한가지 일에 젊음을 걸고 노력하게 되면 마침내 성공할 수 있다. 누가 뭐라고해도 자신이 하는 일에 열중하라.

5 의외로 재물을 손쉽게 얻으니 오랫만에 파안대소를 지을 수 있다. 당신이 만약 손쉽게 번돈이라고 해서 우습게 알고 마구잡이로 써버린다면 크게 후회할 것이다. 그러니 재물이 들어오면 조용한 마음으로 후일을 도모하라. 그러면 크나큰 이익을 볼수 있는 일거리가 당신 앞에 나타날 것이다.

6 타인과의 충돌에 기분이 언짢아도, 타인이 시비를 걸어와도 도덕군자인양 참아야 한다. 화가 난다고 해서 싸움을 한다든가 일을 해결하기 위해서 남들끼리 싸우는데 관여했다가는 일은 일대로 하지도 못하고 손해만 보고 만다. 그러니 인내도 중요하지만 남의 일에 절대 관여하지 말라.

7 문전에 재록이 입문하니 뜻밖에 천금을 얻는다. 전혀 생각지 않았는데 세상에 이름이 알려지면서 부터 돈이 쌓이고 추종의 무리가 성시를 이룬다. 가수 배우·문학가·정치·사업가 기타 경찰·검찰·법원·운전기사의 직업을 가진 사람은 의외의 재물과 명예가 있을 수 있는 절호의 기회이다.

8 모든 일에 어려움이 있고 하는 일마다 손해만 보니 심신이 괴롭다. 사람을 너무 믿었다가 도리어 반격을 당하는 신세가 돼 착하게 살려고 애를 쓰고 있는 당신을 세상이 점점 악한사람으로 만들고 있다. 친구라고 믿고 속있는 이야기를 했더니 비밀이 폭로돼 이익이 손해로 변해 버린다.

9 세상에 이럴수가! 내 자신이 당당할 때에는 아는 사람도 많고 도와준다는 사람도 많더니 실패하고 하는 일 없이 허송세월만 보내고 있으니 모든 사람이 나를 싫어한다. 그러니 뜻한바가 될 까닭이 있겠는가? 하지만 원망하지 마라. 모두 당신의 운명에서 기인한 것이니, 머지않아 광명이 있을 것이다.

10 가을 창가에 비춰주는 달빛은 유난히도 밝지만 내마음은 쓸쓸하고 눈물을 감추지 못하니 이러한 고독이 어디에 있단 말인가. 달빛을 보고 통곡하는 내 가슴의 상처는 언제 치유가 되려나. 이성관계 금전관계 부부관계등으로 눈물을 흘릴 때이다. 그러니 슬픈일이 일어나기 전에 주의가 필요하다.

11 의기가 양양한 것은 좋은 일이나 도가 지나치면 허풍장이가 될 수 있다. 당신은 본시 자존심이 강하여 남에게 부탁하는 일은 딱 질색이지만 지금은 그럴때가 아니다. 이번 한번 만큼은 굽히고 부탁을 하게 되면 후일에 큰보람을 찾게 된다. 사업가라면 양날 오후 1시경에 부탁을 하면 길하다.

12 마음을 조급히 갖는다고 매사가 다 잘되는 것은 아니다. 때로는 행동이 빨라야 할 때가 있고 행동과 생각이 같이 빨라야 할 때가 있다. 이달에는 당신의 언행의 완급에 따라 손해나 이익이 달려 있으니 이점을 감안하라. 마음만 먼저 가고 행동이 뒤따라주지 못한다면 실패를 면치 못할 것이다.

313 百花深處 백화심처
錦衣夜行 금의야행

백화가 심산유곡에 있으므로 아직 세상에 드러나지 못했지만 금년부터는 그 자태를 온 세상에 나타내니 사람들이 깜짝 놀라고 부러워 한다. 그러나 당신이 잘 해냈다고 하는 일이 정상적으로는 거의 불가능한 일이므로 우연하게 이루어진 것임을 알아야 한다. 당신은 매사에 너무나 기발한 사고방식을 갖고 있는 명석한 두뇌지만 긍정적보다는 부정적인 측면이 너무 강해 일에 걱정거리로 남는다. 쥐띠는 외국을 가게 되고 소띠는 이사와 직업 변동이, 말띠는 결혼을, 토끼띠와 용띠는 동업을 하게 되고 뱀띠는 알선업을 차리고 원숭이띠는 서쪽을 가다가 망신을 당한다. 또한 개띠는 자녀나 이성으로 고민을 하고 돼지띠는 몸을 다쳐 병원신세를 지고 손해를 보게 된다.

1 이달의 신수는 한마디로 고약하다. 왜냐하면 손해를 보지 않으면 건강이 나빠 죽을 고생을 할 운수이다. 수입은 적은데 나가는 돈은 많아 이마에 내천자를 몇번씩이나 쓰고 있지만 운명이 그러함을 미약한 당신의 힘과 지혜로 막을 수 있는가. 모든 것을 운명이거니 하는 생각으로 타인을 원망하지 마라.

2 바다를 건너고자 하지만 갑자기 일어나는 풍파 때문에 건너지도 못하고 오히려 생명까지 위험하다. 어떠한 일이고 깊은 생각없이 시작했다가는 풍랑속의 일엽편주와 같은 신세를 면치 못할 것이다. 사업하는 사람은 옛사람이 가니 새로운 사람을 들여야 되고 말띠가 예전에 시작한 사업은 이제 끝장이 났다.

3 정신이 혼미하여 황천객이 아니면 병으로 고생하여 논밭을 팔아야 한다. 이 같은 일이 없으면 자녀나 이성문제 아니면 부부간의 갈등으로 가정이 편안할 날이 없다. 토끼나 용띠·말띠 자녀가 있다면 가출하는 자녀가 있어 애간장을 태우게 될 것이다. 심한 경우에는 가출하여 돌아오지 않기도 한다.

4 태양이 있는것은 만고의 이치고 삼척동자도 다 아는 일, 그러나 먹구름이 가려서 빛을 보지 못하니 온 세상이 마치 어두운 밤과 같다. 사업가는 대기업에 눌려서 자기가 개발한 상품이 빛을 보지 못하고 기업체 직장인이나 공무원은 선배의 그늘 때문에 승진을 못하는 고통아닌 고통을 겪는다.

5 그동안 막혔던 재물 운이 활짝 열리므로 집안에 천금이 들어오고 침체되었던 가정이 활기를 띤다. 그동안 왕래가 없었던 일가친척이나 친구들도 머리를 숙이고 찾아드니 자칫 경거망동하여 크나큰 무례를 범할까 두렵다. 이럴때 일수록 예의범절을 튼튼히 하여 대인관계에 원만함을 유지하라.

6 울분이 터질듯 밀려오고 주먹으로 상대를 내려칠듯이 답답해도 참아야 한다. 만약 시비를 가까이 하고 구설을 두렵지 않게 생각하고 남과 다툰다면 관재구설로 인해 손해를 볼것이고 그러한 연유로 가정불화까지 일게 될 것이다. 이성문제나 공부문제로 고민할 수 있는 띠는 원숭이·닭·말띠 등이다.

7 창공을 훨훨 나르고 싶지만 날개가 상하여 날지 못하는 그 심정을 누가 알아 주겠는가. 당신은 무엇이고 하고 싶은 의욕은 충만해 있지만 주위환경 여건상으로 어쩔 수 없이 보고만 있어야 하므로 가슴이 메어질 것 같다. 재혼을 하려고 해도 딸린 자녀가 있어 이러지도 저러지도 못하는 신세이다.

8 반쪽 달빛을 시커먼 먹구름이 머지않아 덮어버리니 불길한 징조이다. 당신은 한가닥 희망을 안고 인생의 보람으로 여기며 살아왔는데 그 희망이 한순간에 무너져 버린다. 예를들면 남편을 여의고 자식하나를 믿고 일생을 혼자 살아왔는데 그 자식이 사고로 인하여 저세상으로 가버리는 경우와 같다.

9 집안에 도적이 침범하여 현금과 귀금속을 훔쳐가니 두렵기가 한이 없다. 만약 이같은 불미스러운 일이 없다해도 동쪽이나 북쪽을 가다가 물건이나 현찰 등을 잃어버리고 찾지 못할 것이다. 어두운 골목길에서 불량배를 만나지 않으려면 쥐날이나 양날 밤 8~11시경에 동쪽을 가지말아야 한다.

10 공부하는 학생은 형편상 공부를 중단해야 하고 그렇지 않으면 성적이 저하되어 고민하고 있다. 부동산 매매나 전세 또는 월세 계약 등에는 중간에 장애가 있어 해약하는 사태가 있는데 대개는 밭전자 성씨나 황씨등과 상대하면 더욱 그러하다. 삼년전에 받았던 문서가 이달에 보니 휴지에 불과하다.

11 외국을 출입하지 마라. 반드시 그 피해가 있다. 특히 말날이나 뱀날 오전 11시경에 비행기나 배를 타게 되면 큰 화액을 면키 어렵다. 이밖에 가정이나 사회적인 문제는 큰 어려움없이 잘 풀려가며 신규사업을 구상하면 후일에 큰 이익이 있다. 당신이 만약 용띠 7월생이라면 이혼이 두렵다.

12 허송세월로 일관해오다 새로운 일이라고 시작했으나 속이 시원하지 않고 답답하기만 하다. 하는 일마다 마치 꿈속에서 이루어지듯 뭔가 될듯될듯 하면서도 끝내는 실패하고 만다. 쥐띠가 6·7·8월에 태어났다면 짝사랑하는 사람과 처음으로 대화를 하게 되니 가슴이 설렌다.

321 智短謀薄 　지단모박
　　欲才反卒 　욕재반졸

빈약한 지혜와 천박한 모의로 타인의 돈을 탐해봐야 도리어 어리석음만 자초하고 백해무익하다. 당신의 생각이 제일이고 당신의 주장만이 가능하고 타인의 의견은 무시해 버리기는 자기과신이 너무 심하다. 그리고 땀을 흘리면서 노력의 댓가를 얻으려는 사고방식 보다는 비정상인 방법으로 타인을 함정에 밀어넣고서 이득을 취하려고 한다. 부부간에 아침저녁으로 다투고 눈을 흘기지만 아직은 이별이란 아픔을 겪지는 않는다. 말로야 헤어진다고 늘 하지만 사실은 그러질 못하고 있다. 학생은 공부에 너무 신경을 써 두통과 안질로 고생을 하게 되고 사업가는 직원들의 반항으로 이만저만한 두통을 겪는게 아니다. 전자오락실을 경영하는 사람은 관재구설이 있다.

1 구진이 자리에서 움직이니 토지를 팔고사는 문서계약이 있고 이밖에도 이사를 하게 된다. 잔금을 치르지 못하고 입주를 했기 때문에 그로 인하여 혹독한 망신을 당하고 신용까지 잃게 된다. 매사를 급하게 굴지말고 천천히 순서에 입각하여 완벽하게 처리하는게 화액을 막는 길이다.

2 만약 이사를 하지 않으면 처자에게 액이 있어 깨진 항아리에 물붓듯 굉장한 금전 손해를 볼 것이다. 지금 살고 있는 자리는 사주가 강한 사람에게는 흥왕할 자리이지만 당신 같은 신약한 사주로서는 약 달이는 냄새가 그칠 날이 없을 것이다. 특히 관절·위·생리계통의 통증이 있다.

3 배가 고파 동서남북을 헤매다가 천신만고 끝에 밥을 얻었지만 수저를 구하지 못했으니 기구한 운명이다. 의식주 문제로 고민하다가 겨우 먹고 살만하니 집안의 사람이 나가게 된다. 사업을 시작해 놓고도 일할 사람이 없어 애간장을 태우고 있다. 또한 빚은 얻어 놓았는데 사업장을 구하지 못하고 있다.

4 여러 사람이 일을 도모하므로 큰일은 이루어지지 않아도 작은 일은 이루어진다. 복덕방 소개업 운수사업등을 합자로 한다면 큰 이익은 없어도 무난하게 영위될 수 있다. 여성인 경우에는 다방이나 음식점등을 한 두사람이 합자로 하면 그런대로 이득을 보게된다. 다만 같은 여자라도 미장원은 불길하다.

5 동쪽에서도 남쪽에서도 스스로 돕겠다는 귀인이 나타나 다행한 일이 아니다. 그러나 여성은 당신을 유혹하려고 하는 음모이므로 그 점을 명심해서 일을 꾀해야 한다. 남성인 경우에는 연예인·변리사·백화점·철학가의 직업을 가진 사람이면 더욱 길하여 정신적, 물질적인면 모두를 도움받게 된다.

6 재물이 길가에 있으니 행상을 하면 큰 돈을 벌 징조이고 우연치 않게 길을 가다가 큰 돈을 줍는다. 특히 당신이 운전기사라면 손님이 놓고간 돈지갑을 주워 사례도 받고 이름도 빛내게 된다. 이밖에 복권이나 마권 증권등을 사는 것도 좋고, 도박은 돼지날 오후에 하면 큰 이득이 있다.

7 연못에 물이 흐르지 않고 오래도록 고여있게 되면 썩는게 당연한 이치이고 인간이 하는 일이 오래도록 해결되지 않으면 지루하고 답답한 것이 세상 이치다. 그런 당신이 하는 일마다 오늘 내일식으로 지체되고 있어 여간 고심하는게 아니다. 그러나 성사되는 날은 말날이나 쥐날이니 기다려라.

8 남녀를 불문하고 이성에 솔깃한 마음을 갖지 않는 사람은 아무도 없다. 헌데 당신은 너무 깊이 빠져 가정을 꾸려가는 사람으로서 외도의 도를 넘었다. 도덕상 있을 수 없는 일이건만 당신은 양심을 저버리고 그 못된 짓을 한다. 남성은 앳띤 여성과 여성은 연하의 남성과 밀회를 즐긴다.

9 안면이 별로 없는 사람을 가까이 하지 마라. 처음에는 착한사람 같지만 끝내는 악인으로 변하여 손해를 끼칠 것이다. 특히 놀이터나 유흥업소등에서 만난 사람을 주의해야 한다. 당신이 만약 여성이라면 여행중에 알게된 남성을 아무리 깊은 관계를 맺었다해도 하루빨리 냉정을 되찾는게 좋다.

10 어찌된 연유인지 몰라도 다른 사람은 마음먹은대로 , 뜻한바대로 일이 잘 풀려가는데도 나는 왜 안풀리는지 운명치고는 괴이하다. 이달은 나아지겠지, 금년보다는 다음해는 나아지겠지 하는 희망과 믿음으로 수십년을 살아왔지만 지금의 나는 빚만 진 인생이 아닌가. 참으로 괴이한게 운명이구나.

11 오래간만에 집안에 경사가 일기 시작한다. 공부하는 학생은 시험에 합격하고 자녀를 결혼시키는 경사가 있다. 결혼을 한 자녀는 출산의 경사가 있어 온 집안에 웃음소리가 끊이지 않고 화목함이 이를 데 없다. 그동안 취직을 못하여 허송세월만 하던 사람이 취직을 하니 그 또한 경사중의 경사이다.

12 우연한 장소에서 친구의 소개로 알게 된 사람과 가까이 하다보니 재물의 큰 이익을 얻게 된다. 의외의 풍요로움으로 경솔하기 쉽고 망동하기 십상이니 미리 경계하고 주의해야 한다. 만약 그렇지 않으면 망신을 당하고 관재로 인하여 정신적 물질적 손해를 보게 될 것이다.

322 弊衣歸客 폐의귀객
始終吉利 시종길리

아휴 이놈의 세상살이 왜 이다지 사연도 많고 눈물도 많은가. 금의환향 하겠다는 나의 결심과 자부심이 어디론가 사라져 버리고 찌들대로 다찌든 내 초라한 모습으로 고향으로 돌아오니 반겨주는 사람은 하나 없고 여기 저기 흉보는 옆눈질만 있어 마음이 더욱 괴롭다. 그동안 건강이 그렇게 나쁘지는 않더니 요즘들어 입과 치아 눈등이 아파 정신마저 혼란하다. 그렇게도 금실이 좋던 부부도 하루아침에 변하여 눈을 서로 흘긋거리며 험담을 하는 남남보다도 더 정이 없는 행동을 하여 헤어지는게 훨씬 낫다는 생각까지 한다. 문제가 이쯤 되었다면 헤어지는게 오히려 복이 될수 있다. 그렇다고 다 불길한 것은 아니다. 의사중에서 치과·이비인후과는 대길하다.

1 아기를 낳고 혼인을 하는 것은 경사스러운 일이다. 작년 3·4월에 결혼하여 이달에 옥동자를 순산하니 경사가 겹친다. 임신부가 쥐띠나 소띠면 남쪽에서, 범띠나 토끼띠면 서쪽에서, 용띠·뱀띠면 서북쪽에서, 말띠·양띠면 정북쪽에서, 원숭이·닭띠면 동쪽에서, 돼지띠·개띠는 동남쪽에서 낳아야 길하다.

2 극빈한 세월 속에서 젊음을 불태우고 오직 고시 합격에 인생 승부를 걸었다. 그 야망이 오늘에야 비로소 이루어지는 합격의 영광을 안게 된다. 그러나 사주가 나쁜 사람은 시험에 미역국을 먹고 실의에 빠져 과음을 하다가 사소한 시비 끝에 싸움을 하여 관재를 당하니 세상 참 고르지 못하다.

3 이달에는 가정사가 어떻게 될까요 하고 묻는다면 상복을 입는다고 단호한 어조로 말할 수 있다. 상복을 입는 것도 서러운데 집안끼리 다투고 있어 망신까지 사게 된다. 다른 일가친척이 금전관계로 심하게 다툴망정 당신만은 인내로 그 일에 관여하지 마라. 그러면 불화쟁투를 피할 수 있다.

4 박씨나 이씨성을 가진 사람이 나를 스스로 돕겠다고 나서 그동안 구직문제로 고민했던게 해결되고 자금이 부족하여 사업이 부진했는데 자금을 대줄 귀인을 만나 사업에 발전을 가져오고 있다. 결혼을 미루어 오던 차에 결혼비용을 대주는 귀인이 있어 식을 올리니 기쁨이 충천한다.

5 돈이 사람을 따라야 돈을 벌지, 사람이 돈을 따라다니면 실패를 피하지 못하고 급기야는 지친 몸으로 힘든 세상을 살아간다. 그러나 당신은 다행히도 돈이 당신을 따르고 있기 때문에 과욕만 부리지 않는다면 무엇을 하든간에 돈을 벌어 볼 수 있는 시기에 와 있다.

6 이달 중순께 부터는 그런대로 평운이 되지만 초순에서 중순이전 까지는 여러모로 애로가 많다. 유흥업소 즉, 다방이나 싸롱 오락기 등을 경영하는 사람은 불경기로 이만저만한 고초를 겪는게 아니다. 이런 때에는 여러 사람과 다투게 되므로 여행을 삼가하는게 가장 현명한 처세라 할 수 있다.

7 인간이 살아가는데 물과 불은 상존하며 그 혜택을 받고 살고 있다. 그런데 그 물과 불이 상극한 시기이므로 무엇보다도 부부간에 갈등이 있게 되고 이성간에 갈등으로 남모르는 고민과 번민으로 살아가고 있다. 심한 경우에는 주위의 반대를 무릅쓰고 결혼을 했다가 중도에 이별의 아픔을 겪기도 한다.

8 그렇게도 이루어질 것 같지않던 일이 생각보다는 순순히 잘 풀려 나가 몸과 마음이 기쁘기 한량없다. 무슨 일이든 급하게 서둘지 말고 점진적으로 순서에 입각하여 추진하게 되면 결국에는 영광을 안게 될 것이다. 농사를 짓는 사람은 새로운 영농 방법으로 생각보다 훨씬 나은 수입을 올린다.

9 남모르게 밤잠을 설쳐가며 목적한 바를 성취하니 자연 재물이 들어온다. 야간근무를 하는 여공이나 밤업소를 출입하는 무명 연예인 그리고 경비직을 갖은 사람은 비록 작은 희망이지만 그 희망이 달성 돼 천하통일을 한 중국의 진시황제보다도 더 기쁘다. 조금은 외롭고 쓸쓸하지만 노력하면 이루어진다.

10 이달에 당신의 운수는 이사를 하거나 집수리를 하는 등 대단히 분주하다. 농촌에서 거주하는 사람은 집은 물론이고 묘자리를 손보는 등 동분서주하게 된다. 집을 지을 경우 집안에 15·25·35·45·55·65·75세 된 사람이 있다면 '동토'로 인하여 두통이나 안질로 고생하게 된다.

11 집안 식구들이 재물을 모아오고 마음도 합심하여 오래간만에 사람사는 기분을 느낀다. 또한 혼인으로 인하여 식구가 더하거나 아니면 다른 성씨가 들어와 살림이 번창한다. 다만 토끼띠 4·5월생은 안질로 고생하고 뱀띠 8월생은 두통으로, 용띠 8월생은 관절염으로 각각 고생한다.

12 진작 했어야 할 혼인을 이달에서야 하니 다소 늦은 감이 있기는 하나 식 올린 날부터 가정이 홍왕하니 기쁨만 가득하다. 연애중인 남녀는 뒷일은 고사하고 동거하기 시작하여 급기야는 임신까지 하게 된다. 학교를 다니는 학생은 단 한번의 혼숙으로 배가 불러오니 걱정이 태산같다.

323 每事注意 매사주의
四方荊路 사방형로

누구나 어려운 일에 봉착했을 때는 겸양하고 조심성있는 처신이 화를 멀리하고 복을 가까이 하는 것이다. 당신은 바로 금년 한해 동안 매사를 주의해야 하고 경계해야 한다. 다시 말하면 당신이 가야할 인생 항로는 한마디로 가시밭길이다. 그래서 하는 일마다 중도에 좌절되고 실의에 빠져 헤어나지 못하고 있다. 가시밭길을 가다보니 가시덤불에 옷도 찢기고 살도 찢겨 결국에는 병원신세를 지게 된다. 특히 운수사업을 하는 사람은 빈번한 사고로 도산의 위기에 처해 있고 행상을 하는 사람은 건강이 나빠 그동안 벌어논 돈을 버리게 된다. 쥐·용·원숭이띠는 수술을 하거나 건강이 나빠 큰 손해를 보고 닭·뱀·소띠는 결혼을 하거나 연애를, 돼지·양·토끼띠는 사업의 고초가 크고 범·말·개띠는 가정불화 있다.

1 바다에 나가 고기를 잡아 큰 이익을 볼 징조이므로 수산업계는 크게 형통함이 있다. 이밖에 외국을 출입하여 새로운 거래선을 개척하고, 연예인은 외국공연으로 명성이 높아진다. 보통사람이라 할지라도 외국에 나가 돈을 벌어올 수 있는 좋은 기회이다. 쥐띠가 용해를 만나면 외국인과 국제결혼을 한다.

2 당신은 다 좋은데 아랫사람을 다루는데는 역부족하여 사업을 하는 경우에는 직원 때문에 이리저리 끌려다니면서 제대로 통솔을 못하고 있다. 직원중에 소띠 6·9월생이 있다면 은혜를 원수로 갚는 배은망덕 함이 있게 됨으로 용날·양날·개날 오후 3시나 9시에 주의하라.

3 한집에서 생활을 같이 해야 모름지기 부부라 할텐데 남편은 동쪽에서 부인은 서쪽에서 각각 살고 있으니 어찌 진정한 부부라 하겠는가. 만약 부부가 별거하는 사태가 없다면 자녀에게 걱정거리가 생겨 손해도 보게 되고 부부사이도 가뭄에 논바닥 벌어지듯이 벌어지고 말것이다.

4 이달에는 뭐니뭐니해도 자신의 처치를 생각하면서 분수껏 행동하는게 가장 현명한 삶의 지름길이다. 학교를 졸업하고 취직을 하려고 하니 생각보다는 좋지않다 하여 허송세월만 보내는 사람 또는 자신의 분수를 아직껏 깨닫지 못하고 결혼을 하지못한 사람은 자신의 처치를 다시한번 살펴야 한다.

5 눈앞의 이익만을 생각하고 지금껏 하고 있던 일을 하루아침에 내팽개 치지 마라. 반드시 후회할 것이다. 옛것을 지키고 새로운 것을 경계해야 한다. 이 것을 무시하고 경거망동한 행동으로 사업을 바꾸던가 직업을 변동한다던가 아니면 집안에 사람을 바꾸게 되면 큰 화를 면치 못할 것이다.

6 의기는 양양하여 역발산의 기개가 당당하나 하는 일마다 마음같지 않아 지체되고 실패가 많아 뜻과 같이 이루어지지 않는다. 마음의 사사로움을 버리고 심기를 튼튼히 해야 할 때이다. 그렇지 않아도 원망과 질투 그리고 풀기 힘든 한이 가슴속에 맺혀 있는데 마음이 약해지면 모두가 허사이다.

7 비가 오래도록 오지않아 오곡이 말라죽는등 그야말로 온갖 고통 속에서 살아 가는데 다행히도 단비가 촉촉히 내리기 시작하여 만물이 생동케 된다. 그리하여 결국 오곡이 풍족하고 가정이 흥왕하여 부러움 없는 삶을 영위한다. 사업가는 갑자기 큰 이익이 생겨 경솔하기 쉽다.

8 몸에 병마가 침범하지 않으면 사고로 불행함을 당하니 세상 참 고르지 못하다. 건강운으로 남성이라면 위장과 간장을, 여성이면 심장과 월경불순등을 조심해야 한다. 양띠 4월생이나 개띠 6월생이라면 피부병으로 고생하게 되고 범띠 7월생은 관절염등으로 고생한다.

9 서쪽과 북쪽에서 두 귀인을 만나니 언필칭 삼각관계라. 귀인도 귀인 나름이지 끝내는 악인으로 급변하여 당신을 괴롭히니 항상 조심하라. 남녀이성에 있어서는 피할 수 없는 파란 속에서 고민과 번민으로 가슴아파하고 있다. 이상하게도 1남2녀 또는 1녀2남 이란 삼각관계가 있게 된다.

10 겉보기에는 부자여서 부러울게 없는 것 같이 보이나 안으로는 빚이 많거나 생활을 하지 못할 정도이다. 빈곤함을 메우기 위해서 부동산을 팔려고 내놓았지만 매매가 되지 않아 초조하다. 뱀띠 9월생은 구설시비가 있어 적지않은 망신을 당한다. 동쪽방향을 삼가하는게 구설을 피하는 방법이다.

11 어려움 속에 살아가지만 조금도 한스럽게 생각지 마라. 당신의 정성이 갸륵하여 하늘이 무심하지 않을 것이다. 주위에서 뭐라고 해도 어떠한 유혹이 있어도 지금하고 있는 일에 열심히라. 그러면 끝내는 기쁨의 영광을 안게 될 것이다. 누구를 막론하고 시작한 일에 초지일관의 뚝심이 절실히 요구된다.

12 하는일 없이 허송세월 속에서 겨우겨우 밥이나 먹고 살아가니 별 의미없는 삶을 지탱하고 있다. 당신이 남성이라면 부엌일을 하고, 부인이 작업전선에 있어 가장 노릇을 할 것이다. 공부하는 학생은 한번 실수는 병가상사와 같으므로 그 어찌 실의에 빠진단 말인가. 어서 용기를내 재도전 하라.

331 月出樓閣 월출루각
天地明活 천지명활

달빛이 휘황찬란한 높은 누각에서 풍월을 음미하니 세월 가는줄 모른다. 하늘과 땅이 밝아 생기가 돋아 만물이 무성하다. 금년에는 집에 있는 것 보다는 타향객지로 돌아다니며 갖은 한세월을 보내야 하는 운수다. 아무리 운수가 그렇다고 해도 운수를 관리하는 것은 바로 당신. 그러므로 무리한 주색잡기는 인간으로 자제해야 한다. 미혼남녀인 경우에는 인간의 본성을 망각한채 달콤한 사랑에만 온정신을 쏟아 도가 지나치면 방탕아로 전락해 버리고 만다. 일반가정에서도 부부간에 조그만 갈등을 핑계로 유흥가를 전전하거나 본능적으로 자기자신을 과시하기도 한다. 하지만 이러한 행동은 훗날 돌이킬 수 없는 파경을 초래할 것이다.
비록 사소한 일이라도 끝까지 도전하는 마음이 곧 행운의 열쇠이다.

1 농촌에서는 전답을 팔고사고 도시에서는 토지나 주택을 팔고 사는데 아주 좋은 시기이다. 따라서 본래 백냥만 이익을 보려고 했는데 백오십냥을 보게 되니 의외의 재물이 들어와 가정에 생기가 돋는듯 하나 일가친척간의 금전거래로 속을 썩는다. 당신은 마음이 냉정하지 못하여 그러한 불화가 있다.

2 개천의 용이 조화를 부리려해도 물이 부족하여 그러질 못하고 비오기만을 기다리고 있으나 비가 오지않아 조급하기만 하다. 취직을 하고 싶어도 사업을 하고 싶어도 공부를 더하고 싶어도 때가 아니라서 보류해야만 하는 안타까움에 처해있다. 그러나 무슨 일이고 때가 있는 법, 조금 더 기다리면 된다.

3 집안에는 돈이 들어오고 신상에는 관청에 나갈 경사가 있어 이 모두가 경사중의 경사이다. 세상 사람들이 당신의 능력에 감응되어 칭찬과 부러움을 산다. 쥐·소·범띠는 공무원 시험에 합격할 수 있고 토끼·용·뱀띠는 취직을 하고 말·양·원숭이 띠는 자기사업을 하고 닭·개·돼지띠는 결혼을 한다.

4 동업을 하는 사람끼리 마음이 같으니 안되는 일이 없고 부부가 한장소에서 일을 같이하니 태산도 무너뜨린다. 미혼남녀인 당신은 이내 상대가 정해져 있어 다른 마음 가져볼 시간적 여유가 없다. 쥐띠가 말띠와 연애중이면 인연이 아니다. 그러나 소띠는 인연이 될 수 있다.

5 자기사업은 절대 불길하다. 그러니 직장생활 걷어치우고 사업한다고 날뛰다가는 후회를 면치못할 것이다. 누가 뭐라해도 아직은 때가 아니므로 한직장에서 오래도록 일하는게 현명하다. 만일 직장을 그만두고 사업을 시작하면 부모형제에게도 큰 걱정을 끼칠 것이다.

6 어떠한 일이라도 한번 시작한 이상 열과 성을 다하면 노력의 댓가는 있기 마련이다. 동서남북 어디를 다녀도 좋은 사람을 만나고 좋은 일만 있어 그 기쁨과 보람이 충천한다. 직장인은 실적을 많이 올리게 되고 사업가는 거래처가 몇배로 확장되는 등 새로이 부상되고 있다.

7 달빛 밝은 가을 하늘에 두 사람이 같이 걷고 있으니 이는 가히 연인사이로다. 비록 서로 알고 지낸 기간은 얼마되지 않지만 허심탄회한 대화로 금방 상대의 마음을 속속들이 알게 되었고 앞으로 남은일은 결혼식을 올리는 것 뿐. 당신은 너무 자존심이 강하고 상대는 고집이 센게 흠이다.

8 이달에는 여색이나 외도라는 말 자체를 거론하지 마라. 모두가 흠되고 약점이 된다. 만일 주색을 가까이 하거나 외도를 하면 망신을 당하고 그 여파로 철장생활까지 한다. 특히 유부남 유부녀가 남모르는 사랑을 하다가 들통나 집안망신을 시킨다.

9 이달에는 며느리가 또한 부인이 회임을 하니 머지않아 경사가 있다. 이밖에도 자녀들이 외국유학을 가거나 석박사 시험에 합격하는 영광을 안기도 한다. 집안에 말띠나 양띠 자녀가 있다면 기다리던 취직이 돼 한시름 놓게 된다. 특히 전자공학·컴퓨터맨은 절호의 기회이다.

10 집에 가만있으면 무슨 이득 있는가. 집을 나가 객지생활을 하는 것도 성공을 하기위한 첫걸음이 될 것이다. 건축 토목 운전 기타 노무에 종사하는 사람은 외국에 나가 외화를 벌어들여 국가나 가정에 큰 보탬이 되는 운이기도 하다. 주로 범·말·돼지·쥐띠등이 외국을 간다.

11 당신은 지금 매우 어려운 처지에 놓여있다. 부인의 말을 듣자니 친구와 의리가 상하고 친구의 말을 듣자니 부인과 불화하기 십상이기 때문이다. 그러나 당신은 본시 무슨 일이고 심사숙고하고 도덕성을 먼저 생각하기 때문에 끝내는 잘 해결하는 능력을 보인다. 참으로 당신은 현명하다.

12 돈으로써 환심을 산다면 역시 돈으로써 원망을 듣게 된다. 의외의 돈이 집안으로 들어오므로 그 분배를 놓고 싸우니 가히 골육상쟁이다. 더우기 그 돈은 생사를 가름하는 것이며 눈물이 서려있는 것이다. 그런데도 내 떡이 적고 네 떡은 크다는 식으로 언쟁을 하고 있으니 참으로 가소롭다.

332 天老地荒 천노지황
每事不通 매사불통

하늘이 늙고 땅이 황폐하니 이게 무슨 기이한 망언이란 말인가. 어찌 하늘이 늙었다고 미물인 인간이 감히 말할 수 있단 말인가. 아마도 당신의 금년 신수가 붉게 타오르는 태양의 장엄한 전성시대를 지나 이제 서산에 걸쳐있는 태양과 같다는 비유일 것이다. 이러한 운이라면 당신은 매사를 확대지향하기 보다는 축소지향주의로 나가는게 바람직하다. 어느 일이고 지체되는 일이 많고 시작은 많은데 끝맺음이 별로 없는 악운이다. 직장인은 실적위주보다는 안정위주를, 사업가라면 외형보다는 내실을, 가정인이라면 말보다는 실천을, 그리고 부부간에는 무질서한 생활보다는 질서있고 규범있는 생활을 하는게 액을 막는 길이다. 소·양·범·원숭이·뱀·돼지띠는 부부파란이 예상된다.

1 태양과 달이 구름에 가려 빛을 발휘하지 못해 세상이 어둡고 답답하다. 마음도 천갈래 만갈래로 찢어질듯 아픔이 있지만 누구하나 선뜻 마음을 달래줄 사람마저도 없어 외롭고 쓸쓸한 세상을 살아간다. 집안에 말띠와 양띠가 있게 되면 아침저녁으로 다투게 된다.

2 집안어른이 불화하고 자녀가 불효하니 마음 편안할 날이 없도다. 가족끼리 의견충돌이 심하여 싸움을 밥먹듯이 하다가 마침내는 서로 등을 돌리고 각기 뿔뿔이 헤어지니 안타깝기 그지없다. 아무리 부모와 자식사이라도 집안에 범·닭·양띠등이 같이 살면 불화를 피할길이 없다.

3 하던 일을 걷어치우고 다른 일을 찾아보아도 맞는 일거리가 없고 세월만 간다. 농사를 짓는 사람은 집을 수리하고 헛간을 수리함에 있어서 동쪽을 건드리면 안질과 두통으로 큰 고생할 것이다. 그러니 정히나 그쪽을 범하려거든 용날이나 말날 오전11시경에 일을 시작하는게 좋다.

4 연예인 중에서도 가수·영화배우·탈렌트·코메디언등은 그 이름을 사방에 떨칠 수 있는 절호의 기회이다. 한때는 경쟁자 때문에 의기소침했으나 이제는 확실한 인기를 얻을 수가 있어 능력을 마음껏 발휘할 때다. 농사를 짓는 사람은 사고로 인하여 이세상 사람이 아닐 수가 있으므로 높은데 오르지 마라.

5 글을 쓰는 작가나 교육인 기타 종교인등은 오랫만에 내집 한 칸이라도 장만할 수 있을 만큼의 이익을 얻게 된다. 부동산업이나 증권업을 하는 사람은 의외로 큰 이익을 볼 수 있고 동거는 하지만 혼인신고가 제대로 되어있지 않은 젊은 부부는 이제야 혼인신고를 마치게 되므로 부부의 정을 돈독히 하고 있다.

6 수년에 걸친 정치를 해왔으나 빛한번 보지 못하고 있다가 이제서야 우연한 기회로 귀인을 만나 명실상부한 정치인이 되었다. 그리하여 그 이름이 천하에 알려지니 자연 추종무리가 문전성시를 이루고 때로는 아첨하는 무리가 보이지 않는 악행을 범하고 있다. 따라서 그로 인해 괴로움이 있다.

7 집안에 외부인의 출입을 삼가하라. 가정의 비밀이 폭로돼 적지않은 손해를 보고 구설수까지 따른다. 특히 닭띠·개띠인 박씨나 정씨를 조심하고 기혼자 보다는 미혼자를 조심하라. 닭날 아침에 만난 사람은 당신을 해치려고 이미 마음을 단단히 먹고 있으므로 그 꼬임에 넘어가지 마라.

8 세상에 이몸하나 의지할 곳이 마땅치 않은 것이 모두가 부덕에서 오는 소치니라. 이럴 때에는 만사를 제쳐놓고 입산수도하여 몸과 마음을 닦는게 최선이다. 만약 그렇게 되지 않으면 출입을 삼가하고 언행을 조심하며 악인 얼굴에 침을 뱉고 싶을지라도 인내로 대하면 무사하리라.

9 학생으로부터 문교부 수뇌에 이르기까지 모든 교육분야에 종사하는 사람은 그 이름이 사방에 빛나 가정이 흥왕하고 재물이 스스로 임한다. 소설가·문학가·평론가·언론인등은 만사가 형통하여 오랫만에 즐거움을 맛보게 된다. 범띠·개띠는 야망이 성취되고 건강까지도 좋아져 가히 금상첨화다.

10 주나라때 강태공은 몇십년이나 위수란 강가에서 때를 기다렸는데 당신은 조급하게 단 몇개월을 기다리지 못한 채 안절부절 하는가. 직장인은 자기 사업을 하기 위해서 준비를 하고 있지만 때가 아니다. 다니던 직장이나 꾸준히 나가라. 그러면 언젠가 기회가 올 것이다. 하지만 지금은 절대 아니다.

11 닥쳐오는 액을 미리막지 않으면 가정불화·부부갈등·이성간의 고민으로 삶을 포기하는 사태까지 이른다. 그러니 금전관계 이성관계에 정확하고 믿음직한 행동을 하는게 최선이다. 또한 한때 부끄럽고 면목없는 일이 있었더라도 모든 것을 사실대로 말하고 이해시키는 것이 곧 액을 멀리하는 것이다.

12 눈보라가 휘날리는 설한풍에 앙상한 나뭇가지 위에 울부짖는 새가 있으니 바로 흉조를 의미한 검은 까마귀가 아니겠는가. 당신의 지금 처지는 싸늘한 겨울밤에 외로운 달빛과 흡사하다. 집안에 사람이 죽어나가지 않으면 생이별하는 아픔을 당할 것이고 또 한편으로는 몸이 아프게 된다.

333 出將立相 출장입상
萬事亨通 만사형통

금년 한해는 장군이 되고 삼정승이 되는 대운이 트였다. 비록 장군이나 삼정승이 안된다 해도 지금까지 유지해온 자리보다는 훨씬 올라가게 된다. 정치를 하는 큰 인물은 지방장관을 유시하여 장차관이 될 수 있고 경우에 따라서는 총리에까지 오를 수 있다. 군인이라면 원스타가 되는 것은 물론 그 이상의 승진도 바라볼 수 있다. 단순한 사병이라도 특정한 공로로 인하여 특진될 수 있는 기회이다. 공부를 하는 학생은 학생 대표나 기타 간부가 될 수 있다. 일반 기업체에 있는 직장인은 실적이 양호하여 남보다 빠른 승진을 한다. 언론인 변호사 각종 중개업을 하는 사람은 일이 지체되고 구설로 인해 신상에 지장이 있다. 또한 입이 아프거나 치아를 상해서 다시 의치를 하기도 한다.

1 기다리던 단비가 마른 하늘에서 내리기 시작하니 그 연유는 알수 없어도 그 비로 인해서 걱정과 갈등이 일시에 사라진다. 어려운 처지에서 갈망하고 있던차에 때아닌 덕인을 만나 은혜를 입어 목적한바를 이루어 기쁨 속에 있지만 너무나 갑자기 달라진 자신의 처지에 한편으로는 두렵기도 하다.

2 집안에 승진하는 기쁨이 있게 되고 자녀가 결혼하거나 아니면 옥동자를 순산하니 경사가 겹쳤다. 이밖에 몇군데 직장을 기웃거려 보아도 적성이 맞지않아 취직을 못하고 있던차에 알맞은 직업을 갖게 된다. 또한 재물이 들어오고 출세할 수 있는 여건이 조성된다.

3 다른 사람에게 갈 이익이 내게로 돌아오니 기쁨이 있으나 다소 구설도 있다. 사업하는 사람은 돈을 빌어 사업을 벌렸는데 상상대로 그 이윤이 커서 일시에 빚을 다 갚는 행운이 있다. 이러한 시기엔 약간의 위험부담 있는 일을 해도 반드시 성사되는 운이므로 이점을 포착하라.

4 젊음을 바쳐서 아니 인생전부를 걸고 불철주야 공부한 보람으로 고시에 합격하고 재물을 얻는다. 고시가 아니더라도 승진시험이나 취직시험 각종 공무원 시험에 합격할 수 있는 길운이다. 다만 너무 자신만만하여 경솔하게 행동하다 다 된 밥에 코빠뜨린격의 아쉬움을 느낀다.

5 길을 가다 갑자기 도적을 만나 재물을 손해보고 몸을 다치게 되니 재물을 귀하게 생각지 말고 몸을 귀하게 여겨라. 만약 반항하거나 옆눈길로 도적의 마음을 상하게 한다면 생명도 위험하다. 특히 주의할 날은 원숭이날 밤 11~3시 사이에 북쪽으로 향하는 길을 조심하라.

6 김씨나 박씨·임씨·이씨 성을 가진 사람이 스스로 돕겠다고 나서니 그동안 풀리지 않고 있던 일들이 서서히 풀려가면서 재물도 따르게 된다. 다만 부부관계는 그러한 성씨로 인하여 서로 옆눈질을 하는 갈등을 겪게 된다. 같은 이씨나 박씨라도 뱀띠 4월·원숭이띠 정월생은 일을 도모 하지 마라.

7 궁하면 통하고 지나치게 즐거우면 도리어 해가 될 수 있다. 슬픔도 기쁨도 지나치게 받아들이면 건강이 나빠져 결국 병원 신세를 면치 못할 것이다. 일을 대함에 있어서는 철저한 내실 위주로 끈기있게 추진해야지 허황되게 외형 위주로 추진한다면 머지않아 그 댓가를 치를 것이다.

8 각종문서에 길함이 있어 부동산 매매나 사업상 계약등에는 장차 큰 이득이 있게 될 것이다. 피땀흘려 노력한 덕택으로 집도 사고 논도 사는 행운이 있으며 가격도 저렴하게 계약 될 것이다. 사법서사나 행정서사·회계사·계리사등은 이번 기회에 이름도 재물도 모두 빛을 볼 기운에 와있다.

9 푸른 하늘의 장엄한 태양이 그 위용을 드러내 온 세상을 비추니 만물이 생동한다. 그러므로 온 세상은 풍요롭고 평화스러워 태평천하를 이룬다. 이런 시기 일수록 만인에게 덕을 베풀고 선을 가까이 하면 후일에 만인을 통솔할 수 있는 높은 지위에 오르게 된다.

10 분수 밖의 재물을 탐하지 마라. 메기가 입이 크다고 대동강물을 다 마실 수는 없다. 아무리 큰소리 쳐봐야 부처님 손바닥에 있다. 과욕을 부려 사업을 하거나 직장을 다닌다면 하루도 편안한 날이 없을 것이고 하루도 손해없는 날이 없을 것이다. 그러니 분수를 지키고 재물을 탐하지 마라.

11 파도가 출렁이는데 그 어찌 낚시로 고기를 낚는단 말이요, 아직은 때가 아니므로 때를 기다려라. 풍랑이 자면 고기를 잡아야 그렇지 않으면 황천객이 될수 있다. 이러한 때에는 무엇보다도 저력을 갖고 환경에 따라 처신하되 기본 마음이나 기본 계획을 바꾸지 말아야 한다.

12 작은 물이 모여서 큰 바다를 이루나 이는 마치 백냥으로 천냥을 만드는 듯한 그런 시운을 만난 것이다. 기다리는 마음으로 서서히 추진하는게 유익하다. 정치인이나 기타 직장을 갖고 있는 사람은 승진할 수 있는 좋은 때이다. 뱀띠·말띠는 사전에 로비활동을 하면 보다 나은 승진을 할 수 있다.

341 萬里遠行 만리원행
去去益山 거거익산

이도 저도 되는일이 단 한가지도 없어 타향에서 재물을 구하려고 모진수모를 겪어가며 외로운 삶을 영위하고 있다. 이놈의 세상살이가 가면 갈수록 험란한 가시밭길 뿐이니 한숨과 눈물을 감출 수가 없구나. 산 하나를 넘으면 또 산이고 강을 건너면 황야가 있어 정말 해도해도 너무하다. 어떤이는 회전의자만 앉아 있어도 천금이 들어오는데 나는 엉덩이 한번 마음 놓고 붙여보지 못하고 바쁘게 움직이는데도 얻는 것은 아무것도 없다. 개띠·돼지띠 4·8월생은 외국을 간 사이에 부인이 바람이 나거나 남편이 바람이나 패가망신을 초래하게 된다. 닭띠 원숭이띠는 부부가 먼산만 바라보고 있으니 무슨 맛으로 산단 말이오. 이러한 갈등이 심화되면 이혼도 불사 불미스러움이 있을 것이다.

1 당신의 이달 운수는 마치 깊은 산속에 있는 외로운 한 그루의 청송이며 망망대해에서 일엽편주가 길을 잃고 무작정 항해를 하는 것과 같다. 정직하기가 대쪽같고 신념이 청송같지만 현실로는 당신의 이같은 고귀한 심성을 알아주는 사람이 아무도 없어 세상살이가 답답하고 막막할 뿐이다.

2 위 아래가 불화쟁론하니 매사가 제대로 이루어질 까닭이 없도다. 그러한 가운데서 혼담이 오고가나 구설만 있지 결과가 없어 또 다시 도중에 좌절되고 만다. 쥐띠와 말띠, 소띠와 양띠, 범띠와 원숭이띠, 토끼띠와 닭띠는 각각 살성이 범했으므로 인연될 수 없고 결혼도 이달에 해서는 안된다.

3 노력은 온힘을 다 쏟으나 매사가 불성하고 힘만 빠진다. 사업을 시작하려고 동서남북으로 알아보고 있지만 자금과 장소가 마련되지 않아 밤을 지새며 고민하고 있다. 학생은 시험에 낙방하고 재수를 하게 되니 죽고만 싶은 심정이다. 그러나 실망하지 마라. 다음에는 무난하게 합격할 것이다.

4 실같이 늘어진 버드나무와 꽃이 붉게 피어있는 복숭아 나무는 자고로 외도를 뜻하는 의미가 있어 이러한 시기에는 남녀를 불문하고 외도를 주의해야 하는데 특히 남성은 연상의 여인과 여성은 연하의 남성과 사귀어 오다가 급기야는 탄로가 나 재물도 손해보고 망신도 톡톡히 당하는 악운이다.

5 어려운 처지에서 죽어가는 사람을 살려놓으니 은혜를 원수로 갚는 사람을 만나게 된다. 그러므로 안면이 없는 사람을 조심하고 친구나 친척이 도움을 청해도 사리에 어긋나는 일에 관여하지 말고 금전거래 또한 하지 말되 다소나마 융통해줄 경우에도 받을 생각을 하지 마라. 그래야 의리를 유지한다.

6 꽃은 있어도 열매를 맺지 못하니 무슨 소용이 있단 말이요. 하는 일마다 허사이고 될듯하나 끝내는 실패로 돌아가고야마는 산넘어 산이다. 이러한 시기 일수록 금전은 금물이고 매사를 순리에 따라 처신하는게 가장 합리적이다. 만일 과욕을 부리고 흑심을 먹는다면 관재구설에서 벗어나지 못한다.

7 백방으로 노력한 덕택에 재물은 꽤나 얻어지나 오히려 절반정도가 나가니 괴로운 마음이 충천한다. 남녀간의 사랑은 내가 잘났니 네가 잘났니 하는 식으로 티격태격하다가 원점으로 돌아가 버리는 비운을 겪는다. 소띠와 양띠·개띠등은 삼각관계에 얽혀서 헤어나지 못하고 동반자살하려는 마음까지 먹는다.

8 가슴에 한이 있는 것도 뜻하지 않게 손해를 보는 것도 당신의 눈에 보이지 않는 운명이므로 한탄하지 마라. 왜냐하면 당신이 존재해야 백사가 있는 법, 공연한 억울함과 한탄으로 인하여 병이라도 얻어 황천객이 된다면 금은 보화가 무슨 소용이 있단 말인가. 무엇보다도 마음을 굳게 갖고 실의를 딛고 일어서라.

9 평화스럽고 아늑한 가정으로 부러울게 없이 살아왔는데 하룻밤의 광풍으로 기둥뿌리가 휘청거리고 가족이 행방불명되는 불상사를 맞게된다. 이달에는 무리한 사업투자나 직장생활을 하게 되면 크나큰 손해와 파직으로 허송세월을 보내게 될 것이다. 여자인 경우에는 계가 깨져 몸을 피해야 하는 액운이다.

10 몸을 아끼지 않고 부지런하게 달려온 보람으로 이제야 목적을 달성하며 큰 보람을 찾게 된다. 집을 사기위해서 논밭을 사기위해서 한푼한푼 저축한 돈을 찾아 손에 쥐니 그 기쁨은 본인이 아니고는 느껴보지 못할 것이다. 소·개·양띠는 계돈을 떼고 가정풍파까지 초래하는 불길한 운이다.

11 집에서 할일없이 담배연기나 뿜으며 허송세월만 보내는 것보다는 객지로 나가 부지런히 노력한다면 하늘이 복을 주어 미꾸라지가 용이되는 격이다. 공부하는 수험생은 합격의 영광이 있고 직업을 가진 여성은 건강이 나빠눕게 된다. 말띠 7월생은 부모나 자녀와 크게 다툼이 있다.

12 어떠한 경우에도 비리에 관여하지 마라. 몸이 열개라도 철창생활을 면키 어렵다. 공무원이나 직장인은 안면이 두터운 사람으로부터 뇌물을 받은 연유로 파직이 되고 철창신세를 지게된다. 설령 당신이 장차관이나 그 이상의 고위직에 있다 하더라도 비리를 범한 이상 용서받지 못한다.

342 春滿天地 춘만천지
名振四海 명진사해

온 세상에 봄기운이 가득하여 만물이 생성하고 온 백성을 이롭게 한다. 정치인이라면 국회의원이나 대권에 도전해볼 절호의 기회이고 사회사업가는 오랫만에 이름을 날려볼 절호의 기회다. 그러나 길 한가운데에 흉의가 있듯이 사회적인 면이 화려한 반면 가정으로는 이혼하는 비운을 겪기도 하고 상복을 입는 비운도 있다. 남녀를 불문하고 백년해로를 해야할지 아니면 이대로 헤어져야 할지를 놓고 그 결정을 미처 내리지 못하고 갈등과 번민의 세월을 보내야만 한다. 범·말·닭띠 여성은 이혼하고 위자료로 받은 돈을 가지고 다방·레스토랑·여관업을 하다가 손해만 보는 하루살이 삶을 영위하고 있다. 농사를 짓는 청년은 그렇게 힘들었던 결혼을 하게 되니 몸이 날아갈듯 기쁘다.

1 선남선녀가 의기양양하여 천군만마라도 물리칠 자신만만한 자부심을 가져보는 시기이다. 공직이든 사직이든 또는 학생이든간에 경쟁 관계로 인하여 고심하는 시기이다. 그러므로 자칫 인륜을 저버리고 목적달성에만 급급한 경솔하고 무모한 행동을 할수가 있으므로 늘상 주의해야 한다.

2 운수가 대통하여 하는 일마다 성취되고 가문을 빛낸다. 그동안 거들떠 보지도 않았던 친구나 친척들도 자주 출입하게 되고 아쉬운 소리도 빈번하게 하므로 물질만능 시대에서는 물질이 중요함을 새삼 느낀다. 용띠 사람은 형제나 부모로부터 물려준 재산으로 사업을 하다가 실패한다.

3 과년한 딸을 결혼시키지 못해 애태우던차에 사람됨이 무던한 노총각을 만나 결혼을 하게 돼 경사가 있다. 이밖에 시집갔다가 실패하고 친정에 와있는 청상과부가 귀인을 만나 결혼하니 그렇게 부르짖던 독신주의 운운이 말짱 헛일이구나. 그런 운명을 미리 알고 있었다면 그러하지 못했을 것이다.

4 겉으로는 평화스럽고 행복하게 보이지만 사실은 마음 한 구석에는 남모르는 걱정이 쌓여있다. 재물은 그런대로 들어와도 지출이 심하고 금전에 관한 구설시비가 심하여 더욱 마음둘 곳이 없다. 범띠 7월생은 차안에서 우연히 알게 된 사람과 결혼을 하니 인연치고는 기이하다.

5 나는 아무 잘못도 없는데 괜한 일로 구설시비가 있어 답답하다. 마음을 자제 하지 못하고 경솔하게 행동하다가 싸움을 하여 묶이는 몸이 돼 처량한 신세로 세월을 보낸다. 당신이 말띠 여자라면 다방·주막·불고기집을 서쪽에 차려 그런대로 돈을 잘벌고 있다. 닭띠 종업원과는 인연이 아니다.

6 부부싸움으로 가출한 부인이 소식마저 없던차에 있다는 곳을 알아내 집으로 데리고 왔지만 얼마후 또 나가서 죽도록 밉기만 하다. 하지만 집안에 잡귀가 서려있어 부인이 들어오면 나가도록 장난을 하고 있으니 보통 사람들로서 그 뜻을 어찌 알리요! 답답한건 오히려 당신이 아니라 부인이다.

7 서쪽에 귀인이 있으므로 이사를 그 쪽으로 하는게 좋다. 뿐만 아니라 남쪽에는 금은보화가 당신을 기다리고 있어 그쪽 방향에서 일을 도모한다면 천금을 얻게 된다. 양띠가 9월에 태어났다면 소·개·용띠와는 동업을 하지말고 돼지띠 토끼띠등과 동업을 하면 크게 성공하게 된다.

8 자손이 없어 항시 걱정하던 차에 회임의 경사가 있어 둥실둥실 춤을 추노라. 한가지 흠이라면 임신부가 본래 자궁이 약하여 한두번 낙태했으므로 이번에만은 최선을 다하라. 안전한 비방은 자궁을 남쪽으로 두르지 말고 쥐띠 남편이나 가족이 있다면 피하는게 좋다. 출산일은 가능하면 1일이나 7일로 하라.

9 돈으로 인하여 남과 또는 일가친척 친구와 싸움이 있으니 어떠한 경우라도 인내해야 한다. 하지만 이달 운수가 초곤후길(初困後吉)상으로 중순이후 부터는 운이 다소 열리게 돼 막혔던 일이 풀리기 시작한다. 원숭이띠가 정월에 태어나면 재산으로 형제와 인연을 끊고 부모에게 불효를 저지르게 된다.

10 이달에는 티끌만한 것이라도 부조리를 범하지 마라. 왜냐하면 철창으로가 구타를 당하여 병을 얻게 된다. 특히 관공서에 관계된 일을 하다가 부정이 탄로나 벌금으로 재산을 축내고 가정까지 불화불목하는 악운을 맞게 된다. 어떤 경우에도 여자를 멀리하고 박씨와는 술자리를 같이하지 마라.

11 그동안 받지 못했던 빚을 의외로 빨리 받아 빈곤한 가정을 풍요롭게 만드니 세상사람이 깜짝 놀란다. 임기응변이 능란한 당신의 처세는 이내 사람들이 알고 있다. 개띠 8월생은 조금 늦은감이 있지만 그동안에 하지못한 이사를 한다. 한가지 걱정은 위장이 나빠 먹는 것이 약하다.

12 이달의 운수는 속된 말로 가늘게 먹고 가는똥 싸는 것이 최상이다. 그러니 자신의 처지와 여건에 맞는 분수를 지켜 나간다면 어려움도 무사히 해결 될 수 있지만 만일 열냥짜리 인생인데 천냥짜리 행동을 한다면 후회해도 소용없는 험한 일을 당할 것이다. 돼지띠 8월생은 관절염 위암등으로 고생한다.

343 初勞後日 초노후일
終有得意 종유득의

일을 처음 시작할때만 해도 만리장성을 쌓기보다 더 힘들 것으로만 여겨지더니 마침내 그일을 완성하고 재물과 명예를 얻고나니 뭇사람의 부러움을 산다. 그러나 부부관계 만큼은 편안하지 못하니 외로운 마음을 달랠길이 없다. 직업이 치과의사나 결혼상담소 웅변학원 언론인 잡지사 기자인사람은 모든면에 유익하지만 양자인 사람이나 고아원 양로원을 경영하는 사람은 진퇴를 결정하는 데 크나큰 고민을 한다. 농촌에서 농사를 짓는 사람은 모든 것을 정리하고 도시로 나갈 것인지 아니면 전과같이 농사를 계속 지어야만 할지를 놓고 고심하고 있다. 사업을 하는 사람은 사업장을 옮겨보려고 노력하나 자금이 모자라 다시 그 자리에 머물게 된다. 변호사인 사람은 시국사범의 변론으로 이름이 있다.

1 백방으로 고생을 하면서 오랫만에 손에 천금을 쥐었으나 다시 잃게되니 공연히 심신만 피곤하다. 누구를 막론하고 이달에는 금전거래를 하지 말아야 한다. 다만 들어온 돈이 부정하지 않다면 사양해서는 아니된다. 무리한 사양은 들어오는 복을 스스로 물리치는 것이 되기 때문이다.

2 목적없이 길거리를 헤매면서 답답한 심경으로 하늘을 쳐다보니 하소연 할곳마저도 없다. 비통한 마음으로 삶의 고통속에서 한가닥의 희망을 가져보려 아무리 노력하여도 되는 일은 하나도 없고 가정은 갈수록 불화쟁론의 상태로 빠져드니 천애고아가 된 것이나 다름없는 신세다.

3 천리타향에서 생존을 위한 근면과 성의를 다바쳐 살아가도 구름에 가린 태양처럼 시원한 일은 없고 답답한 일만 발생한다. 여자가 미장원이나 면도사의 직업을 갖게 되면 의외로 돈을 잘버는 시기이다. 특히 동쪽보다는 서쪽이 훨씬 유리하고 닭띠보다는 소·뱀띠가 유익한 운이다.

4 노력하지 않고 남의 약점이나 헛점 등을 악용하여 돈을 벌었지만 손해본 돈이 더 많아 인간이 노력하지 않고 번 돈은 휴지조각이나 다름 없다는 것을 늦게나마 통감하면서 개과천선의 새로운 정신으로 삶을 영위하고자 한다. 쥐띠 12월생은 몸이 차거워 남자는 정력부족 여자는 생리불순이 있게 된다.

5 우물안 고기가 바다로 나가 용으로 변하니 그 조화가 무쌍하다. 농사를 짓다가 도회지로 나와 갑부가 되기도 하고, 중소기업에서 대기업으로 자리를 옮겨 출세가도를 달리는 직장인이 되고, 국내에서 하던 사업이 수출의 길을 열며, 종업원 노릇하다가 자기사업을 하는등 좋은 쪽으로 변화가 많은 달이다.

6 모름지기 인간이 살아가는데는 매사를 삼가하므로 후환을 막게 되는데 이달만큼은 평소보다 훨씬많은 근신을 해야 한다. 연애에 실패한 남녀는 입산 수도하여 중이 되거나 수녀가 되는등 속세와 인연을 저버리고 오직 일신의 수양을 위해서 큰 변화를 하는 운이다. 소띠·개띠는 중이 되기 쉽다.

7 해야할 일은 태산 같은데 몸은 병들어 있고 주위에는 모두가 해치려하는 사람만 득실거리니 이놈의 노릇을 어찌할꼬. 여러사람과 일을 도모하지 말고 내자신의 판단에 따라 움직이는것이 가장 합리적이다. 지금 이혼을 하려고 하는 사람은 조금만 더 참고 있으면 경사스러운 일로 인하여 해로할 것이다.

8 이달에 나에게 피해를 줄 성씨는 반드시 노씨·나씨·남씨등이다. 사업을 같이 하거나 금전거래를 하면 싸움으로 망신을 당한다. 사람을 너무 믿었다가 실패를 하므로 신중하면서도 사람을 너무 믿는 일이 없다면 큰 화액은 없다. 다만 자녀중 하나가 병원에 입원하거나 차로 놀라는 일이 있을 것이다.

9 임신을 하여 경사가 났다고 자랑을 했건만 유산이 웬말인가. 이같은 일이 집안에 있지 않으면 살생을 하는 일이 있어 철창신세를 지는 가족이 있게 된다. 마음이 갈기갈기 찢어질듯 아프지만 이 어려운 시기를 극복해야 후일에 광명을 찾게 된다. 과욕부리지 말고 남을 욕하지 말아야 귀인이 있다.

10 동쪽으로 이사를 하거나 집을 수리하면 가족중에 안질 심장 위장병등으로 크게 고생한다. 뿐만아니라 길을 가다 악인을 만나 함정에 빠지게 되는데 토끼날이나 용날 오전7시나 밤11-12시 사이가 가장 위험하다. 여성인 경우에는 쌍둥이 아이를 낳거나 세쌍둥이를 낳는 경사중에 경사가 있다.

11 가야할 길은 아득한데 해는 서산에 지고 마음이 급한 나그네는 발걸음을 재촉하도다. 건강에는 호흡 해소 등으로 고생하고 받을 돈은 16·19일경에 가능하고 빌려 줄 돈은 5·7·9일 오전 11-12시가 가장 적기이다. 소·닭·뱀띠는 원숭이·돼지띠와는 상거래든 금전이든 간에 조심해야 한다.

12 일년 열두달 중에 이달같이 돈이 잘 벌리고 마음먹은 일이 순조롭기는 처음이다. 막혀있던 일도 서서히 풀리게 되고 불화였던 가정도 날이 갈수록 화목하게 되고 복잡했던 이성문제도 중간사람으로 하여금 잘 해결되니 십년 묵은 체증이 쑥 내려간것 같다. 환자는 점점 쾌차되는 행운이 있게 된다.

351 家有慶事 가유경사
　　　田庄大利 전장대리

집안에 경사가 있고 죽는다는 사람이 다시 살아나니 하늘이 복을 준다. 부동산에 큰 이익이 있어 문서를 작성하는게 좋고 급히 하는 일보다는 서서히 보약을 달이는 마음으로 하는게 좋다. 한약방·병원·약국등을 경영하는 사람은 황금의 시기가 온 것이다. 부동산업을 하는 사람은 남쪽과 정북쪽에서 매매를 형성하면 십년간 먹고 살 큰 돈을 벌게 된다. 산골짜기에서 산삼을 캐며 일생을 살아온 심마니는 금년이야말로 하늘이 내려준 큰 산삼을 동쪽에 있는 바위틈에서 캘 수 있는 절호의 기회이다. 미혼남녀는 그동안 삼각관계로 불안과 초조해 있었는데 무사히 해결되므로 맘에 든 상대와 결혼을 하게 된다. 동업을 셋이 하다가 그중 한 사람이 그만 두므로 크나큰 손해를 보게 된다.

1 당신의 이달 운수는 마치 한 그루의 소나무가 돌 위에 있어 뿌리를 내리지 못하고 비바람에 쓰러지기 직전인 것과 같다. 그러한 가운데에서도 비리에 밀착하지 않고 오직 대쪽같은 정신이 있다. 만일 비리와 밀착 돼 있었다면 이미 몸은 철창에 가 있었지만 올바른 자세로 살아옴에 후일은 빛을 볼 것이다.

2 집안이 편해야 만사가 형통된다는 것은 당연한 이치이다. 그런데 당신의 집안은 뿌리도 없고 가지도 없는 한마디로 콩가루 집안이다. 자녀는 가출하고 부부는 조석으로 다투고 친구와의 사이는 이미 정이 멀어지고 있어 죽지못해 살아가는 인생이로다. 이럴 때에는 건강도 유의를 해야 한다.

3 돌을 다듬는 석공이 옥을 만들기 까지는 많은 공이 드는 법. 바로 당신의 삶이 청결하고 덕스러운 처세로 자녀들이 출세하여 가문을 빛내게 된다. 어떤 자녀는 석사·박사·교수가 되기도 하고 어떤 자녀는 고시에 합격하여 출세 가도를 달리니 많은 사람이 부러워하며 칭찬을 아끼지 않는구나.

4 한때는 유비와 같은 지혜와 포용 그리고 항우와 같은 역발산의 기개로 온 세상을 좌지우지 했건만 지금은 늙은 용이 옛날만 회상하며 조화를 부리려고 몸부림쳐도 망신만 당하고 조화보다는 앙화만 초래하니 매사를 순리에 따르는 것이 정한 이치이다. 그러니 당신도 옛정에 휘말리지 말아야한다.

5 당신은 지금까지 살아오면서 이사하고 집을 사고 그 매사를 당신 스스로 정한 것이라고 생각하지만 사실은 당신의 운명에 이달에는 이사를 해야 하는 역마살이 있기 때문이다. 이러한 천리를 보통사람은 알 수가 있으랴. 때를 놓치지 말라. 그렇다고 매사를 급히 서두르면 반드시 화가 있을 것이다.

6 내코가 석자나 늘어졌는데 남의 일에 왈가왈부 하려다가 구설과 욕설만 먹지 말고 아무리 친한 친구 또는 친척이라도 절대 관여해서는 안된다. 이러한 일만 없다면 평온한 가운데 큰 걱정 없이 알뜰히 살아갈 수 있다. 자녀 중에 눈을 다치는 액이 있으니 동쪽가서 윗상 자에(上) 아래를 떼버려라.(卜)

7 당신의 본래 심성은 맑은 거울 같았다. 그러나 몇번의 악인을 만난후부터 냉정해졌고 사람을 의심하게 되었다. 그러다보니 시비가 많고 원수를 맺는 일이 비일비재하여 이젠 악인으로 평가 받는다. 하지만 아직도 늦지 않았다. 바른 마음으로 바른 생활에 힘써라. 그렇게 하면 큰 어려움은 없을 것이다.

8 남녀가 바람이 나는것도 억지로 되는게 아니고 운수에 있어야 한다. 그런데 지금 당신의 운수가 바람을 피워 새로운 육체 맛을 보더니 마치 중이 고기 맛을 알게 되어 절간에 빈대가 남아나지 않는다는 말처럼 이성을 알아 몸을 버려가며 음탕한 짓을 계속하고 있다.

9 하나의 뼈를 놓고 두 마리의 개가 응얼대고 갖가지 인상을 다 쓰고 있어 생존경쟁에서는 죽고 사는것 조차 잃어버리는 가상스러운 모습이다. 당신도 이러한 기회에 마음을 되돌아 보아라. 부모가 만고풍상 끝에 모아논 재산을 써보지 못하고 갑자기 죽자 그 재산을 놓고 형제끼리 싸움을 하다니 고얀지고.

10 지긋지긋한 악운이 가고 오래간만에 길운이 도래해서 하는 일마다 성취된다. 작은 것으로 큰 것을 이루고 가정을 부흥시켜 나가니 이제야 사람 살맛 난다고 춤을 덩실덩실 추는구나. 부부간 정이 깊고 자녀와도 의리가 두터워 행복한 삶을 살아가고 있다. 당신이 고쳐야 할 점은 고집이다.

11 봉황이 창공을 날고자 죽을 힘을 다해도 날개가 상하였으니 날 수가 있겠는가. 당신이 아무리 머리가 좋고 총명하다고 자신하지만 날개가 없는 봉황격이니 무슨 소용이 있단 말인가. 매사가 중도에 좌절되고 믿었던 사람마저 떠나가 버리니 당신의 불투명하고 냉정한 성격을 다시한번 살펴라.

12 돈이 집에 가득하니 논밭을 사고 집도 사니 마치 도깨비한테 홀린 기분이다. 사람을 너무 믿지 마라. 당신은 그게 흠이다. 지금까지 몇번을 속았는가. 이제는 그만 둘때도 되지 않았나. 다만 불쌍한 사람 찬밥 한끼니 거저 준다는 마음으로 친척이나 친구를 돕는 것은 후일에 큰 덕이 될 것이다.

352 同伴旅行 동반여행
外國之業 외국지업

대장부 살림살이 이만하면 살만하여 외국여행을 다녀오고 또 다른 한편으로는 외국과 상거래를 개척하니 부자가 더 큰 부자로 발전해가고 있다. 대학 교수·무역상·외무부 관리·외신부 기자 등은 금년이야말로 외국과 깊이 인연을 맺어 볼 수 있는 기회이다. 연예인을 외국으로 알선하는 업종을 가진 사람은 금년에 천금을 벌어 평생을 걱정없이 살 수 있다. 항공산업이나 항공대학 조선업등에 관심이 있는 사람은 금년에 꿈이 이루어질 수 있는 운이다. 쥐띠는 불조심을, 소띠는 하수구에 실족을 하여 발목을 다치고, 범띠는 차조심을, 토끼띠는 배앓이를, 용띠는 부부가 눈물을, 뱀띠는 식중독을, 말띠는 외도를 하게 된다. 양띠는 배신을 원숭이띠는 관재구설을, 닭띠는 치통을 개띠는 피부병을 돼지띠는 안질로 고생한다.

1 비록 풍요로운 생활은 하지 못해도 인품이 고결하여 세인들의 부러움을 사고 있다. 가난한 사람에라도 여러 사람이 본받을 수 있는 덕행에 이름나고 그로 인하여 자연스럽게 의식문제를 해결하므로 요즘 세상에 보기드문 삶을 영위하고 있다. 쥐띠는 공부를 그만두거나 사업을 구만두는 일이 있게 된다.

2 임금과 신하가 한자리에서 화기애애한 분위기로 국사를 하므로 그대는 국록을 먹는다. 고급공무원을 지냈던 사람이나 한때 중소기업에서 근무할때 모시고 있던 상사를 만나 보기드문 직책을 얻어 가히 귀인을 만난 것이다. 권좌에 있는 통치자라도 이러한 시기에는 나라가 태평하여 한가히 보내고 있다.

3 외국과 상품을 거래하고 그로 인하여 사업이 일취월장 번창하니 배고프고 굶주렸던 그 옛날을 생각하게 된다. 의류 신발류 식료품 전자제품을 외국과 거래하는 사업가는 거액의 계약을 체결하니 앞날이 매우 밝다. 학생은 외국 유학의 길이 열리고 음악가는 외국서 공연할 기회를 갖게 된다.

4 이달에는 허황한 꿈을 버리고 보다 실리를 추구해야 한다. 만약 당신이 찬물먹고 갈비 먹는냥 헛트림을 하는 허풍쟁이가 된다면 신용이 떨어져 앞으로 일하는데 굉장한 지장이 있다. 매사를 하나만 알고 둘을 헤아리지 못하면 실패하고 원망할 곳마저 없게 된다.

5 그렇게도 날이 갈수록 되지않던 일이 귀인을 만나 해결되므로 의기가 양양해진다. 소띠는 웃음을 잃고 범띠는 이사를 하게 되고 토끼띠는 결혼을 하게 되며, 용띠는 울다가 웃게 되고 뱀띠는 구설로 고민하고 말띠는 고혈압으로 고생하고 양띠는 관절로 닭띠는 당뇨로 개띠는 부스럼으로 고생하게 된다.

6 옛말에 재수없는 사람은 뒤로 넘어져도 코뼈가 부러지고 재수있는 사람은 앞으로 넘어져도 무사하다는 말처럼 당신의 이달 운수는 한마디로 앞으로 넘어져도 무사할 수 있는 좋은 운에 있다. 그래서 하는 일마다 성취되고 천금을 손에 쥐어보는 행운이 있다. 이때는 각종 도박이나 복권을 사도 유익하다.

7 몇년을 두고 아니 젊음을 걸고 불꽃튀기는 공부를 하여 고시에 합격하였다. 비록 고시가 아니더라도 어떠한 시험에도 무난히 합격할 수 있는 좋은 운이다. 특히 여성인 경우에는 3년정도 노력한 공덕으로 고시에 합격하니 온 세상의 이목이 집중되고 막혔던 혼담이 열리기 시작한다.

8 높은 자리에서 많은 사람을 통솔하고 덕을 베푸니 원망하는 사람이 전혀없고 따르는 무리가 문전성시를 이룬다. 명예도 재물도 모두 갖추었으니 부러울게 아무것도 없다. 미혼남녀는 좋은 상대를 만나 백년가약을 맺고 연애중인 남녀는 지금껏 간직해온 순정을 바쳐 사랑을 고백한다.

9 직장관계로 또는 부부가 동반하여 먼 여행을 하고 자녀나 본인 신상에 경사가 중중하니 세상 살맛난다. 소띠·개띠·양띠가 한집에서 살면 서운한 일이 한두가지가 아니며 결국 각각 뿔뿔이 헤어지는 비운을 겪게 된다. 말띠·뱀띠 자녀가 있게 되면 대학 교수가 되는 기쁨을 갖게 된다.

10 만경창파에도 큰 어려움 없이 항진을 하니 가히 길조로다. 연애를 하는 남녀노소는 상대가 마음이 변하여 갈등을 겪지만 또 다른 상대를 만나 외로웠던 마음을 달래본다. 특히 40대 후반인 중년 남녀는 모처럼의 밀실 연애로 뜻밖의 임신을 하니 아들 며느리에게 들통날까봐 고민하고 있다.

11 경영하는 일에 전력투구하는 보람으로 천금을 얻어 가문을 흥왕시키니 그의 재능을 만인이 부러워 한다. 말띠와 소띠 부부는 같이 장사를 하려고 동서남북으로 장소를 물색하다가 말다툼을 하여 가정불화를 일으키고 만다. 쥐띠와 양띠가 결혼할려거든 아예 이혼도장부터 찍어놓고 하라.

12 열번의 뺨을 맞아도 이달만큼은 백번을 참고 죽어지내야 한다. 대수롭지 않은 일로 구설시비가 있고 그로 인하여 직장에까지 파급효과가 있게 되니 한마디로 재수없는 달이다. 하지만 앞날에 장애가 되지 않으니 한때 망신 스러워도 참고 또 참는 것만이 최상의 처세술이다. 특히 직장에서 조심하라.

353 深夜有夢 심야유몽
美女入懷 미녀입회

깊은 밤 꿈 속에서 미녀가 회임하니 매사가 물거품이 될 징조이다. 계획은 수없이 세우고 있지만 그 계획 모두 현실성이 없어 하나의 망상에 불과하다. 동업하기 위하여 사람이 모여 계획을 세워 놓았지만 의만 상하고 미결된 상태이다. 환자는 약을 달이는 동안, 치료를 받는 동안에 갑자기 불귀의 객이 될 수 있다. 공부하는 학생은 재수를 해야 되고 주방설비에 관한 업종을 가진 사업가는 모처럼 호황을 만나 큰 이익을 보게 되며 회사도 확장한다. 선박업을 하는 사람은 배가 풍랑을 만나 사람이 죽는 등 최악의 상태에서 몸부림 친다. 지금까지 바람을 피워 본 남편이나 본부인의 속을 마구 뒤집어 논 사람이 마음을 고쳐먹고 자신의 잘못된 과거를 후회하고 있다.

1 집안 사람끼리 아침저녁으로 다투고 있지만 그렇게 싸울만한 명분도 뚜렷하게 없어 여러 사람들로부터 비판을 받게 된다. 이 밖에도 소띠·용띠를 제외한 띠는 부모형제끼리 재산을 놓고 서로 눈을 흘기며 다투고 있어 재산이 없는 것만 못하다. 차라리 재산이 없었다면 부모형제간에 의나 상하지 않을것을.

2 두 사람이 단란하게 살면서도 의견충돌이 자자해 단 하루도 편안할 날이 없다. 그러니 하는 일마다 중도에 장애로 좌절되는 등 참으로 많은 고역을 겪어야 한다. 집안에 범띠·원숭이띠 부부가 같이 살게 되면 이혼을 해야 하는데 그 과정이 험란하여 법정에까지 서게되니 이만저만 망신이 아니다.

3 이달에는 재수가 좋아 상당한 돈이 집안으로 들어오는건 사실이나 인간이 열두가지 복을 다 갖지는 못한다는 옛말처럼 돈이 들어오니 그돈을 버릴 곳이 생겨 인간만사 마음대로 안됨을 새삼 느끼게 된다. 집안에 환자가 있어 벌어논 돈을 다쓰고 있으니 마음도 편치않고 불화도 일기 시작한다.

4 뒷동산에 붉은 도화는 외롭게도 혼자서 그 빛을 자랑하는구나. 당신은 명랑하고 지혜도 있지만 능력을 발휘할 수 없는 처지에 놓여있다. 얼굴이 잘생긴 까닭에 뭇사람으로부터 유혹을 받기 십상이다. 여성인 경우에는 남성들로부터 인기가 좋아 자칫하다가는 속된 평가를 받게 됨으로 주의하라.

5 붉은 노을이 하늘을 덮고 해는 서산에 지는데 갈길이 바쁜 나그네가 길을 잃고 허둥대는구나. 집안에 가출한 사람이 있거나 어린아이가 길을 잃고 미아가 돼 엉뚱한 곳에서 울음을 터뜨리는 불상사가 있게 된다. 미아를 찾으려면 서북쪽에 위치한 주차장 근처를 자세히 살펴야 한다.

6 윗어른들에게 걱정거리가 없으면 슬하게 걱정이 있어 이달에는 이리저리 걱정 뿐이다. 자녀중 하나가 몸을 다치지 않으면 공부문제로 불화가 있고 그 불화로 인하여 타인과 시비하든지 아니면 가출하여 속을 깊이 썩기도 한다. 집안에 토끼띠 자녀가 있으면 머리를 다치는 악이 있다.

7 다른 사람의 말을 믿지 마라. 반드시 시비구설이 있어 망신하게 된다. 뿐만 아니라 남의 흉을 보다가 공연한 일로 마음이 상한다. 설령 친한 친구의 이야기라도 가볍게 들었다가는 손재도 보고 부부간에 갈등도 있으므로 어느때 보다도 남의 이야기를 신중하게 이해해야 한다.

8 집안에 혼인의 경사가 있어 자연 동분서주하고 금전융통을 위하여 이곳저곳을 찾아다니니 마침 좋게 해결을 보니 마음이 편안해진다. 그러나 범·원숭이·뱀띠자녀 결혼 적령기라면 혼인달에 장애가 있어 결혼식 비용문제로 사돈간에 말다툼을 하게 된다. 따라서 뱀·원숭이·범날에 결혼하지 말아야 한다.

9 마음을 바르게 처신하니 후일에 좋은 평을 받아 일을 도모하는데 결정적인 도움이 된다. 부부간에 있어서는 남편이 죽을지 살지 모르고 첩에게만 정을 쏟더니 간절한 본부인의 호소로 마침내는 이성을 찾아 첩을 버리고 집으로 돌아와 어느때 보다도 나은 부부생활을 유지하고 있다.

10 옛말에 급하다고 바늘귀를 끼지 않고 동여매 쓸수 없다고 했듯이 아무리 급한 일이라 할지라도 순서를 무시하고 막연하게 급한 마음을 갖는다해서 모든 일이 잘 되는 것은 아니다. 그러니 매사를 신중하고 느긋한 마음으로 처신한다면 이익이 있을 것이고 막혔던 일이 서서히 풀리기 시작한다.

11 이번 기회야말로 당신이 일생일대 가장 큰돈을 벌어 볼 수 있는 기회다. 새로운 사업으로 거래선을 확장하여 일취월장 급성장 하기도하고, 얼마전에 사논 부동산이 몇곱으로 팔리는 등 실로 엄청난 이익이 따른다. 그런가하면 불상사로 인한 보상금을 받게되니 교통사고가 아니면 이혼위자료이다.

12 똥구멍이 찢어지도록 가난했던 지난 날을 잊고, 살기가 편안하다고 돈을 물쓰듯하고 사람 대하기를 안하무인격으로 경솔하게 하므로 재물로 인해 사람됨이 모질어져 여간 걱정이 아니다. 그런가하면 또 다른 한편으로는 바람까지 피우게 되니 풍요로움도 병이 될때가 있음을 새삼 느낀다.

361 運數不利 운수불리
百事之滯 백사지체

금년운수가 불리하여 하는 일마다 오늘 내일식으로 지체되고 중간에 악인을 만나 좌절되고 마는 현상이 있게 된다. 사업상 계약이나 일상적인 혼인관계도 상대측 부모로 인하여 지체되고 전부터 미루어 오던 이혼이 위자료 문제로 옥신각신 하면서도 좀체로 해결을 보지 못하고 지체되고 있다. 외국을 가려고 비자신청을 했는데도 아직 소식이 없고 군대간 아들이 귀가한다는 소식이 있었지만 아직 귀가하지 못하고 있고 공무원 시험을 합격해 놓고도 아직 발령이 나지않고 있다. 국내에서 열애를 하다가 한쪽이 외국을 가있는 연고로 마음을 설래며 기다리고 있지만 오늘까지도 소식이 없어 불안하기 이를데 없다. 외국으로 돈벌러 간 남편에게서 소식이 아직껏 없어 고민한다.

1 찬란했던 태양도 석양을 맞이하여 어둠이 얼마남지 않았는데 일엽편주는 갈 길이 멀구나. 당신도 그 옛날 전성시대만을 상상하고 분수에 맞지 않은 통큰 짓을 해서는 아니된다. 왜냐하면 지금 당신은 망망대해에서 일엽편주가 길을 잃고 헤매는 것과 같기 때문이다. 이러한 상황에서 무엇을 기대하겠는가.

2 마음이 마치 뜬구름처럼 떠 있어 집에 있으면 답답하고 나가면 상쾌하여 하루가 멀다하고 자주 집을 비우니 그로 인하여 부부불화가 있게 된다. 이렇게 복잡한 세상을 살다보니 건강이 불길하여 적지않은 손해도 보게 된다. 집안에 용띠가족이 있다면 사업실패로 고민의 도가니에서 헤어나지 못하고 있다.

3 신상에 걱정이 태산같으니 이는 필경 직장에서 상사와 의견이 충돌돼 사표를 써야하는 위기에 놓여있다. 이럴때는 가능하면 여러사람을 만나지 말고 자중하는게 상책이다. 낯설은 사람이 당신에게 화려한 이야기를 해도 그 이야기를 귀담아 듣지 말아야지 인정을 하게 되면 함정에서 헤어나지 못한다.

4 아무런 일 없이 근본적인 목표도 설정하지 않고 무위도식하며 허송세월만 보내다보니 어느덧 반백이구나. 인간이 어떻게 살것인가 어떻게 살아갈 것인가 무엇 때문에 살고 있는가를 새삼 깨달아야 하는 각성의 시기이다. 지금도 늦지는 않았다. 무엇인가 스스로하여 자녀에게 부끄러움이 없어야 한다.

5 토지를 천상천하에서 총괄하는 '구진'이 동하였으므로 이사를 하거나 사업장을 옮기는 일이 있게 된다. 뿐만아니라 주택이나 토지를 사들이면 장차 큰 이익이 따를 것은 당연하다. 문서를 계약하는 날은 용날이나 원숭이날 오후 5시경이 가장 길하다. 다만 토끼띠는 개날 오후 1시가 가장 길하다.

6 상가집을 가지마라 '상문살'이 침노하여 질병이 있어 손해를 보는가하면 아무 이유없이 집안에서 큰 소리가 일기도 한다. 특히 건강에는 심장이 터질듯 통증이 오고 고열이 심하다. 뱀띠인 사람은 양쪽 어깨가 말띠인 사람은 두다리가, 양띠인 사람은 입술이 부릅트고 갈증이 심한 증상이 있게 된다.

7 세상살이 이상하도다. 어떤사람은 악한짓만 골라서 해도 잘 살고 당신같이 순박하고 착하게 살아도 빈곤한 생활에서 벗어나지 못하므로 그 뜻을 알길이 없다. 하지만 당신이 착하게 살지 않았다면 이미 황천객이 돼 이세상 사람이 아니었다. 또한 악하게 살고 있는 자녀들을 보아라 모두가 불량배임을.

8 내코가 석자인데 무슨 여유로 남의 일에 간섭한단 말이요. 친한 친구 일이라도 직장에서 거절하기 힘든 동료 일이라도 절대 간섭하지 마라. 간섭했다가는 눈물로 하소연하는 일이 있게 된다. 특히 재정보증 같은 일에는 한때 서운하더라도 절대 해서는 아니된다. 가장 불길한 띠는 소·양띠 7월생이다.

9 이달에는 급히 서두르면 대패하고 좌우를 세밀하게 살펴서 순서에 입각하여 매사를 처리하게 되면 마침내는 성공한다. 형사재판이든 민사재판이든 간에 시간을 두고 오래 지연될수록 승소하게 된다. 3년전에 금전거래로 인하여 송사를 하고 있는 중이라면 토끼날·양날·원숭이날에 승소할 행운이 있다.

10 타인의 감언이설에 빠져 부인이 그렇게도 말리던 사업을 하다가 하루아침에 망하니 원망할 곳도 없다. 이달 만큼은 이유를 불문하고 부인의 말을 듣는게 곧 구원의 언덕을 달리게 된다. 다만 부인이 말띠이거나 쥐띠인 경우에는 부인의 말을 듣지 않는게 좋다.

11 북쪽으로 이사하거나 일을 도모한다면 불행을 자초하여 손해도 보고 부모형제로 인하여 크나큰 갈등을 초래하여 삶의 의욕마저 잃는다. 젊은 남녀는 남다른 **연애방법**으로 육체적인 관계를 3년간이나 갖지 않다가 오늘밤에야 그 황홀한 **육체관계**를 갖게 되니 이젠 더이상 받고 줄 것이 없다.

12 물건을 줍는것도 물건을 잃어버리는 것도 사주팔자니 누구를 원망하겠는가. 실물도적수가 있으니 집안의 귀금속은 북쪽에, 현찰은 동남쪽에 위치한 천정 위에 두면 그 액을 면할 수 있다. 특히 도적이 침범하는 날은 쥐날과 말날 밤 3시 30분경이다. 흉기를 들었으니 반항하지 마라. 생명이 위험하다.

362 天理路中 천리로중
　　　駿馬之棄 준마지기

천리 길을 가야하는데 준마를 버렸으니 어찌할꼬. 한때 부유하다는 이유로 사회 단체에 동산·부동산을 희사하고 생활고에 시달리더니 오늘에야 크게 후회하고 있다. 외국으로 이주를 하겠다고 호언장담했지만 결점이 있어 가지못하고 중도에 그만두게 된다. 스포츠나 체육계통에 종사하는 사람은 금년이야말로 대성할 수 있는 절호의 기회를 만났다. 체육인 중에서도 승마나 달리기 선수는 이름도 빛나고 돈도 크게 벌어볼 수 있다. 농촌에서 목장을 경영하는 사람은 소나 돼지 말등 육축을 잃어 버리고 적지않은 손해를 보게 된다. 자동차 사업을 한 사람이나 자가 운전자는 예전의 구형을 팔고 최신형 차를 구입하는 재산증식이 있게 된다. 말띠로 5·7·9월생은 차를 잃어 버릴 수가 있다.

1 하는 일마다 이다지도 안될까. 거의 될만하면 중간에 모사꾼으로 인하여 좌절되고 그로 인하여 가정은 말이 아니고 직장에서는 망신을 사게 된다. 이달에는 들어오는 돈 보다는 나가는 돈이 훨씬 많으니 너무 마음 상하지 마라. 이것 또한 사주팔자이니 누구를 원망해서 되는 것은 아니다.

2 사업가는 사업을 확장하지 말고 일반가정에서는 집을 수리하거나 변소등을 고치지 마라. 액을 벗어나기 힘들다. 만약 그같은 일을 범하게 되면 집안에 안질환자가 있거나 종업원이 돈보따리를 갖고 삼십육계 줄행랑을 치게 될 것이다. 공부하는 학생이 있다면 갑자기 공부에 환멸을 느끼고 학교를 그만둔다.

3 해와 달이 늘상 밝으니 운수가 대통하여 재물이 쌓이고 명예가 사람들을 놀라게 하는 출세가도를 달린다. 스포츠인 중에서도 권투선수 유도 레스링 선수등은 일확천금의 운이고 씨름선수 중에서도 닭·범·용·말띠는 천하장사가 될 수 있는 절호의 기회이다. 씨름 당일에는 빨간색을 착용해야 한다.

4 봄이 무르익어 초목이 무성하여 푸른산야를 이루니 생동감이 넘쳐흐른다. 백화가 갖가지 모습으로 아름다운 자태를 자랑하고 있어 사업가이든 직장인이든간에 크게 발전하지만 라이벌 관계로 인하여 더욱 분발하는 계기가 된다. 승진하는 영광이 있고 시험에 합격하는 즐거움이 있어 경사를 맞게 된다.

5 재물은 날로 불어나는데 언제부터인가 부부의 흉액이 일기 시작하여 갈등의 늪에서 헤어나지 못하고 있다. 결혼을 하지 않은 남녀는 부지런히 살아온 보람으로 남모르게 저축은 꽤나 했지만 사귀어오던 상대가 하루아침에 마음이 변하여 원망과 저주의 마음이 싹트고 있다.

6 남쪽땅은 길지이므로 사업장이나 직장을 구하는데도 매우 좋은 결과가 있을 것이다. 정치인이라면 고관을 만나 문제를 해결하고 스포츠인이라면 선전을 한 보람으로 경기에서 이기고 대통령이나 기타 고위층 인사를 만나보는등 그야말로 하루아침에 명사가 되고 인기가 절정이 돼 부러움을 사게 된다.

7 명사가 되고 집안에 천금이 아무 장애없이 굴러들어오니 세상사람이 깜짝 놀라며 우러러 보고 있다. 정치인은 각종 단체장이나 국무위원 또는 국회의원이 될 수 있는 황금의 시기이다. 일반가정에서는 가출한 사람이 스스로 돌아오고 기다리던 옥동자를 순산하니 경사가 겹쳐있도다.

8 별탈이 없었던 직장이 도산되므로 다른 직장을 찾아야 한다. 처음에는 도산해가는 회사를 살리려고 물심양면으로 노력했지만 끝내는 무너지고 만 것이다. 공무원인 사람은 부하의 잘못으로 파면당하니 당장 끼니가 걱정 된다. 뱀날·원숭이날 오후 3-5시경을 경계한다면 파면은 막으리라.

9 우연히 알게된 사람이 돕겠다고 나서니 귀인을 만난 셈이다. 그리하여 소원하던 일을 성취시키고 무능력자라고 비꼬던 사람에게 큰소리를 친다. 운수업 식료품 유통업을 경영하는 사람은 9·16·19·27일에 귀인을 만나 부진했던 사업을 성장시키는 길일이 된다. 그러나 닭띠는 귀인을 만나 망한다.

10 외국을 왕래하면서 기업을 성장시키니 장차 굴지의 재벌이 될 징조이다. 일반 가정인이라면 논밭을 매매하는 문서를 손에 쥐게 되고 행상을 하는 사람은 돈벌 수 있는 요지를 권리금을 주고 사게 되니 돈버는 것은 자명하다. 계약은 양날·개날을 피하는게 좋고 16·21·29일에 하는게 아주 좋다.

11 김씨성을 가진 사람이나 신씨성을 가진 사람은 당신을 해치려고 하는 것이며 박씨는 당신을 도우려고 하는 것이니 이 두가지를 미리 알고 처신한다면 큰 이익을 얻을 것이다. 만약 우습게 여긴다면 후회의 눈물을 흘리게 된다. 다방업을 하는 사람은 공무원인 애인을 사귀게 된다.

12 희망하는 바가 불꽃같이 일어나니 어찌 즐거움이 없으랴. 남녀간의 이성 교제는 두번 울고 세번 웃고 끝내는 백년해로를 약속하게 된다. 당신이 뱀손님이라면 원숭이날·개날·쥐날이 불길함으로 자중하는게 좋다. 그리고 착한 사람으로 되돌아 오는 시기는 소해·토끼해 5월이 될 것이다.

363 利在外地 이재외지
出入得財 출입득재

사사로움을 떠나 공평한 마음으로 행동반경을 크게 잡으니 당신은 가히 큰 인물이 될 징조이다. 사업가는 외국과 무역을 하게 되며 공부하는 학생은 외국 유학을 가거나 박사가 되는 행운의 길년이다. 유류업이나 전자선박을 하는 사람은 호황기를 지나 불황에 놓여있어 고전하다가 회사를 집어치우는 흉운이다. 쥐띠는 몸이 붓는 질병을 얻게 되고 소띠는 국제결혼을 범띠는 6·7월에 이사를 토끼띠는 직업변동이 있고 용띠는 결혼을 하며 뱀띠는 송사가 있으며 말띠는 사랑하는 사람과 줄행랑을 치고 양띠는 이혼하며 원숭띠는 목이 아프거나 뒤통수가 아파 고생한다. 그리고 닭띠는 남쪽에 있는 병원에 입원한다. 개띠는 고시에 합격하거나 기타 시험에 합격한다. 돼지띠는 출세한다.

1 장차 가문이 온 세상에 빛날 징조가 보여 자녀가 좋은 직장에 취직되는 것이나 마음에 꼭드는 상대방과 혼인을 하는 경사가 있다. 쥐·용·원숭이·뱀·닭·소띠는 고시에 합격하는 경사가 있어 사람들이 부러워한다. 농촌에 거주하는 사람은 도회지로 이사를 와서 생각보다 많은 돈을 벌게 된다.

2 늙은 용이 구름을 타고 조화를 부리려고 하나 전성시대처럼 자유자재로 조화를 부릴수가 없어 마음만 애타노라. 한때 사람들의 추앙을 받는 고위직에 있었지만 지금은 어느 누구나 관심조차 두지 않으니 세상사가 허무하다. 그렇게도 조석으로 문전성시를 이루던 식객마저도 발걸음을 끊는구나.

3 재물운이 왕성하여 빈곤한 생활이 하루아침에 부유하게 달라지니 어깨가 으쓱하다. 때가 때인만큼 의기가 양양하다보면 상대방 입장을 전혀 생각지 않는 경솔한 행동을 자처할 수가 있어 삼가하는 마음으로 조심스럽게 살아야 한다. 왜냐하면 머지않아 천금이 나가는 시기가 도래하기 때문이다.

4 이사를 하고 집을 수리하니 '동토'가 두렵다. 쥐·원숭이·용해는 북쪽과 동쪽을 뱀·닭·소의 해에는 동북쪽과 정동쪽을 돼지·양·토끼 해에는 서쪽을 범·말·개 해에는 남쪽을 범하지 말아야 한다. 그러한 방향을 범하게 되면 두통 고혈압 환자가 있게 되고 가사가 어지러워 가정의 뿌리가 흔들린다.

5 잘 아는 친한 사람의 비밀을 말하지 마라. 비록 그 비밀을 안다 해도 모른척 해야지 조금이라도 눈치를 챘다는 의도를 표하게 되면 생명이 위태롭다. 공부하는 학생은 시험지의 부정유출이 있어도 모른척하고 유흥업을 상대로 하는 폭력배의 비밀을 알아도 선처하는 마음으로 폭로하지 말아야 한다.

6 정신이 바르고 의지가 굳어서 타인의 말을 듣지 않고 자신의 판단에 따라 매사를 결정하기 때문에 다소 고집스러운 면도 있지만 그렇다고 무리한 행동은 아니다. 국가고시를 보는 수험생이나 승진을 하기위한 사전 로비활동을 하는 사람은 머자않아 서광이 다가와 소원한 바가 이루어지게 된다.

7 어느 사람은 힘도 들이지 않고 하는 일마다 성취되나 나는 노력은 하는데 이루어지지 않을까. 무리한 노력으로 과로를 하여 병석에 눕게 되니 외로운 것은 내마음 뿐이다. 교육계나 경찰계통에 종사하는 사람은 원숭이날과 돼지날에 근무중 순직하는 위험시기이니 그날만은 두문불출 하라.

8 온 집안 식구가 한마음 한뜻으로 협조하고 효도와 사랑으로 삶의 본바탕을 세우니 만인의 모범이 된다. 이렇게해서 온 가족이 경제력이 튼튼해지고 이름도 날리고 있어 장차 가문이 크게 빛날 징조이다. 농사를 짓는 노총각은 오래 전부터 고대해 오던 결혼을 하게 되니 즐거움이 가히 하늘을 찌를듯 하다.

9 남녀간의 야릇한 감정 때문에 자신을 수렁에 빠뜨리고 있어 무척 안타깝다. 나이도 정년층에 들어선 이가 나이 어린 처녀를 데리고 노니 기가막힐 노릇이다. 이러한 현상이 아니더라도 유부남 유부녀가 음침한 밀실에서 몸과 마음을 섞으며 사랑아닌 사랑을 나누고 있다.

10 십년 공부를 하여 용꿈을 꾸고 대과에 급제하게 되니 원수가 은인으로 변하고 업신여기면서 돌아보지 않은 사람도 따라주니 그 지위를 알아볼만 하다. 어느 일이고 신념을 갖고 밀고 나가면 결국에는 성취될 수 있다. 공부하는 학도는 학과를 바꾸지 말고 계속 전과목으로 하라. 그러면 합격한다.

11 이달에 당신을 도와줄 귀인은 남쪽과 서쪽에 있으니 그쪽 방향에서 일을 도모하라. 남쪽이나 서쪽에 거주하는 사람에게 돈 받을 일이 있다면 말이나 닭날 오전11시나 오후 6-7시에 받게 된다. 만약 그러한 날을 이용하지 못하면 몇개월 후에 받거나 심한 경우에는 받지 못한다.

12 결혼한지는 얼마되지 않으나 화목하고 믿음이 강하여 마음이 일치돼 하는 일마다 순성한다. 남성이라면 부인의 덕을 톡톡히 보는 사주팔자를 갖고 태어났다. 그리하여 얼마전에도 어려운 처지에서 부인의 힘으로 무사히 해결 되었지 않는가. 매사를 서두르지 말고 서서히 진행하라.

411 萬里長征 만리장정
　　威勢當當 위세당당

백전노장이 만리 길에 오르니 그 위세가 당당하다. 천군만마를 통솔하는 명장으로 온 세상을 종횡무진하니 감히 누가 함부로 대하겠는가. 군인이나 경찰직에 있는 사람은 승진할 수 있는 대운을 만났고 사업을 하는 사람은 외국과 무역을 하든지 아니면 새로운 상품을 개발하여 천금을 얻는 행운이 있다. 젊은 학생은 정치인이나 군인 경찰계통에 관심을 두고 공부를 하다가 입문하여 후일에 큰 인물이 되는 행운이 있다. 건축이나 토목 토건업을 하는 사람은 지금까지 없었던 큰 공사를 맡아 많은 돈을 벌어볼 수 있는 좋은 시기이다. 기자직업을 가진 사람은 특파원이 될 수 있고 교수인 사람은 견학차 외국을 출입한다. 농사를 짓는 사람은 양봉이나 양돈등을 하면 큰 이익이 있다.

1 꽃이 떨어지고 열매를 맺지 못하니 무슨 소용이 있단 말인가. 젊어서는 자식을 위하여 젊음을 바쳤건만 자식들은 나 몰라라 등을 돌리니 늙은 몸 하나 의지할 곳이 없다. 남들은 자식 잘 두었다고 부러워하지만 석・박사 자식이 불효하니 무슨 소용이 있단 말인가. 가슴이 메여진다.

2 내 사업을 하려고 직장을 그만 두지 마라. 반드시 손해만 보고 다시 직장으로 돌아올 것이다. 여성인 경우에는 부부가 된지 얼마 되지도 않았음에도 남편이 다른 여자를 봐 가정을 내팽개치니 후회의 눈물을 흘리게 된다. 슬하에 자식만 없다면 당장 이혼하고 싶지만 이러지도 저러지도 못하고 있다.

3 삼월 동풍에 백화가 만발하여 온 세상이 생기가 감돌고 백성들이 덩실덩실 춤을 추니 가히 태평성국이로다. 할일이 태산같지만 주위여건이 여의치 못하여 마음대로 이루어지지 않으니 모든 일이 그림 속의 떡과 같고 꿈속에서 배부른 것과 다름없다. 인간을 너무 믿지 마라. 손해를 면키 어렵다.

4 아무 목적없이 허송세월만 보내니 가장의 체면이 말이 아니다. 생활이 어려워 부인이 직업전선에 뛰여드니 의처증과 의부증이 두루 있어 가정 불화가 끊이지 않는구나. 부부의 정이 멀어져 서로 반목만 있을뿐 자애로움과 인내하는 마음이 어느 한구석에도 남아있지가 않아 썰렁한 세상을 살아간다.

5 집안에 병마가 침노하니 슬하에 질병이 있어 재산도 손해 보고 사람도 잃게 되니 이보다 더 슬픈 일이 어디 있단 말이요. 닭날 닭시에 서북쪽을 왕래 하다가 교통사고를 당하여 응급치료를 받았지만 끝내 생명을 잃고 말았다. 울음 소리가 천리까지 들리고 무상하기가 충천하도다.

6 칠년동안이나 큰 가뭄이 계속되니 초목이 살아남기 어렵고 목마른 자가 부지 기수이니 이놈의 노릇을 어찌할꼬. 오래도록 하는일 없이 세월만 보내다 보니 집안에 재물이 바닥난지 오래고 이제는 집까지 팔아야 하는 처지에 놓여있다. 피치못할 사정으로 빚보증을 섰다가 하루아침에 거지 꼴이 되고 만다.

7 다른 사람의 재물을 우연히 내손에 넣게 되니 마음은 불안하나 물질은 풍족 하여 부러울게 없다. 목전에 이익만 탐하고 멀리 보지 않으면 장차 큰화를 면키 어렵다. 집안에 소띠 7월생과 말띠 1월생이 있게 되면 아침저녁으로 언쟁 이 끊이지 않아 불안한 삶을 영위하고 있다.

8 당신에게 아무 상관없는 일에 공연히 관여하다가 신상에 구설이 따르니 심신 이 편치 못하다. 미혼남녀는 일사천리로 잘 진행돼 오던 사랑이 금이가기 시 작하여 남남으로 돌아설 지경에 이른다. 쥐띠와 소띠는 백년해로를 하게 되고 범 띠와 원숭이띠는 백년해로커녕 헤어지는데도 힘겹다.

9 하고자 하는 일에 한번 울고 한번 웃음을 짓게 된다. 엉덩이 한번 제대로 붙 이지 못하고 불철주야 노력하나 얻는것이 별로 없다. 그렇다고 당신의 운이 쇠약한 것은 절대 아니다. 다만 잠시 승패가 많아 복잡다변할 뿐이다. 범띠·양 띠는 말을 조심하고 남의 흉을 보지 마라.

10 티끌모아 태산을 이루니 결국에는 영화가 있도다. 한푼 한푼 모아둔 재물 이 집을 사게 되고 논밭까지 사게 되어 이제는 대장부 살림살이 이만하면 제일이로다. 당신이 남성이라면 현모양처를 만나 결혼한지 사오년만에 풍요로운 가정을 이루게 되어 이 모두가 부인의 지혜로 인한 것이다.

11 목성을 가진 성씨가 나를 도와주니 기쁘기 한량없도다. 열냥으로 천냥의 이익을 추구하니 땅이 늘어나고 아흔아홉칸 짜리 큰집에 살게되 세상 살 맛 난다. 공부하는 학생은 성적이 급격이 늘어 여러 사람으로부터 칭찬을 받고 다가올 시험에 자신만만한 자부심을 갖게 된다.

12 아휴 이놈의 세상살이 왜 이다지도 살아가기가 힘들까, 아무리 착하게 살 려고 해도 물질만능주의 사회에서는 아무도 내진심을 알아주는 이가 없으 니 답답하다. 허가난 도둑놈이나 허가 없는 도둑놈이 난무하니 착하게 살아가고 있는 나만 손해를 볼 뿐이다. 하늘과 땅은 내 진심을 헤아릴 것이다.

412 水滿淸江 수만청강
　　 山影擴畜 산영확축

넘실대는 맑은 강물에 비친 산 그림자는 또 하나의 대지를 이룬다. 의기양양하며 무엇이든지 적극적으로 하고픈 의욕을 갖게된 사업가로서 자금은 마련되었으나 마땅한 장소가 없어 애를 먹는다. 다방이나 음식점 카페등은 지하실이 좋고 건축 토건 기타 금속회사는 2층이나 4·9층이 길하다. 일반가정이라도 지하방으로 이사를 하게 되면 대길하여 재물도 늘고 가족도 화목하다. 그림을 그리는 작가나 서예를 하는 사람은 이름이 온 세상에 알려져 인기가 대단하다. 교육계통에 종사하는 사람은 승진하는 행운이 있고 종교계통에 종사하는 사람은 재물도 명예도 모두 대통하며 사람들이 우러러본다. 공공기관에서 종사하는 사람은 부하로부터 뇌물을 받는게 탄로나 파직하는 불행을 당한다.

1 당신이 소박하고 근면성실하게 열심히 살아가는 생활근본은 천지신명을 감응케하여 복을 스스로 받으니 소원하는 일이 반드시 이루어진다. 입산수도인은 득도를 하고 평범한 가장은 비록 작지만 새집을 사게 되는 운이고 운전을 하는 사람은 자신의 차을 구입하게 되니 이 또한 기쁨이 넘친다.

2 당신을 해치려고 사악한 여인들이 득실대고 있다. 안면있는 여자를 조심하고 초면이라도 상의는 빨간색에 하의는 까만 치마를 입은 사람을 조심하고 눈썹이 꽂아논 것처럼 거칠게 생긴 모양을 한 여인을 조심해야 한다. 그런 여성과 일을 도모하면 손해를 보고도 원망할 곳마저 없게 된다.

3 뒷동산에 백화가 만발하니 벌과 나비가 서로 만난다. 이달에는 남녀를 막론하고 관광여행을 갔다가 연애를 하거나 다방 술집등에서 우연히 알게된 사람끼리 만리장성까지 쌓게 되어 들통나 망신을 당할까 두렵다. 60대 노파라도 자녀들 모르게 육체적인 사랑까지 나누니 마음과 몸이 청춘이로다.

4 물귀신이 당신을 하늘나라로 모셔가기 위해서 살짝 따라붙고 있다. 그러니 물가를 가지 말아야 하며 뜨거운 물도 조심해야 한다. 집에 젊었을 때 물에 빠져서 죽은 청춘귀신이 집안을 맴돌면서 당신이 하는 일마다 가로막고 있다. 북쪽 높은 언덕에 올라 '파파세'를 세번하고 소금을 뿌리면 감액된다.

5 서광이 당신의 문전에 비쳐주고 있어 사랑하는 사람끼리 결혼을 하게되고 논밭을 사게 되며 북쪽에 집도 사므로 살림이 번창한다. 자손들도 사회적으로 저명인사가 돼 가문을 빛낼 경사가 있게 된다. 단 집안에 말띠나 쥐띠 자녀가 있으면 가출하여 속을 썩힌다.

6 재앙이 가고 복이 오고 있으니 앞으로 가문이 번창하여 사람들이 부러워 하게 될 것이다. 건강이 나빠서 애를 먹던 환자가 우연치 않게 병이 스스로 나으니 진정 좋은 때를 만난 셈이다. 부부도 그동안에 다소 서먹서먹한 점이 한 두가지가 아니었는데 이달 부터는 정이 두터워지기 시작한다.

7 집앞 뜰에 난초가 홀로 향기를 내뿜으며 봄빛 가을 정취를 모두 만끽하고 있다. 재물은 만족하나 홀아비 홀어머니가 혼자서 외롭게 독수공방을 지키니 무슨 재미가 있단 말이오. 재혼은 때가 아니니 얼마간 기다렸다 하는게 순리이다. 그리고 당신만 간직하고 있는 성적 비밀기구를 잘 보전하라.

8 구름이 천리길을 향하니 자연 마음이 설레인다. 집안에는 문서상 계약이 있으니 닭날과 토끼날만 피하여 이행하면 의외의 이익을 가져오게 된다. 부동산중에서도 임야나 대지등을 팔고 사면 대길하다. 자녀중에서 소·개·용·양·말띠가 있으면 시험에 합격하는 경사가 있다.

9 먼 여행을 하지 마라. 사람과 싸우지 않으면 차사고로 몸을 다치게 된다. 여자를 데리고 관광을 간다든가 여관이나 호텔등을 찾게되면 철창생활을 해야하는 크나큰 망신을 당한다. 쥐띠·양띠는 술로 인하여 패가망신 하게되니 동쪽에 위치한 술집에서 밤 늦도록 술을 마시지 말아야 한다.

10 길 한가운데 액이 있으니 자녀가 돈을 훔쳐 가출하거나 데모에 가담하여 경찰서에 연행되기도 한다. 그동안에 건강이 나빠 고생하던 자녀가 병원에 입원하는 사태가 빚어지니 부모의 애간장을 태우는 불상사가 있다. 집안에 쥐·닭·토끼·말띠 자녀가 있다면 나이가 어린데도 연애를 해 걱정을 안겨준다.

11 사람이 재물을 따르는게 아니라 재물이 사람을 따르니 바야흐로 황금의 시대를 만난 셈이다. 그러므로 노력하면 하는 만큼은 이익을 볼 수 있는 신수이다. 한가지 주의할 점은 사람을 너무 믿지 말고 속있는 이야기를 상대방에게 털어놓는 것은 하나만 알고 둘은 모르는 처세이므로 주의해야 한다.

12 내몸 하나가 곤궁하니 만사가 싫어 삶의 의욕마저도 점차 잃어가고 있다. 비록 의식주는 어렵지 않으나 인덕이 없는고로 일가친척에게 덕을 베푸는데도 끝내는 구설시비로 인하여 말다툼을 하게 되니 이 모두가 팔자로구나. 어느 경우에라도 일가친척끼리 금전거래나 동업은 하지 않는게 현명하다.

413　高而登觀　고이등관
　　　　其行之危　기행지위

높은 자리에서 만인을 내려다보며 통솔하고 있으니 그 권리가 당당하다. 그러나 공교롭게도 금년에는 높은 자리에서 밀려나는 흉운도 있어 안타깝기가 마치 날개 꺾인 새와 같다. 어른이나 어린이 또는 노약자는 낙상이나 아니면 높은 곳에서 굴러떨어져 몸을 다치게 되니 산중 교통 사고도 주의해라. 군인 장성같으면 일계급 승진을 하지 못한채 예편하여야하고 경찰공무원은 사소한 실수로 부작용이 일어 옷을 벗어야 한다. 장차관이라도 별것아닌 일로 도의적 책임을 지고 물러나야 한다. 교육공무원이나 사업가는 동료간의 다툼으로 망신을 사게 되고 자신이 몰고다니는 자동차를 잃어버리게 된다. 일반서민이라면 부부관계 금전관계로 마음을 상하는 경우가 비일비재하다.

1 몸에 관록이 따르니 이내 공사직에 머물러 있는 사람은 승진의 기회가 다가오고 공부를 하는 사람은 천신만고끝에 공무원 시험에 합격하는 길운이다. 결혼을 한 젊은 부부는 자녀를 병원에서 순산하니 웃음이 넘쳐 가정이 더욱 행복하다. 병원에 가는 길일은 1·3·8·12·20·27일이다.

2 어디로 가도 돈 벌수 있는 여건이 갖추어지고 노력한만큼 이익을 얻을 수 있어 재운이 열렸다고 할 수 있다. 직업을 바꾸어 새로운 상품으로 장사를 하게되니 일취월장 급성장 한다. 같은 친구끼리 또는 부부가 같은 장소에서 같이 일한다는 것은 곧 부자가 되는 길이니 서슴치말고 하여야 한다.

3 이제 돈을 벌었나 싶더니 너나할 것 없이 부부가 서로 춤바람이 나 세상 무서운지 모르고 날뛰다가 관재수가 있다. 이달에 가장 주의할 날은 3·7·12·17·26·28일이다. 여관을 찾더라도 동쪽·서쪽은 피하여 가는게 좋고 오전보다는 오후 3~5시가 안전하다.

4 아무리 돈이 있어 풍요로운 삶을 영위하지만 그게 인간의 전부가 아니라는 것은 삼척동자도 아는 평범한 진리이다. 그러나 당신은 언제부터인지 돈이면 세상에 부러울 것이 없다는 잘못된 사고 방식을 갖고 있다. 그래서 이번에도 경솔한 행동을 하다가 손해는 물론 돌이킬 수 없는 망신을 당한다.

1 이달에 돈을 벌 수 있는 방향은 서쪽과 북쪽이니 그쪽에서 물건을 사고팔거나 아니면 사업장 또는 직장을 구하여도 대길하다. 그리고 가장 안전하게 재물을 모을 수 있는 업종은 금속계통으로 귀금속을 포함 철물철제가 좋고 그다음 청량음료 대리점이나 다방등 음료를 위주로 하는 업종이 유망하다.

6 농사를 짓는 사람은 농작물의 흉작과 가축의 병사로 본의 아니게 큰 손해를 보고 공업계통에 사업을 하는 사람은 옛날에 모시던 선배의 힘으로 인하여 큰 이익을 보게 된다. 집안에 젊은 사람이 있다면 농사 짓는 일을 때려치우고 도회지로 이사를 하여 하루하루를 어렵게 살아가고 있다.

7 사귀고 있던 애인 또는 이성간의 친구가 마음이 변하여 배반함으로 한탄의 눈물을 흘리게 된다. 마음이 마치 공중에 떠 있는 격이라서 하는 일에 의욕이 없고 싫증을 느끼어 되는 일이 없다. 따라서 신상에 크나큰 변화가 오고 있다. 인간을 너무 믿다가는 닭잡아 먹고 오리발 내미는 격을 당할 것이다.

8 그렇게도 하는 일마다 막혀서 희망이라곤 전혀 없었는데 박씨·이씨·조씨 성을 가진 사람의 도움으로 성취되니 걱정이 사라지고 웃음이 흘러넘친다. 시험준비를 하는 학생도 사업을 하는 사업가도 선후배의 따뜻한 도움으로 목적했던바를 달성하고 일반 가정주부는 부업으로 꽤나 재미를 보고있다.

9 이름이 온 세상에 알려지고 그로 인하여 재물도 들어오니 가난이 물러가고 풍요가 다가온다. 불행이라곤 눈을 씻고 볼래야 없었는데 몸이 갑자기 병들어 누워있으니 역시 세상만사 마음과 뜻대로 되지 않음을 스스로 깨닫게 된다. 특히 위암 백혈병등으로 그러하니 초기에 발견하라.

10 오곡이 풍성한 가을인데도 내가 거두어 들일 곡식은 하나도 없으니 죽을 고생했지만 십년공부 나무아미타불이니 또 한번 한탄의 눈물을 흘리는구나. 목장이나 특수농작물을 재배하는 농민은 우연치 않게 화재를 만나 모두 잃어버리고 오직 몸만 피했으니 생명은 구하였다.

11 물질은 있어 걱정이 없지만 혼자 살아가는 과부라 세상의 참맛을 모른 채 백옥 같은 몸만 늙어간다. 지금도 늦지 않았다. 어서 빨리 재혼하여 지금까지 맛보지 못한 행복을 실감하라. 당신이 아무리 말로는 독신주의를 선언했지만 육체적인 생리현상의 갈증해소를 하지못해 마침내는 결혼할 것이다.

12 부모가 남긴 재산을 가지고 형제끼리 싸움을 하니 세상은 말세라. 어려서는 정이 두텁던 형제가 재산싸움을 하다니 세상 참 많이 변했구나, 그러니 죽은 부모에게나마 큰 불효를 저지르고 있지 않은가. 고집을 버리고 양보와 화해로 일을 잘 처리해야 한다. 남들이 당신을 뭐라고 하는지를 알고 있는가.

421 歸妹因事 귀매인사
　　家中悲哀 가중비애

결혼한지 얼마되지 않은 딸이 또는 아들이 이혼하고 집으로 돌아오니 가정이 편할 날이 없다. 그러나 이것도 사주팔자에 기인한 것이니 타인을 원망하지 말고 미워하지 마라. 왜냐하면 당신이 타고난 생년월일은 이미 당신이 어머니 뱃속에서 나올때 부터 정해져 있기 때문이다. 다만 그러한 사실을 보통사람의 지각으로는 모르고 있을 뿐이다. 집안에 자살하는 일이 있게 되니 이만저만한 망신이 아니다. 외항선원은 생각보다 오랜 기간동안 바다에 있었기 때문에 상당한 돈을 벌어와 가정을 풍요롭게 하고 있다. 혹자는 고물 행상을 하여 큰 돈을 벌어볼 수 있고 자동차 계통에 종사하는 사람은 자격시험에 합격하고 군대를 지원해서 간 젊은이는 신체검사에서 미역국 먹고 귀향조치 된다.

1 깊은 산골짜기에서 길을 잃고 허둥대는 나그네가 다시 범을 만났으니 위태롭기가 계란 쌓아올려 놓은 격이다. 한가지 고민이 사라지면 또다른 고민이 생겨 단 한시도 편안한 날이 없어 눈가에 눈물이 마르지 않고 가슴앓이가 계속되니 이 세상 모든 불행은 혼자 도맡은 비관을 가질 수 밖에 없다.

2 몸도 마음도 제정신이 아니고 마치 도깨비한테 홀린 기분이다. 세상만사가 귀찮고 사람 대하기가 범을 대하는 것 같으니 자칫하다가는 부부간에 정이 멀어져 각자가 가고 싶은대로 등을 돌릴 수도 있다. 어느 경우에는 남편의 살갖만 접촉하여도 소름이 끼치는 등 '공방살'이 부부를 갈라놓은 것과 같다.

3 천하의 대황야를 종횡무진하는 호랑이가 함정에 빠져 분통의 호성이 천리를 진동하니 어찌 맹호의 기세를 떨칠 수가 있단 말이요. 마음은 함정에서 빠져나와 천리를 단숨에 가고픈 심정이나 뜻대로 되지않아 처량하기 그지없다. 이달에는 자신의 재주만 믿고 발등을 스스로 찍게 되니 조심하라.

4 십년을 하루같이 고생을 마다않고 살아오니 마침내 복이 당도하여 이달부터는 남부럽지 않게 살아가게 된다. 그렇다고 크게 여유있는 생활은 아니지만 모범적인 가정으로 생활의 교본을 삼으니 자녀도 효도하고 예의가 바르며 공부도 보통이상이 되니 그보다 더한 행복이 없다고 스스로 깨닫게 된다.

5 아래에서 위를 극하고 물이 역류하니 진실이 감추어지고 허위의 탈이 난무한다. 가정에서는 자녀들이 부모 대하기를 마치 자신이 부리는 종 대하듯 불효막심하니 하루에도 몇번씩 큰소리가 있고 한달에도 몇번씩 눈물을 흘려야 한다. 하지만 스스로 안위하고 자중하므로 극단적인 일은 없을 것이다.

6 초반부터 운수의 서광이 당도하여 하고자하는 일이 척척 매듭지어져 심신도 편안하고 재물도 모아져 행복의 나날을 보내고 있다. 외국으로 유학할 학도는 마음을 느긋하게 먹고 서서히 준비하라. 급하게 서두르면 오히려 더 늦어진다. 공무원인 사람은 승진의 꽃다발을 받게 된다.

7 집안에 병마가 물러가지 않고 여러사람을 못살게 구니 가족 모두가 건강이 나쁘다. 특히 쥐·용·원숭이띠는 당뇨로, 뱀·닭·소띠는 신장병으로, 그밖에 띠는 감기나 호흡기로 고생한다. 아뭏든 이달에는 손해를 피할수가 없는 달이니 가능하면 보다 적게 편안한 마음으로 손해를 보기 바란다.

8 시비를 멀리하고 사랑과 관용으로 매사를 대하라. 만약 그렇지 않는 날에는 싸움을 하여 관재수를 피할수가 없어 감옥을 살게 된다. 술좌석에서 우연히 동석한 사람과 시비가 벌어져 싸우는데 그 날짜는 말·뱀·원숭이·돼지날 오후 11-3시 사이가 가장 그렇다.

9 그렇게 금슬이 좋던 부부가 언제부터인가 정이 멀어지기 시작하여 이제는 생이별까지 해야 하는 어려움에 처해 있다. 요즘은 같이 살지도 않고 서로 각각 헤어져서 나몰라라 하고 살아가니 어찌 편안한 마음이 있단 말이요. 어차피 갈라진 보석이니 다시 이을 생각은 하지 마라. 공연한 짓이다.

10 오랜 가뭄으로 인하여 대지가 목말라 있었는데 단비가 내리니 죽어가는 고목에 싹이 트고 목마른 대지가 생기를 얻어 만민을 즐겁게 한다. 그렇게도 기다리던 돈이 풀리고 하는 일이 성사됨으로 뭇사람이 따르고 문전에 하객이 줄을 이으니 새로운 시대를 맞는다.

11 집안에 재산으로 인한 싸움이 끊이지 않아 편안한 날을 찾아볼 수가 없다. 약혼을 해놓고 결혼식하는 날만을 기다리고 있던 상대방이 야반도주하여 닭쫓던 개가 울넘어 보는격이 되고 말았다. 그러니 망신은 망신대로 사고 손해는 그 배상을 놓고 옥신각신 싸움으로 일관한다.

12 죽을 고생하고 성심전력하며 살아온 덕택으로 자그만한 이익을 얻게 된다. 하지만 왼쪽 옆구리가 아파서 활동이 거북하니 무슨 연유인가. 그것은 변소를 수리했거나 집을 수리해서 그런데 특히 동쪽 방향을 건드려 '동토'가 난 것이다. 10·18·21·25일에 '동토부적'을 동쪽에 붙이면 특효를 본다.

422 日暮西山 일모서산
進退兩亂 진퇴양란

가야할 길은 만리인데 어느덧 해가 서산에 겼으니 지형과 방향을 분간못해 진퇴양란에 빠져있다. 지난해에는 손해를 보았으나 이제는 다른 업종으로 사업을 시작하려는 사업가가 직장을 옮겨야 할지 아니면 그자리에 더 있어야 할지, 공부하는 학생은 공부를 계속해야 할지 아니면 그만두고 군대나 가든지 취직을 해야 하는등을 놓고 나름대로 각각 걱정을 하고 있다. 쥐띠는 직업변동 소띠는 결혼을 범띠는 외국을 토끼띠는 연상연하의 상대를 만나 열애에 빠지고, 용띠는 제사음식을 잘못 먹고 탈이 난다. 뱀띠는 자녀로 고민하고 말띠는 부부가 여행을 하고 양띠는 목장이나 부동산을 팔고산다. 원숭이띠는 부모상을 당하고 닭띠는 자녀를 순산하고 개띠는 학업중지가 있고 돼지띠는 실연을 당한다.

1 옛말에 수신제가치국평천하라 하여 작은 것에서 가장 큰것을 이루고자 할때는 작은것부터 제대로 한후에 큰일에 도전하라는 것이있다. 이처럼 살아가는 인생의 삶속에 당신은 가정도 제대로 다스리지 못하고 어찌하여 큰 일만 하려고 하는가. 무엇보다도 내실을 위주로 가정을 원만하게 다스리라.

2 여자를 배척하고는 아마도 이 세상이 존재할 수가 없을 것이다. 그런데도 이달의 운수는 여자를 가까이 하지 말라고 했다. 여자를 가까이 하게 되면 적지않은 구설시비로 큰 고초를 겪기 때문이다. 유흥업·스포츠·연예계에 종사하는 여자와는 한자리를 하지않는게 유리하다.

3 재물운이 공망이 되었는데 그뜻은 달려야 할 자동차가 수렁에 빠져 헛바퀴만 빙빙돌고 있는 것과 흡사하여 아무리 재물을 모으려고 발버둥을 쳐도 몸과 힘만 낭비할 뿐 뜻을 이루지 못한다. 이달같은 때에는 과욕부리지 말고 현상유지나 하는게 가장 유익한 행동이라 할 수 있다.

4 이달에는 김씨나 신씨를 조심하라, 반드시 손해보고 가슴 아파하게 될것이다. 결혼을 앞둔 사람은 9·10·21일에 기쁜 소식이 있고 사업가는 동쪽과 남쪽에서 재물이 굴러들어오니 기쁨이 환호성을 친다. 취직은 중순경이 가장 유력하고 문서 계약은 하순 뱀날이 길다. 여행과 이사는 초순 돼지날이 길일이다.

5 이사를 하지말았어야 했는데도 끝내 이사를 하더니 가정이 불안하다. 건강이 좋던 남편이 갑자기 병이나고 마음이 차분했던 자녀가 천방지축 날뛰면서 학교성적도 엉망이고 부모 말도 잘 듣지 않아 생각지 않은 걱정거리가 여기저기서 터진다. 서쪽을 수리했다면 동쪽에 있는 복거인에게 물어보아라.

6 수마가 침노했으니 물가를 가지 마라. 생명이 위험하다. 농촌에서는 물 때문에 싸움이 있고 도시에서는 수도물 때문에 이웃싸움이 있다. 집안에 용띠 7월생이나 쥐띠 3·7월생 그리고 원숭이띠 3월생이 있다면 정북쪽·동남쪽·남서쪽에 위치한 물가를 가지말아야 한다.

7 성욕을 이기지 못하여 윤락촌을 서성이다 성병을 얻어 남모르는 걱정을 하게 된다. 여자인 경우에는 남편이 병원에 입원했거나 성기능이 저하되어 성생활을 제대로 못하는 까닭에 외간남자와 정을 통하다가 시집식구들이 눈치채고 이혼을 강요하니 하소연 할 곳마저도 없다.

8 금성과 목성은 대개가 신·전·강·김·금씨등이 됨으로 이러한 성을 가진 사람은 사업상 거래나 금전거래를 일체 하지 않는게 좋고 쥐띠는 말띠를, 소띠는 양띠를, 범띠는 원숭이띠를, 토끼띠는 닭띠를, 용띠는 개띠를, 돼지띠는 뱀띠를 각각 주의하는게 서로를 위한 일이다.

9 교통사고가 두려우니 서쪽이나 북쪽을 가지 마라. 몸을 다쳐 병원신세를 면하기 어렵다. 임산부는 낙태의 위험이 있고, 승마선수는 낙마를 하여 몸을 다치게 된다. 집안에 결혼의 경사가 있으나 꼭 와야 할 사람이 눈에 보이지 않아 서운하기 이를데 없다. 결혼식날은 말날·닭날이 좋은 편이다.

10 동쪽에서 스스로 돕겠다고 나선 사람이 필경에는 원수지간이 되니 과욕부리지 말고 남의 재산 탐하지 마라. 그러면 원수맺는 일이 없고 또 다른 사람을 탓하는 일이 없게 된다. 교육계에서 일생을 바친 사람이 정년퇴직하고 그 퇴직금으로 사업하다가 하루아침에 쫄딱 망하니 누구를 원망하리요.

11 해와 달이 화합하지 못하니 이는 마치 부부가 이별할 액운이로다. 열열한 연애로 부모의 완강한 반대에도 무릅쓰고 결혼을 했지만 삼년을 넘기지 못하고 불화쟁론 끝에 별거하다가 이혼하고 만다. 당신은 그 문제 뿐만아니라 매사를 순리보다는 고집과 독단으로 일관하는게 큰 화근이다.

12 그동안 모은 재물이 하늘의 저주를 받아 도로 나가니 선 악을 늦게나마 알게 된다. 당신은 성실하게 사는 것보다는 남을 속여서 이익을 얻어 그 재물이 오래 가지 못한다. 집안에 닭띠·토끼띠·범띠등이 있다면 건강이 불길하여 상당한 재물을 버리게 된다. 한편 기쁜 소식은 25·27·28일에 있다.

423 山澤通氣 산택통기
自然興旺 자연흥왕

산과 연못이 서로 통하니 우주가 자연 흥왕이다. 국사를 다스리는 고위관직자는 태평천하를 맞이하여 명실상부한 현신이 될 수 있는 절호의 기회이다. 그동안 능력을 발휘할 수 있는 여건이 갖추어지지 못하여 발휘할 수가 없었으나 비로소 때가 온 것이다. 쥐띠는 천둥치고 비오는 날 달리는 말을 채찍질 해야 하고 소띠는 답답했던 일을 속시원하게 풀어볼 수 있다. 범띠는 친구의 함정에 빠져 헤여나지 못하고 손해만 있다. 토끼띠는 하고자 하는일에 귀인을 만나 성사시키니 심신이 편안하다. 용띠는 부부간의 갈등이 있게 되고 뱀띠는 경찰서나 검찰청을 왕래하는 송사가 있다. 말띠는 결혼전에 알고 있던 상대방을 잊지 못하고 은밀한 곳에서 은밀한 행동을 하게 된다. 양띠는 사업이 부진하고 닭띠는 실물수가 있다.

1 황용이 여의주를 얻었으니 조화가 무쌍하다. 그렇게도 힘겹게 살아오던 생활을 하루아침에 변화시킬만큼 일취월장 급성장 하였다. 부동산을 팔고나니 그 이익이 크고 의원에 당선되니 만인이 우러러 본다. 공부하는 학생은 어려운 시험관문을 지나 새로운 마음 가짐으로 열중하니 성적향상이 무궁하다.

2 재앙이 사라지고 하는 일마다 순성하니 부러울게 없다. 천하를 호령하던 구관이 다시 명관이 되는 기회를 맞이 하였다. 정치일선에서 물러났던 사람이나 연예인이 한시대가 갔거니 하고 무위도식 하지만 다시 소임에 복귀되니 심신이 안정되고 집안이 다복하여 부러울게 없는 세상을 살아간다.

3 술자리에서 인연이 된 상대를 잊지 못하니 오늘도 가슴 설레인다. 사업가나 정치가는 해결하기 힘든 일을 술자리를 통하여 성사시키니 가히 황금주라 한다. 짝사랑하던 사람에게 맨정신으로는 고백을 못하고 술을 먹고 가슴에 숨겨 놓은 설레임을 스스로 고백하니 상대가 웃으면서 대한다.

4 일가친척 하나없는 타향객지에서 맨손으로 자수성가하니 사람들이 우러러 본다. 건축·토목·의류·유흥업 계통의 사업가는 맨손으로 재물을 모아 가정도 흥왕시키고 고아원·양로원등에도 적지않은 재물을 희사하므로 이름과 덕망이 더욱더 높아진다. 부모에게도 효도하므로 칭찬이 구구하다.

5 물질은 풍요롭지 못하지만 화목한 가정으로 그 이름이 드러나므로 마음은 항시 신선같구나. 그렇다고 당신이 원한 만큼의 의욕이 성취되는 것은 절대 아니다. 분수를 알고 스스로를 지켜나간다면 천금이 부러울게 없고 사람다운 삶을 영위할 것이다. 과욕을 부리면 재앙을 스스로 불러들이는 결과가 된다.

6 불철주야 글을 읽고 성심껏 기원하니 대과에 합격하여 명판관이 되고 명기능자가 된다. 군에서 소속된 사람은 일계급이 승진되므로 영광을 한몸에 안는다. 교육계와 경찰계에 속한 사람도 초조하게 기다렸던 승진이 되므로 안도의 한숨을 길게 쉬어본다.

7 되지않는 일을 붙들고 애쓰지 말고 새로운 사업, 새로운 직장을 구하라. 그렇게 되면 뜻한대로 일이 성취되고 지위가 안정된다. 동쪽에 큰 이익이 있으니 그쪽 방향에서 일을 도모하라. 박사·석사가 되고자 노력하고 있는 사람은 머지않아 그 희망이 현실로 성취되니 너무 조급하게 생각지 마라.

8 이달에 하는 일 만큼은 순서나 위계질서를 지키면서 급히 서두르면 가능하다. 하지만 너무나 세심하게 일을 처리하게 되면 지연으로 인하여 실패하고 손해를 면하기가 마치 물위로 걸어가는 것 만큼이나 어렵다. 이성간에도 시간을 끌기보다는 우선 순정부터 바쳐야만 성사된다.

9 지성으로 부모에게 효도하고 천신께 정성을 다하니 남이 못한 일을 성취시키도록 하늘이 복을 주노라. 인간이 살아가노라면 악을 선보다도 멀리해야 함에도 요즘같은 혼탁한 난국에서는 실천하기가 어렵다. 그러나 당신은 누가 뭐래도 당신의 신조처럼 깨끗한 삶을 영위하여 그 덕이 후손에까지 미치게 한다.

10 열과 성을 다해도 시험에 낙방하여 울어버리고 싶은 허전한 심정이 충천하였으나 이제는 비로소 합격의 영광을 안게 되어 소원이 성취되니 파안대소의 즐거움이 있다. 이에 경솔하지 말고 침착하라. 당신이 여성이라면 결혼문제로 고민하다가 이제서야 해결이 돼 닭·용·토끼날에 결혼식을 올린다.

11 집을 수리하고 새로 지으니 '동토'나 '목동토'를 잘 헤아려라. 잘못 범하면 사람이 병에 걸리거나 아니면 죽어나간다. 특히 남쪽 방향에 변소를 설치하는 것은 죽음의 무덤을 파는 것이나 다름없다. 그러니 복거인에게 물어 지혜를 구하라. 사업장을 옮기는 일이나 직장을 구하는 것도 남쪽은 불리하다.

12 친한 친구의 말을 절대 듣지 마라. 공연히 사람만 바쁘고 별 이득이 없다. 사업관계·취직문제·금전거래·빚보증·이성문제를 각별히 주의하라. 처음에는 일이 되는 듯 싶지만 중간에 악인의 방해로 좌절되고 만다. 기혼남녀는 공교롭게도 자녀를 보지 못하여 기다림의 삶을 영위하고 있다.

431 登山病馬 등산병마
進退可畏 진퇴가외

병든 말이 높고 높은 태산준령을 넘어가니 그 모습 처량하기가 비맞은 장닭과 같다. 시작은 엉겹결에 했지만 막상 오르다 보니 이제는 속된말로 빼도 박도 못하는 신세가 되고 말았다. 이렇게 진퇴가 불명하고 노력하는데 겁부터 나니 무엇 하나 제대로 성취되겠는가. 그러나 이렇게 어려움을 당한것도 생각해 보면 당신의 잘못만이 아니다. 왜냐하면 보이지 않은 운명에 기인하기 때문이다. 다만 당신은 배짱이 너무 세고 평생 삶의 자체를 하나의 투기로 생각하여 순서에 입각한 성실한 사고방식보다는 한탕주의 식으로 생각하는게 큰 잘못이다. 공부하는 학도는 지나치게 크고 화려한것만 선택하다가 낙동강 오리알이다. 해는 이미 서산에 지고말았으니 분수를 알고 처신하라.

1 집안 어른이 아파 누워있고 자녀가 말썽을 피워 어려운 형편이다. 심한 경우에는 상복을 입을 수 있으므로 참는게 유익하다. 특히 환자가 위험한 날은 범·용·개·돼지날 등이다. 사업가는 종업원이 병원에 입원하여 업무에도 지장있지만 돈도 적지않게 나가므로 기분이 상쾌하지 못하다.

2 심신이 불안정하고 하는 일마다 중도에 좌절되 집안에는 찬바람이 썰렁하다. 대하는 사람마다 입으로는 도와줄듯 호언장담하지만 막상 일이있어 도움을 청하면 이 핑계 저 핑계로 만나주지도 않아 감정이 복바친 삶을 지탱해 나가고 있다. 쥐띠와 소띠는 추억에 얽매이지 말아야한다.

3 일의 시작은 화려하고 그럴싸하게 장엄하나 끝마무리는 한가지도 되는 일이 없으니 이름하야 용두사미격이다. 매사가 부진하고 지체되다 보니 사람 대하는 자체마저도 싫증을 느끼게 된다. 이럴때 일수록 경솔하지 말아야 하며 신중할수록 유익하다. 토끼띠는 두통으로 이삼일간 고생하게 된다.

4 집안 사람끼리 재물분배를 놓고 싸움을 하니 소위 골육상쟁인 셈이다. 자신들끼리는 해결을 못하여 결국 소송까지 하게 돼 가문의 망신을, 세상이 다 아는 치욕적인 싸움을 하고 있다. 그대는 돈도 꽤나 있어 먹고 살아가는데 어려움이 없는데도 부득불 소송을 할 필요가 뭣이 있는가. 어서 취소하라.

5 초반에는 일이 풀리지 않아 어려움이 쌓였지만 중순 이후부터 점차 풀려나 간다. 그렇다고 확실하게 좋은 운은 아니니 분수와 처신을 조화시켜 나간다면 무사하나 분수를 지키지 아니하고 무리한 투자나 무리한 직책을 받게 되면 열번 울고 한번 웃게 될 것이다. 용띠는 열차안에서 사랑의 만남이 있을 것이다.

6 이달에는 이상하게도 희망이 성취될듯 하면서도 물거품처럼 사그라지고 만다. 현실적으로 살아가는 느낌보다는 비몽사몽이라 할만큼 기이한 일이 벌어지고 있다. 그리하여 미혼남녀는 꿈속에서 정사를 하면서 실제로 사정을 하는 추태를 보이기도 한다. 양날·개날·소날등이 그러하다.

7 용이 여의주를 잃었으니 무슨 재주를 하겠는가. 마치 전쟁에 나간 장수가 무기를 잃어버린 것과 같다. 재물이 좀 모아졌다고 해서 그것으로 사업을 하다가 남김없이 날려버렸기 때문에 이제는 먹고 살아가는데도 힘들다. 직장을 구하는 사람은 16·17·21·25·27일 오후 2시에 확정이 된다.

8 아버지와 아들이 의견이 맞지않아 싸우고 있어 생선망신은 꼴뚜기가 시킨다더니 집안 망신은 당신들 둘이 다 시키고 있다. 살림을 때려부수고 주먹이 오고가니 이게 무슨 추태인고, 지금도 늦지 않았다. 하루 빨리 반성하고 가정을 조용히 평정하라. 당신의 지식은 가정싸움 하는데 쓰이는 지식이 아니다.

9 재앙이 스스로 물러가고 복이 문전에 당도하니 이보다 기쁜 일이 어디 있겠는가. 직장인은 보다 나은 곳으로 자리를 옮기거나 승진이 되고 사업가는 새로운 판매 방침으로 날로 사업이 번창해지고 일반가정에서는 상하인이 화목하고 각자 돈벌이를 하므로 집도 사고 살림도구도 장만한다.

10 해가 서산에 졌으므로 배를 타고 항해를 강행하는 것은 천부당 만부당하다. 그런데도 당신은 의욕만 갖고 항해를 한다면 생명까지 위험한 어려운 지경에 놓일 것이다. 특히 여행중 12·15·18·29에는 배를 타지 않는게 좋다. 당신이 여자인 경우에는 상기의 날짜에 순정을 잃어버릴 날이기도 하다.

11 분수에 맞지 않는 재물이나 매매 행위를 하지 마라. 천냥얻고 만냥을 잃게 된다. 지금까지 노총각 노처녀는 자신의 분수를 알지 못하고 상대방의 헛점만 가리다가 결혼을 못하고 있다. 당신을 보고 세상 사람들이 뭐라고 하겠는가. 자신을 돌아보라. 남보다 내 헛점이 더 많음을 깨닫게 될 것이다.

12 집안일을 다른 사람과 논하지 말라. 가정에 비밀이 발설되 살아가는데 큰 지장이 있다. 특히 부부간에 외도를 하다가 들통이나 확실한 물적 증거가 있어 친한 친구에게 타협을 했더니 그 비밀을 여러 사람이 알게 돼 망신을 당한다. 당신은 시간을 두고 생각하기 바란다.

432 沼魚出海 소어출해
活氣至大 활기지대

깊은 산골짜기 폭포수 밑에서 자란 고기가 바다로 나가니 넓은 세상을 만났다. 그러니 하늘을 찌를듯한 그 의기양양함과 힘찬 활동은 사람들을 깜짝 놀라게 하고도 남음이 있다. 지금껏 방안퉁수라고 놀림만 받던 사람이 대도시로 나가 돈을 벌어 집안을 재건하니 사람들이 또 한번 놀란다. 국내에서만 활동하는 가수·스포츠인·텔런트·영화배우등은 외국에서 활동을 할 운세이고 지금까지 국내 수요만 위주로한 사업가도 오랫만에 국제무역을 하게 되니 재물이 크게 모여든다. 학생은 유학의 길이 열리고 농사를 짓는 사람은 시골살림을 정리하여 대도시에서 살아가다가 우연이 친구를 만나 사업을 시작 했더니 처음은 고전 했는데 나중에는 크게 성공하는 행운이 있다.

1 목마른 용이 물을 얻었으며 의기가 양양함은 두말할 나위가 없고 그 조화가 무궁하다. 하고자하는 일이 첩첩산중이었는데 여건이 갖추어지지 않아 실천을 못하다가 이달에서야 비로소 실천하여 소원을 성취하게 되었다. 가능하면 사안을 결정할 때에는 웃어른들에게 자문을 구하는게 유익하다.

2 친한 사람이 당신을 속이려고 한다. 그러니 친한 사람일수록 금전거래나 동업등은 절대 하지 말아야 한다. 땅을 팔고 사거나 집을 팔고 사는데도 친한 사람이 개입하게 되면 반드시 손해가 있다. 이성간의 사이에 믿었던 친구가 끼어들어 가로채니 믿지 못할건 사람이라고 땅을 치며 통곡할 수다.

3 명예도 있고 이익도 있으니 어찌 기쁘지 아니하리요. 당신의 덕망은 이미 세인이 알고 있고 당신의 믿음은 내가 알고 있지 않은가. 당신이 주의할 점은 아랫사람에게 좀더 대범하라. 만약 작은 이익을 생각하고 잔꾀를 부린다면 아랫사람의 반발로 지위가 위태롭고 결국 손해를 보고 만다.

4 재물을 모을 수 있는 절호의 기회가 다가왔다. 그러니 상업을 하라. 상업자체가 크던 작던간에 반드시 이익을 보게 된다. 직장인은 월급이 올라 월급봉투가 두툼하고 집안에서도 대우가 좋아진다. 당신의 비상금은 35,000~51,000원이다. 그러다 보면 우연한 기회에 요긴하게 쓸 것이다.

5 지금까지 오장육부를 다 꺼내줄 정도로 믿어왔던 사람을 이달 만큼은 삼가하는게 의리를 영구히 지탱할 수 있는 방법이다. 재물을 우연치 않게 손해 보니 가능하면 남쪽과 동남쪽에서 일을 도모하지 마라. 쥐띠는 부부끼리 다툼이 있어 가정을 영위하기 어려운 처지에 까지 이르니 초반에 자제하라.

6 당신이 남성이라면 이달의 주의할 점은 여자이다. 여자를 가까이 하는것 까지는 좋으나 유부녀를 좋아해서 가슴속에 묻어두면 그 감상이 불륜을 저지르게 되고 그 불륜으로 인하여 관재수가 있으니 가히 패가망신하고도 남음이 있다. 16·19·27·29일에 악녀를 만나 악행을 할 수 있으리라.

7 여러 사람이 모이는 곳을 가지 마라. 관재구설이 심하다. 사업가는 거래상으로 인한 소송을 여러 사람과 하게 되고 학생은 집단싸움으로 경찰서 보호실 신세를 지게 된다. 연애를 하는 남녀는 사소한 의견충돌로 사랑에 금이 가기 시작하여 18·24·27일 오후 5시에 결별하게 된다.

8 관록이 몸에 따르니 그 이름 사방에 알려지고 가정이 윤택해진다. 시험준비를 하는 학생은 합격의 영광이 있고 직장인은 공사직을 막론하고 승진과 동시에 월급이 또 한차례 올라 생활하는데는 큰 지장이 없다. 소띠는 가정적으로 어려움이 있으나 차차 풀려나가니 초조해 하지 마라.

9 그렇지 않아도 운수가 불길하여 어려움을 겪고 있는데 최씨나 박씨성을 가진 사람과 일을 같이 하거나 같은 자리에 있으면 시비끝에 싸움을 하여 신체 일부에 상해를 입혀 고소당할 운으로 금년 한해 번돈이 소비될 수다. 아뭏든 최씨 박씨가 아니더라도 매사를 꾹 참는게 제일이다.

10 말띠는 외도로 인하여 부부간에 어려움이 있고 쥐띠는 함정에 **빠져** 사람 살려달라고 소리를 친다. 외도를 하더라도 2·7·12·15일에는 하지 마라. 밀실이 들통나 관재가 두렵다. 쥐띠는 1·5·9·11·27·29일에 함정에 빠지기 쉬우니 주의하라. 당신이 5월생 쥐띠면 간음을 하게 될 것이다.

11 생각보다 이달 운수가 괜찮아 재물만 제대로 다루게 되면 큰 걱정없이 지내게 된다. 용띠는 개띠와 소띠에게 어려움을 당하고 공부하는 학생은 시험에 합격할 수 있어 집안에 경사를 안겨준다. 뱀띠 여자라면 허리가 아픈 생리불순으로 기분이 매우 찜찜하고 양띠는 낙상을 할 것이다.

12 집안 사람끼리 단결하여 각자가 재물을 모으고 불화했던 가정을 화목으로 이끌어 타인의 모범이 되고 있다. 의식생활을 해결하지 못하여 쩔쩔매던 지난날을 생각해서라도 착한 마음으로 부지런한 삶을 영위하기 바란다. 원숭이띠가 집안에 있으면 관재구설이 있으나 무사히 해결된다.

433 時違處世 시위처세
別無多失 별무다실

때를 잘못 만났으니 아무리 용뻰 재주를 부려본들 무슨 소용이 있단 말이오. 혹자는 출세를 하면 그 모두가 제가 잘나서 그런 것으로 착각하고 있으나 출세도 미천함도 한결같이 사주팔자에 이미 정해져 있다. 그러니 되지않는 일을 시운에 역류하면서까지 강행할 필요는 없다. 그러니 지금 당신의 마음은 조급하고 뭣인가 잡고싶은 심정이나 역류해서 잡다가는 잃는 것이 더 많음을 알아야 한다. 쥐띠는 하는 일마다 지체되고 소띠는 '상문조객살'이 문전에 이르니 소복이 두렵다. 범띠는 인척간에 굉장한 불화가 있고 범띠는 형제간에 의견이 맞지 않아 싸움이 있게 된다. 용띠는 한밤중에 밤손님을 맞이하게 되고 뱀띠는 혈압으로 고생한다. 말띠는 부부간 또는 이성간의 사랑싸움이 있게 된다.

1 사리에 맞지 않는 일은 천금을 준다해도 해서는 안된다. 그 일로 인하여 발을 뻗고 제대로 잠을 이룰 수가 없다. 학생이라면 길거리를 가다가 사소한 시비끝에 패싸움을 벌여 묶이는 몸이 되기도 한다. 주부라면 이삼일만 쓰고 준다는 말에 상당한 돈을 차용해 주었으나 돌려받질 못해 애간장을 태운다.

2 신수가 불리하니 재물이 모일리가 없고 구설이 끊일 수 있겠는가. 그래도 인간의 할 도리를 지키며 일을 삼가한다면 감액될 수는 있다. 사업하는 사람은 철석같이 믿었던 거래처가 다른 업체와 손을 잡으니 적지않은 손실을 가져온다. 일반가정에는 병자가 끊이지 않아 불화불목한다.

3 두 마리의 개가 뼈 하나를 놓고 응얼대며 싸우고 있으니 두렵다. 집안의 조그만한 재산으로 인하여 머리가 터져라하고 싸움을 하니 어찌 무사하겠는가. 서로간의 주먹다짐으로 승부를 걸려고 하니 힘센 자가 제일이다. 그러니 힘없는 윗어른들은 설자리를 잃고 집을 나가버린다.

4 십년 가뭄에 비가 오더니 모처럼 재물을 모을 기회가 다가왔다. 사업가나 일반가정에서는 노력보다 후한 이익을 보게 되고 공무원 기타 직장인은 부수입이 꽤나 많이 들어와 웃었으나 유흥비로 낭비해 버리니 오히려 돈은 간곳이 없고 몸만 피곤하다. 학생은 아르바이트로 학비를 조달하므로 매우 분주하다.

5 아무리 어려운 처지에 빠지더라도 목적을 바꾸지 말고 일관한다면 결국 그 뜻을 성취할 것이다. 직장인은 다른곳에서 유혹의 손짓을 하면서 후하게 생각한다고 하나 그 회사는 머지않아 파산하고 말며 지금 근무하고 있는 회사는 점점 성장한다. 그러니 목전 이익만 생각지말고 훗날을 생각하라.

6 다른 때에는 경솔하고 민망한 처세를 했을지라도 무사하나 이달에는 그렇지 않다. 지난날만 생각하고 함부로 행동했다가는 돌이킬 수 없는 곤경에 빠지고 만다. 병원이나 약국등을 경영하는 사람은 손님중에 악인이 있어 함정에 밀어 넣으려는 수단과 방법을 다하니 '천문살'을 주의하라.

7 논과 밭을 사고 파니 돈다발이 오고간다. 논밭이 아니더라도 집이나 땅을 거래하게 되면 중도에서 해약하는 사태가 벌어진다. 특히 토끼나 쥐날이 그러하고 토끼·쥐·용띠등이 더욱 그러하다. 지금껏 셋방살이 하다가 모처럼 집을 사게 되니 복잡미묘하게 얽힌 집이라서 마음이 놓이지 않는다.

8 집안이 편안하지 못하니 무슨일이 잘되겠는가. 더구나 집안 아이들이 어른들 이야기에 반항하고 나섬으로 자식농사는 망쳤다고 한탄한다. 부부간에도 적지않은 큰소리가 나고 얼마전에 빌린 돈은 그 이자가 눈덩이처럼 날로 커가니 걱정이 태산같다. 인간을 너무 믿지 마라. 큰코 다친다.

9 외국을 왕래하면서 경비만 쓰고 다니다가 중순부터는 이익을 취하고 이름도 점차 알려지니 전망이 매우 밝다. 쥐띠와 소띠가 같이 살고있는 부부는 유흥업을 같이 하다가 서로를 못믿는 의처증 또는 의부증의 갈등에서 조석으로 다투니 돈도 돈이지만 부부의 화목이 얼마나 중하다는 것을 알게 된다.

10 어느 누구하고도 동업은 하지 마라. 돈도 잃고 사람도 잃게 된다. 다만 쥐띠·소띠가 같이 하는 경우에는 무해무덕하다. 공부하는 학생은 시험에서 과락이 돼 생각지 못한 고민에 빠져있다. 하지만 너무 고심하지 마라. 이달 말경부터는 성적이 급격히 좋아져 지난날의 부진한 성적을 깨끗이 씻게 된다.

11 원숭이날·돼지날 밤 11-12시경에 길을 가다가 도적을 만날 상이니 그날만큼은 어떠한 경우에도 출입을 하지 않는게 좋다. 집이 정북쪽·동북쪽에 위치하고 있다면 쥐날이나 소·범날 오후 5시경이나 새벽에 밤 손님을 주의하라. 가격나갈만한 물건이 있다면 남쪽에 있는 물건 밑에 감추어라.

12 정북쪽에서 당신을 돕겠다고 나서는 사람이 있어 어리둥절하다. 하지만 그 사람은 당신을 도우려고 하기보다는 함정에 넣고 재산을 갈취하려고 한다. 낮모르는 사람이나 안면 정도만 있으면서 인사나 하고 지내는 사람을 주의하라. 오른쪽 팔꿈치를 다칠 우려가 있다. 토끼날 아침을 주의하라.

441 　轉愁成樂　전수성락
　　　反回之吉　반회지길

작년까지만 하더라도 걱정이 태산같았으나 금년이 되면서부터는 언제 그랬냐는 듯이 걱정거리가 말끔히 사라지고 즐거움의 연속이다. 가정도 화기애애하고 사회에서도 좋은 평을 들으니 이보다 더한 즐거움이 어디있단 말이요. 쥐띠는 두 마리의 토끼를 잡으려다 모두 놓쳐버리니 과욕부리지 말고 분수를 지켜라. 소띠는 자녀의 거취문제를 고민하다가 새해를 맞이하여 그 고민이 사라져 즐거운 나날을 보내고 범띠는 자동차를 몰고 다니다가 사고를 내니 눈물을 본다. 토끼띠는 오락장이나 도박으로 큰 돈을 번다. 용띠는 신개발품으로 큰 돈을 벌고 뱀띠는 승소를 한다. 말띠는 부부간의 싸움이 있고 양띠는 부자간에 불화가 있다. 원숭이 띠는 결혼한다. 닭띠는 물건을 줍고 개띠는 물건을 잃어버린다. 돼지띠는 망신수다.

1 화려하고 장엄한 시작의 종을 울렸으나 끝에는 조잡하고 불화쟁론만 있어 허황하기 이를데 없다. 유흥업 중에서도 다방 오락실 까페등은 장소를 잘못 선택하여 처음 개업 할때에는 화려한듯하여 금방 돈방석에 앉는듯 했지만 하루하루가 적자 투성이니 장소와 운이 얼마나 중요한가를 뒤늦게 깨닫는다.

2 매일같이 분망하지만 손에 쥔 것은 아무것도 없다. 더우기 엎친데 덥친격으로 몸까지 아파서 돈 몇푼 있는 것 마저 바닥이 났구나. 할수없이 자녀는 학교를 그만두고 부인은 직업전선으로 나가니 가정 형편이 말이 아니다. 그러나 이대로 끝나는 인생이 아니고 머지않아 재건한다. 희망을 가져라.

3 조금이라도 비리를 통하여 일을 하지 마라. 후일에 큰코 다친다. 사력을 다해 노력하나 재물은 보이지 않으니 세상살이 원망스럽구나. 어느 사람은 주색으로 세월을 보내도 돈을 다 쓰지 못하고 죽는다는데 나는 하루 벌어 하루 먹기도 이렇게 힘이 들까. 참으로 알다가도 모를 세상살이다.

4 소송이 아니면 상복을 입게 되니 어차피 큰 일 한번은 겪고 넘어가야 할 일이다. 집안에 소·용·양띠가 있으면 상복을 입게 되고 범·뱀·원숭이·돼지띠가 있으면 관재구설을 면치못할 것이다. 또한 쥐띠와 말띠가 한집에서 부부생활을 하게 되면 한편이 외도로 가출하나 머지않아 돌아온다.

5 이익이 불분명하고 조금이라도 거리끼는 재물은 손에 쥐지마라. 얻었다해도 크게 잃으니 공연히 몸만 바삐 움직이게 된다. 토끼띠·용띠는 직업에 변동이 있고 뱀띠·말띠는 의외로 이익이 있게 되며, 양띠는 어깨를 다쳐 생활에 불편을 겪고 개띠는 사업번창으로 돈을 모으게 된다.

6 귀신이 장난을 하므로 온집안 식구의 꿈자리가 뒤숭숭하고 정신이 혼미해져 헛소리하는 사람까지 있어 현대의학으로도 치료가 불가능하다. 다만 서쪽에 있는 복거인에게로 달려가 처방을 물으면 반드시 해결될 것이다. 말·원숭이·닭띠가 집안에 있게 되면 심한 두통으로 고생하게 된다.

7 처신함을 마치 얇은 얼음위를 걸어가는 것같이 하라. 그러면 모든 화액을 면할 수 있다. 음식을 먹을 때도 때와 장소를 가려야지 아무데나 출입 했다가는 손해는 물론이고 망신을 당하기 십상이다. 돼지띠는 사업에 장애가 있어 장소를 바꾸지 않으면 큰 어려움이 있게 된다. 어서 장소를 구하라.

8 처음은 있고 끝이 없으니 이게 무슨 연유인가. 다시 말하면 시작하는 일은 많은데 끝맺는 일은 하나도 없으니 매사가 못이룬 셈이다. 이럴때 일수록 무슨 연유이든간에 과욕은 절대금물이다. 과욕을 부리게 되면 산토끼 잡으려다가 집토끼마저 놓친격이 될것이다. 절대 과분하지 마라. 후환이 두렵다.

9 이달에 길방은 동쪽이다. 동쪽에서 사업을 새로 열거나 동쪽에 사는 사람과 일을 같이하면 반드시 즐거운 일이 있게 된다. 집안에서 할 일 없이 허송세월만 보내는 사람이라도 동쪽으로 출입하면 생각지 않았던 행운을 얻어 집안을 윤택하게 된다. 당신이 여자라면 좋은 애인을 만날것이다.

10 이달이야 말로 객지를 나가지 마라. 몸을 다쳐 객사가 두렵다. 특히 범·말·양·닭날에 서북쪽을 가지 마라. 염라대왕이 기다리고 있다. 연애를 하는 남녀는 한쪽 상대방이 교통사고나 병사로 인하여 염라대왕께로 불려가므로 같이 저승길을 가고자 하나 엄연한 현실인지라 하늘보고 통곡만 한다.

11 이제야 서광이 비치기 시작 하는구나. 그렇게도 마음대로 이루어지지 않았던 일이 삼월동풍에 얼음이 녹듯이 서서히 풀리고 있다. 동업을 하거나, 동업을 하다가 서로 각자 사업을 하는것 모두 유익하다. 다만 개띠는 박씨나 주씨 성을 가진 사람으로부터 피해를 볼 수니 주의하라.

12 동쪽에는 이익은 있지만 병을 얻는 액이 있음으로 상가집이나 금줄이 쳐 있는 신생아 집을 출입하지 마라. 서로가 해롭다. 임신부는 가능하면 동쪽을 가지말고 순산하려거든 서쪽에 있는 병원으로 가라. 토끼·돼지·양띠는 낙상하여 허리를 다치게 되니 뱀날 오전 11시나 밤 11시를 조심하라.

442 莫近外道 막근외도
必時大悔 필시대회

당신은 외도를 잘하기로 이름이 나 있지만 금년만은 조심하라. 유부녀 유부남인 당신들은 그동안 톡톡히 재미를 보았지 않나. 그러고도 부족하여 또 은밀한 장소를 찾아 은밀한 행동을 하려고 한단 말인가. 양심을 저버리지 마라. 반드시 크게 후회할 것이다. 시집 장가간 자녀들도 부정한 외도로 이혼하는 추태가 있다. 공부하는 학생도 남녀가 캠핑갔다가 순식간에 일어나는 생리적 욕구를 극복하지 못하여 생긴일로 인한 괴로움 때문에 성적이 떨어지고 고개를 제대로 들지 못하고 있다. 사업가는 비서와 만리장성을 쌓았고 아방궁에서 육체의 기교를 부리니 나이에도 불구하고 젊은이 못지않은 정력을 쏟는구나. 여자인 경우에는 연하의 직원과 그러하다. 운수는 이렇다 할지라도 최선을 다하여 추태를 피하라.

1 정북쪽은 당신과는 인연이 없는 냉각지이다. 그러니 혹 그쪽 방향에 사모하는 사람이 있다면 당장 단념하라. 헛물만 켜고 가슴 아파한다. 사업상 지면이 있는 사람이라도 북쪽에서 만나거나 사업장을 옮기는 일이라면 포기하는게 좋다. 집안에 범띠가 있으면 서운한 일로 가슴 아파한다.

2 식생활이나 입는 옷가지 마저도 제대로 해결하지 못하니 세상 살기가 고달프다. 매일같이 찬밥 덩어리나 먹고 유행에 뒤떨어진 옷이나 입어야하니 세상살기 어렵다. 미혼여성이라면 상대 남자가 사람됨됨은 출중한데 경제력이 약해서 마음 결정하기가 어렵다. 결국에는 결혼하기로 결심하게 될 것이다.

3 사업이 이만큼이나 번창하니 외국과 합작하여 재물을 모으는게 길한 상이다. 단기적인 안목보다는 긴 안목으로 합작하는게 유리하다. 만약 단기적인 이익을 보고 합작했다면 큰 어려움을 당할 것이다. 업종으로는 철강·신발류·보험계통이 유익하며 의류계통은 손해만 보고 실패하고 만다.

4 선박·수산업을 경영하지 마라. 손해보고 눈물 흘린다. 반대로 자동차 사업이나 예식장·극장·스텐드빠·건축계통은 생각하는 것보다 많은 이익을 볼 수 있다. 사업가는 종업원 관계로 속을 상하기도 하나 마침내는 잘 풀리니 크게 염려할바는 아니다. 미혼남녀는 섬지방과 육지 사람끼리 만난다.

5 재산이 눈발이 날리듯이 어디론가 사라져 버리고 마음까지 불안하여 금방이라도 흉액이 닥쳐올것만 같은 느낌이다. 시험공부를 하고 있는 학도는 뱀날 양날에 좋은 소식을 듣게 되고 사업하는 사람은 개날·쥐날에 좋은 소식이 있다. 농사를 짓는 사람은 범날·토끼날에 구직에 관한 좋은 소식이 있을 것이다.

6 어느 사찰을 가거나 집안에 들어온 중의 말을 듣지 마라. 만약 중의 말을 듣고 사업을 하거나 결혼을 한다면 반드시 후회하게 된다. 그리고 사람을 너무 믿지 마라. 당신을 이용하여 이익을 취한 다음에는 거들떠보지도 않을 것이다. 그일로 인하여 가정도 편안하지 못하니 가볍게 여기지 마라.

7 옛부터 선인들이 말하기를 인간은 세가지 뿌리를 조심해야 된다는 말이 있다. 즉 말뿌리·발뿌리·구슬같은 뿌리로 언어를 조심해야 하고 행동을 바르게 해야 하며 남녀간의 정분을 분명히 해야 한다. 바로 당신의 이달 운세가 이 세가지를 조심해야 함을 강조하고 있다. 반드시 지켜라 그러면 무사하다.

8 이달에는 여러사람과 접촉하지 않는게 좋다. 여러사람을 만나면 만나는대로 어려움이 있게 되고 하는 일마다 지장을 초래한다. 당신이 윤락촌을 잘가는 남성이라도 또는 윤락촌에서 몸소 영업을 하는 사람이라도 이달만큼은 성행위를 심하게 해서는 아니된다. 왜냐하면 성병이 두렵기 때문이다.

9 정남쪽 정북쪽은 불리하고 동쪽과 서쪽은 유리하다. 쥐띠은 서쪽으로 이사를 하게 되고 소·뱀·닭띠는 동쪽으로 이사를 한다. 18·19·20세인 남녀 학생은 성적이 좋아져 공부에 자신을 갖게 된다. 이럴때 일수록 공부에 열중하고 출입을 삼가하는게 좋다. 범띠는 사람을 믿지 마라. 눈물을 흘리게 된다.

10 모진 만고풍상을 다 겪으면서 충실하게 살아온 보람으로 가정이 윤택해지고 지위가 높아지니 부러울게 없다. 무슨 일이고 한가지에 열중하라. 욕심을 부려 이것저것 다하다가는 모두 잃게 된다. 용띠와 닭띠는 집을 사게 되고 말·양·범띠는 땅을 사게 되며 그밖의 띠는 각종문서 계약에 이익이 있다.

11 비록 풍부하지는 못하지만 옛날부터 지켜온 가업을 열중하면 밥은 먹고 산다. 크게 얻으려고 과욕을 부리면 도리어 적게 얻어지고 적게 얻으려고 분수껏 살다보면 여러사람의 동정으로 크게 얻는다. 양띠는 외국을 가게 되고 원숭이띠는 부부에게 액이 있고 닭띠·개띠는 늦게나마 결혼을 하게 된다.

12 백설이 얼음으로 변하니 어찌 초목이 살겠는가? 집 팔아서 사업한다고 장담하지 마라. 집만 날리고 사업은 실패한다. 쥐·용·원숭이띠는 승진하고 뱀·닭띠는 거취가 불안하다. 범·말·개띠는 혼담이 오고가나 중도에 좌절된다. 양띠·토끼띠는 시어머니와 의견이 맞지 않아 조석으로 다툼이 있다.

443 富益有豊 부익유풍
貧益有困 빈익유곤

부자는 역시 풍부하고 가난한 사람은 찌들대로 찌들어 더 빈곤하니 세상 참 고르지 못하다. 없는 사람은 죽어라하고 불철주야 노력해도 의식주를 해결하지 못하는데 있는 사람은 주색을 즐길대로 즐기면서 일년에 한두번 가량의 부동산과 투기적인 행위로 일확천금을 버니 실로 고르지 못한 세상이라고 한탄한다. 쥐띠는 퇴직금으로 사업하다 망하고 소띠는 궁궐같은 집을 팔아 빚을 갚는다. 범띠는 관재구설이 있고 토끼띠는 부동산 투자로 십년 벌것을 단 한번에 벌게 된다. 용띠는 증권이나 주식투자로 큰 이익을 본다. 뱀띠는 큰소리만 있지 아무것도 이루어 놓은게 없다. 말띠는 이성문제로 고민하다가 끝내는 결혼한다. 양띠는 친구와 다툼이 있고 원숭이띠는 부인이 바람을 피우고 닭·개·돼지띠는 세상 한탄한다.

1 이달에 당신의 삶은 마치 수도승이 선을 가까이 하여 악을 멀리 하고 수도에 열중하다가 마침내 득도의 경지에 이르는 것과 같이 살아야 한다. 어느것 하나 악의가 있어서는 안되고 선하고 원만한 처세를 한다면 결코 불행이 닥쳐오지는 않는다. 무슨 일이고 열심히 노력하라. 그러면 꼭 얻어질 것이다.

2 집안에 있으면 왠지 불안하고 밖으로 나가면 속이 시원하니 이게 무슨 연유인고. 그 까닭은 토지신인 '구진'이 발동하여 그러하다. 그러므로 이사를 하는게 길하고 이사를 하지 않으면 집안이 시끄럽고 가족중의 정신 이상자나 정신 과민한 현상이 있게 된다. 다만 쥐띠는 옆구리가 결려 고생한다.

3 생각지 못했던 일로 이름을 얻고 재물을 모으니 가정이 화평하다. 사람 부리는 것이 능수능란하여 하는 일에 서광이 비치므로 만인이 스스로 따르고 원수가 은인으로 변하여 돕겠다고 발벗고 나선다. 여자인 경우에는 유혹을 뿌리치지 못하고 갈팡질팡 하던끝에 몸을 허락하고 만다.

4 이달에는 마음 한구석이라도 음흉한 생각을 갖지 마라. 망신당하고 돈까지 날린다. 그러므로 지금까지 쌓아올린 인생탑이 한순간에 와르르 무너지고 만다. 남편이 있는 여자가 연하의 총각과 눈이 맞아 온 정성을 다 쏟으니 누가 볼까 두렵다. 결혼해도 당신은 현 남편보다 그 애인을 더 사랑했다.

5 부부가 사소한 일로 아침 저녁으로 다투게 되니 무엇하나 제대로 되겠는가. 부부간에 불미스러우므로 아이들 까지도 말을 들어주지 않아 애를 먹고 돈받을 곳을 가보아도 오히려 보태 주어야 할 정도로 형편이 어렵고 나는 나대로 빚보증 때문에 편안할 날이 없다. 부인은 두통이 심하다.

6 형제간에 몇년을 두고 내심 재산을 탐하여 서로 눈을 흘기더니 이달에야 비로소 겉으로 표출하여 이제는 노골적으로 재산싸움을 한다. 집안 망신은 당신을 비롯한 형제 때문에 그러하니 한걸음씩 양보하라. 당신이 아무리 현명하고 겸손하다고 장담하지만 인간 이하의 생각임을 누가 모르겠는가.

7 사업을 계속해야 할지 공부를 계속하는게 좋을지 사랑하는 사람과 헤어져야 할지, 부부간에 같이 살아야 할지, 이혼을 해야 할지 등을 놓고 이럴까 저럴까 밤잠을 못이루고 고민하고 있다. 사리를 분명히 가리는게 유익하고 시간을 끌면 끌수록 불리하다.

8 다른 사람보다 재물이 좀 있다고 해서 그 실낱만한 힘을 믿고 경솔한 행동을 하지 마라. 망신만 당하고 목적도 이루지 못한다. 쥐띠와 말띠가 같이 사는 부부는 남편이 아주 어린 처녀와 밀회를 하고 있어 가정이 말이 아니다. 부인으로서 그 현장을 잡으려면 토끼날 오후 5시에 서쪽의 여관을 살펴라.

9 집을 나와 객지에서 이를 악물고 돈을 벌기 위하여 별별스런 수모를 다 겪어가며 재산을 모으니 마치 눈덩이가 불어나듯이 재산 늘고 건강이 좋아진다. 그 전부터 알고 지낸 애인까지도 돈을 벌기 위해서 멀리하고 있다. 공부하는 학생은 성적이 부진하여 남다른 고민을 하다가 가출하기도 한다.

10 남편은 죽어라고 발버둥을 치면서 살려고 노력 하는데 부인은 끼가 있어 밖으로만 빙빙 도니 가정치고는 이상한 가정이다. 그럼에도 불구하고 남편은 아는듯 모른듯 용서를 해주니 부인은 감탄하여 자기 잘못을 후회하고 다른 때 보다도 가정에 충실하니 가세가 점점 좋아진다.

11 자녀들 뒷바라지에 이몸이 다 늙고 병들었건만 박사 석사등 사회적으로 이름을 얻는 자녀들이 나를 모른체하고 있어 외롭기 짝이 없다. 연애를 한 여성인 경우에는 자신은 몸이 달아 매달리고 있지만 상대 남자는 관심조차 두지 않으니 이만저만 속이 상하는게 아니다.

12 그렇게도 남편 모시기를 하늘처럼 하였건만 이몸이 다 늙었다고 남편이 주색을 일관하니 세상이 고르지 못하다고 한탄한다. 그러나 자녀들이 효도하고 근면하여 보람을 찾게 되니 불행중 다행이다. 친한 친구를 조심하라. 돈을 빌려달라고 하나 그돈은 못받을 것을 각오하고 빌려 주어라.

451 一身自平 일신자평
世事泰安 세사태안

내 몸 하나가 평안하니 온 세상이 모두 평안하다. 집안일도 삼월동풍에 얼음이 녹듯이 잘 풀리고 사회적인 일도 잘 풀리니 일거양득의 대길 운이다. 정치인·금융 경제인·연예인·역학인·사업가 모든면에 지위가 있고 명예가 있을 행운의 한해가 된다. 그러나 길중장흉이란 말이 있듯이 길한 가운데서도 필연적으로 흉함이 있다. 그리하여 남자는 위장과 속쓰림 병이 있고 여자는 심장과 생리불순이 있어 고생한다. 군대에서 원스타의 계급이라면 투스타가 될 경사가 있고 경찰이라면 과장급에서 서장이 될수 있는 승진의 운이다. 농사를 짓는 사람은 빚을 다 갚고도 돈이 남아 논밭을 사게 되고 목축 목장등을 경영하는 사람은 사업장을 더 늘리게 된다. 사업가는 이전과 동시에 확장을 시도한다.

1 자존심과 뚝심이 강하여 사소한 일에는 신경조차 쓰지 않는 당신의 성품이다. 그래서 여러차례 실패를 하고 이제 마지막으로 모험을 걸었던게 성취돼 일확천금을 벌어들이고 명성이 높아진다. 특히 건축·토목·전자계통이 좋고 여자인 경우에는 수입상품이나 의류계통이 대단이 좋은편이다.

2 '상문살'이 운수에 있음으로 상가집에나 제사집을 가지 마라. 병을 얻어 우연치 않게 손해를 본다. 만약 본인이 병에 걸리지 않으면 자녀중의 하나가 몸을 다치게 된다. 혼담이 오고가는 집이라면 상대편이 자신의 과거를 서슴없이 털어놓기 때문에 그로인한 거부감으로 혼인을 하지 않게 된다.

3 친한사람 일수록 너무 믿지 마라. 눈감고 아옹하는 식으로 당신을 함정에 밀어넣고 그 어려운 점을 악용하여 이익을 취하려고 한다. 이러나 저러나 이달에는 손해를 봐야 할 운명에 놓여 있으므로 너무나 마음 상하지 마라. 어차피 나갈 돈 마음이나 편하게 생각하는게 최선일 것이다.

4 세상은 고요히 잠들었는데 왜 이다지도 광풍이 불어닥칠까. 천지가 이러하니 어찌 무사하겠는가. 한밤중에 생사를 전한 비보가 날아 들어오니 아닌 밤중에 홍두깨격이다. 이달에는 놀라운 일로 가슴을 조이게 됨으로 매사를 주의하고 가족들에게 주의를 시켜 액에서 벗어나도록 노력하는게 최선이다.

5 이달에 운수는 어떤가. 복거인은 말하거니와 입으로써 천금을 얻고 입으로 목적을 달성하니 주로 성취되는 일은 결혼상담 복덕방 기타 각종 중개인등은 절호의 기회이고 남녀간에 사랑은 키스부터 하므로 성사되는 시기이다. 지금 맞선을 본다해도 수단껏 입맞춤부터 먼저하는게 유리하다.

6 당신의 이익은 멀리있는게 아니라 바로 당신 코앞에 있다. 그리고 하던 일을 계속하라. 진득한 맛이 없어 무엇이고 자주 바꾸려고 하나 이달에는 하지 마라. 직장인은 지금 있는 직장에서 금방 그만두고 싶지만 그만두게 되면 다된밥에 코빠뜨린 격으로 앞으로가 엉망이다.

7 요귀가 집안에 침노하여 어린애를 아프게 하거나 노인을 가출하게 하는 장난을 치고 있다. 지금도 늦지 않았으니 남쪽이나 북쪽에 있는 역학사에게로 달려가 그 비방을 한다면 언제 그랬느냐는 식으로 무사하다. 다만 쥐띠는 남쪽이 불리하고 말띠는 북쪽이 불리하다. 병에 걸리는 날은 토끼·용·뱀·양날이다.

8 하룻밤에 갑자기 휘몰아치는 왕풍으로 집안의 재물이 늦가을에 낙엽지듯이 없어지고 만다. 운수업·유류업·토건업·금전업등을 하는 사람은 우연한 사고나 비리 폭로로 하루아침에 거지가 돼버리는 신세다. 사업가는 종업원을 잘 채용해야 하고 직장인은 부하직원을 함부로 대하다가 큰코 다친다.

9 아무도 없는 외롭고도 무정한 객지에 홀로 돌아다니며 세상을 살아가자니 인생살이 실로 적막강산이로다. 다른 사람은 연애도 잘하건만 나는 그토록 연애를 할려고 마음속으로 애를 써도 상대가 없어 연애 한번 제대로 해보지 못한다. 미혼여성이라면 수십차례 맞선을 보았으나 이달에도 이뤄지지 않는다.

10 재물이 길가에 널려 있으니 자동차를 가지고 행상을 하든지 아니면 손수레로 장사를 하든지간에 돈을 얻어 볼 수 있다. 겉보기에는 당신이 돈도 없고 힘도 없는 것처럼 보이나 사실은 아주 알뜰한 삶을 영위하고 있다. 천리길을 한번에 뛸 생각 말고 한걸음부터 천천히 진행하는게 좋다.

11 이달에 그대 운수는 매우 위험하다. 어느정도 위험하냐하면 무서운 호랑이 꼬리를 밟고서 어찌할 줄 모르고 쩔쩔매는 형상이다. 이럴 때 일수록 예의가 바르고 신중하게 처신한다면 위험으로부터 벗어날 수 있다. 만약 경솔한 행동을 하게 되면 호랑이로부터 물려 그 상처가 대단하다.

12 매사가 순풍에 돛단듯이 잘 이루어지고 대하는 사람마다 돕겠다고 나서 그 이익이 몇배이다. 그러나 매사를 확장보다는 축소하는게 좋고 적극적인 면보다는 소극적인 면이 훨씬 유익하다. 임신부는 16·18·27·28일에 동쪽에 있는 병원으로 가서 아들인가 딸인가를 물어 보게 되면 정확하게 알 수 있다.

452 若無產苦 약무산고
家內不和 가내불화

매사가 잘 풀리다가 금년 들어서부터는 어려움이 엿보인다. 심한 경우에는 임신부가 산고로 인하여 생명이 위태롭거나 미혼녀가 남모르게 낙태수술을 받다가 어려움을 당하고 숫총각이 연상의 유부녀와 정을 통하고는 죽자살자 매달리는 유부녀를 멀리하려고 몸부림치고 있다. 기혼남녀도 각자가 외도를 하면서 인생을 환락의 대상으로 생각하니 떡 쪄먹기 전에 시루 엎는 별볼일 없는 집이 돼 버렸다. 사업가는 처음에는 사소한 시비로 경찰서나 검찰청까지 출입하게 되고 학생은 남녀간의 윤리문제로 퇴학을 맞기도 한다. 일반가정에서 부업을 하는 사람은 경쟁자가 나타나 적지않은 손해를 보게 되며 직장인은 재물관계로 인한 손해가 있으므로 늘상 주의하라.

1 청풍명월은 시객의 전용 문자가 아니라 바로 이달의 당신 운수이다. 청풍이 솔솔 불어오고 달은 휘황찬란하게 밝으니 천지가 태평하도다. 높은 누각에 누워 한잔을 들어 한가락을 읊으니 호연지기인가 하노라. 자칫하다가는 주색으로 주위가 어지러워지고 무위도식가라고 손가락질을 받을 수 있다.

2 귀인이 와서 돕지 않으면 구설시비가 있다는데 무슨 연유인가. 동쪽 사람에게 갚아야 할 돈을 약속 날짜가 지났는데도 아직껏 갚지 못하고 있으니 용날이나 양·돼지날에 쫓아와 당신을 못살게 졸라 댈 것이다. 참다못해 한마디한 말이 화근이 돼 큰망신을 당하고 사과하게 된다.

3 어려운 상황에서 귀인이 등장하여 돕고 있지만 귀인 역시 역부족하여 아무 힘이 돼주지 못하고 있다. 취직을 하려고 여기저기 이력서를 제출했지만 오늘까지도 아무런 소식이 없어 가슴 답답하여 소주 한잔으로 애로를 달랜다. 여성은 비서직에 제출한 서류가 되돌아옴으로 모든 것을 포기한다.

4 뒷동산에 매화가 만발했으니 가히 때를 만났도다. 대과에 급제하여 머리에 어사화를 꽂으니 세상 사람이 우러러 본다. 본의 아닌 사정으로 학교를 다니지 못했으나 이달부터 다니게 되고 타인의 방해로 별거했던 부부가 재결합 하므로 오래간만에 부부의 진실됨을 늦게나마 실감한다.

5 병자는 병이 낫고 재물이 없는 자는 재물이 있게 되니 가히 소원이 성취되는게 아닌가. 이렇게 좋은 시절에 당신은 왜 죽고만 싶다고 입버릇 처럼 중얼대는가. 이달에는 목적한 바가 이루어지고 건강이 쾌차하니 춤이라도 추고픈 마음이다. 한가지 주의할점은 무지개를 보고 목적을 세우지 마라.

6 외국 사람과 합작하여 사업을 경영하니 천금이 굴러든다. 보험·철강·전기·의류계통을 외국과 합작 경영하면 따놓은 당상이다. 구직자도 외국과 연관이 있는 회사를 선택하면 하루라도 빨리 되고 월급도 많아 생활에 큰 도움이 된다. 남쪽에 있는 회사를 선택하면 토끼·돼지·양날에 입사가 결정된다.

7 집안에 식구가 더할 운이니 결혼의 경사가 아니면 자녀를 낳는 경사가 있게 된다. 이 두가지 일도 없다면 성씨가 괴이한 사람이 들어와 큰 보탬이 될 것이다. 만약 이같은 일이 없으면 집에 병자가 생겨 다소간의 손해가 있고 소·개날에는 도적 실물수가 있다. 특히 낮 11시경에 집을 비우지 마라.

8 인생의 전부를 걸고 열과 성을 다하여 공부만 하더니 사법고시나 행정고시 또는 기술고시에 합격하여 그 영광을 한몸에 안는다. 범·뱀·원숭이·양·돼지띠는 외무고시나 회계사등에 합격할 수 있는 시운이다. 여자로서 닭·쥐·용띠인 경우에는 사법고시에 합격할 수 있는 대운이 트였다.

9 초순에는 무슨 일이고 막혀서 되지않았는데 중순부터는 서서히 풀리기 시작한다. 그러나 이달에 끝장을 보려고 하지 말고 훗날의 영광을 위해서 노력해야 한다. 공부하는 학생은 지금 당장 필요로 하는 학과보다는 후일에 빛을 볼 수 있는 학과를 선택하는게 소금과 같은 존재가 될 것이다.

10 형제간에 화목하여 비록 부모가 물려줄 재산이 있어도 서로 양보하고 오히려 겸손하니 가히 번창할 집안의 징조이다. 그리하여 부자간의 친목이 극도에 이르러 효자의 가문이라고 사람들이 부러워한다. 그러나 당신이 여자라면 아버지와는 뜻이 맞지 않아 초순경에 다툼이 있을 것이다.

11 기다리고 기다렸던 목적이 하루가 다르게 급성장하니 뭔가 잘못됐다는 생각도 하지만 조금도 걱정할바가 못된다. 왜냐하면 잘못된게 아니고 당신의 대운이 열려 일취월장 한것 뿐이다. 그렇게 막혀있던 혼처가 터지기 시작하니 동서남북이 혼처인가 싶다. 원숭이·용·쥐날에 결정을 보게 된다.

12 양씨·이씨 성을 가진 사람하고는 동업하지 마라. 애간장 다녹고 손해는 손해대로 다 보고 의리마저도 끊기고 만다. 꼭 동업에 뜻이 있다면 황씨·정씨·조씨등과 하는게 좋고 여자인 경우에는 불고기집 설렁탕집만 같이 하는게 좋다. 만약 다방을 같이 하면 한쪽이 급사하는 불상사가 있을 수 있다.

453 春園松栢 춘원송백
長喜之象 장희지상

봄동산에 송백이 무성하게 자라니 그 기쁨이 천하에 있도다. 지조있고 절개있는 집안은 경사가 겹치고 청상과부가 자녀를 뒷바라지 하느라 흰머리가 수두룩한데 그 노력의 보람이 금년에야 나타나니 이제 죽어도 한이 없다. 수십년을 재야세력으로만 지켜나온 정치인이라면 금년이야말로 권좌를 얻을 수 있다. 당신이 법관이라면 승진이 되고 이사 할 것이다. 일반가정은 자그마한 사업을 일생동안 하던 중 금년이 제일 호황을 맞는다. 그런데 인간사 좋은 사람만 있다면 세상이 영위되겠는가. 범·용·말·양·닭띠는 부부간의 별거가 아니면 큰 싸움을 하고 이혼을 하게 되는 흉운이기도 하다. 농사 짓는 사람은 농작물 품종을 바꾸어 재배한 덕택으로 큰 돈을 벌 수 있고 의류계통에 종사하는 여 종업원은 저축한 돈을 타서 논밭을 사니 기쁨이 충천한다.

1 이름도 나고 돈도 들어오니 뭐가 걱정될게 있나. 년말에는 고민했던 일이 풀리지 않아 애를 먹었는데 신년이 되면서 생각지 않게 잘풀려 나가니 오래간만에 세상 살맛 난다고 자랑할 운세이다. 신혼 부부는 임신을 하는 경사가 있고 종업원이 없어 애먹던 사업가는 새 종업원을 만나 웃음이 끊이지 않는다.

2 이달의 운수는 처음엔 어렵고 중순 부터는 풀려나간다. 특히 돈놀이를 하는 사람은 이점을 잘 이용한다면 큰 어려움 없을 것이다. 프로야구 선수는 초반의 홈런만 생각하지 말고 후반의 홈런을 생각하라. 판매사업을 하는 사업가 초반에는 염려말고 물건을 출고하면 후반에는 모두 수금이 된다.

3 백사가 형통하고 마음이 안정되니 무슨 일이고 자신감이 있다. 한때는 불안하고 초조했으나 이달부터는 안심이 돼 포기했던 일도 다시 재기하게 되니 장차 기쁨이 있을 것이다. 학교를 졸업한 사람은 닭날·돼지날·개날에 취직이 되고 대학생은 데모를 하다가 경찰서로 연행되지만 곧 풀려난다.

4 깊은 산꼴짜기에 둥지를 둔 새가 마침내 둥지로 돌아오니 마음이 놓인다. 핵가족으로 따로 살던 부자가 다시 같이 살게 되고 별거를 하던 부부도 재결합하니 자녀들이 더 기뻐한다. 또한 수십년 전에 헤어졌던 부부가 지금껏 다른 사람과 살아오다가 늦은 말년에 재결합하는 기이한 현상이 있다.

5 집안에 시험에 합격하는 경사가 있거나 자녀를 얻는 경사가 있으니 가문이 빛날 징조다. 취직을 하지 못하여 허송세월만 보내던 사람이 취직을 하게 되므로 가정이 좀 더 윤택해지고 그동안 발걸음이 뜸했던 일가친척들이 문턱이 닳도록 자주 왕래하니 인간사에 직업이 얼마나 중요한지 실감케한다.

6 선대로부터 호인이니 덕인이니 할 정도로 착한 마음씨로 살아온 공덕이 있기 때문에 은혜를 입은 옛 사람이 찾아와 어려운 일을 말끔히 해결한다. 따라서 후일에 이름나고 가문이 빛날 것임을 암시하고 있다. 부부간에 화목하여 관계를 자주 하니 요통으로 고생을 하게 되니 범날·용날을 주의하라.

7 길거리에 재물이 있으므로 장사를 하게 되면 어려움 없이 재물을 모은다. 시장에서 비싼 권리금을 주고라도 장사만 하면 능히 돈을 벌어 집을 사는데 큰 도움이 있을 것이다. 의류·채소류·생선등이 적격이다. 가능하면 용·뱀·말해에 동남쪽으로 위치한 곳에 가게문을 여는게 좋다.

8 지금까지 하던 일을 버리고 새로운 일을 한다는 것은 천부당 만부당한 일이다. 아직은 때가 아니므로 비록 수입이 적다고 할지라도 생활은 안정되어 가고 있지 않은가. 뚜렷한 대안도 없이 사업을 자주 바꾸거나 직업을 자주 바꾼다는 것은 스스로 분주함을 자초할 뿐이다.

9 몸과 마음이 활기가 넘쳐 매사에 적극적이고 건전한 사고방식을 갖게된다. 바라던 일이 뜻과 같이 성취되므로 크게 걱정하게 없다. 구직 시험공부를 하는 사람도 공무원 시험공부를 하는 사람도 한결같이 머리가 맑아지고 무엇인가 합격할 수 있다는 안정감을 갖게 되니 더욱더 자신이 생긴다.

10 매화꽃이 떨어지고 그 열매가 무르익었으니 노력의 댓가를 얻을 징조다. 당신이 하고 있는 일은 이미 능수능란한 단계에 와있으므로 지금 변경하는 것도 온당치 못하다. 당신과 같은 솜씨를 배울려고 얼마나 많은 사람들이 노력하는지 아는가. 그런데 당신은 왜 박차고 그만 두려고만 하나.

11 달밝은 창가에서 손짓을 하며 오라는 사람이 있으니 혹시 유혹의 손길이 아닌가 싶구나. 미혼남녀이든 기혼남녀이든 우연한 장소에서 우연하게 알게 된 사람으로부터 유혹을 받아 가정을 등한시하게 되는 경우까지 있다. 유혹을 받는 날은 말·닭·쥐·토끼 날이 된다.

12 마음이 두곳에 가있으니 걱정이 된다. 왜냐하면 한 남자가 두 여자를 거느리거나 한 여자가 두 남자를 감쪽같이 사랑하는 운에 있기 때문이다. 가정에 충실해야 할 사람이 외도나 하여 달콤한 기분에 빠져들어 할짓 못할짓 다하고 다닌다면 장차 불행의 늪에서 빠져나오지 못할 것이다.

461 背恩忘德 배은망덕
他人過信 타인과신

옛말에 검은 짐승 길러놓으면 이로울게 하나도 없다는 말이 있다. 다시 말하면 어려운 처지에 놓인 사람을 구원해 주면 그 은혜를 저버린다는 뜻이다. 그런데 바로 당신의 금년신수가 그러하니 각별한 주의가 요망된다. 사람을 너무 믿지 마라. 반드시 후회하고 눈물을 감추지 못할 것이다. 사업상 직장 동료간의 인정상 저버릴수 없는 처지에서 할수없이 구원해 주었더니 배반을 하거나, 빚보증을 서주고도 의리 끊기고 손해 보는 수가 있다. 며칠만 쓰고 돌려준다고 돈을 빌려달라는 친구가 있다면 이는 반드시 떼어먹을 징조이니 절대 빌려주지 말라. 몇년을 같이 한솥밥을 먹고 고락을 나누던 종업원이 당신의 거래처를 바탕으로 같은 영업을 하고 있음은 실로 배은망덕한 행위이다.

1 출입을 삼가하고 먼곳을 가지 마라. 생각지 못할 망신이 기다리고 있다. 가능하면 먼곳에 있는 인척이나 친구도 편의상 잠시 만나지 않는게 좋다. 외국에서 돌아온지 얼마되지 않았다며 당신을 찾는 사람은 당신을 속이려고 하는 수단이니 그 꼬임에 넘어가지 마라. 특히 원숭이·개띠는 더욱 그러하다.

2 말을 타고 황야를 달려도 속이 시원치 않을텐데 아직도 산중험로를 달리고 있다. 이젠 달리고자 하는 의욕도 다 포기한 상태이므로 될테면 되라는 생각을 하루에도 몇번씩 하게 된다. 하지만 용기를 내야한다. 당신이 지금껏 용기와 끈기로 살아 왔지 않는가. 어서 다시 용기를 내 힘찬 전진을 하라.

3 하늘에 해가 있지만 구름에 가려서 빛을 발휘하지 못하니 지지부진하여 되는 일이 없다. 당신은 매우 중요한 위치에 있다. 그렇기 때문에 당신의 행동 여하에 따라 수없는 사람의 운이 좌우된다. 지금은 당신의 숨은재주를 발휘할때가 아니다. 말날과 쥐날에는 안질로 고생하니 병원비를 준비하라.

4 이달 운수는 재물도 나가고 인간으로부터 배은망덕한 고초를 겪어야 한다. 처지가 어렵다고 직장을 구해주고 약간의 돈까지 빌려주었지만 그 배반자는 지금 행방마저 묘연하지 않은가. 지나치게 선량한 행동이 오히려 당신을 악인으로 만들게 되니 냉정을 갖고 자제하여야 훗날에 걱정을 하지 않는다.

5 집안에 식구가 더하는 경사가 있으니 자녀를 낳지 않으면 혼인이 있게 된다. 이밖에 다른 성씨가 들어옴으로 마음을 놓고 출입할 수 있다. 사업가는 새로운 종업원을 채용하여 이익을 보고 있다. 쥐띠·소띠는 직업변동이 있고 사랑하는 사람끼리 16·18·19·24 일에 동침을 하니 황홀한 꿈나라로 간다.

6 행인이 길을 잃고 허둥대니 실로 가여운 처사이다. 가야할 길을 잃었으니 밤길이나 다름 없겠고, 그 외로움은 어찌 말로 다하겠는가. 어린아이가 동북쪽을 가다가 길을 잃는 경우도 있고 나이 많은 노약자가 홧김에 집을 나왔지만 길거리를 방황하고 있다. 범띠·원숭이띠·닭띠는 가출하는 사태가 있다.

7 논밭을 사고 팔아 보니 그 이득 크다. 처음에는 막연했던게 날이 갈수록 유리하여 큰 이익을 보게 되었다. 집을 사는 사람은 서쪽에, 집을 팔려고 내놓은 사람은 북쪽에 있는 복덕방에 맡기는게 유익하다. 계약이 되는 날은 11·14·15·26·28일 오전 11시나 오후 5시경에 가능하다.

8 많은 사람과 모사를 하는 것은 불길하다. 오히려 비밀을 혼자만 알고 지키는게 유익할 뿐만 아니라 사람도 놓치지 않는다. 만약 친절하다고 속있는 이야기를 했다가는 시비구설이 있게 되고 그로 인하여 병을 얻어 손해까지 보게 되니 하소연할 곳도 없다. 침묵이 금이다.

9 처자에게 액이 있으니 질병이 아니면 몸을 다치게 된다. 그리고 당신에게 부탁하고자 하는것은 당신의 처는 역마살이 사주에 중중하므로 돌아다니지 않으면 건강이 나빠지는 희한한 운명이니 처가 밖으로 다니는 것을 너무 싫어하지 마라. 사주팔자대로 살아가는게 인간이다.

10 모든 일을 사리에 맞도록 당당하게 처신하라. 그러면 한때에는 어려워도 성취의 기쁨이 있게 된다. 집안에 범띠와 돼지띠가 있게 되면 이사를 해야하고 뱀띠·원숭이띠가 있게 되면 이사를 포기하는게 길하다. 토끼·용띠 부부는 놀라는 일로 낙태할 우려가 있으므로 몸을 각별히 주의해야 한다.

11 분수를 지키고 힘에 무겁지 않은 일을 한다면 불행중 다행으로 성취되나 욕심을 부리면 원수를 사는 일까지 있다. 가능하면 출입을 삼가하고 편안한 자세로 삶을 영위하라. 지나치게 바깥출입을 하면 이성간의 문제로 원수의 원수를 갚아야 되는 운명에 놓이게 된다.

12 이달에는 재물을 탐하지 마라. 왜냐하면 구설시비로 여러 사람으로부터 비판을 듣게 되고 손해만 본다. 형제간의 재산분배나 상속등으로 가족이 한자리에 모이는 날은 11·12·24·29일경이 된다. 그때 당신은 지나친 말을 삼가고 침묵을 지키는게 큰 이익이 된다. 다만 처를 잘 보살펴라 비밀이 폭로된다.

462 險路不拘 험로불구
必有前進 필유전진

가야할 길이 험로임에는 틀림없는데 그래도 저력을 갖고 힘차게 전진하므로 아침에는 목적이 이루어 진다. 각종 문서 계약은 해약사태가 비일비재하고 부부간에는 갈등이 고조되어 한때 큰 소동이 있게 된다. 관상대에서 근무하는 사람이나 언필칭 해결사라고 자처하는 사람은 지위가 불안하고 역사학자 역학자 지리학자 고고학자등은 이름이 날 수 있는 길년이다. 결혼하기로 철썩같이 약속했던 사람이 하루아침에 마음이 변하여 파혼을 하게 된다. 공부하는 학생도 학생단체에서 주관하는 기념행사에서 몸을 다치거나 그로 인한 구설시비로 관재수가 있다. 그동안 30이 넘도록 결혼 못한 남녀는 결혼의 해이고 철창생활로 세상 빛을 제대로 보지 못했던 사람은 출감하여 새로운 삶을 영위하게 된다.

1 고기와 용이 보금자리라 할수있고 생수라 할수있는 물을 얻었으니 활기창창하여 생기가 유유하다. 매사를 적극적으로 추진하고 친구나 인척으로부터 약간의 도움을 받아 목적을 달성하는게 현명하다. 이달 만큼은 도움을 사양해서는 아니된다. 왜냐하면 복을 물리치는 격이 되기 때문이다.

2 복이 들어오고 재앙이 물러가니 이보다 기쁜 일이 어디 있겠는가. 지금까지 찌부둥했던 인상을 환하게 웃어보라. 한결 행복하게 느껴질 것이다. 이웃에서 몇년을 같이 산 이웃과 가정사를 이야기 했더니 생각지 않은 도움을 주어 막혀있던 일을 완전무결하게 해결하는 쾌거를 올린다.

3 봄바람에 수양버들이 흔들거리며 촉촉이 내리는 단비가 자태를 돋보이게 한다. 버드나무 위에서 우는 새는 누구를 위하여 그다지도 울어대는가. 남녀노소를 막론하고 마음이 싱숭생숭하여 바람이라도 피워볼 양으로 길거리를 무심코 활보해도 속이 시원하지 않으니 무슨 연유란 말인가.

4 음양이 화합하고 만물이 활짝 웃어대니 천하태평이로다. 그동안 열심히 살아온 덕분에 서남쪽에 집을 사게 되고, 아들까지 얻는 행운을 얻었으니 기쁘도다. 아들 딸 도회지로 보내고 영감 할멈 같이 살다가 한쪽이 입원하니 옛정이 그립다. 쥐띠와 소띠는 염라대왕의 초청을 받고 말띠는 건강이 회복된다.

5 물이 역류하니 뱃길인들 편안할 수 있겠는가? 엎친데 덮친격으로 왕풍까지 불어닥쳐 침몰하기 직전에 놓여있는 상황이다. 그러니 짐보따리 챙기려다 황천길 가기 쉽상이니 욕심부리지 말고 생명을 먼저 생각해라. 이달에는 모든게 부족하지만 마음의 풍요로움을 찾고 옛것에 미련두지 말고 속히 단념하라.

6 당신의 집안에 무슨일이 있는가. 일반가정이라면 물건을 팔고사는 일이 있어 생각보다 나은 소득이 있다. 만약 당신이 글을 쓰는 선비라면 그 명성이 세인의 입에 오르내리고 사람이 스스로 따라준다. 쥐띠·소띠·양띠·개띠 등은 소설로 이름을 날리고 범띠·토끼띠 등은 교양서적으로 큰 이득이 있게 된다.

7 신수가 대길하니 야망이 별탈없이 성취된다. 사업가는 사운을 걸고 투자했던 사업이 성공하므로 재벌 그룹으로 한걸음 한걸음 내딛기 시작한다. 미혼남녀는 마음에 드는 사람을 수단과 방법을 가리지 않고 유인해놓고 이제는 결혼을 하자고 솔직담백하게 심정을 털어 놓는다. 그런 날은 11·21·24일이 길일이다.

8 평범한 사람은 국가의 일을 할 공무원이 되고·정치 문화 경제나 기타 사회단체장은 지위가 더 확고해지므로써 재물과 이름이 동시에 흥왕케 된다. 구직을 희망하는 사람은 12·15·21·24일 오전 11-1사이에 소식이 있게 된다. 독신녀로 혼자서 자신만만하게 살던 이혼녀도 마침내 결혼하게 된다.

9 주색을 가까이 하지 마라. 몸도 상하고 지위도 위태로워 진다. 용날·말날·개날 밤 11-12시 사이에 술집가서 싸움이 일어나 얼굴이 찢어지거나, 상대방 치아가 부러지는등 온갖 추태가 벌어진다. 그러므로 경찰서 보호실에서 속을 태우기도하고 집에서는 돈을 준비하느라 동서남북을 돌아다닌다.

10 남쪽과 서쪽방향이 좋은 방향이니 그쪽에서 시험을 보거나 취직을 하게 되면 장차 큰 이익이 있다. 사범·행정·기술고시를 남서쪽에서 본다면 합격하여 후일에 만인을 거느리게 된다. 사업가는 지금 당장은 어려워도 머지않아 재산을 모아 남부럽지 않은 기업으로 성장할 것이다.

11 여러 사람과 더불어 일을 도모하면 오히려 낭패가 있을뿐 큰 실효를 거두지 못한다. 그러니 적극적인 행동보다는 소극적이고 수동적으로 행동하는게 후일을 생각해서 유익한 처세이다. 실행하여 동서남북으로 뛰기보다는 머리로 생각하고 계획하므로 매사가 순리대로 풀려나가는 시기이다.

12 우물안의 고기가 큰바다로 나가니 그 뜻이 태산 같다. 소 기업가가 대 기업가로 변신하고 중고등 학생이 상급학교에 입학하는 영광이 있다. 특히 전자·토목·가정·역사·한문·의류·예술학과를 선택하게 되면 큰 걱정이 없으나 여자인 경우에는 아버지와 자주 다투어 마음이 편안하지 않다.

463 夫婦有厄 부부유액
其外如意 기외여의

부부에게 액이 있어 앞으로 걱정되는구나. 남편은 날이면 날마다 술에 취해 들어오고 집에는 신경조차 쓰지 않으니 아내는 죽고 싶은 심정 뿐이다. 또한 남편은 젊음을 바쳐 직장에서 최선을 다하고 있는데 부인은 사치가 심하여 100냥 들어오면 200냥을 쓰게 된다. 부부관계 이외에는 보편적으로 무난하여 마음 먹은대로 풀려나가는 형편이다. 여름철에 제빵을 하는 사람이나 기타 빙과류를 제조 판매하는 사람은 오랫만에 큰 돈을 벌어볼 수 있다. 이밖에도 각종 음료 계통이나 주류 계통은 몇년동안 영업을 하던중 가장 이윤이 많이 남아 집도 사고 빚도 갚는 경사가 있다. 외국에서 박사학위 공부를 하는 사람은 금년이야말로 박사가 될 수 있는 좋은 기회로다. 특히 인문·사회·과학계가 더욱 확신할만하다.

1 어렵게 살아오다 우연치 않게 재물이 모여드니 안하무인격인 행동이 본성을 들어내 경솔하기 그지없다. 재물이 모이므로 인심은 더 멀어지고 고민은 더 빈번하여 없는것만 못하다는 생각을 하루에도 몇번씩 하게 된다. 그렇게도 얌전했던 사람이 돈이 좀 모여진다싶어 바람을 피우니 걱정이 태산같다.

2 부부간 파탄이 있을 징조이므로 백번을 참고 백번을 용서해야 한다. 생이별이 아니면 사별까지도 당할 운이므로 얇은 얼음위를 지나듯 조심 조심 또 조심해야 감액된다. 재산문제로 그러한 경우가 허다하니 말날·돼지날·쥐날 밤 11-1시 사이에는 재산을 갖고 논하지 마라. 반드시 큰일이 난다.

3 남쪽이 크게 불리하니 다른 곳으로 이사를 한다든가 아니면 사업장을 옮기게 되면 길하다. 만약 남쪽으로 가야할 필요성이 없는 경우 과욕을 부리면서까지 가게 되면 재물도 잃고 지위마저도 위태로워진다. 사람 너무 믿지 마라. 처음에는 돕는척 하다가 당신을 엎어치기로 넘어뜨릴 것이다.

4 옛것이 길하고 새로운 것은 절대 부당하다. 지금 하는 사업이 비록 이익은 적지만 안정되고 장래가 좋으며 위험부담이 없다. 직장인이 직장을 옮기는 것은 다소 넌센스이므로 그 직장 그대로를 유지해야 한다. 여성인 경우에는 남성관계로 다소 복잡하지만 이달만 잘 지나면 무사하다.

5 구설시비가 아니면 집밖의 일로 소송을 하게 된다. 구설은 이웃끼리 친척끼리 할수 있고 소송은 재물관계 또는 치고받는 싸움으로 그리하니 참는게 현명하다. 친구와도 예의를 바르게 하나 재물관계는 이야기를 하지않는게 현명한 처사이다. 교재하든 이성이 다른 사람과 정혼하니 실망 되 늪에 빠진다.

6 육친을 멀리하라는 것은 도덕상 있을 수 없지만 화목을 도모하기 위해서 이 달 만큼은 피하는게 최선이다. 만약 가까이 하게 되면 하찮은 일로 말다툼하여 한동안 발걸음을 하지않아 삭막하게 된다. 범날·뱀날·원숭이날에는 인척이 찾아와 도와달라고 하나 들어주면 후환을 감당하지 못한다.

7 비록 재물은 풍요롭게 들어오지만 인간이 열가지 복을 다 가질수는 없다는 옛 속담처럼 집안에 놀라운 일이 있으니 교통사고가 두렵고, 탄광이나 기타 광산에서 일하는 사람은 생명까지도 위험하다. 운수사업을 하는 사람은 손해를 보게 되면 무사하지만 그렇지 않고 수입이 좋게 되면 가정불화가 있다.

8 하루도 쉬지않고 불철주야 노력한 보람으로 집을 사는등 살림이 늘어만 간다. 건축·철제·문방구·음식점을 하는 사람은 가게나 회사터가 좋아 앞으로 크게 발전할 가능성이 있다. 집안에 말띠·소띠가 같이 살면 아침저녁으로 다투게 된다. 쥐띠와 양띠 부부는 장사를 같이 하게 될 것이다.

9 이달에는 가시밭길을 꼭 가야만 하는 어려움에 처해있다. 하지만 아무걱정마라. 지성이면 감천이란 말이 있듯이 당신이 그토록 노력하는데 하늘인들 무심하겠는가. 끝내는 소원이 성취돼 기쁨을 감추지 못할 것이다. 중도에 여러가지 유혹이 있어 포기할까 말까하는 갈등이 있으나 끝까지 고수하라.

10 매사에 분명한 행동이야말로 후일에 근심을 덜게 되고 지위와 재물등이 유익하다. 그러므로 하고자 하는 일이 순조롭게 이루어질 수 있다. 그러나 일을 너무나 가볍게 생각하고 콧방귀나 뀌는 식이 된다면 크게 후회한다. 모든것을 신중히 생각해서 처신하는게 무엇보다도 행복의 열쇠이다.

11 왜 이러지. 이달이야말로 마음이 날아갈듯한 가벼운 기분이다. 그동안 다소나마 우울하여 길거리를 무작정 걷기도 했고 유흥가도 기웃거렸으나 어느것 하나 시원하지 못했다. 그런데 이달이 되면서부터는 마음이 상쾌하여 자신도 모르게 삶의 의욕이 샘솟듯 솟아 오른다.

12 처음에는 잘못된다 싶었는데 결국에는 잘 해결되는 행운이 있다. 특히 경찰이나 검찰에 계류중인 사건이 대단이 불리하게 전개 되었지만 점차 유리하게 돼 이젠 안심해도 될 정도이다. 경솔하지 말고 순리대로 처신한다는 것은 불화를 행운으로 변화시킬 수 있는 마술사와 같은 것이다.

511   勿爲妄動   물위망동
    喜悲一場   희비일장

금년에는 절대 망동하지 마라. 만나는 사람마다 당신을 해치려고 하므로 미리 조심하고 경계하는 것이 최선이다. 하찮은 일이라고 해서 경솔하게 비웃는다면 철창생활까지 해야 하는 운명에 처해있다. 집안에 밤손님이 재산을 축내려고 하니 뱀·말·양·쥐·돼지날 밤 11-3시를 주의하라. 손님의 옷색깔은 상의는 빨간색 하의는 검정색이며 그숫자는 4, 9가 될 것이다. 사업가도 사업장에 도적이 침범하여 귀중한 서류를 못쓰도록 해놓고 4, 9에 해당하는 돈을 훔쳐갈 것이다. 결혼한지 몇개월 밖에 안된 부부는 낙태의 위험이 있으니 토끼·원숭이·닭날에 남쪽에 있는 병원을 찾는다면 무사하다. 외국에서 돌아온 사람은 쇠부치로 몸을 다칠 우려가 있으므로 각별히 주의해야 한다.

1 집안에 걱정거리가 사라지지 않으니 그 또한 걱정중의 걱정이다. 큰일은 아니지만 사사로운 일이라도 단 한가지 되는일이 없어 실의에 빠지기 쉽다. 집안의 환자는 오늘만 내일만 하니 큰 걱정이다. 모아놓은 재산은 없고 초상이라도 당한다면 어찌하겠는가. 바로 이것이 서민의 뼈맺힌 한이기도 하다.

2 세 사람 동업을 하게 되면 큰 이익이 있다. 짧은 시일에는 큰 돈을 벌수 없지만 오래도록 같이 하게 되면 각자가 독립해서 나갈 정도로 발전할 것이다. 가능하면 뱀·닭·소띠, 원숭이·쥐·용띠, 돼지·토끼·양띠, 범·말·개띠가 각각 같이 동업한다면 유익할 것이다. 그러나 범·뱀·원숭이 띠는 관재수를 면치 못한다.

3 모든 일을 덕스럽게 처신하라. 그러면 복이 오지 말라고 해도 스스로 오게 되어 모든 소원이 다 이루어진다. 타인의 어려움을 돕고 병원에 누워있지만 입원비가 없어 가시 침대에 누워 있는 불안한 사람을 돕는등의 희생적인 삶은 먼 훗날 덕망있는 사람으로 추앙 받을 수 있는 절호의 기회이다.

4 지금까지는 그런대로 가정의 화목이 있어 큰 어려움이 없는데 요즘들어 가정 불화가 심하여 눈물을 자주 흘려야 한다. 차라리 가정에 재물이 많지 않을 때에는 오손도손 살았는데 재물이 불어 나면서 서서히 불화가 일기 시작했다. 부부간에 또는 형제간에 자주 다투게 되어 언행을 삼가하는 것이 상책이다.

5 만약 자녀를 낳는 경사가 아니면 혼인을 하는 경사가 있다. 쥐띠·말띠·닭띠·범띠는 혼인하면 불길하니 가능하면 이달을 피하는게 좋다. 소띠·원숭이띠·양띠는 결혼에 장애가 있어 자칫하다가 중도에 파혼하게 되니 가능하면 쥐날·용날·원숭이날을 택해서 혼사를 치루는게 유익하다.

6 이달에야말로 죽었던 삼천갑자 동방삭이가 살아온대도 손해 만큼은 피하기가 어렵다. 좀더 큰 손해를 면하기 위해선 하는 일에 가부를 분명히 밝힐 수 있는 처신이 제일이다. 입장이 곤란하다고 유야무야로 넘기게 되면 반드시 후환이 따른다. 그러나 자신의 의사를 명백히 하면 전화위복이 될 수 있다.

7 밝은 곳을 버리고 어두운 곳을 택하는 당신의 마음은 앞길이 없다. 당신은 너무나 자기 중심의 아집이 세고 지나친 자존심 때문에 큰 문제다. 아뭏든 깨끗한 마음으로 도리를 저버리지 않는 행동이야말로 횡재를 볼 수 있다. 예를들면 수천만원짜리 낙찰계를 양보하다가 마지막에 뽑는 것이나 다름없다.

8 집안에서 빨래하는 남자, 애기보는 남자, 장바구니를 든 남자는 화가 치밀어 올라오는 시기이다. 그러나 당신은 그래도 행복하다. 부인이 없다면 입산수도 하여 중이 되어야 하는데 가정에서 그러한 체신머리 없는 일이나마 하므로 해서 액을 면할 것이다. 만일 주색에 빠지면 영어의 몸이 되고 만다.

9 꿈자리가 뒤숭숭하고 밤잠을 제대로 못 이루어 고민이다. 입술이 부릅트고 목이 말라 번민속에 있으나 누구하나 선뜻 위로의 말 한마디 없으니 외롭고 쓸쓸하기가 태산 같다. 마음이 괴롭다고 삶을 포기하지 마라. 지성이면 감천이라고 당신의 사주팔자를 다독여 주는 것은 오직 하늘이니 정성을 다하라.

10 얼마있지 않으면 소원이 이루어져 만인의 부러움을 사고 건강도 좋아져 여생을 편히 살 수 있다. 이성으로 고민하는 사람은 이달 말경부터 해결의 실마리가 보일 것이다. 그러나 백년인연은 아니므로 헤어지는 것도 잘하는 처세이다. 상대가 꼭 그사람 뿐인가, 왜 그사람에게 매달리는가 당장 그만두어라.

11 길을 가다 돈을 줍거나 사업상 큰 돈을 벌든지 복권이나 증권을 사서 큰 재산을 모으지 않으면 반대로 흉화가 있으니 참으로 사람팔자 범인으로는 헤아릴 수가 없구나, 천사람을 대해도 만사람을 대해도 웃는모습으로 처신하면 그 가운데 귀인이 있어 틀림없이 당신을 돕게 될 것이다.

12 상가집을 가지 마라. 집안구설과 병액이 두렵다. 집안에 임신부나 임산부가 있는데도 상가집을 출입하면 그 액이 반드시 임신부나 임산부에게로 옮아 하혈을 하고 심한 두통이 있어 이만저만한 고초를 겪는게 아니다. 상가가 있는 날은 용·뱀날과 개·돼지날이 된다. 어떤 이유로든 피하는게 길하다.

512 雖曰小吉 수왈소길
   終無所得 종무소득

금년에는 과욕은 절대 금물이다. 그저 평범한 가정을 유지하고 비록 작은 소원이라도 알뜰히 실천하는게 길하다. 과욕부리고 재물에 욕심을 내면 산토끼 잡으려다가 집토끼마저 놓쳐버리는 격이 될 것이다. 부부관계도 지금 살고 있는 남편이 또는 부인이 부족한 점 많다고 자탄 하면서 은근하게 다른 상대에게 눈을 돌리다가 남편도 부인도 다 잃어버리고 만다. 공부하는 학도는 분수에 알맞게 선택하라. 지나친 욕심으로만 밀고나가다가 중도에 좌절되고 만다. 이성에 눈을 뜬지 얼마되지 않은 남녀도 상대를 지나치게 무시하고 경솔한 행동을 하다가 끝내 울음을 터뜨리는 비극을 초래한다. 부부간에도 무능력자나 염세주의자라고 속을 있는대로 긁어놓고 생각지도 못한 충격적인 선언 때문에 쓰러지고 만다.

1 내 한몸을 어느 곳에 의지할꼬. 죽지못해 사는 인생 뭘하러 이 난국에 태어났단 말인가. 하는 일마다 엿가락 꼬이듯이 자꾸만 꼬이니 이놈의 노릇을 어찌할꼬. 재물을 모으는 것도 좋지만 지금 당신이 해야할 일은 마음을 안정시키고 주위를 정리하므로 곧 행복의 문을 두들기는 것이다.

2 바다 속에서 구슬을 찾기가 쉬운 일이 아니다. 아무리 바다 밑을 훑고 다녀도 구슬을 구하지 못한다. 바로 당신이 하고 있는 일이 그러한 격이다. 처음부터 어렵게 생각했던 일이 현실로 나타난 것이다. 될수 있는 한 당신의 힘으로 지탱할 수 있는 일만 골라서 해야만 걱정이 없다.

3 모든 일을 삼가하고 신중히 고찰하라. 만약 그렇게 하지않고 경거망동하게 되면 눈물이 한말이라도 부족할 것이다. 몸이 열개라도 남아나지 않을 것이다. 미혼남녀는 맞선보다 싸움이 생겨 구설을 듣게 되니 개날·소날등을 피하는게 현명하다. 사람을 지나치게 믿지마라. 손해가 있다.

4 이사를 할려고 마음을 먹고 있었으나 경제적인 문제가 해결되지 않아 못하고 있는데 이달에는 자타간에 이사를 해야 된다. 이사방향은 동쪽이나 남쪽이 유길하고 서쪽·북쪽은 흉하다. 다만 나이에 따라 약간씩 차이가 있음으로 참고해야 한다. 가장 흉한 방향은 '퇴식방'이다.

5 여성과 같이 동업을 하게 되면 큰 손해가 있어 자본까지 달아난다. 특히 유흥업 계통에서 다방, 까페, 각종 주점, 디스코크럽등은 부부관계까지도 파괴되니 아무리 좋은 여건이라 할지라도 남녀 동업하지 마라. 인간은 과욕같이 무서운게 없다. 돈을 버리는 한이 있어도 싸우지 마라. 관재수가 있다.

6 만약 부인이 아프지 않으면 부부간에 다툼이 있게 되니 인생만사 수억겁이 지나도 헤아리기 힘들다. 부인이 아프게 되면 자궁이나 복막염이 될 것이다. 집안에 헌 물건이나 동쪽을 건드리지 마라. 동토귀신이 노하여 집안을 흔든다. 불가피 동쪽을 건드려야 할 경우에는 복거인에게 복문하라.

7 야망은 하늘을 찌를듯 대단하지만 능력과 운기가 따라주지 않아 성취되지를 않는다. 무리한 행동으로 고생을 자처하지 말고 분수를 지켜 안정된 생활을 찾도록 하라. 왜냐하면 맹호가 아무리 큰 포효를 한다해도 온 세상을 다 울려 퍼지게는 할 수 없기 때문이다. 그러니 당신의 의욕만 믿고 망동하지 마라.

8 옛말에 귀신이나 도깨비가 돌봐야 소원이 이루어진다는 것과 같이 당신이 아무리 총명하고 경륜이 있어도 때를 만나지 못하면 당신의 지혜나 총명 정도는 무용지물이다. 그러나 이제 때를 만났다. 무슨 일이고 열심히 한다면 그 댓가는 충분히 바라볼 수 있는 운이다.

9 지금 하고 있는 일이 매우 급하다. 그리하여 속전속결하지 않으면 크나큰 손해가 뒤따른다. 마음을 놓고 서서히 일을 처리 하다가는 재주는 곰이 부리고 과실은 여우가 따먹는 격이 될 것이다. 정히 급하면 동쪽의 인척이나 친구에게 구원을 청하라. 그러면 반드시 일어난다.

10 적은 것으로 큰 것을 이루니 가정이 흥망하고 사업이 확장된다. 만약 당신이 부모가 생존한 경우라면 병환을 주의하라. 당신이 돈버는 댓가로 그 누(累)가 부모에게로 옮겨갔다. 하고자 하는 일은 이루어지지만 친구와의 의리는 요원하므로 자존심을 버리고 좀더 성의를 다하여 굽히고 또 굽혀라.

11 어디서 누가 어떤 사람이 뭘하러 왔든지간에 그 이야기를 오래 듣지말고 인사 정도만 하고 침묵을 지키는게 후환이 없다. 남녀간 이성에 있어서는 친구애인과 같이 하지 말고 남녀 3명이 여행을 하게 되면 반드시 의리가 끊어지고 만다. 개띠·돼지·말띠는 도박하는 곳에서 구경도 하지 마라.

12 청산에 맑은 물이 쉬지않고 바다로 바다로 가는구나. 당신은 세속에 물들지 않으려고 애쓰다가 이달부터는 티끌같은 세상을 원망하면서도 목구멍이 포도청이라 생존경쟁에 뛰어든다. 소설가, 교육가, 화가, 방송작가등은 우물안의 고기가 바다로 나가는 격이 되므로 출세가도를 달린다.

513 財源旺旺 재원왕왕
千金得取 천금득취

재원이 왕왕 하다는 것은 사업을 하는데나 가정을 꾸려가는데도 후원자가 많다는 것이다. 사업가는 투기적인 이익을 눈앞에 두고 돈이 없어 쩔쩔매다가 자본주를 만나 자본을 구하니 천금을 얻게 된다. 일반가정에서도 빚을 얻지 못하여 애간장을 태우다가 무이자로 쓰고 본전만 달라는 귀인을 만나 가정에 활력이 넘친다. 공무원은 진급되고 일반 직장은 자리를 옮기니 천하가 두려울 것 없을 정도로 권력이 강해진다. 그러나 당신은 경솔하여 과분한 자리이므로 파직하기 쉬우니 절대 권력을 남용하지 마라. 사업가는 정치인과 손을 잡고 몇년간 잘 벌었지만 그 정치인이 자리를 옮기므로 어려운 처지에 빠져든다. 가정주부는 겉치레만 보고 밀회를 하던 애인이 사기꾼임을 알고 대성통곡 한다.

1 이사할 시기가 약간 지났기 때문에 당분간 보류하는게 현명하다. 또한 직업을 바꾸려고 하나 하던 일이나 좀더 열심히 하라. 부모나 일가친척이 반대하는 일이 아닌가, 지금은 때가 아니므로 옛것을 버려서는 아니된다. 다만 용·쥐·원숭이띠가 범·토끼·용의 해를 만나게 되면 변동하는게 길하다.

2 공부 잘하고 말 잘듣는 자녀가 꾸지람 몇마디에 가출을 하므로 온집안이 난리법석이다. 짧은 시간에 돌아오기 힘들고 한 달후에 돼지날·범날·말날에 깡마른 채로 돌아온다. 학교 갈 마음은 이미 포기했으므로 너무 지나치게 강요하지는 마라. 비록 학교를 그만둔다 해도 장차 크게 될 인물임은 틀림없다.

3 가는 곳마다 재물이니 구하면 얻는다. 가능하면 집을 떠나 먼 외지에서 구하라. 종교단체에서 종사하는 사람은 외국을 왕래할 수 있는 절호의 기회가 왔다. 공부하는 학도도 집에서 보다는 일가친척이 있는 외지로 가서 공부하는게 종교 외국유학에는 아주 좋은 시운을 만난 셈이다.

4 한 남자가 두 여자를 거느리다가 모두 가출해버리니 집토끼도 산토끼도 모두 놓쳐버렸다. 이러한 운에 접어든 사람은 대개가 소·뱀·닭띠며 2월이나 8월생이면 더욱 그러하다. 이렇게 해괴한 일이 없게 되면 재물이 밑빠진 항아리에 물 붓듯 계속해서 나가기만 한다.

5 양·용·소·개날에 집안에 어려운 초행손님은 도적이니 대항하지 말고 생명을 잘 보전하라. 그 시간을 보면 낮 12시경이나 밤 12-1시 39초 이다. 당황하지 말고 침착하게 대처하라. 만약을 모르니 얼굴을 험상궂게 하고 자는것도 도적을 물리치는 비방이다.

6 해는 지는데 청산리 벽계수는 쉬지도 않고 계속 바다로 흘러가는구나. 당신의 뜻이 원대하고 너무 심오하기 때문에 다른 사람은 헤아리기 힘들다. 혹자는 속세를 떠나 승려가 되든지 도인이 돼 세상과 인연을 멀리하며 대도를 위해서 합장하며 수도에 열중한다.

7 옛날에 형제는 수족과 같다고 불가분의 관계임을 강조했다. 그러나 이달 만큼은 형제간에 가까이 하면 재산문제로 싸울 수 있는 흉운이다. 특히 제사가 잇따라 있어 형제가 모인다 해도 이번 한번만 눈 찔끔감고 가지 마라. 본인 집에서 제사를 모신다고 해도 자리를 살짝 피한다면 모두가 무사하다.

8 우물안의 개구리가 큰 냇가로 나가므로 그 뜻이 갸륵하다. 먼 시일을 두고 소원을 성취하려고 해야지 단기적인 안목으로 소원이 이루어지기를 바란다면 희망이 절벽이다. 이달에는 혼담 오고가는 시기이므로 당신도 10·12·26·28·29일에는 맞선을 볼 것이다. 상대의 미모에 너무 신경쓰지 마라.

9 동쪽에서 온 손님이 당신을 스스로 돕겠다고 할 것이다. 그러한 일이 있게 되면 너무 사양하지 말고 지금 처해있는 어려움을 솔직담백하게 털어놓으면 막혔던 숨통이 트이는 기쁨이 있을 것이다. 학교는 새로 부임한 선생과 상담을 하여 자신의 진로를 결정하는게 현명하다.

10 집안에 향내가 진동하니 필시 제사가 있거나 상복을 입게 된다. 만약 상복을 입게 되면 남쪽에 빈소를 설치하지 마라. 집안에서 헛소리가 당신을 놀라게 할 것이다. 당신이 결혼한지가 얼마되지 않았다면 좌측 겨드랑을 쇠붙이로 다칠 수가 있으니 자동차 상가나 철제가 있는 곳을 가지 마라.

11 관록이나 이름이 사방에 알려진 사람은 고급 공무원이나 하급 공무원 그리고 국회의원이든 시군읍 의원이든간에 당선 될 수 있는 시운을 말하고, 이름이 있게 됨은 소설가 화가 교육가 법률가 사학가 각종 문물을 수집하는 수집가등은 수십년만에 처음으로 돈도 벌고 이름도 날릴 수 있다는 것이다.

12 집안에 있게 되면 마음이 편하고 집밖으로 나가면 불안하여 자연히 출입이 적어진다. 말띠·소띠 부부는 빚에 쪼들려 야반도주라도 하고픈 심정이다. 범띠·원숭이띠는 이성간에 갈등으로 밤잠을 못 이루면서 고심하고 있다. 토끼띠·닭띠는 한번 울고 두번 웃게 된다. 용띠·개띠는 요통으로 고생한다.

521 家和子和 戀人接口 가화자화 연인접구

부모와 자식간의 남다른 정으로 화목하니 만사가 형통하고 세인이 부러워한다. 연애를 몇년째 해도 서로 육체관계나 정분을 나눈 적이 없었으나 금년에는 그 모두를 섭렵할 길운에 놓여있다. 범·뱀·개·닭띠는 뜻밖에 국제결혼을 해야 되는 처지에 있고 양띠 6월생은 실연을 한다. 쥐·소띠는 미혼인데도 재산을 꽤나 소유하고 있어 그 재산 때문에 혼인하기를 꺼린다. 농촌에서 농사를 짓는 사람은 전답을 교환하던지 가축을 교환하는 일이 있고, 사업가는 사업의 종목을 바꾸거나 동일한 품목을 편의상 교환한다. 금년에 가장 돈을 많이 벌 수 있는 사람은 문물을 교환하는 업종이다. 귀금속을 취급하는 도매업도 장차 크게 돈을 벌 수 있다.

1 만사가 마음대로 되지 않으니 이놈의 노릇을 어찌할꼬. 공연히 심란하여 마음을 걷잡을 수가 없으니 이게 무슨 꼴인가. 부부가 '공방살'이 들어 별거가 아니면 조석으로 다투어야 된다. 만약 한편이 외국을 왕래하거나 오랜 출장을 가게 되면 흉악을 감할 수가 있다. 인간만사를 너무 가볍게 생각하는구나.

2 당신은 불보다 아니 고삐 없는 야생마보다 훨씬 위험한 사람이다. 왜냐하면 뱃장이 지나칠 정도로 크고 분수를 전혀 모르는 처신을 하기 때문이다. 이러한 행동 때문에 필경에는 파산의 늪에서 땅을 치며 통곡해야 한다. 그러다보니 부모와 형제간에 불화쯤은 대수롭지 않게 생각하기 일쑤이다.

3 끼니를 걸러가며 동서남북으로 분주하게 날뜀으로 겨우 노력의 댓가를 얻는다. 당신이 그만큼 노력하지 않았던들 작은 소망이라도 이룰수가 있겠는가! 앞으로도 소신껏 노력하게 되면 지금보다는 더 나은 댓가가 있을 것이다. 집안에 쥐띠가 있으면 가출하는 가족이 생긴다.

4 상가나 제사집을 출입하지 마라. 악귀가 당신에게로 침범하여 병명도 뚜렷하지 않게 발병할 수다. 특히 소날·양날 동쪽에 위치한 상가를 가지 마라. 다만 돼지띠·범띠만은 무사할 수 있다. 미혼여성이라면 지나친 성교로 인해서 자궁에 병이 생겨 적지않은 고통을 겪는다.

5 아무리 친한 친구라도 이달만은 믿지 마라. 함정에 빠져 헤어나지 못한다. 친구 말을 듣게 되면 지금까지 유지해온 우정도 단절되고 오히려 원수로 변한다. 사업을 하는 사람도 같은 사업가나 사적인 친구와도 재물을 논하지 마라. 마침내는 사람과 재물을 동시에 잃게 된다.

6 재물이 모여지지 않고 하루가 멀다하고 나가니 세상살이가 원망스럽다. 너무나 생활에 찌들다보니 이제는 삶의 의욕까지도 잃었으니 걱정이 아닐수 없다. 그러나 용기를 내라. 머지않아 서광이 당신의 시야를 훤히 밝혀줄 것이다. 그렇다고 곧바로 웃을 일은 아니지만 장차 크게 되리라.

7 하는 일마다 어찌하여 이다지도 지지부진하단 말인가. 마음 같아선 천하를 뒤흔들고 싶지만 환경은 그렇지 못하다. 학생은 성적이 부진하고 사업가는 수금이 제대로 안돼 도산위기에 놓여있다. 범띠·원숭이띠 부부는 외도로 인한 관재구설로 번민한다. 다만 10월생은 유종의 미를 걷을 수 있다.

8 생존경쟁 속에서 살다보면 도덕이나 선악자체를 잃어버리는 때가 있다. 그러나 이달 만큼 선행과 덕행을 하게 되면 행운이 있을 것이고, 과오와 악행을 하면 후회해도 소용없는 무서운 비극을 겪을 것이다. 당신이 만약 암흑가에서 폭력을 일삼더라도 이달 만큼은 뚜렷한 선행을 하라.

9 돈도 잘 벌지만 손해도 많이 보다 보니 변화가 무쌍하여 갈피를 잡지 못한다. 마음이 심란하여 이성을 잃기 쉬우므로 좀더 침착하기 바란다. 인간만사는 더불어 이루어지는 것임에도 당신은 독단적이고 고집세기가 황소 같으니 걱정치고는 아주 큰 걱정이다. 지금도 늦지 않았으니 고집을 버려라.

10 이같이 좋은 세상 내몸 하나 의지할 곳 없으니 참 고르지 못하다. 어떤 집은 기르는 개에게도 고기를 주건만 나는 꽁보리 밥도 제대로 먹지 못하니 어찌되는 연유인가. 그 옛날 무학대사가 풀어보던 물을 문자(問)가 세삼 생각 나는구나. 빚더미에 쌓여있는 사람은 빨리 사업장을 정리하라 급하다.

11 먼 여행을 하게 되면 형통하는 일이 있다. 집에 있으면 답답하고 고독스럽다. 특별히 가시적인 일거리가 없어도 친구나 일가친척을 만나면 매사에 즐거움이 있을 것이다. 결혼한지 몇개월에 불과한 부부는 사소한 의견충돌이 있으나 날이 갈수록 화합하게 되므로 크게 걱정할 바가 없다.

12 물건을 분실할 운수다. 잘 아는 사람의 소행이니 사람을 너무 믿지 마라. 특히 전에 같이 살았던 사람이 이사를 간후 다시 찾아올 것이다. 잘 경계하라. 용띠와 닭띠의 남녀가 연애를 하게 되면 1·5·7 10·19·21·29일에 음양이 합하는 큰 행사를 치루게 된다. 남쪽방향에서 그러하면 출혈이 있다.

522 災消福來 재소복래
身命無憂 신명무우

재앙이 사라지고 복이 스스로 가내에 들어와 온 가족에게 고루 안긴다. 그러므로 온가족 너나 할것없이 두루 편안하다. 아무 걱정이 없는 때라서 태만해지기 쉽고 안일한 생각을 하게 되므로 항시 자성과 반성을 잊어서는 아니된다. 사업가는 이것저것 해봐도 하나도 이루어진 것이 없었으나 금년에는 재물을 모아볼 수 있는 대운이 트였다. 어느 누구를 막론하고 목적한 바가 이루어지며 아무탈없이 지내볼 수 있는 운세이다. 쥐띠는 자립심이 강하여 돈을 저축하게 되고 소띠는 심장이 약해서 불안한 삶을 영위하게 된다. 범띠는 여행수가 있고 토끼띠는 이사를 용띠는 가슴앓이를 뱀띠는 실연을 말띠는 무난한 가정을 영위한다. 양띠는 시험에 합격 원숭이띠는 각기병 닭띠는 두통 개띠는 건강회복 돼지띠는 안질이 있다.

1 정초부터 돈을 빌려야한다는 생각은 얼핏 잘못된 생각 같지만 사실은 남보다 한발이라도 앞서 가고자하는 뜻에서 그것은 필요하다. 그리고 이달에는 자신이 원하는 만큼 돈 융통이 될수 있는 시기이므로 이 시기를 놓쳐서는 안된다. 11·21·24·26·29 오후 1-3시 사이에 부탁을 하게 되면 차용이 가능하다.

2 상업을 하면 큰 이익이 있는데 그중에서도 남쪽 방향에서 장소를 물색하거나 남쪽 사람과 같이 하게 되면 몇배의 큰 이득을 얻게 된다. 여자인 경우에는 남편과 이혼하고 위자료조로 받은 돈으로 장사를 하다가 하루 아침에 날린다. 돈 날리고 어지러운 세상 살아가대보니 본남편 생각이 저절로 난다.

3 그동안 시커먼 먹구름이 태양을 가리고 햇빛이 드러나지 않아 온천지가 동토가 되다시피 했는데 이제부터는 삼월동풍에 대동강 얼음이 녹아 흐르듯 유유히 성장하고 있다. 막혔던 일이 갑자기 잘 이루어짐에 따라 그 즐거움 속에서 자신의 경솔함을 알지 못하는 때이다.

4 손윗 사람과 손아래 사람을 불문하고 화목하여 평범한 가운데 즐거움이 있다. 마음이 안정되고 대인관계가 원만함에 따라 매사가 형통된다. 어느 경우에도 욕심을 부리지 말아야 하고 만에 하나라도 경솔하거나 불손한 행위가 있으면 안된다. 그렇지 않으면 그보다 몇곱으로 손해를 보게 된다.

5 이달에 나의 운수는 어떻합니까. 복거인께서 알려주세요. 참 괴이한 운수입니다. 오입을 하여 자녀를 얻게 되니 말입니다. 젊고 예쁜 본처를 두고 유흥가의 처녀와 불장난으로 아기까지 낳았으니 이게 바로 큰 화근이로다. 당신은 금전 면에는 대단히 냉정하면서도 정에는 마음이 약한 게 탈이다. 탈.

6 만일 계수나무를 꺾지 않으면 옥동자를 낳는다 함은 대과에 합격하지 않으면이란 뜻으로 이달에는 행정 사법고시 뿐만 아니라 각종 시험에 합격할 수 있다. 그밖에도 기혼자는 자녀를 생산하게 되니 경사이다. 공무원시험이나 사기업체 취직시험에도 큰 어려움 없이 무사하게 합격할 수 있다.

7 남녀간의 정이란 인간의 능력으로는 헤아리기 힘든 대목이 많아 지나친 사랑은 구설을 낳고 구설은 냉정을 낳으며 냉정은 배신감을 주고 배신감은 원한이 될 수 있다. 여성은 남성에게 하루만 동침을 이유로 순정론을 피지만 남성은 들은 척 하지 않아 답답하고 원통하게 당신의 마음이다.

8 재앙이 저 멀리 사라지고 흔적마저도 없으니 복이 스스로 당도한다. 이러함은 당신의 처세가 바르기 때문이라고 생각하나 이미 사주팔자에 기인한 것이니 하늘의 뜻임을 알아야 한다. 매사를 정직 공평하게만 처신한다면 아무 걱정없이 잘 이루어진다. 손해볼 각오로 하면 도리어 더 큰 이익이 있다.

9 경영하는 일에 길성이 비쳐 막힘 없이 잘 해결되고 재물이 불어나게 된다. 자동차 건축 금융계통에 종사하는 사람은 승진을 하게 되고 다만 식당 까페 주류점을 경영하는 사람은 장소를 옮긴 후로부터 영업이 잘돼 고전할 때 빌려다 쓴 돈도 갚게 된다. 박씨·정씨·문씨는 몸에 화상을 입을 수 있다.

10 이즈러졌던 달이 다시 둥글게 회복되고 그 빛을 천하에 비추니 만인이 우러러 본다. 한때 본의아닌 실패로 슬럼프에서 헤어나지 못했지만 이달부터는 재기에 재기를 거듭하여 불철주야 노력한 덕택으로 원상회복 한다. 하루에도 재물을 들고나는 것이 적지않아 길을 가다가 도적맞을까 두렵다.

11 횡재수가 있으니 증권 복권을 사는 것도 좋고 큼지막한 도박을 하는 것도 일확천금을 얻을 수 있다. 그런가하면 기혼자는 자녀를 생산하기 때문에 남다른 감회로 경사를 맞이한다. 도박을 할 경우 1·3·6·12·15·26·27일 낮 3시나 밤 11시에 큰 돈을 얻을 수 있다. 다만 최씨나 정씨 성은 오히려 잃게 된다.

12 민씨나 문씨 성을 가진 사람과는 인연이 아니라서 불길하고 박씨·임씨 성을 가진 사람과는 매사를 같이 하게 되면 큰 이익이 따를 것이다. 여관업하는 사람이나 농촌에서 부업을 하는 사람은 두통과 신경통으로 고생할 운이다. 묘약은 남쪽 방향에서 이·최·오·장씨 성을 가진 사람에게 있다.

523 臨江不船 임강불선
何而渡江 하이도강

강을 건너기 위해서 선착장으로 달려왔건만 배는 간곳이 없으니 이놈의 노릇을 어찌할꼬. 배가 없어 강을 건너지 못하니 그 허탈한 마음을 누가 헤아리겠는가. 금년에는 무슨 일이고 때를 잘 맞춰야 한다. 그래서 기회를 놓치지 말아야지 속된말로 원님 떠나고 나팔 불거나 배 떠난 뒤에 헐레벌떡 선착장에 가봤자 말짱 도루묵이다. 쥐띠는 혼인 시기를 놓쳐 노처녀 노총각 신세가 되고 소띠는 울면서 매달리는 애인을 발로 걷어차는 냉정함이 있다. 범띠는 건강이 좋지 못하고 토끼띠는 웃는 얼굴에 침 못뱉는 격이다. 용띠는 결혼을 하고 뱀띠는 구설이 말띠는 부부별거 양띠는 부자간에 언쟁이 원숭이띠는 복통이 닭띠는 심장병으로 고생한다. 개띠는 맞선을 보고 돼지띠는 이사를 하게 된다.

1 하늘에 구름만 가득 끼어 있지 도무지 비가 내리지 않으니 온 세상이 답답하고 우울하게만 보인다. 오늘내일하면서 미루어 오던 일이 해결되지 않아 애간장을 태운다. 그래도 참고 기다려라. 취직자리를 부탁해 놓은지가 패나 오래 됐지만 지금까지 무소식이다. 그래도 희망을 가져라 늦기는 하나 가능하다.

2 험란한 길을 애써 다듬어 놓았더니 달려보지도 못하고 다른 사람 좋은 일만 시킨다. 사업가는 특허등 새로운 상품을 개발하기 위하여 온갖 정력을 쏟아서 끝내 완성해 놓으니 유사품이 판을 쳐 판매 한번 제대로 하지 못하고 도산 위기에 봉착한다. 가능하면 무리하지 않는 일을 선택하라.

3 하는 일마다 불리하게 전개 돼 가고 있어 반항과 욕구불만에 쌓여있다. 이제나 저제나 나을까 하고 묵묵히 일해 왔지만 빈익빈 부익부한 사회구조가 나를 옭아매고 있다. 그렇지만 처자식을 위하여 동서남북으로 부지런히 뛰어야 되지 않는가. 모든 것이 흡족하지 못한 달이니 마음의 여유를 가져라.

4 몸에 신액이 따르므로 용날·개날·원숭이날에 서쪽이나 북쪽을 가지 마라. 몸을 다쳐 병원신세가 두렵다. 집안에 어린애가 있는 경우에는 길을 가다 잃을 수이므로 미리 신경써서 예방하는게 최선이다. 직장인으로서 자신의 차량번호가 5081에 해당하면 운수가 불길해 자동차를 잃어버리게 된다.

5 물건를 가지고 싸움을 하게 될 운이다. 친구간에 또는 집안간에 사소한 물건 하나 때문에 속을 썩이니 가능하면 겸양하고 양보하라. 그래야 후일에 좋은 경사가 있게 된다. 친구간에도 금전거래를 하게 되면 끝내는 불목하여 얼마간은 말도 하지 않고 지내는 처지에 이르게 된다.

6 괴이한 일이다. 아무 탈없이 무난하게 지내던 가정이 상하인을 불문하고 몸져 누워 있으니 실로 가슴 아픈 일이다. 이러한 까닭은 이사를 잘못 했거나 묘자리를 손대서 그러하다. 만약 그러한 일이 없다면 동토로 인한 것이므로 보통 사람으로는 어쩔 수 없다. 다만 북쪽에 있는 복거인은 알 수 있다.

7 분수밖의 재물을 탐하지 마라. 죽도록 노력해도 얻는것은 없다. 차라리 작은 것이라도 또한 별것 아닌 일이라도 내실을 기하면서 착하게 살아간다면 편안한 삶이 될 것이다. 남녀간의 연애도 상대방의 흠만 잡을게 아니라 자신의 처지를 생각해야 한다. 당신은 뭐가 잘났단 말인가. 빨리 반성하라.

8 달은 본시 광명을 비춰주어야 하는데 겉보기는 환하게 비춰주어도 어느 누구 하나 기뻐하지 않고 도리어 원망만 하고 있다. 그러니 빛은 있되 쓸모가 없으니 무슨 연유란 말인가. 바로 당신의 처지가 그러하다. 준수한 인물에 총명한 재주를 한몸에 지니고 있지만 아직 때를 만나지 못해 알아주는 이가 없다.

9 재물이 없을 때에는 그 재물을 모으려고 갖은 고생을 다했지만 막상 재물이 수중에 들어와 큰 어려움 없이 쓰다 보니 그렇게 무의미한 삶이 될 수 없다. 이제부터라도 늦지 않았다. 어렵고 쓸쓸한 사람에게 덕을 베풀어라. 그렇게 하면 후세에 큰 인물이 나올 천기에 일응하게 된다.

10 날마다 번창하다 보니 목이 어디까지고 허물이 어디까진지 조차 모른다. 이럴때 일수록 처신하는데 대단한 신경을 써야 한다. 학생이라면 급우들로부터 지나친 귀여움을 받아 질시하는 친구와 다투기도 한다. 여성은 외국으로 떠나는 애인을 붙잡고 장차 결혼을 하자고 몸부림 치지만 끝내 거절 당한다.

11 노력은 남다르게 열심히 하고 있지만 겨우 겨우 생활해 나가는 것 밖에는 아무것도 없다. 너무 과로했기 때문에 병을 얻어 손해까지 보게 된다. 생각해보면 자신에게 복이 너무너무도 얕음을 누차 깨닫게 된다. 탄광에서 일하는 광부라면 전신마비가 있게 되므로 1·5·8·11·15·21 일을 조심하라.

12 구하고자 하는데도 구하지 못하니 이게 무슨 망신인가. 이사를 할려고 진작부터 마음은 먹고 있었으나 돈이 모자라 가지 못하는 신세이고 사업가는 이익 보다는 손해 보는게 더 많아 심신이 편안하지 못하다. 부부간에도 아기자기한 인정도 없이 의무적으로 그저 살아간다고 할 정도로 재미가 없다.

531 掘土成山 굴토성산
終見亨通 종견형통

한줌한줌 파내는 굴의 흙이 결국 큰 산으로 이루어지니 그 노력이 갸륵하다. 무슨 일이든지 한가지 일에 열심히 매달리면 가히 성공하리라. 직장인은 자리를 옮기려고 이 회사 저 회사 문전을 기웃거리기 보다는 한회사에서 맡은 바 소임에 온 정력을 쏟게 되면 그 노고를 알아주는 사람이 당신을 도울 것이다. 연애를 하는 남녀는 이상대 저상대를 고르기보다는 이미 사귀는 사람이 있다면 그에게 온 열정을 쏟아라. 그리하면 가부간의 결정이 있을 것이다. 공부를 하는 학도라도 소정과목 이외에 잡다한 참고서를 많이 읽는 것 보다는 전문과목에 열심하라. 미혼남녀가 맞선을 보는 것도 아무나 부담없이 보는것 보다는 상대를 신중히 선택하여 16·17·24·25·29일경 보는게 훨씬 유익하다.

1 목마른자 샘을 파야 한다는 격언처럼 당신의 처지가 처지인만큼 당신의 지위를 확보하기 위해서는 당신 자신이 샘을 파는 노력과 끈기가 절실히 필요한 때이다. 다른 사람의 도움을 조금도 생각하지 말고 스스로 개척하는 정신을 길러라. 비록 노력에 비하여 그 공은 적지만 그래도 개척했다는데 의의가 있다.

2 돌위에 소나무가 어찌하여 살기를 바란단 말인가. 당신의 이달 운은 한곳에 오래있지 못하고 여기저기로 옮겨다니는 신세이다. 한자리 오래있게 되면 마치 바늘 방석에 앉아있는 것과 같이 불안정하다. 가정주부라도 집안에 있으면 불안정하고 집밖으로 다니게되면 마음이 상쾌해진다.

3 토성이라면 황·조·전씨등을 말하는 것으로 그러한 성씨와 일을 도모하게 되면 결국 불리한 일이 있게 된다. 연예인이나 언론인은 이달이야말로 이름이 빛날 수 있는 기회이다. 직장인은 사람을 믿었다가 크게 낭패만 당하고 집에서 이불 둘러쓰고 끙끙 앓아 눕게 된다. 특히 16·18·27일에 주의하라.

4 구름이 가려 빛을 보지 못했는데, 이제 구름이 걷히고 파란 하늘이 자태를 드러내니 광명천지로다. 그동안 직장에서 선배의 그늘에 가려 승진이 되지않아 애를 먹었는데 이제 승진의 기쁨이 있게 되고, 사업가는 부모와 같이 하던 가업을 독단으로 물려받아 운영하고 있다.

5 초순경에는 어려움이 많아 가정적으로나 사회적으로 부진한 일 뿐이었는데, 이제부터는 하나하나 풀리기 시작한다. 걱정했던 일은 사라지고 웃음이 터져 나오는 일만 계속있어 오래간만에 사람 사는것 같다. 그동안 결혼한지 얼마되지 않아 시부모와 하루가 멀다하고 다툼이 있었지만 서서히 화목해진다.

6 이달같이 하는일이 되지않고 답답하면 세상 그만 사는게 나을 것으로 생각된다. 하지만 인내로 어려움을 극복하게 되면 장차는 인내가 덕으로 변해 새로운 인생관을 갖게 된다. 집안에 심장병이나 위장병 환자가 있게되므로 상가나 병문안을 가지 않는게 유길하다.

7 동쪽에서 귀인이 나타날 상이므로 귀인의 도움을 거절하지 말라. 춥고 배고플 때에는 배부르고 따뜻하게 상책임을 왜 모르는가. 살아가면서 그 덕을 갚는게 훨씬 유익하다. 왜냐하면 지금 당신을 돕는 귀인은 머지않아 실패하고 당신의 도움을 받기 때문이다. 그러니 너무 사양함은 옳지 않다.

8 그늘진 산골짜기에 햇볕이 찾아드니 만물이 소생한다. 당신 한사람이 처세를 어떻게 하느냐에 따라 달라질 수가 있다. 그러니 잘 생각해서 처신하라. 부부간에 이혼도 형제와의 불화도 결국 당신의 책임이지 않은가. 사업가는 16·17·28일에 아무리 친한 친구가 구원을 청해도 들어주면 안된다.

9 노력하는 만큼의 댓가를 바랄 수 있어 이달 운수는 불길하다고만 할 수 없다. 이사나 직업변동이 있지만 당분간 기다려야 한다. 공부하는 학생은 일찍부터 알게 된 연애상대자가 외국으로 이민을 가버리는 바람에 마음을 잡지못해 공부에 다소 소홀 할 때이다. 하지만 단념하는게 현명한 처세이다.

10 친구와 직장동료 그밖의 육친간에 뜻없이 무심코 하는 이야기가 구설로 변하여 괴로움을 겪게 된다. 농담을 하지말고 행동도 예의에 벗어나서는 안된다. 집안에 뱀띠·돼지띠 자녀가 있게 되면 가출하는 소동이 있게되니 1·5·6·9·11·21일은 주의해야 한다. 속상한 일이 있어도 참아야 한다.

11 모든 일을 대함에 있어서 대강 경솔하게 처신하면 크게 후회한다. 예를들면 부동산을 팔고 사는데 계약서를 자세히 읽어보지 않고 대략 보고 계약을 했다가 추후에 손해를 보는 경우와 같다. 아뭏든 이달에는 분주하면서도 다소나마 이익을 볼 수 있어 불행중 다행이다.

12 이달에는 나갈 돈은 천냥인데 들어올 돈은 백냥이니 걱정이 태산같다. 남들은 꽃가마 타고 시집장가 가는데 나는 나이 사십에 결혼식도 못 올리고 또 한해가 저물어 가는구나. 천리길을 멀다하지 않고 찾아왔건만 애인은 마음이 변해있고 외국에서 돈벌어 보내니 부인은 바람이나 다 써버렸다.

532 北邙谷地 북망곡지
新建茅屋 신건모옥

북망산 골짜기에 새집을 지으니 한 인간이 염라대왕의 부름을 받았구나. 혹여 사람이 죽어나가지 않는다면 당신의 마음은 머리 깎고 중이나 되었으면 하는 생각을 가질 것이다. 하는 일마다 방해자가 있어 돌연히 실패하고 한숨을 지어야 한다. 장의사나 장의용품을 취급하는 사람은 큰 돈을 벌 수 있고 사업상 지위도 확고해진다. 건강도 고질적이던 신경통과 두통증세가 점차 회복되므로 매사에 형통함이 있다. 쥐띠는 미루어오던 사업을 시작하고, 소띠는 받기 힘들었던 돈을 받게 된다. 범띠는 웃는 얼굴에 침뱉지 못할 일이 있게 되고, 토끼띠는 부부가 재결합한다. 용띠는 문서상 이익이 있다. 뱀·말·양띠는 교통사고를 조심하고 원숭이·닭·개·돼지띠는 직업변동이 있다.

1 해와 달이 광채가 없으니 이 비통함을 어찌할꼬. 이러한 때에는 사리에 맞지 않는 일에 휘말려 사람들로부터 비난을 받는 운이다. 사리에 맞지않는 치부를 한다든가 아니면 이권개입으로 공을 화로 만들어 버리는 누를 범하게 된다. 성씨가 토성이나 금성이면 더욱 그러하다.

2 집안이 매우 무질서하고 혼란하다. 아랫사람이 윗사람을 극한 상이고 온가족 마음이 다 각각이니 지대한 어려움이 따른다. 학교문제나 취직, 결혼문제등으로 의견이 맞지않아 잘 다투게 되고 시집갔던 누이가 다시 돌아와 집에서 허송세월하고 있으니 참으로 안타깝다.

3 정치인이라면 은퇴를 하는것이 마땅하고, 공무원이나 공사의 직원이라면 처신을 잘해야 무사할 때이다. 만약 부정된 일에 접하게 되면 목이 열개라도 무사하기 힘들고, 농사를 짓는 사람은 대단한 흉운으로 기르던 소·말·돼지·닭 등이 죽어나가는 일이 있게 되고 건강이 불리하여 손해만 보고있다.

4 집안에 있으면 우울하고 답답한 마음을 가눌길이 없고 밖으로 나아가 거리를 활보하거나 잘아는 사람에게 속시원한 이야기라도 하게 되면 막혔던 물고가 트인것 같고 속시원하기 그지없다. 그러나 너무 지나친 즐거움만 찾다가 인간이 가야할 길을 버리고 이상한 험로를 택할까 두렵다.

5 집안에 조상신들이 그대를 도우니 흉사가 물러가고 길사가 들어온다. 사업가는 의외의 거래선이 많아져 하루가 모르게 발전하고 결혼을 하지못한 선남선녀는 알뜰한 상대를 만나 머지않아 결혼하게 되니 이 모두가 조상들의 보이지않는 음덕이니라. 말띠는 국제결혼을 할 것이다.

6 건강이 나쁘지 않으면 구설시비로 마음이 상하니 이달 운수는 좋지못하다. 한가지일에 매달려 밤잠을 못자면서까지 신경쓰지 마라. 그래봐야 몸만 아프게 되지 아무 잇점이 없다. 우연한 장소에서 말한마디 잘못했다 큰 봉변을 당하는데 그러한 날짜는 10·15·21·27일 이다.

7 송사가 두려우니 남하고 다투지 마라. 여럿이 모이는 장소에서 주고받던 이야기가 구설이 되고 그 구설이 주먹과 발길이 오고가는 추태로까지 발전하여 자칫하다가는 치료비 보상해주고 감옥행까지 해야하는 엄청난 일까지 있게 된다. 특히 여자가 있는 장소에서는 더욱 그러하다.

8 시작해놓은 일은 태산 같지만 웬일인지 끝맺음이 전혀없어 한결같이 지지부진 하다. 사업장소를 옮기는 것이나 이사를 하려고 해도 마땅한 집을 얻지 못하거나 돈이 모자라 애간장만 태우고 있다. 외국회사와 거래하는 국내업체는 외국회사에서의 회신 오기만을 기다리고 있는데 아직껏 오지않고 있다.

9 이름이 천지에 두루 알려지고 몸이 높은 곳에 있어 사람들이 부러워한다. 하지만 재물이 부족하여 남에게 구원을 청해야 하므로 외화내빈의 상태이다. 그렇다고 현재 처해있는 처지가 절대 불길한 것은 아니다. 다만 세상사람이 보는 것 같이 화려하지는 못하다는 의미일 뿐이다.

10 지금은 때를 기다리며 후일을 도모해야 한다. 치밀한 계획과 신중한 행동은 참다운 결과를 가져와 당신을 출세가도로 인도할 것이다. 무슨일이고 한가지 일에 열중하되 절대 과욕은 부리지 마라, 백해무익하다. 사람을 구하는데는 1·5·9·11·19일이 좋은 날이다. 김·오·장씨와 말을 삼가하라.

11 길거리를 가다가 도적을 만나거나 그렇지 않으면 집안에 도적이 침입하므로 3·5·19·21·27일 낮 12시나 밤 3시경을 주의하라. 이러한 악운에서 헤어나려면 도적을 만나 큰 손해를 봤다는 가정아래 고아원이나 양로원 기타 불우한 사람에게 물질적인 면을 베풀면 도랑치고 가재잡는 격이 된다.

12 박·엄·이씨 성을 가진 사람이 당신을 해치고자 한다. 그러니 스스로 피하고 대하지 않는게 자타간에 큰 화를 막는 계기가 된다. 용·쥐·원숭이 띠는 자동차 사고를 주의하고 뱀·닭·소띠는 외국여행을 하게되고, 범·말·개띠는 시험에 합격하고 돼지·토끼·양띠는 건강이 불길하다.

533　誠心多勞　성심다노
　　　　晚時見光　만시견광

온갖 정성을 다하여 신명을 바칠때야 비로소 소원이 성취된다. 옛것을 버리지 말고 계속 유지해야 한다. 사업확장이나 업종변경은 좋지않고 오로지 지금 하고있는 업종에 열과 성을 다하라. 공부를 하는 학생은 다른 분야로 전환하지 말고 끝까지 일관하므로 뜻을 이룰 수가 있다. 이성간에도 사귀고 있는 상대이외의 다른 사람에게 한눈을 팔면 불화를 초래하여 모두를 잃게 된다. 직장인은 다른 회사에서 유혹의 손길이 있지만 계속 그 회사에 있는것이 장래성이 있다. 농사를 짓는 젊은이는 당장 농사일을 그만두고 도시로 나가 살고싶지만 스스로를 극복하고 인내하여 계속 농사를 짓는게 좋다. 쥐띠·말띠부부는 친구에게 빌려줬던 돈이 회수되지 않아 조석으로 다투고 있다.

1 마른 샘이 하늘의 힘을 빌어 물이 솟아나니 온 세상이 갈증을 면한다. 사람들은 그 샘의 신비에 귀를 기울이고 그 샘물을 먹기 위하여 줄지어 있다. 지금까지는 인간 이하의 취급을 받으면서도 이마 한번 찡그려 볼 시간마저 없이 인내와 성실로 바쁘게 살아왔지만 요즘은 그 지위가 만인을 통솔한다.

2 하는 일도 별로 없는데 오늘 해가 어느덧 서산에 있구나. 분망한 나그네는 발걸음을 재촉하고 먹을 곳과 잠자는 곳을 살펴본다. 이달에는 동서남북으로 돌아다녀야 하는 운이라서 여행을 한다든가 직장의 자리를 옮기는 일이 있다. 산행을 자주하는 사람은 왼쪽 다리를 다쳐 고생하게 된다.

3 당신은 여러가지 재주가 있고 대인관계도 원만하나 아직은 때를 잘 만나지 못해 갖고있는 소질을 마음껏 발휘할 수가 없다. 그러다보니 생활하기도 어려운 처지가 돼버렸고 친구와 동료도 점차 멀어져만 가니 세상이 원망스럽다. 무슨 일이고 억지로 할 생각은 하지 마라.

4 창공을 날고자 몸부림을 치고 있지만 날개가 부러져서 날지를 못하고 있다. 하는 일마다 되는 일이 없고 서남쪽을 가다가 몸을 다치니 걱정이 태산같다. 사사로운 일에 얽매이지 말고 마음을 크고 넓게, 보다 부드러운 언행을 해야 할 때이다. 그러므로 먼 훗날에 유익하다.

5 이상은 높고 그 뜻은 지대하나 단 한가지도 달성하지 못하니 가슴만 답답하다. 이럴수록 자중하고 매사를 심사숙고해야 한다. 아무리 큰 이상과 뜻을 품었다고 해도 지금은 표출할 때가 아니다. 차라리 보편적인 생활을 하는게 현명하다. 당신은 독불장군처럼 행동하지 마라.

6 모름지기 옛것을 지켜라. 만약 그같이 아니하고 변화를 취하는 날에는 큰 낭패를 겪게 된다. 농촌에서 선대로부터 물려받은 농사꾼은 아무 생각말고 묵묵히 일을 해야 후일에 기쁨이 있고 가업을 이어온 사람은 비록 재물은 모여지지 않으나 자부심과 명예는 충만하므로 계속 유지하는게 대길하다.

7 이달의 재물은 집안에 있는게 아니고 집밖에 있다. 그러니 집구석에만 있지말고 부지런히 움직여 보아라. 움직이면 움직일수록 큰 이익이 있고 집안에 있으면 있을수록 불화나 손해가 있다. 홧김에 얼마전 직장을 그만둔 사람은 12·15·27일경에 동쪽에 있는 친구를 찾아가라. 반드시 좋은 일이 있다.

8 참으로 안타까운 일이다. 사람이 몇년간을 같이 살다가 남남으로 돌아서야 하는 아픔을 겪어야하기 때문이다. 심경이야 죽고싶지만 딸려있는 혹 때문에 이러지도 저러지도 못한다. 이렇게 우울한 마음을 누구에게 털어놓아야 시원하겠는가. 반드시 북쪽에 있는 친구에게 하라.

9 강변에서 죽어가는 잡초가 단비를 만나 다시 소생하니 한번은 울고 한번은 웃는구나. 어렵고 어려운 처지에 귀인이 나타나 목적을 달성하니 그뜻이 태산과 같다. 당신의 성격은 재물이 없으면 코가 석자나 빠져 풀이 죽어있으나 재물이 다소 모이게 되면 어깨를 들썩이며 목에 힘을 주는게 탈이다.

10 갈길이 멀어 나루터에 당도했지만 배가 없으니 강을 건널 수가 없다. 사업자금을 준비하여 집으로 돌아왔건만 집에는 큰 불상사가 있어 도리어 사업을 할 수가 없다. 가정불화는 날이 갈수록 더하고 경제적인 압박은 주야를 가리지 않아 세상살기가 두렵다. 심정 같아선 한강물에 몸이라도 던지고 싶다.

11 백살을 살아도 알 수 없는게 있다면 사람 마음이라고 했다. 그런데 그러한 실증을 당신이 겪어야 하므로 친한 친구일수록 경계하고 조심하라. 사업을 같이 하자거나 금전을 빌려주는 것이나 이 모두가 함수관계에 있는 계책이니 절대 관여해서는 아니된다. 닭띠는 부모의 걱정이 태산같기도 하다.

12 이제부터라도 마음을 고쳐먹고 가정에 신경써라. 그렇게 하므로 경사스러운 일이 있게 된다. 세상인심이 야박하다보니 자신도 모르게 착한 마음이 사라지고 악한 마음이 표출되니 지금까지 착하게 살아온 공든탑이 무너질까 두렵다. 지금도 늦지 않으니 옛날같이 착하게 살아가라. 그래야 걱정없게 된다.

541 世事察視 세사찰시
其中有益 기중유익

지금은 함부로 움직이지 마라. 매사가 불익스럽게 된다. 적극적이고 능동적인 실행보다는 소극적이고 관망적인 처세가 유익하다. 별것도 아닌 일에 남보다 앞장서서 구설을 듣게 되고 반대로 매사를 편안한 마음으로 관망하게 되면 오히려 순조롭게 잘 풀려 나갈 수 있다. 쥐띠는 형제간처럼 지내던 친구에게 속임수를 당하고 소띠는 직장을 그만두고 허송세월만 보낸다. 범띠는 옛것을 도로 찾게된다. 토끼띠는 세번째로 맞선을 본 상대와 결혼을 한다. 용띠는 고시에 합격하고 여자인 경우에는 임신한다. 뱀띠는 부부가 조석투쟁하고 말띠는 연인을 만나게 된다. 양띠는 새집을 짓고 원숭이띠는 이사를 하고, 닭띠는 묘자리를 옮기고 개띠는 건강이 불길하고, 돼지띠는 건강이 좋아져 희색이 만면하다.

1 눈썹이 떨어져 도망간다함은 부모형제에게 액이 있을 징조이다. 그러니 범사를 살얼음을 밟듯이 조심조심 또 조심해야 한다. 우연한 기회에 부모형제가 한 자리에 모여 이런 얘기 저런 얘기 하다가 의견충돌이 돼 서로 마음을 상할 수 있다. 따라서 인내와 겸양으로 불화의 액을 막아야 한다.

2 하늘에 검정구름이 태양을 가렸으니 질병과 불만이 만연한다. 아무리 노력해도 주위여건상 그 댓가를 얻지못하고 자신의 뜻을 펼쳐보려고 갖은 애를 다 써도 이해관계에 얽히고 설켜서 발휘할 수가 없다. 오래전에 승진이 되거나 독립했어야 함에도 선배의 인적장막에 가려 뜻을 이루지 못하고 있다.

3 길을 가거나 차를 타고 가다가 생각지 못했던 도적을 만나 실물과 도난 강탈에 얽히고 설킨다. 특히 이달 11·12·16·24·28일 오전11시나 오후 5-7시 사이를 각별히 주의하라. 설령 이와같은 일이 없다하더라도 집안식구가 가출하거나 괜한 일로 손해를 보는등 어지러운 일이 비일비재할 수 있다.

4 '상문살'이 운수에 있으므로 초상집이나 묘자리를 수리하거나 이장한 곳을 삼가하라. 장의사를 운영하면서 염을 하는데도 15·20·29일 날은 피하는게 좋고 최씨·문씨 상가에는 근처도 얼씬하지 마라. 집안에서는 여자들이 득세를 하는 시기이므로 큰 소리가 많고 정신이 혼미할 정도로 어지럽기만 하다.

5 꿈속에서 큰 재물을 얻었으니 그림의 떡과 같다. 하는 일마다 중도에 악인의 모사로 실패하고 만다. 처음에는 틀림없이 될 것으로 자신했던 일도 끝내는 허무맹랑한 결과만 있어 마음같아선 한강물에라도 풍덩하고 뛰어들고 싶다. 그렇게도 기대했던 취직이 아직껏 되지 못하고 있다.

6 옛말에 중이 제머리 못 깎는다는 속담처럼 이달에는 가만히 앉아있으면 죽도 못먹고 살지만 이곳저곳을 부지런히 돌아다님으로 생활비 정도는 벌어들일 수 있다. 여성인 경우에는 남편과 이혼하고 위자료로 음식점을 차려보니 지금껏 벌어보지 못한 돈을 벌게 돼 불행중 다행이다.

7 집안에 옥동자를 낳는 경사가 있고 시험에 합격하는 기쁨이 있다. 미혼인 경우에는 오래간만에 상대다운 상대를 만나 머지않아 결혼식까지 올리게 되므로 만면의 웃음을 짓는다. 토끼띠 7~8월생은 초혼에 실패하고 재혼을 하여 고목에 새싹이 돋아나는 형상과 같다.

8 마음은 하늘과 땅처럼 크고 넓어 세상사람들은 한결같이 큰 인물이니 대인이니 하지만 재물과 지위는 인연이 없어서인지 하는 일마다 실패하고 만다. 따라서 세상이 점차 물질만능주의로 흘러감에 고귀한 인품도 지대한 덕성도 한낱 웃음거리에 불과하니 세상을 한탄하고 시류를 원망하도다.

9 이달에는 어느 장소에서 어느 누구하고 다투지만 말로 싸우는게 아니고 주먹과 흉기로 싸우다가 결국에는 상대가 병원에 눕게 되어 돈다발을 계산하고 당신은 철창에 들어가 있다. 정이나 액땜을 하려면 사소한 부부싸움으로 깨지지 않는 그릇이라도 내팽개쳐야 한다. 그것도 아니면 오입이라도 많이 하라.

10 집안에 들어오면 웬지 압박감 때문에 집안에 있게 되면 우울증이 심해서 집에 있으면 죽을 것만 같아도 밖으로 나가면 마음이 편안하다. 이것저것 안해본것 없이 다 해봐도 무엇하나 제대로 이루어지지 않아 애만 태우고 있다. 소띠는 헤어졌던 부인과 또는 남편과 재결합하게 된다.

11 오랜만에 때를 만났다. 시운이 좋아 집안에 관리로 통용되는 경사가 있고 새로운 회사를 설립하여 사장이 되니 경사가 연달아 있다. 교육계·경찰계에 일생을 바쳐온 사람은 퇴직금으로 사업을 시작하니 생각지 못한 재물이 모여들어 왜 내가 진작 이러한 횡재를 몰랐을까 하고 기쁨의 후회를 한다.

12 매사를 굳은 집념으로 대하면서 또 다른 한편으로 조심성있는 처세만 한다면 그렇게 어려운 일은 없을 것이다. 일을 크게 벌리기 보다는 축소하면서도 일관성있게 추진해야 한다. 연애를 하다가 상대방이 돌연 변심을 해도 끝까지 물고 늘어지는 끈기와 저력으로 밀고 나간다면 끝내는 성취될 것이다.

542　一把刀刃　일파도인
　　　　　害人何由　해인하유

한칼로 여러사람을 해롭게 하는 이유가 무엇인가. 당신은 젊은 시절부터 사람을 해치는 것을 극히 싫어하는 것만은 사실이다. 하지만 하는 일마다 성공보다는 실패가 많아 여러사람에게 정신적 고초를 줌으로 이 또한 피해를 주는 것임은 틀림없다. 정육점이나 경찰·군인등은 좋은 운이라고 할 수 있으나 그 밖에는 아주 길운은 못된다. 병원등에 근무하는 의사는 오진을 하여 지위가 위태롭게 되고 간호원의 직업을 가진 여성은 상급 선배 의사와 불륜관계를 맺게 돼 정신적인 고통의 나날을 보내고 있다. 교육계에 종사하는 사람은 제자와 불륜을 맺고 퇴직을 당하는 불상사가 있다. 종교계에 종사하는 사람은 신도와 불륜을 갖고 양심상 그대로 넘기지 못하고 그곳을 그만두는 일이 있게 된다.

1 가정이 편안해야 사회적인 일도 편안할 수 있음은 두말 할 필요도 없이 당연하다. 그런데 당신은 몇 식구 되지도 않는 가정에 부부간의 갈등으로 인한 다툼이 심하니 남부끄러워서 못살 지경이다. 하지만 희망을 가져라. 머지않아 화목한 부부가 될 수 있게끔 주위환경이 변화될 것이다.

2 재물이 다소 모여졌다고 경솔하거나 악행을 거침없이 행한다면 결국에는 가정도 파괴되고 몸도 상하여 재기불능의 인간으로 전락해 버릴 것이다. 알뜰히 살아가는 부인을 저버리고 미색만 보고 젊은 여자에게 빠져 가정을 전혀 돌보지 않은 파렴치한 인간성을 갖는다면 반드시 종말이 오고 말것이다.

3 백설이 온천지를 뒤덮고 있는 빙하의 계절에 한 그루의 나무를 심는다면 무슨 소용이 있단 말이요. 바로 당신이 처해있는 실정이 그러하다. 움직이면 넘어지고 넘어지면 일어나지 못하니 세상살이 고달프다. 소리를 치고 몸부림을 쳐봐도 어느 누구하나 위로의 말 한마디 없으니 답답하고 또 답답하다.

4 서쪽방향은 불리하므로 그쪽에 거주하는 사람과 일을 같이 하거나 이사및 집수리는 절대 불가능하다. 가능하면 어떠한 일이고 서쪽에서는 금하는게 현명한 처사이다. 결혼식을 서쪽에서 하면 결혼식날 사고가 있거나 신혼초부터 불화가 상존하여 상당한 기간동안을 갈등에서 헤어나지 못한다.

5 작은 것으로 큰 것을 구하니 모처럼 운수가 대통한 것이다. 셋방살이하던 이는 집을 사고 머슴살이하던 사람은 기업체 사장이 되며 미관말직에 있던 벼슬아치는 만인이 부러워하는 자리까지 오르게 되니 세상살맛 난다고 자랑이 구구하다. 금전대출업을 하는 사람은 동쪽의 이씨를 주의하라.

6 세상 참 희한하다. 이제 좀 살겠다 싶으니 불의의 사고가 온 가정을 파괴시키니 사람사는 것은 역시 마음과 뜻만 가지고는 안되는가. 하는 일이 지체되므로 심신이 불안하고 초조해서 마치 산토끼가 포수에게 쫓기는 형국이다. 그러니 이성을 갖고 일다운 일을 할수 있겠는가. 마음을 편히 가져라.

7 집안에는 쌀 한 톨이 없어 바가지를 들고 아침 저녁으로 이웃집을 기웃거리니 참으로 복도 없다고 한탄한다. 얼마간을 허송세월로 무위도식하다 보니 가장의 체면이 말이 아니고 부인은 포장마차며 함지박 장사 등 남들이 싫다고 하지 않는 궂은 일을 도맡아서 하게 된다. 아뭏든 놀지 말고 품팔이라도 해야한다.

8 서쪽에 사는 친한 친구와는 서로를 위하여 잠시 만나지 않는게 좋다. 서로 대하다보면 피할 수 없는 사정에 의리가 끊어지고 등을 돌리게 된다. 동창회나 기타의 집회도 가지 않는게 현명하다. 캬바레를 수시로 출입하는 남녀는 이달만큼은 가지 마라. 구설시비가 있어 직장까지도 잃을 우려가 있다.

9 초반에는 막힌 운이 중반부터 열리기 시작하여 끝내는 뜻한대로 이루어진다. 결혼을 못하여 안달을 하는 미혼남녀는 중매반 연애반으로 결혼까지 하게 돼 소원성취하게 된다. 여자인 경우에는 상대남자가 키가 너무 적어서 꺼림직하기는 해도 워낙 심성이 고운 사람인지라 무난하게 살아가게 된다.

10 원행하지 마라. 악인을 만나 몸을 다친다. 당신이 만약 한때 암흑가 세계에서 주름을 잡았다면 당신을 유인하려는 악마들의 유혹이 적지 않다. 그러므로 출입을 삼가하고 사람 만나는 것을 스스로 자재해야 한다. 당분간은 모든 생활전체의 흐름을 수도하는 수도승 처럼 조심해야 한다.

11 겉마음과 몸은 잘 묶어논 실타래처럼 동여매 있지만 사실은 그렇지 못하다. 그리하여 이달에 만나는 사람은 겉 다르고 속 다른 경우가 많아 자칫 함정에 빠져 헤어나지 못한다. 연애를 하고 있는 남녀도 상대가 쉽게 속을 드러내지 않아 파악하는데 어려움이 뒤따른다. 어느 경우에도 동침은 하지마라.

12 처음에는 남편이 외도하므로써 부인을 배반했는데 요즘은 오히려 부인이 외도를 해 남편을 멀리하니 가히 콩가루 집이 되고도 남는다. 지금은 이미 때가 늦어 정상적으로 돌아올 수 없는 가정이 돼 버렸다. 다만 이러함을 먼저 알고 실행한다면 어렵기는하나 가정 자체가 무너지지는 않는다.

543 老樹春盡 노수춘진
難結其果 난결기과

다 늙어서 못쓸 것으로만 알았던 나무가 봄이 다해서야 겨우 싹이 돋으려하나 열매가 맺어지기는 어렵다. 한때 종횡무진하던 당신의 추진력과 기백이 세상을 놀라게 했지만 이제는 모두 옛날처럼 느껴지니 인간무상을 새삼 깨닫게 된다. 한때 쟁쟁했던 과거에만 얽매이지 말고 현실에 충실하라. 그래야만이 삶의 자체가 편안하다. 언젠가 쟁쟁한 정치가로, 쟁쟁한 재벌로 큰소리 꽝꽝 쳤지만 이제는 때가 지났다. 그러므로 분수를 지키고 과거의 집착에서 탈출해야 한다. 집안에 범·말·개띠가 동거하면 화목하나 소띠·양띠가 동거하면 불화가 있어 심장병이 생길 것이다. 닭띠·토끼띠 부부는 성생활에 문제가 있고 용띠여자와 개띠남자는 성교시에 여자가 남자 배위로 올라가는 특징이 있다.

1 이달 운수는 어찌하는고, 아! 직업변화가 있군요. 수년간을 생명과 같이 생각하던 직업을 바꾸고 전혀 생소한 직업으로 바꾼다. 만약 직업상 변화가 아니면 이사를 하거나 집을 새로 짓는 분주함이 있다. 5·15·25·35·45·55·65·75·85·95세는 집지어놓고 죽는다는 '잠사각'이므로 집을 지어서는 안된다.

2 주색을 가까이 하지 마라. 복잡한 삶속에서 정신적 해소는 될 망정 목적에 유익하지는 못하다. 만약 주색을 멀리하지 않으면 적지않은 손해를 볼 것이다. 왜 손해를 보게되는건지 그 이유는 15·17·21·24일의 운수에서 나타날 것이다. 과욕은 금물이고 분수 외의 재물은 악의 물건이다.

3 범사가 이렇게도 지지부진 할줄은 꿈에도 생각지 못하던 일이다. 만사 삼가고 경계해도 큰 이익은 없으나 그래도 큰 손해는 없다. 설령 삼가지 않고 사람을 업신여기는 처사를 하게 되면 망신을 면키 어렵고 일시적 황금알을 탐한다면 파멸과 악마의 씨앗에서 벗어나지 못한다. 친구와 동업은 절대 불길하다.

4 부지런히 노력한 보람으로 가문을 흥왕케 하고 비록 대재벌은 아니더라도 자그마한 기업체를 갖고 있어 생활하는데는 큰 어려움이 없다. 혹자는 사회 초년생으로 불어닥치는 어려움 때문에 인간이 살아가는데는 어려서 생각했던 꿈과는 전혀 다를 수 있다는 생각에 허무함을 느낀다.

5 앞으로 살아갈 길이 허망하여 속세를 떠나 산속에 들어가 도인이 돼야하는 운수이다. 아뭏든 일반인이라도 경솔하지 말고 심사숙고해서 처신해야 한다. 큰 이익보다는 후일을 위하여 몸을 갈고 닦는다면 비록 물질적인 도움은 없어도 정신적 안정은 기대할 수 있다. 이럴때에는 윗사람의 자문이 필요하다.

6 승진도 되고 월급도 많아지고 남들이 부러워할 정도의 지위에 오르니 세상사람이 더욱더 우러러본다. 어떤 직장이든간에 승진의 행운이 있고 도인이라면 도통의 높은 차원에 입경하여 세상사 보기를 한낱 티끌같이 보는 대도무문에 들어간다. 건축계통의 공무원은 뇌물로 인한 파직이 우려된다.

7 나무가 가을을 만났으니 낙엽이 우수수 떨어짐은 당연하다. 회사를 경영하는 사람은 도산의 위기에서 몸부림을 쳐야하고 일반가정에서는 불의의 사고로 생사람이 죽어나간다. 그런가하면 심한 경우에는 일가족이 몰살하는 악운에 봉착하니 출입을 삼가고 수해를 조심해야 한다.

8 용기와 배짱은 이미 세상에서 내노라 한다. 그러한 배짱과 용기가 이번에 던진 주사위에 맞아 떨어진 것이다. 그러나 앞으로 그래서는 아니된다. 왜냐하면 횡재나 일확천금을 할 수 있는 운수가 지났기 때문이다. 이런 시기에 투기는 절대금물이다.

9 북쪽은 불길하기 때문에 어느 사회단체장이나 시군읍면에 해당하는 의원이나 국회의원 출마는 절대 불길하다. 사업가도 북쪽과는 인연이 없어 공사장 인부가 몸을 다치거나 죽는 불상사가 있어 앞으로 남고 뒤로 빚지는 결과가 있다. 16·21·28일에는 북쪽에서 성교를 하게 되면 정력이 감퇴된다.

10 재앙이 눈 녹듯이 다 녹아 흘러가버리니 마음이 편안하고 소망이 하나 하나 이루어진다. 결혼을 하지 못하여 사오년동안 고심해온 노총각 노처녀들은 이달에 결혼할 수 있는 절호의 시운을 만났다. 개띠 10월초생은 음문이 적어 해산할때 어려움이 있으니 서쪽이나 동남쪽 병원을 찾아라.

11 큰 재물은 아예 구할 생각하지 마라. 얻으려는 성의는 갸륵하나 어찌 얻으려고 마음 먹었다고 다 얻어진게 있는가. 알맞은 희망, 탐욕하지 않는 작은 재물은 가능하나 그밖의 재물은 어렵다. 쥐띠·말띠 부부는 여자가 동침을 거절하니 성적 욕구불만이 팽배하다. 그러나 여자만 탓하지 마라. '공방살'이 있다.

12 스스로 두려워하고 스스로 자제한다는 것은 사람 사는데 묘약이나 다름 없다. 바로 당신의 운수가 그러하므로 미리미리 조심해야지 사후 약방문이 돼서는 아니된다. 정신이 산란하고 몸이 찌뿌등하여 건강도 우려가 되지만 일시적 현상이니 부부간에 잠자리를 잘하라. 그렇게 하면 상쾌함이 있다.

551 貴人何方 必北財得 　귀인하방 필북재득

금년에 당신에게 행운이 있는 방향이 어느 방이냐고 묻는다면 북쪽이라고 할 것이고 재수가 좋아 천금을 얻을 것이라고 예언 할 것이다. 사업은 북쪽에서 확장을 하게 되고 취직을 하려는 사람은 생각지 않게 북쪽 귀인의 도움으로 좋은 직장을 갖게 된다. 미혼인 남녀는 북쪽에서 맞선보고 남쪽에서 결혼하게 된다. 쥐띠는 결혼을 하고, 소띠는 사업 및 시험에 뜻을 이루고, 범띠는 이사를 하고, 토끼띠는 소송사건이 있고 용띠는 도적을 만나고, 뱀띠는 여행을 가게 되고, 말띠는 문서상 이익이 있고, 양띠는 사랑하는 이성친구와 헤어지고, 원숭이띠는 높은 산에 올라 도를 닦고, 닭띠는 명예를 얻는다. 개띠는 배신을 당하고, 돼지띠는 목놓아 우는 일이 있게 된다.

1 하고자 하는 일이 지체되니 마음이 불안하다. 성급히 서두르면 실수가 있다. 집안에 있게 되면 손해가 있으니 잠시 원행하는 것도 좋다. 몇인가 잡으려고 애써도 시일이 가지 아니하고는 불가능하다. 느긋한 마음으로 매사를 대하라. 지난달에 결혼한 남녀는 지나친 성 생활로 허리가 아프다. 서쪽 병원을 가라.

2 티끌모아 태산을 이루고 시냇물이 바다를 이루니 기쁨의 시운이다. 유흥업·언론·출판·변호사·각종 학원을 경영하는 경우에는 번창하고 가정도 화목하다. 환자는 완치가 되고 영어의 몸이 된 사람은 중순께 풀려난다. 원숭이띠·뱀띠를 조심하고 박씨 성을 가진 사람하고는 길을 같이 가지 마라. 두렵다.

3 매사가 불리하다고는 하나 자중하고 인내하면 불길한 운은 아니다. 자리를 옮기는 운과 빌려주었던 돈을 받을 수 있는 운이 겹쳐있어 당신의 입이 벌어진다. 웃사람과 대화로써 당신의 고민을 해결하라. 학교를 그만둘까 아니면 애인과 절교를 할까 참으로 고민이다. 이달 말일이면 모든 일이 풀린다.

4 답답하거든 북쪽에 있는 역학사 또는 친인척 선배등에게 자문을 구하라. 그러면 풀릴 것이다. 갈매기가 짝을 잃었지만 그래도 같이 갈 수는 없는 먼곳, 슬퍼하지 말고 용기를 내라. 식중독에 걸려 주위를 놀라게 하게 되니 23·24·26일 오후 3시에 음식을 먹지마라. 단, 개·용·뱀띠는 무관하다.

5 황야에서 구슬을 줍고 사막에서 물을 만나니 뜻밖의 횡재가 있게 되니 15~16, 23~25일에 서쪽에서 주택복권을 사라. 특히 1·3·5조가 길하다. 구직을 원하는 사람은 11·15·21일에 기쁜 소식이 있고 자가운전자는 목재소·금은방 근처에서 모르는 사람을 태우지 마라. 여자운전자는 19일 오후가 불길하다.

6 집안이 화목하지 못하니 분가나 재산상속 관계로 그러하다. 부부간에 다소 서먹서먹 했지만 10·21일에 여행이나 동침을 함으로 눈녹듯이 사라진다. 초상집·생일집은 가지 마라. 부동산 계약은 10·15·28일에 가능하고 환자는 서쪽에 있는 선배가 소개한 의원·병원으로 가면 길하다.

7 관재구설이 아니면 친구나 형제와 심한 말다툼을 하게 된다. 자동차 번호가 첫자와 끝자가 1·8자에 해당되면 5·13일 오후 3시에 조심하라. 크게 불안하다. 외국에서 소식 오기만을 기다리고 있다면 21~23일 밤 1~3시에 기쁜소식이 있게 된다. 어려운 가운데서도 동쪽에서 귀인이 나타난다.

8 변동수가 와 있다. 주저말고 시운에 따라라. 공무원·학생·수험생은 18·21일에 돈이 들어오고 27일에 귀인과 마주앉는다. 농수산을 경영하는 사람은 물건을 잘못사 손해를 본다. 경찰 군인은 승진의 영광이 있고 교육자는 **전보발령**이 있고 이성친구를 여관에서 만나면 불길하다. 부디 몸조심 하라.

9 모든것을 순서에 입각하여 처신하라. 그래야 몸도 마음도 편안하고 손해도 없다. 부산·광주·전주·제주에서 사는 김운용·이지선이란 사람은 24·25일에 돈이 들어오면서 가정이 시끄럽다. 사람을 너무 믿지 마라. 금전적인 손해를 보게 된다. 금전융통은 20일 이후가 가능하다. 서둘지 마라.

10 하는 일마다 장애가 있고 사람으로 하여금 남모른 고통이 있다. 여자가 사업을 하려면 서쪽에 있는 친구나 선배에게 도움을 청하라. 정치인은 사소한 사건으로 매우 난처한 입장에 처해 있다. 신부·스님·역학사는 변동수고 허송세월을 보내며 때를 기다리고 있다면 18·24일에 행운의 시운을 맞게 된다.

11 창밖에 매화가 눈속에 홀로 서 있으니 참으로 외롭다. 시집 장가 못간 노총각 노처녀는 남쪽에서 혼담이 들어오고 북쪽에서 맞선을 보게 된다. 웬만하면 결혼하라. 사업가는 외국에서 돈과 기쁜 소식이 들려오고 몇년전에 도망했던 빚쟁이가 빚을 갚으니 공짜돈 같다. 두 노인은 사랑에 **빠져**있다.

12 아무리 복잡해도 이달만은 군자와 선비가 돼라. 그래야 매사가 무사하다. 욕심은 사리를 가리는 막과 같고 죄는 지옥의 문턱이니 잊지 마라. 오래간만에 만난 이성친구에게 폭 빠져 어찌 할줄을 모른다. 25일 밤이나 26일 **낮**에 은밀한 곳에서 몸을 바쳐 사랑을 나누어라. 쥐·말띠는 변동수가 있다.

552 青風明月 청풍명월
　　　　自有稱主 자유칭주

청풍명월에 내가 오로지 주인이라고 큰소리 치니 대권에 도전해볼 대운기를 만났다. 정치를 하는 사람이나 해당분야에서 최고의 지위를 바라는 사람은 금년이야말로 좋은 기회이다. 일반인이라도 재물과 명예가 동시에 있게 되므로 즐거움의 박수소리가 사방에서 진동한다. 가정주부는 사회활동으로 명성이 있고 공부하는 학생은 우수한 성적으로 친구나 가족들로부터 부러움을 사게 된다. 신혼부부는 쌍동이를 낳아 경사속에 삶의 보람이 있게 된다. 몇년전에 이혼하고 아직 마땅한 재혼처가 없어 애를 태우고 있던 사람도 드디어 귀인을 만나 재혼하여 행복스런 삶을 영위하고 있다. 대학졸업반은 졸업하기도 전에 취직이 돼 즐거워한다.

1 푸른 소나무가 꽃을 피우는 심곡에서 수도생활로 큰 뜻을 이루고자 한다. 어떤사람은 속세와 인연을 끊고 수도자로서 정진을 다하게 되고 여성이라면 연애에 실패하여 그 후유증으로 수녀나 여승이 되기로 작심하고 가출을 하게 된다. 사업가나 공부를 하는 사람은 잠시 산사를 찾아 휴양을 하면서 앞날을 구상한다.

2 몸이 객지에 있으나 여러사람과 더불어 살아가니 외롭지 않다. 재물이 모이고 지위가 향상되므로 많은 사람이 따라준다. 한가지 걱정이 있다면 밑에서 일봐주던 사람의 행방이 묘연한 채 오지않아 마음이 불안하다. 그러나 걱정마라. 머지않아 그보다 훌륭한 사람이 오게되기 때문이다.

3 국가에서 녹을 받는 관리로 등용되지 않으면 자녀를 낳게 된다. 이밖에도 취직이 되기도 하고 승진도 되는 행운이 있어 큰 걱정없이 화목한 삶을 영위하고 있다. 여성이라면 직업전선에 뛰어들어 악착같이 돈을 모은 또순이가 된다. 쥐띠 3월생은 몸에 습기가 많아 큰 어려움을 당한다.

4 성심으로 일을 꾀하고 능동적으로 대처하므로 어렵게 생각하고 주춤하던 일도 무사히 달성된다. 처음에는 우여곡절도 많으나 마침내는 평온하게 유지되므로 과욕 부리지 않고 양심껏 행동한다면 그다지 걱정할 것이 없다. 인간이 가는 길이라면 천차만별이나 이달에 당신이 가야할 길은 하나 뿐이다.

5 조용하던 집안에 사람하나가 들고나니 불화가 일어 가족들 마음이 각각 다르다. 결국에는 뿔뿔이 헤어지게 된다. 자녀들은 공부를 그만두고 가출을 하므로 혼란은 더 가중되고 무사했던 부부애정마저도 서서히 금이 가고 있어 여간 불행한 일이 아니다. 소띠 6월생은 이혼이 염려된다.

6 산좋고 물좋은 심산유곡 송백림 속에 몸 숨기고 은거생활을 시작하니 새로운 세계 속에서 마음을 달랜다. 공부하는 학생은 고시준비를 하거나 아예 수도승이 되려고 작정하는 시기이다. 사업가는 부도를 내고 산사에 몸을 숨긴 채로 재기의 꿈을 구상하고 있으나 모두가 허사이다.

7 새로운 직업이나 사업은 때가 아니다. 그러니 혹시라도 그러한 마음을 먹지 마라. 눈물 보이고 마음 아파하는 모습을 볼 수가 없다. 비록 재물이 또는 인간적인 면에서 욕구불만이 있어도 참고 또 참아야 후일에 큰 인물이란 호평을 받는다. 속이 상하더라도 지금 몸담고 있는 직장에 계속 머물러야 한다.

8 걱정거리가 바람 지나듯 언제 어떻게 지나간지도 모르게 슬쩍 지나가므로 고목에서 새로운 싹이 돋아나듯 온가정에 화기가 내려 그야말로 무사태평하다. 옥에 티라면 부인이 신장이 나빠 얼굴이 가끔 부어 성생활을 제대로 못하여 가끔 홍등가를 찾아 화대로 지출한 돈이 꽤나 된다는 점이다.

9 천성적으로 자신의 돌봄보다 남을 위해서 희생할 고귀한 마음이 충만하여 어느때 어느 경우에도 선덕을 베풀었다. 그런데 다행스럽게도 이달부터 그 선덕의 베품을 받는 입장이 되어 너도나도 다투어가며 돕겠다고 나선다. 그러나 양띠·소띠의 도움은 받지 않는게 좋다.

10 질병이 내몸에 있지 않으면 슬하에 있다니 이달에는 어짜피 손해를 피할 수 없는 운이로다. 위장 관절염등은 남쪽 병원으로, 심장 신장은 동쪽으로, 자궁질환은 동남이나 서남으로, 고환이 붓는 병은 박씨·진씨 성을 가진 의사에게로, 여성이 유방이 아프게되면 정북쪽으로 가서 문의하라.

11 내 한몸이 고대광실 높은 집에 누워 만인을 통솔하는 격이 되니 세상사람들이 스스로 따른다. 한가지 주의할 점은 당신이 오른팔처럼 믿던 용·닭·쥐띠는 지나친 믿음으로 속있는 이야기를 해서는 아니된다. 왜냐하면 언젠가는 당신을 배반하고 당신의 비밀을 역이용하게 되기 때문이다.

12 외국을 출입하게 되니 상업을 운영하면 큰 이익이 있다. 특히 신발류 채소 김치 단순노동 등에는 생각보다 많은 이익이 따르므로 11·15·27·29일 경에 외국 '바이어'와 상담하면 아주 길하다. 여성이라면 의류계통에서 큰 두각을 나타낼 수 있는 시운을 만났으니 어느때 보다도 대인관계를 원만히 하라.

553 淸風明月 청풍명월
對酌乾坤 대작건곤

청풍명월에 남녀가 대작을 하니 세월가는 줄 모르고 도끼 자루 썩는줄 모른다. 허구헌 날에 계집 옆구리끼고 술마시고 있으니 답답하고 분해서 못보겠다. 금년에는 주색잡기로 패가망신하는 해이므로 조심해야 한다. 더우기 쥐·토끼·말·닭띠등은 바람을 피워 평지풍파가 일고 범·원숭이·뱀·돼지띠는 교통사고나 기타 술주정 등으로 몸을 다치게 된다. 용·개·양·소띠등은 실연을 당하지 않으면 함정에 빠져 울부짖음을 면키 어렵다. 기혼남녀는 성생활이 만족하지 못하여 여타의 힘을 빌리고자 했으나 역시 미흡하여 의식적으로 바람둥이가 돼버린 기이한 현상도 있다. 공부하는 학생은 캠핑가서 알게된 상대와 모처럼 성교를 시도하다가 상처를 내고 고민아닌 고민과 웃음아닌 웃음을 지을 수다.

1 재앙은 사라지고 복이 도래하여 즐거움이 있음은 당연하다. 자신에게 과분한 처사만 하지 않는다면 평온한 삶을 영위하게 될것이다. 기혼자는 부부가 같이 장사를 하기 위해서 계획을 세우는 과정에 의견이 충돌돼 미래를 위한 난투극을 하다가 더욱 깊은 부부상으로 전개된다.

2 집안에 혼인의 경사가 있지않으면 자녀를 순산하는 기쁜 일이 있게 된다. 범띠·원숭이띠가 결혼을 앞두고 맞선을 수차례 보았지만 성혼이 되지않아 고민을 하다가 마침내 결혼식 날짜까지 정하는 단계에서 파혼되고 나니 세상사 마음과 뜻대로 되지 않는다는 자탄에 이른다.

3 여러사람이 스스로 찾아와 돕겠다고 자청하나 그 가운데는 후일에 자신들의 이익을 생각한터라 아무도 믿을바는 못된다. 상대의 마음을 미리 판단하므로 큰 실수나 함정은 없지만 사소한 구설은 따르기 마련이다. 이달에 운수가 이러함은 불행중 다행이니 지나친 고민은 또다른 화를 초래한다.

4 자녀를 생산한 기쁨이 있는 가정도 있고 성씨가 다른 남남을 집안에 들이므로 걱정이 사라진다. 이밖에도 이익이 많이 있는 논이나 밭 택지등을 팔고사는 일이 있다. 계약하는 날은 범·뱀·원숭이날을 제외하고 용·닭·쥐·돼지날에 하는것이 효과적이다. 다만 개띠는 토끼날 오후 1~2시가 적합하다.

5 하얀 백발에 진수성찬을 차리게 되니 이것이 바로 회갑연이로다. 회갑연을 집에서 하는 것보다는 동쪽에 있는 큰 음식점이나 종교기관에서 하는게 좋다. 여러사람이 같이 있고 즐기는 분위기에 오후 5시경쯤 싸움이 일어날 운수 이다. 그러므로 미리미리 주의하는게 상책이다.

6 하는 일마다 그럴듯하게 잘돼가다가도 하찮은 일로 구설시비가 중중하다. 그러한 과정에서도 근본적인 목표달성에는 변함이 없으나 힘겨운 것만은 사실이다. 금전거래에는 용날 양날을 피하는게 좋고 사업상 길일은 말·원숭이·돼지날이 가장 좋다. 연애중 동침하게 되는 날 12·15·21·28일이 될 것이다.

7 집안 일이나 집밖의 일이나 별탈없이 무사하므로 가장 보편적이고 행복한 삶이 영위된다. 자녀 중에는 믿지도 않았던 시험에 합격하여 기업체 취직이 되거나 국가의 부름을 받아 일을 하게 되니 이것 또한 큰 기쁨이다. 매사를 욕심껏 하려고 하면 더욱더 어려움이 있다. 그러나 겸양한 양보로 대하면 전화위복 된다.

8 미혼자는 오래간만에 유혹을 받아보니 마음이 두근반 서근반 떨리기만 한다. 사업가나 구직에 애를 태우고 있는 경우에는 웃사람의 도움으로 소원했던 일이 성취된다. 음식만 먹으면 소화가 되지않던 사람도 이달이 되면서부터는 그러한 증세가 사라져 병을 얻고 치료되는 것도 운수소관이라고 생각하게 된다.

9 세상 사람에게 이름도 널리 알리고 물질적인 형편도 확 풀리니 마치 구름에 가려있던 요염한 태양이 구름이 사라짐과 동시에 온누리를 서광으로 비춰주어 죽어가는 만물이 다시 생기를 찾는 형상과도 같다. 그러다보니 마음은 날개라도 달아 하늘 높이 훨훨 나르고 싶다.

10 사람이 갑자기 형편이 좀 나아지면 경솔하기 쉽고 사람을 무시하는 경향이 많아진다. 그러한 단계를 진행하다보면 자연이 언어가 바르지 못하다. 당신은 어느 경우를 막론하고 말을 조심하라. 기분에 맞지 않다고 마구 하다가는 큰 망신을 당한다. 아뭏든 참는게 만사를 이롭게 한다고 생각하라.

11 이달에는 모든 것이 당신의 마음속에 있다. 과욕을 부리며 부족함만 들춰내면 초조와 불안에 사로잡힐 것이고 나름대로 행복하다고 만족해 하면 용기와 자신이 솟고 더 나아가서는 앞날이 훤히 밝아져 온다. 매사를 확장보다는 축소지향주의로 나가는게 어려움을 극복하는 반성이 된다.

12 시들시들한 대지의 초목에 한순간의 소나기가 갈증을 해소시키니 그 능수능란한 자연의 힘에 온세상 사람들이 깜짝 놀란다. 만고에 이치가 비가 온뒤에는 온 산야가 푸르게 성장하는 법. 당신이 이달에 한 처세는 참으로 잘한 일이다. 그러니 세상의 인심은 당신에게로 쏠리기 마련이다.

561 十年磨刀 십년마도
不用之釼 불용지검

십년 간이나 만고풍상을 다 겪으면서 칼을 갈았건만 시류에 따라 그 칼이 쓸모가 없게 되니 참으로 때를 만나지 못했구나. 다만 생월이 1·3·5·7·9월에 해당하고 낳은 날짜가 작은나무에 송아지가 있거나 그 송아지와 합이 되는 경우에는 보검을 휘둘러 온 세상을 평온케하고 사람들의 인심에 따라 한 나라를 통치하는 권좌에까지 오르게 된다. 그러한 대운을 알고자 하면 목금수를 잊지마라. 사업가는 부진한 지난날을 극복하고 새로운 마음가짐으로 재도전 하게 된다. 가정에서는 재혼문제가 있게 되고 왼쪽 옆구리를 다치는 사람이 속출할 것이다. 공부하는 학생은 이성문제로 성적이 다소 떨어지나 점차로 회복되니 크게 걱정할바가 아니다. 다만 부모와의 화목함을 생명처럼 알고 살아야 한다.

1 세상을 하루 이틀 사는 것도 아님은 삼척동자도 다 아는 사실인데 세상을 너무 편하게 살았는지 아니면 산전수전을 다 겪다보니 삶의 자체를 포기해서 그런지 이달처럼 무의미한 생활을 해보기는 처음이다. 환자는 입맛을 잃어 몸이 더 쇠약해지니 동쪽에 있는 의원을 찾아가라.

2 하는 일마다 바람 등지고 가야 한층 잘 될텐데 바람을 바로 보고 가니 역풍 중의 역풍을 만났으니 쓸데없는 힘만 소모된다. 그런한 까닭에 불안하기 이를데 없고 누구나 선뜻 위로 한마디 없어 외롭고 쓸쓸하다. 가정주부는 남편 몰래 빚보증을 서고는 애써 태연한척하나 속으로는 큰 고민에 쌓여있다.

3 두 사람이 한마음 한뜻으로 가정을 꾸려가도 모진 세상 어렵기만 한데 의견이 맞지 않아 조석으로 다투니 무슨일이 얼마나 되겠는가. 서로 잘난 체 하지말고 보편적인 가정이 되도록 보편적인 행동을 하라. 이상적인 가족운은 담담하고 지저분한것 같은 보통가정이 가장 행복할 수도 있다.

4 하는 일이 이제나 될까 저제나 될까 하고 기대망상증에 걸려있으나 제대로 되는 일이라곤 단 하나도 없어 노력은 십년을 하는데 얻는것은 노쇠한 몸과 마음의 병 뿐이다. 세상을 원망하는 것보다는 사주팔자에 이미 모든 인간사가 함축돼 있음을 헤아리는게 편안할 것이다.

5 자금이 달리고 사회적 배경이 약세라도 동업할 생각은 하지마라. 처음에는 동업하기를 열번 잘했다고 자랑하나 결국 백번 후회하게 된다. 결혼을 앞둔 남녀도 지나치게 자신의 생각만 앞세운 나머지 이제는 맞선 한번 보라는 부탁마저도 없어 결혼을 못하고 독신으로 살지는 않을까 하고 불안하다.

6 상대에게 재산 좀 있다고 그것을 목적으로 거짓사랑을 하지 마라. 그렇게 되면 하늘이 용서치 않아 몸은 철창으로 가고 재물은 산너머 산이 된다. 아무리 미색있는 상대라도 그 유혹에 빠지지 마라. 한때 호화하고 찬란함은 곧 쇠퇴를 자초하게 되고 무색하고 순수 소박함은 만고에 참사랑이다.

7 하는 일마다 별 어려움 없이 잘된다. 직업을 변경하고 사업장을 바꾸는 일등 아주 눈코뜰새 없을만큼 분주하다. 이사는 이달 7·12·15·21·24일 등이 소위 '생기복덕날'이라 좋다. 따라서 이날 이사를 하게 되면 자녀가 잘 자라고 머리가 맑아져 공부도 잘 하게 된다. 범띠는 원숭이날이 이사 날이다.

8 술을 평소 잘먹는 사람이라도 또 잘먹지 못하는 사람이라도 이달 만큼은 주색을 멀리해야 한다. 만약 그래도 가까이 하게 되면 돈지갑도 날리고 하는 일에 함정이 있어 끝내는 항복이 있게 된다. 그러니 어느 누가 유혹을 해도 술이나 여색을 피해야만 한다.

9 남쪽에다 화기를 놓지 마라. 화재가 두렵다. 화재 이외에도 가스폭발이나 뜨거운 물에 화상을 입는 불상사가 있어 여간 걱정이 아니다. 쥐·원숭이·용띠가 가스통을 남쪽에 놓아두는 경우에는 쥐날 오전11~오후 1시경을 경계하는 것이 묘책이다. 성씨가 이씨·오씨면 부부싸움하다가 화재가 있다.

10 문서를 재물과 바꾸니 그 가운데 이익이 있다. 땅을 사고 파는 날짜는 용·개·소·양날 1시가 좋고 집을 팔고 사는 날은 범·원숭이·뱀·돼지날 3시경이 양호하다. 공무원의 직업을 가진 사람은 국가 소유의 땅을 다른 사람에게 불법 불하해주다가 감사에 흠이 돼 결국 파직하는 비운이 있다.

11 재산상 손해는 있어도 헤어졌던 가족과 해후하므로 길흉이 반반이다. 항시 마음을 편히 갖고 도덕을 생활근본으로 하게 되면 물질은 풍유롭지 못하나 삶의 바탕은 깨끗하고 아름다움으로 쌓여있어 어려움이 닥쳐도 큰 피해가 없다. 당신이 가져야 할 마음 가짐이 바로 그러한 것이다.

12 날씨도 춥고 몸도 변변치 못한데 뭣 때문에 멀리가려 하는가. 여행하게 되면 건강이 나빠 적지않은 고생을 하거나 교통사고를 당하여 큰 어려움을 겪는다. 소띠 6월 8일생은 친구와의 배신이 있음으로 가능하면 친구의 접촉을 피해라. 불행을 막는 방법중의 하나이다.

562 此年之運 차년지운
移舍改變 이사개변

금년에는 한마디로 몸이 열이라도 모자라고 옷벗고 엉덩이 한번 제대로 볼 수 없을 만큼 분주한 해이다. 가정에서는 이사를 하게 되고 뜻밖의 초상으로 집안에 곡소리가 들리며 사업가는 사업장을 바꾸거나 아니면 사업장을 확장 수리하게 된다. 용·개·말·양·쥐띠는 산소자리를 수리하거나 옮기는 경우가 있다. 공부하는 학생은 기숙사를 옮기거나 독서실을 옮기는 변화가 있다. 또한 소·닭·뱀띠 학생은 이모집에서 형제집으로 고모집에서 삼촌집으로 숙식을 옮겨가며 공부한다. 용·말·양·토끼·원숭이띠는 군대를 가거나 아니면 자원해서 입대하게 된다. 사람을 너무 경계하는 것도 안좋으나 지나치게 믿는 것도 후일에 큰 화근이 될 수 있음을 명심하라.

1 마음이 바르고 의리에 찬 사람인지라 지금 당장은 어렵고 고달프나 후일에는 그 모두가 덕으로 돌아오니 앞날이 창창하다. 속은 줄 알면서도 속아주어야 하고 함정에 빠질줄 알면서도 모른체 참아주어야 하는 운세가 바로 이달이다. 무리한 곤욕 속에서 결국에는 서광이 일기 시작하는 운이다.

2 남쪽에서 서쪽으로 차를 타고 가다가 우연한 눈맞춤으로 알게된 상대와 동침까지 하고 사랑을 하게 되니 순서는 뒤바뀌지만 모로 가나 가로 가나 서울만 가면 된다는 주먹구구식의 케케묵은 방법이 통한 셈이다. 그렇다고 아무나 그런 흉내는 내지 마라. 입이 열개라도 모자랄 것이다.

3 산에 올라 남녀가 서슴없이 대화를 하다보니 금방 자기사람 처럼 생각하고 음침한 곳에서 허리띠를 풀다가 뺨을 맞고 후회한다. 그리고 누구라도 산에 가서 성교는 하지 마라. 건강이 나쁘거나 기형아를 낳는등 그 피해가 적지않다. 어쨌든 산에서 알게된 사람은 친하게 하지 마라.

4 이사를 한것만 해도 수십번이고 직업만 바꾼 것도 수차례, 그러다 저러다보니 황금시절은 다 지나고 이제는 백발이 성성하구나. 이달에는 어느 누구를 막론하고 직업을 바꾸는게 좋다. 직장인이라도 자기사업으로 전환하는게 현명한 처사이며 시운에 순응하는 결과가 된다.

5 집을 수리하고 몸 단장을 해도 그다지 시원치 않고 더 답답하다. 그러한 까닭은 정북쪽을 건드려서다. 그러니 남쪽에 있는 복거인을 찾아가 그대의 심경을 털어놓게 되면 큰 도움이 된다. 군대에서 장교로 있는 뱀·용·말·닭띠는 부하로부터 큰 선물을 받게 되니 이달 초순과 하순을 기대하라.

6 우물안 고기가 바다로 나가니 황용이 될 징조이다. 지금은 만족스럽지 못한 첫 사회생활을 하나 머지않아 돋보이는 인간으로서 세인의 추앙을 한몸에 받게 될 것이다. 여자인 경우에는 결혼전만 하더라도 아침 저녁 끼니를 걱정했는데 결혼후엔 귀부인으로 변신하는 길운이다.

7 이달의 이사는 조금 희한하다. 왜냐하면 한집식구 처럼 생각하고 살았던 주객간에 우연한 일로 크게 싸워 방을 비워주어야 하는 형편도 있고 보증으로 인하여 주택 자체에 차압이 부쳐져 길거리로 나가는 신세가 되었다. 한가지 주의할 점은 얼마전 '귀신방'즉 '진귀'가 있는 방향을 범했기 때문이다.

8 경솔한 언행은 가정에 평지풍파를 가져오고 부부간에는 지울 수 없는 오점을 남기게 된다. 일가친척에게 인심을 잃어 설만한 땅을 잃어가고 있다. 만에 하나라도 남의 물건에 눈을 돌리지 마라. 자신도 모르게 훔치고 신세를 망친다. 여성은 생전 처음으로 남편에게 선물을 받으니 기쁨속에 살아간다.

9 남쪽은 사람을 덜어내는 흉한 방향이니 조심하라. 그쪽에서 집을 짓거나 사업을 하게 되면 그 결과는 불행하다. 구설시비나 손해는 참고 넘겨야 하지만 사람이 아프거나 죽어나간다면 우매한 인간의 천리거역에 기인한 것이다. 다만 쥐·용·원숭이·개·말·범띠는 제외된다.

10 어렵게 성취했던 일이 중간에 악인을 만나 좌절위기에 놓여있다. 이때 웃사람과 타협을 한다면 그대를 도울 귀인이 나타날 것이다. 자녀가 있는 가정에서는 개고기·닭고기를 삼가하라. 만약 그러한 고기를 먹게 되면 소화불량이나 알레르기성 피부염으로 고생한다.

11 건강이 좋아 남들과 힘겨룸도 많이 했는데 요즘에는 위장과 관절계통의 질병 때문에 만사가 귀찮다. 집안에 환자가 생겨 동쪽에 있는 의사에게로 가서 치료를 받게 된다면 신효가 있다. 여자인 경우 생리계통 즉 자궁염이나 월경불순등이 있을 시에는 동쪽에 있는 의사를 찾아가라.

12 농사를 짓거나 기업을 영위하는 경우에 세상 사람이 깜짝놀랄 만큼의 재물을 모을 수 있는 기회이다. 무리한 투자로 마음을 조이면서 결과에 신명을 바쳐 기다리는데 생각지도 않게 시운이 따라줘 몇배의 이익을 보니 일확천금이 통째로 굴러 들어온 셈이다. 쥐띠는 두통으로 고생하는 경우도 있다.

563 見飯不見 견반불견
　　　　有財無益 유재무익

밥을 보고도 못본척 해야 하고 앞으로 가는데도 뒤를 돌아봐야 하는 것이 당신의 운수이다. 자신의 목적달성 하기 위해서 만반의 준비를 했으나 사회적 힘이 모자라 보고도 못먹는 떡이 된 셈이다. 천냥을 애원하여 빌려다 놓으니 밤손님 탐을 내고 집안사람 탐을 내니 이세상 믿을 사람 누가 있는가. 학생은 같은 급우보다 훨씬 좋은 성적인데도 간부직을 받지못한 수모를 겪는다. 직장에서도 년수나 실적을 봐도 내가 훨씬 나은데도 엉뚱한 후배는 승진이 되고 나는 그대로 방치된다. 세상이 뒷힘으로만 통하니 힘없는 진정한 서민은 누구를 믿고 산단 말이요. 동쪽에 붉은 해가 떨어지고 남쪽에 서광이 온누리를 비춰준다면 사막에서 오아시스를 만난 것과 같다.

1 무쌍한 조화를 부리며 세상을 깜작 놀라게 했던 용이 쇠퇴기를 맞아 조화를 부릴수가 없으니 이 노릇을 어찌할꼬. 한때 명성도 재물도 남부럽지않게 있었으나 지금은 무위도식하는 인간이 돼 있어 한심하기 그지없다. 지금은 마음의 안정이 필요할 때이다. 과거에 사로잡혀 있게되면 백해무익하다.

2 때로는 남보다도 몇곱절 노력해야 할 때가 있지만 어느 경우에는 세상을 바라볼 수 있는 안목이 몇곱절 필요할 때가 있다. 먼 안목을 위해선 재물을 모으기 보다는 현상유지를 하면서 큰 손해를 보지 않게끔 노력하는게 최선의 방책이 된다. 성급하게 재물을 모으려면 오히려 손해 뿐이다.

3 생각했던 결과보다 훨씬 나은 결과가 드러나므로 세상 사람이 우러러본다. 사업가는 국내든 국외든 간에 보통 사업가로서는 해낼 수 없는 힘든 일을 해결하고 그에 상응한 댓가가 적지않은 경우가 있게 되고 가정에서는 좋은 학교 좋은 직장을 가짐으로 여기저기에서 칭찬이 구구절절하다.

4 자녀가 돈을 훔쳐내 가출을 하므로 부부간 마저도 불화가 일기 시작한다. 집안에 범띠 4월생, 원숭이띠 1월생, 돼지띠 10월생이 있게 되면 1·9·13·23·25일경에 그러한 일이 있으므로 경계하면 미리 막을 수도 있다. 그런가 하면 계왕주 노릇을 하다가 도망간 사람도 있다.

5 물질은 그다지 풍요롭지 않으나 슬하에 자녀들이 효자이므로 가정이 화목하다. 웃음소리가 끊이지 않고 즐거움이 날로 더하니 보람 그 가운데 있다. 한가지 흠이라면 자녀중에 용·쥐·원숭이띠가 있으면 몸이 차거워 소화가 잘되지 않아 항시 불편을 겪게된다.

6 사고무친이 천리타향에서 가정을 생각하니 향수가 마음에 있다. 이달에는 집안에 있는 것보다는 집밖으로 출타를 하여 실리를 추구해야 한다. 공부하는 학생은 외국 유학길에 오를 수 있고 공무원은 외국으로 시찰이나 견학을 가게 된다. 여성인 경우에는 남편과 불화하여 가출을 하게 된다.

7 푸른 산골짜기에 칡두건을 쓰고 도를 닦으니 가히 신선이로다. 일반인이라하면 가정파탄과 함께 속세를 떠나 중이 되는 등 도에 전념한다. 혹자는 이성 파탄을 수차례 겪으면서 그 고통을 극복하기 위하여 종교계통을 의지하지만 중도에 환속하고 만다. 집안에 양띠가 있으면 실연하여 자살할 수다.

8 탐한다고 없던 재물이 일시에 굴러들어 오지는 않는다. 그런데도 몰지각한 사람은 맹목적으로 남의 재물을 탐하여 몸을 망치는 경우가 비일비재하다. 반대로 분수를 알고 허무맹랑한 탐욕을 하지 않으면 마음이 편안하다. 다른 사람을 함정에 밀어넣으려고 하다 도리어 자신이 빠질 수 있는 운세이다.

9 동에 번쩍 서에 번쩍, 마음놓고 편히 한번 쉬지 않으면서 부지런한 삶을 지탱하지만 왠지 그에 상승한 이익이 없어 고달프기가 태산같다. 그렇지만 계속 노력해야지 중단할만한 시기도 아니다. 이달 중순을 넘어서면서 부터는 뭣인가 조금씩 풀리기 시작하니 지나친 기대는 하지말고 계속 노력하라.

10 당신이 지금 처해있는 입장은 마치 사나운 호랑이 꼬리를 밟고 있는 것과 같다. 그래서 경거망동한 행동으로 인하여 호랑이가 분노하게 되면 당신은 무사하지 못하다. 이럴때 일수록 예의 바르고 공명정대한 처사는 태양 빛처럼 중요하며 무사할수 있는 첩경중의 하나이다.

11 친한 친구를 너무 믿지마라. 이익은 없고 불화와 손해만 초래한다. 토끼·양·돼지띠는 한 여자를 놓고 두 남자가 친절하려고 하다가 서로 주먹다짐까지 하고 용띠와 닭띠부부는 사업상 의견충돌이 심하여 조석으로 자주 다투게 된다. 말띠·쥐띠 부부는 임신을 하게 되니 15·25·26일을 참고하라.

12 집안 식구 모두가 한결같이 겸손하고 순박하니 자연 화목하다. 그리고 각자가 모은 돈으로 주택을 사기도 하고 논밭을 사게 되니 문서에 큰 이익이 있게 된다. 다만 말의 해와 양·닭·쥐의 해는 이익이 별로 없고 원숭이·닭·소의 해는 큰 이익이 있게 된다. 집안에 쥐띠가 있으면 도적실물 수다.

611 多消小益 다소소익
外華內困 외화내곤

쓸곳은 백군데이나 벌어들이는 사람은 혼자라서 고달프다. 금년에는 돈도 꽤나 벌어들일 수 있는 시운이지만 워낙 쓸 곳이 많아 모여지지 않는다. 많은 사람들은 겉만 보고 호화스러운 생활을 한다며 부러워하고 있다. 공무원이나 직장인은 일계급 승진이 있게 되고 태권도·유도·복싱등 격투기에 해당한 스포츠는 이름을 크게 얻을 좋은 시기이다. 미혼남녀는 오래전부터 사귀어오던 사람과 결혼하겠다고 웃사람과 의논하나 허락을 받아내지 못하고 둘이서 동거를 시작하게 된다. 기혼 남녀는 이상하리만큼 성생활이 지나쳐 몸이 핼쑥하게 마르는 현상이 있다. 원양어선을 탄 선원은 외국에 정박하여 외국여인과 동침하다가 소지품을 몽땅 잃어버리는 망신을 당한다.

1 백설이 뒤덮인 강산에 행인마저도 볼 수가 없어 참으로 쓸쓸하구나. 오랜 객지생활에서 얻어진게 있다면 고독을 극복할 수 있는 인내이다. 그런데 이달에는 유난히도 외롭고 쓸쓸함을 실감하고 남모르는 눈물을 흘린다. 이럴때 어깨를 두들기며 용기를 잃지 말라는 사람이 있다면 참으로 큰 위안이 된다.

2 어려운 생활을 극복하기 힘들어 외국으로 가 돈을 벌어 부치게 됨에 따라 생활이 점차 윤택해 진다. 외국에서 일을 하면서도 돈을 모아 무슨 사업을 할까 조그만한 주택이라도 사서 오순도순 살아가야 하나 고심을 하나 끝내는 사업을 하기로 마음을 굳힌다. 범띠 친척과는 돈거래를 하지마라.

3 인기척이 전혀없는 적막강산에 홀로 버려진 아이처럼 고독에 못이겨 몸부림을 치고 있다. 천년만년 살자고 입을 맞대며 언약하던 애인이 떠나가 버리고 이제는 아픔만 가슴 속에 자리잡고 있어 삶의 의욕마저도 잃어가고 있다. 개띠·소띠 6월생은 피부염 간장염으로 고생이 이중으로 겹치는 때이다.

4 지금 형편같아서는 당장이라도 이사를 하고 싶지만 갈만한 곳이 없는 것도 사실이다. 왜냐하면 '대장군방위'와 '삼살방위'에 해당하기 때문이다. 그러니 직장도 바꿀까 생각 말고 계속 유지해야 한다. 이사는 아직 때가 아니다. 그러니 마음을 안정해 가며 서서히 진행하면서 여유를 갖고 살아야 한다.

5 어려운 살림살이에 모처럼 돈이 모여지니 언제부터인가 경솔한 태도가 고개를 들기 시작한다. 그러한 행동은 손에 쥔 천금을 한순간에 잃어버릴 수 있다. 만약 과분할 정도로 돈이 모여지게 되면 여러 사람을 위해서 쓸수있는 희생정신을 갖게 화를 복으로 변화시키는 계기가 될 것이다.

6 큰 어려움 없이 보편적인 삶을 유지해온 가정에 한사람의 잘못으로 패가지경에 이른다. 친구의 사정에 못이겨 빚보증을 해주고는 그로 인하여 집에는 압류딱지가 붙고 거처할 곳이 없어 당장은 길바닥에서 잠을 자야하는 급박한 상황에 처해있기도 하다. 친한 사람은 조심하라. 그래야 큰 화를 면한다.

7 생각지도 않았던 재물이 수중에 들어와 그 재물로 주색을 가까이 하게 돼 없느니만 못하다. 노력하지 않고 얻는 재물은 처음부터 생각하지 마라. 그래야 후일의 행복을 기약할 수 있다. 당신에게 돌아올 상속재산이 있다하더라도 그 상속을 받아 사업하지 마라. 반드시 실패하고 후회의 한숨을 쉬게 된다.

8 찌든 생활고에 못이겨, 아니면 사랑하던 사람이 외국에 가서 오질않자 밀항을 시도하다가 철창생활을 하는 비운을 겪는다. 국내에서도 빚에 쪼들려 야반도주를 해서 남모르는 생활을 하다가 발각이 돼 망신을 사게 된다. 그런가하면 집을 나온 여인이 남편에게 발견 돼 집으로 다시 돌아가는 경우도 있다.

9 이달에는 새로운 사업을 하거나 직업을 바꾸어 보는 시기이다. 새로 시작한 사업장은 동쪽이 대길하여 개업 후부터는 승승장구하여 많은 재물을 모을 수 있다. 사람을 써도 가능하면 동쪽에서, 금전거래를 해도 동쪽, 결혼식을 하는데도 동쪽은 아주 좋은 길지가 된다.

10 여러 사람과 싸움을 하고 감정이 대립 돼 가부를 가리지 못하고 있으니 장차 관재구설로까지 제기될까 우려된다. 주택이나 토지등을 매매 하는데는 감정이나 사소한 관여보다는 서류상에 적힌 내용을 잘 이해하여야 후환이 없다. 만약 상대에 대한 믿음만 갖고 소홀히 했다가는 큰화를 면치 못한다.

11 해가 동쪽 산너머에서 서서히 그 빛을 만천하에 드러내고 있어 밝은 세상을 영원토록 비춰주고 있다. 지금까지는 뚜렷하게 세인의 존경을 받지 못했으나 장차는 만인을 거느릴 수 있는 큰 인물이 될 수 있다. 사업가는 십년을 바라보고 사업을 설계 한다면 무궁한 발전이 있게 된다.

12 이달에는 큰 돈을 생각지 마라. 당신이 아무리 노력해도 벌리지 않는다. 그러나 알맞은 일을 하고 그에 상응한 댓가를 받는 정도는 어려움이 없다. 얼마전에 빌려준 돈을 날짜가 넘었는데도 갚지않고 있어 애태우고 있다. 이달 24·26·29일경에는 다소 받을 수 있다. 그러나 전액은 불가능하다.

612 春季滿發 춘계만발
所望終結 소망종결

만물이 활짝 웃는 봄이란 계절에 푸른 대지가 세상 사람을 이롭게 한다. 당신의 금년운수도 그러하다. 대지에 새싹이 돋아난것처럼 무엇인가 하고자 하는 의욕과 실천이 강하게 내포되어 있다. 부지런히 노력하면 그에 상응한 댓가는 충분하게 얻을 수 있는 결실의 해이다. 미혼남녀는 지금까지 대한적이 없는 어엿한 상대를 만나 결혼을 하게 되고 사업가는 여러가지 방계회사를 확장하는 등 그야말로 전성기를 맞게 된다. 일반 직장인도 자신의 실적위주 만큼 좋은 대우를 받아 승진도 하고 외국에 까지도 출입하는 등 영광의 한해를 보내고 있다. 기혼남녀는 자녀를 낳은 후부터 부부관계가 금가기 시작하여 좀체로 화해가 되질 않았다가 중간에 웃사람의 중재로 제자리를 찾기도 한다.

1 춘하추동에 따라 싹이 트고 무성하여 열매를 맺게 되므로 이달에는 성급히 하는 일보다는 질서를 기초로 해서 작은 것이라도 빼놓지 말고 하나하나 계단을 밟아가야 한다. 다른 한편으로는 기초를 튼튼히 하여 내실을 기해야 한다. 가정에서도 무리한 처세보다는 알뜰한 살림살이에 충실하는게 좋다.

2 마음이 편하다함은 이러저러해도 당신의 그 든든한 처세에 기인한 것이다. 어떤 사람 같으면 울고불고 온소동을 피워야 할일도 당신은 웃음으로 넘기는 관대함이 있기 때문이다. 따라서 타인을 이해하고 자신을 반성할 줄 아는 당신이야말로 진정한 사람으로 후대에 평가받을 수 있는 인물이다.

3 당신이 가는 곳마다 요귀가 득실거려 정신이 혼란하고 마음을 불안정하다. 동쪽 방향을 가다가 도적을 만나 갖고있던 돈까지 빼앗기고 몸도 상한다. 여자인 경우에는 15・21・24일 밤 10시경에 남편의 심부름을 가거나 아니면 남편의 귀가가 늦어 마중을 나갔다가 그러한 봉변을 당한다.

4 남과 여가 사랑을 하는 것은 당연한 이치이나 지금 당신에게 처해있는 이성 문제는 매우 복잡하다. 왜냐하면 사귀어온 여성이 임신 중이어서 혼자만의 고민을 하고 있던 차에 부모나 친척으로 부터는 맞선을 보라는 독촉이 있어 심기가 더욱 더 불편하다.

5 만사를 온 정성을 다하여 추진하게 되면 이익은 크지 못하나 모든것이 무사하여 마음은 편하다. 집안에 자녀가 효심이 극심하여 만인으로부터 칭찬을 받아 가문을 빛내고 있다. 부부관계에도 그동안 싸움도 많았고 욕구불만도 많았으나 자녀들의 효도에 힘입어 화목하게 되었다.

6 당신의 심성은 사람들이 다 알다시피 덕스럽고 관대하여 만인의 추앙을 받는다. 그러므로 자연 도처에 귀인이 있게 되고 그 귀인의 도움이 끊이지 않아 큰 일이라도 가능케 하는 힘이 있다. 정치인은 장차 대권에 도전할 인물로 부각되고 일반 회사원이라면 대표이사가 될 인물로 떠오른다.

7 귀엽지도 못하여 천대나 받던 철새가 둥지를 잃고 올데갈데가 없어 초조하게 허둥대고 있다. 일생을 바쳐 자녀들을 길러냈건만 이제 와서는 몸하나 의지할 곳이 없으니 한탄스럽다. 물질이 만능이고 인본도덕이 땅에 떨어져 짓밟힌다고 해도 당신이 처해있는 입장은 너무도 난처하다.

8 재물을 추구하는 일에 분수만 지키고 욕심을 내지 않는다면 어느 정도 가능하다. 사업가는 상품을 파는데 보다는 수금하는데 더 신경을 써야 하고 직장인이라면 물질적 도움보다 장차 지위가 확고해질 수 있는 인적도움이 있게 된다. 범띠·양띠는 이사변동수가 있게 된다.

9 초순경기는 매사가 불통하다가 중순경부터 안정되기 시작하여 소기의 목표를 달성할 수 있다. 집안에 용띠·개띠가 있으면 상복을 입는 경우도 있으니 10·15·23일경을 조심하라. 집안에 어린 아이가 아프게 될 경우는 남쪽에 위치한 성씨나 인씨가 경영하는 병원으로 가는게 좋은 결과가 있다.

10 하늘에서는 대지를 적셔주는 단비가 내리고 땅에서는 사람을 유익하게 하는 대덕을 베풀게 된다. 부모의 명성이 대단하여 내 자신도 후광을 입어 자유와 재물이 남부럽지 않다. 연예인·스포츠·사업·판검사의 직책에 있는 사람은 선대의 조력으로 큰 어려움 없이 승승장구한다.

11 친구를 믿지 말라는 것은 도의상 있을 수 없다. 그러나 영원한 친구가 되려면 당분간 조심하는 것이 결코 죄가 되지는 않는다. 이달에는 친구와 금전거래나 동업을 하게 되면 큰 손해를 볼 것이다. 특히 범·뱀·원숭이띠가 친구라면 돈문제로 법정에 까지 가서 망신을 사게되니 각별히 유의하라.

12 국가로부터 녹을 받지 않으면 승진의 영광이 있다. 일반인이라도 뜻하지 않게 국가로부터 각종 보상금을 받을 운이고 공무원인 경우에는 표창장이나 감사장등을 받게 된다. 일반주부라도 부업을 하여 가정을 일으키는 행운이 있고 학생은 아르바이트로 상당액을 저축하는 길운에 해당한다.

613 君子有光 군자유광
平人小財 평인소재

군자는 빛을 보게 되고 군인은 작은 재물을 얻는 시운으로써, 품행이 단정하고 마음가짐이 덕스러운 군자는 때를 만나 그 이름이 세상에 알려지는 시기이고, 군인은 의외의 재물을 얻어 빈곤했던 가정을 윤택하게 하는 계기가 되었다. 매사를 정직하고 공평하게 처신하면 그 이름이 자연 빛난다. 따라서 한때 어렵고 쓸쓸한 처지에 놓이더라도 인간적인 도덕심으로 인정을 베푼다면 결국에는 크게 이롭다. 글을 쓰는 소설가 서예 문학평론가등은 이름이 세상에 알려짐에 따라 재물도 스스로 따르기 마련이다. 공부하는 학생은 누구나 알아주지 않는 외로운 처지에도 끝까지 열과 성을 다하는 저력이 있어 소정의 시험에 합격하여 여러 사람으로부터 부러움을 사게 된다.

1 선덕을 쌓은 품행이 계속됨에 따라 이름도 있게 되고 그 가운데서 이익을 취하니 그 액수가 적지않다. 사업자는 자신의 이익보다는 상대방의 이익을 먼저 생각하는 덕인으로써 그 고귀한 뜻을 알아주는 귀인이 스스로 찾아와 무슨 일이고 돕겠다고 나선다. 이렇게 귀인이 찾아올 시운에 경거망동은 금물이다.

2 집안에 자녀를 생산하는 기쁨이 있기도 하고 일생일대의 전 인생을 걸어가며 외로운 고시공부를 하고 있던 고학도가 드디어 합격의 영광을 안고 만인의 추앙을 받고 있다. 뿐만아니라 사고무친이 객지에서 주경야독으로 젊음을 불태우고 있는 고학생이 상급학교에 합격하는 영광을 안는다.

3 이달에는 어느 누가 시비와 도전을 걸어와도 인내와 관용으로 힘껏 참아야 한다. 만약 그러하지 못하고 사사로운 싸움을 하게 되면 흉사가 연발하여 재기하기 힘들다. 집안에서도 하찮은 부부싸움으로 출근을 하다가 불안과 초조가 쌓여 교통사고를 당하여 영원히 돌아올 수 없는 처지에 놓이게 된다.

4 청룡을 타고 하늘을 날으니 그 기세가 당당하다. 그러나 나이가 많은 사람이 이달같은 운을 만나면 염라대왕의 초청장을 받게 되니 헤아리기 힘들다. 직장인은 승진의 기쁨이 있고 사업가는 천금을 얻게 된다. 군인이라면 외국을 출입할 수 있는 기회이고 학생은 학생회 간부가 될 수 있다.

5 야릇한 정에 마음이 끌려 마음을 주고 받다보니 어느덧 연인사이로 변하였구나. 우여곡절 끝에 결혼까지는 성공했지만 쥐의 해와 말의 해를 만나 이혼을 하게 되니 고초를 겪는다. 앞으로 쥐띠와 말띠가 부부로 된 사람이 이달이 이별의 아픔을 겪는다.

6 쇠약했던 몸이 건강하여 부러울게 별로 없다. 한때는 도저히 사람 노릇을 못 할 것으로 사경을 헤맸는데 이제는 건강한 사람으로 회복되니 온가정이 웃음꽃을 피우고 사람들의 축하를 받는다. 사업가도 다 쓰러져가는 사업장을 인수받아 골머리를 앓고 있었는데 의외의 서광으로 인하여 기업을 재건한다.

7 남녀가 죽을지 살지를 분간할 수 없을만큼 깊은 사랑에 빠지었으니 누가 감히 사랑의 밀어를 탓하리오. 일가친척들의 극구반대해도 불구하고 결혼을 하더니 이제는 눈물로 세월을 보낸다. 매사를 순리에 따라야 한다. 자신의 주장만 앞세운다면 불행한 결과를 낳게 됨은 당연하다.

8 어느 일을 하든지간에 한가지일에 열중하라. 그래야 결국에는 그 뜻이 성취된다. 다시 말하면 우물을 파더라도 한 우물만 파야지 조금 파다가 물이 나오지 않는다고 해서 이곳저곳을 파봤자 나중에는 아무것도 얻지 못한다. 그러나 한가지 일에 열중하다보면 자신도 모르게 소원이 성취될 것이다.

9 이달에는 한마디로 보통사람의 시대이다. 그래서 큰 기업가나 큰 정치인등 사회적 지도급 인사는 불행의 늪에서 헤어나지 못하나 일반 서민은 돈도 들어오고 이름도 세상에 알려지는 좋은 시기이다. 동서남북 어느 한곳도 막힘이 없지만 선택해야 할 방향은 동쪽과 서쪽에 물질적 유익함이 더하다.

10 매사가 마음과 뜻대로 이루어지지 않아 애간장을 태운지가 엊그제 같았는데 이달이 들어오면서 부터는 삼월동풍에 빙하가 녹아내리듯 풀리기 시작한다. 한가지 주의할 점이 있다면 매사 일을 급히 하지 말고 서서히 처리하는 마음의 여유를 가져라. 말띠 5월생이나 10월생은 건강이 불길하다.

11 그렇게도 중구난방식으로 어지럽던 가정도 태풍이 지나간 것처럼 조용하다. 그러면서도 온 집안식구가 한뜻으로 가정의 부흥을 꾀하니 날로 번창한다. 허송세월로 무위도식한 실업자도 직장을 나가 돈을 벌어오고 남보기 흉해서 못한다는 자존심 강한 유한선비도 스스로 비천한 직업을 선택한다.

12 군자는 정도가 아니면 실행하지 않는 것과 같이 당신도 이달 만큼은 스스로 군자가 되고 착한 사람이 되어려움을 헤쳐나가야 한다. 사사로운 감정을 앞세워 일을 처리하게 되면 후일에 반드시 눈물로 한탄할 일이 있게 된다. 사업가는 11·25·26일이 부도가 날 수 있음으로 각별히 주의하라.

621 險中精進 험중정진
虛中終得 허중종득

당신이 살아가고 있는 주위환경은 동서남북이 악인으로 꽉 차있고 산넘어 산인격과 같다. 당신이 아무리 결백을 주장하여도 뭇 사람은 그 진심을 인정하지 않고 있다. 그래도 자신의 주체를 버리지 말고 끝까지 지탱한다면 진실을 알아주게 돼 그때는 소원이 성취될 것이다. 결혼한지 얼마되지 않은 부부가 이상한 일에 말려 들어 부정하다고 낙인 찍혔으나 세월이 흐름에 따라 결백이 드러나게 돼 뭇사람 으로 부터 관대함을 인정받고 있다. 사업가는 남이 개척하기 힘든 거래처를 개척 하는데는 성공했지만 자본금과 일손이 모자라 애를 먹고 있다. 독신을 부르짖던 독신자가 오래 간직해온 순정의 참맛을 보고는 몸이 달아 어찌 할 줄 모르고 꺼 져가는 인생에 불을 당겨본다.

1 조금이라도 양심에 거리끼는 처세를 하지 마라. 후일에 감당하기 힘들다. 가정에서나 직장에서도 자신의 양심을 무시하고 처세했다가는 그로 인한 불화가 끊이지 않아 큰 후회를 하게 된다. 범띠·뱀띠는 동업을 하지말아야 하고 소띠·양띠는 부부로서 인연이 없고 용띠·개띠는 친구와의 배신이 있다.

2 오랫동안 비가 오지 않으니 초목이 살아나기 힘들고 대지가 메말라 많은 사람들이 아우성이다. 오래도록 축적돼 온 가정불화가 이젠 이별이란 아픔을 낳고 오래도록 쌓아온 불만이 폭발하자 친구와 싸움을 하게 되고 이성간의 갈등이 심화 돼 돌이킬 수 없는 무서운 생각을 갖고 있어 살인이 두렵다.

3 '현무'란 일종의 무관이면서도 도적신을 대표하는 신장이다. 그런데 이 도적신이 행동을 개시하였으니 필시 도적을 만날 상이다. 11·16·18·21·27일에는 서쪽길을 가지 말고 1·5·29일에는 도적이 그대 집을 방문할 것이니 미리미리 준비하고 경계해야 한다. 도적의 성씨는 문·주·경·오씨가 될것이다.

4 재물은 남 못지않게 쌓여있지만 마치 장마철에 소나기 구름처럼 왔다가 어디론가 사라져버린 먹구름과 같아 오래 가지 못하고 천냥을 얻어 오백냥을 잃게 된다. 집안에 뜻하지 않게 환자가 있게 돼 돈도 나가지만 마음놓고 일할 수가 없어 성격이 날로 민감해 진다.

5 일은 이것저것 꽤나 많이 벌려놓았는데 단 하나도 해결되는 일이 없어 속을 태운다. 오늘 될까 내일이면 될까 하는 기대속에 상당한 세월이 흘렀지만 아직껏 아무 결과도 얻지 못했다. 일을 확장하는 것 보다는 축소하는게 현명하다. 또한 적극적인 행동보다는 소극적인 자세로 관망하는게 좋다.

6 어려운 가운데서도 쉬지않고 노력한 덕택으로 작은 이익을 보게 되니 다행이다. 무슨 일이고 일시에 성사시키려고 하다가는 백이면 백 모두가 실패하고 말 것이다. 끈기를 지니고 한번 시작했던 일에는 온 열정을 쏟아야 한다. 조금이라도 성급하게 과욕을 부릴 경우에는 십년공부 나무아미타불이다.

7 이달에는 아무리 사정이 어렵더라도 회갑잔치나 돌잔치에 가지 마라. 음식으로 인한 질병을 얻어 큰 고생을 하게 되며 극한 경우에는 염라대왕의 초청장을 받게 된다. 쥐띠·용띠는 병원에 환자를 대하지 마라. 이 또한 불길한 일이다. 부부관계는 겉으로는 조용하지만 내부적으로는 매우 갈등이 심하다.

8 타인의 말을 경솔하게 듣거나 남의 흉을 보지 마라. 그로 인하여 큰망신이 있게 된다. 말띠·쥐띠 부부는 서로의 험담만 하다가 심한 가정불화를 초래하여 부인이 가출을 하거나 아니면 유흥장 출입에 가정을 내팽개치고 돌보지 않기 때문에 장차 일이 걱정된다. 자녀중 양띠가 있으면 해로하기 힘들다.

9 재물이 왕성하여 물질적인 면에는 부러울 것이 없으나 마음은 그렇게 편치 못하다. 왜냐하면 친구의 사정을 봐주다가 가정에 파탄을 초래하여 의외의 손실이 있고 불화가 끊이질 않는다. 반면 재물이 왕성하지 못할 때에는 형제간의 의리가 좋더니 요즘은 서로 반목한다.

10 매사를 조용히 관망하면 길하고 성급히 움직이면 불길하다. 이러한 시기에는 연애를 하더라도 소식이나 끊기지 않을 정도로 유지해야 마음을 활짝열고 적극적으로 매달리면 등을 돌리게 된다. 그러니 마음이나 몸을 지나치게 주지말고 약간은 거만한것처럼 처세하는게 좋은 결과가 있다.

11 여러 사람과 같이 일을 하게 되면 아무것도 이루어지는 것이 없고 시비구설 때문에 마음이 편치 못하다. 여행을 하는 것도 혼자서 여행을 즐기는 게 좋고 여럿이 같이 가는 것은 불길하다. 가정에 연유된 일이라도 혼자서 심사숙고 하는 것이 유익하고 상하인의 의견을 다 듣다가는 아무 결론도 없다.

12 모든 일을 수도승이 심산유곡에서 득도를 향한 집념으로 정진하듯 해야 한다. 비록 현시점에서는 아무런 이익이 없다 할지라도 장차 큰 빛을 볼 기회를 마련해야 한다. 공부하는 학생도 급진적인 사고보다는 점진적인 사고로 공부를 게을리하지 않으면 머지않아 기쁨이 안겨질 것이다.

622 綠陰芳草 녹음방초
飛霜苦伏 비상고복

온 세상이 푸른색 옷을 입은듯 무성한데 뜻밖에도 찬서리가 내려 한순간에 고초를 주니 웃음이 울음으로 변했구나. 하늘 높은지 모르고 승승장구한 지위가 하루아침에 파직되고 대 재벌의 꿈을 안고 발전에 발전을 거듭하던 중소기업이 시운이 불리함에 된서리를 맞고 도산위기에 놓인다. 큰 어려움 없이 무사하던 가정도 돈으로 인하여 모진 고통과 수모를 겪어야 한다. 살림을 잘 한다고 일가친척들의 칭찬이 자자했던 며느리가 외간남자와 정을 통해서 모든 공이 한순간에 무너지고 시가에서 쫓겨나는 비운을 겪어야 한다. 이렇게 무사태평한 운이 하루아침에 악화됨에 따라 어느 누구를 막론하고 미리미리 경계하고 삼가해야만 액을 감소할 수 있다.

1 사방이 악인이요 가시밭이므로 마음놓고 일을 할 수가 없다. 따라서 사리판단이 흐려지고 조급해짐에 불상사를 초래한다. 가능하면 여러 사람과 대하지 말고 잡담을 하지 않는게 최선이다. 남남끼리 시비가 있어 싸움을 한다 하더라도 관여해서는 아니된다. 만약 관계를 하게 되면 법정에 출두한다.

2 정당하지 못한 재물에 관여하지 말라. 아무리 빈틈없이 능수능란하게 처리한다 해도 하늘이 용서치 않아 우연한 기회에 비리가 폭로돼 천벌을 받을 것이다. 생명보험을 들어 해당되는 사람을 절묘하게 해치운다해도 결국에는 발각돼 사형선고를 받는등 비참한 최후를 맞게 된다.

3 그동안 몇년두고 미루어 왔던 집수리를 하게 돼 작은 목표지만 무사하게 이루어 진다. 집수리를 한 연후부터는 집안이 더욱 편안해지고 재산이 모여들기 시작하여 빈곤한 생활이 윤택하고 취직도 뜻밖에 이루어져 우울하고 답답한 가정에 서광이 일기 시작한다. 개띠와 토끼띠 부부는 더욱 그러하다.

4 이달에 주의해야 할 성씨는 박씨·이씨·조씨·김씨이다. 이들 성씨와 일을 같이 하게 되면 백해무익하여 공연히 바쁘기만하다. 사업가 이상의 성씨와 합작하여 회사를 설립한다면 머지않아 도산될 것이다. 다만 생월이 6·7·8월이나 1·3·9월에 해당하고 회사가 동남쪽에 위치하면 무사하다.

5 먼 여행을 하지 마라. 수액이 두렵다. 특히 용·쥐·원숭이띠가 쥐·용·원숭이·말날 등에 여행을 하면 더욱 그러하다. 식당이나 기타 유흥업을 하는 사람은 서쪽방향으로 이사를 하는게 좋고, 제과점 빵집 떡집을 운영하는 사람은 정남쪽이 길하고 불고기 횟집등을 경영하는 사람은 말을 조심하라.

6 자신만만했던 일이 하루아침에 좌절되니 길한 것이 흉으로 변하는 구나. 경기가 좋다는 믿음 하나로 증권을 무수히 샀다가 일시에 큰 손해를 보고 집을 팔아 빚을 갚아야 하는 비운에 놓인다. 이밖에도 철썩같이 믿었던 회사에 고액의 사채를 빌려 주었다가 회사가 부도나는 바람에 실의에 빠지고 만다.

7 음식 먹는 것을 조심하라. 음식으로 인한 복통 때문에 갑자기 입원하고 돈만 버리게 된다. 특히 동쪽에 있는 돐잔치집이나 회갑잔치 음식을 먹고 그렇게 되므로 16·24·28일에 해당한 날짜에는 어느 경우를 막론하고 가지 않는게 좋다. 만약 부득이한 경우에 꼭 가야 한다면 복거인의 조력을 받는게 좋다.

8 세 사람이 처음 장사라고 시작할 때에는 보잘것 없었는데 이제는 천금을 희롱하는구나. 이달에는 세 사람이 동업을 하면 대길하여 많은 재물을 모을 수 있다. 같이 할 업종으로는 여관업 건축업 토목업이 가장 좋다. 이밖에도 유치원 고아원등을 해도 좋으나 큰 돈은 생각지 마라.

9 이달에 이익은 남쪽에 있다. 그리하여 결혼식도 이사도 사업장 개업도 남쪽에서 한다면 대길하다. 결혼식 날짜는 1·9·12·15·27일이 좋고 이사 날짜는 1·5·7·9·15일이 좋으며 개업 일짜는 9·10·11·26 일이 제일 양호하다. 다만 말띠인 여성은 그쪽으로 이사를 한후부터 생리불순이 있게 된다.

10 매사가 마음과 뜻대로 이루어지지 않음은 당신의 신수가 그러한 것이므로 어느 누구도 탓하지 마라. 속타고 애타는 마음이 어디 당신 뿐인가. 그러니 자탄이며 한탄일랑 막걸리 한대접 마시고 입닦듯이 모두 잊어버려라. 그리고 아무도 의식하지 말고 묵묵히 선행하라. 그러면 귀인이 나타날 것이다.

11 달밝은 명월야시에 누각에 앉아 주색을 즐기노니 자칫하다가 주색잡기로 변할까 걱정이다. 재물이 약간 생겼다고 술과 여자로 한세월 보내기 십상이다. 그러니 애당초부터 주색을 멀리하고 돈은 일정한곳에 저축하는게 상책이다. 여성인 경우에도 남편이 외국에서 보내준 돈으로 유흥장에 출입한다.

12 아무리 친한 친구라도, 동고동락을 같이하는 부부라도 비밀을 지켜야 한다. 비밀을 지키지 않고 경솔한 언행을 하게 되면 손해는 물론 여러 사람으로부터 손가락질을 피하기 힘들다. 특히나 사업상 이성관계 등에 얽킨 이야기는 하지말아야 한다. 별것 아닌것 같지만 인간의 힘으로 막기가 힘들다.

623 東風和氣 동풍화기
百花長發 백화장발

삼월동풍이 온 대지를 활기차게 일으켜주니 백화가 만발하고 백초가 신약으로 변하는 화합의 대기에 태평성국을 이룬다. 일생일대의 꿈을 안고 혼신의 저력을 다하여 살다온 정치인은 대권의 권자에 오를 수 있고 일반가정에서는 웃어른 때문에 기능과 재질을 발휘하지 못했으나 금년부터는 마음대로 종횡무진할 수 있는 기회가 온 것이다. 사업가는 사장에서 회장이 되고 총수가 되는 승진의 운이고 일반 직장에서도 의외로 빠른 승진을 하여 자신도 놀라는 운수이다. 나이가 많아 결혼하지 못한 노처녀나 노총각, 그리고 국제 결혼하기를 꿈꿔왔던 과부는 마침내 상대를 만나 국제결혼을 하는 기쁨을 안는다. 매사를 신중히 생각하는게 성취를 가늠하는 중요한 기틀이 된다.

1 마음이 어질고 행동이 어진데 어찌 편안하지 않겠는가. 비록 물질은 만족하지 못하나 장차 큰 인물이 될 수 있다는 사람들의 칭찬이 모든 걱정을 사라지게 한다. 한때 불리하고 어려운 처지에 놓이더라도 어진 마음 어진 행동을 저버리지 마라. 참고 인내하는 어진 마음과 행동은 장차 행운을 안겨줄 것이다.

2 집안에 있게 되면 모든 것이 유리하고 그런대로 성취되나 집밖으로 출타를 하는 것은 극히 부당하다. 행상을 하는 사람이라도 이달 만큼은 멀리가지 마라. 반드시 불의의 사고로 후회의 눈물을 흘릴 것이다. 사람을 너무 믿는 것도 금물이니 말을 삼가하고 묵묵히 자세를 높여라.

3 여러사람과 어울려 일을 하면 아무것도 되는 일이 없고 오히려 함정에 빠질 우려가 있다. 옛말에 사공이 많으면 배가 산으로 간다는 것과 같이 이달에는 여러사람과 일을 도모하게 되면 그러한 격으로 속된말로 죽도 밥도 안되는 시운이다. 주체성을 갖고 혼자서 골똘히 생각하라. 그러면 방법이 있다.

4 그동안 모든 것을 계산하고 관용하여 미리미리 대비를 했기 때문에 여러사람 앞에 나타나는 것을 꺼렸다. 그러나 이제는 당당하게 나설 수 있는 여건이 마련되므로 적극적인 자세로 뭇사람 앞에 나타나야 한다. 그래야만이 소망이 이루어져 후세에 그 이름을 빛낼수가 있다.

5 명예도 재물도 다같이 왕성한 운이므로 부러울게 별로 없다. 불길했던 건강도 회복돼 건강하고, 소극적이었던 자세도 적극적으로 변하며 무슨 일이고간에 자신을 갖게된다. 집안에 자녀들 문제로 한때 고민도 했지만 이제는 모두 제자리로 돌아와 아무 걱정이 없어 더욱 알뜰한 삶을 영위한다.

6 부모가 남긴 재산이나 일가친척에 관계된 재산을 탐하지 마라. 공연한 일로 오해받고 장차는 손해만 본다. 설령 당신에게로 돌아올 재산이 있더라도 양보하고 없는 것으로 생각하라. 그래야만 마음이 편하고 일가친척간에 의리를 유지한다. 쌀 한톨이라도 받을 복 있을 때 받아야 무사하다.

7 작은 시냇물이 모여 바다를 이루고 그 흐름이 중원의 황하처럼 장엄하여 가히 적소대상이로다. 직장인이라면 말단직에서 상급직으로 영전이 되고 군인이나 경찰은 무공을 세워 국가로부터 훈장과 함께 특진급이 되는 행운을 갖게 된다. 학생이라면 이름이 크게 휘날릴 수 있는 좋은 찬스이다.

8 초순경에는 도저히 가능이 없던 일이 중순을 넘어서면서 가능성이 보이더니 하순에는 성취되는 기쁨이 있어 모처럼 기쁜 환호성을 마음껏 부르짖는다. 한가지 일에 열중해야지 이것저것 시작만 해놓으면 아무결과도 얻지 못하고 손해는 물론 심기까지 불안정하여 잘 될 일도 중도에 좌절된다.

9 지혜로움은 아무나 할 수 있는 보편성이 아니다. 남보다 좀더 높게 깊게 생각했을때 어느정도 가능하다고 할 수 있다. 그러나 이것 역시 사주팔자에 기인한 것이다. 바로 당신의 명성과 재물의 유무는 이달에 단 한번만이라도 지혜롭게 처신하는데 있음을 알아야 한다. 곧 사욕을 버려라.

10 천리타향 객지에서 의지할 곳 없는 외로운 길손 누가 돕겠는가. 스스로 자신을 지켜라. 시골에서 도시로 나와 어색한 생활을 하다보니 고향생각 절로 난다. 혹자는 속세를 떠나 스님이 되거나 기타 도인이 되는 극한 변화가 있고 여성이라면 시어머니와 뜻이 맞지않아 이혼을 하게 된다.

11 자녀에게 경사가 있음은 세가지라고 할 수 있다. 하나는 효도하는 마음이고 두번째는 건강하게 자라는 것이며 마지막으로 공부를 잘하고 영특한 것이다. 집안의 자녀들이 각자 원하는대로 시험에 합격도 하고 취직이 돼 돈도 벌어오니 더욱 윤택한 가정이 된다. 말띠·용띠 자녀는 고시에 합격할 운수이다.

12 매사를 자신의 힘과 비등하게 처신하라. 일시적인 성취욕구로 분수넘치게 일하게 되면 반드시 후회한다. 그러나 분수껏 행동하고 양심껏 처신하게 되면 소원이 성취되고 그에 따른 이익도 있게 돼 마음이 편안하다. 쥐띠 여성은 가출했다가 다시 돌아오지만 남편은 냉담하여 걱정이 태산같다.

631 水火之厄 수화지액
骨節寒心 골절한심

물과 불이 인간세상에 없어서는 안될 자연의 요체임은 삼척동자도 다 아는 사실이다. 그러나 인간이 이용을 하면서 정작 감사하고 경계하여야 함에도 소홀해 하고 있다. 금년은 물과 불의 액이 있어 각별한 신경을 써야 할 때이다. 화기를 취급한 업종이나 물을 대상으로 한 업종은 사업장에서 액을 당할 운수이므로 어느 때 보다도 조심해야 한다. 일반인이라도 수족냉증으로 고생하거나 정신적인 고통을 당하는 시기이다. 매사를 급히 생각하다가는 백이면 백 모두를 잃게되어 느긋한 마음가짐으로 대하라. 주유소를 경영하는 사람은 5월달 말날과 쥐날에 조심하라. 용띠나 쥐띠인 사람은 7월의 원숭이날 쥐날 또는 용날에는 물놀이를 피해라. 황천객이 두렵다.

1 하는 일마다 제대로 되는 일이 없고 중도에 실패하므로 몸과 마음이 불안하다. 취직이 될까하고 여기저기 이력서를 제출해 놓았는데 아직껏 소식이 없는 것으로 봐서 이번에도 가능성이 없게 생각된다. 좋은 학교를 우수한 성적으로 졸업한데 비하면 취직은 하늘의 별따기이니 세상 살기 참으로 어렵다.

2 구름과 안개가 하늘에 가득차 있어 햇빛을 볼수가 없구나. 당신은 아무리 결백하고 남다른 재주를 갖고 있어도 아직은 때를 만나지 못해 그 재주를 발휘하지 못하고 있다. 직장인이라면 진작 승진이 되었어야 함에도 선배의 그늘에 가려서 승진을 못한 채 이번 기회도 놓치는 격이 되어버렸다.

3 직장을 옮기거나 직업을 바꾸는데는 아직 때가 아니다. 그러므로 변동함이 불길하나 이사를 하는것은 길하다. 한가지 주의할 점이 있다면 새로운 집을 지어서 가는 것만은 부당한 운이다. 그러니 가능하면 새로 짓지않는 집으로 이사하도록 하라. 범띠가 7월이 생일이면 관재구설이 있게 된다.

4 해는 서산에 지고 고기를 낚던 낚시군은 침식할 곳을 찾다가 길을 잃고 허둥댄다. 가족중에 낚시를 가거나 등산을 하는 경우에는 1·15·21·28일을 제외하고 가는게 좋다. 만약 위에 해당한 날짜에 가게 되면 병을 얻거나 도적실물을 당하기도 한다. 심한경우에는 몸을 다쳐 병원에 입원까지 한다.

5 집안에 밤손이나 낮손이 있어 도적이 있을 수인데 그 날짜는 12·24·26·27일이며 낮인 경우에는 12-3시경이고 밤이면 7시나 11시경이 될 것이다. 재물도 중요하지만 그보다 더 중요한 것은 생명이다. 그러니 도선생과 맞부딪치지 말고 반항하지 마라. 그러면 생명에는 큰 위험이 없을 것이다.

6 국내에서 먼곳이나 외국을 출입하는 것 모두가 불길하다. 부부싸움을 한 가정주부나 남편이 먼 여행을 하게 되면 그로 인한 부작용으로 돌이킬 수 없는 일이 발생하여 끝내는 이혼이란 비운을 맞게 된다. 그런대로 학교를 다니던 학생이 이유없이 집을 나가 여행을 하다가 악인의 소굴에 빠진다.

7 물질적인 면에서는 남에게 뒤지지 않을 정도이나 그밖의 부부관계나 자녀들의 교육문제에는 아무래도 부족한 점이 많아 은근히 걱정된다. 지난 6월에 맞선을 본 남녀가 이달에 들어와서 재차 맞선을 본 후부터는 서로 결혼 약속을 하는 성과를 거둔다. 매사를 여러 사람과 타협하게 되면 무사할 것이다.

8 옛말에 상대를 물속에 처넣으려다가 자신이 먼저 빠져 죽는다는 격언처럼 당신이 타인을 속여서 이득을 취하려 한다면 결국은 그 피해가 당신에게로 돌아와 이름을 더럽히고 손해를 봐야하는 결과를 초래한다. 진실과 성실로 매사를 정당히 처리한다면 그렇게 불길한 운은 아니다.

9 밤잠을 이루지 못하고 고민하는 것이 있다면 그 해결책은 공부를 중단하고 취직을 하는 것이다. 얼핏 생각하면 공부를 중단하고 취직을 하는게 뭔가 잘못돼서 그런것이 아닌가 하고 의아하게 볼 수도 있지만 다른 사람보다 십년이상이나 사회적 지위가 앞서고 자리가 확고해지는 것이다.

10 이달에는 운수자체가 반길반흉하므로 평탄한 운이라고 할 수 있다. 구설시비가 많았던 지난날에 비하면 매우 편안한 달이라고 자부할 수 있다. 연애를 하는 연인이라면 한때 섭섭해서 갈라서려고 했으나 이달이 되면서부터는 그만한 상대도 없다는 생각이들어 서로의 깊은 관계를 요구하게 된다.

11 그렇게 착하고 마음씨가 아름답던 친구가 마음이 변하여 내 자신을 수렁창에 빠뜨리려고 한다. 친구와 어울리지 마라. 여러사람과 싸움을 하여 철창생활을 하게 된다. 특히 직장에서 알게된 남녀간의 친구는 처음 의도와는 달리 이성문제로 일이 확대됨에 따라 절교를 하려고해도 어려움이 있다.

12 청산에 고목이 홀로 서있어 외롭기 짝이없다. 다복한 가정에 풍파가 일어나 상복을 입게 되니 이 무서운 시련을 어찌하란 말인가. 자동차를 스스로 운전하거나 아니면 자동차와 생활을 같이 하는 사람은 1·9·11·15·21일에는 절대 주의하라. 사람이 죽고사는 것이 한 순간임을 잊지마라.

632 自鼻三尺 자비삼척
何暇嘲人 하가조인

내 코가 석자나 빠졌는데 어찌 남의 일에 왈가왈부 한단 말인가. 타인의 일을 봐주는 것도 좋지만 우선 당신의 일부터 해결하고 다른 사람의 어려운 처지를 돌봐주는게 순서이다. 공연한 남의 일에 정력을 소비하면서 끝내는 구설시비로 마음까지 상한다. 자신은 늦게까지 결혼을 못하고 있으면서도 타인의 중매에 온 힘을 기울이는 등 남의 일에 분주한 해이다. 농촌에서 농사를 짓는 사람은 지금까지 대리경작을 하다가 금년부터는 논밭을 새로 구입하여 자작을 하는 발전을 하고 있다. 일용품 판매를 하는 사람이라도 오래간만에 내장사라고 시작한 것이 우연치 않게 짭짤한 수입을 보고있다. 시집못간 노처녀는 유부남과 밀회를 한 이후부터 생사를 걸고 결혼할 것을 애원한다.

1 당신이 지금 맹수중의 맹수인 호랑이 꼬리를 밟고 있다면 어찌 하겠는가. 더구나 호랑이가 포효를 내뿜으며 온 산천을 뒤흔든다면 더없이 공포에 떨 것이다. 그런데 이달 운수가 바로 그러한 형국이니 매사를 경솔하게 대하지 말고 끈기를 갖고 설득력으로 용서를 빌어야 한다.

2 조그만한 인정에 얽매여 큰일을 그르치지 마라. 당신은 냉정할 때에는 찬얼음장 같으면서도 상대가 안된다 싶으면 지나친 인정을 베풀다 배신을 당한다 이럴때 일수록 사리를 분명히 하고 예의범절에 벗어나지 않도록 처신하는게 최선이다. 사업가는 종업원의 안타까움을 돌보다가 배신만 당한다.

3 우주에는 두가지 분별이 있으니 하나는 '양도'라는 것으로 인간세상이고 또 다른 하나는 '음도'라 해서 귀신들의 세상이다. 다만 양도에서 사는 인간이 음도에 사는 귀신의 세상을 깊이 깨닫지 못할 뿐이다. 당신은 귀신들의 못된 장난으로 만사가 안될 것이다. 그러니 복거인에게 그 뜻을 물어라.

4 매사가 지지부진 하다보니 노력만 해서도 안됨을 스스로 깨닫게 된다. 그러나 지금 당신이 최선이라고 할수있는 행동이라면 사사로운 곳까지 신경쓰기보다는 목적했던 일을 계속 추진하는게 상책이다. 지금 당신의 처지로 한눈을 팔 시간적 여유가 없다. 그러니 성심껏 노력만 해라. 그러면 댓가는 있게 된다.

5 하는 일마다 순풍에 돛달듯이 힘도 안들이고 서서히 행진한다면 더없는 기쁨일 것이다. 그러나 이달의 운수는 마치 돛단배가 역풍을 만나 전진하고자 갖은 애를 써도 전진이 되지 않고 오히려 뒤로 물러가는 형국이다. 그러므로 매사가 지체됨은 당연하고 노력한 만큼의 댓가는 이미 강건너 간 셈이다.

6 주색을 가까이하지 마라. 시비구설이 싸움이 되고 그 싸움의 결과는 손해와 관재가 있다. 친구간에 또는 직장 동료간에 술을 마시다가 말다툼 끝에 주먹과 발길이 오고가며 욕설이 난무하다가 결국 상대도 병원신세를 지고 당신은 경찰서 보호실에 머무르게 됨에 모두가 유익하지 못하다.

7 재물운이 왕성하므로 분수에 넘친 생활만 피하면 재물은 얻을 수 있다. 특히 이 모두가 사람으로 이루어지는 것이므로 대인관계를 원만하게 가져라. 그러한 행동이 곧 재물을 모으는 초석이 된다. 여성인 경우에는 남편과 이혼한 댓가로 위자료를 받는 기회가 있게 되고 학생은 장학금을 받게 된다.

8 이달에는 분주하면서도 경사스럽다. 결혼을 하지않으면 회임이나 출산의 경사가 있다. 집안에 자손이 귀하여 결혼후 계속 기다림 속에서 살아왔는데 마침내 회임의 기쁨을 맞이하여 온가정에 웃음이 떠나지를 않는다. 범띠와 뱀띠 부부가 그러함은 동쪽에 있는 병원을 이용하는게 효과적이다.

9 산신에게 공을 들여라. 그렇지 않으면 몸이 아프거나 우연한 장소에서 몸을 다치는 흉액이 있다. 산신에게 공을 드리는 날은 1·5·9·12·14일이 좋으며 기타 좋은 날은 3·6·15일이 길하다. 집안에 범띠와 돼지띠가 있으면 가출하는 소동이 있다. 그러나 가까운 시일에 돌아오니 걱정할 바는 못된다.

10 아침 저녁으로 다투던 부부가 이제는 결단을 내릴 때이다. 이혼을 할까 별거를 할까의 가부를 놓고 고심하고 있다. 결국 상당한 기간동안을 별거하기로 결정본다. 그러다보니 집안 꼴은 말이 아니고 불쌍한 것은 자녀들이다. 마음을 고쳐먹고 삶을 영위하라 자녀를 위한다면 무언들 못하겠는가.

11 동에 번쩍 서에 번쩍 밤잠을 설쳐가며 끝없는 노력을 해도 결과는 돈만 날려버리고 이제는 끼니마저 걱정을 해야 하는 처지에 놓여있다. 매사를 서둘지 말고 점진적으로 밀고 나가는게 효과적이다. 동분서주하는 번거로움보다는 때를 맞추어 움직이는게 대단한 효과가 있다.

12 심씨 성을 가진 사람과는 얼굴도 대하지 말고 음식도 같이 먹지마라. 음흉한 마음이 당신을 불행의 도가니에 넣고 말것이다. 재물을 모으고 **명예**를 바라기보다는 자신을 비롯한 온 가솔들의 편안함을 먼저 생각하라. 용띠 원숭이니 자녀가 있게 되면 건강문제로 고민하게 될 것이다.

633 骨肉相爭 골육상쟁
不和官災 불화관재

매사가 다된 밥에 코빠뜨린 격이니 웃으려다가 울어야 한다. 재산을 가지고 형제간에 또는 부자간에 골육상쟁이 벌어지니 희극치고는 아주 희한한 희극이고 비극이라면 최대의 비극이라 할 수 있다. 죽어서 재물을 가지고 갈 것도 아닌데 왜 이다지도 재물로 인하여 가정불화와 싸움이 끊이지 않는가. 당신은 당신 혼자만이 가장 결백하고 겸손한것 처럼 자처하지만 다같은 범주에 있다. 처음부터 없는 것으로 생각하고 모든 것을 포기하라. 심한 경우에는 법정에까지 서야하는 망신수가 있다. 가정뿐만 아니라 모든면의 재물에 얽힌 싸움이 있게 되는 해이다. 회사를 운영하는 사람도 직원들이 월급문제나 회사 기밀을 들고나와 농성을 하는등 그야말로 복잡하고 골치가 아프다.

1 초가을에 갑자기 서리가 내리니 오곡백과와 초목이 무사하지 못하다. 원하는 일이 큰 어려움 없이 그런대로 잘 되가다가 갑자기 중간에 간사한 무리가 등장하여 좌절시키고 만다. 모처럼 마땅한 취직자리를 잘부탁했는데 다소 안면이 있던 사람의 방해로 좌절되거나 거의 다된 혼사가 중간사람으로 인하여 좌절된다.

2 '도화살'이 운수에 있어 집안에 있으면 우울하고 쓸쓸하여 밖에 나가 춤을 추다가 악인의 함정에 빠져 가정이 파멸되기 직전에 놓여있다. 여성인 경우에는 모처럼 장난삼아 부지 끈인 남성과 춤을 추다가 부도덕한 행동까지 범하여 남편이 눈치라도 챌까 두려워하고 있다.

3 다른 사람의 일에 간섭하지 마라. 그래야 끝내는 무사하다. 아무리 당신이 잘 알고있는 일이라도 관여하지 않는게 자타를 위해서 유익하다. 공부하는 학생이라면 같은 급우의 비밀을 알고 있지만 여러사람에게 알려서는 아니된다. 또한 부인으로서 남편의 비밀을 알고 있어도 모른체 하는게 가장 좋은 처세이다.

4 외로운 타향땅에서 한푼두푼 모은 돈이 이제는 사업을 할 정도로 큰액수이다. 무리한 투자는 십년 공부 나무아미타불이니 조심하는게 상책이다. 젊은 학생이라면 아르바이트를 하면서 공부를 해야 하고 공무원이라면 야간학교를 다니면서 근무를 해야 한다. 건축계통에 종사하는 사람은 큰 수익이 있다.

5 칠성당에 공을 드리면 매사가 그런대로 풀려나갈 것이고 그렇지 않으면 막힘이 많아 남모르는 고민과 눈물을 흘려야 한다. 쥐띠는 부부관계가 불길하여 난투극을 벌이다가 병원에 입원을 하고 소띠는 웃으면서 대하는 여자의 꼬임에 빠져 돈도 날리고 몸도 상하여 후회한다.

6 본시 형제는 수족과 같다고 하였는데 당신의 형제는 남보다 못하니 걱정이 태산같다. 안보면 보고싶고 보면 싸움하는 당신 형제의 본심은 알다가도 모르겠다. 이럴때 일수록 인내하고 관용으로 서로서로 용서해야 후일이라도 화목할 수 있다. 형제간에 금전거래는 절대 하지 마라.

7 다른 사람이 싸우는 장소에 있지도 말고 관여하지도 말라. 그래야 후환이 없다. 만약 사소한 싸움을 하는곳에 관여했다가는 공연히 번거로울 것이고 입장이 곤란할 것이다. 싸움을 구경할수 있는 날은 용·뱀·개·돼지날 오전9-11시 오후7-11시가 된다. 특히 동남쪽에서 일어나는 싸움은 대단하다.

8 외국을 왕래함이 길하다. 사업가는 16·18·21일이 길하고 박사 석사의 학위를 목표로 가는 경우에는 1·3·29일이 길하고 유학을 가는 학생이라면 짝수날보다 홀수날을 택하는게 효과적이다 국제결혼은 범·원숭이·뱀·돼지날이 길하고 외국으로 입양을 가는 경우에는 13·23일이 가장 적합하다.

9 남녀 어느 누구를 막론하고 여행하다가 곁에 있는 사람과는 각별히 조심하라. 친절한 가운데 악의가 있고 웃는 가운데 잔꾀가 숨어있다. 남녀간의 가까운 이성이라도 여행을 가지 않는게 좋다. 만약 순리를 어기고 여행을 하게 되면 말다툼을 하고는 뿔뿔이 헤어지는 비운을 겪게된다.

10 여자말을 듣다가 생각지 못한 망신을 당한다. 부부나 연인사이라도 여자의 말을 들어서는 아니된다. 사업에 관계된 사안에 여자가 왈가왈부하게 되면 그 회사는 머지않아 큰 어려움을 겪을 징조이고 여러사람의 비평을 듣게 된다. 일이 풀리지 않아 '여자 무복인'에게 묻는다면 손해만 보게된다.

11 이제서야 비로소 문이 열리기 시작하여 목적했던대로 성취된다. 동쪽에 일자리가 있어 움직였더니 천금을 얻고 서쪽에 사는 귀인에게 취직을 부탁했더니 15·26·27일에 확정이 된다는 기쁜 소식이 전한다. 용·양·소띠 4·6월생은 12·13일 밤 11시나 16일 아침 7시에 염라대왕의 부름을 받을 수다.

12 이달의 운수는 눈밭에 버려도 얼어죽지 않고 앞으로 넘어져도 코를 깨지 않는 길운이다. 일반적인 상식으로는 한낱 망동에 불과했는데 오히려 그러한 망동이 적중돼 많은 사람들의 감탄을 자아내기도 한다. 하지만 그 망동이 결코 전부는 아니며 극히 제한적이며 항시 통하는 것은 절대 아니다.

641　草木春氣　초목춘기
　　　漸漸成長　점점성장

대지와 산야에 초목이 봄기운을 만났으니 그 성장을 알아볼만 하다. 그동안 불경기에 적자만 보던 사업가는 때를 만나 흑자가 날로 늘어나고 결혼하기로 마음 먹은지가 꽤나 오래되나 마땅한 상대가 없어 고심하던 차에 마음에 꼭드는 상대를 만나 결혼을 하게 된다. 지금까지 학교 공부에만 열중하던 학생이 모처럼 이성에 관심을 두기 시작한다. 일생동안을 남편 뒷바라지와 자녀 교육문제로 살아온 중년부인이 가정의 쇠사슬에서 풀려나 춤도 추고 유부남이나 연하의 남성과 밀회를 즐기니 지금까지 느껴보지 못했던 짜릿한 맛에 인간 본연의 자세마저도 잃어가고 있어 풍요로운 가운데 불행이라고 할 수 있다. 쥐·말·토끼·닭띠는 정도가 심하니 미리 조심하라.

1 별탈없이 무사히 다니던 직장을 아무 이유없이 싫증이 난다하여 그만두고 오랜 허송세월을 보내고 있어 보는 이가 안타깝다. 날마다 밥만 먹고 노니 곁의 사람보기도 면목이 없다. 부부관계도 점차 금이 가기 시작하여 이제는 좁히기 힘들 지경에 이른다. 심지어는 성관계까지 거절당한다.

2 부부가 별거한지 어언 수개월 그동안 서로가 많은 것을 깨달아 이제서야 제정신들을 차리고 다시 재결합 한다. 의도적으로 별거아닌 별거를 하는 경우에는 다시 결합하여 무사히 살아갈수 있는 기회이다. 가출했던 부인도 16·26·29일밤에 스스로 문을 두드리니 온가정의 걱정이 한순간에 사라진다.

3 결혼을 하려고 동서남북으로 다니며 맞선을 보았건만 다된밥에 코빠뜨린 격으로 파혼에 이르니 양가의 불란이 이만저만이 아니다. 하지만 누구의 탓이 아니다. 별것 아닌 혼수문제니 망신중에 큰 망신이다. 애당초 없었던 혼사로 생각하는게 가장 유리하다. 너나 할것없이 물질에 눈이 어두운 탓이다.

4 재물이 눈덩이 불어나듯 하루가 다르게 불어나니 사람 살맛 난다. 생활이 점차 윤택해지고 그동안 하찮은 인간으로 보고 업신여긴 사람까지도 스스로 찾아와 고개를 숙이며 사정을 한다. 이럴때 당신의 처세는 자칫 경솔하기 쉬우니 스스로 몸조심을 해야 한다. 인간의 삶은 결코 한풀이가 아니다.

5 직장에서 비위에 거슬리는 일이 많아 사직을 결심한다. 당신은 그 예민한 성격이 문제이다. 다른 사람은 무심코 넘긴 일도 당신은 일일이 신경써 필요이상으로 정력을 낭비한다. 앞으로는 좀더 시야를 넓게 보는 관대함을 가져야 한다. 그렇지 않으면 남은 여생을 지탱하기 힘들다.

6 어느 누구보다도 가정을 다스리는데 최선을 다했기 때문에 오늘날과 같은 화목하고 단결된 가정이 있게 된 것이다. 또 매사를 큰 무리 없이 순리에 따라 최선을 다하는 당신의 처세술은 이시대에 사는 많은 사람들에게 귀감이 될 수 있다. 따라서 당신의 출세가도는 그다지 험로가 아닐 것이다.

7 하는 일 없이 외방에서 세월을 보내지 마라. 후회할 일이 있게 된다. 재물이 남못지 않을 정도로 여유가 있다고 매일같이 주색에 빠져있으면 되겠는가. 지금도 늦지 않았으니 집으로 돌아와 가정에 관심을 가져라. 당신의 부인이 **불쌍**하지도 않느냐. 무리한 자유분방은 실패를 낳고 말것이다.

8 하늘에 구름이 가려 해와 별을 볼 수가 없어 가히 암흑천지로다. 이럴때 일수록 조급하지 말고 느긋한 마음으로 때를 기다려야 한다. 만약 조급하게 서두르면 어느정도 될 가능성이 있는 일 마저도 실패하고 만다. 특히 부동산을 팔고 사는 문제는 더욱 그러하다. 조급하면 손해만 있을 뿐 이익은 없다.

9 운수가 대통하며 하는 일마다 척척 잘 이루어진다. 뿐만 아니라 원하지도 기대하지도 않았던 일이 스스로 완성되는 기쁨으로 입다물 새가 없다. 다만 사람을 너무 믿지 마라. 손해만 있고 유익한 점은 전혀 없다. 친구중에 말띠·쥐띠가 있으면 더욱 그러하다.

10 죽어가는 고목에 새잎이 돋아나니 이보다 기쁨이 어디 있고 기적이 **어디** 있단 말인가. 다 죽어가는 중환자가 점차 쾌차함에 따라 웃음과 기쁨이 흘러넘친다. 사형선고를 받았던 죄수도 여러사람의 구명운동에 힘입어 무기로 감형되는 영광을 안고 실망에 빠져있던 학생도 재도전의 용기를 갖는다.

11 늙은 용이 가장 소중한 여의주마저 잃어버리고 조화를 부리지 못한채 **옛**날을 회상하며 눈물만 떨구고 있다. 당신은 너무 옛날만 생각하지 말고 현실에 대응하라. 과거에 집착하여 현실을 무시하는 행동은 결코 바람직하지 못하다. 어서 잠에서 깨어나라. 실연당한 여인도 정신을 차려야 한다.

12 집안에 차압딱지가 붙었으니 망신중에 망신이고 당장 길거리에서 기거해야 하니 앞뒤가 첩첩산중이구나. 비록 차압이 아니더라도 사고로 인하여 하루아침에 가정이 무너지는 액운이다. 12·24·25일을 조심한다면 불행중 다행일 것이다. 소띠와 용띠가 같이 사는 부부는 이혼하게 된다.

642 目前顧後 목전고후
絶無親人 절무친인

목전의 이익만 추구하지 마라. 그러다보면 당신이 물에 빠졌을 위기에는 아무도 거들떠 보지 않게 된다. 미래를 생각지 않고 또한 후환을 생각지 않는 처세는 외로움을 자초하게 된다. 물질적 풍요에 사로잡혀 형제간의 우애도 친구간의 의리도 저버리기 쉬운 때임을 잘 알아야 한다. 사업가는 약속을 이행하지 않아 상대로부터 원성을 사고 부부간에는 인내하고 화합하는 가정으로 살아갈것을 서로 맹세했으면서도 언제 그랬느냐는 식으로 저버리고 만다. 미혼남녀는 결혼할 것을 약속했지만 인물이 출중한 새사람이 나타나는 바람에 약속을 헌신짝처럼 버리는 배신을 한다. 과부와 홀아비가 연애를 하다가 손아래 사람에게 발각돼 엄청난 망신을 당하기도 한다.

1 새로 시작한 업종이 한두가지인가. 이것저것 벌려만 놓고 마무리를 짓지 못하고 있다. 무엇이고 한번 정한일은 끝을 볼 각오로 밀고나가야 한다. 또한 별 이익이 없다하여 손해만 보고 때려치워서는 아니된다. 이달에는 수입보다 지출이 많으니 하나에서 열까지 모두를 절약해야 한다.

2 만약 실물수가 아니면 병을 얻어 아랫목에 가로 누워있으니 이래도 걱정 저래도 손해이다. 실물을 당하는 날은 1·12·15·21·29일 등이다. 건강이 나빠지는 날은 2·4·6·8·24·29일 등인데 특히 남쪽방향에서 해산물이나 돼지고기를 먹고 부작용이 나는 경우가 허다하다.

3 주색을 가까이 하지 말라는 말은 옛 성현의 가르침이기도 하다. 하지만 이달에는 성현의 가르침은 접어두고라도 사주팔자 신수에 그러하니 어느면에서는 성현의 말씀보다도 더 지킬 의무가 있기도 하다. 마음이 편하고 몸이 건강하려면 절대 주색을 삼가해야 한다. 5·9·15·21일날 밤을 조심하라.

4 자녀의 거취문제로 두 부부가 밤새도록 다투고 마음이 상하여 하고자 하는 일마저 거론 할 수가 없게 된다. 자녀들은 자녀들끼리 욕구불만을 자행하고 있어 누가 아버지고 누가 어머니이며 딸이 누구인지 분간할 수 없을 만큼 온 가정이 혼란하다.

5 부지런하기는 홍길동처럼 동에 번쩍 서에 번쩍 숨한번 크게 내쉬지 못할정도로 부산하나 제대로 이루어지는 일이라곤 하나도 없어 어지간히 복도 없다고 한다. 이일은 되겠지 아일만은 이익이 있겠지 하는 기대는 태산같은데 결국에는 실망만 곤륜산처럼 클 뿐이다.

6 미혼남녀는 이성문제로 고민하다가 자살까지 생각해보는 흉조가 있고 부부간에는 명분없는 싸움으로 이혼까지 생각하게 된다. 쥐띠 돼지띠인 경우에는 외도로 인한 부부싸움이, 범띠 용띠인 경우에는 재물관계로, 뱀띠 원숭이띠인 경우에는 시비구설로, 말띠 양띠인 경우에는 자녀문제로 불화가 있게 된다.

7 옛것을 버리고 유행에 맞추어 사업을 하게 되면 어느정도 소기의 목적은 이루어진다. 그러나 옛것에 집착하여 붙들고 있게 되면 백해무익할 것이다. 공부를 하는 학생도 때에 따라서는 전과를 하거나 기숙하는 자리를 옮기는 것도 무방하다. 닭띠 미혼녀는 순결을 빼앗기는 날이 11·15·16·19일에 있다.

8 황씨나 오씨 그리고 우씨성을 가진 사람이 스스로 찾아와 그대를 돕게 된다. 일이 어찌나 혼란스럽게 얽히고 설켰는지 보통사람의 능력으로는 도저히 불가능한 것을 큰 소리 한마디 없이 해결한다. 개띠와 용띠가 같이 사는 부부는 부인이 자궁에 이상이 있어 성생활을 제대로 하지 못하여 불만이다.

9 시골에서 농사가 인생의 전부인냥 살아오다가 시대의 변화에 따라 도시로 와 생판 모르는 직종에 종사하므로 정신적 고통이 크다. 그러나 그 직장에서 계속 노력하므로 후일에는 기업체 사장이 될 수 있다. 원숭이띠 범띠는 외국 여행수가 있고 뱀띠 돼지띠는 15·16일에 외박하다가 숨겨야 할 병을 얻는다.

10 그렇게 건강이 좋지않아 애를 먹었는데 상상외로 점차 치유돼 온가정이 기쁨의 빛이 가득차 있다. 이달에 해외로 나갈 사람은 여러가지 사정으로 지체되기도 하고 심한 경우에는 출국계획이 무산되기도 한다. 박사나 석사취득을 위한 출국자는 12·19·21·24일이 길일이므로 때를 맞추어라.

11 열냥으로 백냥을 만드니 그이익이 적지 않다. 무슨 일이고 한번 시작한 일은 끝까지 노력하면 그에 상응한 댓가는 얻을 수 있다. 공부하는 학생은 한과목이라도 편중되지 않는한 꾸준히 노력한다면 시험에 무사히 합격할 수 있다. 뱀띠가 6·7·8월에 태어났다면 지금쯤 금전거래로 고심하고 있다.

12 매사를 대함에 있어서 자신의 힘에 부치지 않는 한계 내에서 추진해야 된다. 만약 천방지축 분수를 모르고 날뛰면 생각지도 않았던 흉액을 감당하지 못할 것이다. 쥐·소·닭·뱀띠 여성의 고부간은 견원지간처럼 보기만 하여도 마음이 상해 오직 자신만을 생각한다.

643 暗中不明 암중불명
偶然貴人 우연귀인

어둡고 컴컴한 밤길을 걸어가는데 어찌하여 편안히 진퇴를 분명히 할 수 있단 말인가. 모든것이 분명치 않아 가슴만 조일뿐 막연한 삶을 영위하고 있다. 그러한 가운데 우연한 장소에서 돕겠다고 나서는 귀인이 있어 불행중 다행이다. 하지만 귀인 자신도 어려운 일에 봉착하여 멀리 떠나버린다. 임산부는 낙태나 유산에 신경을 써야하고 출산할 경우 반드시 병원에 입원하는게 현명하다. 화목했던 가정도 결혼문제로 어려움이 있게 되고 상하관계가 잘 구성된 직장이 몇몇 사람의 입사로 질서가 문란해 진다. 공부하는 학생은 성적이 저하되고 건강이 불길하다. 토끼·양·돼지띠는 사법이나 행정 기술고시에 합격할 수 있고 뱀·소·닭띠는 중개사·노무사·주택관리사·회계사등에 합격할 수 있다.

1 가정이 화목하고 서로서로 양보와 겸양을 하게 돼 심신이 편안하다. 하는 일마다 순풍에 돛단듯이 잘 이루어진다. 성씨가 조씨·문씨·김씨이고 뱀·소·닭띠에 해당하면 형제간에 다툼이 있고 양·토끼·범띠에 해당하면 형제간에 상속된 재산문제로 큰 화액이 닥쳐오니 1·3·5·19·24일경에 주의하라.

2 길한 별이 문전에 임하니 상서로운 일이 있을 징조이다. 정치에 입문한 사람은 귀인을 만나 부러워하는 자리에 앉게 되고 전자계통에 종사하는 사람은 새로운 우주관측 기술로 부러움을 사고 세계곳곳에서 '스타워즈'의 공포감에 이목이 집중되고 있다. 혹성이 남쪽하늘에 있어 길흉을 분간하기 어렵다.

3 만약에 국록을 받을 일이 있지 않으면 시험에 합격하는 기쁜 일이 있을 것이다. 직장인은 승진을 하여 월급봉투가 두툼하고 직장을 갖지 못하여 마음 조이던 남녀 실업자는 1·2·7·19·26일에 취직이 되었다는 통지문을 받게 된다. 정부투자 기관에 근무하는 사람은 자체감사로 큰 어려움이 있게 된다.

4 남자가 할 일 없이 빈둥빈둥 노는 것은 당사자 자신도 바람직하지 못하지만 곁에서 보고있는 부양가족은 더하다. 당신은 지금도 늦지 않았다. 모든 자존심 다 버리고 맨 밑바닥 생활부터 다시 시작하라. 지금 당장 버려도 아무도 주워가지 않는 자존심에 당신의 생애는 점점 병들어가고 있다.

5 화근이 될만한 일이라면 아예 단칼에 자르고 새로운 국면에 접하라. 이것도 아니고 저것도 아닌 양론에서 몸부림 치지말고 끝까지 결단을 내려야 한다. 아무리 천금이 생기는 일이라도 단호하게 거절할 때 편안할 수 있지 만약 이것 무사하니 저것도 적당히 넘기게 되면 후환이 두렵다.

6 재물이 스스로 굴러들어오니 부자가 되지 말래도 될 수 밖에 없다. 따라서 무엇인가 할려고 성의만 보인다면 소원대로 이루어지고 그 이익이 적지않다. 건축 토목계에 종사하는 사람은 오랫만에 서광을 보는 좋은 시운에 있다. 동쪽에서 5·6·9일 11시경에 기공식한 건축은 붕괴사고가 있다.

7 천신이 돕고 내 자신이 성실하고 부지런한데 않되는 일이 무엇이겠는가. 하는 일마다 순성하고 하는 일마다 즐거우니 무슨 걱정이 있겠는가. 집안에 자녀가 남다른 효심이 있고 공부를 잘하고 있어 세월 가는줄 모르고 살고 있다. 부부간에도 남이 부러워할 정도로 금실이 좋다.

8 논밭을 팔고 사는 문서에 도장을 찍으니 한편으로는 기쁘고 또 다른 한편으로는 자신이 바라는 만큼의 이익보다 적어 서운한 감도 있다. 농촌에서 사는 용·개·뱀·돼지띠는 우사나 계사등을 새로 짓는데 불행히도 귀신방인 '친귀방'을 범하여 가축이 죽어나가는 불상사가 있다.

9 부인이 '도화살'이 있어 바람이나 도망을 처버렸고 자녀마저도 행방불명이니 그야말로 패가망신이로다. 지금도 처에게 미련을 두는 것은 미련한 곰같은 생각이다. 왜냐하면 처는 이미 남의 사람이 되어있다. 이러함이 당신의 잘못이나 처의 잘못은 아니다. 사주팔자에 기인한 것이므로 원망하지 마라.

10 어느 사람이 뺨을 치고 발길질을 해도 참아야 한다. 그 참은 것이 후일에는 큰 덕이 돼 생각지 못한 행운을 안게된다. 동업을 하는 사람은 하루속히 정리하고 각자의 소임에 돌아가라. 날이가면 갈수록 불란과 손해 뿐이다. 이런식으로 계속 유지하다가는 끝내 의리가 상하는 불상사까지 있다.

11 임신부는 어서 빨리 병원을 가라. 낙태나 유산의 위기에 처해있다. 특히 9·19·28일이 그런 운기의 날이고 각별히 주의하고 덕성으로 삶을 영위하라. 만에 하나 약간의 기형아를 낳았다고 후회하지 마라. 왜냐면 공자도 머리가 마치 공동묘지처럼 울퉁불퉁 했으나 세계적인 성인이지 않는가.

12 재산이 사방으로 흩어지는 운이다. 그러니 재물 내는것을 주의하고 나가 있는 돈도 거두어 들여라. 노력만 한다면 큰 손해는 없을 것이다. 토끼·양·돼지는 제사날에 집안 싸움을 하고 개·범·말띠는 25일에 언쟁이, 뱀·닭·소띠는 27일에 관계를 하면 귀한 아들을 얻게 된다.

651 雲捲靑天 운권청천
星光有別 성광유별

햇볕이라곤 눈을 씻고 보아도 볼 수가 없을 정도로 하늘에는 검은구름이 가득차 있었는데 이제는 그 구름이 사라지고 푸른하늘이 드러나니 별이 반짝이는 밤하늘에 북두칠성과 계수나무를 볼 수 있다. 그렇게도 좌절과 실망만 연속되더니 금년부터는 새로운 아침에 장엄한 태양이 떠오르듯 대운이 열리기 시작한다. 재주 용기 그리고 과감한 추진력이 한낱 과욕으로만 보였는데 이제는 그 모두가 하나의 능력으로 함축되고 있다. 미혼인 여성은 독신주의를 밥먹듯이 주장하더니 정작 지금은 마음이 조급하여 여기저기 두루 두루 맞선을 보고 있다. 사업가는 수요부족으로 전업을 할까 아니면 그만 걷어치울까 여러가지로 고심하고 있던차에 갑자기 호황을 맞이하여 큰 수익을 올리고 있다.

1 비온 뒤의 산야는 그 푸르름이 극치에 닿고 맑은 하늘은 태양이 온누리를 비춰준다. 절망적인 상태에서 희망적인 상태로 변화되는 시기이다. 무리한다 싶어도 끝내 잘 마무리가 되는 길운이다. 가정에서는 한참동안 불화했다가 새해로 들어서면서부터 화목하고 수익도 좋아진다.

2 귀인이 어려운 사정을 이해하고 마음껏 도와주려고 물심양면으로 노력한다. 어려운 일을 무사히 해결하고 경제적인 도움까지 주니 이보다 다행한 일이 어디 또 있겠는가. 닭띠·개띠는 음식으로 인한 병고가 있으니 3·9·12·17일을 주의하라. 특히 동쪽에 있는 상가나 잔치집을 가지 마라.

3 한번 던져 용을 낚을 수 있는 절호의 시기이다. 큰 액수에 해당한 돈을 줍거나 아니면 증권 마권 등 기타 도박을 하면 상상외로 큰 돈을 벌수 있다. 부동산이나 운수사업등을 하는 것도 좋다. 유능한 도박꾼이라면 1·9·19·23일에 서쪽에 있는 박씨 여관에서 도박하라. 천금을 얻을 것이다.

4 부부가 아기자기한 정으로 남이 부러워하는 화목함으로 살아가니 역시 하는 일마다 순조롭게 된다. 순조롭게 될 수 있는 또 하나의 이유는 부부가 지나친 욕심이 없고 내 사정보다 남 사정을 더 가슴아파하는 인정이 넘치기 때문이다. 그러한 연유는 사주에 기인하지만 사주를 관리하는 것은 인간이다.

5 때아닌 자녀가출로 집안이 발칵 뒤집혀진다. 부모로서 식음을 전폐하고 마음이 아파 누워 있는데도 소식이 없어 더욱 가슴답답하다. 소식이 올 수 있는 날은 6·12·13일이고 돌아올 수 있는날은 21·24·25일 밤이나 29일 오전 11시경이다. 지금 있는 곳은 오락장이나 사찰근처 야산에 있다. 무사하니 염려마라.

6 절대 속단적으로 행동하지 마라. 시비구설과 손해만 있을 뿐이다. 이달에는 긴 안목을 제외한 단기적인 사업이라면 3~4인이 동업을 하는 것도 돈을 버는 한 방법이다. 다만 범·원숭이·뱀띠가 같이 하는 업종은 소송으로 인하여 망하게 된다. 매사를 서두르는게 좋고 완만하면 돈 벌 기회를 놓친다.

7 국제결혼을 하는 것도 사주팔자며 이미 정해 있음은 만고의 이치이다. 그런데 바로 당신이 국제결혼을 해야 한다. 설령 외국인과의 결혼이 아니더라도 외국인이 개입된 결혼이다. 아무리 사람들의 이목을 집중할 국제결혼이라도 결국에는 이별을 한다. 특히 연예인 이라면 3개월을 넘지 못하고 파경될 것이다.

8 연예인·스포츠인이라면 크게 이름을 드러낼 수 있는 기회이다. 그밖에 일반인이라도 직장에서 대우가 좋아진다거나 명예직 같은 것을 맡기도 한다. 여성인 경우에는 인기가수·인기배우·개그맨등이 될 수 있는데 그 날짜는 5·6·12·27일이 될 것이다. 개띠 9월 10일생은 앞으로 큰 인물이 될 수 있다.

9 이사하는데 반드시 귀신방이라고 일컫는 '친귀방'을 범하지 마라. 사람이 죽어나가고 뜻하지않는 손해를 보려 집안에 도적이 침범한다. 이미 병자가 있는 경우에는 6·9·15·27·28일 새벽이나 아침에 황천객이 된다. 집안에 새사람을 들이는 것도 삼가하고 개나 고양이등 동물을 들이는 것도 삼가하라.

10 부자간에 화목이 뭇사람들의 선망의 대상이 되니 가업을 자식에게 편안한 마음으로 넘겨준다. 어느 누구를 막론하고 자신이 하는 일을 다른 사람에게 넘겨주는 운이다. 혹 본부인이 첩에게 자리를 넘겨주고 눈물로 떠나는 비극도 있다. 그런가하면 대재벌의 총수가 후계자에게 모든 경영권을 넘기기도 한다.

11 동쪽과 북쪽은 차마가 달리다 충돌하는 불상사가 있게 된다. 범·쥐·돼지·원숭이띠에 해당하는 사람이 손수 운전한 차량번호중 7,8자가 같이 들어있으면 뱀날·돼지날·소날·용날 오후3시경에 충돌사고가 있게 된다. 여성인 경우에는 차바닥에 떨어진 물건을 줍다가 핸들을 놓쳐 사고가 있다.

12 봉사가 풍진세상을 살아오다가 눈을 뜨니 광명천지를 지켜보고 환희의 눈물을 흘린다. 보통사람의 사고방식으로는 도저히 해낼 수 없는 일을 당신은 척척해내니 만인이 부러워한다. 사업가는 원만한 대인관계로 생각밖의 수익을 얻게 되고 공부하는 학생은 성적이 떨어져 고민하고 있다.

652 摯杖登高 집장등고
朗吟新聲 랑음신성

요술방망이를 들고 높은 곳에 올라 세상을 깜짝 놀라게 하는 환호성을 내고 있어 가히 경사의 징조이다. 비행사나 각종 탑 공사에 종사하는 사람은 최고의 명성과 가장 많은 수익을 볼 수 있다. 연예인 중에서도 가수·성우·아나운서등은 십년 가뭄에 단비가 내리듯 행운의 한해가 되고 고지대에서 목장이나 고냉지 채소를 하는 사람도 큰 수익을 볼 수 있다. 이밖에도 어느 누구를 막론하고 하는일에 행운이 겹쳐 환호성을 치게 된다. 다만 용·말·쥐띠는 복잡한 가정환경 때문에 정신적 고통을 당해 볼 수 있으며 심한 경우에는 정신 병원에 입원하기도 한다. 일생을 두고 등반을 해오다가 당신이 원하는 최고봉을 정복하는 행운이 있다. 그에 해당한 띠는 대개가 양·소·범띠 7·8월생이 될 것이다.

1 집안에 웃음이 그치질 않고 돈이나 사람이 같이 늘어나 가문이 점점 번창하고 있다. 고향에서 빈손으로 도시를 나와 모진 고생을 다해서 이젠 남부럽지 않은 자수성가로 그 기세가 당당하다. 시기적으로 보아 앉아서 삼천리를 보는 때이니 너무 성급하게 서두르지 마라. 조급하면 그만큼 불이익하다.

2 글을 쓰는 사람은 온 세상 사람이 깜짝 놀랄 대작을 발표하게 된다. 소설가 만화가 서예가 기타 저서를 하는 모든 사람들은 뜻밖의 행운으로 명예는 물론 보기드문 이익도 얻게된다. 토끼띠·용띠 6월·7월생은 명예는 있지만 재물이 없어 외화내곤 상이다. 기혼자는 출산의 경사가 있다.

3 자녀에게 경사스러운 일이 있지 않으면 집안에 재물이 스스로 굴러들어 올 것이다. 말띠 7·9월생은 혼인에 장애가 있고 용띠 8월생은 직장에서 미움 사는 일이 있다. 양띠 1월생은 부부가 별거할 시기이고 원숭이의 3월생은 애인이 변심하고 닭띠 8월생은 건강이 몹시 안좋다.

4 임씨·박씨·이씨등 나무목자가 들어 있는 성씨와는 어떠한 일이라도 의논을 하거나 협조를 구하지 말라. 이러함을 불구하고 협조를 요구하게 되면 오히려 당신을 나무에 올려놓고 뒤흔들다가 떨어지면 그 광경을 보고 미소를 지을 사람이다. 공교롭게도 친구가 위의 성씨에 해당되면 12·15일을 경계하라.

5 집에 있게 되면 별소득 없이 짜증만 있게 되는데 집을 나가게 되면 뜻을 이루게 되는 호운을 만났다. 무엇을 하든간에 집을 나와 움직이는 것이 유익한 시운이다. 그러나 주의할 사람은 공부하는 학생 평범한 가정주부는 특별한 이유도 없이 가출 하고픈 마음이 충동하니 사전에 조심해야 한다.

6 물가에 가서 생명을 함부로 버리지 마라. 역시 생명은 귀한 것이며 금은보화나 태산인들 바꿀수 없다. 집안에 불화로 이성간에 번민으로 한강물에라도 빠져죽고 싶은 심정이나 마음을 정리하고 참아야 한다. 이밖에도 쥐·양·말띠가 12월에 태어났다면 남서쪽에 있는 물가를 가지 마라.

7 오랫만에 이름이 온세상에 휘날리고 금은보화가 굴러들어오니 마음 든든하기가 태산같다. 부부간에 정이 남다르게 깊은지라 서로 이해하고 양보하는 마음이 당신의 마음을 더욱 편안하게 한다. 당신이 소인배라면 명예와 재물이 있다고해서 대단한 거만함이 있을 것이고 대인이라면 더욱 겸손할 것이다.

8 당신이 지금 하고 있는 일은 금방 해결 될 문제가 아니다. 그러니 긴 안목으로 저력을 발휘해야 한다. 이성관계도 하루빨리 풋사랑보다는 백년해로 할 수 있는 상대를 선택해야 하고 시험을 보기위한 공부도 단숨에 해치울 생각일랑 당장 버리고 보다 긴 희망을 갖고 계속 노력해야 한다.

9 옛날 강태공은 수십년을 위수란 강가에서 세월을 보냈다. 그런데 당신은 일손을 놓고 기다린지가 얼마나 되는가. 겨우 몇개월을 그렇게 긴 세월이라고 생각하는가. 조금만 더 기다려라. 그렇게 하므로써 소기의 목적을 달성할 수 있을 것이다. 정육점·문방구를 경영하는 사람은 자리를 옮겨야 한다.

10 아무리 당신이 하늘을 오르고 땅을 움직일듯한 항우의 기세를 가졌다 하더라도 아직은 역부족이다. 때를 기다려 자신의 능력을 발휘하라. 지금 억지로 밀고 나가는 일이 있다면 당장 순리를 되찾아라. 집안에 자녀가 부모형제를 무시하고 제멋대로 행동하는 자녀가 있어 마음을 상하게 한다.

11 분수를 지키고 집안을 다스리면 마음이 편안 할 것이고 분수를 무시하고 날뛰게 되면 복이 화로 변하는 흉액이 있다. 매사를 치밀한 계획하에 점진적으로 밀고 나간다면 큰 어려움 없이 성취할 것이다. 범띠가 7·10월에 태어났다면 엄동설한에도 불구하고 뜻밖의 이사를 해야 한다.

12 십년만에 단비가 내려 세상을 이롭게 하니 세인은 기뻐하노라. 당신의 능력은 사람들이 짐작조차 할 수 없을 만큼 비상하다. 한가지 흠이라면 투기와 배짱이다. 그러다보니 실패했을 경우 그 후유증이 대단하다. 그러한 실패의 연속에 오늘은 그 아픔을 한 순간에 잃을만큼 큰 행운을 잡았다.

653 舟涉難中 주섭란중
百折不屈 백절불굴

천리길을 가야할 돛단배가 거센 풍랑을 만나 위기에 놓여있어 가련한 형편이다. 한가지 일에 중구난방 격으로 말도 많고 흉도 많아 배가 산으로 올라가는 격이다. 그러나 이 모든 것을 정리 정돈하고 불굴의 투지로 밀고 나가야 한다. 그러한 집념만이 살길이고 행복의 열쇠이다. 가정사에는 내가 잘했니 네가 잘했니 하면 백사에 그르침이 있고 직장에서는 상하관계가 분명치 않아 누가 상사이고 누가 부하인지를 모를 지경이다. 부부관계도 하늘같은 남편을 유린하는 부인이 있는가 하면 흙처럼 인자하고 말이 없는 부인을 악랄한 방법으로 못살게 구는 험악한 남편이 있다. 선박업이나 수산업을 경영하는 사람은 도산의 위기에 처해있고 잠수부나 해녀등은 행운을 잡을 수 있는 운이다.

1 친한 친구를 믿지 말라는 당부는 오래도록 우정을 유지하기 위함이지 결코 의리를 저버려야 한다는 것은 절대 아니다. 그런 우정을 위해선 친구중에서도 박씨·김씨 성을 갖고 이름 가운데자가 종·길·경·인에 해당한 친구를 더욱 조심하라. 남녀 이성적인 친구는 15·17일 오후 4시에 육체관계를 갖는다.

2 저녁 노을은 서쪽 하늘을 자색으로 불의 나라를 이루고 천리를 가야 하는 길손은 길을 잃고 허둥대는구나. 대명천지 좋은 세월 다 보내고 하필이면 뒤늦게 길을 재촉한다. 당신은 행운의 기회를 놓치고 이제와서 재물좀 모아보겠다고 타향객지에서 동분서주하지만 이미 전성기는 지난 과거이다.

3 별것 아닌 일에 우연히 관련돼 이제와서는 이러지도 저러지도 못할 형편에 놓여있다. 이달에는 어느 누구의 부탁도 인정의 요구도 받아 주어서는 아니된다. 설령 사촌형제 지간에도 금전거래 만큼은 하지 마라. 소띠·양띠 부부는 소스라치는 웃음소리에 극복할 수 없는 울음이 있어 일소일노의 교차점에 있다.

4 비가 오지않아 초목이 말라죽으니 애처롭기만 하다. 바로 이달에 당신의 운세가 그러하다. 사업을 할려해도 자금이 없고 결혼을 하려해도 마땅한 상대가 없고 돈은 있어도 마음은 편치 못하고 부부가 같이 살아도 재미가 없고 부모형제가 있어도 유야무야니 이래저래 속상하기만 하다.

5 육친간에 화목하니 매사를 도와주고 매사를 이끌어 주니 큰 힘이 된다. 주택이나 땅 그밖의 모든 문서에 도장을 찍게 되는 시기이니 1·5·12·26일 오전 11시경이나 오후 4시경에 그러한 일이 있게 된다. 범띠와 개띠는 맞선이나 약혼을 하게 되고 용띠·양띠는 은행으로부터 원한 만큼의 대출을 받는다.

6 왜 당신은 그다지도 끈기도 없는지, 아직도 이 직장도 당신의 마음에 꼭 들기는 힘들다. 그러므로 당신의 가슴속에 품고 있는 사직서는 당장 버리고 새로운 마음으로 소임을 다하라. 만약 직장을 사직하고 사업을 한다면 돈다발을 버릴 각오 아래 하라. 인간의 힘으로만 살지 말고 천도를 살펴라.

7 질병도 있고 물과 불의 흉액도 있어 고통이 심하다. 당신이 남자인 경우에는 방광염이나 당뇨계통에 병고가 있고 여자인 경우에는 옥문 가려움 증세와 냉대하 하혈등으로 병고가 따른다. 형제간 중에 일찍 죽은 요귀가 집 주위를 빙빙 돌며 화를 부르고 있다. 꿈자리도 뒤숭숭하다.

8 신수가 불길하니 뭣인들 온전하겠는가. 이러한 때에 외출이나 원행등을 삼가하고 자중하는 태도가 곧 액을 면하는 유일한 방법이다. 결혼한지 3~4개월도 아니된 돼지띠·용띠·말띠에 해당하는 사람은 빈번한 외출로 인하여 부부간에 애정이 식어가다가 다시 제 자리를 찾으려고 안간힘을 다하고 있다.

9 재물을 맡기고 돈을 빌리는 경우라면 큰 어려움이 없으나 방을 계약하거나 주택을 계약하는 경우에는 17·27·28일에 해약사태가 일어나 대단한 고통을 겪고 있다. 서북쪽은 불리하므로 가게나 주택을 계약하지 마라. 손해만 보고 이익은 없다. 뱀띠가 2월에 태어났으면 사소한 일로 구설이 따른다.

10 집안 사람끼리 싸움을 하니 마음이 편치 못하다. 참는 것만이 최선이고 능사중에 능사이다. 일시적 감정은 일을 더 어렵게 하고 한때 어리석은 것같이 보이지만 참고 또 참는 인자스러움을 보이게 된다면 생각보다 큰 행운이 곧 닥쳐 올 것이다. 특히 밥상을 놓고 싸우지 마라. 위험하다.

11 어려운 고통 속에서도 내사업 이라고 차려놓으니 종업원들이 큰소리치며 농성하니 허무하기 그지 없다. 그렇지만 아직은 실망하지 마라. 머지 않아 큰 이익을 볼 수 있는 기회가 곧 닥쳐온다. 말띠가 인천, 광주, 안양, 부천등지에서 사업을 한다면 대성할 수 있는 천도이므로 희망을 버리지 마라.

12 마음 속에서는 당신을 사랑합니다 사모합니다 라고 말하고 싶지만 용기가 없어 말못하는 짝사랑의 미련자가 가슴을 조인다. 하지만 이러다 저러다 산토끼 잡으려고 음흉한 마음 먹었다가 집토끼마저 놓쳐버리는 잘못을 범한다. 탐욕은 금물이고 경솔함은 어리석음을 자초한다.

661 有福之人 유복지인
食祿有職 식록유직

다복한 가정에 다복한 삶을 영위하니 소위 황금길을 가고 있다. 재물도 직업도 남부럽지 않아 웃음과 희망이 흘러넘쳐 커다란 강을 이루고 하는 일마다 순풍에 돛단듯이 무난하게 이루어진다. 독신을 선언한 미혼남녀는 알맞는 상대를 만나 부모형제의 한 근심을 덜고 자신도 늦사랑에 빠져 나날이 즐겁고 고소하다. 이삼십대에 과부 홀아비가 된 사람은 금년이야말로 의젓한 상대와 결혼하여 비관을 낙관으로 승화시키는 계기가 된다. 금전대출업이나 은행 신용조합등을 경영하는 사람은 재벌이 될 기회이고 호텔이나 숙박업을 운영하는 사람은 큰 돈을 만져 볼 수 있고 서남간방에서 큰 음식점을 경영하는 사람은 1·9·15·27일 오후 11~12시 사이에 가스폭발을 주의하라.

1 집안에 자녀가 또는 부모가 질병으로 고생하고 있어 온가족들이 식음을 전폐하고 걱정하고 있어 이만저만한 일이 아니다. 치료비가 없어 동쪽에 있는 친구에게 부탁했지만 거절을 당하니 은혜를 거절로서 갚는다는 생각에 심신이 괴롭기만 하다. 쥐·용·원숭이띠가 15·27일에 도울 것이다.

2 어려운 처지에서도 자신의 주관을 굽히지 않는 군자정신이나 선비정신을 발휘해야만 전화위복의 행운이 닥쳐올 것이다. 한때 세인들로부터 비판과 손가락질을 받지만 후일에는 당신의 그 끈기와 예리한 판단력에 감동하여 오히려 박수갈채를 보내게 된다. 1·6·12일에는 새로운 친구를 만난다.

3 그동안 작은 규모로 국내를 위주한 사업을 했다면 앞으로는 외국과 교역을 하면 백냥으로 천냥을 벌어 볼 수 있다. 한가지 흠이라면 생각지 않았던 경비가 많이 들어 돈 씀씀이가 조리가 없을 경우 외화내곤의 형편을 면키 어렵다. 용·말·양띠는 26일경에 소원이 성취된다.

4 처음 일을 대할 때에는 맡아놓은 당상이다 또는 누워서 떡먹기보다 쉽다고 생각했던 것이 중도에 좌절되니 소위 계획에 차질이 온 셈이다. 이달에는 매사를 심사숙고 하라. 안하면 실수한다. 특히 문서에 도장을 찍는 경우라면 그 내용 하나하나를 세밀히 이해한 다음에 찍어야 할 것이다.

5 곤경에 빠져있던 사람을 구해주니 말 한마디 없이 등을 돌려 사람 마음은 아침저녁으로 변할수 있음을 실감케 하고 있다. 아무리 착하게 처신하여도 주위환경이 스스로 악한 사람으로 변할 수 밖에 없도록 진행되고 있다. 일생을 바쳐 자녀를 길렀건만 자녀들은 한결같이 불효를 하니 마음이 편치 못하다.

6 이달에는 하늘처럼 믿었던 사람을 믿어서는 아니된다. 왜냐하면 그 사람이 나빠서가 아니라 당신의 사주팔자에 이미 그런 사람으로부터 정신적 고통과 물질적 손해를 봐야 된다는 암시가 있기 때문이다. 특히 선우, 남궁, 제갈, 서문 등 두자 성씨를 가진 사람과는 11·15·17일에 일을 도모해서는 아니된다.

7 당신이 만약 남자라면 별 탈없이 다니던 직장을 그만두고 실업자가 돼 생활고를 당할 것이고, 여자라면 가정형편에 할 수 없이 직장을 다니던지 아니면 장사등을 하여 가장 아닌 가장노릇을 해야 한다. 말띠·원숭이띠·개띠등은 유흥업이나 기타 식당등을 하게 되고 돼지띠는 여관업을 하게 된다.

8 모든 일을 삼가해야 한다. 경솔하게 처신하다가는 망신과 손해를 면키 어렵고 건강도 불길하여 손바닥으로 막을 구멍을 온 몸으로도 막지 못하는 격이 될 것이다. 겉보기에는 아무 걱정도 없게 보이지만 남모르는 고민과 흐느낌 속에 살아가고 있다. 돼지띠 6·9월생은 남쪽을 가다가 큰 봉변을 당한다.

9 이달의 운세는 집밖으로 나가 바람을 피우는 소위 외도운이다. 아무리 운세가 그러하다 할지라도 도덕과 인륜을 저버리는 행동을 자처해서는 아니됨으로 액을 땜하려면 남성인 경우에는 16일 밤에 홍등가에서 오입을 하고 여성인 경우에는 21일 11~1시경에 자위행위를 하게 되면 무사할 수 있다.

10 이달에는 이사를 해야하는데 방향을 복거인에게 물어 본즉 27·29·36·38·45·47·51·54·60·63·69·72·78·81·87·96세 남자는 남쪽방향이 좋고 24·33·38·42·51·54·56·60·69·78·87·96세 여자는 북쪽이 유길하다. 이사하는 날은 가능하면 범·원숭이·뱀·양·돼지날에 하라.

11 뜻을 크게 갖고 온 정력을 다 쏟았다곤 해도 이달처럼 의외의 길사가 있어 이름도 날리고 재물도 얻을줄은 미처 몰랐다. 빈곤했던 가정에 재물과 명예가 동시에 있게 돼 자칫하면 경솔하기 쉬운 때이다. 집안에 말띠나 소띠가 있게 되면 피부병·자궁염·조갈증등의 환자가 있게 된다.

12 어렵고 어려운 처지에서도 의지를 굽히지 않고 불철주야 노력한 당신에게 오래간만에 재물운이 열려 집도 사고 논밭도 사는 문서계약이 있게 된다. 이럴때 일수록 인간관계를 신중히 하고 이해관계를 따지기 보다는 관용하고 인정미 넘치는 처세를 하므로 후일에 큰 행운이 있게 된다.

662 夫婦相合 부부상합
異性佳緣 이성가연

함께 살아가는 부부가 가정과 자녀양육에 협조하여 집안을 돈독히 하면서 재물도 모이게 됨에 따라 보다 나아진 생활을 하고 있다. 한가지 주의할 점은 빈번한 성생활에 건강이 우려된다. 이로 인하여 허리가 자주 아프게 되며 호흡기 질환으로 고생하는 예가 많다. 남녀간에 이성문제로 울고불며 가슴 아파야 하는데 주로 25·27·31·37·39세 양띠·소띠·용띠·뱀띠 6월이나 9월생이 더하다. 이밖에 범·토끼·닭·돼지·개띠가 초봄이나 초가을에 태어났다면 연애를 하다가 중간에 장애가 나타나 한때 고민을 하지만 끝내는 결혼을 하게 된다. 사업가는 경쟁자와의 관계로 상당한 고심이 있지만 노력한 만큼의 댓가는 기대할 수 있다. 말띠 6월 30일생은 큰 사업가가 될 수 있다.

1 북두칠성이 밤하늘을 휘황찬란하게 빛내니 그 빛이 대단하다. 그동안 무명이었던 연예인이 하루아침에 유명해지고 자금이 모자라 여기저기에서 빌려 쓰던 사업가가 갑자기 큰 돈을 벌어 들이는데 더욱 유길한 사람은 용·뱀·쥐·소띠가 전자나 우주산업계통의 사업은 대재벌이 될 수 있다.

2 작은 것이 스스로 물러가고 큰것이 다가오니 그 조화가 무쌍하다. 소인이 대인으로 되고 중소기업가가 대기업가로 변두리 한쪽 구석진 곳에 있는 약국이나 의원은 용하다는 소문에 문전성시를 이루고 백약이 무효인 것처럼 고질환자가 약 한 첩으로 말끔히 나으니 역시 모든 것이 때가 있다고 자평한다.

3 어린 석공이 거친 돌 하나를 옥처럼 곱게 다듬으니 그 공로 이루 말할 수 없다. 노력한 덕택으로 결국에는 형통함이 있어 그 가운데 즐거움을 찾는다. 석제업이나 악세사리 귀금속계통에 종사하는 사람은 큰 이익이 있게 된다. 입산 수도한 승려는 환속을 하기로 21·24일 밤 자시에 결정을 내릴 것이다.

4 의지와 노력이 남다르게 있어 얼굴에는 웃음이 그치지 않는다. 매사에 대범하고 통솔력을 발휘하므로 뭇사람은 당신을 더욱 따르게 될 것이다. 부부가 합심하고 자녀들이 효도하여 가정에는 웃음이 끊이지 않는다. 종교인으로서 소·개·양·범띠에 해당하는 사람은 11·21·28일 11시경 결혼식을 올린다.

5 하나가 모여 열이 되고 열이 모여 백이 되니 일취월장 발전을 거듭한다. 청산의 골짜기에 흐르는 석간수가 바다로 나가 그 대담한 자태로 변하여 온 세상의 이목을 받고 있다. 무슨일이고 작은 것부터 천천히 규모있게 해야 한다. 그래야만 그 분야의 정상이 될 수 있는 기본 자세다.

6 비록 당신의 능력은 만천하가 알고 있지만 아직은 그 능력을 발휘할 시기가 아니다. 너무 초조하지 말고 조금만 더 기다려라. 취직문제로 고민하고 있는 사람은 이달 6·26·29일에 해결된다. 걱정마라, 다만 회사 이름자에 오, 원, 청, 대자등이 들어 있다면 취직이 되지 않으니 미리 준비하라.

7 오랫동안 앓아온 환자가 병원에 입원하여 전혀 소생할 가능성이 없다고 단정했는데 다시 회복하기 시작하므로 슬픔이 가고 웃음이 다가온다. 개·양·원숭이띠등은 애인이 건강문제로 고민하다가 자살하는 비극도 있어 27·28일 오후 1시경 남쪽과 서북쪽으로 출행하지 마라.

8 지나친 친절과 지나친 예의는 후일에 불행이 된다. 비록 나무가 물이 있어야 살아가지만 지나치게 많으면 오히려 뿌리가 뽑히거나 병이 들어 살 수가 없다. 바로 이달에 당신의 운세가 그와 같으니 지나친 욕심이나 지나친 사치등 어느 것이고 지나치면 해를 볼수 있어 매사에 척도가 중요하다.

9 봉황이 새끼를 낳아 품고 있으니 집안에 회임의 경사나 출산의 경사가 있을 징조이다. 만물이 소생되는 시기이므로 너나할것 없이 부지런히 노력만 한다면 충분한 댓가를 얻을 수 있다. 닭띠가 8월이나 11월에 태어났다면 미혼모나 미혼부가 될 수 있으므로 세 뿌리중 한 뿌리를 조심하라.

10 매사를 노력과 끈기 그리고 투철한 소신과 자부심을 가져야만 성취되는 시기이다. 한주먹의 흙을 모아 태산을 이루고 티끌을 모아 태산을 이루니 근면 검소는 행복의 문이요 기쁨의 중추가 된다. 언론 출판에 종사하는 사람은 그동안 구상했던 일이 서서히 빛을 보기 시작하는 좋은 운세이다.

11 맹호가 함정에 빠져 소리만 고래고래 지르고 있어 안타깝다. 두 여자가 같이 살아가니 처첩이 아니면 동성연애자이다. 한때 세상을 떠들썩했던 큰 인물이라도 지금은 이빠진 호랑이와 같고 날개 꺾인 제비와 같으니 분수껏 협동하고 경우에 맞는 처신을 해야 무사하다.

12 천하의 길조인 봉황이 날개가 부러져 창공을 날지 못하니 가엽기 그지 없다. 한때 당당했던 사업가가 자금없어 고개만 떨구고 있거나 정치인이 희망을 성취하지 못하고 한숨만 쉬고 있다. 결혼은 하고 싶은데 마땅한 상대가 없어 애간장만 태우고 있는 것과 같다.

663 臨深之處 임심지처
墜沈不溺 추침불익

깊은 강물에 빠져도 다시 살아나니 금년 운세는 크게 놀라고 크게 웃는 일경일비 (一驚一悲)의 운세이다. 남녀노소를 막론하고 높은 곳에 가지 말아야 하고 물가에 가는 것도 삼가하는게 상책이다. 상대가 당신을 곤경에 몰아넣기 위하여 갖은 방법과 수단을 쓰고 있지만 당신은 쉽사리 빠져들지 않으니 불행중 다행이다. 원양어선을 타는 선원이나 근해에서 작은배로 고기를 잡는 어부는 갑작스런 큰바람을 만나 배가 침몰하지만 구사일생으로 살아 돌아오는 기적과 같은 일이 있게 된다. 임산부는 남과 다투다가 낙태하는 위험스런 운세이므로 무엇보다 말을 삼가고 행동을 바르게 하여 구설시비를 면하는게 상책이다. 공부하는 학생은 일차에 떨어지고 두번째 합격하게 된다.

1 사랑하는 부인이 앓아눕지 않으면 뜻밖의 손해가 있어 동쪽에 사는 친척에게서 100냥을 북쪽에서 사는 친구에게 100냥을 빌어오니 빚더미에 살게 된다. 그래도 당신의 능력으로는 감당할 수 있어 그다지 큰 걱정은 아니다. 마음을 편하게 정리하고 용기를 잃지 마라. 머지않아 안정된 생활을 할 수 있다.

2 부동산 중에서도 논밭을 비롯 임야등을 사놓으면 장차 큰 이익이 있는데 그 시기와 방향은 2·25·28일에 남쪽이나 정서쪽에 유길하다. 이밖에도 쥐·말·개·돼지띠는 주택을 팔고 사는데 큰 이익이 있고 말띠 양띠는 이혼하고 위자료를 받게 된다. 7월생 닭띠는 금광을 경영하면 많은 재물을 모은다.

3 선대 조상님들이 당신을 도우니 하는 일마다 성공하고 웃음이 끊이지 않는다. 직장을 그만두고 사업을 시작하면 생각보다 많은 이익을 보게 된다. 특히 점술가나 심령가 음양오행가 등은 조상신이 몸에 들어와 기적에 가까운 예언을 하니 손님이 문전성시를 이루어 재물이 날로 불어난다.

4 이달의 운세는 보편적으로 불길하다. 그러한 가운데서도 월말부터는 다소 회복되어 불행중 다행이다. 소·양·원숭이띠는 하는 일에 변화가 있고 범·말·개띠는 변동이 있을 징조이나 변화하지 말고 옛것을 지켜야 한다. 용띠·닭띠는 부부가 다투게 되므로 집안이 편치 못한데 그 이유는 남편의 외도 때문.

5 열이면 열 모두가 부진하니 수중에는 돈 한푼 없고 몸은 고달퍼 삶의 고통이 대단하다. 직장인이라면 노력을 죽도록 하지만 그 공은 다른 동료에게로 돌아가니 마음이 편치 못하다. 건강에는 위장과 간질환으로 어려움이 있다. 여자인 경우에는 자궁 소파수술이나 음부소양증으로 고통을 겪게 된다.

6 아무리 살려고 노력해도 주위환경의 변화에는 따라 갈 수가 없다. 억울한 일을 당하고도 상대가 막강한 사회적 배경이 있어 흑백을 가리지 못하고 자유롭게 살고 싶지만 마음 뿐이지 행동은 그림의 떡이다. 공부를 아무리 열심히 해도 성적이 오르지 않고 아무리 약을 먹어도 치료되지 않는 환자와 같다.

7 옛말에 처가집과 변소는 멀면 멀수록 좋다고 했다. 그런데 당신의 처가집은 그렇지 못하지 않은가. 처가집의 가정파탄이 당신에게까지 미쳐 적지 않은 손해를 봐야 한다. 장인 장모가 돈놀이를 하다가 아니면 사업을 하다가 실패를 하여 당장 거리로 쫓겨나는 신세가 되고 말았다.

8 푸른하늘에 태양의 자비로움은 온 세상을 이롭게 하고 그 일기당천한 자태와 무한한 가능성은 만인의 귀감이 되고도 남는다. 바로 장차 당신의 위치가 그러하므로 어느 누구에게나 포용과 덕성으로 대하라. 그러면 후일에 힘이 될 것이다. 요즘은 왼쪽 눈이나 어깨가 아플 때이니 미리 주의하라.

9 이상이나 계획은 거창하고 화려해 날으는 새도 떨어뜨릴 것 같지만 실은 내실을 추구하지 않고, 뜬구름 잡는식의 생활방식이므로 불행을 자초할 수 있다. 과욕을 부리지 말고 하나하나를 성실히 이행할 줄 아는 내실인이 돼야 한다. 만약 남의 재산을 탐내 헛된 행동을 하다가는 횡액을 면치 못한다.

10 이달에 재수좋은 방향은 남쪽이므로 추구하면 어느 정도의 소득은 볼 수 있다. 다방 싸롱 식당을 경영하는 사람은 남쪽과 북쪽이 상극이므로 조심하고 농사를 짓는 농부는 동쪽에 보물이 있으므로 관심을 두는게 좋고 자동차 사업을 하는 사람은 16·22일에 북쪽을 가다 사고를 낼 수 있다.

11 적은 것으로 큰 것을 이루니 아무것도 부러울게 없다. 아직 결혼은 하지 않았지만 동거를 하면서도 아무 흠없이 살아가니 모든사람이 부러워 할 정도이다. 같이 장사를 하는 경우라면 장차 큰 사업가로 변신할 수 있다. 한가지 흠이라면 종교문제등으로 가끔 다투게 된다.

12 매사를 급히 서두르지 마라. 반드시 열은 잃고 하나만 얻는다. 때를 바라보며 점진적으로 처신한다면 큰 상처없이 편안한 몸을 지탱하지만 만약 급히 서두르게 되면 각종 쇠붙이에 몸을 다쳐 불구가 되기도 한다. 특히 12·16·26·28일 짝수날 오전 9~11시나 밤 12~1시경을 주의하라.

711 貪欲大凶 탐욕대흉
　　　手下之憂 수하지우

하나를 얻으려고 속셈을 하다가 열을 잃게 되니 마음 털어놓고 한탄 할 곳마저도 없다. 가정에서는 자녀나 처 또는 남편으로 하여금 속을 썩게 되고 직장에서는 부하직원으로 하여금 걱정을 얻게 되니 심신이 괴롭다. 쥐띠는 연애하다가 망신을 당하고 소띠는 남의 돈을 떼어먹고 야반도주를 하고 범띠는 친구와 다투고 토끼띠는 캬바레나 싸롱등에서 만난 사람과 사랑을 나누고 용띠는 새로운 사업 새로운 직업을 갖게 되고 뱀띠는 직장에서 대우가 좋아지고 말띠는 재혼을 하거나 새집을 짓는다. 양띠는 외국여행을 가고 원숭이띠는 성병으로 고생하고 닭띠는 치통으로 고생한다. 개띠는 취직을 하고 돼지띠는 삭월세방에서 전세방으로 전세방에서 아파트로 이사를 하는등 소원이 이루어진다.

1 가뭄으로 인하여 다 죽어가는 초목이 단비를 만나 소생의 기쁨을 갖게 된다. 그렇게도 하는 일마다 실패만 연속하더니 이달에야 비로소 성공하게 된다. 사람이 없어 일을 못하고 있던 가정이나 회사가 의외로 성실한 사람을 만나 걱정을 면한다. 당신이 행운을 맞이할 시기는 1·9·15일이 된다.

2 지금까지 해오던 일을 버리고 새로운 변화를 추구하는게 현명하다. 구태의연한 행동으로 옛것만 추구하다가는 큰 실패를 하게 된다. 사업하는 사람이라면 세대교체를 해야 하고 아침저녁으로 다투던 부부도 과감하게 이혼하고 다른 상대를 맞이하는게 자타간에 유익하다.

3 농촌에서 거주한다면 논밭을 사고 팔것이고 도회지에서 살고 있다면 주택이나 땅을 팔아 큰 이익을 보는 운이다. 길거리를 방황하는 당신도 마음을 가다듬고 새로운 각오로 삶을 개척하라. 남녀간에 이성문제로 고민하고 있다면 16·19·24일 오전 11시에 해결하는게 가장 현명하다.

4 만약 질병으로 고생하지 않으면 자녀에게 근심이 있는데 대개는 공부에 관한 것이거나 아니면 이성에 관한 것이 된다. 쥐·말·원숭이띠 자녀가 있다면 가출로 인하여 집안이 왈칵 뒤집어지고 뱀띠가 있다면 자동차 사고로 생명이 위험하다. 양띠 자녀는 지극한 효심이 있어 뭇사람으로부터 칭찬을 받는다.

5 귀인이 문전에 들어오니 만사가 형통하며 그렇게도 애간장을 태우며 되지 않았던 일이 단숨에 해결된다. 어떠한 어려움이 있어도 때를 기다려 행동을 옮겨야 한다. 당신이 만약 여성이라면 지나친 성생활로 인하여 음부가 아파서 걸어다니는데 불편을 겪는다. 특히 4·6·8·12일 밤을 조심하라.

6 머리를 싸매가며 공부한 덕택으로 대과에 합격하는 영광을 안는다. 이러한 경사가 아니면 자녀를 출산하는 경사가 있으니 이래도 경사 저래도 경사 뿐이로다. 사업가는 방계회사를 설립하므로 명실상부한 기업가가 되는 좋은 시기이다. 아직 결혼식을 올리지 않고 동거하는 부부에게도 출산의 경사가 있다.

7 부부의 금실이 하늘처럼 높고 땅처럼 두터우니 그 화목함이 태산과 같다. 그러므로 하는 일마다 순조롭게 이루어지고 적지않은 재물이 들어오니 집안은 날로 윤택해진다. 문전에는 사람이 끊이지 않아 장차 큰 인물이 될 징조가 보인다. 용띠와 개띠가 같이 살게 되면 부부싸움으로 이웃이 잠을 못 이룬다.

8 이익을 추구하고 과욕을 부리기 보다는 우선 손해부터 막아야 한다. 과욕을 부리고 겁없는 행동을 하게 되면 달밝은 달밤에 혼자 앉아서 땅을 치며 통곡하는 일이 있을 것이다. 이와같은 일이 없으면 가까운 사람이 황천객이 되는 비운을 겪게 된다. 소띠 8월·10월생은 피부병과 폐병으로 고생한다.

9 아랫 사람을 주의하고 웃사람을 공경하라. 당신의 무례한 행동과 독단은 상하인으로부터 큰 수난을 당할 수이다. 작은 일이라도 상하인과 타협하고 협조를 하는 미덕을 갖추어야 무난할 수 있다. 만약 독단을 하게 되면 심신이 편안하지 못해 결국 병원에 입원까지 한다.

10 허! 이게 웬일인가, 그렇게도 말조심을 하고 바른 행동을 했는데도 구설시비가 끊이지 않아 생각지 않았던 걱정이 삶을 해치고 있다. 한가지 우스운 일은 부부간 애정을 나눌때 남편이 아래로 눕고 부인이 위로 올라가 일을 치루는 남다른 성생활을 하게 된다. 25·28일은 뜻한바가 이루어진다.

11 자신의 분수에 알맞게 그다지 크지도 않은 이익을 바라고 있었건만 큰 이익을 보게 되었다. 공무원이나 사기업체 간부라면 뇌물로 인한 파직이 우려된다. 특히 세무 공무원이라면 16·28·29일경에 뇌물을 받게 되지만 어떠한 일이 있어도 받으면 안된다. 그것은 뇌물이 아니라 생명을 위협하는 사약이다.

12 뜨거운 여름철에 사막을 가다 물을 구하지 못하여 목이 말라 하늘을보며 탄식하고 있다. 당신은 뭣인가 하고자 백방으로 노력하고 있으나 아무도 당신의 뜻을 알아주지 않아 가슴이 터질듯 답답하다. 혼자 살아가는 과부가 생리적 욕구를 풀 상대를 구하려는 것과도 같은 이치다.

712 雖有難事 수유난사
終局吉象 종국길상

처음에는 사면초가의 난관에 처해 있게 되지만 결국 무난하게 해결돼가는 괘이다. 매사를 대함에 있어서 심사숙고 해야 하고 사람들에게 필요이상으로 예민한 반응을 보이는 것은 바람직하지 못하다. 친구중 이름자에 '경'자가 들어있게 되면 반드시 피해를 끼칠 것이다. 남녀간에 사랑도 처음에는 불화 쟁론이 일어 헤어지기로 마음먹었으나 점차 호전돼 결국은 결혼식까지 올린다. 지난해 받지 못했던 돈을 금년들어 받게되고 부부가 별거를 시작한지 1년이 넘어서인지 밤잠을 이루지 못하고 사모하다가 결국 재상봉하는 기쁨이 있게 된다. 사업가는 십년 모은 재산을 단 한번의 투기로 실패하고 만다. 단 유흥업이나 네온싸인등의 간판업을 하는 사람은 크게 성공할 수 있는 절호의 기회이다.

1 동쪽은 불길하므로 취직이나 이사를 하는 일등은 크게 불길하다. 결혼도 동쪽과는 인연이 없으니 기대를 하지 않는게 좋고 혼담이 왕래 되더라도 구설시비만 있지 아무런 결론도 얻지 못한다. 26·27일 밤11시경에는 집안에 복통환자가 유발하게 되니 특별히 주의해야 한다.

2 진작부터 이사를 하려고 마음 먹었지만 경제적인 사정과 기타 사정으로 못했는데 이달에야 비로소 옮기게 된다. 이사 날짜는 12·24·26·27·29일이 길하고 오전보다 오후쪽이 더욱 길하다. 만약 당신이 용띠·개띠에 해당한다면 이사를 하려다가 못하게 될것이다.

3 꽤나 많은 돈이 들어오지만 마치 훨훨 타오르는 용광로에 녹아 내리는 쇠물처럼 쓸 곳이 더욱 많아진다. 그렇다 하더라도 꾸준히 노력한다면 결국에는 큰 이익이 있게 된다. 자녀들이 있는 집안에서는 불조심을 해야 하고 개띠·양띠가 집안에 있다면 가정불화가 심하고 지출이 심해진다.

4 매사를 착한 마음과 행동으로 대하면 장차 큰 인물이라고 사람들이 인정하는 기쁨이 따르게 된다. 그러므로 명예도 있고 건강도 양호해지는 계기가 된다. 개·원숭이·말·닭·소띠등은 새로운 직장이나 사업을 하게 되고 기타띠는 매사가 지체되어 어느때 보다도 느긋한 마음으로 살아가야 한다.

5 안면이 있고 당신네 집을 출입하는 사람이 현찰을 절취해 가니 세상인심 험악함을 한탄한다. 쥐·범·토끼·뱀띠등은 친구로 하여금 금전을 잃게 된다. 그러나 친구를 미워하지 마라. 왜냐하면 당신의 사주팔자에는 이미 친구로부터 그러한 일이 있을 것임을 암시하고 있기 때문이다. 그러니 원망한들 뭐하겠는가.

6 요즘같으면 물에라도 뛰어들어 죽고 싶은 심정이다. 이제나 될까 저제나 될까하고 기대해 보았던 일마저 중도에 실패하고 마니 사람 살맛 나지 않는다. 그러니 마음인들 편안할 수 있겠는가. 동쪽에서 건재상이나 채소상을 하는 사람은 크게 불길하여 손해를 면키 어렵다.

7 재운은 비록 불리하나 그밖의 운세는 악운은 아니다. 이러한 때의 몸가짐은 스스로 자중할 줄 아는 중후한 행동과 덕성스러운 말이어야 한다. 자녀들의 속썩임이 있더라도 사랑하는 애인이 망칙한 행동을 하여도 참아야 한다. 여성이라면 시어머니와 관계가 호전되므로 오래간만에 미소를 지어본다.

8 먼 여행을 하다가 악인을 만나 재물을 손해 보기도 하고 쇠붙이로 몸을 다쳐 가족들을 놀라게 하는등 한번 일어난 불상사가 가랑잎에 불 붙듯이 무섭게 번져나가는 것과 같다. 이러한 횡액이 아니면 손윗 사람이나 손아랫 사람과 눈을 흘기는 일이 있게된다. 가능하면 16·17일 밤9~11시경을 주의하라.

9 노력은 태산같지만 이익은 찾아볼 곳이 없고 마음은 동지섣달 찬바람에 흔들리는 나뭇가지처럼 쓸쓸하구나. 재물이 남부럽지 않고 권세도 당당했던 지난날을 회상하니 인간의 행복은 돌고 도는 물레방아와 같음을 새삼 깨닫게 된다. 건강에는 심장이 약화되고 전부터 앓아온 치질은 더욱 심하다.

10 달밝은 밤에 창가를 바라보며 독수공방 신세를 면키 어려우니 부부에 파경이 올 징조이다. 아침밥 잘먹고 출근한 남편이 시체로 돌아옴은 실로 천지가 무너지는 아픔이다. 쥐·용·원숭이띠는 뱀날을, 범·말·개띠는 돼지날을, 뱀·닭·소띠는 범날을, 돼지·양·토끼띠는 원숭이날을 조심해야 한다.

11 일이 하도 얽히고 설켰기 때문에 앞으로 밀고 나가야 할지 뒤로 후퇴를 해야 할지를 판단하기조차 어려운 때이다. 이러한 번민과 고통이 따르다 보니 어느새 마음은 찬얼음처럼 굳어있어 따뜻이 녹여줄 사람을 갈망하고 있지만 누구하나 선뜻 나타나지 않아 더욱 적막한 세상을 보내고 있다.

12 시비를 걸어 오는 사람이 문전성시를 이루더라도 참고 또 참아 칼날같은 위기를 잘 넘겨야 한다. 부부간 고부간 또는 부자간 친구간에도 말을 조심하고 인내를 최선의 방편으로 생각한다면 큰 액은 없겠으나 마음대로 행동하다가는 뭇사람들로 부터의 망신을 피할 길이 없다.

713 今年之運 금년지운
外富內貧 외부내빈

금년 당신 운세는 속된 말로 곰보가 화장한 격이며 도토리 키재기에 불과하다. 아무리 돈을 벌어도 밑빠진 독에 물 붓기고 겉옷은 비단이나 속옷은 썩어서 냄새가 폭폭날 정도이다. 한마디로 겉보기에는 부자인것 같으나 속으로는 빚에 쪼들려 밤잠을 제대로 이루지 못하는 실정이다. 쥐띠는 밤에 든 사람과 결혼을 하려고 하나 주위에서 극구 반대하여 뜻을 이루지 못하고 소띠인 학생은 배우면서 공부하는 기회가 오게 되고 범띠는 외국을 왕래하거나 직업변동이 있고 토끼띠는 남쪽에서 귀인을 만나고 용띠는 바람을 피우고 뱀띠는 새로운 직업을 갖게 되고 말띠는 서쪽으로 이사를 하게 되고 양띠는 고달픈 한해가 되고 원숭이띠는 믿는 도끼에 발등을 찍히고 닭띠는 건강이 나쁘고 개띠는 허탈감에 빠진다.

1 한마음 한뜻으로 한번 지정한 곳에 열성을 다하여 샘을 파더니 물이 폭포수와 같이 솟아나 노력의 댓가를 얻게 된다. 백냥으로 천냥을 버는 장사를 하게 되니 막혀있던 물고가 트인듯 속이 시원하다. 얼마전에 당신을 도와준 귀인이 찾아와 도움을 청하는데 그 날짜는 3·9·15일 오전 11시 40분경이 될것이다.

2 집안에 결혼식이 아니면 회갑연을 갖게 됨으로 눈코 뜰새 없는 분주함에 몸이 고달프다. 개띠 6월생과 소띠 8월 또는 2월생은 동쪽이나 서쪽에 있는 산소를 손대는 운이다. 이왕이면 '천상천하 대공일'을 택하면 후손이 번창하고 재물이 스스로 들어오게 된다.

3 이름이 어느 곳에 가도 알아볼 정도로 널리 알려져 있어 그 인기가 대단하다. 따라서 경사중의 경사이다. 그러나 자칫하다가 유혹에 빠져 헤어나지 못하는 점도 있어 언쟁을 조심하고 침실을 더럽히는 음탕한 짓을 절대 하지 마라. 공부하는 학생의 신분이라면 국가공무원 시험에 합격하는 영광이 있다.

4 이익이 넘쳐 있는 좋은 방향을 말한다면 동쪽이 되고 불리한 성씨는 홍·주·왕·제갈씨가 될 것이다. 이러한 성씨와 도모하지 않는 일이라면 동쪽에서 노력하면 노력한 만큼의 결실은 얻게 된다. 특히 돈을 구하지 못하여 안달을 부리는 사람은 3·8·11·15일에 부탁하면 얻게 된다.

5 벌과 나비가 길을 잃고 허둥대니 한심하기 짝이 없다. 이러함은 부부간에 또는 연인간에 갈등이 심화 돼 절교의 위험성이 있고 학생이라면 이성문제로 제 갈길을 찾지 못하고 방황하여 여러 사람의 속을 상하게 한다. 군대를 제대한지 얼마되지 않은 청년이 진로를 정하지 못하고 허둥대고 있다.

6 무엇보다 금쪽같은 자녀들에게 좋은 운이다. 학교 성적도 월등히 좋아지고 졸업한 자녀가 바로 취직이 될 줄 알았는데 미루어 오다가 이달에서야 되는 길운이다. 건강이 불길한 자녀 때문에 늘상 고민을 했는데 요즘들어 월등히 좋아지니 온가정에 웃음꽃이 저절로 피는구나.

7 눈속에서 죽순을 구한 큰 효자가 바로 당신의 집안에 있어 장차 큰인물이 될 징조이다. 부모가 온전치 못하여 온갖 정성으로 효도를 하니 온 세상 사람들이 칭찬과 협조를 아끼지 않는다. 단 뱀띠·원숭이띠가 1·4·7월에 태어났다면 둘도 없는 불효자가 되니 이 모두가 팔자소관이다.

8 기업체의 직장인이든 국가의 녹을 받은 공복이든 간에 승진하여 영전이 되는 기쁨이 있어 온 세상 행복은 당신이 혼자서 차지한냥 착각하고 있다. 사업가도 큰 이윤없이 오랜 세월을 베푸는 마음으로 어려움을 견디어 왔으므로 갑작스런 손님이 문전성시를 이루니 즐거운 비명을 올리고 있다.

9 후일을 위해서 삶은 행복하나 당장 눈앞의 이익만 추구한다면 불행해진다. 사람을 너무 믿지 마라. 당신을 해치려는 악의 무리가 득실거린다. 마음을 차돌같이 단단하게 먹고 굳은 의지를 끝까지 고수하므로 성취의 기쁨이 있게 된다. 집을 팔고 사는 것은 온당치 못하니 다음으로 연기해야 한다.

10 멀리 출행하여 그 뜻을 이루고 돌아오니 집안 살림이 넉넉해지고 자신의 위치가 굳건해진다. 사업가는 가까운 곳에 이익보다는 해외로 진출하는게 훨씬 유익하고 결혼상대자는 가깝게 사귀던 연인보다는 먼곳에 있는 중매한 상대가 훨씬 유길하다. 다만 소띠·용띠 상대는 불길하다.

11 지성으로 있는 힘을 다하여 최선을 다하니 하느님도 도와주고 세인도 도와주어 하는 일마다 큰 어려움 없이 잘 이루어진다. 그러나 막연하게 일만 벌려 놓았다든가 분수밖의 일을 거침없이 시도 한다든가 또는 무리한 투자를 하는것등은 복을 등지고 화를 불러들이는 결과가 되고 만다.

12 배가 고파서 힘이 쭉 빠져있던 황소가 먹을 양식을 만나니 그 기세가 당당하다. 한때 슬럼프에 빠져있던 당신은 새로운 각오로 새로이 도전하니 그 위엄이 세인을 놀라게 한다. 물러설줄 모르는 과감성이 있는 반면 사람을 너무 믿는 것이 당신의 흠이다. 그러니 이번만큼은 속아서는 아니된다.

721 恩人常助 은인상조
意事之通 의사지통

어려서는 불우하게 자란 당신이 오늘에는 유복한 성인으로 또는 성인이 되고자 힘찬 발걸음을 재촉하고 있다. 그러한 발전의 단계에 당신을 돕겠다고 나타난 사람이 있으니 그 띠는 말·범·개·쥐띠가 될 것이다. 어려울 때마다 당신을 도와주는 사람의 은혜를 어떤 난관 속에서도 저버리지 마라. 쥐띠는 이사를 소띠는 건강이 좋지못하고 범띠는 왼쪽 어깨를 다치게 되고 토끼띠는 사생아를 두게 되고 용띠는 개띠로부터 배반을 당하고, 뱀띠는 관재구설이 있고 말띠는 이혼과 재혼을 하고 양띠는 부모와 또는 고부간에 불화가 있어 심신이 괴롭다. 원숭이띠는 낙상수와 배신수가 있고 닭띠는 사업이 번창하고, 개띠는 형제에게 경사가 있고 돼지띠는 원행하면 불길하다.

1 산그림자가 지고 암흑이 전개되니 고기마저도 의로운 삶을 지탱하고 있다. 최선을 다해 목적지를 향하여 맨발로 뛰었지만 힘이 미치지 못하니 걱정이 태산 같다. 이달에는 매사를 속전속결하는 것이 무엇보다 중요하다. 애인을 남겨 놓고 외국을 다녀왔더니 다른 사람과 결혼하여 실연의 눈물을 흘린다.

2 집안에 귀공자를 낳는 경사가 있어 후일 큰 인물이 될 징조이다. 쥐띠 6월생은 직장을 바꾸어야 하고 소띠는 의류계통의 사업가로 큰 돈을 벌수 있고 범띠는 18·19일 오후 5시경에 싸움을 하다가 상대 방의 치아를 상해할 수라서 재물이 나간다. 양띠 5월생은 오른쪽 눈에 상처를 입는다.

3 여러 사람과 동업을 하는 것은 화약을 지고 불로 뛰어드는 것과 같이 위험스러운 일이다. 이익이 적더라도 자금이 부족하더라도 단독사업을 하는 것이 화를 물리치고 복을 가까이 하는 결과가 되며 마음이 편안하여 사리판단에 정확성을 기대할 수 있다. 단 쥐띠와 소띠가 의류나 목재업을 같이하면 대길하다.

4 티끌을 모아 태산을 이루어 그 재산이 적지 않다. 조금씩 모은 돈으로 새로운 사업을 시작하니 재물이 날로 늘어나고 추종하는 사람도 문전성시를 이루어 장차 큰 부자가 될 징조이다. 말띠 12월생은 부부관계가 원만하지 못하여 아침저녁으로 다투게 되고 자녀양육 문제로 밤잠을 이루지 못한다.

5 모든 일을 번갯불에 콩 구워 먹듯이 번개처럼 해치우지 않으면 큰 화를 면치 못한다. 만약 사소한 문제로 시간을 지연시키면 모든 일이 수포로 돌아가고 손해만 보게 된다. 취직을 부탁한 개·말·용·돼지띠등은 25·29일경에 희소식이 있게되며 토끼·닭·뱀띠등은 1·3·9일경에 불길한 소식이 있다.

6 출입을 삼가하라. 악인을 만나 재물을 잃고 몸도 상하게 되며 알수없는 병을 얻어 입원하나 좀처럼 낫지를 않는다. 집안에 원숭이띠와 양띠가 같이 살게 되면 16·19일에는 돈이 들어오고 쥐띠·용띠가 같이 살게 되면 물이나 불로 인해 서 놀랄일이 발생하니 1·9·19·24일 오후1시를 주의하라.

7 운세가 평탄하니 과욕만 부리지 말고 분수에 맞는 처신을 하라. 만약 과욕을 부리면 한마리의 산토끼를 잡으려다가 열마리의 집토끼를 잃게 된다. 공부하는 학생이라면 성적에 지나친 고민은 오히려 성적을 저하시키는 원인이 되므로 과민함은 백해무익하니 지나친 의식은 삼가하라.

8 많은것 중에 단하나만 빼어나니 특출하기는 하나 외롭고 쓸쓸한 삶을 살아 간다. 겉보기는 비단옷으로 단장하고 살지만 속으로는 온갖 불행을 다 짊어 지고 있는 것처럼 괴롭기만 하다. 범띠는 속세를 떠나 입산수도하는 승려가 되니 사람은 알수가 없다고 자탄한다.

9 동쪽은 불길하므로 이사를 하거나 집을 고치거나 집을 새로 지어서는 절대 안된다. 동쪽에서 사업을 하거나 금전거래를 한다면 일가 친척과의 구설을 면키 어렵고 친구와는 배반을 당하는 비극이 있다. 미혼인 여성은 지나친 자존심 을 버리고 겸양하며 자신의 분수를 다시한번 생각할 때이다.

10 이제부터는 마음놓고 살 수 있겠구나 하고 안심했더니 부인과 자녀가 편치 못하니 십년 공부 나무아미타불이다. 어려운 생활고를 극복하며 집도 사고 자가용도 샀건만 뜻밖에도 집안에 우환이 있어 차라리 빈곤하면서 웃음을 잃지 않았던 지난날이 그립다. 비방은 동쪽 복거인에게 묻는 일이다.

11 둥근 하늘에 태양의 아름다움은 온 세상을 이롭게 하고 인간을 화합하는 근본이 된다. 당신은 모처럼 만인 앞에 나설 수 있는 좋은 기회이다. 하찮 은 일에 당신의 성스러움을 해치지 말고 웬만한 일은 이해와 관용으로 대하라. 그러면 머지않아 여러 사람을 통솔할 수 있는 인물이 될수 있다.

12 신상에 아무런 근심이 없으니 음탕한 마음이 생겨 자칫하다가는 외방자식 을 둘 수 있다. 젊은 남녀라면 결혼도 하기전에 사생아를 두어 남모르는 고민을 하게 된다. 쥐·용·원숭이띠는 건강이 좋지 못하여 남쪽에 있는 병원에 입원하나 잘낫지 않는다. 북쪽 병원으로 옮기면 치유된다.

722 損財口舌 손재구설
言中得意 언중득의

손재와 구설이 따르고 인간과 인간사이가 얼음 갈라지듯 멀어져만 간다. 금년에는 자의든 타의든 간에 부모 형제 그리고 친구등으로 인하여 재산이 줄어들고 심심치 않은 구설까지 겹쳐 심신이 편안하지 못하다. 이러한 가운데서도 말에 길흉이 있으므로 말 한마디에 뜻을 이루고 말 한마디에 실패와 원망을 먼키 어려우니 말에 신중을 하라. 쥐띠는 외국을 가게 되고 소띠는 자녀에게 경사가 있고 범띠는 부부가 동업을 하고, 토끼띠는 형제로 인하여 괴롭고 용띠는 이성으로 고민하고 뱀띠는 이사와 직장 변동이 있고 말띠는 치질로 고생하고, 양띠는 유혹을 당하고 원숭이띠는 사업에 장애가 있고 닭띠는 이별이란 아픔이 있고, 개띠는 도적을 만나고 돼지띠는 결혼과 새집을 산다.

1 무엇이든 하고싶어 백방으로 분주히 뛰고 있지만 이루어지는 일이 없어 모두가 탁상공론에 불과한 결과를 낳는다. 사업가는 새로운 사업을 직장인은 다른 직장으로 옮기려고 하나 오늘 내일로 날짜만 보내고 있으니 속이 답답하다. 모든것이 억지로는 안되니 때를 기다리는 지혜가 필요하다.

2 만약 새로운 사업을 하지 않으면 새로운 직장을 구해야 한다. 한번 어려움이 있고 두번 즐거움이 있는 운세이니 너무 급히 서둘지 않는다면 어려운 가운데서도 행복을 지탱할 수 있다. 구직을 하는 사람은 이달 20·24·29일 오전 10-12시경이나 오후 3-5시경에 기쁜 소식이 있다.

3 국가에 헌신한 공무원으로 임명되지 않으면 국가적인 위세를 높이는 일로 그 이름이 만인에게 알려진다. 특히 스포츠 연예인이라면 십년에 단한번 있을까 말까한 양명득재의 운세이다. 대사관이나 외국에서 근무하는 외무공무원은 승진과 상훈을 받을 수 있는 공헌을 하여 후일에 크게 빛나게 된다.

4 상가를 가까이 하지 마라. 병을 얻어 여러 사람에게 걱정을 끼친다. 쥐띠는 말날, 소띠는 양날, 범띠는 원숭이날 토끼띠는 닭날 용띠는 개날, 뱀띠는 돼지날 말띠는 쥐날 양띠는 소날, 원숭이띠는 범날 닭띠는 토끼날, 개띠는 용날, 돼지띠는 뱀날을 각각 조심해야 한다. 특히 하관하는데 참석하지 마라.

5 모든 사람이 하나같이 각각 뜻을 갖고 있어 가정에서나 직장 기타 사업장등에서 화목이 있을수 없고 목적을 순탄히 성취할 수가 없다. 어느 경우에도 포용력과 통솔력을 발휘하지 않으면 성취되기 힘들고 불화불목을 면하지 못한다. 처음에는 당신의 생각을 거들떠 보지도 않았으나 나중에는 모두 따른다.

6 이달의 운수는 어느 때 보다도 길하다. 생각했던 것보다 빠른시일에 취직이 되기도 하고 돈도 받게 되며 누차 맞선만 보던 미혼남녀는 이달에야말로 백년해로의 상대를 만나 대단원의 결정을 내리는 시기이다. 도박이나 증권등 투기적인 이익을 바라는 사람은 절호의 기회임을 충분히 이용하라.

7 지금은 아주 중요한 시기이다. 그런데 당신은 주색으로 귀중한 세월을 헛되게 보내고 있지 않은가. 이런식으로 얼마가지 않으면 별것도 아닌 일로 시비가 있어 큰 싸움으로 전개되고 이러한 결과는 손목에 국가에서 준비한 팔찌를 차야만 한다. 26·27일 양일간을 조심하라.

8 현실적으로는 이사를 해야 하는 입장이지만 웬만하면 그 자리에 도로 머물러 있어야 한다. 움직이면 움직일수록 어려운 일만 생기고 좋은 일이라곤 눈씻고 볼래야 없다. 직장인이라도 변동을 하는 것은 온당하지 못하다. 의류 목재 토건업에 종사하는 사람만은 이달 24·28일경에 변동하는게 길하다.

9 초목이 단비를 만나 뿌리가 무성하고 가지가 무성하니 후일에 큰 재목이 될 징조이다. 지금은 기초를 닦는데 불과하다. 그러니 스스로를 지키고 개척하는 정신과 행동이야말로 큰 보배와 같고 진흙 속에 있는 구슬과도 같다. 눈앞의 이익만 생각하고 후일을 도모하지 않으면 무의미한 삶이 될것이다.

10 집안이 편안하지 못하고 마음이 산란하니 마치 뿌리없는 나무와 같고 빛없는 태양과 같다. 지금은 아무것도 이루어지지 않는다. 보검을 갈고 닦는 시기이므로 모든 것에 시작과 준비를 튼튼히 하라. 그리고 한가지 부탁은 쥐·용·원숭이띠를 너무 믿지 마라. 반드시 손해를 보게 될 것이다.

11 남의 송사에 왈가왈부 하지 마라. 나중에는 큰 어려움을 겪게 된다. 사업가는 16-17일을 조심하고 학생은 21일 오전7-11시경을 조심하며 여성인 경우에는 8·19일에 남쪽에서 처음보는 남자와 동침하면 후일에 큰 화가 닥쳐온다. 시장에서 의류나 악세사리 장사를 하는 사람은 25일에 도적을 조심하라.

12 옛것에 미련두지 말고 과감하게 버려라. 지금 유행을 따라 처신해야 할 때이니 옛것을 버리는 과감한 용기가 필요하다. 그래야만이 하는 일에 어려움이 없고 손해도 없다. 매사를 적극적인 자세보다도 수동적이고 소극적인 행동으로 대하라. 소원이 이루어질 날자는 16·17·21·28일경이 될 것이다.

723 家有賢妻 가유현처
大禍不犯 대화불범

집안에는 현모양처가 있어 어려움이 있을 때마다 지혜롭게 대처하므로 큰 화액은 없다. 특출하려고 남보다 앞서가려고 한다면 오히려 더 뒤떨어지는 결과를 초래한다. 따라서 언행을 바르게 하고 보통사람의 삶을 영위한다면 가장 행복한 생활이 될 것이다. 자녀들까지도 온순하고 효심이 강하여 속상하는 일이 없고 취직이나 시험에도 큰 어려움 없이 뜻대로 이루어진다. 쥐띠는 연애박사가 되고 소띠는 실연하여 눈물을 보이고 범띠는 실업자가 되고, 토끼띠는 자녀가 출세하고 용띠는 부자간에 다툼이 있고 뱀띠는 별거를 하고, 말띠는 가출을 하고 양띠는 집안에 염라대왕의 초청장이 날아오고 원숭이띠는 한번 웃고 두번 운다. 그리고 닭띠는 병고가 심하고 개띠 돼지띠는 취직을 하거나 변동이 있다.

1 어려운 상황에서도 진실을 추구하고 욕됨이 없다면 다소나마 유익하여 처음 생각했던 어려움보다는 훨씬 나은 결과를 기대할 수 있다. 비록 수입에 비하여 지출이 많다고는 하나 후일에 다시 돌아올 재물이므로 이달 만큼은 손해를 본다는 생각으로 살아가는게 현명한 삶이 될 수 있다.

2 돌을 갈고 닦아 끝내 명실상부한 옥으로 만들기 위해서는 쾌락과 물질적 풍요로움도 모두 버리고 오직 성실과 근면으로 밀고 나가야 한다. 그래야만 끝내 환호성을 칠 수 있는 좋은 결과가 있어 가슴 뿌듯하다. 연구기관에서 근무하는 연구원은 새로운 지위에 오르게 된다.

3 세상살이 하는데 시비가 없음은 오히려 이상할 정도이다. 그러나 이달 만큼은 시비를 멀리하고 진실과 이해 그리고 겸양으로써 살아가야 한다. 만약 이와같은 뜻을 어기고 막된 언행을 했다가는 병원이나 검찰청 또는 경찰 신세를 면하지 못해 결국 팔목에는 큼지막한 팔찌를 차게 된다.

4 편안한 가정에 뜻하지 않은 일로 사나운 악몽이 휘몰아치니 대들보가 휘청거리고 기둥이 부러진다. 한번쯤은 눈물을 보이고 넘어가야 하니 애처롭다. 하지만 삼가하는 마음으로 사전에 대비한다면 다소는 감액할 수 있다. 특히 1·9·15·25일 오전1-2시경에 가스로 인한 폭발참사를 막아야 한다.

5 서쪽에는 불길하여 당신을 해칠 악인이 나타나게 되고 동쪽은 길하여 당신의 소원을 이루어 줄 수 있는 귀인이 나타나게 된다. 미혼남녀라면 16·17일 서쪽에서 만난 상대와는 절대 인연이 없고 동쪽에서 3·9·24일 오후1시경에 만난 사람과 인연이 있으니 마음을 정하는게 현명하다.

6 재물을 탐하지 않는 사람은 별로 없을 것이다. 그러나 이달 만큼은 조금이라도 사리에 어긋나는 재물을 탐하면 그로 인하여 파직도 되고 붉은 벽돌집의 신세를 지게 된다. 특히 건축 토목 세무 법원 공무원은 품행을 단정히 하고 단 한푼이라도 남의 호의를 받아서는 아니된다.

7 이달에 당신이 걸어가야 할 운명은 참으로 괴상하다. 왜냐하면 손해를 보지 않으면 병을 얻어 생각지 못했던 돈이 나가야하고 그렇지 않으면 타인으로 하여금 뺨을 맞는 망신을 당해야하니 이래저래 불길하다. 1·9·15일은 외출을 삼가하고 대인관계를 스스로 피하는게 화를 감소하는 결과가 된다.

8 옛날에 빈집에 소 들어간다는 말이 있다는 것은 당신처럼 어려운 생활에 의외의 큰 재물이 들어옴을 말한다. 무엇이든지 시작해 놓으면 이익을 볼 수 있는 운세이다. 특히 2·4·8·14·24 짝수날은 꽤나 큰 재물을 얻을 것이다. 유행성 계절업종은 일확천금의 운세이다.

9 하늘의 별이라도 아니 해와 달을 따올수 있는 적극성과 투지는 가득하나 제대로 이루어지는 일이 하나도 없어 한마디로 엉망진창이다. 마음은 빙산처럼 바짝 얼어붙어 있고 행동은 칼날 위를 가듯 위험하기만 하다. 이불을 둘러쓰고 한숨을 쉬며 눈가에 눈물이 고여도 누구하나 위로하지 않아 더욱 외롭다.

10 세상참! 고르지 못하다. 어느 사람은 못된 짓이라곤 골라가면서 서슴없이 해도 무사한데 당신처럼 착하게 살려고 해도 이미 처자식은 온데간데가 없으니 무슨 조화인지 모르겠다. 달을 쳐다보며 흐느껴도 속이 시원치 않고 별을 쳐다보고 통곡하여도 나간 사람은 돌아오지 않는구나.

11 청산에 우뚝 서있는 외로운 청솔 한 그루 어느 누가 알아 주리요. 당신의 마음씨는 비단결보다도 진흙속의 은구슬보다도 아름답고 깨끗하나 그러한 마음을 알아주는 사람은 아무도없이 외로운 삶을 살아간다. 이달 1·11·21일에는 당신의 그 고결한 뜻을 알아주는 귀인이 나타날 것이다.

12 운수가 대통하니 집안에 재물이 불어나고 직장에서는 승진하는 기쁨이 있어 돌 하나로 다섯마리의 새를 잡는 것과 같다. 집안에 새로운 식구가 들어오니 한 근심 덜게 되고 하는 일마다 순풍에 돛단 듯이 술술 풀려만 간다. 쥐띠 12월생은 건강이 불길하니 19·24일을 조심하라.

731 以羊易牛 이양역우
得失之數 득실지수

양을 가지고 소로 바꾸니 물질은 불어났어도 정신적인 면은 빈곤하다. 자칫 나만 이익보고 상대는 손해를 끼칠까 두렵구나. 금년은 외형상으로는 커다란 발전을 하는 것 같지만 내부적으로는 기본마저 흔들리는 운에 처해있다. 욕심을 부리다 도리어 손해만 보니 분수를 알고 처신하는게 가장 상책이다. 사업은 방계회사를 증설하거나 또는 사업장을 확대하는등 무모한 확장으로 큰 어려움을 겪고 있다. 쥐띠는 빚더미 위에서 생사의 몸부림을 친다. 소띠는 몸에 칼을 대는 비운을 겪는다. 범띠는 결혼을 하게 되고 토끼띠는 큰돈을 벌게 되고, 용띠는 상복을 입게 되고 뱀띠는 외국여행을 말띠는 맞선을 보는 운세이며, 양띠·원숭이띠는 부부불화가 있고 개띠·돼지띠는 고시에 합격한다.

1 선대에서 물려준 재산으로 인하여 형제등 기타 관계인이 난투극을 벌여 법정에까지 출두하니 집안 망신이다. 가정이 아닌 회사에서도 상속재산 문제로 암투가 있어 회사가 사양길을 걷게 된다. 겸양하고 서로 양보한다면 이익은 스스로 다가오지만 그렇지않고 욕심만 부리면 장차 병까지 얻는다.

2 하늘이 돕고 선영도 돌보니 목적했던 일들이 어렵지않게 성취된다. 성적이 저조했던 학생도 자연 성적이 좋아지고 그동안 불화쟁투 했던 부부도 이달부터는 화합하기 시작하여 머지않아 잉꼬부부로 변신한다. 이혼하려고 법원까지 갔다가 다시 오는 날이 18·28·29일 등이다.

3 하루아침에 이름이 온 세상에 알려지니 사람들이 놀라지 않을 수 없다. 연예인·스포츠·정치인등은 16·25일에 경사스러운 일이 있게 되고 쥐띠·소띠·범띠가 6·7·8월에 태어났다면 사회적인 사건으로 인하여 뭇사람들의 입에 오르내린다. 여성인 경우에는 이성문제로 그러하다.

4 신씨·조씨·주씨 성을 가진 사람과는 상면하지 않는게 최선이다. 그러나 부득이한 경우로 상대하게 되면 1·3·9·17일 오전 11~1시경을 주의해야 한다. 만약 주의하지 않으면 도적실물수를 당하고 여하한 이유에서든지 손해보는 것을 막을 길이 없다. 가능하면 서쪽과 서북쪽을 삼가하라.

5 만약 천인을 만나지 않으면 귀인이라도 기필코 만나야 하니 운명치고는 괴이한 운명이다. 천인을 만나는 날은 3·9·15·20일 오전 10-12시경과 밤1-2시경이다. 그리고 귀인을 만나는 날은 1·4·6·8일 오전 11-1시경과 오후 5-9시경이다. 따라서 이러함을 마리 알고 처신한다면 크게 유익하리라.

6 작은 냇물이 모여들어 큰 바다를 이루니 이 또한 열냥으로 천냥을 만들 징조이고 계장이 과장되고 과장이 전무, 사장되는 승진 운과도 같다. 사업가는 이달 1일과 21일 또는 말경에는 큰 액수의 돈이 들어오고 공무원인 경우는 아무 탈이 없을 뇌물을 받게 된다.

7 밥을 보고도 먹지 못하니 질병으로 고생하거나 소원을 성취하고자 하나 주위 여건때문에 포기해야 하는 안타까움이 있다. 과분한 행동으로 몸살을 앓지 말고 알맞은 처신으로 편안함을 지탱하라. 당신이 만약 유수한 도박사라면 12·22·25일 서쪽에서의 큰 도박을 시도하면 큰 돈을 벌 수 있다

8 자녀에게 경사스러운 일이 있게 되니 그것은 결혼이 아니면 외국으로 유학을 가는 경우가 된다. 만에 하나 자녀 띠가 쥐띠·말띠·양띠로 10월이나 12월초가 생일이면 취직시험에 합격하여 국내에서 유명한 회사에 입사할 것이다. 그러나 원숭이띠는 낙방하고 고개를 떨구게 된다.

9 경솔한 행동은 화약을 짊어지고 불속으로 뛰어드는 것과 같고 돌맹이를 매달고 물속으로 들어가는 것과 같아 실로 불행중에 불행을 자초한다. 이러한 운수에서는 보다 선행이 요구되며 요구된 만큼의 선행으로 삶의 기본 바탕을 삼는다면 무사하다. 9·16일을 조심하고 25일은 서쪽행 차를 타지 마라.

10 꽃이 떨어지면 열매가 맺어야할 단계나 도무지 열매가 맺지 않아 희망이 절벽이고 그 절벽에서 떨어질까 걱정이다. 한마디로 믿었던 희망사항이 이미 물 건너갔고 노력은 죽도록 했지만 얻은 것은 전혀 없다. 투기를 삼가하고 무모한 배짱을 저 멀리 던져버려야 한다.

11 농사를 짓는 농부가 생각지 않았던 천금을 손에 쥐니 경거망동 하기 쉽다. 도시에서 공업계통에 종사하는 사람도 생각보다는 훨씬 나은 수입이 있고 의리좋은 친구를 만나 새로운 직장을 갖게 된다. 한가지 명심할 것은 친구의 띠가 개·소·양띠이면 배반을 면키 어렵다.

12 매사를 삼가하라. 이달의 신수는 불길하여 몸도 다치고 손해도 보는 흉칙함이 있을 것이다. 일을 벌리기보다는 축소시키는 것이 다행하며 무모하게 벌려만 놓는다면 장차 뒷감당하기 힘들다. 말띠·원숭이띠 부부는 신경통과 치통으로 생각보다 큰 고통을 겪는다. 심한날은 4·10·15일 새벽이다.

732 雷門大聲 뇌문대성
萬人之驚 만인지경

우뢰소리가 온 천하를 진동하니 사람들이 놀란다. 금년에는 좋은 일 보다는 뜻밖의 사고로 고초를 겪는 운수이다. 차를 타고가다가 또는 비행기나 배를 타고가다가 참사를 당하여 생명이 경각에 달려있게 된다. 유흥가나 기타 암흑가에서 삶을 영위하는 사람은 이권 다툼으로 난투극을 벌여 생사의 갈림길에 있게 된다. 다만 군인이나 경찰은 의외의 공훈을 세워 국가로부터 훈장을 받기도 한다. 여성이라면 결혼해서 잘살던 사람이 하루아침에 거지가 돼 허망을 감당하지 못하고 있다. 직업이 가수나 성우인 경우에는 이름이 만인의 입에 오르내리는 인기인으로 부상하기 시작하는 길운이다. 특히 원숭이·용·닭띠가 성우라면 최고의 전성기를 맞이할 것이다.

1 화액이 가고 복이 오니 이게 곧 행복이 아니겠는가. 가정에는 화기가 넘쳐 조석으로 웃음소리가 있고 각자가 벌어들인 돈이 적지않아 오래간만에 은행출입을 하게 된다. 그러나 완전무결한 행운은 없다. 그러므로 여유가 있다하여 흥청망청 써버린다면 오히려 더 불행해질 것이다.

2 만약 이사를 하지 않으면 직업을 바꾸기도 하고 사업가는 사업종목이나 사업장을 바꾸어 들어오는 돈보다는 나가는 돈이 더 많아질 것이다. 이사를 해야 하는 날짜는 20·24·27일이다. 취직을 하기 위해서 이력서를 제출하고 소식만을 기다리는 사람은 5·9·15·21일경에 좋은 소식이 올 것이다.

3 이달에는 혼자서 심사숙고한 연후에 사안을 결정하라. 보다 나은 의견이 있을까 하고 여러 사람과 의논하나 비밀만 폭로되고 아무런 결론도 얻지 못하는 탁상공론일 뿐이다. 그러니 매사를 혼자서 결정하는게 현명하다. 결정할 시기는 1·5·9·10일 오전1시경이 된다.

4 여러 사람이 싫어하는 행동을 하지 마라. 자칫하다가는 경사스러운 일도 갈기갈기 찢어지고 만다. 다 돼가던 혼담이 경솔한 행동을 상대에게 보이므로 결렬되고 만다든가 거의 다된 매매도 마지막 도장을 찍는 순간의 다툼으로 해약되고 만다. 한마디로 다된 밥에 코 빠뜨린 격이다.

5 사나운 귀신의 무리가 당신의 집 주위를 맴돌며 하는 일마다 훼방을 놓고 있어 눈에 보이지 않는 피해를 보고 있다. 마음이 산란하고 몸이 무거워지니 건강도 우려가 된다. 뿐만 아니라 별것아닌 구설시비로 관재를 당한다. 15·25일경에 그러하므로 출입을 삼가하고 언행을 조심하라.

6 소원이 이루어지나 옥에 티라할까 아니면 길한 가운데 흉함이라할 정도로 유종의 미를 거두지는 못한다. 동쪽에 사는 최씨·문씨·홍씨는 당신을 도우려고 하나 서쪽에 사는 김·선우·제갈·남궁씨는 해를 주려고 눈을 부릅뜨고 있다. 16·26일만 주의하면 무사하다.

7 행정관청에 관계된 즉 각종 인허가나 청탁은 좋은 결과가 있게 된다. 그러나 개인적인 사사로운 일에는 지체되고 좌절되는 아픔이 있다. 이러한 때에 가장 적절한 방법은 여성으로 하여금 해당일에 관여하게 되면 생각보다 만족스러운 결과를 얻게 된다. 특히 혼인 문제는 더욱 그러하다.

8 이달의 신수는 크게 잃고 적게 얻으니 결국 노력은 태산같이 했건만 얻는 것은 티끌만하다. 각종상담 즉 소개소 결혼상담등은 갑자기 휘몰아치는 태풍으로 큰 타격을 받는다. 쥐띠가 11월 1일이나 8월 16일 7시에 태여났다면 장차 큰 돈을 벌어 호화스러운 삶을 영위 할 것이다.

9 집안에 염상문살이 끼었으니 최악의 비운이로다. 먼 여행을 삼가하고 집안에서 수도하는 마음으로 근신을 해야 한다. 집단으로 차를 타고 여행을 하거나 배를 타는 것은 화약창고에 불을 지르는 것보다 위험하다. 가능하면 4·9·12·26일에는 '두문불출', 은거하는 것이 최상이다.

10 그렇게 밤낮을 가리지 않고 공부를 계속하더니 과거에 급제하는 영광을 안게 된다. 일반 사업가는 오래도록 막혔던 재물운이 한번에 터져나오니 재물을 모아 빈곤했던 가정에 풍요로움을 안겨준다. 대재벌 2세라면 선대의 유산을 상속받아 하루아침에 돈방석에 앉는 행운이 있기도 한다.

11 옛것을 지키고 조용한 삶을 영위하면 그다지 큰 어려움이 없다. 그러나 조금더 이익을 추구하려고 무리한 행동을 했다가는 복을 등지고 화를 찾는 결과가 있게 된다. 어느 경우에도 자신의 처지를 헤아려 그에 상응한 행위를 해야 한다. 지금하고 있는 직업이 불만스러워도 계속하는게 길한 운수이다.

12 친한 친구나 친인척을 가까이 하지 마라. 부득이한 사정으로 피할수가 없을 것이다. 따라서 사정을 들어주다가 큰 손해와 의리 단절하는 결과를 초래한다. 그러니 16·26·27일에는 접촉을 하지말고 여행이라도 떠난다면 장차 큰 화를 막는 길이 된다. 특히 금전거래는 어느 누구하고도 금물이다.

733 龍雲虎風 룡운호풍
變化無双 변화무쌍

용이 구름을 타고 백가지 조화를 부리고 백호가 바람을 타고 동서남북으로 종횡무진하니 그 변화가 무쌍하다. 지혜와 투지 그리고 저력을 총동원하여 어느 일이고 적극적인 자세로 추진한다면 처음 생각보다도 몇곱절되는 결과를 얻는다. 그동안 은거를 하고 있던 수도승이라면 이제부터는 대승의 길로 중생을 제도하기 위하여 하산을 서둘러야 할 때이다. 무명인이 유명으로 가난한 자가 부자로 독신자가 부부로 변하는 등 만사가 변화기에 놓여있다. 사찰이나 방구석에서 오로지 고시에 합격하기만을 바라던 사람은 드디어 합격의 영광을 안고 만인앞에 늠름하게 서게 된다. 정치인은 이번이 절호의 기회이다. 로비 활동을 해서라도 자신이 원하는 자리에 앉아야 한다.

1 운명에 권세와 재물이 이미 정해져 있어 당신이 싫든 좋든간에 그틀을 벗어나지는 못한다. 재물이 들어오니 도장을 찍어 큰 이익이 있고 권세가 출중하니 위세가 당당하다. 본래 사주가 길하고 본래에 해당하는 경우에는 일국의 통치가가 되기도 하고 통치자에 버금가는 지위에 있게도 된다.

2 노력한만큼 댓가는 충분이 얻게 된다. 친인척이 하늘나라로 가는가하면 자녀를 결혼시키는 경사가 있어 분주하다. 결혼식을 올리는 날은 16·27·28일이 좋으며 남쪽이나 동쪽에 위치한 예식장에서 하는게 더욱 길하다. 쥐띠와 말띠가 결혼하려거든 이혼도장을 미리 준비하라.

3 이름이 팔방에 알려지고 조석을 가리지 않고 '펜레터'가 쌓여 태산을 이룬다. 지금까지 무명으로서 작가생활을 해온 사람이라면 생각지 않았던 베스트셀러가 나와 그동안의 모든 걱정과 빈곤 그리고 고독을 한순간에 잊어버린다. 농부는 각종단체장이 될 수 있어 작지만 이름이 있게 된다.

4 타인이 싸움하는 곳은 가지도 말고 보지도 말아야 한다. 왜냐하면 관재구설을 당하기 때문이다. 16·19일에는 자신의 차를 들이받고 가는 뺑소니차가 있으므로 미리 주의하라. 특히 서울에서는 인천이나 부천등지에서 오는 차가 될 것이다. 만약 관재가 있게되면 정·문·신씨의 성을 찾아 도움을 청하라.

5 농사짓는 일을 팽개치고 서울로 오니 집안이 텅텅 비어있다. 그리고 논 밭을 판 돈으로 장사를 시작하니 큰 돈은 모아지지 않아도 작은 돈은 모아져 그런 대로 생활하고 있다. 건재상 식당 농산물 취급상을 한다면 반드시 돈방석에 앉을 운이다. 그러나 개업일과 이사 날짜등을 잘 선택해야 한다.

6 운수가 대통하니 천군만마를 얻는 것보다도 더 큰 힘이 되고 황금만냥을 받은것 보다도 더 중요하다. 매사가 순성하고 불화했던 부부사이도 점차 호전되니 참으로 금상첨화격이다. 언론 출판에 종사하는 사람은 지금껏 남의 밥을 먹고 있다가 스스로 회사를 설립하여 큰 돈을 벌어들인다.

7 우물안의 고기가 바다로 나가니 의기가 양양하고 새로운 세계에서 새로운 삶을 시작한다. 연예계 법조계 경제계에 종사하는 사람은 일시에 천금을 얻고 보통사람이라면 보다 나은 생활을 할 수 있는 재물이 모여든다. 시골청년이 서울로 올라와 출세를 하게 되니 만인이 우러러본다.

8 박씨 최씨가 당신을 도울 성씨이므로 동업을 하게 되면 큰 돈을 벌수 있다. 단 3년을 넘기지 말아야 한다. 그 이유중의 하나가 최씨는 부부불화가 심하여 장차 이혼하고 타락하므로 공금을 횡령한다. 이달 27일에는 생각지 않았던 옛 애인을 만나 사랑을 속삭이는데 공교롭게도 황홀경에 이른다.

9 집안이 상복을 입을 수니 부모가 아니면 상배이다. 이와같은 일이 없다하더라도 환자가 발생하여 큰 돈을 소비하게 된다. 서쪽으로 가지마라. 병을 얻어 몸저 눕게 된다. 상복을 입게 될 날짜는 9·19·15일 새벽 2시경이며 환자가 발생할 날짜는 4·9·6·19일 낮 12시경이 된다. 단 소띠는 3시경이 될 것이다.

10 논밭을 사고 팔거나 주택등을 팔고 사니 그 이익이 일취월장식으로 커져만 간다. 동쪽에는 주택이 이롭고 북쪽에는 땅이 이로우며 농촌에서는 가까운 전답보다는 먼곳에 있는 전답이 훨씬 이익이 많다. 아직 미혼인 남녀는 2·6·14일 낮 1시경에 애인을 만나게 되니 데이트 자금을 마련하라.

11 선박업은 불길하나 수산물 위주의 장사는 크게 유익하고, 대기업이나 중소기업을 막론하고 수산물을 위주로 하는 업종만큼은 큰 호황을 누린다. 선원이 되고자 이력서를 제출해 놓은 사람은 말일경에 좋은 소식이 있고 선박을 팔고 사는 날짜는 4·6일이 길하며 2·7일은 대흉하다.

12 돈도 벌고 지위도 높아졌으니 알게모르게 바람도 피우지만 지나친 바람은 여러 사람에게 피해만 줄 뿐 단 하나도 유익하지 못하다. 여러가지 띠중에서도 쥐띠 말띠인 경우에는 자타간에 바람을 피우는데 주로 음식점에서 만난 사람과 그러하다. 3·12·22일은 서쪽에 있는 여관에서 음행을 할것이다.

741 百事順理 백사순리
不然則凶 불연즉흉

모든 일을 순리대로 움직이는 것은 만고의 이치다. 그러나 요즘 현대인은 자신이 마치 진리와 이치를 만드는 기계인냥 마음대로 생각하고 느끼는대로 행동하다가 스스로 화를 자초하고 있다. 지금까지는 순리에 역행했을망정 금년부터는 순리에 순응하는 자세로 만사를 대하라. 그러면 훨씬 유익할 것이다. 산지개발업을 하는 사람과 스포츠에서도 육상계통은 대성할 기회이다. 정치인은 은둔생활을 해야 하고 부부간에 이혼하고 마음을 못잡은 용·쥐·원숭이띠는 입산수도하여 만인의 스승이 돼야한다. 뱀·닭·소띠는 손해와 이익을 측량하기 힘들만큼 성패가 대단하다. 돼지·양·토끼띠는 취업의 기쁨이 있고 범·말·개띠는 이성의 문이 열렸으니 열정적으로 다가가라.

1 집안에 혼담이 왕래하나 사사건건 시비구설만 있지 아무런 진전도 보지 못하고 있다. 아직은 때가 이르지만 그래도 21·26일 낮 3시경에 맞선을 보게 되면 생각지않았던 결과를 볼것이다. 돼지띠 6월생과 토끼띠 양띠 6월이나 10월생과는 결혼하게 되니 큰격 정하지 않아도 된다.

2 하늘과 땅이 서로 사귀니 세상이 태평하고 사람들의 마음이 어질다. 이러는 때에 당신은 명진사해하는 환희의 기쁨이 있게 된다. 어느 누구를 막론하고 순리에 어긋나는 행동만 하지않는다면 바라던 일이 순조롭게 이루어진다. 소띠는 부스럼병과 치질을 조심하라.

3 학교를 졸업하고 그동안 취직이 되지않아 번민하고 방황했는데 이달 2·6·19·23일경에는 취직이 되니 개천의 고기가 바다로 가는것과 같다. 외국으로 석 박사의 유학을 가는 사람은 중순경에 큰 어려움 없이 가게되므로 너무 걱정하지 마라. 다만 애인하고 관계를 잘 정립하라.

4 그 이름이 세상에 알려지고 지위가 만인을 통솔할 수 있어 가히 출세를 한 것이다. 본래 타고난 팔자가 길하여 본괘를 얻게 되면 장차관이 될수도 있다. 설령 그와같이 되지않는다 하더라도 모든 면에서 우두머리가 될수 있는 좋은 신수이다. 석사·박사 시험에 합격할 수 있어 또 하나의 경사이다.

5 모든 일에 선한 마음과 행동으로 처신하게 되면 반드시 경사스러운 일이 있을 것이다. 눈앞의 이익만 추구하려다가는 도리어 손해를 보게 된다. 지금은 불리하고 별 이익이 없어도 긴 안목을 갖고 매사에 대처하는게 최선이다. 젊은 남녀는 9일 오후 5시 이후에 참사랑을 나누게 된다.

6 이달에 당신의 신수는 순풍에 돛단배가 힘 안들이고 항해하듯 매우 좋은 운에 놓여있다. 모든 일이 생각대로 이루어지고 귀인이 스스로 돕겠다고 나서므로 천군만마를 얻은 힘이 된다. 하지만 사리에 어긋나는 일은 일찌감치 물러서야 한다. 모든게 사리에 어긋나지 않았을때만 가능하다.

7 자녀를 결혼시키는 경사가 있지않으면 대과에 급제하는 행운과 저력의 댓가가 있다. 행정고시나 사법고시에 합격하지 않아도 다른 분야에서 행운을 잡을 수 있다. 부부가 각기 직장을 갖고 맞벌이 생활을 하니 재물이 모이게 되고 생활의 풍요로움을 갖게 된다. 큰 돈이 들어오는 날은 15일경이 된다.

8 당신의 선행이 태산보다도 큰데 그 어찌 행복이 없을 수 있겠는가. 당신의 마음과 덕행에 감탄하여 너도나도 도와 주겠다고 다투기까지 한다. 이럴때 일수록 상대를 잘 선택하여 도움을 받아야지 모두 다 받아들인다면 돌이킬 수 없는 화액이 있어 모든게 수포로 돌아갈 것이다.

9 논을 팔고 밭을 사게 되니 큰 이익이 있고 살림살이가 늘어만 간다. 도회지에서 사는 사람은 부동산으로 큰 이익을 보게 되니 하루아침에 갑부가 된다. 비단 부동산의 매매가 아니더라도 장사를 하는 사람은 모처럼 호황을 맞이하여 큰 수익을 볼 수 있다. 가능하다면 서쪽에 있는 부동산은 매매하지 마라.

10 다시는 집에 돌아오지 않을것 같은 가출인이 저녁무렵에 돌아오니 화목을 잃었던 가정은 다시 생기가 감돌고 웃음이 있어 행복한 삶이 다시 지속된다. 다만 미혼남녀로서 애인이 종족을 감췄다면 자타를 위해서 참는게 현명하다. 스스로 멀어지는 화근을 불러들일 필요는 없다.

11 마음이 편치못해 못살겠다고 큰소리치며 별거하던 부부가 막상 별거를 하더니 자신들의 인내와 지혜가 부족하여 그리되었음을 뒤늦게 깨닫고 다시 결합한다. 자녀때문에 결합을 한다고 하나 서로의 사랑이 그리워서 그러한 것이다. 아무리 자녀가 중요하다고는 하나 원수끼리는 살수 없지 않은가.

12 모든것이 당신의 자력만으로는 미흡하다. 그러니 또 다른 사람으로 하여금 뜻을 이루는게 비책인 것이다. 일을 크게 확대하는 것은 금물이다. 그러니 작게 또 조용히 처리하는게 후일에는 큰소리로 호령할 수 있을만큼 완벽하다. 결혼문제로 고민하는 사람은 지금 당장 웃어른들의 협조를 구하라.

742 堀地千金 굴지천금
其勞可知 기노가지

　땅을 파헤쳐 천금을 얻으니 그 수고로움을 알만하다. 성급하게 서두는 것보다는 서서히 노력하되 집념과 끈기로 목표를 포기하지 않고 계속 밀고 나가는게 상책이다. 남녀간에도 성급하게 대하다가는 오히려 궁지에 몰려 실연을 당하고 만다. 토목계통에 종사하는 사람은 큼지막한 공사를 맡아 성공적으로 끝마침에 큰 돈을 모을 수 있다. 금광이나 탄광 기타 규석 장석등을 캐내는 광업은 백년에 단 한번 있을까 말까 한 절호의 기회이고 도자기를 굽는 사람은 이름을 빛낼 수 있다. 농촌에서 농사에 전념하는 사람은 논밭을 살 수 있는 운수이다. 이밖에 변호사 아나운서 웅변가 언론인등은 오래간만에 큰 재물을 모을 수 있고 뭇 사람에게 덕을 베풀 기회가 마련된다.

1 당신에게 행운이 있는 방위를 말한다면 서쪽과 남쪽이 된다. 따라서 새로운 사업을 여는 것이나 이사를 할 경우 그쪽을 선택하는게 순응하는 것이며 화를 배제하고 복을 부르는 결과가 된다. 금전거래를 하여도 그쪽 방향은 길하므로 마음놓고 거래할 수 있다. 가능하면 9자가 든 날에는 금전거래를 삼가하라.

2 연예인 중에서도 영화감독·가수·영화배우·TV탈렌트등은 일거에 만인의 심금을 울리고 일거에 천금을 희롱하니 사람들이 우러러본다. 특히 연예인 중에서도 개띠 10월생은 스타가 되는 행운이 기다리고 있다. 양띠와 소띠는 이름은 있지만 실상 재물은 모으지 못하고 부부간에 파경이 있다.

3 육친간에 서로 헐뜯고 모략과 아첨이 난무하는 싸움을 하니 한마디로 집안꼴이 말이 아니다. 이러한 어려움 때문에 기둥뿌리가 덜석거려 각기 뿔뿔이 헤어져야하는 아픔을 겪는다. 큰 재물도 아닌것을 그렇게 험상궂은 표정들로 빼앗으려고 서로 웅얼대다니 참으로 한심한 집안이구나.

4 백약이 무효일만큼 여러가지 약과 치료를 해 보았지만 아무런 효과도 보지 못해 회생불가능으로 판단했던 환자가 재생의 기미가 보이니 장차 완쾌의 기쁨을 갖게 된다. 핵가족의 세태 때문에 분가했던 사람이 다시 큰집으로 돌아오니 가정이 화목하고 재물이 모여든다.

5 일개 비서직에 불과했던 사람이 후일에 큰 벼슬로 지위가 높아진다. 보좌관의 직업을 가진 사람은 16·18일에 기쁜일이 있을 것이고 기업체에서 비서직을 갖는 사람은 1·9·19일에 기쁜 소식이 있으며 여성인 경우에는 12·15·27일 밤에 모시고있던 상사와 정분을 나누니 믿지못할건 인심인가 하노라.

6 주색을 가까이 하고 외도를 추구하니 부부가 온당치 못하다. 조석으로 말씨름만 벌여오던 부부는 끝내 별거를 하고 만다. 다만 범띠는 형사문제로 쇠고랑을 차게 되며 원숭이띠 1월생은 간통죄로 고소를 당하여 그동안에 모은 재산을 모두 날려버린다. 뱀띠 7월생은 알콜중독 증세가 심하다.

7 착한 일만을 골라서 하는 당신에게 하늘도 감탄하여 자식을 얻게 되며 그 자식은 후일에 큰 인물이 된다. 대인관계에 있어서 서운하고 부족한 점이 많지만 착한 언행은 주옥같은 결과를 초래하고 그 결과는 만인을 깜짝 놀라게 할 것이다. 쥐띠 6·7월생은 다소간 손해가 있음으로 주의하면 감액된다.

8 청용이 여의주를 물고 하늘로 오르며 무쌍한 조화를 부린다. 따라서 사주가 길한자는 만인의 스승이 되기도 하고 통치자가 될 수도 있다. 그러나 전직이 통치자 위치에 있었던 사람은 공교롭게도 염라대왕의 부름을 받는다. 정치인이라면 암살을 당할 우려도 있으니 7·8·19일 밤 7-12시경을 조심하라.

9 당신이 장자의 신분에 있다면 상속받는 재산이 산과 같아 하루아침에 재벌이 되는 행운이 있다. 설령 재벌의 상속이 아니더라도 일반 가정에서도 상복을 입는 후에 재산을 상속받게 되는 경우가 많다. 토끼띠는 재산으로 인하여 형제간의 다툼이 있어 심신이 불안하다.

10 친한 친구를 믿지 말라는 주문은 도덕상 있을 수 없다. 하지만 영원한 친구로 존속하려면 이달 만큼은 믿지 않는게 현명한 결과를 낳게 된다. 감언이설을 주의하고 친한 사람일수록 더 조심하고 경계해야 한다. 미혼남녀도 상대방에게 큰 기대를 한다면 흑색도 백색으로 보여 화액을 면키 어렵다.

11 남자라면 직업을 갖고 당당하게 사는것이 요즘의 인심인데 당신은 실업자가 되어있어 대우를 제대로 받지 못하고 있다. 여자는 집에서 밥짓고 자녀를 기르는데 최선을 다해야 함에도 가정 형편상 직업전선에 뛰어 들어야 한다. 이러한 보람으로 장차는 풍요로운 삶을 영위할 것이다.

12 만약 직업이나 사업을 바꾸지 않으면 아무런 생각하지 말고 현상유지에 최선을 다하라. 직업을 바꾸는것도 크게 유익하지 못하므로 때를 기다려 변동해야 보다 좋은 결과를 낳는다. 여성으로서 쥐띠·말띠 7월생이라면 음부가 가려워 잠자리에 크나큰 불편을 겪게된다.

743 若而敗人　약이패인
　　　　反有我被　반유아피

당신은 사기로 타인에게 피해를 주어야 한다. 그렇지 않으면 당신 자신이 사기를 당해야하니 한마디로 잔재주와 술수 모략등이 난무하는 때이다. 상대를 넘어뜨리지 않으면 내가 절벽으로 떨어져야 하는 진퇴양난의 어려움이 있게 된다. 쥐띠는 소띠에게 사기를 당하고 소띠는 양띠에게 사기를 당하고 한탄한다. 범띠는 도적을 만나 재물을 잃으며 토끼띠 용띠는 이사변동수가 있다. 범띠와 말띠는 혼담에 장애가 있어 결국 이루어지지 못하고 말썽 뿐이다. 양띠 원숭이띠는 생각지도 않았던 돈을 벌게 되며 새로운 주택을 사는 기쁨이 있다. 닭·개·돼지띠는 부부가 재물로 인한 논쟁을 벌이다 결국 때리고 부수는 파경까지 이르게 된다. 열량을 얻으려고 잔꾀를 부리다가 백냥을 잃고 함정에 빠진다.

1 청산에 홀로 앉아있는 외로운 나그네 한숨을 짓노라! 이달에는 길을 찾지 못하여 방황하는 시운에 와 있다. 그러니 스스로 자중하고 스스로 심사숙고 하는 자세가 절대적으로 필요하다. 친구에게 부탁한 취직과 금전등에 관한 기쁜 소식은 18·28·29일에 있게 된다. 희망을 잃지말고 기다려라.

2 단 한번에 천리길을 뛰고 싶지만 마음과 뜻대로 되지 않는게 인생사 그 어찌 마음먹는 대로만 되기를 바라겠는가. 출입을 삼가하고 언행을 삼가하는 것만이 몰아닥치는 불행을 사전에 막아낼 수 있다. 사업가는 자금이 부족하여 동서남북으로 구걸하다시피 아쉬운 소리를 하여 어려움을 겨우 극복한다.

3 때는 바야흐로 봄임에도 내 마음은 봄이 봄으로 느껴지지 아니하니 이게 무슨 조화란 말인가. 매사가 하루하루 지연만 될 뿐 어느 한가지도 결실을 보지 못한다. 이성간에는 감정을 배제할 수가 없음이 너무나 당연한데도 나만은 아무런 감정도 없으니 목석같은 무의미한 생활을 계속하고 있다.

4 삼가하는 행동은 미덕을 낳고 그 미덕은 좋은 결과를 낳아 뜻한바대로 성취될 수 있다. 공부하는 학생은 점점 재미를 붙인 덕택으로 성적이 우수해지고 직장인은 실적이 좋아져 회사에서 인기가 대단하다. 여성인 경우에는 일계급이 특진되는 영광을 안게되고 재물도 생기는 경사가 있다.

5 집안에 화객이 있을 징조이니 조심하고 또 조심하라. 집을 새로 짓거나 수리하는 일은 택일에 길흉이 있으므로 서쪽에 있는 역학사에게 물어보는게 현명하다. 어느 일이고 무슨 사람이든 간에 겸양하고 포용하는 행동이 필요하다. 자녀가 있는 경우에는 16·19일에 몸을 다치게 되므로 주의하라.

6 원정의 꿈을 품고 황야를 달리던 장수가 병졸을 잃고 말머리를 되돌리니 승패를 가름하기 어렵다. 당신이 아무리 날고 뛴다해도 중간의 장애로 인하여 실패만 연속하고 만다. 그러나 용기를 잃지마라. 이번에 맞지 않은 운명의 톱니바퀴가 다음에는 꼭 맞아 돌아갈 것이다.

7 세상살이 이렇게 어렵고 복잡할 줄은 미처 몰랐다. 이달에 주의할 점은 뭐니뭐니 해도 남녀간의 이성문제이다. 결혼까지 약속했던 상대가 또 다른 상대와 눈이 맞아 철석같은 약속을 하루아침에 변심해버리는 어처구니 없는 일이다. 하지만 끈기를 갖고 계속 노력한다면 사랑은 당신 것이다.

8 아휴! 이놈의 세상 부모형제 덕이 없어 부부복은 그렇지 않겠지 하고 결혼했지만 하루가 멀다하고 싸움을 하니 집안도 망신, 나도 망신이다. 부부싸움하는 날은 1·9·18·22일 아침과 밤9-11시경이 된다. 이럴때 일수록 매사에 자신을 갖고 과감한 처신을 하는게 삶의 지혜이다.

9 마음이 편안하지 못하니 온 세상이 귀찮기만 하다. 직장은 갑자기 그만두는 경우가 있고 사업가는 일생일대 가장 큰 사업을 계약하려다가 수포로 돌아가니 땅을 치며 통곡한다. 용띠는 이사변동이 있고 직업에 기쁨이 있다. 토끼띠는 외방 자식을 두어 남모르는 고통과 번민에 살고 있다.

10 남쪽과 서북쪽을 가지 마라. 현금이나 기타 귀금속을 잃고 발을 동동구르게 된다. 만약 괴한을 만나 재물을 탈취 당해도 절대 대항하지 마라. 왜냐면 생명은 하나 뿐이기 때문이다. 무모한 대항은 생명을 재촉하고 그로 인하여 수 없는 사람이 걱정을 하게 된다. 용띠 여자는 13일 밤을 조심하라.

11 당신이 살아가는 그 형편도 곤란 하거니와 이달에 놀라는 일을 당하는 것도 차마 눈뜨고 보지못할 참사이다. 연탄가스 사고나 기타 화재 등으로 하루아침에 거지가 돼 버린다. 12·15일은 정북쪽을 가지 마라. 자동차 사고로 생명이 위험하다. 소띠·양띠는 속세를 떠나 입산수도를 결정한다.

12 금년 한해를 살아온 당신이 왜 그다지도 소심하고 회의적인가. 용기를 가져라. 그리고 천불이 가슴 속에 타 오를듯 화가 잔뜩 쌓였더라도 만사를 자중하고 인내로 대한다면 후일에 큰 영광이 있을 것이다. 용·원숭이·쥐띠는 도박을 하여 큰 돈을 벌게 되고 닭띠는 이혼 보따리를 싸게 된다.

751 得羊失牛 득양실우
徒傷心中 도상심중

순한 양을 구하고 사나운 소를 얻으니 마음이 괴롭고 슬프다. 비록 고집세고 억센 사람을 멀리 보내나 양같이 순한 사람을 맞이하니 기쁨 속에서도 슬픔이다. 뱀·소·닭띠는 부인 또는 남편과 이혼을 하고 재혼을 하게 된다. 범·말·개띠는 부리던 사람을 멀리하고 새로운 사람을 맞이한다. 돼지·양·토끼띠는 재물을 모아 가문을 흥왕시키고 쥐·원숭이·용띠는 새로운 사업과 새로운 문서에 도장을 찍게 된다. 양띠 5월생은 위궤양으로 용띠 9월생은 간경화증으로 큰 고생을 하게 된다. 원숭이띠 7월생은 일찍 형제와 사별하고 그로 인하여 꿈자리가 뒤숭숭하다. 쥐띠로 11월 5일생은 후천성 면역 결핍증세로 집안망신 시키고 황천객이 될 수 있다.

1 자신이 감당하지 못할 일을 시작해놓고 공연히 걱정하지 말라. 당신이 지금 하는 일은 힘이 전혀 미치지 못하는 도토리 키재기와 같다. 분수에 맞지 않는 행동을 하다보면 마침내 망신을 당하고 재물도 날려버리니 십년공부 헛수고다. 가장 현명하게 사는 방법은 분수를 지키는 것 뿐이다.

2 단한가지도 뜻대로 이루어지지 않고 악인의 농간으로 모든게 수포로 돌아간다. 비록 재물은 얻는다해도 머지않아 몽땅 잃게 된다. 서쪽에서 빌어온 돈을 갚아달라고 독촉하나 막연하다. 자칫하면 관재수까지 겹쳐 재생하기 힘든 상황에 놓이게 된다. 사리에 합당한 행동만이 화액을 최대한 막을 수 있다.

3 당신은 마음이 착해서 본래부터 시비를 싫어하지만 이달에는 어느 때보다도 시비를 가까이 해서는 절대 아니된다. 그러한 시비는 결국 형사이든 민사이든간에 피하기가 힘들다. 관재구설이 있는 날짜는 13·15·20일이다. 이날만은 오른쪽 뺨을 맞더라도 왼쪽 뺨마저 때리라고 대주어야 한다.

4 만약 새로운 직업을 갖지 않으면 사업을 시작하게 된다. 그동안 취직이 되지 않아 담배 꽁초를 주어 피워가며 답답하게 지내던 실업자에게 취직이 되었다는 기쁜 통지서를 받게 된다. 한가지 조심해야 할 것은 최씨·경씨·여씨성을 가진 사람과 금전거래를 하지 말아야 한다.

5 자손이 귀해 몇대째 독자로 내려오던 집안에 귀염둥이 옥동자가 태어나는 경사가 있어 온 가족이 웃음꽃을 피운다. 사업가도 종업원이 없어 쩔쩔매고 있었는데 뜻하지 않게 새로 입사를 희망하는 사람이 물밀듯이 모여든다. 이달 1·3·9·18일에 기다리던 사람이 오게 된다.

6 노력은 태산같은데 이익은 모래알 같으니 세상 힘들어 못살겠다. 건강도 좋지 못하여 약이 떨어질 날이 없어 엎친데 덮친 격이다. 농촌에서 농사를 천직으로 알고 살아온 사람은 흉년을 맞아 빚감당을 하지못한 채 어렵게 살아가고 있다. 특수작물을 하는 농부는 더욱 그러하다.

7 집을 부수고 수리를 하니 분주하기 짝이 없다. 특히 정북쪽은 친귀 '퇴식방'이므로 그쪽을 잘못 건드리면 정신이 몽롱하고 하는 일마다 손해를 보게 된다. 7월 이전에 결혼식을 올린 사람은 12·14·24일에 큰 싸움을 하면서 서로 자기 주장만 앞세워 소란스러운 삶을 영위하고 있다.

8 남녀를 막론하고 술을 가까이 하지 마라. 그로 인하여 남편도 자식도 다 버린다. 남자일 경우 처자식을 생각하라. 처자식은 빈곤한 생활을 면치 못하고 죽을 고생을 다하는데 당신은 주색에 빠져서 헤어나지 못하니 당신의 앞날도 뻔하다. 하지만 17·28일에 반성하고 주색을 멀리할 개전의 기회는 있다.

9 의외로 운수가 대통하여 매사 순성하고 귀인이 사방에 있어 더욱 힘이 된다. 한때 바람앞의 촛불처럼 위기일발에 처해 있었으나 언제 그랬느냐는 식으로 운수가 대통하여 명예도 재물도 모두 흥왕하니 새로운 세계에서 즐거움을 만끽하게 된다. 미혼자는 28일경에 결혼식을 올리게 된다.

10 결혼식을 올리지도 않았는데 여행부터 동반하니 불길한 징조이다. 그다지 안면도 없는 사람과 동반여행을 한다면 불미스러운 음행을 피할 수가 없을 것이다. 이러한 때에는 혼인을 빙자한 간음사건이나 간통사건으로 철창신세가 되기도 한다. 그러니 각별히 조심하지 않으면 결코 불행을 면키 어렵다.

11 외국을 왕래할 수 있는 운수이다. 그러나 어떤 일이라도 크게 유익하지 못하다. 외국으로 천금을 벌기 위해서 떠나던 사람도 혈혈단신 빈손으로 돌아오니 윗사람이 손가락질을 한다. 범띠·뱀띠는 16·21일경에 출국을 하고 용·양·소띠는 생각보다 늦게 출국한다. 말띠·토끼띠는 국제결혼을 한다.

12 양띠·원숭이띠는 낙상을 하여 서쪽에 있는 병원신세를 지고 집안에는 도적이 침범한다. 낙상하게 되는 날은 3·9·17·일 오전 7-9시경이나 24일 오후 7-9시경이 된다. 1·5·9·10일에 태어난 아이는 피부병과 호흡기병으로 큰 고생을 한다. 산모가 쥐띠이면 아기의 생명이 위험하다.

752 恒時德行 항시덕행
事由成就 사유성취

어느때 어느 곳에서도 덕성스러운 처신으로 인하여 하는 일마다 순조롭게 이루어 질 수 있도록 도와주겠다는 귀인이 다투어 모여들고 있다. 그러나 도덕을 무시하고 눈앞에 이익만 추구한다면 실패가 비일비재하다. 집안에 환자가 있어 걱정이 사라지지 않고 있다. 각종 균으로 인한 병이므로 세밀한 검사가 절대 필요하다. 또한 어느때 보다도 자녀들로 인하여 속을 태우는 운이다. 외국으로 나가 피땀 흘리면서 벌어온 돈으로 장사를 시작하게 되고 빚도 갚으므로 가정이 윤택해짐은 당연하다. 부부간에는 서로가 서로를 불신하니 잦은 말다툼이 있어 마음이 편안치 못하다. 내과의사라면 오랫만에 호황을 만나 명예도 재물도 풍요로우니 가히 운이 열린 것이다.

1 재물이 태산처럼 모여들어 빚때문에 자살까지 하려고 마음 먹었던 지난날의 빈곤한 삶을 회상해본다. 생활이 나아졌다고 해서 은혜를 저버리지 마라. 당신은 물질적 풍요로움이 있게 되면 자신도 모르게 고자세이고 안아무인격의 행동이 나온다. 그러므로 각별히 신경써야만 한다.

2 임금과 신하가 자리를 같이 하여 환담을 하고 있어 경사스러운 일이다. 정치 고위층은 통치권자를 만나 미루어오던 사안을 결정하고 일반 보통사람이라도 오래간만에 통치권자와 악수를 해볼 수 있는 기쁨이 있게 된다. 한편 국가로부터 일정한 특혜를 받아 소원이 성취되기도 한다.

3 묘자리를 수년전부터 옮기려고 갖은 애를 써오다 이제야 비로소 옮긴 후부터 발복하여 하는 일마다 성취의 기쁨이 있고 좋지 못했던 건강까지도 좋아지므로 조상의 은덕을 재삼 생각하게 된다. 용띠 9월생은 이달 10·20·27일경에 이사를 하게 됨으로 준비를 하라.

4 처궁이 불리하여 명분도 없는 싸움만 계속하니 가정이 흔들리고 사람이 나가 한마디로 엉망이다. 부부싸움은 19·21일경에 될 것이다. 결혼을 하려고 동서남북으로 맞선을 보고 다니지만 마음에 드는 사람은 단 한사람도 없어 한숨만 쉬게 된다. 12·19일경에는 귀인이 나타나 결혼하게 되니 걱정하지 마라.

5 사람을 사랑하고 존경하는 것은 인간의 기본적 도리이다. 그러나 현대인은 어떠한가. 사랑 운운하면서도 정작 윗사람을 존경하는 마음이 전혀 없어 혼란을 일으키고 있다. 하지만 당신은 윗사람을 대할때 마다 머리숙여 공경하므로써 후일에 큰 복을 누리게 된다. 소원이 성취되려면 더욱더 겸양하라.

6 어려운 가운데서도 즐거움이 싹터 웃음을 잃지 않고 있다. 비록 물질은 풍요롭지 못하나 마음이 편안하여 즐거운 나날을 보내고 있다. 초가집에서 어렵게 살아가는 부부가 자녀를 낳고 덩실덩실 춤을 추는가 하면 직업이 없어 한숨만 쉬고있던 사람이 의외로 빨리 취직이 돼 환호성을 부르고 있다.

7 어허! 이게 무슨 청천벽력이란 말이요. 검은머리가 파뿌리 되도록 오래오래 살자는 사람이 뜻밖의 사고로 염라대왕께 불려가니 과부가 되고 홀아비가 되는구나. 설령 이러한 상배를 당하지 않는다 해도 자녀로 인한 괴로움과 자신의 건강으로 큰 어려움을 피할 수 없다. 다만 정도 차이만 있을 뿐이다.

8 이달에 길사가 있을 방은 정녕 동방이다. 이사나 집수리 개업등은 유익하고 금전거래로 속 꽤나 썩일 사람은 동천의 날짜가 1~5일 까지와 15~20일 사이에 재촉을 하게 되면 받을 수 있다. 목축업을 하는 농부는 이름이 뭇사람에게 거론될만큼 좋은 일이 연속되기도 한다.

9 여자와 같은 방에 있으니 그어찌 남자 마음이 목석이겠는가. 평소에는 이성적인 친구로써 허물없이 지내오다가 우연하게 이달에는 육체관계를 맺게되는 운이다. 특히 젊은 남녀간에 허물없다고 아무곳에서나 혼숙하지 마라. 구슬같은 뿌리는 믿을 바가 못되고 구슬같은 문은 닫히기 어렵다.

10 이만하면 대장부 살림살이 부러울게 뭣이냐며 당당하게 살아왔는데 하루아침에 불어닥치는 광풍으로 대들보가 부러지고 기둥뿌리가 넘어간다. 이달은 함정에 또는 불의의 사고로 집안 대주가 또는 믿어왔던 자녀가 감당하지 못할 흉액에 빠지는데 그 날짜는 15·25·28일경이 될 것이다.

11 꽃은 꽃이나 향기가 없고 서리 맞은 꽃이니 바로 당신을 비유함이 아닌가. 그처럼 당당하고 화려하게 살아온 당신도 이제 마지막 종이 울려퍼진다. 재물 좀 있다고 술과 여자 품속에서 세월가는 줄 모르고 지내던 당신은 지금부터 정신을 차리지 않으면 영영 소생할 수 없는 인간으로 전락해 버린다.

12 영주권을 얻어 외국으로 나가니 일가친척들이 눈물을 흘리는구나. 이와같은 일이 없다면 가정에 본의 아닌 풍파로 이사를 해야하니 사람 살기 힘들다고 하늘보며 울부짖는다. 이사 날짜는 6·9·17일이 좋으니 참고해라. 소띠가 12월에 태어났다면 배은망덕한 무리가 당신을 잡아가려고 한다.

753 　一渡長江　일도장강
　　　　淺深不知　천심부지

천리장정을 나서는 대야망의 장수가 산을 넘고 또 산을 넘어 온갖 고생을 다했건만 앞에 가로놓인 강을 건너야 하니 또 한번의 지혜와 용기가 요구된다. 그러나 건너야 할 강의 깊고 얕음을 알수가 없어 강과 일생을 많이 아는 사람에게 자문을 구하라. 지금 당신은 뭣인가 새로운 도전을 시도하고 있다. 그리하여 전에 실패했던 일들을 만회하려고 한다. 한가지 부탁이 있다면 지혜와 용기 그리고 투지는 당신에게만 있는게 아니고 그보다 그 분야에 일생을 바친 사람이 훨씬 능력이 있다. 그러므로 어느 분야이든간에 선배나 윗사람에게 자문을 구하는 것은 곧 성패의 중요한 길임을 알수있는 것이다. 군 장교나 장성은 승진할 수 있는 기회이다. 다만 로비활동이 절실히 요구된다.

1 옛말에 말만 잘하면 천냥빚도 갚는다고 했다. 그런데 그러한 경우가 바로 당신의 이달 운수에 있으므로 최대한 노력은 최대의 덕을 볼 수 있다. 남의 흉을 보지 말고 가능하면 덕성이 있고 정직한 태도로 언행을 같이 하라. 그러면 3·5·9·19일에는 행운이 다가 올 것이다.

2 이미 험난한 인생 행로는 무수히 걸어왔으므로 앞으로의 행로는 상스럽고 기쁜 일이 있음은 음지가 양지되고 양지가 음지되는 이치와도 같다. 희망 버리지 말고 계속 노력하면 언젠가 서광이 보일 것이다. 속단은 금물이니 끈기를 갖고 낙관적인 기대에 살아간다면 더욱 보람찬 삶이 될 것이다.

3 주작이 동하였으니 말로 인한 화액이 따를 징조이다. 그런가하면 기다리던 소식이 편지, 전화, 인편등을 불문하고 27·29일경에 올것이다. 특히 취직에 관한 소식은 오전중으로 오게 되므로 대비하는게 상책이다. 쥐띠 3월생은 토지에 관한 문서를 잡아 볼 수 있는 시운이다.

4 노력한 덕택으로 재물이 모아지지만 절반정도 잃게되니 인생살이가 마치 숨박꼭질 같음을 재삼 실감한다. 그러한 삶이 지속되다보니 몸은 피곤하고 정신이 산란해 세상이 어떻게 돌아가는지조차 모를 지경이다. 혼인관계는 16·19·21일에 맞선을 보면 성사되는 운수에 있다. 가능하면 남쪽으로 앉아라.

5 한가지 일에 세번을 생각한다함은 옛날 노나라 재상 이문자가 진나라로 떠날때를 재삼 생각하게 된다. 당신이 이달에 처신해야 할 것이라면 어떤 일이든간에 세번 이상을 생각하여 어느때 보다도 심사숙고하는 처세가 필요하다. 그런데 만약 당신이 경솔한 행동을 한다면 불길할 것이다.

6 크게 돈을 벌지 않아도 또는 답답하여 여행이라도 하고픈 생각이 있지만 집에서 근신하는게 최선이다. 출입을 삼가고 대인관계를 조심해야 무사하다. 이러한 뜻을 등한시하고 마음대로 행동했다가는 당신의 눈에 눈물이 고이게 되고 여러사람에게 걱정을 안겨주는 결과가 된다.

7 새로 집을 짓지도 말고 고치지도 마라. 불길한 징조가 보인다. 그래도 강행한다면 병고로 오히려 십년 모은 재산을 하루아침에 날려버릴 것이다. 범띠 7월생은 재물은 모여드나 시비끝에 싸움을 하다가 육박전으로 전개돼 관재수가 염려되니 재물을 또 한번 돌고 날 수있다.

8 이놈의 세상살이 아무리 살아보려고 노력해도 더 이상 살 수 없다. 재물을 모아 이제 마음놓고 살겠거니 미소를 지었는데 갑자기 환자가 생겨 재물이 덜어지니 하늘도 무심하고 땅도 원망스럽다. 집안에는 걱정근심으로 가득차 있어 집에 들어가는것 마저도 싫어진다.

9 붉은 벽돌집 신세임은 저 먼날 이내 당신의 생년월일에 정해져 있었다. 그러니 괴로워도 숙명과 운명이라고 단념하면서 마음을 편히 가져라. 자신의 차를 운전하고 다니는 오너드라이버라면 1·4·8·16·24일에 동남쪽을 가지 마라. 사고가 난다. 특히 당신이 여자라면 더욱 그러하다.

10 때가 왔다. 당신이 돈을 벌 때가. 이달의 운수는 장사로써 가문을 빛낼 수 있는 기회이다. 때를 놓치지말고 장사를 하라. 방향은 동쪽과 서쪽이면 철강 귀금속 유흥업 장사는 더욱 길하고 보험이란 직업을 갖고 있는 사람은 이달에야말로 실적이 최고 수준에 이르러 많은 돈을 벌수 있다.

11 모든 일을 조심하고 또 조심하라. 특히 회사를 입사한지 얼마안된 신입사원은 자신의 생각을 억제하고 윗사람의 의견을 존중할 때 비로소 편안하다. 이성으로 사귀어 오던 남녀는 갑작스러운 성욕에 지금껏 간직해온 순정을 한 순간에 잃어버릴 수가 있으므로 19·24일 밤을 조심하라.

12 백가지 일이라도 여성이 끼지않으면 단 하나도 이루어질 가망이 없다. 그러므로 여자를 상대하고 여자가 참가하는 일이라면 성사될 수 있다. 유흥업을 하는 사람은 여자로 인하여 큰 돈을 벌어 볼 수 있는 기회이다. 한편 윤락가에서 몸을 팔아온 또순이는 큰 돈을 손에 쥐고 다른 사업을 하게 된다.

761 若不愼之 약불신지
災厄亂免 재액난면

만사가 태산처럼 쌓여 있어 그대가 할일이 많도다. 모든 일을 대함에 있어서 살얼음 위를 걸어가듯이 조심 또 조심해야 한다. 큰 사고가 닥쳤을 때 눈물 흘리며 후회하지 말고 사전에 예방하는 지혜를 터득하라. 쥐띠는 집이나 땅등을 사고 파는 일이 있고 소띠는 자동차 즉 동산을 사고 파는 일이 있게 된다. 범띠는 결혼을 하고 이사를 하여 분주한 한해가 된다. 토끼띠는 집안끼리 다툼이 있어 마음이 편안하지 못하다. 용띠는 건강이 불길하고 뱀띠는 부부가 재결합하는 행운이 있고 말띠는 도망갔던 아이를 두번 내쫓는다. 양띠는 새로운 사업을 시작하고 원숭이띠는 금전융통에 즐거움이 있고 닭띠는 외도와 도박으로 파탄이 있고 개띠는 명예가 있고 돼지띠는 취직이 된다.

1 뜻은 태산같고 마음은 고결하나 어디 인간만사 마음대로 되는가. 일은 시작해 놓았지만 성취되는 것은 단 한건도 없어 심난하기 그지없다. 시작해 놓은 일 때문에 밤잠을 제대로 자지 못하고 고민과 한숨으로 보낸다. 그러던중 24·25일에는 한건의 일이 완성되므로 안도의 한숨을 몰아쉰다.

2 집안에 큰 소리가 그치지 않고 날마다 계속되니 마음이 어수선하다. 사람을 믿었다가 평지풍파를 당하므로 가능하면 이씨·홍씨·허씨·추씨등과는 일을 도모하지 마라. 집을 지었다가 도로 부숴버리는 일을 당할 것이다. 소띠는 개띠나 양띠로부터 금전적인 손해를 보게 된다.

3 출입을 삼가하고 사람 대함을 함부로 하지 마라. 무서운 흉계에 말려들어 큰 후회를 할 것이다. 한때 깡패나 암흑가의 사람이 개과천선하여 새로운 삶을 모색하고 있던 차에 동료를 만나 다시 암흑가로 돌아가는 아쉬움을 남긴다. 이러할 때에 출입을 삼가하고 잠시 몸을 피하는게 상책이다.

4 상대가 죽이고 싶도록 밉지만 그 분한 마음을 인내로써 극복한다면 후일에 큰 덕이 될 것이다. 남녀간에 오랫동안 사랑을 해왔는데 한쪽 상대가 마음이 변해 인심은 조석변임을 실감케하나 인내와 침묵으로 일관한다면 상대는 감탄하며 다시 당신의 품으로 돌아올 것이다. 어차피 인연이니 받아주어야 한다.

5 이사를 하는가하면 새로운 사업으로 개업을 하니 엉덩이 한번 제대로 붙여 보지 못한다. 이러한 가운데서도 일가친척의 애경사에 꼭꼭 참례해야 하니 더욱 바쁘다. 지금껏 고시 공부만 인생전부로 안 학도는 몇번씩이나 낙방하고 이 제와서 직업을 구하려 하니 어려움에 처해있다. 19·23일에 취직이 가능하다.

6 초순에는 앞길이 꽉 막혀 무슨 일이든 꼬이더니 중순부터는 서서히 풀려 소원이 이루어진다. 특히 돈을 부탁한 건은 이달 24·26일에 가능하므로 걱정하지 마라. 왜냐하면 지나친 걱정은 당신의 사고력을 떨어뜨리고 건강마저 유익하지 못하여 사리판단에 어려움을 갖게하고 있다.

7 사람을 지나치게 믿는다는 것은 곧 재앙을 자초하고 복을 멀리하는 결과다. 문서상 횡액이 있으므로 서명 날인 함에 심중을 기하라. 16·27일에 동쪽에서 온 사람으로부터 망신을 당한다. 부부간에는 금전으로 인한 다툼이 말일 경에 있게 되니 인내와 지혜로 극복해야 한다.

8 이달에는 마음 씀씀이가 금강석보다도 단단하고 거북이 보다도 느려야 한다. 성급한 판단은 실패와 불화를 초래할 뿐 아무런 덕이 없다. 마음을 바다와 같이 넓게 쓰고 행동은 화약을 지고 불곁으로 걸어가듯이 조심해야 한다. 그렇지 않으면 소송에 휘말려 손해는 물론 몸까지 망치게 된다.

9 이달에 그대에게 유익한 방향은 어디인고. 반드시 남쪽이다. 그리고 함정과 모략 아침이 도사리고 있는 방향은 서쪽이다. 취직을 서쪽에 부탁했다면 절대 되지 않고 남쪽에 부탁했다면 24·28일경에 기쁜 소식이 있게 된다. 미성년자는 2·5·12일경에 등산을 하다가 애인을 만난다.

10 길을 가다가 일확천금을 얻는 경우도 있고 귀인을 만나 백년해로 하는 경우도 있지만 이달에 당신의 신수는 길을 가다 도적을 만나 금품을 빼앗기고 여자인 경우에는 뺨까지 맞고 구슬같은 문까지 부서질 수 있어 2·6·12·23일 밤에는 혼자서 길을 가지 말아야 한다. 이게 바로 천도를 아는 길이다.

11 친구를 주의하여 영원한 우정을 간직하라. 친구를 지나치게 믿었다가 손해도 보고 의리도 상하면 모두를 잃는 것이니 주의하고 경계한다면 한때 서운함은 있어도 우정은 지속된다. 더우기 소띠와 양띠 친구지간이면 개·소·양·돼지날을 각별히 주의하라. 그것은 곧 화를 막는 것이다.

12 주작이 움직였으니 집안이 편안하지 못하고 구설이 분분하니 집안에 닭띠 쌍둥이나 토끼띠 쌍둥이가 있다면 말로 인한 천금을 얻고 문서로 인한 전답이 늘어나 가문을 빛낸다. 그러나 닭띠 토끼띠 부부는 23·28일 밤 11시경에 나체인 채로 싸우는 웃지못할 광경이 벌어진다.

762 無心所定 무심소정
　　 東西不明 동서불명

아무리 마음을 굳게 가지려고 천만번 고쳐먹어도 괴롭고 쓸쓸하기는 매한가지다. 한때는 먹고사는데만 조급하여 외로움도 모르고 살았는데 이제 조금 생활이 윤택해지다보니 외로워서 못살겠다. 입산수도하여 득도에 이르고자 갖은 고생을 다했건만 아무 뜻도 이루지 못하고 속세로 돌아오니 머리는 어언 백발이 성성하다. 욕망은 무리한 실패가 있음을 명심하고 자신이 감당하기 쉬운 일부터 하나하나 정리하는게 현명하다. 의사로서 수술을 전담하는 사람은 어려운 수술을 무사히 해냄으로써 명예와 지위가 급격히 좋아지는 행운이 있다. 농촌에서 산을 대상으로 하는 농부는 모처럼 큰 재물을 가져볼 수 있는 시운이다. 한가지 주의할 점은 오른쪽 복부 수술이 있게 된다.

1 직장을 그만두고 일손을 놓은지가 꽤나 오래 되었는데 취직이 되지않아 후회와 따분함으로 허송세월을 보냈는데 13·23·26일경에 취직이 돼 보람도 찾고 재물도 모으게 되니 즐거운 나날을 보내고 있다. 용·개·쥐·돼지띠는 국방의 의무를 다하기 위하여 먼곳으로 떠나게 된다.

2 세상을 살다보니 좋은 일도 궂은 일도 다 겪게 되는 것이 만고의 이치이다. 그러나 그대의 이달 신수를 보면 남쪽에서 훌륭한 친구를 만나 그 친구로 하여 좋은 직장이나 애인을 소개 받으니 마음이 따스하다. 말띠 6·7월생은 직업 변동과 함께 이사 변동이 있어 분주한 달이 된다.

3 서쪽으로 가다가 차끼리 부딪치는 신수니 한마디로 차조심을 해야 한다. 그렇지만 큰 사고가 아니므로 고민할 것은 없다. 다만 1·5·9일에 동쪽으로 가다 큰 사고를 만나는 신수이니 각별히 주의하라. 특히 차량번호가 1자나 9자가 두번씩 중복되면 더욱 그러하니 해당하는 날에는 출입을 삼가하라.

4 집안에 금줄을 치는 경사가 있지 않으면 다른 성씨를 가진 사람이 들어오는 시운이다. 그러므로 토끼·닭·돼지띠는 임신을 하거나 출산을 하고 쥐·소·말띠는 혼인을 하고 범·뱀·원숭이띠는 연애를 한다. 양·용·개띠는 19·22일 밤에 최초로 옥근이 옥문을 통과하는 진미가 있다.

5 직장을 바꾸거나 사업을 바꾸지 마라. 한결같이 백해무익하다. 다만 유행성 사업을 하는 사람은 15~24일 사이에 바꾸는게 유익하다. 부부간에는 예기치 못한 외도로 가정이 어렵게 되나 말일경에는 제자리를 찾을 수 있다. 형제간에 재산문제는 해결되지 않으니 차라리 논하지 않는게 상책이다.

6 뭐니뭐니 해도 상대를 이해하고 덕으로 다스려야만 편안한 마음과 의리를 서로 유지할 수 있다. 집안끼리 또는 친구간에 어려움에 겹치더라도 인내와 설득으로 대처하는게 흉화를 멀리하고 복을 가까이 하는 일이다. 기쁨이 있는 날은 2·12·22일이고 나쁜 일이 있는 날은 8·25일이 된다.

7 이사는 해야 하고 분주함은 바꿀 수 없지만 이사 방향을 잘 선택해야 한다. 그래야 자녀들도 아무 탈없이 성장하고 재물도 모여 보다 나은 가정을 꾸릴 수 있다. 쥐띠는 직업을 갖게되고 소띠는 친구로부터 돈을 빌려야 하는데 그 날짜는 27일경이 된다. 범띠는 승전의 기쁨이나 보직의 기쁨이 있다.

8 학교를 졸업하고 이렇다할 일 없이 허송세월하다 군대를 가게 된다. 여자인 경우에는 생각지 않았던 결혼을 하니 일가친척들이 깜짝놀라고 용띠·원숭이띠는 밤에 자다가 잦은 몽정으로 고민아닌 고민을 하고 있다. 그동안 정신이 혼미했던 정신질환자는 새로운 운을 맞이하여 점차 쾌차된다.

9 참 세상 오래살고 볼 일이다. 그렇게도 하는 일에 마가 끼어 되지 않더니 이 달 들어서부터는 엉킨 실타래가 풀리듯 마음먹은 대로 잘 이루어져 돈도 들어오고 사람도 모여드니 걱정이 모두 사라진다. 여자가 사업을 하게 되면 더욱더 길하여 사회적으로 명예까지 얻는 영광이 있다.

10 동쪽과 남쪽으로 이사를 하거나 그쪽 사람과 일을 도모하면 백전백패하는 결과를 초래한다. 만에 하나 동쪽이나 남쪽에 위치한 회사로 입사를 하려면 9·19·29일에 이력서를 제출하는게 유익하다. 일반 노동을 하는 사람은 1·3·24일에는 신수가 불길하므로 각별히 주의하라.

11 나루터에 임했지만 강을 건널 배가 없으니 참으로 탄식할 일이다. 사업을 하고자하나 자금이 없고 직장을 갖고 싶으나 마땅한 직장이 없고 결혼을 하고자하나 마땅한 상대가 없어 결혼을 하지 못한다. 수년의 과부·홀아비가 생리적으로 욕구를 극복치 못하여 외도를 통해 뜻을 이룬다.

12 술과 여자는 옛부터 망국지병이라 했고 패가망신 한다고 했다. 지금 당신은 정신을 가다듬어 여색과 술을 멀리하라. 여자인 경우도 웬여자가 그렇게 술도 좋아하고 남자들도 좋아하는가. 패가망신 하기전에 빨리 속 차려라. 남들의 이목이 두렵고 일가친척들이 왜 당신을 욕하는지를 헤아려야 한다.

763 枯木杇根 고목오근
新葉更生 신엽갱생

무성했던 나무가 왠지 가지도 썩고 뿌리도 썩어 내려앉기 직전에 놓여있다. 그러나 당신의 열과 성을 다한 덕택에 기적이 서서히 일어나고 있다. 소생 불능으로만 알았던 가지에 새로운 싹이 돋아나기 시작한다. 당신은 누가봐도 살수없는 중환자였으나 재기할 수 없는 사업가가 생각잖게 재기를 하듯 기적적인 기쁨을 맞이하게 된다. 이혼을 하겠다고 법원에까지 갔으나 다시 화해하고 더욱 잘살아가는 기이한 현상이 있다. 시험에 합격의 기대를 걸지 않고 시험을 위한 시험을 치루는데도 합격하는 등 금년운수는 실로 뜻밖의 일이 속출하고 있다. 그런가하면 일평생을 독신으로 살아가겠다고 호언장담하던 사람이 사랑에 빠져 당장 결혼을 하는등 변화무쌍한 한해이다.

1 몇년을 같이 동고동락하던 사람이 멀리 가버리니 마음이 괴롭다. 이로 인해 병을 얻어 눕게되니 마음을 바다같이 넓게 써야 할때이다. 한가지 기이한 일은 언니보다 또는 형보다 결혼을 빨리하는 일이다. 건강에는 안질과 심장이 걱정되므로 19·21일에 남쪽으로 출입을 삼가하라.

2 임금을 가까이 모시는 신하가 되니 장차 그 지위가 만인을 통솔하게 될 것이다. 비단 임금을 모시는 직책이 아니더라도 본괘에 해당하면 승진을 하는 기쁨이 있다. 정치인이라면 통치권자의 비서관이 되는 행운이있고 일반기업체의 평사원이라도 비서로 승진될 수 있는 천운을 맞이하였다.

3 몇번의 실패가 있었다고 실의에만 빠져 있어야 하겠는가. 아직도 때는 늦지 않았다. 천금 주고도 살수 없는 젊음이 있지않는가. 그런데 이제 다 끝났다고 자탄만 하다니 참으로 인간답지 못하다. 희망을 가져라 자수성가할 기회가 왔다. 이때를 놓치지 말고 움직여라 어서 지금 당장.

4 집안보다 집밖에서 이익이 있고 국내보다 외국에서 이익이 있게되니 그러한 기초를 변화시키지 말고 활동하는게 보다 원활한 성공을 기대할 수 있다. 쥐띠·소띠는 토지매매에 이익이 있고 범띠·토끼띠는 남들이 모르는 사랑에 빠져 부부생활을 뒤로 하고 있다. 그러므로 17일에 부부싸움을 조심하라.

5 　항시 덕을 쌓고 정직공평을 잊지마라. 후일에는 그 보람을 찾게 될 것이다. 당신이 처해있는 현입장은 이러지도 저러지도 못할 형편이다. 그렇게 어려운 때 일수록 마음을 정돈하고 타인에게 티끌만한 피해도 주지 않음이 최선이다. 만약 사사로운 마음을 갖고 상대를 우습게 안다면 큰 변고를 당한다.

6 　그렇게 건강했던 부인이 몸져 누우니 가세가 엉망이다. 재물을 다소 모아 웃음을 지었건만 우환질고가 있어 가뭄에 물마르듯 흔적을 보지 못한다. 소·용·말띠는 뜻하지 않게 낙상수가 있으므로 24일에는 등산이나 높은 곳을 오르지 말아야 한다. 토끼띠 여성은 22일 성교를 하게 된다.

7 　그렇게도 성실하게 직장이나 학교를 잘 다니고 있던 자녀가 불량한 친구를 만나 멀리 놀이를 떠났다가 패싸움을 하니 관재수가 있을 수다. 특히 1·5·15·28일 오전 9-11시경을 조심해야 한다. 만약 집안에 토끼띠·말띠가 같이 살고 있다면 14일에 도적을 맞게 된다.

8 　오랫만에 당신에게도 행운이 다가왔다. 하는 일이 병마개처럼 막혀 풀리지 않았던 당신에게도 귀인이 나타나 목적이 달성되는 기쁨이 있다. 지나친 성급함은 오히려 매사가 실패되는 원인이 되고 그로 인하여 여러 사람으로부터 손가락질을 당한다. 개띠·말띠부부는 같은 장소에서 장사를 한다.

9 　이달에는 재물은 논하지 말아라. 이미 거래된 금전이 있다면 정리해야 한다. 그리고 마음을 차분히 하여 조용한 삶을 지탱하라. 방송·언론 출판에 종사하는 사람은 의외로 기쁜일이 많으며 한편으로는 승진과 보직의 즐거움도 있게 된다. 선박업을 하는 사람은 용날 오전 9시경 배의 침몰을 주의하라.

10 　여러 사람과 동업을 하면 그 이익이 적지 않다. 그러므로 단순한 사업에도 여러 사람과 같이 하면 유길하고 주식회사 합자회사등을 설립하는데도 이달이 대단한 적기이다. 개업 일자는 9·12·21로 남쪽이나 서쪽에서 하는게 길하다. 집안에 헌 물건을 들여오지 마라 병자가 유발한다.

11 　이름이 사방에 있고 문전에는 뭇사람들이 모여드니 가히 운이 열리기 시작한 것이다. 재물도 우연치않게 모여들고 새로운 집에서 용꿈을 꾸게되니 장차 크게 발전할 징조이다. 무엇보다 재물운이 왕성하므로 큰 욕심만 부리지 않는다면 노력에 부응한만큼 재물은 어렵지 않게 벌 수 있다.

12 　부리던 사람이 돈을 가지고 줄행랑을 치니 형편이 말이 아니다. 특히 개·용·소띠 종업원을 둔 사람은 1·4·9·15일에 조심하고 범·뱀·원숭이띠 종업원을 둔 사람은 종업원으로부터 소송을 당하게 되니 미리 조심하라. 쥐·닭·돼지띠를 종업원으로 두었을 경우엔 4·9일에 다툼이 있게 된다.

811 掘井生水 굴정생수
終成之樂 종성지락

갖은 어려움에도 불구하고 힘을 다하여 우물을 파다보니 마침내 물이 솟아나 목 마른 갈증을 면했으니 결국 즐거움이 있게 된다. 매사를 한번 정하여 시작한 이상 어떠한 어려움이나 장애가 있더라도 초지일관해야 한다. 무슨 일이고 순리에 따라 처신하면 그 처신은 좋은 결과를 낳게 된다. 사업가는 끈질긴 노력으로 재물을 모으고 직장인은 영전의 기쁨이 있게 되고 가정적으로는 형제에게 경사스러움이 있다. 다방을 운영하는 사람은 손님과 싸움이 있다. 미곡상이나 농산물 장사를 하는 사람은 생각보다 훨씬 많은 돈을 모으게 된다. 건축·언론·정치·군인·경찰관의 직업을 갖고 있는 사람은 명예도 재물도 같이 얻게 된다. 어느 누구를 막론하고 하던일을 계속 지속 함으로 재물도 명예도 같이 있다.

1 한숨과 탄식의 고통의 시대가 지나고 복이 스스로 찾아오니 하는 일마다 뜻대로 이루어 진다. 취직·승진시험·결혼등 자신이 원하는대로 무난히 성취될 수 있다. 하지만 금전거래에 있어서는 적반하장격의 일이 속출되므로 24·26일에는 어느 누구하고도 금전거래를 해서는 안된다.

2 보통사람은 흥왕기를 맞이하나 지도급 인사나 대인이라고 불려지는 사람은 실패와 좌절이 적지 않다. 정치인은 파직의 위험이 있고 글을 쓰는 학자는 패가망신수를 피하기 힘들다. 한 국가를 통치하는 통치권자는 국민으로부터 호된 비판을 받기도 한다. 여장부라고 자처한 활동인은 오명의 화액이 있다.

3 보통사람의 시대가 가고 대인이 흥왕하는 시대를 맞이하여 인생팔자는 돌고 도는 것임을 실감케 한다. 보통사람은 하는 일에 구설만 생기니 자연히 불화 쟁론으로 성취 되는 일이 없다. 그러나 소띠·용띠는 사업으로 많은 재물을 모으고 토끼띠·양띠는 취직이 되고 애인도 만날 수 있는 길운이다.

4 분수에 맞는 일을 성심으로 대한다면 이루어지지만 과분한 일을 시작해 놓았다면 오늘밤도 걱정 때문에 밤잠을 제대로 이루지 못할 것이다. 아무리 지혜나 추진력이 으뜸이라고 자처하는 사람이라도 분수에 넘치는 처사를 해서는 아니된다. 26·28일은 불길하고 1·5·9일은 길하다.

5 당신은 이제 마음 굳게 먹고 정신 바짝 차려라. 왜냐하면 당신은 아주 중요한 시점이다. 한눈 팔때가 아니다. 아무리 양귀비 같은 미인이 당신을 유혹해도 또는 신라의 인물 김춘추 같은 미남이 당신을 유혹해서 이성을 잃게 해도 유혹에 빠져서는 안된다. 정부나 첩을 둘 상이다.

6 하는 일다마 거미줄에 걸리듯 얽히고 설켜 걱정과 근심이 쌍곡선을 이룬다. 2·5·9일에는 서쪽에서 기쁜 일이 있고 12·15일에는 남쪽에서 비보가 날아들고 24·27일은 북쪽으로부터 기분 나쁜 전화가 오게 된다. 쥐띠 여자는 자궁이 가려워 서쪽에 있는 병원을 찾게 된다.

7 직장을 그만두고 허송세월만 하고 있으니 가세는 말이 아니고 부부간의 금실은 진작부터 금이 가 있었다. 17·19일에는 직장관계로 인한 소식이 있으나 기쁜 소식은 아니다. 또한 다소 희망적인 소식을 받게 된다. 무엇을 하는데 의의가 있으므로 적극적인 자세가 필요하다. 지금 당장 마음을 굳게 가져라.

8 집밖의 자녀를 얻게되니 가히 외방자식을 얻을 상이다. 뒤늦게 이 사실을 알게된 부인은 달 아래서 통곡하며 짐을 꾸리게 되나 이럴때 일수록 정신을 가다듬어 인내와 관용으로 처신하라. 아직 미혼인 남녀도 하룻밤의 불장난으로 임신을 하게 되니 24·27일에 동침을 하지 마라.

9 군왕을 대하니 필시 경사로다. 일국의 통치권자를 만나 국사를 논하니 그 지위가 삼정승 또는 장차관 비서실장등의 대 직책을 얻게 된다. 일반 평인이라도 사업주를 만나 일시에 간부직으로 승진하는 기쁨이 있다. 지금껏 사회물정을 모르던 사회 초년생이 아버지로부터 재산을 상속받게 된다.

10 농촌에서 농사만이 인생 전부로 알고 살아왔는데 도회지로 나와 사업을 하게 되니 집안은 말이 아니다. 가능하면 2·8·17일에 이사를 하는게 현명하다. 소띠·범띠는 목장을 하다가 손해만 보고 서울로 올라와 새로운 직장을 갖게 된다. 용띠 10월생은 '원진살'이 구성되므로 구설이 심하다.

11 일가친척이 화합하고 부자간에 친함이 지극하여 가정이 더욱 튼튼하다. 재산이 남아돌아 서로 사양하니 만인의 모범이 되는 겸손가이다. 박사 석사로의 문을 두드리고 장차관이 되는 기운이 집안에 감도니 참으로 흥왕하기 이를데 없다. 뱀띠 6월 11일생은 건강이 불길하다.

12 벼슬 길에 나아가 보국안민할 큰 운수가 다가오니 천군만마를 얻는 것과 같다. 뜻밖의 경사스러운 일이 겹치게 되고 그 즐거움이 사방에 있어 지극한 대 운기가 당신을 출세가도로 인도하고 있다. 말띠 12월생은 이혼을 하거나 사랑 싸움으로 크나큰 고통을 겪게 된다.

812 常心不懈 상심불해
分外不吉 분외불길

마음은 날고 뛰고 싶지만 환경이 그렇지 못하여 발만 동동 구르고 있다. 분에 넘치는 목적을 성취하려고 한다면 친구와 의리가 끊어지게 되고 일가친척에게도 비판을 면키 어렵다. 쥐띠는 새로운 사람을 집안에 들이게 되고 소띠는 오른쪽 다리가 아파서 직장을 그만두게 된다. 범띠는 친구와 다투어 의리를 끊게 되고 토끼띠는 부부가 여행을 같이하고 용띠는 동업을 하여 큰재물을 얻게 된다. 뱀띠는 부부싸움을 하던 중에 흉기를 휘둘러 사람을 깜짝 놀라게 한다. 말띠는 직장을 그만두고 사업을 시작한다. 양띠는 신경통으로 고생하게 된다. 원숭이띠는 형제 간에 다툼이 있게 된다. 닭띠는 두통이 심하다. 개띠는 이사를 하게 된다. 또한 돼지띠는 명예를 얻을 수다.

1 선을 가까이 하고 악을 멀리하며 베푸는 마음 손해보는 마음을 가졌을 때 장차 이익을 보게 된다. 남녀간의 사랑에 있어서도 허위와 사교술로 인한 유인작전 보다는 한때 어리석게 보이더라도 진심을 내보이며 바른 행동을 같이 할 때만이 상대를 자신의 파트너로 취할 수 있다.

2 과욕은 금물이며 똥물보다도 더 더러운 짓이 된다. 누가 유혹을 해도 자신의 처신과 온당하지 못한 경우에는 추호도 이행해서는 아니된다. 사업가는 쥐띠나 소띠로부터 괴로움을 당하고 이씨 우씨 성을 가진 사람으로부터 금전거래를 하다가 실망만을 당한다. 여성은 정조를 조심하라.

3 마음은 구슬 같이 맑고 깨끗하나 왜 이다지도 하는 일은 되지 않을까. 악자도 고대광실 높은 집에서 호의호식 하는데 착하다는 나에게는 왜 이다지도 풍파가 많을까 이럴바에야 악한행동으로 처신함이 현실에 마땅하다고 마음이 흔들린다. 그러나 계속 선하라. 약자는 패망하고 당신에게는 복이 온다.

4 생각지도않게 군에 입대하고 학교를 그만두게 된다. 시끄러운 시국에 너무 지나친 생각을 하지 마라. 자칫하다가는 경찰서 문을 두들기게 된다. 결혼했던 딸이 친정으로 다시 돌아보니 집안이 편안하지 못하나, 이달 23·27일에는 집안 싸움을 하게 되니 재물에 관한 이야기는 접어두어라.

5 집안에 상복을 입지 않으면 신병으로 인하여 손해와 불화가 일게 된다. 쥐띠는 호흡기, 소띠는 두통 범띠는 교통사고가 우려되고 토끼띠는 안질이 용띠와 뱀띠는 뺨을 맞고 말띠는 사랑을 하고 양띠는 실연을 당한다. 원숭이·닭·개·돼지띠는 신상에 변동이 있다.

6 당신을 돕겠다고 발벗고 나선 사람이 도리어 당신을 해치려고 하니 가까운 사람을 조심하라. 그렇다고 당신의 신수가 불길한 것은 아니다. 다만 호사다마라고 길한 가운데 흉함이 있을 뿐이다. 직업이 의사인 경우는 사고로 소송에 걸려들 수 있으므로 24·26일에는 문을 열지 말고 쉬는게 이롭다.

7 사방이 물로 가득하니 고기가 활기를 되찾는다. 주위환경이 좋아 무슨 일을 하든간에 여러사람의 도움으로 성취된다. 혼인이나 개업 이사를 해야하는등 참으로 분주한 한달이 된다. 서쪽에서 생선을 먹게 되면 식중독이나, 고기 가시가 목에 걸려 어려움을 당한다. 용띠는 더욱 그러하니 각별히 주의하라.

8 옛것을 버리고 새것으로 바꾸어라. 비록 이익은 크지 못하지만 그러함이 최선이다. 사업가는 유행에 민감해야 하고 현실을 감안해야 한다. 직업을 바꾸거나 본부인 본남편이 부부로써 가능성이 없다면 과감하게 버리고 재혼을 하는게 가장 합리적이다. 27일과 말일 아침이 이별의 순간이다.

9 이달에는 이사를 함부로 하지 마라. 이사로 인한 탈은 죽었던 할아버지가 살아온다 해도 막을 수 없다. 특히 심장병이나 심장마비로 사경에 이르게 되고 머리가 터질듯 두통이 심하다. 눈은 천근만근이나 되듯 무겁다. 병원에 가도 낫지 않으므로 동쪽에 있는 유명한 철학가에게 물어보아라.

10 비가 새고 하늘이 보여도 집을 고치지 마라. 탈이나 손해 볼수 있다. 그렇게 잘되던 장사도 손님이 급격히 떨어져 집세 내기도 힘들 지경이다. 집안에 토끼띠·닭띠·개띠가 있으면 10·11·21일에 기쁜 소식이 있다. 용띠가 있으면 말일에 취직이 된다.

11 매사에 긴 안목과 계획이 없고 그때 그때의 상황에 따라 살아가서 마음은 편안해도 장래성이 없다. 언론·출판·방송·신문·서점·문방구 계통에 종사하는 사람은 12·21일에 길사가 있고 건축 토목계통에 종사하는 사람은 16일에 큰 돈이 나간다. 음식점을 경영하는 사람은 하순부터 재물이 모여든다.

12 무엇이 당신을 이롭게 할것인가. 돈 명예 사랑이 아니다. 가장 이롭게 하는 것은 오직 분수를 알고 그에 상응한 행동을 취하는 것이다. 당신의 힘과 모든 능력에 걸맞는 행동이야말로 천금을 얻은 것보다 더 중요한 일이다. 1·5·9일에는 남쪽에서 소식이 온다.

813 種竹成籬 종죽성리
　　 生有泰安 생유태안

천방지축 날뛰던 당신에게 금년에는 백번의 활동보다 단 한번의 적중한 행동이 필요하다. 옛날같이 기둥에 매어서 꼼짝 못하는 것은 자타간에 유익하지 못하다. 범·뱀·원숭이띠는 관재수에 매일 비운이므로 1·4·7월을 조심해야 한다. 토끼띠·양띠·돼지띠는 직장에서 파직당하고 조용히 근신을 하는 불길함이 있다. 용·쥐·개띠는 새로운 사업이 아니면 직장을 바꾸게 된다. 말·소·닭띠는 외국을 왕래하여 큰 재물을 모으는 행운이 있다. 사람을 지나치게 믿다가는 후회스러운 일이 여러사람과 서운함을 면키 어렵다. 노력은 있어도 공은 없는 때이므로 근신한 마음으로 개과천선해야 하고 기다림의 미덕을 가져야만 매사가 유익하다. 매사에 기초를 단단히하고 대인 관계를 원만히하면 유익하다.

1 매사에 진퇴를 분명히 해야할 때이다. 부부가 되는 혼인관계 또한 이혼을 하는 문제등은 한시라도 빨리 가부를 분명히 해야 한다. 사업에 관계된 일도 그 확답을 24일에는 꼭 전해주어야 한다. 혼인에 관계되는 일은 21일 오전 11시경까지 이사나 금전관계는 15일까지 그 확답을 주어야 한다.

2 집안에 쌍동이가 태어날 길운이 있어 가뭄에 단비가 내리듯 새로운 힘과 용기가 솟는다. 출산일은 1·9·17·27일 오전 11시와 오후 3-5시경이 최고 길하다. 그러나 여자아이일 경우에는 오전 7-9시나 오후 5-9시경이 더욱 길하다. 쥐띠 여자는 3·9일에 병원에서 순산한다.

3 재주를 부리기 위해 만인앞에 성큼 나가지 마라. 몸을 다쳐 눕게 된다. 권투씨름·유도·레스링등 격투기 선수는 경기를 하다가 몸을 다치게 될 운이므로 18·24·26일경에 있는 경기에는 나가지 않는게 좋다. 만약 부득이 한 사정으로 나가게 된다면 검정색 팬티를 입고 나가는게 액을 면하는 방법이다.

4 노력하지도 않고 큰 이득만 바라지 마라. 절대 얻지 못한다. 어떤 일이고 최선을 다하여 노력할 때 가능하고 방심을 하거나 낙관적으로만 생각하고 태만했다가는 도저히 회생하기 힘들다. 1·9·15일은 불길하여 허황된 일이 많고 4·12·23일에는 기쁜 소식이 있으며 말일경에는 손님을 만난다.

5 아무 이해관계 없는 남의 일에 감 놓아라 대추 놓아라 하지 마라. 구설시비로 법정에까지 서는 망신을 면키 어렵다. 혼담이 왕래하는 경우에는 여자측 반대로 잡다한 구설이 생겨 성혼이 되지 못하고 쥐띠가 양띠·닭띠·범띠에게 돈을 빌려 주었다면 10·21·말일경에 받게 된다.

6 싸움하는 곳을 구경하지 마라. 몸을 다치지 않으면 증인이 돼 할수없이 법정에 선다. 범·원숭이·쥐띠가 6월생이면 우연한 장소에서 우연한 일로 싸움을 해 몸도 다치고 손해도 보는 불상사가 15·24일경에 있다. 각별한 조심을 요한다. 여성인 경우에는 믿었던 남자 친구로부터 욕을 보게 된다.

7 건강이 불길하여 병원에 눕지 않으면 자녀에게 걱정이 있어 가출을 하거나 아니면 다른 불상사로 인하여 퇴학이나 정학을 당하기도 한다. 자녀중에 쥐띠·말띠·범띠는 남의 물건을 탐하다가 쇠고랑을 차게 되고 양띠·개띠는 이성문제로 고민하고 뱀띠·원숭이띠는 집안 돈을 훔쳐 가출을 한다.

8 시냇가 얕은 물에 살던 고기가 바다로 나아가 마음껏 노니 그 기세가 당당하다. 사방에서 귀인이 있고 양식으로 쌓여 있어 걱정이 한 순간에 사라진다. 주류업이나 음료수업을 하는 사람은 큰 돈을 벌어 집도 사고 논밭도 사는 기쁜 일이 연속된다. 여성인 경우 농촌에서 도시로 나가 돈을 번다.

9 외국에 가서 밤낮을 모르고 전력투구하여 번돈으로 새로운 사업을 시작해 보니 한번은 울고 한번은 웃는 희비가 상존한다. 너무 성급하게 생각지 마라. 모든 것은 순리에 따라야 한다. 빨리 가겠다고 지름길을 찾다가는 오히려 더 늦어지는 결과가 있을 뿐 아무 잇점도 보지 못한다.

10 주색을 가까이 하지 말라는 것은 만고의 이치와 같다. 하지만 이달 만큼은 어느때 보다도 조심해야 한다. 취중의 한마디가 천금을 손해보고 취중의 음탕한 행동이 평생을 그르친다. 이와같이 불상사가 있어도 계속 주색을 가까이 하겠는가. 지금이라도 때는 늦지 않았으니 정신차려라.

11 생전 못올 것으로 알았던 남편이 집으로 돌아오니 온가족이 웃고 그 웃음소리가 천리를 간다. 금전문제로 또는 정치적인 문제로 돌아올 가망이 없던 남편이 16·27일에 돌아와 새로운 삶을 시작하니 더없는 기쁨과 보람을 찾는다. 여성으로서 닭띠·용띠는 남편으로부터 뿌듯함을 느끼는 일이 있다.

12 쥐띠·닭띠는 좋지않다. 불의의 사고가 아니면 질병을 얻어 꿈에도 생각지 못했던 고생을 하기 때문이다. 지금 신수는 병든 용·뱀한테 괴로움을 당하는 것과 같다. 그러니 아무리 상대가 약하게 보여도 예의를 갖추고 최선을 다해야 무사하다. 만약 상대를 얕보고 경솔한 행동을 하다가는 대패한다.

821 木杏花中 목행화중
遇逢貴人 우봉귀인

은행나무 꽃이 피고 열매가 맺으니 백년만에 선비가 나온것 같고 천년만에 조화를 부리는 것과 같다. 결혼 못한 노총각 노처녀가 그렇게 찾던 사람을 만나 결혼식을 올리게 되고, 고시에 합격하기를 하느님께 빌면서 열과 성의를 다한 학도가 합격이란 영광을 안게 된다. 비록 고시가 아니더라도 수차 낙방만 하던 사람이 금년에는 취직시험에 합격하여 좋은 직장을 얻게 된다. 집안에 대를 이을 자손이 없어 걱정을 해 왔는데 옥동자를 생산하는 경사가 있기도 하고 누명으로 옥살이를 갔던 사람이 특사를 받아 집으로 돌아오는 기쁨이 있다. 가출했던 사람이 돌아오고 박사 석사를 받기 위하여 외국으로 갔던 사람이 뜻을 이루고 돌아온다. 사업에 실패하고 허송세월을 보낸사람은 귀인을 만나 재기한다.

1 오곡백화가 풍요로우므로 물질적인 면에는 큰 어려움이 없지만 정신적인 고통은 일가친척이나 친구로부터 미움을 사 겉으로는 웃지만 속으로는 울고있는 지경이다. 없는 집에 갑자기 황소가 들어오면 모든 사람들은 의아하게 생각하고 어딘가 모르게 시기가 나는 법. 이럴때 당신 처세는 대단히 중요하다.

2 사방팔방 어디를 가나 술과 여자 또한 술과 남정네 뿐이니 가히 외도하기 십중팔구이다. 그러므로 남녀를 막론하고 말과 행동 그중에서도 구슬같은 뿌리를 조심해야 한다. 여성인 경우에는 별탈없이 잘지켜온 가정을 등한시하고 춘풍에 마음을 잡지 못하게 된다. 심한 경우에는 외박까지도 불사한다.

3 부지런하고 인내하며 십년동안을 살아오니 그 노력의 댓가가 오늘에야 나타난다. 무엇이고 한가지 일에 열중하고 용기와 끈기를 보이므로 흥함도 길하게 되고 작은것도 크게 이루어지는 결과가 있게 된다. 무리한 변동 무리한 욕심 등은 들어오는 복을 차 버리고 화를 향하여 달리고 있는 것과 같다.

4 매사를 차근차근 순서에 입각하여 서서히 밟아 나가야지 천리를 한번에 가려고 하다가는 가랑이가 찢어지고 말것이다. 정당하고 합리적인 일에 열중하라. 마치 뜬구름 잡는 식으로 일확천금만 노린다면 열냥를 얻으려다가 백냥을 잃게 되고 산토끼 잡으려다 집토끼 놓치는 격이 될 것이다.

5 친구를 사랑하고 믿지만 일생을 살다보면 조심할 때가 있기 마련이다. 바로 이달에는 친구의 깊은 우정을 영원히 지탱하기 위해서 조심해야 한다. 금전 거래 문서에 도장 찍는 일 등은 극히 조심해야 한다. 만약 이러함을 어기고 가까이 한다면 재물도 친구도 의리도 한순간에 잃어버릴 것이다.

6 오랫동안 기다렸던 승진이 되고 월급봉투가 두툼하니 집안에 생기가 감돌아 웃음이 끊이지 않는다. 공무원인 경우 재물은 있어도 승진 되기는 어렵다. 신발 수출업체나 섬유계통에 근무하는 사람은 월급이 오르든지 승진이 되든지 둘 중 하나는 있게 되므로 이래저래 기쁜 일이 있게 된다.

7 집안에 처박혀서 백가지 생각을 하는 것보다는 출행하여 여러 사람을 만나는게 좋고 집안 재산을 팔고사는 문제로 연관시켜 싸움을 하는 것보다는 차라리 논하지 않는게 좋다. 특히 형제간에 집안 재산을 논하다가는 서로 의견이 맞지 않아 결국에는 소송까지 운운하니 한심하기 그지 없다.

8 만약 어머니의 병환이 있지 않으면 처에게 병고가 있어 이달에는 고초가 있다. 어머니는 동쪽에 있는 의사와 인연이 맞고 처는 북쪽에 있는 의사와 인연이 닿으므로 방향을 잘 선택하여 치료를 한다면 그다지 큰 어려움은 없을 것이다. 쥐띠와 돼지띠 부부는 자녀의 건강이 불길하다.

9 집안에 부리는 사람이 새로 들어오거나 결혼하는 경사가 있지만 석달을 제대로 못 넘기니 이달의 결혼은 미루는게 좋고 부리는 사람은 19·26·27일에 들도록 하는것이 좋은 결과를 낳게 된다. 21일과 말일에는 남쪽에서 귀인이 나타나 취직이나 기타 기다리던 일들이 한순간에 풀리게 된다.

10 사업을 하면 천금을 희롱할 수 있는 좋은 시운에 놓여있다. 그러나 씀씀이가 신통치 못하고 악용한다면 오히려 벌지 않는것만 못하다. 가능하면 사회적 회사를 하거나 가까운 친척 또는 친구를 도와주면 후일에 큰 덕으로 다시 돌아올 것이다. 개띠 용띠는 14·16일에 큰 돈이 들어온다.

11 한가지에서 열가지를 논함에 있어서도 집안식구들과 서로 상의해서 결정을 해야 후환이 없고 목적이 이루어질 수 있다. 26·28일 에는 가족들이 한 곳에 모이므로 그 동안에 못다한 이야기를 해야 한다. 가출했던 사람은 1·2·5·19일 저녁에 왼쪽 팔다리를 다쳐서 돌아오게 된다.

12 마음이 차돌처럼 굳고 바다처럼 넓어 가이 덕인이라 한다. 그런데 이처럼 덕성스러운 당신의 참마음을 역이용하여 당신을 함정에 몰아 넣으려는 무리가 있으니 18·20일에는 각별히 주의하라. 더우기 사업을 하고 있는 사람은 종업원이 회사 기밀을 빼내 이만저만한 고초를 겪는게 아니다.

822 雲歸月白　운귀월백
　　　大地生動　대지생동

구름속에 갇혀있던 보름달이 다시 그 자태를 드러내 만천하를 환히 비쳐주고 있다. 따라서 온 세상은 생기와 즐거움으로 넘치게 되고 만인이 그달을 더욱 더 추앙하게 된다. 한때 당신은 이름을 날릴만큼 당당한 시대가 있었다. 그러다가 다시 암울한 시대를 만나 능력을 발휘하지 못했는데 금년에는 재기하여 만인을 통솔하는 지위에 오르게 된다. 이에 좋은시절 다 갔다고 입방아를 찧던 사람들까지도 당신을 돕겠다고 나서니 완전히 때를 만난 셈이다. 정치 경제인은 최고의 전성기를 만나고 영화배우 TV탤런트 가수등은 새로운 인기로 만인에게 추앙을 받게 된다. 건설업을 하는 사람은 도산의 위기에서 다시 회생하여 큰 재벌로 변화되는 전화위복의 새로운 시대를 맞이하게 된다.

1 상하인과 화목하니 비록 물질적 풍요로움은 없지만 즐거움은 가시지 않는다. 매사를 겸손과 아량, 설득으로 일관한다면 큰 어려움을 모르고 건방진 행동으로 처신하면 만인의 지탄을 면키 어렵고 건강도 걱정된다. 쥐·소·개·용·말띠는 취직이나 사업관계로 고민하고 있다.

2 모든일에 열과 성을 다하라. 그리고 과욕은 부리지 마라. 그래야 돕겠다는 사람도 많고 잃어가는 물건도 다시 찾을수 있다. 남쪽 방향을 출입하려면 4·5·19일을 제외한 다른 날짜에 하는게 좋다. 왜냐하면 귀금속 현금 신분증등을 몽땅 잃어버리게 된다. 사랑으로 감싸주어야 한다.

3 고생고생 하면서 길러낸 자녀가 이제는 어엿한 성인이 돼 시험에 합격도 하고 취직도 되니 참으로 경사가 겹쳤다. 이에 가문이 빛나게 되고 사람들이 문전에 모여드니 그 위세가 당당하다. 용띠·말띠부부나 같은 소띠 부부는 이달 14·18·22일에 동침하면 귀공자를 얻는다.

4 집안 운이 흥왕하니 항우가 쳐부숴도 무사하고 조조같은 사람이 꾀를 써도 함정에 빠지지 않는다. 이름이 사람들에게 오르내리고 덕성이 세상에 알려지므로 사방에서 박수갈채를 보낸다. 고시에 합격하거나 박사 석사가 되기도 하며 정식으로 의사가 되는 자격시험에도 합격하는 등 실로 경사가 많다.

5 각종 문서상의 이익이 있어 부동산 매매나 동산을 팔고하는 것에 다같이 이익이 있게 된다. 사업을 하려는 사람에게는 여기저기에서 자금을 대주겠다는 사람이 줄을 이으니 옛적부터 쌓아올린 신용이 이제와서 빛을 보게 된다. 다만 개띠 6월생의 도움은 받지 않는게 좋다.

6 벼슬을 얻지 않으면 부인으로 하여금 경사스러운 일이 있게 된다. 처가 국회의원에 당선되거나 각 사회단체장이 될 수 있고 자신에게도 새로운 감투가 얻어져 만인을 거느리게 되거나 행정·사법 고시 등에 합격하는 영광을 안게 된다. 이러한 경사 이외에도 자녀들에게 경사가 있게 된다.

7 신수가 좋지 아니하므로 말이나 행동을 삼가하고 과욕은 부리지 마라. 더우기 재물에 관한 거래가 지나친 이득만 추구한다면 득보다 실이 많아 마음도 편안하지 못하고 지금까지 쌓아올린 공든탑이 흔들릴 우려가 있다. 지금껏 친구로 사귀어오던 남녀가 갑자기 결혼하자고 강요하다가는 친구마저도 잃게 된다.

8 집안에 혼인하는 경사나 시험에 합격하는 경사가 있지않으면 질병으로 고생하던 환자가 이달에 들어서면서 부터는 점차 쾌유되기 시작한다. 25·27일에는 경사스러운 일이 있게되며 1·9·10일에는 병환에 기쁜소식이 있다. 신체장애자는 9·26일에 기쁜일이 있어 마음을 침착하게 정리하는게 유익하다.

9 돈도 떨어지고 조금씩이나 수입원이 되던 사업이나 직장마저 잃게 되므로 어려운 나날속에 살아가고 있다. 가장으로서 지위가 흔들리고 점점 무시하는 주위환경 때문에 날이 갈수록 자신을 잃게 된다. 24·28에는 약간 돈이 들어오나 한강에 돌던지는 격이 돼 빈곤함은 좀체로 해결되지 않는다.

10 평생을 두고 믿어왔던 사람을 영원한 믿음을 갖기 위해서 이달만큼은 경계하고 조심해야 한다. 금전에 관한 거래는 서운함이 있더라도 거절하고 피하는 것이 최선이다. 1·8·10일에는 친구를 만나지 말고 18일에는 애인도 만나지 마라. 위자료로 유흥업을 경영하는 여성은 애인에게 속지 마라.

11 모든 일이 순풍에 돛단배처럼 술술 잘 풀린다. 그러나 돈이 모이고 재물이 많아짐에 따라 가족끼리 다툼이 많아지고, 증오가 심하며 또 하나의 고민이 다가온다. 타인에게 속아서 재물을 잃을 바에야 차라리 일가친척에게 알면서도 속아주고 모른체하는 미덕을 갖추는게 현명하다.

12 복된 일이 거듭거듭 있게되어 어려운 가운데서나마 즐거움이 있게 된다. 서쪽의 애인은 떠나가고 동쪽에 둔 애인이 다가오니 한번 울고 한번 웃어야 한다. 소띠나 쥐띠는 몸이 차거워 소화 불량증세로 고역이 따르고, 말띠 12월생은 쥐날·범날에 이사하거나 복통으로 고생하게 된다.

823 十年功塔 榮華在今 십년공탑 영화재금

십년 간이나 모진 고통을 극복하면서 쌓아올린 공든탑이 이제 완성되는 중요한 시점이다. 성급히 움직이지 말고 평소와 같이 행동하라. 입산수도하는 도인이 득도를 하는 영광이 있고 하잘것없는 사업으로 몸부림 치던 영세업자가 명실상부한 기업으로 발돋움하고 공부에만 모든 것을 건 학생도 소원을 성취하는 시기이다. 사직이나 공직을 막론하고 수년동안 미루어 오던 승진이 되기도 하고 자신이 원하는 지위에 오르게 된다. 의사나 교수직을 갖고있는 사람은 보직에 명예스러움이 있고 노점상을 하는 사람은 생각보다 많은 돈을 벌게 된다. 여성인 경우에는 가정에서 보다는 사회적으로 명예스러움이 있게 된다. 고아원이나 농촌에서 양로원을 경영하는 사람은 독지가를 만나 큰 지원을 받게 된다.

1 어서 나가라, 그래야 마음도 편안하고 건강도 좋아진다. 집안에 틀어박혀 있으면 신경질과 따분함만 더할 뿐이다. 따라서 집에서 나가면 마음이 상쾌해진다. 외출에 좋은날은 범·뱀·원숭이·돼지날이 되고 북쪽보다는 남쪽이나 동쪽이 유길하다. 원숭이띠는 이사를 하게 될 것이다.

2 잣나무가 무성한 숲속에 오만가지 새가 노래를 부르니 가히 지상 천국이로다. 가수나 창을 하는 사람은 그 인기가 절정에 이르고 재물이 태산을 이룬다. 이 밖에 사업가는 광고선전에 주력해야 큰돈을 모으게 되고 병을 얻은이는 여러 사람에게 병자랑을 해야만 그에 맞는 신약을 구할 것이다.

3 운수가 대통하니 매사가 순성하고 가족이 흥왕하여 가문을 빛내게 된다. 이사를 하는 경우에 서쪽이 길하고 그 날짜는 5·7·12일에 가장 적합하다. 맞선을 보는 날은 26·28일 오전 10~11시나 오후 2~3시가 가장 좋은 시기이다. 개띠 3·9월생은 신상에 변화가 있어 직장이동이나 이사를 하게 된다.

4 조마조마한 생각은 몸에 이롭지 못하다. 마음의 불안을 떨쳐버리고 당당하게 대처하라. 왜냐하면 출세가도를 달릴수 있는 천운을 만났기 때문이다. 따라서 경기를 하는 스포츠인이나 사업가 대기업에 입사한지 얼마되지 않은 신입사원은 당당하고 소신있게 처신하라. 그러면 천금을 희롱할 수 있다.

5 길한 가운데 불행함이 있게되니 처신을 조심스러이 하라. 만약 경거망동한 행동이 있게 되면 불의의 사고로 상복을 입게 된다. 특히 27·28일에는 서쪽으로 출행을 삼가하라. 교통사고가 두렵다. 4·12·20일에는 친구와 구설에 있게 되고 10·14일에는 애인으로부터 불미스러운 소식이 오게 된다.

6 이사를 해도 좋은 시기이고 새로운 집을 지어도 걸맞는 시기이므로 그렇게 정하는 것이 유길하다. 그러므로 가족이 하는 일마다 잘 이루어지고 재산도 늘어나 보다 나은 생활을 하게 될 것이다. 한가지 주의할 점은 '삼살방'이나 "대장방'을 범하지 마라. 사람이 앓아눕거나 재산상의 손해가 있게 된다.

7 믿었던 친구와 자신의 비밀을 논하지 마라. 오히려 당신을 돕기 보다는 그 비밀을 악용할 우려가 있다. 12일 오전 11시에는 여자가 낀 사기를 당할수 있고 24일에는 실물수가 있으므로 가능하면 남쪽방향을 가지마라. 19일과 말일에는 차안에서 도적을 만나 공포에 떨게되니 출입을 삼가하라.

8 모든 시험 영광이 있게되는 시운을 만났으므로 십년간 쌓아올린 공든탑이 완성될 수 있다. 어느누구를 막론하고 원하는 분야의 시험을 치르면 합격한다. 10·23일에 시험을 치르게 된다면 더욱더 길하여 좋은 결과를 얻게 된다. 대작을 시작한 작가라면 이달은 그 대작이 사람들로부터 칭찬을 받게 된다.

9 귀신이 길 가운데서 당신의 진로를 방해하니 범인으로서는 그 장난을 알 수 없다. 젊어서 죽은 몽달귀신이 당신을 해치고자 한다. 그리하여 21·26·27일에는 교통사고를 당할 운세이므로 동쪽에 있는 복거인에게 물어서 그 비방을 받아 원귀의 한을 풀어라. 그래야 장래가 무사하다.

10 조용한 가정에 파문이 일거나 조용한 직장에 파문이 일어 마음이 편치 못하다. 모두가 사람으로 인한 고역이니 사람을 대함에 극히 조심해야 하고 비밀을 보장해야 한다. 친하다고 방심하면 불행을 자초하며 일가친척이라고 체면에 못이겨 유야무야로 넘기는 일이 있다면 반드시 우환이 있다.

11 머리에는 어사화를 꽂고 허리에는 옥대를 두르니 그 벼슬이 높아 만인을 통솔하게 된다. 사람들은 당신의 행동여하를 매우 주목하고 있다. 그러니 조심하고 또 조심해야 한다. 26일과 말일에는 기쁜 소식이 있고 27일에는 친구로부터 부탁을 받게 되나 들어주면 후환으로 고민한다.

12 부모에게 질병이나 불의의 사고로 몸을 다치는 비운이 있어 효도를 발휘할 때이다. 사방에서 당신을 돕겠다고 나서지만 후일을 생각하여 받아서는 안된다. 말띠 소띠 부부는 다툼이 심하여 이혼 운운하지만 21·25일밤 큰 행사를 치르고 난 후부터는 칼로 물베기식이 돼 역시 부부임을 실감케 한다.

831 八山修養 입산수양
防厄之運 방액지운

금년에는 돈을 벌어 부자가 되는것도, 벼슬이 높아 만인을 통솔하는 것도, 공부를 하여 과거에 급제하는 것도 모두 포기하고 다가올 타격을 막아야 한다. 성장보다는 지금 처해 있는 위치를 지키고 마음을 굳게 가지며 진실만을 추구해야 한다. 심한 경우에는 실명의 위기에 놓여있고 사고로 지하의 혼객이 될 수 있다. 쥐띠는 부부의 파란이 있고 소띠는 몸을 다치고, 범띠는 자녀에게 불상사가, 토끼띠는 형제와 난투극이, 용띠는 부모와 불화가, 뱀띠는 개천에 용이 나고, 말띠는 달빛 아래에서 통곡하고, 양띠는 아침에 울고 저녁에 웃는다. 원숭이띠는 함정에 빠지고, 개띠는 요통으로 고생하며, 돼지띠는 자녀가 시집가고 장가간지 얼마되지 않아 이혼을 하게되니 마음이 편안하지 못하다.

1 관절 신경통이나 안질로 큰 고통을 당하니 죽고만 싶은 마음 뿐이다. 이러한 병고가 아니더라도 손해를 피할수가 없다. 그러니 사업가는 사업개시를 미루어야 하고 금전거래는 분명한 문서가 오고가야 한다. 만약 분명치 못한 거래가 있게 되면 큰 불행을 자초하게 된다. 이달 27일은 흉하고 말일은 소길하다.

2 아무리 당신이 세상을 많이 살아온 경험이 있다고 하나 생각지 못한 일들이 불길하게 전개되므로 손해를 면키 어렵다. 매사를 수도승이 정진하는 태도로 임해야지 한때 당당했던 과거에 집착한다면 많은 사람으로 부터 손가락질을 당한다. 소띠·양띠 6월생은 승려나 신부등 종교계통에 귀의하게 된다.

3 시비를 가까이 하지 마라. 몸을 상하는 난투극을 면키 어렵다. 15·26일에는 남쪽에서 싸움이 있게 되고 29일에는 북쪽에서 싸움을 하는데 주로 금전 거래상이 된다. 용띠와 개띠는 원수를 사랑하는 마음으로 용서와 관용으로 대처해야지 자신의 주장만 앞세우고 독단을 자행하다가는 큰화를 초래한다.

4 부부가 한마음으로 자녀에게 쏟아온 정성이 이제 효도로 돌아오니 새로운 삶의 용기를 갖게 된다. 5·9·10일에는 자녀로부터 선물을 받는 행운이 있게 된다. 17일에는 부부간에 여행을 하거나 젊은 부부는 동침을 하여 귀동자를 얻는 행운이 있다. 범띠·말띠부부는 말날에 동침하는게 유리하다.

5 그다지 노력도 하지 않았으나 운이 홍왕하여 자연 재물이 들어온다. 매사를 독단하지 말고 여러 사람과 타협을 하라. 그래야만이 매사가 무난하게 이루어진다. 3·9일에는 북쪽에서 맞선을 보고 12·17일에는 귀인을 만나며 28일에는 부부가 동반하여 서쪽에 있는 친척집을 가게 된다. 말조심 할것.

6 이름에 때가 묻는 독직사건이 있음으로 어느누구를 막론하고 뇌물과 부탁은 절대 사양해야 한다. 정치인이나 연예인의 경우에는 각별한 몸조심을 요한다. 군인이나 경찰인 경우에는 어떠한 청탁도 받아주면 아니된다. 도박을 업으로 알고 살아온 사람은 28일에 큰돈을 벌 수 있다.

7 이달에는 재리를 논하지 말라. 서로 속만 상하고 아무 이익도 보지 못한다. 타인에게 돈을 구하는 일은 가능하면 14·24일에 부탁하는게 좋다. 그러나 신통치 않으므로 10냥이면 5냥만 생각하라. 회사를 경영하는 사람도 수금이 잘 되지않아 대단한 고통을 감수해야 한다.

8 재물을 탐하는 것은 독약을 탐하는 것이나 다름없다. 직장으로 인한 관재나 금전거래로 인한 관재가 있게 되므로 조심해야 한다. 쥐·소·범·원숭이·말띠는 이혼문제로 법정에 설 운이다. 다만 말띠는 법정에서 되돌아와 이혼을 하지않고 새로운 마음으로 살아가게 된다.

9 왜 이렇게 당신은 한 직장에 오래 있지 못하는가. 어느누구도 당신만한 고통은 다 겪는다. 그러니 참고 극복하는 자세로 새로운 삶을 시도하라. 지금 당신과 같은 자세로 허황된 꿈만 가지고 살다가면 백이면 백 모두가 실패하게 될 것이다. 공무원은 실직할 날이 24·26일이다.

10 귀인은 만났다고 환호성을 쳤건만 그 귀인이 당신을 이용하니 세상 참으로 믿을 바 못되도다. 20일에는 귀인을 만나고 27일에는 속임수에 빠지며 24·26일에는 서쪽에서 돈이 들어오고 25일 11시에는 이성간의 만남이 있어 복잡한 세상일 잊고 달콤한 사랑에 빠진다.

11 먼 여행은 하지 마라. 교통사고로 몸을 다치게 된다. 22일과 27일에는 남쪽으로 출행을 하지 말고, 정히나 급하면 차를 타지 말고 걸어서 가야 한다. 개·말·원숭이띠는 낙상으로 눕게되니 서쪽에 있는 병원을 찾는게 하나의 선택이 된다. 돼지띠는 목욕탕에서 졸도하는 운에 있으니 22일 26일을 조심하라.

12 임씨나 박씨는 당신에게 귀인이 될수 있으므로 동업을 하게 되면 큰돈을 벌 수 있다. 18·24일에는 세사람이 한 곳에 모여 동업을 논하니 가히 이루어질 수다. 28일에는 오래간만에 외박을 하며 황홀경에 빠지게 되니 건강이 걱정된다. 쥐와 말띠는 성병으로 서쪽에 있는 병원으로 가야 치유가 빠르다.

832　持身謙遜　지신겸손
　　　　扶人多衆　부인다중

최고의 겸손함과 최고의 예의는 당신을 도와줄 수 있는 많은 사람을 불러모을 수가 있다. 인생에 있어서 때가 항시 있는게 아니다. 도와준다고 요청해올 때 거부하지 말고 또는 순간적인 기분 맞추기에 급급하지 말고 긴 안목으로 대해야 한다. 그동안 표면에 나타나지 않고 사자가 숲속에서 낮잠을 자듯이 조용히 있었다면 금년부터는 대중앞에 나와 자신의 뜻을 발휘할 때이다. 공부에만 열중했던 학도가 이제는 사회에 진출하여 전공을 최대한으로 발휘하고 가수 영화배우등도 수습기간을 지나 대중앞에 출연할 때이다. 시험에 합격하고도 발령이 나지않아 초조했던 사람도 드디어 발령을 받고 약혼한 사람도 결혼식을 올리고 마음속으로 서로 미워하던 고부가 이제는 노골적으로 싸움을 한다.

1 만약 집안에 혼인의 경사가 아니면 옥동자를 출산하는 경사가 있다. 범·말·개띠는 14·21일에 결혼식이 있고 쥐·용·원숭이띠는 27일에 돼지·토끼·양띠는 말일경에 결혼식이 있게 되며 해산일은 1·9·12일이 좋다. 소·닭·뱀띠는 먼곳의 초행길이 절대 불길하니 가지 마라.

2 당신에게 이익을 줄 수 있는 사람이 누구냐고 묻는다면 쥐띠와 말띠로서 김씨·금씨·신씨·조씨등이다. 그리하여 취직을 부탁하는 일이나 돈을 꾸는 일등은 상대해볼만하다. 취직 부탁은 26일이 길하고 금전거래는 21·28일이 길하다. 단순히 쥐띠·말띠인 경우라면 당신을 해칠 우려가 있다.

3 길신이 당신을 도우니 눈밭에 버려도 얼어 죽지않고 강물에 던져도 빠져죽지 않는다. 다른 사람은 감히 엄두도 내지못할 일을 당신은 별 힘도 들이지 않고 해냄으로 많은 사람들로부터 부러움을 사게 된다. 재물이 스스로 굴러들어오는 명예가 있어 인기를 독차지하는 행운을 갖게 된다.

4 비록 직책과 남못지 않은 자리에 있지만 집안은 편안하지 못하여 마음이 괴롭다. 부부의 갈등이 있는데도 억지로 극복하고 외로움을 감수하는데 자녀들까지도 말을 듣지 않아 속이 상한다. 20·29일에는 부부싸움이 있고 18·23일에는 자녀로 하여금 흉액이 있어 자칫 병원에 가는 일이 있게 된다.

5 매사를 조심하고 심사숙고한다면 큰 어려움 없이 무사히 지낼 수 있다. 어려운 일이 있게 되면 부부간에 또는 친구간에 타협하는게 좋고 직장을 바꾸거나 새로운 사업을 하려거든 조금 더 기다렸다 하는게 유익하다. 1·4·6일에는 사랑하는 사람과 서쪽에서 만나면 육체관계를 가져볼 수 있다.

6 당신의 권세는 사람들이 인정한다. 그러기 때문에 추앙도 받지만 눈에 보이지 않은 욕설로 비판도 감수해야 한다. 어느 누구와 어느 장소에서든지 자신의 비밀을 말하지 말아야 한다. 만약 사람을 지나치게 믿어 비밀을 이야기 했다가는 협박을 피하지 못할 것이다. 이달 9·19일에는 좋은 일이 겹친다.

7 행운이 찾아와 당신을 기다리고 있다. 그리하여 초조하고 불안한 일이 사라지고 마음 든든한 일들이 웃음을 낳게 한다. 외국을 가거나 이사를 하는 분 주함도 있는데 주로 15·25일과 말일이다. 빌려준 돈을 받지 못하여 가슴 조이며 불안해 있었는데 26·27일 양일간에 받게되니 한 근심 덜게 된다.

8 마음을 굳게 먹고 하고 있는 일에 최선을 다하라. 그래야 성취의 기쁨이 있다. 많은 사람들이 물도 나지 않는 샘을 왜 그토록 파고 있느냐며 혹독한 비판이 있어도 오직 한마음으로 계속 향하라. 끝내 만인이 깜짝놀랄 좋은 결과를 갖게 된다. 무리한 변동은 실패만을 자초한다.

9 집안이 흥왕하려고 가족들의 건강도 좋아가고 단 한사람도 노는 사람이 없이 재물을 들여온다. 식구가 더하는 운도 있어 타성씨를 가진 사람이 집안을 이롭게 한다. 종업원을 구하지 못한 사업가는 새로운 종업원이 들어와 한 근심을 덜게 되었다. 쥐띠는 외도를 하여 외방자식을 둘 시운에 놓여있다.

10 사기와 협박이 난무하여 당신이 상대를 꺾지 않으면 상대가 당신을 꺾는 비운이 있다. 그러니 출입을 삼가하고 수양하는 마음으로 조심 조심 살아야 한다. 3·7·25일은 불행한 날이다. 특히 사소한 일에 함정이 있어 헤어나기 힘드므로 오전 11시 30분과 오후 4시 10분경을 조심하라.

11 죽어라하고 노력해서 백냥을 벌었건만 오십냥이 다시 나가니 웃다가 울게 된다. 더우기 건강이 불길하여 적지 않은 손해를 보니 과연 인간만사 마음대로 안된다고 자탄하고 있다. 국제결혼하는 경우에는 용날·돼지날 오후 1~3시경이 적합하고 재혼하는 경우에도 20·24일에 가장 길일이 된다.

12 당신이 원하는 때가 왔다. 이때를 놓치지 말고 최대한 활용하라. 백년에 한번 올까 말까한 운이다. 시험 취직 특히 결혼 여행등은 16·18일이 좋은 날이며 사업상 사람을 만나는 것은 22·29일이 길일이다. 이혼에 따르는 위자료는 말일경에 받게 되고 은행대출은 중순경에 받게 된다.

833 安靜守分 안정수분
待時逢運 대시봉운

매사를 조용하고 안정을 추구하는 노력이 절대 필요하다. 여러사람 앞에 나타나는 것보다는 뒤에서 깊이 생각하는게 훨씬 이롭다. 아직은 덜익은 사과 같으므로 성급하게 움직이거나 결과만을 기다려서는 아니된다. 그러므로 때를 기다리는 마음, 님을 기다리는 자세로 대처하라. 외국에 가서 공부하여 금의환향 하겠다는 연인이 돌아오지 않는 까닭을 아는가. 이미 다른 사람의 애인이 돼 있다. 애인을 친구에게 빼앗기고 고통의 늪에서 헤어나지 못하나 그 또한 이미 그대의 운명 일부임을 알아야 한다. 집을 나간 사람을 눈이 빠지게 기다리고 있지만 돌아오지 않고 있다. 하지만 끈기를 갖고 희망을 가져라. 조금 늦어서 그렇지 돌아오는 것은 틀림없다. 인간사이의 믿음을 지나치게 생각하다가 금전적인 손해를 본다.

1 달이 저녁안개 속에 갖혀 있으니 진실이 감추어지고 아첨과 사술이 난무한다. 달을 보지 못하니 칠흑 같은 흑야에 길을 찾기 힘들고 외형만 알지 속은 알 수가 없다. 상대를 알아야 목적을 달성할텐데 흑막같이 가려 있어 답답할 뿐이다. 서두르지 말고 하나하나 침착하게 대처하라.

2 취직을 하게 되니 십년 묵은 체증이 내려가듯 속이 시원하다. 그토록 고통스러운 실업자 세월은 당신에게 많은 것을 가르쳐 주었다. 지금 직장을 다니고 있는 사람이라면 새로운 일거리를 찾거나 새로운 사업을 하게된다. 21·24일에는 신장개업이 있고 28일에는 직장을 바꾸게 된다.

3 도전에 도전을 거듭하면서 수없는 고초와 좌절을 딛고 계속 우물을 파니 이제야 샘물이 솟아나는구나. 그 기쁨 그 영광을 누가 알리요. 큰 목적은 하루 아침에 이루어질 수가 없으므로 오직 끈기와 저력으로 목적에만 열중해야 한다. 19·21·27일에는 목적이 이루어지는 최후의 기쁜 날이다.

4 망설이지 말고 어서 이사를 하라. 이것저것 망설이다가 아무일도 하지 못한다. 그러니 빨리 이사를 하라. 한가지 주의할 점은 '안손방'이란 곳을 침범하지 말아야 한다. 만약 그쪽 방향을 범하게 되면 심장 안질 정신질환등으로 고생을 하게 되고 손해보는 것을 피할 수가 없다.

5 이달에는 운수가 불길하여 입을 맞대고 싸우지 않으면 여러 사람으로부터 비판을 받게 된다. 이성간에는 고통이 따르므로 1·9·18·24일에는 연인을 만나지 말고 말일이나 천둥번개가 치는 날 성교를 해서는 아니된다. 건강이 불길하면 하순경에 남쪽에 있는 의사를 찾아가는게 유익하다.

6 동산이나 부동산을 팔고사는 일이 있으나 큰 이익은 없다. 그러므로 가능하면 때를 맞추어 사고 팔아야 한다. 이달에는 중도에 해약하는 사태가 벌어진다. 3·8·12·20일에는 동산에 이롭고 14·24·26일에는 부동산에 이익이 있게된다. 말일경에는 박씨 성을 가진 사람으로부터 고통을 당하게 된다.

7 늘상 덕을 쌓는 착한 마음으로 살아온 당신의 삶이 이제 그 빛을 보기 시작하며 보은의 댓가를 받고 있다. 사회적인 명예도 높아져가고 재물도 점차 늘어가며 전에 은혜를 입었던 사람들이 머리를 숙여 찾아들고 있다. 5·4·19일에도 귀인이 도움을 주고 25일에는 재물이 들어온다.

8 배가 고파 아사직전에 놓여 있는 사람이 귀인을 만나 비단옷에 진수성찬으로 포식을 하니 부러울게 없다. 하지만 복통이나 두통으로 위급함이 닥치게 되니 음식을 조심하라. 22·23일에는 서쪽에 위치한 상가를 가지 말라. 28일에는 돌잔치나 결혼식 음식을 먹고 배탈이나 두통이 있다.

9 맞벌이 부부가 직장을 그만두고 일정한 장소에서 동업을 하게 되니 재물이 왕성하고 가정이 돈독해진다. 일가친척과도 우애가 좋아지고 다소나마 돕는 입장이 돼 마음 뿌듯하다. 20·21·24일에는 동쪽에서 개업하는게 길하고 27일과 말일에는 남쪽에서 개업하는게 길하다.

10 미더운 사람의 말을 듣다가 천금을 잃게 되고 서운함만 가득하다. 사업변동과 직업변동에는 여러 사람과 타협하는 것보다는 혼자서 결정하는게 좋은 결과를 낳고 결혼에 관한 문제는 자신이 거론함이 불길하다. 미혼남녀는 23·26일경에 동쪽이나 서쪽에 위치한 다방 호텔 등에서 맞선을 본다.

11 하늘이 무너진다해도 초가삼칸에 불이 붙었다해도 경솔하게 또는 번갯불에 콩 구워먹듯 허둥댐이 있어서는 생명을 보전치 못한다. 28일에는 쥐구멍에 해뜨는 격으로 즐거운 일이 있고 21·26·27일에는 교통사고나 낙상할 우려가 있으므로 출입을 삼가하라. 쥐띠 5월생은 말말에 교통사고가 있다.

12 위태로운 삶에 놓인 당신이 처세하기란 대단히 어려운 시기이다. 따라서 일은 벌리기보다는 관망하는 자세 또는 묵인하는 행동이 전화위복이 된다. 소띠 6월생은 한번 울고 두번 웃으므로 초순에는 불길하나 중순이후 부터는 매사가 풀린다. 여성인 경우에는 남자와 은밀한 장소에서 동침을 하지 마라.

841 風起雲散 풍기운산
海天一碧 해천일벽

바람이 불어 일기당천 기세로 구름을 헤쳐 놓으니 그 가운데 태양이 보이고 바다에는 푸른 물이 천척이나 높이 뛴다. 당신의 일만 달성하려고하면 많은 사람들로부터 원성을 사게 된다. 일을 달성하는 결과보다는 과정을 중요시 해야 한다. 쥐띠는 친구에게 돈을 빌리게 되고 소띠는 쌍둥이를 얻게되고 범띠는 부모형제와 화합하고 토끼띠는 이사변동이 있고 용띠는 실연하여 눈물을 흘리게 된다. 뱀띠는 부인의 외도로 속을 썩고 말띠는 동쪽에서 맞선을 보게 된다. 양띠는 몸이 아파 입원하고 원숭이띠는 자녀에게 경사가 있어 사람들의 부러움을 사게 된다. 닭띠는 관절이나 안질이 있어 고생한다. 개띠는 연상의 여인과 또는 연하의 남자와 밀애를 하고 돼지띠는 직업 변동이 있다.

1 서쪽과 남쪽에 꽃은 있으나 열매가 없는 격이다. 장수가 전쟁터에 직접 나가기 보다는 무기를 수리하고 군졸을 정비하는 단계이다. 매사를 계획하고 입안하여 후일을 도모해야 한다. 21·25일에는 금전 차용이 순조롭게 되고 28일에는 연인과 동침을 하게 되니 황홀함이 극치에 이른다.

2 주색을 가까이 하지 마라. 싸움을 하는데 연루되어 관재수가 있다. 여성이라면 술을 가까이 하지 마라. 걷잡을 수 없는 가정 파탄이 있다. 21·22일에는 자녀가 가출하는 소동이 있고 성적을 비관하여 학교를 그만두는 등 어려움이 따른다. 공무원은 첩을 두게 되고 일반직장인은 자리를 옮기게 된다.

3 집안에 있으면 하늘에 눌린듯하니 캬바레 가서 춤을 추는 등 스스로 안정을 찾아라. 그러나 26·27일에는 악인을 만나 몸도 빼앗기고 협박도 당하게 된다. 28일에는 남쪽에 제비족을 만나 조씨·이씨·오씨로 부터 몸을 빼앗기게 된다.

4 모든 일에는 용두사미격이니 지나친 과욕은 실패를 자초하고 실패는 곧 가정 파탄을 초래하여 각기 등을 돌리는 비운을 겪는다. 돼지띠 4월 생은 외국을 가고 뱀띠 10월생은 이사를 하게 된다. 22·26일에도 문서에 함정이 있으므로 심사숙고 해야 한다. 28일에는 집안끼리 다툼이 있다.

5 여인숙 여관 호텔의 객실에 붉은 여자몸이 누어 있으니 가히 음탕하도다. 유부남 유부녀가 가정을 몰라라하고 음탕한 짓을 하고 다니므로 실로 놀라운 일이다. 21·27일에는 동쪽에 있는 여관에서 두몸이 한몸으로 되고 28일 오후에는 남쪽에서 연상의 여인과 음탕한 짓을 한다.

6 직업도 없고 돈도 없어 가정 형편이 이만저만한 일이 아니다. 처자는 떠나간다고 울부짓고 무리를 이루던 친구마저도 발걸음을 끊으며 세상 인심을 가히 짐작하도다. 아는 사람과 동업을 하여도 손해와 불화만 있을뿐 아무 이익도 보지 못한다. 26일에는 돈이 들어오고 28일에는 빚독촉을 받게 된다.

7 부인이 옥동자를 낳으니 가정이 돈독해지고 마음이 기쁘도다. 그러나 당신은 외도로 인하여 생면부지의 여성과 야합을 하게 된다 원숭이띠 7월생은 국제결혼을 하고 혹 외국 여성과 동침을 하는 경우도 있게 된다. 1·9일에는 증권이나 복권에 이익이 있고 15·20일에는 집안에 경사가 있다.

8 이렇게 어려운때 재물을 구하는 것은 하늘에 별을 따는 것 보다도 어렵고 또 어려운 일이다. 따라서 자중하고 은신하므로 전화위복의 요행이 따른다. 22·24일에 건강이 불길하고 남쪽에서 귀인이 찾아온다. 28일에는 집안에 두 남자가 당신을 해치려고하니 도둑을 조심하고 실물을 주의하라.

9 농사를 천직으로 알고 몇대를 이어온 당신이 논밭 팔고 도회지로 이사를 하게 되니 선영은 누가 돌보게 될것인지 또 다른 걱정이 있다. 빈곤함을 면키 위해서 도회지로 나와 장사를 시작했지만 처음은 고통이 이만저만 아니다. 20·23·27일에는 이사를 하게 되고 말일에는 원행에 경사가 있다.

10 자타간에 모사를 하지 마라. 단 하나도 이루어짐이 없고 말썽만 구구하다. 매사를 조용한 마음으로 관망함이 최선이고 급하다고 신발벗고 뛰다가는 후회하게 된다. 2·9·14·15일은 당신을 함정에 빠뜨리기 위한 음모가 난무하니 출입을 삼가하고 여러 사람과 입을 맞대고 모사하지 마라.

11 먼 여행을 하지 마라. 몸을 상하니 차량을 가까이 하지 마라. 1·4·7일에는 관절통과 복통이 있고 9·16일에는 문상가는 일이 있고 24일에는 도박을 해서 돈을 잃게 되고 28일에는 교통사고로 몸을 다친다. 어느 누구를 막론하고 금전거래는 부당하므로 나가있는 돈도 거두어 들여라.

12 이런 시기에 재물 이야기를 하는 것은 계란으로 바위를 깨는 격이 된다. 그런데도 당신은 형제간에 부자간에 집안 재물로 인하여 적지않은 다툼이 있게 되니 9·10·22일을 조심하라. 여성은 자궁염증으로 크나큰 고통이 따르며 요통까지 겹쳐 삶의 의욕을 잃어가고 있다.

842 修道退惡 수도퇴악
心身有足 심신유족

악인의 무리가 당신을 해치려고 해도 '영규대사'의 지혜를 짜내 그들에게 보이지 않는 발목을 묶어라. 아뭏든 입산수도하는 마음으로 스스로 마음의 행복을 찾고 스스로 악을 멀리하라. 비록 적은 것이나 만족할줄 아는 자족의 자세를 갖추어라. 정치인은 대권에 도전할 기회이고 학사는 박사가 되는 등 명예적인 사안이나 정치인 등반은 이로움이 있게 된다. 사업가는 구설시비로 마음 편안할 날이 없고 종교인은 내부적인 갈등으로 괴로워하고 있다. 농사를 짓는 사람은 새로운 품종 경작으로 큰 손해를 보는 흉액이 있다. 의사는 사고로 인하여 고초를 겪고 언론 출판에 종사하는 사람은 자리를 옮기게 된다. 은행에 종사하는 사람은 손님과 다툼이 있으니 2월을 조심하라.

1 만사를 합리적으로 풀어나가면 당연히 안정될 것이다. 그러나 자신의 생각대로 상대방을 무시하는 등 독단과 비리가 있으면 걷잡을 수 없을만큼 어려운 입장에 놓인다. 2·7·9일에는 동쪽에서 악인을 만나 재물을 잃게 되고 26일에는 출입을 삼가하고 재리를 논하지 않는게 가장 안정될 수 있다.

2 가는 곳마다 이익됨이 있으니 노력만 한다면 기대 이상의 댓가를 얻게된다. 복덕방을 경영하는 사람은 24일에 큰 돈이 들어오고 시장에서 장사를 하는 사람은 21일에 큰 돈을 벌 수 있다. 신입사원은 윗사람으로부터 귀여움을 받는다. 시골에서 의류장사를 하는 경우에는 20·21·28일에 길하다.

3 옛말에 지성이면 감천이란 말과 같이 이달에 당신의 운세는 매사를 적극적인 자세로 열과 성을 다해야 할 때이다. 그래야만이 사업가는 장사도 사업자금도 인원보충도 뜻대로 이루어진다. 호황이라 자금이 튼튼한것만 믿고 경솔한 행동을 하다가는 산토끼 잡으려다 집토끼까지 놓치는격이 된다.

4 서로 미워하며 불신하던 부부가 할 수 없이 별거를 하더니 더 이상 참지 못하겠는지 다시 함께 살아 간다. 겉으로는 자녀 때문에 또는 누구누구의 사정 때문에 그러하다고 하나 사실은 별거로 인한 괴로움과 쓸쓸함 그리고 달콤한 육체관계의 연민에서이다. 22·25일에는 부부가 서로 조심해야 한다.

5 이성파탄으로 자신의 고통과 쓸쓸함은 두말할 것도 없이 그대를 믿고 따르던 애인은 더 괴로워한다. 한 남자에 두 여자가 있게 되거나 한 여자에 두 남자가 마치 하나의 뼈를 놓고 응얼대는 두 마리의 개와 같다. 경우에 따라서는 둘을 다 잃을수도 있으니 3·7·12일에는 선택의 결정을 해야 한다.

6 사업이라고 시작했지만 문열어놓고 휴업이니 무척 안타깝다. 하루같이 파리만 날리기가 일쑤이니 빚내서 이게 무슨 꼴이란 말인가. 여러 사람이 말을 듣지 않고 당신 혼자서 결정한 일이므로 스스로 해결하라. 업종을 바꾼든지 사업을 옮기는 것을 생각할 때이다. 24일 밤에 결정하는게 좋다.

7 단란한 가정에 자녀가 가출하니 편안할 날이 없다. 이성에 한눈을 판다고 16·26일에 꾸짖게 되면 십중팔구 가출소동이 있다. 그러니 화가 머리 끝까지 올라와도 참고 또 참아야 한다. 성적이 저하된 자녀는 23일이나 말일에 타이르면 매우 깊은 감명을 받고 더욱 더 노력하는 특성이 있다.

8 고시에 낙방하고 눈물을 흘리는 불길한 운세이다. 어느 누구를 막론하고 시험에 떨어져 탄식을 해야 하는 시기이므로 과분한 응시는 하지 않는게 좋다. 토목 건축 전자등에 관한 시험은 불리하고 금속 은행원 시험등은 길하다. 독신으로 살면서 직장을 다니는 여성이라면 승진의 기쁨이 있다.

9 악마같은 재앙이 사라지고 행운을 안겨줄 시운이 스스로 다가오니 가정도 편안해지고 내자신도 편한 마음으로 살아가니 보편적인 행복감에 웃음을 지어본다. 군대에서 제대하고 취직 되기만을 기다리는 사람은 5·9·16일에 취직이 되니 너무 걱정하지 마라. 소띠 5월생은 말일경에 맞선을 본다.

10 집안에 괴한이 들어오니 미리 문단속을 잘하라. 도적이 침범하여 십년감수할 정도로 놀란다. 그러므로 4·24·26일 밤에는 잠을 자지말고 미리 방책하라. 혼자 살아가는 독신녀일 경우에는 28일 밤에 도적이 들어옴으로 집안에서 자지 않는게 현명하다. 쥐띠 7월생은 24일에 친구와 싸움이 있다.

11 혼인하는데 구설이 생겨 중도에 깨지고나니 없었던것만 못하다. 결혼 당사자나 사돈이 될 양쪽 부모 형제들이 범날·뱀날·말날에 만나면 구설을 피할수가 없다. 그러니 가능하면 16·26일에 만나야 한다. 직장에서도 감원으로 인하여 말썽이 많은데 당신은 소극적인 자세를 취해야 한다.

12 어허! 이게 무슨 변고인고 가정주부가 유부남과 놀아나고, 집안의 가장이라고 깨끗한척은 혼자 도맡아서 하는 남편이 유부녀와 정을 통한다니 참으로 고얀지고. 처제가 형부를 사랑하고 인척간의 사랑으로 정을 나눌 운이다. 당신이 그렇다는게 아니라 이러한 신수이므로 주의하라는 뜻이다.

843 人有舊面 인유구면
         偶來爲力 우래위력

세상에 태어나 그대가 아는 사람은 몇이나 될까. 그동안 인정있는 행동을 유지해 온 까닭에 옛 사람이 돕겠다고 찾아든다. 금년에는 친구의 도움으로 소원이 어느 정도 성취될 수 있고 북쪽의 귀인으로 매사가 이뤄지는 행운이 있다. 한가지 주의할 점은 두통 안질 심장병 또한 혈압등으로 큰 병환이 있게 되니 각별히 신경써야 할 때이다. 정치인은 복권의 기회가 있고 초혼에 실패한 사람은 재혼을 하게 된다. 지하실에 방을 세놓은 사람은 연탄가스로 인한 사고에 꿈에도 생각지 않던 손해를 보게 된다. 종교인은 복잡한 세상이 점점 싫어진다고 오직 자신의 수양을 위하여 심산유곡을 찾는다. 건설 토목회사는 지하나 굴착공사를 하여 큰 돈을 벌어보게 된다. 매사를 무리하지 말고 순리에 따라야 한다.

1 이달의 운수를 보면 적극적인 자세보다는 소극적인 자세로 소강상태를 유지해야 한다. 부부관계가 다소 불화해도 무책이 상책이란 식으로 묵묵히 살아가는게 최선이 된다. 그러나 별것도 아닌 일을 끄집어내 문제삼는다면 불화쟁론은 더욱 심해지고 그로 인하여 의리마저 짓밟는 결과를 낳는다.

2 두 부부가 하루가 멀다하고 싸움을 하니 두사람도 괴롭지만 불쌍한 사람은 자녀들이다. 어차피 갈라서야 할 시운에 와 있으므로 이달 7·9·23일에 정리하라. 마음을 고쳐먹고 더 살아봐야 얼마가지 못한다. 더우기 쥐띠·말띠부부는 외도로 인하여 파경이 옴으로 각별히 주의해야 한다.

3 남녀를 불문하고 외국을 출입하는 경우가 많다. 외국에 가 피땀흘려 부쳐온 돈으로 부인은 바람을 피우고 있어 한심하기 그지없다. 비단 이러한 경우가 아니더라도 부인이 남편 모르게 빚을 지고 어찌 할 바를 모르고 있다. 직장으로 인하여 외국을 갈때 가능한한 부부가 같이 가는게 파경을 막는다.

4 오장육부를 다 꺼내줄 둘도 없는 친구라도, 일생을 같이한 부부라도 믿지 말아야 한다. 모든것은 자신의 생각과 사고력으로 결정을 내려야 한다. 그렇지 않고 믿을 만하다고 협조를 구하는 것은 고양이에게 쥐를 물려 주는거나 다름 없다. 가슴이 답답하고 산란한 마음이 지속되니 2·14·19일을 조심하라.

5 인간에게는 때가 있는 법 그러니 당신에게 반드시 그러한 자연법칙이 적용될 것이다. 뭐가 그렇게도 미련이 많아서 독신으로 외롭게 살아가는가. 그러지 말고 하루빨리 결혼하라. 그래야만 말년이 편안하다. 청상과부를 고집하는 사람이라도 어리석은 옹고집을 버리고 어서 재혼하라.

6 산야에 푸른 풀과 나무가 무성하여 바삐 움직이는 황소가 포식을 하니 움직이면 움직인 만큼의 응보는 있을 징조이다. 당신은 재주가 출중하여 몇이고 부지런히만 하면 남못지 않은 수입을 바라볼 수 있다. 2·12·22일에는 돈이 들어오고 25·26일에는 복통으로 큰 어려움이 있게 된다.

7 이름이 동서남북 어디든지 울려퍼져 있어 인기인이다. 그러다보니 자연 사람들이 부러워하고 따르는 무리가 적지않다. 재물은 구하지 않아도 들어오고 사람은 대하지 않으려고 피하여도 몰려든다. 하지만 이러한 길운은 오래가지 못하므로 짧은 동안이나 최선을 다하여 덕을 베풀어라.

8 역발산의 항우가 아무리 장사라곤 해도 태산을 들지는 못했다. 고로 당신의 재주가 아무리 비상하다 하더라도 사방에 깔려있는 재물을 다 긁어 모으지는 못한다. 사리에 마땅하지 않은 재물을 뜬구름 잡는 식으로 모으려고 하다가는 기둥뿌리가 통째로 뽑히는 참극을 당할 것이다.

9 아무것도 가진것 없이 농촌에서 도회지로 와 가문을 일으키는 명예가 있어 참으로 출세를 한 것이다. 그러기까지는 음양으로 도와준 귀인을 만났기 때문이다. 당신이 똑똑해서 출세한게 아니라 출세를 할 수 있도록 구성된 사주팔자 때문이다. 그러니 너무 오만해 하지 마라.

10 길손과 주인이 싸움을 하게 되는 운수이다. 많은 손님을 상대로 한 장사라면 7·17·27일에 조심하라. 참지 않고 마음대로 행동하다가는 일년간 번돈 일시에 날려버리는 허황됨을 면키어렵다. 24·26·28일에는 친구로부터 청탁을 받게 되지만 들어주면 안된다. 왜냐하면 친구를 위해서이다.

11 하는 일마다 용두사미격으로 시작만 해놓고 매듭을 짓지 못한다. 급히 서두르지 말고 자중하는 방향으로 삶을 설정해야 한다. 2·3·7일에는 빌려간 돈이 들어오고 새로운 친구도 만난다. 8·19일에는 옛애인을 만나 의외로 동침을 하니 마음과 몸 모두가 황홀경에 접어든다.

12 분수를 지키며 알뜰하게 살아가는 것이 상책이다. 그러나 이러한 규범을 지키지 않고 경거망동하면 부부간에 불화와 친인척간에도 구설이 따른다. 3·9·12일에는 외출을 삼가하고 몸조심을 하라. 20·21일에는 집안에 놀랄일이 있게 되고 말일경에는 돈이 들어오지만 바로 나갈 것이다.

851 大人天助 대인천조
平人不吉 평인불길

사회 지도급 인사 등 통상적으로 대인이라고 불리우는 사람은 하늘의 도움으로 큰뜻을 이루게 된다. 그러므로 정치인은 장차관 국회의원등 고위직에 오르게 되고 교사 교수등은 보직에 영전이 있게 된다. 심산유곡에서 오직 득도에만 정진하는 수도인은 대망의 득도를 하는 운수이다. 스포츠인은 몸을 다치고 대기업가는 큰 돈을 벌고 규모가 적은 중소기업이나 장사하는 사람은 노력보다 댓가가 적음으로 부익부 빈익빈의 세태를 한탄한다. 공부하는 학생은 합격의 영광이 있고 미혼남녀는 여엿한 애인을 만나 결혼을 하게 된다. 쥐·원숭이·용띠는 상속받은 재산이 있게 되고 토끼·양·돼지띠는 직장에서 기쁨이, 말·범·개띠는 취직의 기쁨이 있고 뱀·소·닭띠는 가정의 파란으로 마음이 편치 못하다.

1 일생동안 한시도 잊어보지 않았던 소원이 이달에야 이루어지니 그동안 느껴보지 못한 성취에 환희의 눈물을 보이기도 한다. 직장인은 하고자 하는 사업을 시작하고 공무원은 자신이 원했던 지위에 오르게 된다. 공부하는 학생은 21·23·24·29일에 소원이 성취되기도 한다.

2 친한 사람과 친 인척을 가까이 하지 마라. 웃으면서 말하나 그 가운데 무서운 칼이 숨겨져 있다. 형제간에는 금전거래로 인한 오해가 있기 쉽고 친한 친구와는 금전 거래에 도장을 잘못 찍었다가 큰 손해를 보게 된다. 이성관계는 13·23·26일에 동쪽 방향에서 이루어진다. 여성은 정조를 조심하라.

3 하늘과 땅이 상교하므로 만물이 생기를 얻었도다. 당신이 처해있는 처지는 많은 사람들의 생활이 딸려 있다. 따라서 당신은 여러 사람의 성패를 가름하는 중요한 인물이다. 매사를 서두르는 것은 불길하고 비리에 관한 재물이 들어와도 극구 사양해야 한다. 2·4·9일에는 사랑의 몸부림이 있을 것이다.

4 신검으로 사악한 뱀의 목을 잘라 화근의 뿌리를 뽑아야 한다. 사업가는 말썽만 부리는 종업원을 그만두게하여 근심을 없앤다든가 직장에서는 회사 비밀보다도 그 비밀이 사리에 맞지 않은 것이라면 단호하게 거절할 줄 알아야 한다. 정치인이나 일국을 통치하는 수령이라도 단호한 결단이 필요하다.

5 양의 주무기인 뿔이 빠져 버렸으니 승패가 불분명하다. 사업가가 자금이 없어 쩔쩔매든지 음식은 먹고 싶으나 이빨이 어긋나 먹지못하며 짝사랑은 하는데 엄두가 나지 않아 솔직한 고백을 하지 못하는 경우와 같다. 군인이나 경찰관은 무기를 분실하게 되니 28일에는 각별히 조심하라.

6 고기는 있는데 물이 없으니 이놈의 노릇을 어찌할꼬. 아홉번 죽고 한번 살아 남는 엄청난 파경을 감수해야 한다. 부부간에 친구간에 부자간에 노사간에 이해와 용서하기 힘든 재앙이 발생한다. 소·개·양띠는 조갈증이 있고 여성은 어느 누구를 막론하고 생리량이 극히 적어진다.

7 그동안 취직이 되지않아 마음을 조이며 하루하루를 기다렸는데 오늘에야 그 꿈이 이루어 진다. 직장인은 승진이되고 사업가는 사업을 확장하느라 분주하다. 사기업은 20·27일경에 승진이되고 공무원은 초순 경이나 하순 경에 승진의 기쁨이 있다. 금전거래는 닭날·말날·돼지날이 길하다.

8 시끄럽게 우왕좌왕하면서 발전을 하느니보다는 편안하게 조용히 버는게 가장 합리적인 운세이다. 그리고 만리장성을 쌓아 천년만년 살고자 불로초를 구하던 진시황제도 환갑을 넘기지 못하고 죽어야만 했다. 그러하니 바로 진시황제의 운명이다. 그런데 당신이 그토록 욕심을 부려서 뭐하겠는가.

9 초순 경에는 돈도 좀 들어오고 하는 일이 그런대로 풀려 나가다가 하순 경부터는 집안에 환자가 있어 재물이 스스로 나가니 마음이 편치 못하다. 5·15·25일에는 돈이 들어오고 소원이 성취 된다. 27·28일에는 집안에 환자가 생길 시기이니 가능하면 초상집을 가지 마라.

10 개천에서 배를 띄워 천리를 가려고 하니 천부당 만부당 한 처사이다. 당신은 하고많은 짓을 다버리고 왜 그렇게 죽을 짓만 골라가면서 하는가. 마음을 정리하여 새로운 구상을 하라. 이달에는 시행착오가 많은 시기이니 매사를 심사숙고 해야 한다. 24·26일에는 오해로 속을 썩는다.

11 집안에 사람이 죽어나가니 가히 상복수이다. 이러한 일이 없다면 질병으로 그만한 댓가를 얻게 된다. 범띠·닭띠는 교통사고로 하늘나라로 가는 비운이 있다. 용·쥐·원숭이띠는 이사와 직장 변동이 있다. 5·9·12일에는 초상집을 가지마라. 두통 안질로 크게 고생할 것이다.

12 운명에 '역마살'이 발동하니 때아닌 이사가 웬말인가. 재산압류란 불명예로 이사를 하게 되니 관재구설을 사전에 막아야 한다. 경찰·군인·전경·외교관·음료수를 주로한 사업가는 변동이 있다. 9·19일에는 애인을 만나고 돈이 생기니 가히 기쁨이 있다. 26·27일에는 세 사람이 눈을 흘기니 싸움이 있다.

852 萬事謙遜 만사겸손
最吉妙計 최길묘계

웃는 얼굴에 침 뱉지 못하고 겸손한데 경솔하다고 말하는 경우는 없을 것이다. 금년에 가장 현명하고 지혜스러운 삶의 기본 바탕은 겸손한 언행이다. 다소의 지위가 향상된다고 다소의 재물이 모여있다고 어깨를 우쭐대고 목에 힘을 주면 뭇 사람의 미움을 피하지 못한다. 이성간에도 자신의 PR보다는 감추며 겸손한 진행이 상대의 마음을 사로잡을 수 있다. 쥐띠는 논밭을 매매하고 소띠는 가슴앓이가 있고 범띠는 결혼을 하고 토끼띠는 비는 오는데 님은 떠나간다. 용띠는 얼굴에 상처를 입게 되고 뱀띠는 구설이, 말띠는 도박을, 양띠는 증권을 사게 된다. 원숭이띠는 난생 처음으로 만족한 성행위를 하고 닭띠는 모발이 빠지고 개띠는 도적을 맞고 돼지띠는 여행을 한다.

1 승진의 기쁨이 있어 막혔던 가슴이 탁 트인것만 같다. 지난해에 승진했어야 하는데 이달에 됨으로 다소 늦은감은 있어도 얼마나 다행한 일인가. 마음은 창공을 훨훨 날을 듯 상쾌하고 친인척과 친구들은 한턱 내라고 성화를 하니 삶의 보람을 절실하게 실감한다. 10·20일경에 승진이 결정된다.

2 그토록 지루했던 악운이 이달 중순 경에는 슬그머니 자취를 감추고 선한 운이 점점 다가옴으로 매사에 서광이 비친다. 어려움을 해결할 수 있는 귀인이 뒤늦게나마 나타나니 근심이 가고 기쁨이 있게 된다. 14·25·28일에는 귀인으로부터 도움을 받는 날이다.

3 당신에게 행운을 안겨줄 수 있는 방향이 어디냐고 묻는다면 서쪽이라고 말할 수 있다. 사업장을 개설하거나 취직을 하는데는 16·21일경 서쪽이 길하고, 혼인을 하는 것은 23·24일에 서쪽에서 맞선을 보게된 사람과 결혼하면 행복한 부부로 맺어지고 28일에는 서쪽에서 결혼식을 거행하면 길하다.

4 남의 재물을 탐하지 마라, 관재구설이 두렵다. 폭리를 목적으로 또한 타인을 악용하여 얻어진 재물은 끓는 물에 눈 녹듯이 남아나지 않는다. 만에하나 당신의 직업이랄까 생계 수단이 도박이라면 남쪽에서 도박하지 마라. 기둥 뿌리가 흔들린다.

5 　동쪽은 당신에게 있어서 악마의 방향이다. 그러니 그쪽은 얼씬도 마라. 몸이 아프지 않으면 손해를 보게 된다. 건축공사를 동쪽에서 하게 되면 사람이 크게 다쳐 헛공사하는 격이 된다. 용띠·말띠는 동쪽이 해롭지는 않으나 목욕탕 다방등을 개업하는 것만은 절대 불합리하다.

6 　온가정이 한마음 한뜻이 돼 살아간다는 것 그 자체가 행복이다. 그러한 뜻을 드높이는 가정이 바로 당신의 가정이다. 한가지 미흡하다면 재물이 풍족하지 못한 점이다. 하지만 사람들은 당신의 행복을 부러워하고 있다. 더우기 자녀와 손자 손녀를 생산하는 기쁨까지 맞게 되니 금상첨화이다.

7 　방향을 잘 선택하여 이사도 하고 새로운 집도 지어라. 집을 고치거나 짓는 경우 천상천하 대공일을 택한다면 아무런 탈이 없을 것이다. 그러나 '삼살방' '대장군방' '친귀' '퇴식방'을 침범하게 되면 놀라운 일이 일어나 후회하게 된다. 집안에 임신부나 환자가 있을 경우 집을 지어서는 아니된다.

8 　당신의 진실은 하늘이나 땅은 알아도 보통사람으로는 알수가 없다. 혼자서 독야청청한 마음으로 살아가자니 외롭고 쓸쓸하나 그 뜻을 헤아릴 사람은 단 한사람도 없으니 답답할 뿐이다. 세상과는 거의 담을 쌓았고 뜻을 이루기 위하여 만가지 고통도 겪는 당신은 머지않아 세인이 알아주는 명인이 된다.

9 　착하다는 것을 생명으로 알고 살아가는 당신의 그 처세는 참으로 갸륵하다. 그리하여 후일에 행운을 안겨줄 수 있을 것이다. 당분간 어렵더라도 아니 다소 손해를 보더라도 선한 마음 선한 행동을 잊지말고 계속 노력하면 실로 감격스러운 행운을 맞게 된다. 24·29일에는 용이 여의주를 구한다.

10 　집안 가족중 한사람이 몸져 누웠으니 마음이 화평하지 못하다. 가정 불화가 심하고 직장에서까지 구설이 많아 요즘같으면 죽고만 싶은 생각 뿐이다. 더우기 하늘같이 믿었던 자식까지 미덥지 못한 행동을 하여 속을 썩이니 참으로 괴롭구나 1·4·6일 밤을 조심하라.

11 　여행중 차안에서 동석한 사람과 친함이 깊어지나 절대 조심해야 한다. 후일에 당신을 해치려는 악인의 무리가 되기 때문이다. 여성인 경우에는 정조도 빼앗기게 되고 금전적인 손해도 있어 벙어리 냉가슴 앓는 일이 생길 것이다. 19·29·일을 조심하라. 많은 사람을 대하지 않는게 상책이다.

12 　한번 실수는 병가지상사라지만 이번 단한번의 실수로 이처럼 큰 타격이 올줄은 미처 몰랐다. 하지만 하늘이 무너져도 솟아날 구멍이 있다는 옛말처럼 이토록 어려운 시기에 귀인이 나타나 모든 일을 일거에 해결하니 가히 깜짝 놀라지 않을수 없다. 한마디로 고통이 가고 행복이 찾아온 것이다.

853 枯旱天機 고한천기
　　　　何人怨嘆 하인원탄

십년이나 비가 오지 않아 땅이 메말라 혼란의 시대가 전개되나 미약한 인간의 힘으로 그 어찌 하늘의 무량무수한 천기를 헤아린단 말이오. 당신 하나로 인하여 많은 사람이 고통 받게되는 시운이다. 그러므로 당신의 입장만 생각하지 말고 여러 사람의 입장을 생각하여 처신하는게 현명하다. 온 가족들이 하루가 멀다하고 결혼을 하라고 독촉하지만 노총각 노처녀는 듣는둥 마는둥하고 있으니 더욱 답답하다. 그러나 노총각 노처녀는 들어라. 금년에는 어떠한 경우라도 결혼을 해야 한다. 빚이 대추나무에 연 걸리듯 많이 있는 사람은 하루빨리 가산을 정리하여 빚을 청산하라. 그래야만 재기할 수 있지 그렇지 않고 고집만 부리면 재기할 기회마저도 잃게 된다. 어느 누구이든 간에 불행이 적었을때 막아라.

1 출입을 분명히 하라함은 일상적인 출입이 아니라 사리분별을 분명히 하는 의미이다. 그래서 매사에 가부를 분명히 하고 머무르는 것과 퇴거를 분명히 해야 한다. 직장도 그만두겠다는 선언부터 해놓고 날이 가도 그만두지 않는것이나 빌려온 돈을 오늘내일로 미루고 지불하지 않는 태도는 절대 백해무익하다.

2 여러 사람이 모인 가운데 싸움하지 마라. 이름을 더럽히고 손해도 보게 된다. 이달 만큼은 친구간에 금전거래는 절대하지 마라. 내것주고 뺨맞는 격이 될 것이다. 21·27일에는 그동안에 만나지 못했던 애인을 만나고 서쪽에 위치한 밀회장소에서 모처럼 음양지교에 빠져들어 극락아닌 극락을 가게된다.

3 '처궁'이 불하여 처가 바람이 나지 않으면 병고로 고생하니 참으로 기구한 팔자로다. 몇년을 사귀어오던 애인이 먼곳으로 잠적해 버리니 쓸쓸한 마음이 더하다. 24·26일에는 애인이나 처가 아프게 되고 말일에는 금전관계로 때아닌 속을 상한다. 개띠 3월생은 이사를 용날·개날에 하게 된다.

4 뜻은 있어 야망에 불타고 있지만 실제 희망은 이루어지지 못하니 무상하기 그지없다. 너무나 큰 타격으로 인하여 어느 쪽으로 머리를 둘러야할지 미궁속의 삶을 살고 있다. 외국을 출입하는 일은 생각보다 늦어지나 가능하므로 지나친 걱정은 하지 않는게 좋다. 만약 국제결혼을 하게 되면 21일이 길하다.

5 무엇이든지 이달에 개업하지 말아라. 만약 천도를 어기고 개업을 하면 손해와 병란을 피하지 못한다. 특히 여자를 상대하는 업종이나 종업원을 여자를 쓸 경우에는 23·27일에 개업하면 3개월을 넘기지 못하고 문닫는다. 쥐띠는 애인과 눈물로 이별해야 한다. 이 모두 운명인 것을 누구를 원망하랴.

6 다죽어간다고 돌아보지도 않았던 중병환자가 하늘의 도움으로 살아나니 사람도 기뻐하고 가족도 기뻐한다. 거의 쓰러질 듯 위기에 처해있던 가정이 생기를 되찾아 새로운 가정을 형성한다. 환자가 발생했을 경우에는 지체말고 서쪽에 위치한 병원에 입원한다면 신기한 효험을 볼 것이다.

7 바쁘다 바빠, 마음 놓고 숨 한번 제대로 쉴 사이도 없어 동에 번쩍 서에 번쩍하게 되어 몸은 피곤해도 얻어진 것은 전혀없다. 1·12일에는 재물이 동쪽에서 들어오고 15·21일에는 서쪽에서 돈달라고 아우성이다. 원숭이띠 7월생은 자동차하고 힘자랑하는 충돌사고가 있으니 말일날 오후 9시를 조심하라.

8 푸른 산에 외로운 길손이 길을 잃고 방황하니 실로 불행할 징조이다. 집안에 노인이나 어린애가 있으면 4·14·19·24일을 조심해야 한다. 왜냐하면 길을 잃고 집을 못찾아오기 때문이다. 직업이 화가 서예가 금석문학가이면 가정파탄으로 가출하는 경향이 있다. 범띠는 신발을 잃어 버린다.

9 마음이 왜 이다지도 괴로운고, 아무리 마음을 강하게 가지려고 해도 난마처럼 흩어진 마음은 잡을 길이 없다. 이성·가정파탄으로 한강에 빠져 죽거나 '대들보'에 매달려 죽고 싶은 비참한 악운이다. 그러니 불씨는 작아서 막고 마음은 자신이 달래야 한다. 15·25일에는 한강에 투신이라도 하고픈 마음이다.

10 되지도 않는 일에 미련 두지말고 하루빨리 바꾸어라. 이달에는 직장을 옮기거나 직업자체를 바꾸어야 한다. 이사를 하는 경우에는 11·21일이 좋고 직업을 바꾸는 경우에는 1일과 28일경이 유익하다. 만약 속을 썩이는 부부가 있다면 당장 이혼하고 새출발 하라.

11 오장육부가 치밀어 올라오도록 자존심이 상하고 아니꼽지만 참아라. 그래야 행복하다. 그렇지 않고 제멋대로 하다가는 상대를 매질하여 손해를 보고 관재수를 면치못한다. 공부하는 학생은 시험에 합격하나 일차에 낙방되고 이차에 되니 세월이 야속하다. 말띠 11월생은 성병으로 고생한다.

12 착한 언행으로 살아온 당신을 보고 혹자는 바보 멍청이 운운한다. 그러나 보라 당신의 착한 언행에 하늘이 복을 주고 당신을 어리석다고 놀려대던 악인은 하늘이 재앙을 주지 않는가. 누가 뭐라고 해도 사리에 맞지 않는 일은 하지 마라. 복을 멀리하고 재앙을 불러들인 결과가 있게 된다.

861 出路失馬 출로실마
何之遠行 하지원행

천리만리를 가야할 역마가 길을 잃었으니 어찌 불행하지 않으리요. 사업가가 한 번의 실수로 사업자금을 잃어버리고 공부하는 선비가 책을 잃어버렸으니 어떻게 살아간단 말이요. 외국에 갔던 애인이 또는 남편 그리고 부인이 떠나기 전의 언약은 헌신짝처럼 내동댕이 처버리고 마음이 변하며 다른 상대와 놀아나니 인면수심의 배신을 당한다. 그렇게도 공부벌레라며 공부만 하고 있던 자녀가 어느날 갑자기 가출을 해버리니 걱정이 태산같다. 하지만 걱정하지 마라. 그 사람은 그러한 가출로 인하여 출세를 하는 운명을 타고 났다. 아무리 양귀비가 아름답다해도 가까이 하지 마라. 만드시 함정이 있게 된다. 직업이 비행사 선장은 금년이 야말로 명예도 얻고 재물도 얻게 된다.

1 동서남북으로 벌려놓은 일이 한가지도 매듭을 맺지 못하고 있어 한마디로 괴롭다. 노력을 해도 얻은 것이 없고 기도를 해도 감응이 없어 답답하기만 하다. 22·27일에는 문서상 계약이 성립되고 28일에는 새로운 일자리가 동쪽에 있게 되며 돌아오리라고 생각지 않았던 사람이 돌아오게 된다.

2 소리가 백리까지 들려 놀라움이 있는 징조이다. 소리만 있고 실물이 없어 호언장담했던 일들이 한순간에 무너지고 가정에는 의외의 평지풍파로 놀라운 일이 한두가지가 아니다. 임신부는 몸조심을 각별히 해야 하고 심장이 약한 사람은 16·26일에 TV를 보지 마라. 심장이 멎을까 두렵다.

3 삼월동에 빙하가 녹아내리듯 매사가 척척풀려나니 만사가 뜻대로 이루어진다. 부부간에도 불화했던 지난날을 생각하며 새로운 삶을 설계하니 즐거움이 충천한다. 20·24일에는 서쪽에서 돈이 들어오고 26·28일에는 관공서 일이 자연스럽게 해결된다. 땅이나 주택을 팔고사는 것은 아직 때가 아니다.

4 경사스러운 일이 아니면 횡재할 수이다. 그러므로 자녀를 결혼시키거나 자녀를 낳는 부부도 있게 된다. 이러한 때에는 주택복권이나 마권 주식등을 사들여도 큰 이익을 보게 되고 도박사는 1·4·9·12·28일에 서남쪽에서 큰돈을 벌수 있게 되니 때를 놓치지 마라.

5 무단히 가정과 직장에 어려움이 발생하여 명예도 손상되고 손해도 면치 못한다. 여성인 경우에는 숨겨놓은 옛 애인이 나타나 결혼을 막으므로 한때 불장난이 후회스럽다. 25일 오후 3시에 남쪽에서 해결을 보게 되면 생각보다 무난하다. 쥐띠는 코병으로 고생하고 말띠는 화상을 당한다.

6 이달의 신수가 막혔으니 한마디로 불길할 징조이다. 따라서 재수도 없고 마음도 편하지 못하여 울고만 싶다. 1·4·9일에는 서쪽에서 열냥이 들어오고 12·22일에는 동쪽에 백냥을 버리니 수입은 적고 지출은 심하다. 양띠 6월생은 27·28일 밤 11~12시 사이에 부부가 교합하면 귀자를 얻을 수 있다.

7 주색을 가까이 하지 마라. 그로 인하여 크나큰 망신과 손해가 있다. 그리고 정북쪽이나 정서쪽을 가지 마라. 악인을 만나 큰 손해를 보고 병을 얻어 적지않은 고통을 당한다. 4·9·15일에는 서쪽 주막에서 술을 마시다 싸움을 하게 되고 26일에는 노임을 받아 동쪽에서 주색잡기를 하게 된다.

8 어려움이 있을 때마다 자녀에 대한 기대감에 살아왔는데 그자녀가 마음을 상하게 하니 여간 고통이 아니다. 21·24·27일에는 자녀가 가출을 하거나 크게 다툼이 있게 된다. 원숭이·쥐·용띠 자녀인 경우에는 이성관계로 고심이 있어 조석으로 마음을 상하는 원인이 된다.

9 부부간에 신액이 있음으로 높은 곳에 가지 말고 자동차를 호랑이 보다 더 무섭게 생각해야 한다. 1·2·5·6일에는 동쪽의 출입을 삼가하고 27일과 말일에는 서쪽의 출입을 삼가해야 한다. 개띠 9월생과 용띠 3월생은 이사 변동과 직업 변동이 있고 양띠 9·10월생은 사업변동이 있다.

10 이몸 하나를 의지할 곳이 없으니 외롭고 쓸쓸함을 말로 다할길이 없다. 젊음을 자녀하나만 믿고 불철주야 노심초사 했지만 이제와서 불효가 심하여 마음이 허전하다. 눈물로 세월을 보내다가 이달 25·29일에 돌연 가출을 하니 광대무비한 세상에 이몸 하나 거처할 곳이 없다고 한탄한다.

11 집을 부수고 새롭게 고치지마라. 보통사람은 그 무서운 '대장군방'이나 '삼살' '세파' '백호' '원귀'등 귀신이 머물러 있다는 '유혼방'등을 알 까닭이 없다. 이러한 '살성방'을 범하면 가축이 죽어나가고 사람이 병드는 것이 자명하다. 심한 경우에는 상복까지 입게되니 함부로 집을 수리하지 마라.

12 부부가 화합하지 못하고 하는 일이 화합하지 못하니 마음이 편안하지 못하다. 밥을 굶어가면서까지 고민하다 보니 마침내 병을 얻어 적지않은 손해를 보게 된다. 4·9·15일에는 복통과 낙상이 있고 24·26일에는 집안에 귀한 손님이 오고 말일에는 이성친구를 만나 달콤한 감정에 빠지게된다.

862 心不所定 심불소정
多勞死形 다노사형

아! 슬프다. 이 고독과 쓰라린 노력은 태산같아 헤아릴 수도 없는데 소원은 단 하나도 이루어지지 않아 한마디로 죽을 지경이다. 과욕은 절대 금물이다. 따라서 분수를 지키고 삼가하는 언행으로 금년을 장식해야 한다. 교직생활을 하는 사람은 지위가 위태롭고 토건업을 하는 사람은 공사장에서 사고가 일어나 막중한 손해를 보게 된다. 목장이나 가축업을 하는 사람은 짭잘한 수입이 있고 수산어물상을 하는 사람은 수입은 있어도 부부간에 또는 형제 부모간에 다툼이 있고 사진기술을 업으로 하는 경우에는 물귀신이 손짓하므로 물가에 가지 마라. 군장성은 보직에 영전하거나 다시 별을 하나 다는 승진의 기쁨이 있다. 유흥업을 하는 경우에는 뜻밖의 사고로 사람이 죽어나가니 매사를 조심하라.

1 한개의 뼈를 놓고 두마리의 개가 응얼대며 혈투를 벌이고 있다. 집안에 재산 문제나 회사의 상속문제등으로 분쟁이 있어 급기야는 법정에 까지 서는 망신을 당한다. 겸양하고 우직한 행동을 하여야 그대에게 동정이 가고 유익함이 있다. 24·27일에 다툼이 있으므로 이날은 외출을 하게 되면 액을 피할수 있다.

2 박씨·임씨·이씨 성을 가진 사람과는 절대 동업하지 마라. 손해는 물론이고 정신적 고통으로 악을 멀리할 수 없게 된다. 특히 건재상 문방구 정육점 목재상을 같이 하게 되면 흉함은 더 할 것이다. 부부간에 동업을 하게된 경우에는 이사를 해야 하고 부모자식간에 하는 경우에는 큰 기대는 바라지 않는게 좋다.

3 만약 구설시비가 아니면 몸에 병이 들어 눕게 되어 다소 거친 행동으로 여러 사람으로부터 손가락질을 받는 것도 기이하기는 하나 액땜은 될 수 있다. 여성인 경우에는 심한 성생활로 자궁이 불편하니 21·27일 밤을 조심하고 남성은 말일에 남쪽에서 안면이 없는 여인과 대낮에 동침할 것이다.

4 귀신이 섬한 장난을 하게 되니 참으로 기이한 일이 많이 일어난다. 그러나 보통사람으로서는 그 귀신의 장난을 알 수 없으니 어찌할꼬. 1·4·9일에는 꿈자리가 사납고 18일에는 다된것으로 믿었던 일이 실패하고 25일에는 서쪽으로 가다가 돈을 잃게 된다. 가능하면 복거인의 방액에 따라야 한다.

5 부인의 신수가 불길하여 흉함을 피하기 어렵다. 옥 바람이 나서 외간 남자를 보아 뭇사람의 미움과 손가락질을 받지않으면 병고가 있으니 아무래도 흉할 수 밖에 없다. 이러한 시기에는 부인과 동부인하여 여행을 떠나거나 심한 성교를 하게 되면 화액이 감소된다. 그러므로 24·27일을 잘 넘겨야 한다.

6 결혼을 하여 이미 부부가 된 사람이 옛 애인이 나타나 행복을 짓밟으려고 하거나 미혼이라도 삼각관계에 얽히고 설켜 밤하늘을 보면서 눈물로 탄식한 고통이 있다. 20·24일에는 애인을 만나서는 아니된다. 삼각관계를 청산하려면 26일과 말일날 오후 4시에 북쪽에서 만나야 한다.

7 분수를 지키고 또한 옛것을 유지하며 시비를 하지 않는다면 무사하나 탐욕을 부르고 분수에 넘치는 행동을 한다면 편안하지 못할 것이다. 원숭이띠 7월생은 외국을 출입하거나 직장 변동이 있게 된다. 4·9·10일에는 서쪽에서 돈이 들어오고 20·27·28일에는 귀인이 도와준다.

8 의외로 재물이 들어오고 명예에도 길함이 있어 심신이 화평하다. 서쪽에 있는 친구로부터 금전적인 도움을 받고 남쪽에 있는 귀인으로부터 직장을 얻게 된다. 공무원은 24·27일에 다소간의 재물이 있으므로 너그러이 받는게 현명하다. 경찰직 공무원은 27일 밤에 싸움을 하게 된다.

9 노력은 중국에 위치한 '곤륜산'처럼 장대무비하나 얻어진 것은 없으니 이놈의 세상살이 어찌할꼬, 참으로 어려운 지경이다. 사업가는 도산의 위기가 있고 학생은 공부를 중단해야 하며 약혼을 했지만 중도에 파혼하는 사태가 있어 흉함이 첩첩산중이다. 가장 불길한 날은 28일 오후 3시경이 된다.

10 타향객지에서 외로움을 무릅쓰고 고생한 덕택으로 다소간의 돈을 부쳐오니 가정이 윤택하다. 혹자는 외국에서 송금을 하게 되는데 그 날짜는 3·9·12일이 되고 뱀띠 10월생과 돼지띠 4월생 부부는 이혼해야 하는 불운에 처해있다. 가슴이 아프지만 운명이거니 하고 슬기롭게 갈라서야 한다.

11 깊은 바다에서 구슬을 찾아보는 운세이므로 그 수고로움을 짐작하고도 남음이 있다. 하는 일마다 불길하나 가장 걱정되는 것은 건강이다. 호흡기와 관절신경통이 두려움으로 24·29일에 출입을 삼가하라. 쥐띠 5월생과 말띠 11월생 부부는 외도로 인한 가정풍파가 있으므로 행동을 조심하라.

12 길성이 문에 비쳤으니 귀인이 당도하여 도와준다. 사업가는 자금을 대줄 귀인이 나타나고 공부하는 학생은 학비를 대줄 귀인이 25·27일에 나타고 실업자로 허송세월을 하는 자는 1일이나 말일에 취직을 알선할 귀인을 만난다. 과부 홀아비는 4·9·15일에 이성친구를 소개받는 기쁨이 있다.

863 先困後安 선곤후안
名成利逐 명성리축

어느 일이든간에 처음은 어려워 안될듯 하나 나중에는 이루어 진다. 그리하여 이름도 있게 되고 재물도 모여진다. 남녀 이성간에는 친구가 애인으로 변하고 애인이 부부로 변하는 단계적 발전이 있다. 군인은 최고의 한해가 됨에따라 승진이나 영전 그리고 훈장및 상장등을 받게 된다. 정치인은 만인을 통솔할 수 있는 높은 지위에 오르게 되고 언론·출판·금융계에 종사하는 경우에는 경사스러운 일이 겹치게 된다. 운수사업이나 운전을 직업으로 하는 경우에는 남쪽이나 서쪽에서 미모의 여인과 동침을 하고 그 이튿날 사고의 위험이 있다. 영화배우·가수·모델 등은 오랫만에 인기를 얻게 된다. 방송국 아나운서는 일계급 승진하며 기자나 작가의 직업을 가진 사람은 부부간의 갈등이 심하다.

1 어떤 일을 어떻게 해야할지 도대체 엄두가 나지 않아 머리를 싸매고 번민하여도 진퇴를 결정하기 힘들다. 적극적인 자세보다는 생각하고 구상하는 자세가 목표를 이룰 수 있다. 따라서 맹목적인 일의 시작은 실패를 초래하고 불화를 끌어들이는 결과를 낳는다. 어느 경우에도 심사숙고 하라.

2 지금까지 하고 있는 일에 만족을 가져라. 속이 상하고 자존심이 짓밟혀도 지금으로서는 별도리가 없다. 그러니 움직이지 말고 그자리에 계속 있어라. 이러한 운명이 정해 있음에도 제멋대로 행동하여 변화를 추구하는 경우에는 일생두고 후회할것이고 가정의 빈곤함을 면치 못한다.

3 하늘에 구름과 안개가 가득차 있으니 심기가 답답하다. 건강에는 안질 피부 등으로 고생하니 26일을 주의하고 귀자를 얻고자 하는 동침은 2·5·19·22일 밤 11~12시경이 된다. 16일과 말일에는 남쪽방향에서 도적이 침범하게 됨으로 밤 3시경을 경계하라. 용띠 3월생은 이사를 해야 한다.

4 남쪽은 재물이 모여들고 가정이 화목하게 되는 길방이다. 그러니 땅이나 주택을 팔고 사게 되며 사업장이 매매되기도 한다. 농촌에서 목장 목축을 하거나 특수 농작물을 하는 경우에는 후일에 큰돈을 벌어볼수 있으므로 이달의 처신이 대단히 중요하다. 남편이 이국에 있는 여성은 21일에 소식이 온다.

5 어려운 가운데서나마 뜻을 이루게 됨은 이미 하늘에서 정해준 사주팔자에 기인한 것이다. 그러니 당신의 재주가 또는 머리가 훌륭해서 뜻이 이루어졌다고 장담하는 것은 온당치 못하다. 이제는 당신도 다른 사람처럼 겸손하고 예의 바른 행동을 할 때이다. 27·28일에는 서쪽에서 돈이 들어온다.

6 금과 옥이 집안으로 들어오니 그 재물이 태산 같도다. 사업가나 직장인은 아주 좋은 신수이다. 그러므로 다소무리가 있다고 판단되는 일이라도 성취되고 말것이다. 박사가 되고 석사가 되는것도 그다지 어려운 것만은 아니다. 한편 재물이 모이면 사회를 위해서 뭣인가 노력하라.

7 그대의 선행은 이미 사람들이 인정하고 있고 하늘도 알고 있다. 이러한 까닭에 하늘의 도움을 받게 된다. 미혼인 남녀에게는 마땅한 인연이 닿고 빈곤한 가정은 부유해지는등 어떤 일이든 당신과 관계된 것이라면 능히 성취될 수 있다. 다만 원숭이띠 7월생은 심장병이 있다.

8 동서남북을 맹목적으로 뛰어봤자 아무런 효과도 없다. 그러니 집에서 때를 기다리는 자세가 필요하다. 원행은 불리하니 하지 말것이며 특히 회갑잔치에 갈 경우 여러 사람이 타는 차를 타서는 아니된다. 24·27일에는 옛 친구를 만나고 29일에는 서쪽에서 귀인이 도우며 불길했던 건강도 좋아진다.

9 집안에 자녀를 생산하는 경사가 있고 집밖에서는 직장을 새로 구하니 월급봉투가 두툼해진다. 북쪽에 사는 귀인이 24·26일에 오게되므로 출입을 삼가하고 기다려야 한다. 개띠와 용띠부부는 갈등이 심화돼 이혼 운운하나 역시 칼로 물베기가 되고 만다. 26·29일에 싸움이 있을것이다.

10 만사를 참고 또 참아라. 그래야만이 그 영향이 자녀에까지 미쳐 효자 효녀가 있을 것이다. 어느 경우에도 관용과 인내로 처신한다면 어렵다고 판단 내려졌던 일도 성취되는 행운이 있다. 4·5일에는 결혼식장에서 먹는 음식으로 병고가 있음으로 절대 많이 먹지말고 먹는 시늉만 하라.

11 부모에게 효도하니 하나에서 만가지 모두가 복이 된다. 그리고 후손들도 효도로써 당신을 봉양할 것이다. 1·2·9일에는 서쪽에서 기쁜 소식이 있고 12·15일에는 외도로 인하여 사소한 가정불화가 있으며 22·24일에는 문서에 도장을 찍고 28일에는 경사스러움을 두번 겪게 된다.

12 인간이 살아가는데 인본도덕을 천금이나 만금하고도 바꿀 수 없을 만큼 중대하다. 그러나 이달의 운수는 인본도덕을 악용하여 당신을 이용하려는 무리가 날뛰고 있다. 특히 24·28일을 조심하라. 아무리 일확천금을 얻는다 해도 어긋나는 행위를 해서는 안된다. 왜냐하면, 하늘과 땅이 지켜보기 때문이다.

부록

성 관계를 피해야 하는 날

　부부간이든 외도로 인한 성행위(섹스)이든 다음과 같은 경우에 성행위를 하게 되면 건강이 약화되고 정신적 혼돈을 초래하여 사리판단이 흐려진다. 뿐만아니라 기형아를 낳거나 성장하는 과정에서 불구가 되기도 하며 심한 경우에는 일찍 죽기까지 한다.
　1월 : 3·14·16일
　2월 : 2일
　3월 : 1·9일
　4월 : 8일
　5월 : 5·6·7·15·16·17·25·26·27일
　6월 : 10일
　7월 : 입추 등 아래참고
　8월 : 백로등 아래참고
　9월 : 한로등 아래참고
　10월 : 입동등 아래참고
　11월 : 25일
　12월 : 7·20일
　날짜에 불구하고 달이 크면 17일, 작으면 16일과 대소를 불문하고 매월 28일은 성행위를 하지 말아야 한다.
　이밖에도 춘분·추분·동지·하지·입춘·입하·입추·입동일과 초·중복일, 극히 더운날, 극히 추운날, 안개낀 날, 큰비가 오는날, 청천벽력이 있는 날, 지진이 있는 날, 무지개가 뜬날, 하늘과 땅이 캄캄한 날, 일식·월식, 갑자〈甲子〉·경신〈庚申〉날 이밖에도 몇가지가 있으나 큰 지장이 없을 것으로 생각 돼 생략함. (※ 근거자료 : 천기대요).

삼재〈三災〉란?

　삼재는 인간 누구에게나 12년마다 필연적으로 돌아오는 악신이다. 삼재〈三災〉란 뜻은 1. 사람이 죽어나가는 상재〈喪災〉 2. 병고로 인하여 갖은 고통을 주는 병재〈病災〉 3. 물질적인 손실을 의미한 손재〈損災〉가 있다.

이밖에 넓은 의미에서 천재・지재・인재〈天災・地災・人災〉 즉 자연에서 온 재앙과 인간으로부터 고통 당하는 인재를 말하기도 한다. 요즘에는 전자인 상병손〈喪病損〉재를 우선적으로 취급하는게 합리적이다.

본시 역리학상으로 보면 인간을 동서남북으로 상징하여 네가지로 흥망쇠퇴가 가능하도록 4단계로 묶어 놓았다. 다시 말하면 범・말・개〈寅午戌〉, 뱀・닭・소〈巳酉丑〉, 원숭이・쥐・용〈申子辰〉, 돼지・토끼・양〈亥卯未〉등으로 구분하여 대체적으로 동일하면서도 변화를 추구한 것이다. 왜냐면 세상 이치가 변화없이는 발전이 없다는 당연한 귀결이 있기 때문이다. 그리하여 열두 띠 모두를 단한번에 변한다면 말할 수 없는 혼란을 초래하게 됨으로 열두띠 중에서 한 묶음인 세띠가 변하게 돼 있다.

삼재가 들은 사람 중에서 가장 뚜렷한 것은 변화이다. 그것은 역리학상 가장 변화가 있고 활동적인 것이 역마성〈驛馬星〉이다. 그래서 역마가 사주팔자에 있게 되면 일생동안 변화가 무쌍하다. 헌데 이 역마를 빨리 가자고 고삐를 풀고 채찍질하는 것이 바로 삼재이다. 말하자면 뛰는 말에 채찍을 가하고 묶여있던 야생마의 고삐를 풀어논 셈이다. 그러니 죽기도 하고 병들기도 하며 재물을 날려버린다. 그러나 그 야생마〈삼재〉를 다스릴 수 있는 사주는 '복삼재'라고 해서 급진적인 발전을 할 수도 있다. 하지만 90%는 불길하여 고통을 당한다.

범・토끼・용〈寅卯辰〉해 : 원숭이・쥐・용띠는 삼재가 3년간 있다.
뱀・말・양〈巳午未〉해 : 돼지・토끼・양띠는 삼재가 3년간 있다.
원숭이・닭・개〈申酉戌〉해 : 범・말・개띠는 3년간 삼재가 있다.
돼지・쥐・소〈亥子丑〉해 : 뱀・닭・소띠는 3년간 삼재가 있다.

※도표참고 : (예)쥐・말・토끼・닭띠 등은 3살에 들어왔다가 4살에 머물고 5살에 나간다.

띠해	쥐・말・토끼・닭			범・원숭이・뱀・돼지			용・개・소・양		
	들어오는해	머무는해	나가는해	들어오는해	머무는해	나가는해	들어오는해	머무는해	나가는해
나이	3	4	5	7	8	9	11	12	13
	15	16	17	19	20	21	23	24	25
	27	28	29	31	32	33	35	36	37
	39	40	41	43	44	45	47	48	49
	51	52	53	55	56	57	59	60	61
	63	64	65	67	68	69	71	72	73
	75	76	77	79	80	81	83	84	85

삼살방·대장군방이란

우리가 살아가고 있는 우주공간에는 무한한 신들이 있어 보이지 않는 음도(陰道)에서 인간들을 괴롭히기도 하고 제도하기도 하며 또 하나의 이상적 세계를 이루고 있다. 다만 그러한 세계를 보통 사람으로는 알수가 없고 이해하지 못하는 점이 무척 아쉽다.

'삼살'이란 것은 흉신(凶神)의 하나이다. 특히 이살은 세 가지의 나쁜 흉신이 모아져 또 다른 막강한 신으로 변하기 때문에 그 흉력이 굉장하다. 다시 말하면 뜻밖에 겁(怯)나는 사고를 의미한 겁살(怯殺), 재앙만 일으킨다는 재살(災殺) 그리고 천재(天災)를 안겨준다는 천살(天殺)등이 집합일위(集合一爲)하여 인간세상에 내려와 살고 있는데 동서남북을 각 일년씩 머무르게 된다. 따라서 이러한 악신을 잘못 건드리면 ·사망·질병·손해 기타의 불상사를 자초하게 된다. 특히 집을 새로 짓거나 수리, 개업, 장사(葬事)등을 할 경우 이 무서운 삼살방을 피하는게 상책이다. 삼살방을 피하는 방법은 조건표대로 활용하면 된다. 간혹 세상에서는 집 짓고 나서 묘자리를 옮기거나 수리하고 나서 갑자기 죽는다든지, 질병 손해를 보는 경우에는 대개가 삼살방을 건드렸기(침범)때문이다. 그러니 얼마나 무서운 악살인가를 알 수 있다.

이밖에 대장군방도 삼살방과 흡사하나 효력면은 다소 약하고 삼년동안 한곳에 머무는 것이 특징이다.

이 두가지 살이 똑같은 방위에 같이 있을 때가 있다. 이러한 때에는 특히 주의해야 한다. 1989년의 경우는 삼살과 대장군이 똑같이 동쪽에 있어 대단히 흉하다.

삼살방
- 원숭이·쥐·용〈申子辰〉의 해는, 정남쪽에 삼살이 되고
- 범·말·개〈寅午戌〉의 해는, 정북족
- 뱀·닭·소〈巳酉丑〉의 해는, 정동쪽.
- 돼지·토끼·양〈亥卯未〉의 해는, 정서쪽에 살이 든다.

대장군방
- 범·토끼·용〈寅卯辰〉의 해에는 정북쪽에 대장군이 3년간 머문다.
- 뱀·말·양〈巳午未〉의 해에는 정동쪽에
- 원숭이·닭·개〈申酉戌〉의 해는 정남쪽에
- 돼지·쥐·소〈亥子丑〉해는 정서쪽에 대장군이 3년간 머문다.

쉽게보는 이사방향

나이에 따라 이사방위가 달라지고 남녀간에 따라 방향이 다르다.

이사방향		나이	1	2	3	4	5	6	7	8	9
			10	11	12	13	14	15	16	17	18
			19	20	21	22	23	24	25	26	27
			28	29	30	31	32	33	34	35	36
			37	38	39	40	41	42	43	44	45
			46	47	48	49	50	51	52	53	54
			55	56	57	58	59	60	61	62	63
			64	65	66	67	68	69	70	71	72
			73	74	75	76	77	78	79	80	81
			82	83	84	85	86	87	88	89	90
			91	92	93	94	95	96	97	98	99
좋은 방향	천록방	남	동	서남	북	남	동북	서	서북	중앙	동남
		여	동남	동	서남	북	남	동북	서	서북	중앙
	식신방	남	중앙	동남	동	서남	북	남	동북	서	서북
		여	서북	중앙	동남	동	서남	북	남	동북	서
	합식방	남	동북	서	서북	중앙	동남	동	서남	북	남
		여	남	동북	동남	서북	중앙	동남	동	서남	북
	관인방	남	북	남	동북	서	서북	중앙	동남	동	서남
		여	서남	북	남	동북	서	서북	중앙	동남	동
나쁜 방향	안손방	남	동남	동	서남	북	남	동북	서	서북	중앙
		여	중앙	동남	동	서남	북	남	동북	서	서북
	증파방	남	서북	중앙	동남	동	서남	북	남	동북	서
		여	서	서북	서북	동남	동	서남	북	남	동북
	오귀방	남	서	서북	중앙	동남	동	서남	북	남	동북
		여	동북	서	서	중앙	동남	동	서남	북	남
	진귀방	남	남	동북	서	서북	중앙	동남	동	서남	북
		여	북	남	동북	서	서북	중앙	동남	동	서남
	퇴식방	남	서남	북	남	동북	서	서북	중앙	동	동
		여	동	서남	북	남	동북	서	서북	중앙	동남

천록방(天祿方) : 승진과 봉급이 오른다.
식신방(食神方) : 사업이 번창하고 재수가 좋다.
합식방(合食方) : 재산이 늘고 하는 일이 잘된다.
관인방(官印方) : 관직을 얻거나 승진한다.
안손방(眼損方) : 눈병이 나고 손재수가 있다.
증파방(曾破方) : 재수가 없고 사업이 부진하다.
오귀방(五鬼方) : 병이 들고 재앙이 생긴다.
진귀방(進鬼方) : 질병과 걱정이 따른다.
퇴식방(退食方) : 재산이 줄어든다.

＊중앙은 현재 자기가 사는 곳이며 중앙에서 방향을 정한다.
예) 37세 남자일때 동·중앙·동북·북쪽이 좋고 동남·서북·서·남·서남쪽이 나쁜 방향이다.

쉽게보는 택일법 〈精說擇日法〉

　택일의 대종은 결혼 택일과 이사 택일을 말할 수 있고 이밖에 장사일 희갑연등 무수하나 가장 활용이 많은 결혼 택일과 이사 택일에 그 중점을 둔다.
　전문적인 지식을 갖고 있는 사람이라도 경험이 없게 되면 어리둥절하게 된다. 그 원인은 우선 들어가서는 안될 각종 '살〈殺 : 나쁜것〉'만 해도 무려 60여 가지나 되고 들어가야 할 '길성〈吉星〉'만 하더라도 역시 수십종이 된다. 그 중에서도 결혼 택일 '십삼살〈十三殺〉'만은 꼭 피해야 하는데 이 살만 피한다 해도 여간 여려운게 아니다.
　이러한 어려움을 해결하기 위해서 필자는 연구결과 다음 도표와 같은 산출방법을 얻었다.
　각 달마다 열세개나 되는 '살〈殺〉'을 제외했으며 그 밖에 수십종의 살〈殺〉도 제외한 결과 정월 한달 동안 쓸수 있는 날은 '오·미·사·묘〈午·未·巳·卯 : 말·양·뱀·토끼〉'뿐이다. 그리고 윗칸에 '천을〈天乙〉' '천덕합〈天德合〉'등은 어느 택일이든 들어가도 좋은 '길성〈吉星〉'이다. 시간을 활용하는데 있어서도 간추려 놓은 날짜에 해당시간, 예를들면 오(午)은 낮 11시에서 오후 1시까지가 됨으로 만약 결혼시간을 잡는다면 그 시간을 잡는게 유익하다.

	天德	天德合	月德	月德合	三合	六合	天喜	時德	四相	皇恩赦	玉帝赦	解神	月恩	좋은 신(神) 길성(星)
正月	丁	壬	丙	辛	午戌	亥	戌	午	甲乙	戌	丁巳	申	丙	길성에 해당하는 간지
	巳午未卯								말·양·뱀·토끼					쓸수있는 날
	丑	申	辰	子	酉	辰	戌	子	丑	丑	戌	庚戌	甲寅	악살에 해당하는 간지
	月破	月殺	圧対	披麻	紅紗	天賊	灸死	羅網	龂忌	滅没	月圧	陰差	陽錯	악살(殺) 나쁜 신(神)
二月	天德	天德合	月德	月德合	三合	六合	天喜	時德	四相	皇恩赦	玉帝赦	解神	月恩	좋은 신(神) 길성(星)
	申	巳	甲	己	亥卯	戌	亥	午	甲乙	丑	甲子	申	丁	길성에 해당하는 간지
	丑午未亥								말·양·소·돼지					쓸수있는 날
	酉	戌	卯	酉	巳	辰	申	亥	子	酉	辛酉	乙卯		악살에 해당하는 간지
	月破	月殺	圧対	披麻	紅紗	天賊	灸死	羅網	龂忌	滅没	月圧	陰差	陽錯	악살(殺) 나쁜 신(神)
三月	天德	天德合	月德	月德合	三合	六合	天喜	時德	四相	皇恩赦	玉帝赦	解神	月恩	좋은 신(神) 길성(星)
	壬	丁	壬	丁	子申	酉	子	午	甲乙	寅	乙丑	戌	庚	길성에 해당하는 간지
	子								토끼·닭					쓸수있는 날
	此	未	寅	午	丑	寅	亥	巳	子	亥	申	庚申	甲辰	악살에 해당하는 간지
	月破	月殺	圧対	披麻	紅紗	天賊	灸死	羅網	龂忌	滅没	月圧	陰差	陽錯	악살(殺) 나쁜 신(神)
四月	天德	天德合	月德	月德合	三合	六合	天喜	時德	四相	皇恩赦	玉帝赦	解神	月恩	좋은 신(神) 길성(星)
	辛	丙	庚	乙	酉丑	申	丑	辰	丙丁	巳	丙寅	戌	己	길성에 해당하는 간지
	子申寅午								쥐·원숭이·범·말					쓸수있는 날
	亥	辰	丑	卯	酉	未	巳	辰	丑	戌	未	丁未	把	악살에 해당하는 간지
	月破	月殺	圧対	披麻	紅紗	天賊	灸死	羅網	龂忌	滅没	月圧	陰差	陽錯	악살(殺) 나쁜 신(神)

	天德	天德合	月德	月德合	三合	大喜	時德	四相	皇恩赦	玉帝赦	解神	月恩	좋은 신(神) 길성(星)
五月	亥	寅	丙	辛	戌	未	寅	辰	丙丁	酉	辛卯	子	길성에 해당하는 간지
	卯辰 未申亥					원숭이·양·용·토끼·돼지							쓸수있는 날
	子	丑	子	子	巳	子	子	戌	寅	酉	午	丙午	乃午	악살에 해당하는 간지
	月破	月殺	圧対	披麻	紅紗	天賊	爰死	羅網	敀忌	滅没	月圧	陰差	陽錯	악살(殺) 나쁜 신(神)

	天德	天德合	月德	月德合	三合	文喜	時德	四相	皇恩赦	玉帝赦	解神	月恩	좋은 신(神) 길성(星)
六月	甲	己	甲	己	卯亥	午	卯	辰	丙丁	卯	壬辰	庚	길성에 해당하는 간지
	寅卯辰						용·토끼·범							쓸수있는 날
	丑	戌	亥	酉	丑	巳	午	亥	子	申	巳	丁巳	丁未	악살에 해당하는 간지
	月破	月殺	圧対	披麻	紅紗	天賊	爰死	羅網	敀忌	滅没	月圧	陰差	陽錯	악살(殺) 나쁜 신(神)

	天德	天德合	月德	月德合	三合	文喜	時德	四相	皇恩赦	玉帝赦	解神	月恩	좋은 신(神) 길성(星)
七月	癸	戊	壬	丁	子辰	巳	辰	子	庚辛	子	丁亥	寅	壬	길성에 해당하는 간지
	子卯巳亥						쥐·뱀·토끼·돼지							쓸수있는 날
	寅	未	戊	午	酉	戌	丑	丑	壬	未	辰	庚申	丙辰	악살에 해당하는 간지
	月破	月殺	圧対	挾麻	紅紗	天賊	爰死	羅網	敀忌	滅没	月圧	陰差	陽錯	악살(殺) 나쁜 신(神)

	天德	天德合	月德	月德合	三合	文喜	時德	四相	皇恩赦	玉帝赦	解神	月恩	좋은 신(神) 길성(星)
八月	寅	亥	庚	乙	巳丑	辰	巳	子	庚辛	未	甲午	寅	癸	길성에 해당하는 간지
	子丑戌亥						쥐·소·개·돼지							쓸수있는 날
	卯	辰	酉	卯	巳	卯	未	申	寅	午	卯	己卯	辛酉	악살에 해당하는 간지
	月破	月殺	圧対	披麻	紅紗	天賊	爰死	羅網	敀忌	滅没	月圧	陰差	陽錯	악살(殺) 나쁜 신(神)

	天德	天德合	月德	月德合	三合	文合	天喜	時德	四相	皇思赦	玉帝赦	解神	月思	좋은 신(神) 길성(星)
九月	酉	辛	丙	辛	斯	卯	午	子	庚辛	亥	乙未	辰	庚	길성에 해당하는 간지
	卯午酉亥				닭·말·토끼·돼지									쓸수있는 날
	辰	巳	申	子	丑	申	寅	未	子	巳	寅	甲寅	庚戌	악살에 해당하는 간지
	月破	月殺	厭対	披麻	紅紗	天賊	受死	羅網	敀忌	滅没	月压	陰差	陽錯	악살(殺) 나쁜 신(神)
十月	乙	庚	甲	乙	卯未	寅	未	寅	壬癸	辰	酉申	辰	乙	길성에 해당하는 간지
	寅卯午未				양·말·토끼·범									쓸수있는 날
	巳	戌	未	酉	酉	丑	申	子	丑	辰	丑	癸丑	癸亥	악살에 해당하는 간지
	月破	月殺	厭対	披麻	紅紗	天賊	受死	羅網	敀忌	滅没	月压	陰差	陽錯	악살(殺) 나쁜 신(神)
十一月	巳	申	壬	丁	申辰	丑	午	寅	壬癸	申	辛酉	午	甲	길성에 해당하는 간지
	丑辰申酉戌				원숭이·개·닭·용·소									쓸수있는 날
	未	辰	午	卯	丑	亥	酉	申	子	寅	子	壬子	壬子	악살에 해당하는 간지
	月破	月殺	厭対	披麻	紅紗	天賊	受死	羅網	敀忌	滅没	月压	陰差	陽錯	악살(殺) 나쁜 신(神)
十二月	庚	乙	庚	乙	巳酉	子	酉	寅	壬癸	未	壬戌	午	辛	길성에 해당하는 간지
	巳午戌				개·말·뱀									쓸수있는 날
	未	辰	巳	卯	丑	亥	酉	申	子	寅	亥	癸亥	癸丑	악살에 해당하는 간지
	月破	月殺	厭対	披麻	紅紗	天賊	受死	羅網	敀忌	滅没	月压	陰差	陽錯	악살(殺) 나쁜 신(神)

손 있는 날과 없는 날

매월 1·11·21일은 동쪽에
2·12·22일은 동남쪽에
3·13·23일은 남쪽에
4·14·24일은 남서쪽에
5·15·25일은 서쪽에
6·16·26일은 서북쪽에
7·17·27일은 북쪽에
8·18·28일은 동북쪽에 각각 손이 있고 9·19·29·10·20·30일에는 손이 없는 날이다.

※ 이사·결혼 기타 택일에 참고 하는 것이 좋다.

■ 독자상담안내
- 결혼 · 궁합 · 연애 · 이사 등 운명에 관한 문제
- 이름 · 아호 · 상호 · 회사명 등 이름에 관한 문제
- 가훈 및 명언에 관한 문제

■ 특설상담안내
- 집터 · 문터 등 풍수지리
- 교통사고 예고 및 예방법
- 부동산매매 시기 및 달성비방

❈ 궁금한 내용이 있으신 분은 이름 · 생년월일시(음력 · 양력) · 성별 · 연락처를 적어 보내주시면 상세히 알려드리겠습니다. (2000명에 한함)

❈ 사주학 · 성명학 · 주역 등을 배우려는 분이나 회원이 되려는 분은 연락주시면 안내해 드리겠습니다.

※ 위의 사항 중 알고 싶은 문제가 있으신 분은 1인 1항을 원칙으로 하여 우표를 동봉해 보내 주시면 선착순 2,000명에 한하여 상담해 드리겠습니다.

보내실 곳
① 이름에 관한 상담 : 한글 · 한문 바른이름 연구회
② 특설상담 : 특설상담 담당자앞
③ 기   타 : 대한역학교육학회장 백운곡
주 소 : 서울시 강북구 수유 3동 683-26
전 화 : (02) 904-3375 / 016-693-7712

토 정 비 법

初版 發行 ● 1990年 1月 28日
重版 發行 ● 2025年 3月 28日

編著者 ● 백 운 곡
發行者 ● 金 東 求

發行處 ● 明 文 堂(1923. 10. 1 창립)
서울시 종로구 윤보선길 61(안국동)
우체국 010579-01-000682
전화 02)733-3039, 734-4798, 733-4748(영)
팩스 02)734-9209
Homepage www.myungmundang.net
E-mail mmdbook1@hanmail.net
등록 1977. 11. 19. 제1~148호

● 낙장 및 파본은 교환해 드립니다.
● 불허복제

정가 **15,000**원
ISBN 978-89-7270-843-8 (13140)

明文易學叢書

1) (秘傳)**姓名大典** 曹鳳佑 著 값 15,000원
2) **奇學精說** 李奇穆 著 값 12,000원
3) (修正增補)알기쉬운 **擇日全書** 韓重洙 著 값 12,000원
4) (玉衡)**韓國地理總攬** 池昌龍 著 값 10,000원
5) (風水地理)**明堂全書**(特別版) 徐善繼·徐善述 著 韓松溪 譯 값 8,000원
6) **姓名學精說** 黃國書 著 값 15,000원
7) (秘傳)**四柱大典** 金于齋·柳在鶴 編譯 값 15,000원
8) **窮通寶鑑精解** 崔鳳秀·權伯哲 講述 값 25,000원
9) **陰陽五行의 槪論** 申天浩 編著 값 12,000원
10) (增補)**淵海子平精解** 沈載烈 講述 값 25,000원
11) **命理正宗精解** 沈載烈 講解 값 25,000원
12) **四柱와 姓名學** 金于齋 著 값 15,000원
13) **方位學入門** 全泰樹 編譯 값 8,000원
14) **姓名學全書** 朴眞永 編著 값 15,000원
15) (알기쉬운)**易數秘說** 沈鍾哲 編著 값 6,000원
16) (命理叢書)**三命通會** 朴一宇 編著 값 30,000원
17) (地理)**八十八向眞訣** 金明濟 著 값 15,000원
18) **奇門遁甲** 申秉三 著 값 6,000원
19) (正統秘傳)**四柱寶鑑** 金栢滿 著 값 15,000원
20) **擇日大要** 高光震 著 값 12,000원
21) (地理明鑑)**陰宅要訣全書** 金榮昭 譯編 값 15,000원
22) (詳解)**手相大典** 曹誠佑 著 값 9,000원
23) **命理精說** 李俊雨 編著 값 25,000원
24) **易占六爻全書** 韓重洙 編著 값 15,000원
25) **現代四柱推命學** 曹誠佑 編著 값 15,000원
26) (陰宅明鑑)**靑松地理便覽** 金榮昭 編著 값 7,000원
27) **六壬精斷** 李在南 著 값 20,000원
28) **六壬精義** 張泰相 編著 값 15,000원
29) (自解秘傳)**四柱大觀** 金于齋 著 값 6,500원
30) (秘傳詳解)**相法全書** 曹誠佑 編著 값 9,000원
31) (地理)**羅經透解** 金東奎 譯著 값 6,000원
32) (四柱秘傳)**滴天髓** 金東奎 譯 값 15,000원
33) **滴天髓精解** 金于齋 譯編 값 15,000원
34) (新橋)**洪煙眞訣精解** 金于齋 編著 값 6,500원
35) **卜筮正宗精解** 金于齋·沈載烈 共著 값 12,000원
36) (風水地理)**九星學** 金東奎 編著 값 4,000원
37) (自解秘傳)**觀相大典** 曹誠佑 著 값 15,000원
38) (自解秘傳)**萬方吉凶寶典** 金于齋·李相哲 共著 값 15,000원
39) **九星學(氣學)入門** 金明濟 著 값 10,000원
40) (陰宅明鑑)**地理十訣** 金榮昭 編譯 값 8,000원
41) (完譯)**麻衣相法**(全) 曹誠佑 譯 값 20,000원
42) **易理學寶鑑** 韓宗秀 外 編 값 6,000원
43) **象理哲學** 趙明彦 著 값 9,000원
44) **易學原理와 命理講義** 曹誠佑 著 값 9,000원
45) (的中)**周易身數秘傳** 許充 著 값 12,000원
46) (自解)**八字大典** 金于齋 著 값 7,000원
47) **人生三八四爻** 이해수 編著 값 5,000원
48) (四柱秘傳)**紫微斗數精解** 金于齋 著 값 7,000원
49) **姓名大學** 蔡洙岩 編著 값 10,000원
50) (風水地理學)**人子須知** 金富根 監修 金東主 譯 값 35,000원
51) (傳統)**風水地理** 林鶴燮 編著 값 12,000원
52) **周易作名法** 李尙昱 著 값 12,000원
53) **九宮秘訣** 金星旭 編著 값 15,000원
54) **占卜術入門** 全泰樹 編譯 값 7,000원
55) **命理學原論** 李相奎 著 값 10,000원
56) **四柱運命學의 精說** 金讚東 著 값 15,000원
57) **陽宅秘訣** 金甲千 著 값 25,000원
58) **戊己解** 金明濟 著 값 15,000원
59) **新命理學** 安成雄 著 값 10,000원
60) **里程標 經般圖解** 金東奎 編著 값 20,000원
61) (四柱詳解)**紫微斗數** 韓重洙 著 값 10,000원
62) **滴天髓闡微** 金東奎 譯 값 35,000원
63) **택일은 동양철학의 꽃이다**(協紀辨方) 값 30,000원
64) (秘傳)**風水地理全書** 金甲千 編著 값 35,000원
65) **命理正解 와 問答** 崔志山 著 값 20,000원
66) **卜筮正宗解說** 金東奎 譯著 값 30,000원

독자 여러분의 사랑으로 명문당의 역학 서적은 한국 역학 출판의 초석을 쌓고 있습니다

易學大辭典

심오하고 오묘한 易學을 체계있게
분류하여, 타의 추종을 불허하는
易學의 금자탑!
역학의 초보자는 물론 역학 전문가인
당신에게도 권하고 싶은 역학대사전!

韓重洙·曺誠佑 共著/4·6배판 양장/값 70,000원

秘傳 四柱精說

수많은 사주 왕초보들이 선택한 책!
개인의 운명과 천명을 쉽게
풀이하여 20여 년간 변함없이
독자들의 사랑을 받아 온
역학 입문서의 걸작!

백영관 著/신국판/290면/값 10,000원

萬古秘傳 靈符籍大寶鑑

韓重洙 著/신국판 840면/값 35,000원

原本秘傳 唐四柱要覽大典

金赫濟·韓重洙 共著/신국판/값 35,000원

家庭作名法

金栢滿 著/신국판 310면/값 9,000원

한국천문대 만세력

한국천문연구원이 직접 편찬한 만세력!
● 국내최다 201년(1900-2100)간의
최신자료 독점입수!!
● 신뢰성 한국천문연구원이 직접 제작
● 정확성 2004년 개정 최신자료 수록
● 국내 최다 201년간 생활천문정보 총정리

한국천문연구원 편찬/신국판424면/값 15,000원

서기 2007년 한글판 정해년 丁亥年 택일력 — 생기복덕

좋은 날 잡읍시다!!

결혼, 이사, 계약체결, 개업, 건축, 제사…
세상에는 결정해야 할 일 투성이!
그런데, 시기를 놓치거나 너무 서둘러서
낭패를 보신 적은 없습니까?

이 책 한 권이면 2007년 고민 끝!

김혁제 원저, 한중수 편저/4×6배판 56면/값 4,000원

꿈의 예시와 판단

새로운 관점에서 잠재의식을
민속해몽에 접목시킨
최신 해몽 대백과
4,000여 개의 상징구절과
10,000여 개의 상징단어 수록!
1,600여 페이지에 달하는 4,300여 가지의
방대한 꿈의 사례를 찾기 쉽고
이해하기 쉽게 분류하여,
권말 색인으로 정리!

한건덕 저/신국판 양장본/값 35,000원

현대 해몽법

전국에서 수집한 꿈과 동서고금의 유명한 꿈 5,000여 개를
실증적으로 심층분석한 새로운 해몽서!

꿈을 통한 자아성찰로 삶을 풍요롭게 하는 현대인의 필독서!
꿈을 통해 삶의 지혜를 깨우치는 현대인의 인생지침서!

현재 시중에 나와 있는 꿈풀이의 책들은
거의 이 책의 체제를 모방한 것이다.

수많은 독자들이 입증하고 극찬한 명저!
국내 최고의 베스트셀러!

한건덕 원저, 한재욱 편저/신국판/값 15,000원

출판역사 81년 명문당 서울시 종로구 안국동 17-8
TEL:733-3039, 734-4798 FAX:734-9209
Homepage:www.myungmundang.net
E-mail:mmdbook1@myungmundang.net

明文運命學叢書

- 增補 天機大要 金赫濟 校閱
- 易學大辭典 曹誠佑·韓重洙 共著
- 一年身數秘訣 金赫濟 編著
- 姓名學 南水源 著
- 萬古秘傳 靈符作大典 韓重洙 著
- 萬古秘傳 靈符籍大寶鑑 韓重洙 著
- 觀相寶鑑 佐藤六龍 著 李仁光 譯
- 秘傳 四柱精說 白靈觀 著
- 原本秘傳 그림 唐四柱 金于齋 編
- 秘傳 唐四柱要覽 金赫濟·韓重洙 共著
- 原本秘傳 唐四柱要覽大典 金赫濟·韓重洙 共著
- 風水地理 萬山圖 金榮昭 著
- 懷中 易術全書 韓重洙 編著
- 現代解夢法 韓建德 著
- 꿈의 豫示와 判斷 韓建德 著
- 懸吐註解 麻衣相法 金赫濟 校閱
- 秘傳의 易學 鄭鈜祐 著
- 姓名判斷法 金栢滿 著
- 奇門遁甲秘經 吳澤鎭 編著
- 印章과 姓名學 崔允碩 著
- 大運大易卦 易術全書 白珖 編著
- 易理學大典 金政洙 著
- 大運大易卦 一年身數秘訣 韓重洙 編著
- 風水地理學 里程表 金東奎 著
- 韓國의 風水 村山智順 著 鄭鈜祐 譯
- 朝鮮의 占卜과 豫言 村山智順 著 鄭鈜祐 譯
- 海東名山錄 李學宣 編著
- 安龜의 얼굴사전 安泰榮 著
- 萬方秘訣 易術全書 韓重洙 編著

운명과 지혜의 샘
萬方生活易學全課
만방생활역학전과

韓重洙·柳方鉉 共著

- 알기쉬운 擇日全書 韓重洙 著
- 易占六爻全書 韓重洙 編著
- 四柱詳解 紫微斗數 韓重洙 著
- 萬古秘傳 靈符作大典 韓重洙 著
- 秘傳 唐四柱要覽 金赫濟·韓重洙 共著
- 增補版 唐書周易 韓重洙 編著
- 懷中 易術全書 韓重洙 編著
- 大運大易卦 一年身數秘訣 韓重洙 編著
- 사랑의 男女宮合 韓重洙 著
- 術法과 耳報通靈 韓重洙 編著
- 新完譯 靑烏經 韓重洙 譯
- 不老長生秘傳 仙道 韓重洙 譯

영웅들의 운명과 천기
易理로 본 小說 三國志

『삼국지』와『주역』을 동시에 읽는다
삶의 지혜와 계획을 이 책 속에서 구하라

백운곡 著/신국판/전3권

- 주역비전 백운곡 編著/신국판
- 人生 60진 秘法 백운곡 編著/신국판
- 주역신단 백운곡 著/4·6배판
- 토정비법 백운곡 編著/신국판